Ars diaboli

Medienkulturwissenschaft

Herausgegeben von

Thomas Wortmann
Cornelia Ruhe
Schamma Schahadat

Wissenschaftlicher Beirat

Lilla Balint
Frauke Berndt
Matei Chihaia
James Alison
Claudia Jünke
Richard Langston
Claudia Liebrand
Anne Lounsbery
Fatima Naqvi
Anne Martine Parent

BAND 5

Anna Isabell Wörsdörfer, Dietmar Rieger (Hg.)

Ars diaboli

Teuflische Formen – Formen des Teuflischen

BRILL | FINK

Dieser Band wurde mit Overhead-Mitteln des DFG-Projekts WO 2284/2 finanziert.

Umschlagabbildung:
NataliSam, "Fire horns on black background", https://stock.adobe.com

Bibliografische Information der Deutschen Nationalbibliothek

Die Deutsche Nationalbibliothek verzeichnet diese Publikation in der Deutschen Nationalbibliografie; detaillierte bibliografische Daten sind im Internet über http://dnb.d-nb.de abrufbar.

© 2024 Brill Fink, Wollmarktstraße 115, D-33098 Paderborn, ein Imprint der Brill-Gruppe
(Koninklijke Brill NV, Leiden, Niederlande; Brill USA Inc., Boston MA, USA; Brill Asia Pte Ltd, Singapore; Brill Deutschland GmbH, Paderborn, Deutschland; Brill Österreich GmbH, Wien, Österreich)
Koninklijke Brill NV umfasst die Imprints Brill, Brill Nijhoff, Brill Schöningh, Brill Fink, Brill mentis, Brill Wageningen Academic, Vandenhoeck & Ruprecht, Böhlau, V&R unipress.

www.brill.com

Einbandgestaltung: Evelyn Ziegler, München
Herstellung: Brill Deutschland GmbH, Paderborn

ISSN 2747-5956
ISBN 978-3-7705-6801-7 (paperback)
ISBN 978-3-8467-6801-3 (e-book)

Inhalt

Einleitung
Teuflische Formen – Formen des Teuflischen

Dietmar Rieger, Anna Isabell Wörsdörfer

1.   Von Feuerformen und reinen Geistern

Das Titelcover repräsentiert die Grundideen des vorliegenden Sammelbandes in paradigmatischer Weise. Die Abbildung zeigt eine sich vor schwarzem Hintergrund abzeichnende Flammenform, die aufgrund ihrer symmetrischen Gestaltung, ihrer gelb-orangen Farbabstufungen nach außen hin und ihrer drei im Zentrum befindlichen dunklen Auslassungen eindeutig-uneindeutig das Gesicht einer gehörnten, wütend starrenden und bedrohlich ihr Maul öffnenden – und damit diabolischen Kreatur konturiert. Das Teuflische manifestiert sich dergestalt in entscheidendem Maße mit der und durch die Form. Die vage Unsicherheit bei der dämonischen Festsetzung der Erscheinung demonstriert aber gleichzeitig, dass ihre wesenhafte Bestimmung immer auch das Produkt von an das Förmliche geknüpften künstlerischen wie rezeptiven Zuschreibungen ist: Das die Höllenbrunst assoziierende Medium des Feuers sorgt zusätzlich für die infernalische Einordnung der Darstellung.

Die Theologie als die erste und urtümlichste Disziplin der kontroversen Auseinandersetzung mit dem Teufel hat diesem, wie Kurt Flasch luzid aufgezeigt hat, im Laufe ihrer historischen Entwicklung eine je verschiedenartige Wesenheit zugewiesen, die ihrerseits entscheidenden Einfluss auf dessen Manifestationsform nimmt: Besteht bis ins 12. Jahrhundert unter den Gelehrten Einigkeit darüber, dass der Teufel und seine dämonische Schar stoffliche Wesen sein müssen und einen Luftkörper besitzen, findet mit den Scholastikern im 13. Jahrhundert ein grundlegender Wandel in der Teufelsvorstellung statt: Der Leibhaftige wird im theologischen Denken dieser Zeit entmaterialisiert und zum reinen körperlosen Geist emporgehoben.[1] Die jeweilige Definition der Teufelsnatur besitzt unterschiedliche Implikationen hinsichtlich seiner Gestalt- und Formhaftigkeit. Während der Luftkörper ihm den größtmöglichen Spielraum gewährt, sich (durch entsprechende stoffliche Anordnung) in jegliche Erscheinung zu transformieren, rückt die neue Idee der absoluten Spiritualisierung ihn auf die Ebene des Immateriellen und damit Konturlosen. Ist der Teufel seit diesem Zeitpunkt in den höchsten Sphären der

---

1   Vgl. Kurt Flasch, *Der Teufel und seine Engel: Die neue Biographie*, München: Beck, 2015, S. 102–130, bes. S. 104 f. und S. 110 f.

Theologie demnach im Eigentlichen formlos, manifestiert er sich in der Literatur und in den anderen Künsten, die stets eine Repräsentation anstreben, seither in einer ausgesprochenen Formenvielfalt. Mit ebendieser setzt sich der vorliegende Sammelband auseinander.

2.   Teufel, Christentum und Kultur

Der Teufel ist seit der definitiven Durchsetzung des dualistischen Weltbilds des Christentums als Gegenspieler Gottes *der* prototypische Akteur und Inbegriff des Bösen innerhalb des westlichen Denkens.[2] Trotz eines zunehmenden Bedeutungsverlusts des Glaubens im modernen Alltag besitzt der göttliche Widersacher aufgrund seines Status als emblematischer Opponent noch immer eine anhaltende und unverminderte Relevanz innerhalb des heutigen Sinnhorizonts. Ihm, seinen verschiedenen Erscheinungsformen im sich stetig verändernden menschlichen Imaginarium, seinem vielfältigen diabolischen Wirken und den zahllosen Formen seiner künstlerischen Instrumentalisierungen ist dieser Sammelband gewidmet. Dass in diesem Rahmen nur einige Einzelfacetten zur Sprache zu kommen vermögen, versteht sich gleichwohl von selbst.

In seiner Paraderolle als Negator alles Guten und Erzversucher tritt der Teufel Jesus in der Wüste im Neuen Testament (Mt 4,1–11) entgegen. Seine sinistre Präsenz durchdringt in der folgenden über 2000-jährigen Geschichte sämtliche Kulturbereiche von der Religion[3] in ihren verschiedenen Ausprägungen und Entwicklungsstufen über die Politik[4] – in Form authentisch geglaubter Gegnerschaft oder metaphorischer Instrumentalisierung – bis zu den Künsten, allen voran Literatur, Malerei und Musik – und zwar länderumfassend in den Weltliteraturen[5] und von der mittelalterlichen Illumination[6] bis zum neusten

---

2   Vgl. grundlegend Flasch, *Der Teufel und seine Engel* sowie Robert Muchembled, *Une histoire du diable. XII–XXᵉ siècle*, Paris: Éditions du Seuil, 2000 und Francisco J. Flores Arroyuelo, *El diablo en España*. Madrid: Alianza, 1985.

3   Vgl. Ida Fröhlich / Erkki Koskenniemi (Hg.), *Evil and the Devil*, London: Bloombury, 2013 und Paul Metzger, *Der Teufel*, Wiesbaden: Marix, 2012.

4   Vgl. Carmona, Michel, *Les diables de Loudun. Sorcellerie et politique sous Richelieu*, Paris: Fayard 1988 und Monika Milewska, „L'enfer révolutionnaire. Le diable et les enfers dans la littérature politiques française des années 1789–1799", in: *Acta Poloniae Historica* 78 (1998), S. 103–113.

5   Vgl. Gregor Thuswaldner / Daniel Russ (Hg.), *The Hermeneutics of Hell: Visions and Representations of the Devil in World Literature*, Cham: Springer International, 2017.

6   Vgl. Gerhard Jaritz, *Angels, Devils. The Supernatural and Its Visual Representation*, Budapest: Central European University Press 2011.

Rocksong[7]. Längst ist der Teufel seiner geistlichen und geistigen Gestalt als ‚Anti-Christ‘[8] verlustig gegangen und hat ein Komplexitätsniveau erlangt, das im Mittelalter nicht prognostizierbar war.

3. Formen des Teuflischen

Dabei stellt die ständig wechselnde, immer neue Form des Teuflischen einen innovativen, fruchtbaren Zugang für dessen Interpretation im jeweiligen kultur-historischen Kontext bereit, der den Einzelanalysen des Bandes als zentrale Denkfigur zugrunde liegt. Die Teufelsfigur befindet sich in einem kontinuier-lichen Wandel, der einerseits die Folge eines fortlaufenden Amalgamierungs-prozesses mit zuvor fremden diabolischen Vorstellungen und Merkmalen im Zuge der Entstehung und Konsolidierung des Christentums ist. Letztere zeigt sich etwa in der Patristik und der frühneuzeitlichen Dämonologie[9], aber auch innerhalb von Kulturkontakten, etwa im Zeichen der lateinamerikanischen Kolonialisierung[10]. Die immer neuen Formen des Teufels als ‚höllischem Pro-teus‘[11] manifestieren sich unter anderem in seinen diversen Bezeichnungen vom Satan des Alten Testaments über den neutestamentarischen (eigentlich phönizischen) Beelzebub bis hin zum von den Kirchenvätern konturierten Luzifer.[12] Andererseits liegt die unaufhörliche Wandelbarkeit des Teufels in seinem ureigenen Wesen selbst begründet, erweist er – der ‚Vater der Lüge‘ – sich doch als ultimativer Täuscher, der, sich ständig anderer Maskierungen und Tricks bedienend,[13] bestrebt ist, seinen Verderben stiftenden Plan in die Tat umzusetzen. So tritt er häufig als Tier – zum Beispiel in Gestalt einer Schlange, eines Affen, eines Hundes (Pudels), eines (Ziegen-)Bocks oder einer Fliege – in

---

7   Exemplarisch etwa Manuel Trummer, *Sympathy for the Devil? Transformationen und Erscheinungsformen der Traditionsfigur Teufel in der Rockmusik*, Stuttgart: Waxmann 2011.

8   Vgl. Barbara Könneker, „Der Antichrist“, in: Ulrich Müller (Hg.), *Dämonen, Monster, Fabel-wesen*, St. Gallen: UKV, 1999, S. 531–544.

9   Vgl. Stuart Clark, *Thinking with demons. The idea of Early Modern witchcraft*, Oxford: Oxford University Press, 1997.

10   Vgl. Iris Gareis, „Der Teufel im Spanien und in der Neuen Welt im 16.–18. Jahrhundert“, in: *Interdisziplinäre Hexenforschung online* 3 (2011), S. 77–84.

11   Vgl. Günther Mahal, „Der Teufel. Anmerkungen zu einem nicht allein mittelalterlichen Komplex“, in: Ulrich Müller (Hg.): *Dämonen, Monster, Fabelwesen*, St. Gallen: UKV, S. 495–529, hier S. 502.

12   Vgl. Elisabeth Frenzel, „Satan“, in: Dies., *Stoffe der Weltliteratur. Ein Lexikon dichtungs-geschichtlicher Längsschnitte*, 10. Auflage. Stuttgart: Kröner, 2005, S. 817–823, hier 817.

13   Vgl. Gisèle Venet, *Le Mal et ses masques*, s. l.: ENS Éditions 1998.

Erscheinung. Teufel und Form sind solchermaßen phänomenologisch aufs Engste miteinander verwoben.

Dass diese apotropäischer Intention folgende Animalisierung des Teufels in der sich dechristianisierenden Moderne reduziert oder gar in der Vorstellung der Alltäglichkeit des Bösen ganz liquidiert wird, verwundert nicht. Wo und solange sie noch überbordet, verdankt sie sich letztlich der Tatsache, dass das *summum bonum* zwar in großem Maß einer Art mosaischem Bilderverbot unterliegt, die Ikonographie des Bösen dagegen einem heilsgeschichtlich motivierten Bilder*gebot* folgt, das, in einer ersten Phase zum Zweck der Sichtbarmachung des zu Verachtenden und Meidenden weitgehend reguliert, im Lauf der Zeit aber der freien Verfügung von Individuen und Gruppen überlassen wird. Dass damit auch die Frage nach der Funktionalität der Teufelsdarstellung impliziert ist, die über die anfangs hauptsächlichen Strategien der Abschreckung und Erbauung hinausgeht, leuchtet ein: Nicht nur im Kriminalroman steht das Problem der mehr oder weniger ausgeprägten Solidarität des Erzählers mit dem von ihm inszenierten Bösen und seinem Vertreter im Hintergrund.

4.   Teuflische Formen

Auch die Teufelsdarstellungen und -formen in den romanischen Literaturen sind über die verschiedenen Epochen hinweg Legion,[14] denen sich die Forschung bisher vor allem auf Inhaltsebene genähert hat: Von den Mirakel- und Mysterienspielen des französischen Mittelalters[15] zu den in der Gesamtromania verbreiteten Hexen- und Dämonologietraktaten der Renaissance,[16] von den spanischen *comedias de santos* und *comedias con magos*[17] wie den

---

14   Vgl. Max Milner, *Le diable dans la littérature française. De Cazotte à Baudelaire, 1772–1861*, 2 Bände. Paris: Librairie José Corti 1960, Francisco Vicente Calle Calle, *Les représentations du diable et des êtres diaboliques dans la littérature et l'art en France au XIIᵉ siècle*, Caen: Univ. Diss., 1997, Elena Núñez González, *Las máscaras de Satán. La representación del Mal en la literatura española, del Cid a la* Celestina, Alcalá de Henares: Univ. Diss., 2007, María Jesús Zamora Calvo, *Artes maleficorum. Brujas, magos y demonios en el siglo de oro*. Barcelona: Calambur 2016 und Mario Praz, *La carne, la morte e il diavolo nella letteratura romantica*, Mailand: La Cultura 1930.

15   Vgl. etwa Élyse Dupras, *Diables et saints. Rôle des diables dans les mystères hagiographiques français*, Genf: Droz 2006.

16   Vgl. Jan Machielsen (Hg.), *The science of Demons. Early Modern Authors Facing Witchcraft and the Devil*, London: Routledge, 2000.

17   Vgl. die Kapitel zu spanischen Teufelsbündnern und Faustfiguren in der in Kürze erscheinenden Qualifikationsarbeit von Anna Isabell Wörsdörfer, *Echtes Hexenwerk und*

französischen *histoires tragiques* des Barock zu den Schauerromanen und Melodramen an der Wende des 18. /19. Jahrhunderts und in der Schwarzen Romantik[18] – der Teufel tritt nicht nur mit seinen geläufig gewordenen Attributen, sondern in immer wieder neuen (überraschenden) Variationen und Formen auf und erweist sich so als langlebiger, widerstandsfähiger Protagonist des Bösen.

Dass er dieses Böse in all seinen Facetten und Formen vertritt, zeigt sich etwa an der Figur des komischen (armen oder geprellten) Teufels des Mittelalters, die dem mächtigen, abgrundtief bösen Höllenfürsten des 16. /17. Jahrhunderts weicht, der wiederum dem sympathischen (teilweise Erlösung findenden) Rebell ab der Romantik Platz macht. Besonders interessant gestaltet sich die Phänomenologie, wenn der Teufel selbst nur eine Nebenrolle einnimmt und sich diabolisches Handeln auf andere (Haupt-)Figuren überträgt, wie dies zum Beispiel bei Teufelsbündnern[19] – etwa Hexengestalten und Faustfiguren – geschieht, oder sich die Teufelsfigur in keinerlei Gestalt mehr, also unförmig, manifestiert und das Diabolische im Verhalten der Protagonisten implizit angelegt ist bzw. als Transferleistung erschlossen werden muss – wie beispielsweise bei der Kain-Figur oder den diversen Verführergestalten wie Don Juan oder Femme fatale.[20]

Nicht zuletzt spielen auch die unterschiedlichen Möglichkeiten der literarischen Darbietungsformen des Teufels und des Diabolischen eine gewichtige – in der Forschung bislang eher unterbelichtete – Rolle, die der Sammelband erstmals systematisch fokussiert: Der Teufel steckt nicht allein im oben skizzierten (inhaltlichen) Detail, sondern ganz entscheidend auch in der jeweiligen genre- (und medien-)spezifischen Form: Auch die gestalterische Eigenart jedes Werks birgt Teuflisches, sodass die jeweilige Gattung oder Kunstform zu einer wahrhaften *ars diaboli* wird. Dabei ist davon auszugehen, dass sich die beiden Werkebenen – das Phänomenologische auf Inhaltsebene und die Art und Weise der Darstellung auf Diskursebene – konstitutiv mit- und ineinander verschränken, sodass sich der Blick der Einzelbeiträge auf beide richtet.

---

  falscher Zauber. Die Inszenierung von Magie im spanischen und französischen Theater des 17. Jahrhunderts, Münster: Habilitationsschrift, 2023.

18 Vgl. Dietmar Rieger, *Jacques Cazotte: Ein Beitrag zur erzählenden Literatur des 18. Jahrhunderts*, Heidelberg: Winter 1969.

19 Vgl. Carlo Testa, *Desire and the Devil. Demonic Contracts in French and European Literature*, Frankfurt: Lang 1991 und Elisabeth Frenzel, „Teufelsbündner", in: Dies., *Motive der Weltliteratur. Ein Lexikon dichtungsgeschichtlicher Längsschnitte*, 6. Auflage. Stuttgart: Kröner 2015, S. 668–682.

20 Vgl. exemplarisch Helmut Kreuzer (Hg.), *Don Juan und Femme fatale*, München: Fink 1994.

In Erzähltexten mit Reise- und Schauermotivik (in der Tradition von Luis Vélez de Guevaras *El diablo cojuelo* oder Charles Maturins *Melmoth the Wanderer*) unterstützt zum Beispiel ein, den Leser verwirrendes, labyrinthisch-verschachteltes Schreiben die den Protagonisten in der innerfiktionalen Wirklichkeit in die Irre treibenden Aktionen des teuflischen Wegbegleiters. Die zynische Argumentationsweise eines Dämonologen (im Stil von Pierre de Lancre) in einem Hexentraktat deutet, gegen den Strich gelesen, wiederum darauf hin, dass der wahre Teufel in der tendenziös-maliziösen Schreibweise des Autors selbst zu finden ist anstatt in phänomenologischer Bocksgestalt auf dem geschilderten Sabbat. Ebenso prägen dramatisch-theatrale, filmische und lyrische Darstellungen des Teufels, ihre genrespezifischen Mittel nutzend, die inhaltliche Botschaft im Sinne Sybille Krämers auf formaler Ebene stets entscheidend mit[21] – sei es durch Kostümierung und Bühnenmaschinerie (wie im spanischen *auto sacramental*), den Einsatz von Kamerabewegung, Kadrierung und Licht (so zur visuellen Markierung Luzifers) oder rhetorische Figuren wie Anakoluth und Paradoxon (etwa als vernunft-brechende Persuasionstechniken eines diabolischen lyrischen Ichs).

5.   Zu den Beiträgen

Die 18 versammelten Beiträge sind gemäß ihrem jeweiligen Blickwinkel auf die teuflische Formenvielfalt in sieben Kategorien gruppiert, von denen sich fünf auf phänomenologische und diskursive Ausformungen innerhalb einer speziellen Gattungsstruktur ausrichten und zwei transversaler – diachroner und intermedialer – Natur sind.

Die erste Kategorie des Bandes widmet sich unter der Überschrift *Diabolisierung diachron: Transformationen des Teuflischen in der longue durée* den großen Entwicklungslinien teuflischer Manifestationen an exemplarischen Phänomenen. MARIANNE CLOSSON blickt in ihrem Beitrag über „Incubes et succubes au temps de la chasse aux sorcières" unter Fokussierung der beiden in der Frühen Neuzeit unterschiedenen geschlechtlichen Erscheinungsformen von Teufeln beim Sexualakt auf dem Hexensabbat und darüber hinaus auf eine Zeitspanne vom 14. bis zum späten 18. Jahrhundert. Dabei wertet sie schwerpunktmäßig die im Zuge der wellenhaften Hexenverfolgung in der europäischen Gelehrtenwelt kursierenden reichen Informationen über die

---

21   Vgl. Sybille Krämer, „Das Medium als Spur und als Apparat", in: Dies. (Hg.), *Medien, Computer, Realität. Wirklichkeitsvorstellungen und Neue Medien*, Frankfurt: Suhrkamp, 1998, S. 73–94, hier S. 73.

Wesensart des Teufels im dämonologischen Schrifttum aus und zieht gleichfalls Zusatzmaterial aus Narrativik und bildender Kunst heran. Unter dem
Titel „Der Teufel als Verführerin. Vom Anfang und vom Ende einer nicht nur
literarischen Schuld-Sühne-Verkettung" schließt DIETMAR RIEGER nahtlos
an diesen Ansatz an, indem er seine Perspektive motivisch auf den weiblich
transformierten, seine erotische Anziehungskraft einsetzenden Teufel konzentriert und generisch auf die Erzählliteratur mit einem Seitenblick aufs Theater
verengt. Mit Detailanalysen ausgewählter *Histoires tragiques*, Cazottes *Le diable amoureux* und Potockis *Manuscrit trouvé à Saragosse* gelingt es ihm, die
narrativen Umformungen samt ihren moralischen Implikationen vom Anfang
des 17. bis ins 19. Jahrhundert nachzeichnen.

Die zweite Kategorie, *Lehrdichtung: Teuflisches moralisieren – teuflisches
Moralisieren*, umfasst eine Gruppe von drei Analysen, deren Textcorpora in
verschiedener Weise exponiert eine moralisierende / didaktisierende Prägung ihres Zielpublikums anstreben. TOBIAS LEUKER eröffnet die Reihe
mit seinem Beitrag „Dem brüllenden Löwen widerstehen. Mittelalterliche
Predigten zu Petri Warnung vor dem Teufel (1 Petr 5,8–9a) zwischen Gelehrsamkeit, Unterweisung und Affektansprache". Dabei stellt er nicht nur erstmals ein thematisch einschlägiges Untersuchungscorpus von überwiegend
aus dem 13. Jahrhundert stammenden Homilien und *sermones* zusammen,
sondern ediert dazu auch zwei der Texte in philologischer Feinarbeit, bevor er
deren rhetorische Form im Detail analysiert. Mit einer realweltlich-konkreten
Teufelsform, einer an Hörner erinnernden Modefrisur mittelalterlicher Damen,
beschäftigt sich STEPHAN SIEBERT. Unter dem Titel „Vom Schmücken mit des
Teufels Hörnern. Zur Kommentierung einer mittelalterlichen Haarmode in der
altfranzösischen Dichtung" untersucht er vorrangig an altfranzösischen *dits*,
aber auch an weiteren belehrenden Dichtungen des Hoch- und Spätmittelalters, Klage- und Erziehungsschriften sowie dem *Roman de la Rose*, die jeweiligen Textstrategien der Moralisierung. TERESA HIERGEIST beschließt mit „Das
Unbehagen an der unreinen Seele. Diabolisierungen und Rehabilitierungen
von Mensch-Tier-Verwandlungen im *siglo de oro*" diese Kategorie. Am Beispiel
der in zwei literarischen Dialogen verarbeiteten Seelenwanderung lotet sie die
Heterogenitätstoleranz in Bezug auf die Grenze zwischen Mensch und Tier,
zwischen Reinheit und diabolischer Hybridisierung aus.

Unter der Überschrift *Traktatliteratur: Teuflisches reflektieren – teuflisches
Reflektieren* wendet sich die dritte Kategorie ausgedehnten Abhandlungen zu,
die das Dämonisch-Diabolische nach verschiedenen – theologischen, philo-
sophischen und medizinischen – Disziplinen erörternden. Den Anfang macht
ALBERTO ORTIZ mit „El gran engaño. Imaginario demonológico en el Nuevo
Mundo", der mit dem Fokus auf den Kontext der Evangelisierung der indigenen

Bevölkerung Neuspaniens, des heutigen Mexikos, eine lateinamerikanische Perspektive auf die Formen des Teuflischen einbringt. An zwei Schriften aus der Feder spanischer Missionare des 16. Jahrhunderts, Fray Andrés de Olmos' *Tratado de hechicerías y sortilegios* und Joseph de Acostas *Historia natural y moral de las Indias*, kann er aufzeigen, dass die Geistlichen entgegen ihrer Absicht, den Indigenen den Teufel auszutreiben, ihn mitsamt ihrem christlich geprägten kulturellen Gepäck allererst in die Neue Welt befördern. FOLKE GERNERT legt den gelehrten Teufelsdiskurs am Beispiel des italienischen Arztes Pompeo della Barba dar. In ihrem Beitrag „Il maligno e il medico. Patologie diaboliche e cure miracolose intorno alla metà del Cinquecento: Il caso di Pompeo Della Barba" zeigt sie auf, in welcher Weise der Italiener die Dialogform seines Traktats nutzt, um in der Debatte über vermeintlich medizinische Wunderdinge – von sympathetischen Heilungen über monströse Geburten bis hin zu Totenerweckungen – zu einem ideengeschichtlich frühen Zeitpunkt skeptische Vorstellungen über Hexerei und den Teufel bereits in der Volkssprache vorzubringen. Mit „Nieremberg, la música y sus demonios" reflektiert MARÍA JESÚS ZAMORA CALVO anhand der *Curiosa y oculta filosofía* von Juan Eusebio Nieremberg, einem spanischen Jesuiten deutscher Abstammung, die frühneuzeitlichen Vorstellungen und Formen musikalischer Diabolik. Mit Fokus auf die Musik teuflischer Provenienz beschäftigt sie sich mit den Potenzialen ihres schädlichen Einflusses auf die Menschen, etwa die Erzeugung negativer Gefühle durch Disharmonien und die Erweckung sexueller Begierden durch den Tanz.

Die mit *Narrative Gattungen: Teuflisches erzählen – teuflisches Erzählen* überschriebene vierte Kategorie gruppiert drei Beispielanalysen aus der literarischen Großgattung erzählerisch-vermittelnder Texte. In „Lo 'mperador del doloroso regno ...'. Ambivalenzen der Luzifer-Darstellung in Dantes *Commedia*" untersucht DAVID NELTING in einem *close reading* den sprachmateriellen Spannungszustand bei der Beschreibung des diabolischen Herrschers in Dantes Inferno. Ausgehend von der These von dessen Ambivalenz als Effekt spezifischer Formgebung stellt er so etwa die Benennung des Teufels in Abhängigkeit von der Sprecherinstanz sowie die auf Darstellungsebene wahrnehmbare Verschränkung zwischen ursprünglicher Schönheit und grauenhafter Existenz nach dem Höllensturz heraus. EVA LARA ALBEROLA nimmt in ihrem Beitrag „La falacia de la brujería en *El coloquio de los perros* de Cervantes" eine neue Lesart dieser berühmten *novela ejemplar* und ihrer Protagonistin, der Hexe Cañizares, vor. Sie argumentiert, dass es sich bei deren Hexerei um reine Imagination, gespeist aus gelehrten Diskursen, handelt, und dass die diskursive Verfasstheit nahelegt, dass nicht die Hexe selbst spricht, sondern dass vielmehr die elitären Autoritäten die Figur als Sprachrohr nutzen. Mit „Der Teufel der Moderne. Nostalgie, Bewahrung von Traditionen und die Dämonisierung des gesellschaftlichen Wandels bei Ramuz und Pierre Mac Orlan" wendet sich MATTHIAS KERN den Formen des Teuflischen in den von Unsicherheit geprägten Phasen des Ersten Weltkriegs und des *Entre-deux-guerres* zu. Am Beispiel von Ramuz' *Le Règne de l'esprit malin* und Mac Orlans *Marguerite de la nuit* kann er aufzeigen, inwiefern der Teufel in den Romanen als prototypischer Repräsentant des modernen Lebensstils fungiert und die Dämonisierung der Moderne aus einer konservativen Gesellschaftseinstellung der Autoren erfolgt.

Die fünfte Kategorie steht unter dem übergeordneten Titel *Drama und Theater: Teuflisches darstellen – teuflisches Darstellen* im Kontext dramatisch-unmittelbarer Präsentation dämonisch-diabolischer Formen. JULIA GOLD untersucht in „*voll des tüffells kunst vnd list*'. Inszenierungsformen des Diabolischen im Luzerner Antichristspiel" besagtes eschatologisches Stück des Schweizer Stadtschreibers Zacharias Bletz' im Hinblick auf die Darstellungsmittel teuflischer Täuschung. Anhand dreier diabolischer Figurenkategorien – Teufel, Sünden-Personifikationen und Antichrist – kann sie aufzeigen, dass das Wissen über die als *artes diaboli* verstandenen Täuschungen wie Verkleidung und ambiger Sprachgebrauch im Modus des bildhaften Sprechens präsentiert und gleichfalls darstellerisch ausgelegt werden. In „Leibhaftigkeit. Gestaltloser Teufel, täuschende Schauspielkunst und Höllenfeuer in Molières *Dom Juan*" untersucht KIRSTEN DICKHAUT die Evokation der gestaltlosen Präsenz des Teuflischen mittels spezifischer Inszenierung der Theatermaschinerie. Anhand der Statuenbelebung in Molières Stück demonstriert sie die teuflische Kunst, die darin besteht, die Verlebendigung gerade nicht technisch, sondern schauspielerisch zu realisieren.

Mit *Lyrik: Teuflisches dichten – teuflisches Dichten* ist die sechste Kategorie betitelt, die sich in zwei Beiträgen den poetischen Potenzialen des Dämonisch-Diabolischen widmet. HARTMUT STENZEL nimmt in „Der Teufel als poetischer Lehrmeister. Zu Baudelaires *Fleurs du Mal*" die ästhetischen Voraussetzungen und Ausformungen einer Diabolik in der modernen französischen Dichtung in den Blick. Demonstriert er bereits anhand der (später verworfenen) Titelprojekte des richtungsweisenden Gedichtbands den Stellenwert des Teuflischen für Baudelaire, weist er die Funktionalisierung des bei ihm semantisch positivierten Felds des Bösen, vornehmlich im Sinne einer Absage an die Religion und einer Hinwendung zur Revolte, sowie dessen ästhetische Produktionskraft des Disharmonischen in exemplarischen Gedichten nach. Der Beitrag „Tu eres el diábolo […] / que me vienes a tentar'. Die Figur des Teufels und sein

Bedeutungswandel in der spanischen Popularmusik" von FLORIAN HOMANN beleuchtet die semantische Entwicklung des Teuflischen innerhalb der spanischen *Oral Tradition* vom mittelalterlichen *Romancero* über den Flamenco und die Rumba Gitana bis zum aktuellen Rap. In seiner diachronen Analyse arbeitet er heraus, wie sich aus der anfänglichen Fluch-Verwendung und der diffamierenden Nutzung für einen (politischen) Gegner eine Verengung der diabolischen Semantik im modernen urbanen Sprachgebrauch auf eine metaphorisch in Versuchung führende Droge verengt.

Die siebte und letzte Kategorie, *Teufel transmedial: Diskursive Umformungen diabolischer Phänomenologien*, setzt in drei Beiträgen die Auswirkungen eines Medienwechsels auf die Formen des Teuflischen ins Zentrum. In ihrem Beitrag „[C]ette diable de fille' – Zu Carmens teuflischer Verführungskunst" setzt sich KIRSTEN VON HAGEN unter intermedialen Gesichtspunkten mit der literarischen ‚Zigeunerin' Carmen als teuflisch-produktiver Störfigur auseinander. An Mérimées Novelle, Bizets Oper und Godards Film weist sie die jeweils genre- und medienspezifischen Gestaltungs-, Deutungs- und Sinnbildungspotentiale der Werke nach, die Carmen im Spannungsfeld von Wissen und Alternativdenken, Uneindeutigkeit, Dynamik und Virtuosität als diabolisch konstruieren. TOBIAS BERNEISER entwirft in „Die Diabolisierung des Briganten: Michele Pezza alias Fra Diavolo als literarische und politische Figur" ein intermediales Panorama des fiktionalisierten Räubers am Beispiel des berühmten italienischen Widerstandskämpfers und ‚teuflischen' Straßenräubers. Anhand italienischer, französischer und deutscher Werke aus den Bereichen der Roman- und Reiseliteratur, der Essayistik und Historiographie, der Oper und des Films stellt er die ideologisch unterschiedlich gefärbten Darstellungs- und Instrumentalisierungsmöglichkeiten der Figur Fra Diavolos dar. Mit „Das Diabolische des Dämonologen. Pierre de Lancre als ‚wahrer Teufel' in Pablo Agüeros Hexen-Film *Akelarre* (2020) beschließt ANNA ISABELL WÖRSDÖRFER den Band mit einem medienkomparatistischen Beitrag zur diachronen Auseinandersetzung mit der baskischen Hexenverfolgung von 1609. Unter dem Fokus der jeweiligen Genreform kann sie im Vergleich des zeitgenössischen Traktats de Lancres und der aktuellen Verfilmung Agüeros nachweisen, dass die Teufelszuschreibungen jeweils entscheidend diskursiv geformt sind und in beiden Fällen diametral entgegengesetzt instrumentalisiert werden, nämlich im historischen Text auf die beschuldigten Frauen und im audiovisuellen Medium auf den Untersuchungsrichter übertragen werden.

Bibliographie

Calle Calle, Francisco Vicente, *Les représentations du diable et des êtres diaboliques dans la littérature et l'art en France au XIIe siècle*, Caen: Univ. Diss., 1997.

Carmona, Michel, *Les diables de Loudun. Sorcellerie et politique sous Richelieu*, Paris: Fayard 1988.

Clark, Stuart, *Thinking with demons. The idea of Early Modern witchcraft*, Oxford: Oxford University Press, 1997.

Dupras, Élyse, *Diables et saints. Rôle des diables dans les mystères hagiographiques français*, Genf: Droz 2006.

Flasch, Kurt, *Der Teufel und seine Engel: Die neue Biographie*, München: Beck, 2015.

Flores Arroyuelo, Francisco J., *El diablo en España*. Madrid: Alianza, 1985.

Frenzel, Elisabeth, „Satan", in: Dies., *Stoffe der Weltliteratur. Ein Lexikon dichtungsgeschichtlicher Längsschnitte*, 10. Auflage. Stuttgart: Kröner, 2005, S. 817–823.

Frenzel, Elisabeth, „Teufelsbündner", in: Dies., *Motive der Weltliteratur. Ein Lexikon dichtungsgeschichtlicher Längsschnitte*, 6. Auflage. Stuttgart: Kröner 2015, S. 668–682.

Fröhlich, Ida / Koskenniemi, Erkki (Hg.), *Evil and the Devil*, London: Bloombury, 2013.

Gareis, Iris, „Der Teufel im Spanien und in der Neuen Welt im 16.–18. Jahrhundert", in: *Interdisziplinäre Hexenforschung online* 3 (2011), S. 77–84.

Jaritz, Gerhard, *Angels, Devils. The Supernatural and Its Visual Representation*, Budapest: Central European University Press 2011.

Könneker, Barbara, „Der Antichrist", in: Ulrich Müller (Hg.), *Dämonen, Monster, Fabelwesen*, St. Gallen: UKV, 1999, S. 531–544.

Krämer, Sybille, „Das Medium als Spur und als Apparat", in: Dies. (Hg.), *Medien, Computer, Realität. Wirklichkeitsvorstellungen und Neue Medien*, Frankfurt: Suhrkamp, 1998, S. 73–94.

Kreuzer, Helmut (Hg.), *Don Juan und Femme fatale*, München: Fink 1994.

Machielsen, Jan (Hg.), *The science of Demons. Early Modern Authors Facing Witchcraft and the Devil*, London: Routledge, 2000.

Mahal, Günther, „Der Teufel. Anmerkungen zu einem nicht allein mittelalterlichen Komplex", in: Ulrich Müller (Hg.): *Dämonen, Monster, Fabelwesen*, St. Gallen: UKV, S. 495–529.

Metzger, Paul, *Der Teufel*, Wiesbaden: Marix, 2012.

Milewska, Monika, „L'enfer révolutionnaire. Le diable et les enfers dans la littérature politiques française des années 1789–1799", in: *Acta Poloniae Historica* 78 (1998), S. 103–113.

Milner, Max, *Le diable dans la littérature française. De Cazotte à Baudelaire, 1772–1861*, 2 Bände. Paris: Librairie José Corti 1960.

Muchembled, Robert, *Une histoire du diable. XII–XXe siècle*, Paris: Éditions du Seuil, 2000.

Núñez González, Elena, *Las máscaras de Satán. La representación del Mal en la literatura española, del* Cid *a la* Celestina, Alcalá de Henares: Univ. Diss., 2007.

Praz, Mario, *La carne, la morte e il diavolo nella letteratura romantica*, Mailand: La Cultura 1930.

Rieger, Dietmar, *Jacques Cazotte: Ein Beitrag zur erzählenden Literatur des 18. Jahrhunderts*, Heidelberg: Winter 1969.

Testa, Carlo, *Desire and the Devil. Demonic Contracts in French and European Literature*, Frankfurt: Lang 1991.

Thuswaldner Gregor / Russ, Daniel (Hg.), *The Hermeneutics of Hell: Visions and Representations of the Devil in World Literature*, Cham: Springer International, 2017.

Trummer, Manuel, *Sympathy for the Devil? Transformationen und Erscheinungsformen der Traditionsfigur Teufel in der Rockmusik*, Stuttgart: Waxmann 2011.

Venet, Gisèle, *Le Mal et ses masques*, s. l.: ENS Éditions 1998.

Wörsdörfer, Anna Isabell, *Echtes Hexenwerk und falscher Zauber. Die Inszenierung von Magie im spanischen und französischen Theater des 17. Jahrhunderts*, Münster: Habilitationsschrift, 2023.

Zamora Calvo, María Jesús, *Artes maleficorum. Brujas, magos y demonios en el siglo de oro*. Barcelona: Calambur 2016.

TEIL I

Diabolisierung diachron: Transformationen des Teuflischen in der longue durée

Incubes et succubes au temps de la chasse aux sorcières

Marianne Closson

> Ingrat, place la main sur ce cœur qui t'adore ; que le tien s'anime, s'il est possible, de la plus légère des émotions qui sont si sensibles dans le mien. Laisse couler dans tes veines un peu de cette flamme délicieuse par qui les miennes sont embrasées ; adoucis si tu le peux le son de cette voix si propre à inspirer l'amour, et dont tu ne te sers que trop pour effrayer mon âme timide ; dis-moi, enfin, s'il t'est possible, mais aussi tendrement que je l'éprouve pour toi : Mon cher Béelzébuth, je t'adore …
>
> – Jacques Cazotte, *Le Diable amoureux* (1772)[1]

1. Introduction

L'« incube », étymologiquement « celui qui est couché sur », aussi appelé « Éphialtès », le « sauteur », dans la mythologie grecque, est un être surnaturel qui écrase le dormeur ou la dormeuse, provoquant une sensation panique d'étouffement et parfois de viol.[2] Plus connu en français sous le nom de « cauchemar »[3], le terme désigne pour nombre de médecins et cela depuis l'Antiquité, une maladie décrite comme une une « suffocation imaginaire »[4]. C'est pourtant l'image d'un démon abusant sexuellement d'une femme, même éveillé, qui s'est imposée tant dans le monde païen que chrétien. Saint Augustin

---

1 Jacques Cazotte, *Le Diable amoureux*, édition de Georges Décote, Paris : Gallimard, « folio », 1981, p. 113.

2 « Incube vient de coucher sur, c'est-à-dire violer. Souvent en effet, ils sont amoureux des femmes et ils se couchent sur elles », Henry Institoris / Jacques Sprenger, *Le Marteau des sorcières, Malleus maleficarum*, traduit et présenté par A. Danet, Grenoble : Jérôme Millon, 1990, p. 145.

3 « Il y a une certaine maladie qu'on nomme, *Incube*, ou autrement. *Le Cochemar* », article « Incube » du *Dictionnaire de l'Académie française*, Paris : Coignard 1694.

4 Voir Ambroise Paré, *Des monstres et des prodiges* (1585), édition de J. Céard, Genève : Droz, 1971, p. 99.

écrit ainsi que le « bruit court », rapporté par des « témoins dignes de foi », que les « Sylvains et les Faunes, vulgairement appelés incubes » poursuivent les femmes et s'accouplent avec elles.[5] L'incube est donc assimilé par le Père de l'Église au satyre – dont on sait qu'il deviendra le grand modèle iconographique du diable – sans qu'il soit dit explicitement qu'il s'agit de l'ange déchu.[6] Au cours du Moyen Âge, il néanmoins « diabolisé » et devient, avec son pendant féminin le succube, une des formes que prend Satan pour séduire les humains. Tandis que les recueils hagiographiques regorgent d'histoires d'hommes et de femmes vertueux résistant victorieusement aux assauts lubriques du démon – on pense à saint Antoine au désert –, nombre de légendes font naître des personnages dotés de dons exceptionnels tel l'enchanteur Merlin, de la rencontre d'une femme et d'un incube, faisant d'eux des enfants du diable.[7]

Si les démons incubes et succubes sont donc déjà présents dans l'Occident médiéval, c'est pourtant avec la chasse aux sorcières qui prend son essor au XVe siècle, qu'ils se multiplient : c'est en effet par milliers que sorciers et sorcières avouent s'accoupler avec le diable au sabbat, et participer à des orgies démoniaques, où ils « se delectent à paillardise » avec « Satyres, Incubes, Succubes » ou encore « Ephialtes[8] » comme l'écrit, par exemple, Ludwig Lavater. Du démon oppresseur écrasant le dormeur – ou de l'hallucination provoquée par cette sensation – il ne reste presque rien ;[9] c'est désormais Satan qui mène la danse, tant au sabbat que dans le monde réel, où il constitue une menace d'autant plus grande qu'il peut prendre toutes les formes.

---

5 Augustin, *La Cité de Dieu*, (XV, 23), traduction de Gustave Combès, Paris : Desclée de Brouwer, 1960, t. 4, p. 143.

6 Le processus d'assimilation des démons païens et surtout néoplatoniciens aux anges déchus dans l'œuvre d'Augustin, est en cours mais reste inachevé. Dans ce même chapitre il s'interroge sur l'identité des « enfants de Dieu » qui s'unirent avec les « filles des hommes », et donnèrent naissance aux géants (Gn 6), suggérant qu'il pourrait s'agir d'anges déchus ou alors de géants qui déjà peuplaient la terre.

7 C'est là un héritage de la mythologie avec ses héros nés de la rencontre d'une humaine et d'un dieu. Mais comme le précise Thomas d'Aquin, le diable est un esprit qui ne peut engendrer : il faut donc qu'il y ait transport de la semence et que « le démon qui est succube d'un homme se fasse l'incube d'une femme », *Somme théologique*, 1re partie, question 51, article 3, objection 6, édition numérique du texte paru aux éditions du Cerf en 1984, p. 376, http://palimpsestes.fr/textes_philo/thomasdaquin/somme.pdf (accès : 22/08/2023).

8 Ludwig Lavater, *Trois livres des apparitions des esprits*, Genève : J. Durant, 1569, p. 280.

9 Voir cependant mon article, « Le cauchemar : quand le démon habite nos rêves », dans : Mireille Demaules (dir.), *Expériences oniriques dans la littérature et les arts du Moyen Âge au XVIIIe siècle*, Paris : Honoré Champion, 2016, p. 239–253.

2.   Le rituel sexuel du sabbat

Le péché originel, longtemps interprété comme étant celui de la chair, lie indis-
solublement le diable et la sexualité. Aussi le Moyen Âge avait-il déjà offert aux
fidèles, dans les scènes de Jugement dernier, une image des démons outrageu-
sement sexués, ou plutôt bisexués avec des phallus mais aussi des seins. Ce
portrait de Satan en tortionnaire et en violeur se retrouve dans le sabbat, où les
suppôts qui lui rendent hommage se soumettent sexuellement à leur maître.
Lors du procès de la Vauderie d'Arras (1458–1461), les accusés rapportent ainsi
qu'après avoir baisé le diable, souvent sous forme de bouc, sur le derrière ou
les parties génitales, « les sorciers et sorcières s'unissent charnellement, et le
diable transformé en homme ou en femme s'unit lui-même avec les uns et
les autres. Ils commettent le péché de sodomie et d'homosexualité et d'autres
crimes énormes et immondes, tant contre Dieu que contre la nature »[10]. Il y
a certes reprise des accusations traditionnelles contre les sectes hérétiques,[11]
mais comme l'écrit Jean Nider au XVe siècle « la raison pour laquelle les
démons se font incubes et succubes, semble être de porter atteinte, par le vice
de luxure, à la double nature de l'homme, c'est-à-dire au corps et à l'âme »[12].
Pierre de Lancre dans son ouvrage paru en 1613, *Le Tableau de l'inconstance des
mauvais anges et demons*, insistera sur la souillure d'un tel acte, qui exclut de
l'humanité ces « esclaves impudiques de Satan » qui servent de « cloaque au
maling esprit »[13].

Le coït diabolique comme signe de la soumission au diable[14] est progressi-
vement l'objet de descriptions de plus en plus précises, mais les femmes consti-
tuant la grande majorité des victimes de la chasse aux sorcières (plus de 80%),
il est davantage question d'incubes que de succubes. Pour Institoris et Sprenger, auteurs du premier grand traité de démonologie, *Le Marteau des sorcières*
(1486), ne sont-elles d'ailleurs pas plus « charnelles » que les hommes et donc

---

10   Cité par Julio Caro Baroja, *Les Sorcières et leur monde*, Paris : Gallimard, 1972 (édition espa-
        gnole, 1961), p. 108.

11   Voir entre autres, Norman Cohn, *Démonolâtrie et sorcellerie au Moyen Age. Fantasmes et
        réalités*, Paris : Payot, 1982 (*Europe's Inner Demons*, 1975).

12   Jean Nider, *Des sorciers et leurs tromperies, La Fourmilière, liv. V*, [1436–1438], texte établi
        et traduit par Jean Céard, Grenoble : Jérôme Millon, 2005, p. 177.

13   Pierre de Lancre, *Tableau de l'inconstance des mauvais anges et demons* [1613], édition de
        Jean Céard, Genève : Droz, 2022, p. 278 [éd. originale p. 218].

14   Voir mon article « Violée par le diable », dans : *Le Verger*, bouquet n°4, juin 2013, http://
        cornucopia16.com/wp-content/uploads/2014/07/VBQIV-CLOSSON.pdf. Dans le même
        recueil on trouve aussi l'article de Guillaume Garnier, « Les incubes et les succubes :
        singularités et équivoques des viols oniriques au début de l'époque moderne », http://
        cornucopia16.com/wp-content/uploads/2014/07/Verger4-Garnier.pdf.

davantage tentées de « folastrer » avec les démons ?[15] En revanche, affirment-ils doctement, « les hommes ne se livrent pas si volontiers aux succubes, car cette pratique leur est plus en horreur en vertu de cette vigueur naturelle de la raison par laquelle les hommes sont supérieurs aux femmes »[16]...

L'union du diable et de la sorcière devient la concrétisation physique du pacte ; Jean Bodin, dans la *Demonomanie des sorciers* (1580), écrit ainsi à propos de l'accusée Françoise Harvillier : « dès lors elle renonça à Dieu et promit servir au diable. Et qu'au mesme instant, elle eut copulation charnelle avec le Diable, continuant depuis l'aage de douze ans jusques à cinquante environ, qu'elle fut prise »[17], précisant que le diable « coucha avecques elle charnellement, en la mesme sorte et mesme manière que font les hommes avec les femmes horsmis que la semence estoit froide », et que les démons incubes « estoient en forme humaine, mais fort hydeux à voir ».[18] Dans son *Discours execrable des sorciers* (1602) Henri Boguet fait de la puissance sexuelle du diable un moyen de soumettre les femmes : « Satan les cognoist toutes, parce qu'il sçait que les femmes ayment le plaisir de la chair, afin que par un tel chatouïllement, il les retiene en son obeyssance, Joint qu'il n'y a rien qui rende plus tributaire, et obligée une femme à l'homme, que lorsqu'il en abuse ».[19] Le diable est le maître du corps de la femme, et le pacte apparaît dès lors comme une forme de mariage entre Satan et la sorcière.[20]

L'acte sexuel constitue aussi un marquage, qui vient s'ajouter à la marque que le diable inscrit dans le corps de ses suppôts, ce point insensible recherché à l'aide de longues aiguilles par les bourreaux pour servir de preuve d'allégeance à Satan dans les procès de sorcellerie. Dans l'affaire Gaufridy (1611), le prêtre sorcier présente la jeune Madelaine de la Palud, âgée de neuf ou dix ans, qu'il a séduite et ensorcelée, à Satan :

> Il la mena [...] dans un antre ou caverne, non loin de la métairie, où elle veit une grande trouppe de gens (qui estoit la synagogue des sorciers) dont elle

---

15   Institoris / Sprenger, *Le Marteau*, p. 182.

16   *Le Marteau*, p. 386.

17   Jean Bodin, *De la Démonomanie des sorciers*, édition de V. Krause, E. MacPhail, Chr. Martin, avec N. P. Desrosiers, N. Martin Peterson, Genève : Droz, « Travaux d'Humanisme et Renaissance », 2016, Préface de l'autheur, p. 59.

18   Bodin, *De la demonomanie*, liv. II, chap. VII, « Si des sorciers ont copulation avec les Demons », p. 261 sq.

19   Henri Boguet, *Discours execrable des sorciers*, édition de 1606, Marseille : Laffitte Reprints, 1979, p. 55.

20   Voir l'article de Catherine Chène / Martine Ostorero, « 'La femme est mariée au diable !' L'élaboration d'un discours misogyne dans les premiers textes sur le sabbat (XVᵉ siècle) », dans : Christine Planté (dir.), *Sorcières et sorcellerie*, Lyon : Presses universitaires de Lyon, *Cahiers Masculin / Féminin*, 2002, p. 13–32.

fust esbaye ; lors luy dict le Magicien, Ce sont icy nos amis, il faut estre marqué comme eux, aussi la pauvre fille toute estonnée se laissa marquer & violer, & n'en dit rien à son retour, ny à son père, ny à sa mère.[21]

François de Rosset, auteur avec ses *Histoires tragiques de notre temps* (1613) du plus grand succès littéraire du XVIIe siècle avec plus de trente-cinq éditions, propose de cette scène une réécriture plus explicite : dans la grotte où Gaufridy promet de lui montrer des « merveilles », Madeleine aperçoit « un grand nombre d'hommes et de femmes qui dansaient à l'entour d'un grand bouc assis ».

> Avec ces belles paroles il la mène vers le bouc, qui était Belzébuth, et la lui présente. L'exécrable démon la marque comme les autres sorciers, et puis s'accouple avec elle et la viole. Ce fait, les sorciers et les sorcières qui s'étaient assemblés à l'entour jettent un grand cri de réjouissance et puis, d'un consentement, la déclarent princesse de la synagogue, de même que Goffredy en était le prince.[22]

Le viol de la jeune fille par le bouc – qui rappelle celui de la nymphe par le satyre – est objet de réjouissance collective, car il signe l'entrée dans la secte. Ici, le diable a la forme d'un bouc,[23] animal dont « l'obscénité voluptueuse », écrit Nicolas Rémy dans sa *Démonolâtrie* (1595), incite les « suppôts aux activités de Vénus »[24]. Mais au sabbat, comme ailleurs, le diable a la capacité de se donner toutes les apparences, monstrueuses, humaines, animales. Ainsi, une sorcière dans l'ouvrage de Boguet, avoue-t-elle « que le Diable l'avoit cognuë charnellement quatre ou cinq fois, tantost en forme de chien, tantost en forme de chat, et tantost en forme de poule et que sa semence estoit fort froide »[25].

La sexualité diabolique devient, dans un phénomène de surenchère, un catalogue de toutes les transgressions, au point que Walter Stephens a pu parler d'une « escalation in sensational writing about demonic copulation »[26]. Tandis que Sprenger et Institoris soutiennent que les sorcières éprouvent

---

21   R. P. Sébastien Michaelis, *Histoire admirable de la possession et conversion d'une penitente seduite par un Magicien, la faisant Sorciere et Princesse des Sorciers au païs de Provence*, Paris : Charles Chastellain, 1613, sommaire, n. p.

22   François de Rosset, *Histoires tragiques* (éd. de 1619), édition de A. de Vaucher-Gravili, Paris : Livre de Poche, « Bibliothèque classique », hist. III, p. 107.

23   Voir à ce sujet l'ouvrage de Françoise Lavocat, *La Syrinx au bûcher. Pan et les satyres à la Renaissance et à l'âge baroque*, Genève : Droz, 2005, tout particulièrement p. 172 sq.

24   Nicolas Rémy, *La Démonolâtrie* (*Demonolatreiae libri tres*), édition de 1595, traduction du latin par Jean Boës, Nancy : Presses Universitaires de Nancy, 1998, p. 151–153.

25   Boguet, *Discours*, p. 107.

26   Walter Stephens, *Demon Lovers. Witchcraft, sex and the Crisis of Belief*, Chicago : The University of Chicago Press, 2002, p. 101.

une « délectation vénérienne »[27] à peu près semblable à celle éprouvée avec des hommes véritables, et que les diables se contentent d'un coït hétérosexuel, preuve de « l'énormité des crimes » que sont la sodomie et les « vices contre-nature »[28], Lancre, chasseur de sorcières dans le Pays basque, affirme de son côté qu'« il ne faut pas douter » que Satan « quand il baise les enfans ou filles, qu'il ne prenne plus de plaisir en la Sodomie, qu'en la plus reglée volupté et naturelle, car il ne cherche qu'offencer Dieu », prétendant néanmoins de façon quelque peu scabreuse, que le diable prend « les belles par devant, les laides par derrière ».[29] Le dominicain Michaelis, exorciste dans l'affaire Gaufridy, décrit un rituel réglé sur les jours de la semaine : les sorciers, écrit-il, « paillardent ensemble. Le Dimanche avec les diables succubes ou incubes : le jeudy commettent la Sodomie, le Samedy, la bestialité, les autres jours par voye naturelle »[30].

Le membre du diable est l'objet de toutes les attentions : chez Bodin, le diable n'est habillé que jusqu'à mi-corps, pour ne pas couvrir « les parties basses ny ses parties honteuses fort noir & espouvantable »[31]. Lancre précise à son tour que jamais Satan « ne paroist au sabbat en quelque action que ce soit qu'il n'ait toujours son instrument dehors, de cette belle forme et mesure »[32]. Jean-François Pic de la Mirandole avance que les sorcières sont des « putains » qui jouissent d'être « inondées » par des démons dont le « membre » est d'une grandeur peu commune.[33] Pour Nicolas Rémy, sa forme est celle d'une « sorte de fuseau enflé dans de telles proportions qu'il eût été impossible même pour une femme extrêmement large de le recevoir sans une grande douleur »[34], tandis que chez Pierre de Lancre, il est tantôt « long d'une aulne[35], mais il se tient entortillé et sinueux en forme de serpent », tantôt de « la moitié d'une aulne, de mediocre grosseur, rouge, obscur et tortu, fort rude et comme piquant ». Ce pénis gigantesque est de surcroît fait d'un matériau solide, « moitié de fer,

---

27   Institoris / Sprenger, *Le Marteau*, p. 303.

28   *Le Marteau*, p. 153. Il faut néanmoins préciser que dès les premiers procès pour sorcellerie démoniaque (la Vauderie d'Arras par exemple) toutes les pratiques sexuelles transgressives, sodomie, inceste, bestialité et homosexualité, sont présentes.

29   Lancre, *Tableau*, p. 279 [p. 219].

30   Sébastien Michaelis, *Histoire admirable de la possession et confession d'une pénitente séduite par un Magicien, la faisant Sorcière et Princesse des Sorciers au Païs de Provence*, Paris : C. Chastellain, 1613, 2ème partie, p. 30.

31   Jean Bodin, *La Demonomanie*, édition de 1587, Paris: Gutenberg reprint, 1979, f. 172 v.

32   Lancre, *Tableau*, p. 285 [p. 225].

33   Jean-François Pic de la Mirandole, *La Sorcière, dialogue en trois livres sur la tromperie des démons* (1523), texte établi, traduit et commenté par Alfredo Perifano, Turnhout : Brepols, 2007, p. 175 sq.

34   Rémy, *Demonolâtrie*, p. 72.

35   L'aulne de Paris fait plus d'un mètre...

moitié de chair », en « corne », ou pire encore : « le membre du Démon estant faict à escailles comme un poisson, elles se resserrent en entrant, et se levent et piquent en sortant ».[36] Même chez un démonologue comme Henri Boguet, juge en Franche-Comté, pour qui le sexe du démon est « froid comme glace, long d'un bon doigt et en moindre grosseur que celuy d'un homme », le rapport sexuel suscite « autant de peine qu'une femme qui est en travail d'enfant ».[37]

Un autre motif est associé à ce coït diabolique, celui de la sensation de froid, qui s'accompagne elle aussi de douleur ; la semence du diable est « bien fort froide », « glacée », « froide comme glace », disent les textes. Le rapport sexuel avec le diable est donc, ce qu'il n'était pas dans les premiers traités de démonologie, extrêmement douloureux, et s'apparente désormais clairement à un viol sanglant. Pierre de Lancre en offre une mise en scène quasi théâtrale : le diable emmène sur un « lict de soie », derrière une nuée qui les rend invisibles, les sorcières qu'il veut « cognoistre » ; on les entend alors « crier comme personnes qui souffrent une grande douleur » avant de les voir « aussi tost revenir au sabbat toutes sanglantes ».[38] Pourtant les sorcières ne semblent pas en être particulièrement bouleversées :

> Mais c'est merveille, que pensant faire quelque grand horreur à des filles et des femmes belles et jeunes, qui sembloyent en apparence estre tres-delicates et douillettes, je leur ay bien souvent demandé, quel plaisir elles pouvoient prendre au sabbat, veu qu'elles y estoyent transportees en l'air avec violence et peril, elles y estoyent forcees de renoncer et renier leur Sauveur, la saincte Vierge, leurs peres et meres, les douceurs du ciel et de la terre, pour adorer un Diable en forme de bouc hydeux, et le baiser encore et caresser és plus sales parties, souffrir son accouplement avec douleur pareil à celuy d'une femme qui est en mal d'enfant [...] : et neantmoins elles disoyent franchement, qu'elles y alloyent et voyoient toutes ces exécrations avec une volupté admirable, et un désir enragé d'y aller et d'y être [...]. Que toutes ces abominations, toutes ces horreurs, ces ombres n'estoyent que choses si soudaines, et qui s'esvanouissoient si vite, que nulle douleur, ny deplaisir ne se pouvoit accrocher en leur corps ny en leur esprit : si bien qu'il ne leur restoit que toute nouveauté, tout assouvissement de leur curiosité, et accomplissement entier et libre de leurs desirs, et amoureux et vindicatifs, qui sont delices des Dieux et non des hommes mortels.[39]

Comment ne pas lire dans la dernière phrase, où les « délices des Dieux » sont associés à « l'accomplissement entier et libre » de « désirs, et amoureux et vindicatifs », les mots du démonologue qui ne peut s'empêcher de voir dans les

---

36   Lancre, *Tableau*, p. 284 [p. 224]. Toutes les citations concernant le phallus démoniaque se trouvent dans le chapitre V du livre III, « De L'accouplement de Satan avec les Sorciers, et sorcières, et si d'iceluy peut sortir quelque fruict ».

37   Boguet, *Discours*, p. 58.

38   Lancre, *Tableau*, p. 279 [p. 219].

39   *Tableau*, p. 268 [p. 208].

jeunes paysannes qu'il fit exécuter la femme libre et dangereuse, l'Ève éternelle dont le désir a introduit le diable dans le monde ?

Mais ces scènes ont-elles vraiment eu lieu, alors que les douleurs et les blessures semblent s'évanouir comme dans un rêve, ne laissant plus que le souvenir intense du plaisir de la transgression ? La question de la « réalité » de cette assemblée nocturne agite les démonologues : le corps de la sorcière endormie est vu par des témoins dans son lit, alors qu'elle est au sabbat ; n'y serait-elle que de façon illusoire ou y est-elle « en corps », pendant qu'un simulacre créé par le diable prend sa place dans le monde réel ? Quelle que soit la réponse, elle sera de toutes les façons jugée coupable pour s'être donnée à Satan.

La sexualité monstrueuse du sabbat est donc jouissance perverse et c'est ainsi que l'entendent les juges, projetant de façon fantasmatique sur le diable une puissance sexuelle qu'ils envient, seule à même selon eux d'expliquer que des femmes se laissent séduire par le démon. L'incube du sabbat est donc avant tout un Satan tout-puissant à l'organe démesuré, dominant sexuellement les femmes mais aussi les hommes, ce que laissent entendre sa préférence pour la sodomie et la quasi-absence des démons succubes. En revanche, pour agir dans le monde réel, il reprend une figure protéiforme, aussi bien masculine que féminine.

3.   Les démons séducteurs

Dans le *Marteau des sorcières*, les inquisiteurs se demandent avec une certaine naïveté si les « anciennes sorcières, avant les années 1400 (ou environ) [...] s'adonnaient à ces turpitudes comme depuis ce temps, les sorcières modernes » et avouent leur ignorance. En revanche, écrivent-ils, il y a toujours eu des « démons incubes et succubes »[40], mais avec cette différence que « dans le passé, les démons incubes ont assailli les femmes contre leur volonté ». Aussi distinguent-ils les sorcières qui « se livrent volontairement aux démons incubes » de « ceux qui sont impliqués contre leur volonté avec les incubes et les succubes par les sorcières », donnant l'exemple d'un pauvre homme ensorcelé qui s'épuise dans un coït répété avec une figure invisible, ou « certaines vierges qui absolument contre leur volonté sont poursuivies par les démons incubes » et qui résistent grâce à leur foi à cette invitation démoniaque à la « luxure ».[41] Si les hommes séduits par les succubes sont à leurs yeux des victimes, les femmes qui se donnent aux incubes ne peuvent être que sorcières, comme l'atteste cette étrange scène d'un sabbat en plein jour :

---

40   Institoris / Sprenger, *Le Marteau*, p. 297.
41   *Le Marteau*, p. 387–389.

[...] les sorcières elles-mêmes ont été souvent vues couchées sur le dos dans les champs et les forêts, nues jusqu'au-dessus du nombril : et en position pour cette turpitude, agitant les jambes et les cuisses, les membres tout prêts ; les démons incubes étant en action, même si c'était invisiblement pour les spectateurs, et même si parfois à la fin de l'acte une vapeur très noire de la longueur d'un homme s'élevait au-dessus de la sorcière.[42]

Dans certains récits plus tardifs la femme peut néanmoins être violée par le diable sans avoir donné son consentement ; nombre de possédées se plaindront ainsi des assauts sexuels de Satan. Telle est l'étrange histoire de Françoise Fontaine, exorcisée à Louviers, en 1591 devant plus de « mil à douze cens personnes » alors qu'elle avait avoué avoir eu des relations sexuelles avec le diable, ce qui aurait dû faire d'elle une sorcière. Ce dernier lui était apparu sous la forme d'un « grand homme vestu tout de noir, ayant une grande barbe noire »[43], se présentant comme un riche marchand. Sa nature diabolique – au-delà du fait qu'il lui ait interdit de prononcer les mots de « Jesus, Maria » – se révèle dans l'acte sexuel : son « membre viril [...] dur comme un caillou et fort froid »[44] lui fait ressentir des douleurs « comme sy une charette chargée de fer fut passée par dessus elle »[45]. Celui qui se vante d'être aussi l'amant des « grandes dames dans Paris »[46] frappe la jeune femme et la couvre de plaies sanglantes. Ce démon frappeur, qui ne laisse pas en paix les femmes, se trouve certes déjà dans les textes du Moyen Âge,[47] mais ce qui mettait en valeur de la résistance de la femme vertueuse, renvoie désormais la toute-puissance sadique du diable.

Jean Wier, dans les *Cinq livres De l'imposture et tromperie des diables* (1567), innocente les sorcières, en ne voyant en elles que de vieilles folles trompées par le démon. Il affirme donc que « l'embrassement des diables avec les femmes est du tout faux et purement imaginaire »[48], et attribue donc à l'hystérie le spectacle obscène offert par les religieuses possédées du couvent de Nazareth à Cologne en 1565 : « Elles estoient renversées par terre le ventre en haut et

---

42   *Le Marteau*, p. 302.

43   *Procès-verbal pour délivrer une fille possédée par le malin esprit à Louviers, Bibliothèque diabolique*, t. 2, Paris : Delahaye et Lecrosnier, 1883, p. 57.

44   *Procès-verbal*, p. 42.

45   *Procès-verbal*, p. 88.

46   *Procès-verbal*, p. 89.

47   On peut citer le récit de Guibert de Nogent (*De vita sua*, lib. I, cap. 13). au XIIe siècle ; sa mère subissait les assauts violents d'un incube, jusqu'à ce que son bon ange le combatte et le fasse fuir, Guibert de Nogent, *Autobiographie*, éd. R. Labande, Paris : Les belles Lettres, 1981, p. 90.

48   *Cinq livres De l'imposture et tromperie des diables* (1567), réédité en 1579 sous le titre *Histoires, disputes et discours des illusions et impostures des diables*, Genève : Jacques Chouet, qui est l'édition que nous avons utilisée, p. 37.

retroussées à la mode vénerienne, pendant lequel acte, elles tenoient les yeux fermés, lesquels elles ouvroyent apres avec une grande honte, et comme si elles eussent enduré une grande peine ».[49] Force est de constater que les incubes ne s'en prennent plus seulement aux sorcières, et le témoignage de Wier, aussi sceptique et ironique qu'il soit, signale que la possession démoniaque est de plus en plus ouvertement assimilée à une possession sexuelle, comme l'attestent les célèbres affaires dans les couvents de femmes d'Aix (1611), de Loudun (1632–1637), de Louviers (1642–1647) et enfin d'Auxonne (1658–1663). Jeanne des Anges, supérieure du couvent des Ursulines de Loudun, révèle ainsi dans son autobiographie restée manuscrite jusqu'au XIXe siècle, que le « chef » des sept démons qui la tourmentaient était Asmodée, le démon de la luxure, qui par son « opération [...] continuelle », lui remplissait l'esprit et l'imagina-tion de « choses déshonnêtes ».[50] Elle se croit même enceinte du diable, et envisage de se débarrasser de cette « créature » en s'ouvrant le ventre, mais Dieu l'éclaire et lui fait comprendre qu'il s'agit là d'une « illusion » diabolique.[51] On peut néanmoins s'étonner que celle qui fut considérée après l'épisode de la possession comme une quasi-sainte présentant dans un voyage triomphal en France en 1638, ses stigmates diaboliques – les démons en sortant de son corps avaient écrit sur sa main les noms de Jésus, Marie et Joseph – et mettant la chemise miraculeuse ayant reçu l'onction de saint Joseph sur le ventre d'Anne d'Austriche, alors enceinte du futur Louis XIV, se soit crue porteuse d'un enfant du diable !

Il serait impossible de reprendre ici toutes les anecdotes, chez les démono-logues, comme dans les canards,[52] ou les recueils d'histoires « prodigieuses » ou « tragiques »,[53] de récits mettant en scène des incubes séduisant par la ruse ou le plus souvent par la violence des femmes, comme si parallèlement à l'érotisation de plus en plus obsessionnelle de la figure du diable au sabbat, se répandait la représentation d'un démon prédateur sexuel.

L'incube peut néanmoins prendre des formes plus séduisantes, pour trom-per sa victime: ainsi dans le *Discours merveillable d'un demon amoureux lequel a poussé une Jeune Damoyselle A brusler une riche Abbaye, et couper la gorge*

---

49   Wier, *Histoires*, p. 252.

50   Sœur Jeanne des Anges, *Autobiographie*, réédition du vol. 5 de *La Bibliothèque diabolique* de Bourneville, suivi de *Jeanne des Anges* par Michel de Certeau, Grenoble : Jérôme Mil-lon, 1990, p. 77.

51   Souer Jeanne des Anges, *Autobiographie*, p. 94.

52   Les « canards » désignent les occasionnels rendant compte de faits divers.

53   Voir à ce sujet mon ouvrage, *L'Imaginaire démoniaque en France (1550–1650). Genèse de la littérature fantastique*, Genève : Droz, 2000, p. 265 sq.

à sa propre Mere, canard datant de 1605[54] et qui sera repris dans les *Histoires tragiques de notre temps* de François de Rosset, le diable apparaît à la jeune religieuse sous les traits d'un « ange de lumière », même si ses parents assistent à un bien « estrange et monstrueux spectacle », en découvrant « un jeune pourceau se veautrant sur le ventre » de leur fille.[55] Pierre de Lancre rapporte une histoire plus surprenante encore : celle d'un diable, qui prend la forme du jeune homme aimé par l'héroïne et qui va jusqu'à l'épouser secrètement ; devant l'indifférence de l'amant réel, elle s'étonne et s'indigne. Ce dernier lui révèle alors que le jour du soi-disant mariage, il était à « cinquante lieues loin d'elle », ce qui est attesté par de nombreux témoins ; comprenant qu'elle a été trompée par le diable, elle se retire dans un couvent.[56] Le démon crée donc des doubles pour mieux tromper ses victimes : s'il veut emmener une « femme mariee au sabbat », il a ainsi le pouvoir de contrefaire « le corps de la femme jusques à servir au mari de succube ».[57]

Autant dire qu'avec un diable Protée tout semble désormais possible ! Mais est-il vraiment pure illusion ? Se crée-t-il un corps à partir de vapeurs, ou s'empare-t-il d'un cadavre auquel il redonne une apparence de vie ? Le débat sur la corporéité des diables est l'objet de nombreux débats. L'auteur byzantin Psellos, dans son traité paru en français en 1576 sous le titre *Traicté par dialogue de l'energie et operation des diables*, classait les démons en six catégories – « de feu, d'air, de terre, d'eau, soubzterrains, et enfin tenebreux » –, et soutenait que ceux qui étaient en bas de l'échelle étaient les « les plus enclins à quelque matiere », et donc les plus « mechans » :[58] ils ne « tentent pas les ames par phantasies ou illusions », mais « se ruent et jettent dessus les hommes, ainsi que font bestes farouches et cruelles ».[59] Aussi ont-ils le pouvoir de provoquer des naufrages, de tuer ou de violer.

Cette position est pourtant contestée par la plupart des démonologues, qui dans la lignée de saint Augustin, ne reconnaissent aux esprits que sont les anges déchus que la possibilité de se créer un corps « aérien », composé de vapeurs et donc évanescent : les démons ne sauraient exercer *réellement*

---

54   « Discours merveilleux d'un demon amoureux lequel a poussé une Jeune Damoyselle A bruler une riche Abbaye, et couper la gorge à sa propre Mere », Rouen : A. Cousturier 1605. Repris dans Maurice Lever, *Canards sanglants. Naissance du fait divers*, Paris : Fayard, 1993, p. 339–349.

55   « Des horribles excès commis par une jeune religieuse à l'instigation du diable », Rosset, *Histoires*, Hist. XX, p. 428 sq.

56   Lancre, *Tableau*, p. 280–283 [p. 220–223].

57   *Tableau*, p. 119 [p. 55].

58   Michel Psellus, *Traicté par dialogue de l'energie et operation des diables*, Paris : Guillaume Chaudière, 1576, titre du chap. 11. Cette célèbre classification sera reprise pas Ronsard dans son *Hymne des Daimons*.

59   Psellus, *Traicté par dialogue*, f. 23.

une emprise physique sur les humains. Pierre Le Loyer, auteur du *Discours des spectres*, soutient donc que si le diable a besoin d'être « maniable » et de se « laisser toucher », il devra nécessairement s'emparer de quelque chose qui « participe [...] de la terre », comme « le cadaver d'un homme mort, ou d'une beste ou d'une chose qui en approche »,[60] comme l'atteste l'histoire antique de Machates et Philinion, rapportée dans le *Livre des merveilles* de Phlegon de Tralles :[61] la jeune morte, venue dans la nuit rejoindre Machates ne peut être qu'un diable. Lorsque les parents surprennent les amants, Philinion meurt à nouveau ; sa tombe est vide mais on y découvre l'anneau que lui a offert Machates ; le corps est alors jeté hors de la ville. Le jeune homme pour avoir couché avec le « spectre ou plutost le corps et cadaver de Philinion [...] se fit mourir luy-mesme de honte et de vergongne »[62].

Ce motif du cadavre animé par les diables est ancien.[63] Dès le XIIIᵉ siècle, on trouve dans l'œuvre de Guillaume d'Auvergne, évêque de Paris, le récit d'un « soldat lequel pensant jouyr des embrassements desirez, d'une jeune fille, excellemment belle, aperceut en fin qu'il n'estreignoit qu'une charogne de beste infecte & toute pourrie »[64]. Mais tandis que cet *exemplum*[65] médiéval a pu être lu comme une allégorie – sur le péché de chair conduisant à la mort et à la damnation – les récits contemporains de la chasse aux sorcières donnent cette union comme véritable.

L'*Histoire prodigieuse d'un jeune gentilhomme auquel le diable s'est apparu et avec lequel il a conversé soubs le corps d'une femme morte*[66] (1613) raconte ainsi comment un gentilhomme invite « une jeune damoiselle » à dormir chez lui. Le lendemain, il la retrouve morte, et découvre que

> c'estoit le corps d'une femme laquelle y avoit quelque temps qui avoit esté pen-
> duë, et que c'estoit un Diable qui s'estoit revestu de son corps pour decevoir ce
> pauvre gentilhomme. Ils n'eurent pas proferé ces parolles que à la veuë de tous,
> il s'esleve une grosse et obscure fumée dans le lict qui dura environ l'espace d'un
> pater, et avec une puanteur extreme leur offusqua les sens de telle sorte qu'ils
> perdirent de veuë sans sçavoir ny quoy ny comment, celle qui estoit dans le lict.

---

60   Pierre Le Loyer, *Discours des spectres*, Paris : Nicolas Buon, 1608, p. 242.
61   Ce récit a été repris par Goethe dans son poème, *La Fiancée de Corinthe*.
62   Le Loyer, *Discours*, p. 249.
63   Pour plus de détails, voir la contribution de Dietmar Rieger dans le présent ouvrage.
64   Cité par Martin Del Rio, *Les Controverses et recherches magiques* (1611), traduit du latin,
      Paris : Jean du Petit Pas, 1611, p. 305.
65   Récit bref à visée morale et religieuse, utilisé dans la prédication.
66   Paris : F. du Carroy, 1613, et Lever, *Canards sanglants*, p. 377–382.

François de Rosset pousse encore plus loin l'horreur fantastique et macabre de ce récit dans sa nouvelle : « D'un démon qui apparaissait en forme de demoiselle au lieutenant du chevalier du guet de la ville de Lyon. De leur accointance charnelle et de la fin malheureuse qui en succéda ».[67] Le chevalier La Jacquière déclare que s'il rencontre le diable il le soumettra à sa « volonté » comme une quelconque « garce » ; apparaît alors une « damoiselle bien vêtue, accompagnée d'un petit laquais ».[68] Il propose de la raccompagner chez elle, obtient ses faveurs, et il lui demande d'être complaisante avec ses deux compagnons, qui éteignent ainsi « leur sale ardeur ».[69] Mais, à leur grande terreur et stupéfaction, lorsqu'elle leur demande à qui ils croient « avoir eu affaire »,

> elle retrousse sa robe et sa cotte et leur fait voir la plus horrible, la plus vilaine, la plus puante et la plus infecte charogne du monde. Et au même instant, il se fait comme un coup de tonnerre. Nos hommes tombent à terre comme morts. La maison disparaît et il n'en reste plus que les masures d'un vieux logis découvert, plein de fumier et d'ordure.[70]

Parmi les récits de morts animés on retiendra celui de Pierron le bouvier, rapporté par l'impitoyable Procureur de Lorraine, Nicolas Rémy, qui se vantait d'avoir fait monter neuf cents sorciers sur le bûcher. Le misérable bouvier maudit son sort quand surgit un aimable démon succube à la chevelure « parée d'émeraudes » ; dans le feu des « étreintes horribles »[71] le démon – qui dit alors s'appeler Abrahel – exige qu'il assassine son fils unique en lui offrant une pomme empoisonnée, ce qu'il fait. Le démon accepte néanmoins de redonner vie à l'enfant si Pierron l'adore comme une « divinité ». Le jeune garçon qu'on s'apprêtait à enterrer revient alors lentement à la vie, mais son visage aux « traits creusés et amaigris » garde un air « farouche ». « En réalité, il n'est qu'une masse inerte à laquelle un démon donne une apparence de vie en l'agitant d'une manière mécanique ».[72] Un an plus tard dans un « fracas retentissant » et une « senteur de soufre », le démon abandonne le corps, dont l'état de putréfaction est tel qu'à l'aide d'un « crochet », on se contente de « l'enfouir sous un simple amoncellement de terre ».[73] Ce récit, qui propose une

---

67   Rosset, *Histoires*, hist. X, p. 251–261. Potocki dans la dixième journée de son *Manuscrit trouvé à Saragosse* (1814) et Charles Nodier dans ses *Contes fantastiques* (1823) ont repris le texte de Rosset et écrit l'un et l'autre une histoire de Thibaud de la Jacquière.
68   Rosset, *Histoires*, p. 253.
69   *Histoires*, p. 257.
70   *Histoires*, p. 259.
71   Rémy, *La Démonolâtrie*, p. 36.
72   *La Démonolâtrie*, p. 38.
73   *La Démonolâtrie*, p. 39, commenté p. 175–185 (livre II, chap. 1).

réécriture diabolique tant du sacrifice d'Isaac que du péché originel, tiré des aveux de l'accusé est présenté comme vrai et Pierron fut exécuté.

Aussi incubes et succubes apparaissent-ils bien comme des figures du Tentateur agissant dans le monde réel : la chasse aux sorcières a ainsi offert aux récits de rencontre sexuelle avec un être surnaturel, si nombreux dans la mythologie comme dans le folklore, une explication ; ce ne sont là que les masques multiples du diable, capable tout autant d'agresser sa victime que de le séduire en prenant des formes voluptueuses.

Mais avec la fin de la chasse aux sorcières, ce système se défait, comme l'atteste un texte du début du XVIIIe siècle *De la démonialité et des animaux incubes et succubes*[74] du franciscain Ludovico Maria Sinistrari. Si pour les « suppôts de Satan », l'incube est bien un diable prenant « la forme d'une femme, si l'initié est un homme : ou la forme d'un homme, et quelquefois d'un satyre, quelquefois d'un bouc, si c'est une femme qui est reçue sorcière »,[75] pour les hommes et les femmes « parfaitement étrangers à toute sorcellerie »[76], l'incube est un « amoureux passionné, n'ayant qu'un but, qu'un désir : posséder charnellement la personne qu'il aime ».[77] Appelés « en italien *folletti*, en espagnol *duendes*, en français *follet*s »[78], ces êtres ne sont pas des « malins esprits »[79], mais des êtres corporels – d'où le titre du traité, les « *animaux* incubes et succubes » –, qui engendrent de leur propre semence des enfants « grands, très robustes, très audacieux, très superbes et très méchants » :[80] Rémus et Romulus, Alexandre le Grand, Auguste, Merlin, Luther sont issus de cette union d'une humaine avec un incube et tel sera le cas aussi pour l'Antéchrist.[81]

Incubes et succubes seraient les descendants de l'union des géants « fils de Dieu » avec les « filles des hommes » de la Genèse.[82] « Doués de sens, sujets aux passions des sens », ces « démons » – au sens antique du terme – qui « naissent

---

74   Ludovico Maria Sinistrari, *De la démonialité et des animaux incubes et succubes*, trad. du latin par Isidore Liseux et Isabelle Hersant, préface de Jean-Marie Guilleteau, Toulouse : Bibliothèque Ombres, 1998. Ce texte avait été partiellement édité dans le *De delictis et poenis* (Venise, 1700), mais le manuscrit entier ne sera retrouvé et édité qu'en 1875, jouant un grand rôle dans l'imaginaire fin-de-siècle en France. Il est ainsi cité dans *Les Incubes et les succubes* de Jules Delassus (peut-être un pseudonyme de Rémy de Gourmont), Paris : Société du Mercure de France, 1897.

75   Sinistrari, *De la démonialité*, p. 28.

76   *De la démonialité*, p. 27.

77   *De la démonialité*, p. 28 sq.

78   *De la démonialité*, p. 30.

79   *De la démonialité*, p. 61.

80   *De la démonialité*, p. 41.

81   *De la démonialité*, p. 36 sq.

82   Gn. 6. Voir aussi la note 6 sur saint Augustin.

par génération et meurent par corruption » sont en « raison de la subtilité de leurs corps » plus « nobles que l'homme » ; leur commerce charnel avec les humains est donc un péché analogue à « celui dont l'homme se rend coupable en s'unissant avec la brute, qui lui est inférieure ».[83] Preuve qu'ils ne sont pas des diables, ils ne peuvent être chassés par des exorcismes ou des prières, mais par des fumigations, comme celle du cœur et du foie de poisson que Raphaël conseilla à Tobie pour chasser le démon jaloux qui avait tué les sept maris de Sara.[84]

De façon peu orthodoxe, même s'il peut s'inscrire dans l'ambiguïté présente chez Augustin,[85] Sinistrari réintroduit une nouvelle espèce de « démons » aux corps subtils et qui ne peuvent être vus que par ceux qu'ils séduisent. Il redonne ainsi aux nombreuses divinités antiques ou aux créatures médiévales qui ont commerce avec les hommes une existence propre et des sentiments passionnés :[86]

> En effet, la passion appétitive du coït est une passion des sens ; le chagrin, la tristesse, la colère, la fureur causés par le refus du coït sont des passions des sens, comme on le voit chez tous les animaux ; la génération par le coït est évidemment une opération du sens. Or tout cela s'observe chez les incubes [...] : ils sollicitent les femmes, quelquefois même les hommes ; éprouvent-ils un refus, ils s'attristent, se mettent en fureur [...].[87]

Le théologien sort donc du système cohérent proposé par les démonologues qui voyaient dans tout ce qui relevait du surnaturel non reconnu par l'Église la marque du diable. Il propose un monde réenchanté où les incubes et succubes pourraient aussi s'appeler satyres ou sylphides,[88] fées ou revenants, créatures amoureuses venant d'un monde intermédiaire entre les dieux et les humains. Pourtant c'est toujours le diable qui semble tapi dans l'ombre. Sinistrari conclut en effet son texte par une bien étrange remarque ; pour ceux qui s'unissent avec les incubes et les succubes, « leur péché est le même [...] que s'ils avaient commerce avec des diables », parce qu'ils ignorent que ce sont des « animaux » et croient qu'ils se livrent aux esprits malins ...[89]

---

83   *De la démonialité*, p. 86 sq.
84   Tb 6,13–18.
85   Voir note 6.
86   *De la démonialité*, p. 86, Il s'en défend pourtant, rejetant l'accusation d'avoir introduit des « divinités nouvelles ».
87   *De la démonialité*, p. 60.
88   Voir Michel Delon (éd.), *Sylphes et sylphides*, anthologie de récits du XVIIIe siècle, Paris : Desjonquères, 1999.
89   Sinistrari, *De la démonialité*, p. 92.

4.   **Conclusion**

Le commerce des dieux avec les mortels, à l'origine de la naissance des héros dans tant de récits mythologiques, fera écrire à Voltaire, se moquant des élucubrations des « savants jurisconsultes démonographes » : « Que les dieux et les déesses de l'antiquité s'y prenaient d'une manière bien plus nette et plus noble ! Jupiter en personne avait été l'incube d'Alcmène et de Sémélé. Thétis en personne avait été la succube de Pelée, et Vénus la succube d'Anchise, sans avoir recours à tous les subterfuges de notre diablerie ».[90]

Il est néanmoins probable que ce soit à ces « démonographes », qui ont justifié avec tant d'ardeur la chasse aux sorcières dont ils étaient les acteurs, que l'on doive cette métamorphose du diable en figure phallique toute puissante, qui a fait entrer dans la culture occidentale un imaginaire obscène et sacrilège, à côté duquel écrit Michel Jeanneret « la pornographie du temps fait pâle figure »[91], et qui a nourri les œuvres d'écrivains et d'artistes jusqu'à aujourd'hui, pour ne citer que les noms de Sade ou de Félicien Rops. On leur doit aussi d'avoir rassemblé les récits, anciens comme modernes, mettant en scène des incubes et des succubes, en soutenant avec force qu'ils étaient véritables, et en diffusant ainsi la peur d'un diable agissant dans le monde comme un satyre à l'affût de ses victimes, mais capable comme Beelzébuth dans le *Diable amoureux* de Cazotte de se métamorphoser en tête de chameau, en épagneul, en jeune Biondetto ou encore en une charmante Biondetta, devenant ainsi la projection des désirs du jeune héros.

Les démons sexués, bien longtemps après la fin de la chasse aux sorcières, continuent ainsi à hanter l'imaginaire occidental, comme l'atteste l'immense retentissement du *Cauchemar* (1781) de Füssli, montrant un démon incube accroupi sur le ventre d'une jeune femme endormie, tandis qu'apparaît à travers le rideau la tête d'un cheval aux immenses yeux aveugles. La dimension érotique de l'œuvre sera rendue plus explicite encore dans la version de 1790,[92] puisque la fente par laquelle apparaît l'animal au milieu du tableau peut être facilement assimilée à un sexe féminin, pendant que le démon regarde cette fois-ci la belle endormie avec concupiscence en jouant d'une sorte de pipeau tandis que l'étrange polochon a tout d'un phallus en action.

---

90   Voltaire, art. « incubes », dans : Id., *Œuvres complètes*, vol. 19, *Dictionnaire philosophique* III, Paris : Garnier frères, 1879, p. 453–455.

91   Michel Jeanneret, *Éros rebelle. Littérature et dissidence à l'âge classique*, Paris : Seuil, 2003, p. 107.

92   La version de 1790 se trouve au Musée Goethe à Francfort.

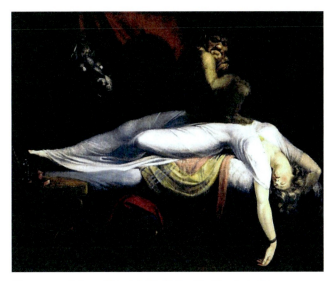

Fig. 1.1   Johann Heinrich Füssli: *Der Nachtmahr* (1781)

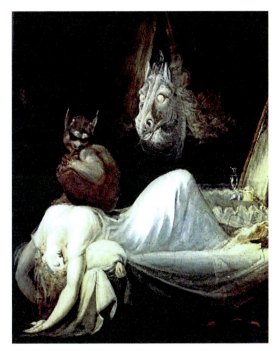

Fig. 1.2   Johann Heinrich Füssli: *Der Nachtmahr* (1790)

Ce tableau montre ainsi, en s'en jouant peut-être, le fantasme d'un artiste qui imagine, tels les démonologues des XVIe et XVIIe siècles, la femme rejoignant dans la nuit un monstrueux amant diabolique. Mais n'est-ce pas dire qu'elle échappe à l'homme, qu'elle est par là-même dangereuse, et donc prête à se transformer en démon succube, en diablesse suçant à la manière des vampires, la vie, la raison, l'âme des hommes ? En un mot, incubes et succubes traduisent avant tout des peurs et des fantasmes masculins, et on ne rappellera jamais assez que la fantasmagorie érotique du sabbat, qui a été pour tant d'artistes un formidable matériau fictionnel,[93] a conduit à une mort atroce des milliers de femmes, faussement accusées d'avoir couché avec le diable.

Bibliographie

Augustin, *La Cité de Dieu*, (XV, 23), t. 4, traduction de Gustave Combès, Paris : Desclée de Brouwer, 1960.

Bodin, Jean, *De la Démonomanie des sorciers*, édition de V. Krause, E. MacPhail, Chr. Martin, avec N. P. Desrosiers, N. Martin Peterson, Genève : Droz, « Travaux d'Humanisme et Renaissance », 2016.

Bodin, Jean, *La Demonomanie*, édition de 1587, Paris : Gutenberg reprint, 1979.

Boguet, Henri, *Discours execrable des sorciers*, édition de 1606, Marseille : Laffitte Reprints, 1979.

Caro Baroja, Julio, *Les Sorcières et leur monde*, Paris : Gallimard, 1972 (édition espagnole, 1961).

Cazotte, Jacques, *Le Diable amoureux*, édition de Georges Décote, Paris : Gallimard, « folio », 1981.

Chène, Catherine / de Ostorero, Martine, « 'La femme est mariée au diable !' L'élaboration d'un discours misogyne dans les premiers textes sur le sabbat (XVe siècle) », dans : Christine Planté (dir.), *Sorcières et sorcellerie*, Lyon : Presses universitaires de Lyon, *Cahiers Masculi / Féminin*, 2002, p. 13–32.

Closson, Marianne, *L'Imaginaire démoniaque en France (1550–1650). Genèse de la littérature fantastique*, Genève : Droz, 2000.

Closson, Marianne, « Violée par le diable », dans : *Le Verger*, bouquet n°4, juin 2013, http://cornucopia16.com/wp-content/uploads/2014/07/VBQIV-CLOSSON.pdf.

Closson, Marianne, Le cauchemar : quand le démon habite nos rêves », dans : Mireille Demaules (dir.), *Expériences oniriques dans la littérature et les arts du Moyen Âge au XVIIIe siècle*, Paris : Honoré Champion, 2016, p. 239–253.

---

93   Voir l'ouvrage de Mario Praz, *La Chair, la mort et le diable dans la littérature du XIXe siècle. Le Romantisme noir*, Paris : Gallimard, « Tel », 1998 (édition italienne, 1966).

Cohn, Norman, *Démonolâtrie et sorcellerie au Moyen Age. Fantasmes et réalités*, Paris : Payot, 1982 (*Europe's Inner Demons*, 1975).

Delassus, Jules, *Les Incubes et les succubes*, Paris : Société du Mercure de France, 1897.

Delon, Michel (éd.), *Sylphes et sylphides*, anthologie de récits du XVIIIe siècle, Paris : Desjonquères, 1999.

Del Rio, Martin, *Les Controverses et recherches magiques* (1611), traduit du latin, Paris : Jean du Petit Pas, 1611.

« Discours merveillable d'un demon amoureux lequel a poussé une Jeune Damoyselle A brusler une riche Abbaye, et couper la gorge à sa propre Mere », Rouen : A. Cousturier 1605. Repris dans Maurice Lever, *Canards sanglants. Naissance du fait divers*, Paris: Fayard, 1993, p. 339–349.

Garnier, Guillaume, « Les incubes et les succubes : singularités et équivoques des viols oniriques au début de l'époque moderne », http://cornucopia16.com/wp-content/uploads/2014/07/Verger4-Garnier.pdf.

Guibert de Nogent, *Autobiographie, De vita sua*, éd. R. Labande, Paris : Les belles Lettres, 1981.

Histoire prodigieuse d'un jeune gentilhomme auquel le diable s'est apparu et avec lequel il a conversé soubs le corps d'une femme morte, Paris : F. du Carroy, 1613.

« Incube », *Dictionnaire de l'Académie française*. Paris : Coignard 1694.

Institoris, Henry / Sprenger, Jacques, *Le Marteau des sorcières, Malleus maleficarum*, traduit et présenté par A. Danet, Grenoble : Jérôme Millon, 1990.

Jeanneret, Michel, *Éros rebelle. Littérature et dissidence à l'âge classique*, Paris : Seuil, 2003.

Lancre, Pierre de, *Tableau de l'inconstance des mauvais anges et demons* [1613], édition de Jean Céard, Genève : Droz, 2022.

Lavater, Ludwig, *Trois livres des apparitions des esprits*, Genève : J. Durant, 1569.

Lavocat, Françoise, *La Syrinx au bûcher. Pan et les satyres à la Renaissance et à l'âge baroque*, Genève : Droz, 2005.

Lever, Maurice, *Canards sanglants. Naissance du fait divers*, Paris : Fayard, 1993.

Le Loyer, Pierre, *Discours des spectres*, Paris : Nicolas Buon, 1608.

Procès-verbal pour délivrer une fille possédée par le malin esprit à Louviers, Bibliothèque diabolique, t. 2, Paris : Delahaye et Lecrosnier, 1883.

Rosset, François de, *Histoires tragiques*, édition de A. de Vaucher-Gravili, Paris : Librairie Générale Française 2001.

Sinistrari, Ludovico Maria, *De la démonialité et des animaux incubes et succubes*, trad. du latin par Isidore Liseux et Isabelle Hersant, préface de Jean-Marie Guilleteau, Toulouse : Bibliothèque Ombres, 1998.

Sœur Jeanne des Anges, *Autobiographie*, réédition du vol. 5 de *La Bibliothèque diabolique* de Bourneville, suivi de *Jeanne des Anges* par Michel de Certeau, Grenoble : Jérôme Millon, 1990.

Michaelis, R. P. Sébastien, *Histoire admirable de la possession et conversion d'une peni-tente seduite par un Magicien, la faisant Sorciere et Princesse des Sorciers au païs de Provence*, Paris : Charles Chastellain, 1613.

Nider, Jean, *Des sorciers et leurs tromperies, La Fourmilière, liv. V*, [1436–1438], texte établi et traduit par Jean Céard, Grenoble : Jérôme Millon, 2005.

Paré, Ambroise, *Des monstres et des prodiges* (1585), édition de J. Céard, Genève : Droz, 1971.

Pic de la Mirandole, Jean-François, *La Sorcière, dialogue en trois livres sur la tromperie des démons* (1523), texte établi, traduit et commenté par Alfredo Perifano, Turnhout : Brepols, 2007.

Psellus, Michel, *Traicté par dialogue de l'energie et operation des diables*, Paris : Guillaume Chaudière, 1576.

Rémy, Nicolas, *La Démonolâtrie (Demonolatreiae libri tres)*, édition de 1595, traduction du latin par Jean Boës, Nancy : Presses Universitaires de Nancy, 1998.

Stephens, Walter, *Demon Lovers. Witchcraft, sex and the Crisis of Belief*, Chicago : The University of Chicago Press, 2002.

Thomas d'Aquin, *Somme théologique*, édition numérique du texte paru aux éditions du Cerf en 1984. http://palimpsestes.fr/textes_philo/thomasdaquin/somme.pdf (accès : 22/08/2023).

Voltaire, art. « incubes », dans : Id., *Œuvres complètes*, vol. 19, *Dictionnaire philosophique* III, Paris : Garnier frères, 1879, p. 453–455.

Wier, Jean, *Cinq livres De l'imposture et tromperie des diables* (1567), réédité sous le titre *Histoires, disputes et discours des illusions et impostures des diables*, Genève : Jacques Chouet, 1579.

Der Teufel als Verführerin

Vom Anfang und vom Ende einer nicht nur literarischen
Schuld-Sühne-Verkettung

Dietmar Rieger

In christlicher Weltsicht ist der Teufel von Anfang an Inbegriff des Bösen –
gleichgültig, ob seine Konturierung als gegen Gott rebellierender, gefallener
Engel beginnt oder als alttestamentarische Schlange einsetzt: Er ist der „große
Drache, die alte Schlange, die Teufel oder Satan heißt und die ganze Welt
verführt; der Drache wurde auf die Erde gestürzt und mit ihm wurden seine
Engel hinabgeworfen" (Offb 12,9).[1] Gott, sein Gegenspieler, steht dagegen für
das *summum bonum*. Abgesehen von diesem absoluten ethischen Antagonismus fällt schon sehr früh ein Unterschied in der Repräsentation der beiden
Grundprinzipien auf: Was den christlichen Gott betrifft, so steht das 2. Gebot
des Dekalogs mit dem Verbot eines Kultbilds nach heidnischer Manier dem
im Exodus 32, der Erzählung vom Goldenen Kalb, als Sünde gebrandmarkten
Versuch der Gläubigen entgegen, sich Gott bildlich vorzustellen und vor allem
ihn als Bild zu verehren: „Du sollst dir kein Gottesbild machen und keine Darstellung von irgendetwas am Himmel droben, auf der Erde unten oder im Wasser unter der Erde" (Ex 20,4) – „Du sollst dir kein Gottesbildnis machen, das
irgendetwas darstellt am Himmel droben, auf der Erde unten oder im Wasser
unter der Erde" (Dtn 5,8).

Ein derartiges mosaisch geprägtes Bilderverbot, das auf dem Prinzip der
Nichtfassbarkeit, ja Formlosigkeit Gottes basiert, gibt es in der christlichen Vorstellungswelt, die in ihren Anfängen und dann auch innerkonfessionell immer
wieder auf die Vorgaben der hebräischen Bibel rekurrierte, im künstlerischen
und ikonographischen Bereich für den Teufel begreiflicherweise nicht. Im
Gegenteil kann sogar von einer Art Bilder*gebot*, auch von einem Bilderüber-
angebot gesprochen werden, da dieses einem spezifischen Bedürfnis des Gläubigen entspricht, das zu ächtende und vermeidende Böse sichtbar zu machen,
es in seinen vielen Ausgestaltungen zu erkennen und sich seiner erwehren zu
können. Da die biblischen Texte kaum feste Vorgaben liefern,[2] bleibt es von

---

1 Bibelzitate erfolgen nach der Bibel in der Einheitsübersetzung, www.uibk.ac.at/theol/
leseraum/bibel (Zugriff: 16.02.2023).

2 Nur die Apokalypse 12 bietet eine häufig genutzte Vorlage für künftige Verbildlichungen: „Ein
anderes Zeichen erschien am Himmel: ein Drache, groß und feuerrot, mit sieben Köpfen und

© BRILL FINK, 2024 | DOI:10.30965/9783846768013_003

Anfang an der relativ freien künstlerischen und religiösen Imagination und Inspiration sowohl im Bereich theologischer Gelehrsamkeit als auch auf der Ebene des Volkstümlichen vorbehalten, auf der Grundlage von Bezügen zu heidnischen Gottheiten und mit Hilfe von Merkmalen des Animalischen und des physiognomisch Abstoßenden und Hässlichen variierende Teufelsbilder meist apotropäischer Funktion zu kreieren. Schwarz, tierartig behaart und mit einem Schwanz, Bocks- oder Pferdefüßen, Widderhörnern und Flügeln ausgestattet, soll der Teufel seine innere Verworfenheit zum Ausdruck bringen und die Gläubigen abschrecken.[3]

Dabei werden die Grenzen der anthropomorphen Grundform des verbildlichten Bösen trotz aller Zugaben widermenschlicher Zeichen und Attribute der Difformität und Animalität im Allgemeinen nur selten überschritten. Nur so ist die Gefahr der gefährlichen Affizierung durch das Böse, ist aber auch die häufige Ridikülisierung des einzelnen, überlisteten Teufels durch den der Versuchung standhaltenden Menschen darstellbar, um die Furcht vor dem Einfall des Bösen durch die Freude über seine durchaus mögliche Überwindung zu konterkarieren.[4] Auch das Nebeneinander der Darstellung des Teufels als schöner junger Mann, eines blauen (gefallenen) Engels auf Jesu' rechter Seite in der Kirche Sant'Apollinare Nuovo in Ravenna aus dem 6. Jahrhundert[5] – deren Interpretation als Teufelsgestalt jedoch eben wegen dieser irritierenden Attribute in der Forschung auch in Frage gestellt wird[6] – und des anderen Extrems, Raoul Glabers kaum überbietbarer Vision eines Dämons in seinen *Historiae*

---

zehn Hörnern und mit sieben Diademen auf seinen Köpfen. Sein Schwanz fegte ein Drittel der Sterne vom Himmel und warf sie auf die Erde herab. Der Drache stand vor der Frau, die gebären sollte; er wollte ihr Kind verschlingen, sobald es geboren war" (12,3–4).

3   Einen informativen Überblick schafft der Artikel „Teufel" im *Lexikon des Mittelalters*, Bd. 8, München: Artemis-Verlag 1997, vol. 578 ff.

4   Vgl. Günther Mahal, „Der Teufel. Anmerkungen zu einem nicht allein mittelalterlichen Komplex", in: Ulrich Müller (Hg.): *Dämonen, Monster, Fabelwesen*. St. Gallen: UVK 1999, S. 495–529, hier S. 514 f.

5   Auf der linken Seite befindet sich ein roter Engel: Zu Gottes „Rechten steht ein schöner, roter Engel, der die Lämmer, also die guten Menschen in Empfang nimmt. Zu seiner Linken steht ein genauso schöner, blauer Engel, der die Böcke, also die schlechten Menschen bekommt". In frühchristlich-byzantinischer Zeit war „Blau die Farbe der Verdammnis und der Sünder", vgl. Michael Scholz, „Hölle! Hölle, Hölle!", in: https://onkelmichael.blog/2016/09/17/hoelle-hoelle-hoelle/ (Zugriff: 16.02.2023). Diese Webseite verlegt das Mosaik allerdings, wohl aus Versehen, nach der Kirche San Vitale in Ravenna.

6   Vgl. Jutta Dresken-Weiland, *Die frühchristlichen Mosaiken von Ravenna – Bild und Bedeutung*, Regensburg: Schnell & Steiner, 2016. Zu verweisen ist auch auf die Luziferdarstellung in der Illustration des Sturzes der rebellierenden Engel in den *Très riches Heures du Duc de Berry* vom Beginn des 15. Jahrhunderts.

aus dem 11. Jahrhundert, ist in der Geschichte der künstlerischen Teufelsdarstellung ein funktionales. Glabers Traumgestalt knüpft an die Apokalypse an:

> [U]n petit monstre hideux qui avait à peine figure humaine. Il me semblait avoir,
> autant que je pus m'en assurer, une taille médiocre, un cou grêle, une figure
> maigre, les yeux très-noirs, le front étroit et ridé, le nez plat, la bouche grande,
> les lèvres gonflées, le menton court et effilé, une barbe de bouc, les dents d'un
> chien, l'occiput aigu, la poitrine protubérante, une bosse sur le dos, les fesses
> pendantes, le vêtemens malpropres ...[7]

Dient die häufigere, besonders in der klerikalen Pädagogik beliebte Glaber-
Variante der Funktion der Abschreckung durch die Erzeugung von Angst und
Schrecken und wird vom 16. Jahrhundert bis in die Aufklärungszeit immer wieder neue Höhepunkte erreichen, so erfährt die äußerlich positive Gestaltung
des Bösen, die ursprünglich untrennbar mit der Vorstellung vom Engelssturz
verbunden ist, über das Bild vom revoltierenden Teufel hinaus sehr bald eine
neue, sehr spezifische Relevanz als Bild der Verführung des Mannes durch das
Weibliche, verallgemeinert als Versuchung des Menschen überhaupt durch
den Teufel oder zumindest durch einen weiblichen Dämon,[8] das seinerseits
aber nur im Verbund mit der Darstellung des Bösen als schreckliches Monst-
rum seine gesamte religionspädagogische Wirkung zu entfalten vermag.

* * *

Erste literarische Beispiele für diesen Verbund vor Jacques Cazottes *Diable amoureux* (1772 in erster Fassung)[9] sind zu Beginn des 17. Jahrhunderts
erschienen. Dazu gehört zweifellos eine der *histoires tragiques* aus François de

---

7 Rodulfus Glaber, *Historiarum libri quinque*, zitiert nach François Guizot (Hg.), *Collection des
   mémoires relatifs à l'histoire de France depuis la Fondation de la Monarchie Française jusqu'au
   13ᵉ siècle*, Bd. 6, Paris: J.-L.-J.-Brière, 1824, S. 329.

8 Einen ersten Überblick über das Motiv der dämonischen Verführerin – auch über die
   biblisch-christliche Tradition hinaus – bietet immer noch Elisabeth Frenzel, *Motive der Weltliteratur*, Stuttgart: Kröner, 1976, S. 737–751. Sehr anregend ist die Monographie von Silvia
   Liebel, *Les Médées modernes. La cruauté féminine d'après les canards imprimés français (1574–
   1651)*, Rennes: Presses universitaires de Rennes, 2013. Vgl. auch Sarah Matthews Grieco, *Ange
   ou diablesse. La représentation de la femme au XVIᵉ siècle*, Paris: Flammarion, 1991.

9 Vgl. unsere Monographie *Jacques Cazotte. Ein Beitrag zur erzählenden Literatur des 18. Jahrhunderts*, Heidelberg: Winter, 1969. Zur Geschichte des literarischen Teufels vgl. die Studien
   von Max Milner, *Le Diable dans la littérature française: de Cazotte à Baudelaire*, 2. Auflage,
   Paris: Éditions Corti, 2007 und Robert Muchembled, *Une histoire du diable. XII–XXᵉ siècle*,
   Paris: Éditions du Seuil, 2000.

Rossets Sammlung von 1614,[10] die im Todesjahr des Autors (1619) in erweiterter Form erschien: *D'vn Demon qui apparoist en forme de Damoiselle au Lieutenant du Cheualier du Guet de la ville de Lyon. De leur accointance charnelle, & de la fin mal heureuse qui en succeda* (Histoire VIII).[11] Bereits 1613 war die ‚wahre‘ *Histoire prodigieuse d'vn gentilhomme, auquel le Diable s'est apparu, & avec lequel il a conuersé, soubs le corps d'vne femme morte* publiziert worden[12] – ein direkter Einfluss auf Rosset lässt sich nicht belegen. Die dieser erzählerischen Konstellation zugrunde liegende Vorstellung geht bekanntlich auf den biblischen Sündenfall und seine misogynen Nachwirkungen – Eva als Werkzeug des Teufels – zurück und ist im Kontext der Kulpabilisierung und Dämonisierung der Frau, Nachfahrin von Eva, und der Sexualität seit den Anfängen des christlichen Mittelalters zu sehen.[13] Die Kirchenväter und die dämonologischen Schriften, in denen auch die bis weit ins 18. Jahrhundert gängigen *succubi*-Vorstellungen ihren Platz fanden,[14] haben dieses Ideengebäude weiter gefestigt. Heiligenlegenden und -viten des hohen Mittelalters – etwa

---

10   Zur Ausgabe von 1613 vgl. zuletzt Magda Campanini, „Actualité et fabrication du tragique chez François de Rosset. Les variantes des deux premières éditions des Histoires tragiques", in: *Réforme, Humanisme, Renaissance* 73 (2011), S. 143–161.

11   Die hier zitierte Ausgabe ist: *Histoires tragiques de nostre temps. Ou sont descrites les morts funestes, déplorables & desastreuses de plusieurs personnes, arrivees par leur ambition, amours desreglés, sortileges, vols, rapines, abus de faveurs & amitiez des Princes, & autres divers & memorables accidents. Composees par François de Rosset. Augmentées en cette derniere edition des morts tragiques arrivees à aucuns personnages de France, Espagne & autres lieux de l'Europe, depuis l'an 1620. jusques à present.* Dediees a Monseigneur le Prince. A Paris, De l'Imprimerie de François Huby 1623, S. 187–199. Verwiesen sei auch auf eine sehr gute moderne Taschenbuchausgabe: François de Rosset, *Les histoires mémorables et tragiques de ce temps (1619)*, édition d'Anne de Vaucher Gravili, Paris: Le Livre de Poche, 1994.

12   *Histoire prodigieuse*, Paris: François du Carroy, 1613. Zitate werden nach dieser Ausgabe belegt. Mit einigen Modifikationen und zusammen mit anderen ‚Anekdoten‘ nach der zweiten Edition („Extrait de la seconde édition", S. 124) wird die Geschichte auch aufgenommen in die Sammlung von Collin de Plancy, *Histoire des Vampires et des Spectres Malfaisans avec un examen du vampirisme*, Paris: Chez Masson Libraire, 1820, S. 124–132.

13   Liebel verweist immerhin auf einen *canard* von 1620, in dem der Teufel ausnahmsweise die Gestalt eines schönen Gentilhomme annimmt, um eine junge Dame zu verführen (*Les estranges et espoventables amours. D'un Diable, en forme d'un Gentilhomme ...*): „Un démon, empruntant le cadavre d'un larron pendu à Rennes, prend la forme d'un noble et riche gentilhomme pour faire la cour à une belle jeune fille. Cependant, lorsque le père de celle-ci se met à prier au dîner, le démon amoureux et sa cohorte ne peuvent pas se contenir et sont expulsés, laissant sur place les corps empruntés et une terrible puanteur", vgl. Liebel, *Les Médées modernes*, S. 185. Obwohl der Teufel sein Ziel nicht erreicht, geht die Moralisierung dennoch an die Adresse der standhaften Frau.

14   Vgl. dazu Alberto Ortiz, „Súcubo. El diablo en forma de mujer según la tradición discursiva en contra de la magia", in: María Jesús Zamora Calvo (Hg.): *El diablo en sus infiernos.*

diejenige des standhaften Heiligen Hippolyt in der *Legenda aurea* von Jacobus de Voragine (um 1270), der den erotischen Avancen der sich als Leichnam
entzaubernden Teufelsfrau tapfer widersteht – und einschlägige Narrative
der Exempla-Literatur auch aus dem Bereich der Hexenverfolgung haben das
Mittelalter überdauert. Eine Säkularisierung der Rolle des ob der Versuchung
Bedrängten hat zur Folge, dass die Darstellungen des siegreichen Teufels
zunehmen: Auf die Funktion des Ansporns des Klerikers, dem klerikalen Vorbild bei der Überwindung des Bösen nachzueifern, folgt die Funktion der Warnung etwa des Soldaten oder Edelmanns, also der Laien, vor seiner teuflischen
Unterjochung. Dabei zeigen entsprechende Beispiele der Versuchung des
Protagonisten durch den Teufel in Gestalt einer schönen Frau schon in einem
mittelalterlichen Prosaroman des 13. Jahrhunderts, der *Queste del Saint Graal*,
dass dieses Narrativ bereits früh mit dem Motiv des Teufelspakts verknüpft
wurde. Perceval hält sich indessen in beiden Teufelsversuchungen, die er zu
bestehen hat, nicht an den dem Teufel in Frauengestalt geleisteten Schwur
trotz dessen vertragsgerechter Gegenleistung: Der Teufel unterliegt, doch seine
Niederlage und Flucht sind mehr dem Eingreifen des Göttlichen in Form des
Kreuzeszeichens oder dem zufälligen[15] Blick („par aventure") des Protagonisten auf das „croiz vermeille" auf dem Knauf seines Schwerts zu verdanken als
Percevals eigener Standhaftigkeit: Indem Gott Perceval an seine christlichen
Pflichten erinnert, erinnert Perceval sich an sich selbst – „si li souvint de soi"[16].

Wie die anonyme *Histoire prodigieuse*, deren Ereignisse auf den 1. Januar 1613
datiert werden, wird auch Rossets *histoire tragique* zur Verstärkung der Wirkung auf den Leser als ‚wahre', authentische Geschichte aus der unmittelbaren
Gegenwart präsentiert:[17] Rosset spricht von einem Ereignis „arrivé depuis
quatre ou cinq ans"[18]. In beiden Fällen steht die Funktion der mit Warnung
operierenden Erbauung im Vordergrund. In der *Histoire prodigieuse* geht die
göttliche Gerechtigkeit mit dem Edelmann allerdings noch sehr milde um,
obgleich er zu jenen Menschen gehört, die Gottes Stimme nicht Gehör schen-
ken und den sicheren Hafen der Religion und des gütigen Vaters missachten

---

Madrid: Abada Editores 2022, S. 47–68 wie auch Marianne Clossons Beitrag im vorliegenden Sammelband.

15 Hinter diesem Zufall ist natürlich das Eingreifen Gottes zu erkennen, der das Werk des
Bösen durchkreuzt und Perceval zu einem weiteren wirkmächtigen Kreuzeszeichen
animiert.

16 *La Queste del Saint Graal*, édition d'Albert Pauphilet, Paris: Champion, 1923, S. 110.

17 Der Autor von 1613 authentifiziert das ‚schwer zu verstehende' Geschehen durch das
Zeugnis „de ceux qui l'ont veu", *Histoire prodigieuse*, S. 14. Collin de Plancy, der Kenner des
Okkulten und Fantastischen, gibt sich natürlich, als Voltairianer, auch als Skeptiker: „On
voit au reste que l'historien a brodé", *Histoire des Vampires*, S. 131, Fn. 1).

18 *Histoires tragiques de nostre temps*, S. 195.

und meiden, um „sur la rade de leurs plaisirs" ihren „desordonnés appetits"
freien Lauf zu lassen, die aber gerade dadurch Schiffbruch erleiden.[19] Der Protagonist begegnet in Paris einer „ieune Damoiselle bien en ordre"[20] – also seiner
zumindest ebenbürtig –, die Schutz vor einem heftigen Regen sucht. Von ihrer
Schönheit ist merkwürdigerweise nicht die Rede, wohl aber wird sie als „bien
vestuë d'vne robbe de tafetas descoupé, enrichie d'vn colier de perles & autres
plusieurs ioyaux beaux & bien apparens"[21] beschrieben. Für den Edelmann ist
sie also, „iugeant de l'exterieur"[22], sehr vertrauenswürdig, wenngleich wegen
des Übermaßes an Luxus aus der Perspektive des Autors dieses *canard* möglicherweise etwas anrüchig. Er behandelt sie deshalb überaus zuvorkommend,
ja ausgesprochen beflissen „à vous rendre ce qui sera de mon debuoir"[23], bis
sie schließlich nach dem Abendessen bei ihm auch übernachten darf, da ihr
Diener und ihre Kutsche sie vergessen zu haben scheinen. Ein erster leichter
Flirt steigert sich zur schnellen Verführung und Vergewaltigung ohne Gegenwehr. Verantwortlich scheint „le feu en son ame, la flame duquel consumme
nos esprits & qui de la fumee obscurcit les yeux de nostre entendement"[24]. Die
Diskulpierung des ‚armen' Edelmanns durch seine Einbindung in die Gruppe
der ‚nous', zu denen auch die Leser dieser Wundergeschichte zu zählen sind,
ist deutlich. Deren Mitleid und Betroffenheit über den Ausgang des Schäfer-
stündchens sind entsprechend groß: „& vrayement on le plaindra quant on
scaura lissuë de ceste Histoire"[25]. Am Morgen ist das Edelfräulein ein kalter
Leichnam, den Justiz und Medizin als den einer vor kurzem gehenkten Frau
identifizieren, den sich der Teufel als Hülle angeeignet hat. Kurz darauf ent-
schwindet in unerklärlicher Weise diese stinkende „charogne"[26] in dichtem
Nebel und Rauch. Der Edelmann kommt mit dem Schrecken davon. Eine Strafe
Gottes – für den Beischlaf mit einem *succubus* entspräche die Todesstrafe dem
geltenden Kirchenrecht – bleibt ihm erspart, ja seine Gruppe bedauert ihn und
beklagt voller Mitleid sein Missgeschick. Gottes exemplarische Geschichte
will lediglich die Gefahr moralischer Zügellosigkeit verdeutlichen und vor
unbekannten Frauen warnen. Das Paradies wird nur nach einer Reinigung von
allen „sales & deshonnestes plaisirs"[27] zu erlangen sein.

---

19   *Histoire prodigieuse*, S. 3 f.
20   *Histoire prodigieuse*, S. 5.
21   *Histoire prodigieuse*, S. 6.
22   *Histoire prodigieuse*, S. 7.
23   *Histoire prodigieuse*, S. 8.
24   *Histoire prodigieuse*, S. 10.
25   *Histoire prodigieuse*, S. 11.
26   *Histoire prodigieuse*, S. 13.
27   *Histoire prodigieuse*, S. 15.

Schon in der indessen nicht im christlichen Kontext, sondern in der klassischen Antike verankerten *Merveillevse Histoire d'vn cadauer d'vne fille duquel le diable se seruit pour exercer luxure auec vn ieune homme* von François de Belleforest verwendet der Teufel die äußere Hülle einer schönen jungen Frau (Philinion), um als *succubus* einen jungen Mann (Machates) zur Unzucht zu verleiten: „Ce disant elle luy tend les bras au col, & le baise mignardement. Le ieune Gentil homme [...] la reçeut aussi de son costé, & la iettant sur vn petit lit qui estoit en la chambre, ioüit d'elle a son plaisir. Leurs baisers & accollades passées ..."[28]. Das wahre Gesicht des Teufels bleibt unsichtbar. Machates stirbt wenig später aus Wut, Scham und Angst.[29]

* * *

Bleibt der Teufel in der *Histoire prodigieuse* sowohl in seiner Verführer-Erscheinung (als vornehm gekleidetes Edelfräulein) als auch in seiner wirklichen Gestalt (ein Frauenleichnam) recht summarisch und ohne weitere äußere Ausgestaltung, so hat sich Rosset im Interesse der ihm besonders wichtigen (beim Anonymus fehlenden) Schuld-Sühne-Verknüpfung seines zur *histoire tragique* erweiterten und fiktionalisierten *fait divers*,[30] für den Authentizität und Aktualität des erzählten, meist brutalen Geschehens funktional determinierend ist, um ein hohes Maß an Anschaulichkeit bemüht. Die thematisch-strukturellen Besonderheiten (Schuld und Verbrechen, Brutalität und Macht der Instinkte, Sünde und Sexualität, Unerbittlichkeit des Schicksals, der *récit* im Widerstreit mit der *moralité*) verlangen eine deutliche, oft deftige Sprache. Die Konzentrierung auf die finstere Seite der menschlichen Natur, auf Sünde und ihre Bestrafung, hat deshalb die Antithese zum handlungsstrukturierenden Element zur Folge. Die *histoire tragique*, die sich zugleich als *histoire de loi*[31] versteht, ist eine Kommunikationsform für Leser, die sich für

---

28   Pierre Boiastuau u. a., *Histoires prodigieuses & memorables, extraictes de plusieurs fameux Autheurs, Grecs & Latins, sacrez & profanes, diuiseés en six Liures*, Paris: Vesue Gabriel Buon, 1598, S. 1117–1145, hier S. 1130.

29   Vgl. Boiastau, *Histoires prodigieuses*, S. 1141.

30   Nach Vaucher Gravili dominiert in Rossets Texten „la force instinctive de l'homme où toute transgression à un code préétabli, fondé sur le lien d'appartenance qui régit les rapports humains et structure la société, entraîne inéluctablement une punition exemplaire et une fin mortelle", Anne de Vaucher Gravili, „De la transgression et du tragique. Les *Histoires tragiques* de François de Rosset", in: *Studi di letteratura francese* 18 (1990), S. 124 f., hier S. 168.

31   Zu Rosset vgl. Dietmar Rieger „Histoire tragique' und Ständeklausel. Zu den Wandlungen einer narrativen Gattung des 17. Jahrhunderts, in: Frank-Rutger Hausmann (Hg.), *„Diversité, c'est ma devise". Studien zur französischen Literatur des 17. Jahrhunderts. Festschrift*

besonders spektakuläre Ereignisse ihrer Gegenwart und ihres geographisch-kulturellen Umfelds interessieren – „Ce sont des Histoires autant veritables, que tristes & funestes"[32], „non moins veritable, qu'horrible & execrable"[33] –, wie sie der Untertitel von Rossets Sammlung ausführlich katalogisiert; Leser, die, kompensatorisch dazu, ihre eigene Belehrung mittels deren moralisch-religiöser Bewertung durch den dogmatisch strengen Erzähler durchaus zu schätzen wissen.

Mit seiner *Histoire VIII* will Rosset die Existenz von bösen Dämonen demonstrieren, die menschliche Gestalt annehmen können, um das menschliche Leben nach ihrem Willen zur Sünde zu verleiten. Wie der Autor der *Histoire prodigieuse* behauptet er, dass die Teufel „se mettent dans les charognes des morts, qu'ils font mouuoir & marcher, leur influant pour vn temps vne espece de proprieté & d'agilité"[34]. Das Beispiel des im Grunde zwar ehrbaren Leutnants La Jaquiere, der indessen erotischen Abenteuern mit Freuden-mädchen alles andere als abgeneigt ist und der des Nachts vor seinen Freun-den sogar damit prahlt, heute selbst den Teufel vergewaltigen zu können, und damit natürlich den Dämon provoziert, wird ganz auf diese These und die mit ihr verbundenen strikten Moralvorstellungen ausgerichtet. Die Dar-stellung der schönen, eleganten Dame, der der Leutnant auf dem Heimweg auf der Lyoner Saône-Brücke begegnet, geschieht nicht in einer einmaligen Kurzbeschreibung, sondern aus La Jaquieres Perspektive und aus der seiner anwesenden und auch erotisch beteiligten Freunde verteilt auf das dialog-förmige, in einer Art unbewusstem Teufelspakt gipfelnde[35] Verführungs- und Überredungsgeschehen, bei dem in Wahrheit der Leutnant der Verführte ist und nicht die sich als unglückliche *mal mariée* eines eifersüchtigen Ehemanns ausgebende[36] und La Jaquieres Avancenklimax kaum etwas entgegensetzende

---

für *Jürgen Grimm zum 60. Geburtstag*, Paris u. a.: Papers on French Seventeenth Century Literature 1994, S. 397–424; vgl. u. a. auch die Monographie von Thierry Pech, *Conter le crime. Droit et littérature sous la Contre-Réforme: Les histoires tragiques (1559–1644)*, Paris: Champion, 2000.

32   *Histoires tragiques de nostre temps*, S. VI.

33   *Histoires tragiques de nostre temps*, S. 287.

34   *Histoires tragiques de nostre temps*, S. 188.

35   „Cet Amoureux faict des serments horribles, & dict que iamais elle n'aura suiet de se plaindre pour son regard: qu'il est prest de s'exposer pour son seruice, à toutes sortes d'oc-casions [...] que desormais elle pouuoit disposer de luy & de ses biens, comme des siens propres", *Histoires tragiques de nostre temps*, S. 192 f. Rossets *histoire tragique* ist noch vom augustinischen *non posse non peccare* geprägt und bedarf eigentlich keines bewussten Teufelspakts, da die Sünde genügt, um den Teufel aufzurufen.

36   Der Appell an die Hilfsbereitschaft La Jaquieres gegen einen „mary si barbare, & si dénaturé" (*Histoires tragiques de nostre temps*, S. 191) ist erfolgreich.

Dame:[37] „vne Damoiselle si bien paree [...] tant de grace & tant de beauté luire en son visage [...] les doux regards [...] desir amoureux [...] cette douce amorce [...] une telle beauté"[38]. Das bis zur Grenze des Pornographischen erotisch aufgeladene Geschehen wird durch die Perspektive der ebenfalls zum Zuge kommenden Freunde mit den geläufigen Registern der traditionellen poetischen Schönheitsbeschreibung im Übermaß bereichert:

> L'vn loüc son front, & dict que c'eft vne table d'yuoire bien polie. L'autre s'arreste sur ses yeux, & asseure que ce sont les deux flambeaux, dont Amour allume toutes les ames genereuses. L'autre se met sur la loüange de ses blonds cheueux qu'elle déliait, parce qu'il estoit temps de s'aller coucher, & ne cesse de proferer tout haut, que ce sont les filets, où le fils de Cypris arreste la liberté des hommes & des Dieux. En fin, il n'y a partie en son corps qu'ils ne prisent. Ses mains ne vont iamais en vain à la conqueste. Sa gorge surpasse la blancheur de la neige, & les petits Amours voletent à l'entour de ses ioües, pour y succer les roses, les lys & les oeillets, que la Nature y a semez.[39]

Die Desillusionierung der verzauberten Liebhaber der schönen und begehrenswerten Dame folgt auf dem Fuß: Der Teufel lässt seine Hüllen fallen, und die vermeintliche „plus belle, & la plus galante Dame qui viue"[40] bietet sich ihren aus des Erzählers Sicht der Sünde verfallenen Verehrern in ihrer wirklichen Gestalt dar: „[E]lle retrousse sa robbe, & sa cotte, & leur faict voir la plus horrible, la plus vilaine, la plus puante, & la plus infectee charoigne du monde. Et au mesme instant il se faict comme vn coup de tonnerre ...".[41] Kreuzeszeichen und Gebete zu Gott fruchten hier nicht mehr. Keiner der beteiligten Soldaten überlebt den Schrecken, einer kann wenigstens noch der Öffentlichkeit und damit dem Erzähler und den Lesern die Wahrheit des Geschehens verbürgen, das, in die Form eines moralischen Exemplums gebracht, nicht nur die Existenz böser Dämonen betont und diese abschließend mit der Interpretation

---

37   Zur Behandlung des Narrativs ‚Verführung' in dieser *histoire tragique* vgl. Anne de Vaucher Gravili, „Retour sur les figures de séduction dans les *histoires tragiques* de François de Rosset, in : http://www.farum.it/publifarum/ezine_pdf.php?id=377 (Zugriff: 30.05.2022). Vaucher Gravili spricht von einem „jeu de parade séductrice" (S. 4). „Il ressort des histoires tragiques que tous les vices dont souffre l'humanité ont pour origines deux calamités fondamentales, qui sont la femme et le diable", Maurice Lever, *Le Roman français au XVIIe siècle*, Paris: PUF, 1981, S. 69.
38   *Histoires tragiques de nostre temps*, S. 189 f.
39   *Histoires tragiques de nostre temps*, S. 195.
40   *Histoires tragiques de nostre temps*, S. 196.
41   *Histoires tragiques de nostre temps*, Zur Rhetorik des Monströsen und Schrecklichen vgl. Astrée Ruciak, „Autour de François de Rosset: la dimension monstrueuse dans les *Histoires tragiques*", in: *Réforme, Humanisme, Renaissance* 84 (2017), S. 71–84.

lokaler und historischer Legenden zu belegen versucht,[42] sondern vor allem auch die Gerechtigkeit Gottes und die allzeit gegenwärtige Gefahr der Sünde herausstreicht. Selbst leichte moralische „inconueniens" können in die Hölle führen – „la paillardise attire l'adultere: l'adultere, l'inceste: l'inceste, le peché contre Nature: & apres, Dieu permet qu'on s'accouple auec le Diable"[43].

Die Begründung des Erzählers dafür, dass der Teufel sich eines weiblichen Leichnams aus einer Grabstelle bedienen und diesen in Bewegung setzen kann, um mit ihm La Jaquiere zu verführen, rührt zum Teil an theologische Grundfragen über die Existenzform und die Machtbefugnisse des Teufels:

> Et si l'on me dict qu'il n'y a pas d'apparence que le Diable vueille emprunter vne charoigne; parce qu'on le descouuriroit aisément par la puanteur: Ie responds, que puis que le malin esprit a pouuoir de donner mouuement à ce qui n'en a point, il a bien aussi la puissance de luy donner telle odeur, & telle couleur qu'il voudra. Ioinct quil peut tromper nos sens, & s'insinuer dans eux, pour nous faire prendre vne chose pour vne autre.[44]

Die Zauberkräfte des Teufels vermögen also toter Materie Leben einzu-hauchen, gleichsam in Reproduktion des Lazarus-Phänomens Tote wieder zum Leben und zwar mit seiner geistigen Essenz und für seine eigenen Dienste zu erwecken, und immobiler Materie – wie Gott, der ‚unbewegte Beweger' (Thomas von Aquin) – zur Bewegung zu verhelfen. War Thomas von Aquin der Auffassung, der Teufel müsse sich der Hilfe von Hexen und Magiern bedienen, um Materie zu bewegen und damit Schaden zuzufügen,[45] so handelt der Teu-fel Rossets offensichtlich autonom.

Rosset ist gerade diese seine La Jaquiere-*histoire* übelgenommen worden – und zwar ausgerechnet von der Familie des Teufelsopfers: „Il paroît que cette histoire, publiée de Rosset, ne fit pas plaisir dans le temps à la famille de la Jacquière, qui la fit démentir", dies ist – offenbar zum ersten Mal – in den 1797 unter dem Namen Courtilz de Sandras publizierten *Fredaines du Diable, ou Recueil de morceaux épars, pour servir à l'histoire du Diable et de ses suppôts*

---

42   „Il reste maintenant à dire, si c'estoit vn vray corps, celuy auecque qui ils s'accoupplerent, ou bien vn corps fantastique [...]. Nous en auons plusieurs tesmoignages arrivés de nostre temps ...", *Histoires tragiques de nostre temps*, S. 198.

43   *Histoires tragiques de nostre temps*, S. 197.

44   *Histoires tragiques de nostre temps*, S. 198.

45   Ziyang Wie, „Teuflische Synergie. Das Faustbuch (1587) zwischen Determinismus und Willensfreiheit", in: Jutta Eming / Daniela Fuhrmann (Hg.), *Der Teufel und seine poieti-sche Macht in literarischen Texten vom Mittelalter zur Moderne*, Berlin: De Gruyter, 2020, 131–156.

als Fußnote zum Abdruck von Rossets *histoire tragique* zu lesen.[46] Verwiesen wird auf die 1635 erfolgte Publikation einer Streitschrift mit dem langen Titel *Calomnie découverte et réfutée par la vérité, sur le décès de Fr. Pétigny, dit La Jaquière, lieutenant du guet à Lyon, contre l'imposture de François de Rosset, qu'il a insérée parmi les histoires tragiques de nostre temps, où il accuse le défunt d'avoir eu la compagnie du Diable, déguisé en demoiselle.*[47]

Auch wenn kein Exemplar dieser Streitschrift auffindbar ist, deutet ihr ausführlicher, mit konkreten Namensangaben, Inhalts- und Motivationsskizzierungen ausgestalteter Titel immerhin auf die Wege hin, wie einerseits ein als sensationell eingeschätztes lokales Ereignis als mit einer bestimmten ideologischen Funktion medial verwertbares, in narrative Form überführtes *fait divers* in Umlauf gebracht wird – eingebettet in eine große Zahl ähnlicher skandalaffiner narrativer Produkte. Der Titel weist andererseits auch darauf hin, wie ein solches literarisiertes *fait divers* in der Lage war, eine lokale Kontroverse über die im Überfluss vom Autor behauptete und angeblich mit Zeugen untermauerte Authentizität des erzählten Geschehens nicht zuletzt mit Hinweis auf den Schutz betroffener Einzelpersonen auszulösen.[48] Dass Rosset im Allgemeinen immer wieder Wert darauf legt, die Namen des ‚authentischen' Personals und der Örtlichkeiten seiner Geschichten zu deren Schutz und um der Ehre der betroffenen (meist hochrangigen) Familien willen zu verfremden, dies aber im Fall des wohl niederrangigen Soldaten La Jaquiere – wohl ein lokal bekannter Beiname – offensichtlich nicht tat,[49] wird in einer datenschutzlosen Zeit die Motivation für eine Gegenschrift in großem Maß verstärkt haben. Zugleich darf als relativ sicher gelten, dass in La Jaquieres Geschichte nicht der Lebenswandel des Protagonisten als solcher ausschlaggebend war, sondern gerade die Rolle des Teufels. Sich mit dem Teufel einzulassen, fast einen Pakt mit dem Teufel einzugehen, konnte für die ersten Jahrzehnte des

---

46   Paris: Merlin, 1797, S. 76. Rossets *histoire tragique*, S. 76–83.

47   Mit Verlagsangabe (Lyon: Jasserne, 1635) in Robert Yve-Plesis, *Essai d'une bibliographie française méthodique et raisonnée de la Sorcellerie et de la Possession Démoniaque* (1900), Genf: Slatkine Reprints, 1970, S. 162 (s. v. Rosset). Der Verlag Scipion Jasserne war im 17. Jahrhundert bekannt. Ein Exemplar dieser Streitschrift ist nicht eruierbar.

48   Die Form des Leserbriefs und des Leserkommentars ist in nuce erkennbar.

49   „Ie nommeray en ceste histoire de leur propre nom, les personnes dont ie vous veux parler, contre les protestations que i'ay ci-deuant faictes. Leur condition vile & abiecte m'en dispensera" (*Histoires tragiques de nostre temps*, S. 200), so argumentiert Rosset zu Beginn der *histoire tragique* über den Schneider Jean Vaumorin. Vgl. Dietmar Rieger, „Histoire de loi' – ,histoire tragique'. Authenticité et structure de genre chez François de Rosset", in: *XVIIᵉ siècle* 46 (1994), S. 461–477; Vgl. auch Ders., „Ie vous recite la pure verité de ceste Histoire'. Authentification et fictionnalité dans les *Histoires tragiques* (Rosset et Parival)", in: *Cahiers Tristan L'Hermite* 34 (2012), S. 17–30.

17. Jahrhunderts nicht nur den physischen, sondern auch den kirchlichen und sozialen Tod bedeuten.

Die diabolische Macht wird bereits einige Jahrzehnte später in der Erzählung *Imposture horrible & du tout estrange* von 1708[50] wesentlich abgemildert. Diese Geschichte aus dem Jahr 1602, die mehrfach authentifiziert wird, schildert zunächst das Ereignis einer durch einen jungen Edelmann verhinderten Vergewaltigung eines Edelfräuleins, dem er zufällig auf einer Reise begegnet. Der Retter und das angebliche Opfer von Räubern kommen sich näher, die junge Frau aus edlem Haus will schließlich aus Furcht vor einem erneuten Überfall in der Herberge im Zimmer des Edelmanns schlafen. Die starken moralischen Bedenken bewirken keinen Sinneswandel, zumal die Herbergsleute davon überzeugt sind, dass der Edelmann, ein Ehrenmann, nicht einmal daran denke, „à contaminer la virginité d'une pauvre damoiselle, qu'il avoit luimesme preservee de tel danger"[51]. Doch als sich sein Schützling seiner Kleider entledigt, wächst seine Begierde. Seine „infame convoitise"[52] lässt ihn Gott und sein Seelenheil vergessen, und schließlich kommt es zum Beischlaf („passerent la nuict ensemble"[53]). Am Morgen ist das Fräulein verschwunden. Von einem geheimnisvollen Ritter, dessen Antlitz dem des Mädchens gleicht, erfährt der junge Edelmann, dass seine nächtliche Geliebte der Teufel war („lui declarant lors en termes expres qu'il avoit connu la compagnie du diable"[54]). Sicher: Wenig später stirbt der schwach gewordene Protagonist, doch in berechtigter Hoffnung auf die unendliche Güte Gottes. Von einer Strafe kann nach vollendeter Buße im Einvernehmen mit der Kirche nicht die Rede sein. Der Teufel ist besiegt.

Wie sehr gerade die in Rossets Lyoner *histoire tragique* geschilderten Ereignisse und die in ihr verhandelten Probleme die eher religiös-seelsorgerisch und auch die eher weltlich orientierte Öffentlichkeit beschäftigten, zeigt die große Zahl an Inhaltsresumees im Schrifttum des 17. und 18. Jahrhunderts vor allem auch in Deutschland. Nur drei Beispiele: La Jaquieres Geschichte wird beispielsweise 1742 in Franciscus Sutters *Sittlichem Gebett-Spiegel, In Welchem zusehen, Was zu dem kräfftigen Gebett nohtwendig, und warum dasselbige bisweilen fruchtlos* ebenso ausführlich wiedergegeben[55] wie in Tobias Lohners

---

50   Erschienen in Simon Goularts *Thresor d'Histoires Admirables et Memorables de nostre temps*, 2 Auflage, Bd. 3–4, Genf: Jaques Crespin, 1708, S. 819–822.

51   *Imposture horrible*, S. 820.

52   *Imposture horrible*, S. 821.

53   Ebd.

54   Ebd.

55   Zug: Heinrich Anton Schäll, 1742, S. 234–235: „Ja, närrisch ist die fleischliche Liebe, welche ihre alle und jede gefallen lasset, so sie vermeint zu ihren Wollüsten dienstlich zuseyn", S. 234.

Geistlicher Hauß-Bibliothec / 6.Teil, Allgemainer Hauß-Cathechismus[56] oder in der *Lustigen Schau-Bühne von allerhand Curiositäten ...* von Erasmus Franciscus[57], deren Autor sich einen besonderen Spaß daraus macht, die sprachlich durchaus gemäßigte Darstellung Rossets, auch seine deutlichen moralisierenden Bewertungen, in Richtung sprachlicher Deftigkeit auf die Spitze zu treiben und sie interpretierend auszuschmücken: La Jaquiere sei ein Leutnant, „der mehr einen Ritter in der Hurerey und Unzucht / als martialischen Tugenden / gegeben / und ebenso gern / wie sein Patron / der geile Mars / die unkeusche venerische Bilde gesehen [...] nach Art der unverschämten stinckenden Huren-Böcke"[58].

Wie in diesen und ähnlichen Kompendien und popularisierenden Publikationen spielt das von Rosset aufgeworfene Problem der diabolischen Zauberkräfte und der Macht des Teufels, sich einen Leichnam als äußere Hülle anzueignen, auch eine Rolle im Briefwechsel von Pierre Bayle mit dem Genfer bibelkritischen Theologen und Philologen Jean Leclerc, der wegen seiner Kritik am Calvinismus Genf verlassen musste. In einem Brief vom 6. September 1684 aus Rotterdam[59] bringt Pierre Bayle Rossets *Histoires tragiques* und speziell La Jaquieres *Histoire* ins Spiel, nachdem Leclerc den Enzyklopädisten am 16. August um Beispiele aus der Geschichte für plötzliche Todesfälle aus extremem Erschrecken über seltsame Ereignisse gebeten hatte. Bayle verweist auf den Tod La Jaquieres, „trouvé roide mort", nachdem er erfahren hat, dass er mit dem Teufel geschlafen hat, um aber – wen wundert es im Fall von Pierre Bayle – hinzuzufügen: „Mais où trouver des attestations valables d'une telle chose qui se dit par tout pays"[60].

* * *

Rossets Welt ist von der unerbittlichen Macht eines brutalen Schicksals gekennzeichnet, über die der Erzähler immer wieder lamentiert, die er seiner strikten Morallehre entsprechend jedoch als absolut notwendig und gerechtfertigt erachtet. Dass bereits eineinhalb Jahrhunderte später diese absolute Notwendigkeit nicht mehr gegeben ist, wundert nicht. Gleichwohl spielt in

---

56 München: Sebastian Rauch, 1685, S. 642–643: „Unnd sihe da begegnet ihme ein Weib in Huerngeschmuck vorbereitet die Seelen zu betriegen; er folget ihr alsobald nach wie ein Ochs der zur Fleischbanck geführt wird unnd der Narr weiß nicht daß er zum Strick gezogen wird biß daß der Pfeil seine Leber zerspaltet", S. 642.

57 5. Versammlung, Nürnberg: Wolffgang Moritz Endter, 1674, S. 925–929.

58 Ebd., S. 925.

59 Lettre 329. http://bayle-correspondance.univ-st-etienne.fr/?Lettre-329-Pierre-Bayle-a-Jean-Le&lang=fr (Zugriff: 30.06.2022).

60 Ebd.

späteren, weit subtileren und vielschichtigeren Bearbeitungen der gleichen Teufelsversuchung das Problem des Bösen, seiner Gefahr für den Menschen und dessen Chance, das Böse (in sich) zu besiegen, immer wieder eine zentrale Rolle.

Auf einem weit höheren narrativ umgesetzten Reflexionsniveau als in Rossets *histoire tragique* wird dieses Problem bekanntlich bei Jacques Cazotte verhandelt. Ohne auf diesen kleinen Roman im Einzelnen eingehen zu können,[61] soll hier nur auf das reflektierte Spiel des Erzählers mit verschiedenen Möglichkeiten des *dénouement* seines *Diable amoureux* verwiesen werden. Die Schlussfassung von 1776 zeigt, dass Cazotte, der moralphilosophische Poet, einerseits nicht von der traditionellen pädagogischen Intention der Warnung vor der Unterjochung durch das Böse in Verkleidung einer schönen Frau lassen wollte, aber es andererseits nicht fertigbrachte, seinem Protagonisten Don Alvare die Emanzipation vom Teufel, auf den er sich leichtsinnig eingelassen hatte, für immer zu verwehren: Am Ende wird der Teufelspakt[62] vollzogen, das Böse unterwirft sich das Gute: „O mon Alvare! s'écrie Biondetta, j'ai triomphé; je suis le plus heureux de tous les êtres."[63] Der „trouble extraordinaire"[64], den Don Alvare empfindet, und ein Anflug von Scham ändern daran nichts. Biondettas Selbstentlarvung als Teufel („Je suis le diable, mon cher Alvare, je suis le diable"[65]) und das zweite ‚Che vuoi' des Kamelkopfs – Variante von Rossets *charoigne* – sind dann nur noch die Formalien, die den Vertrag besiegeln.

Doch dieses *dénouement* wird sukzessive zurückgenommen. Zuerst dadurch, dass Don Alvare beim Aufwachen „tout habillé"[66] auf dem Bett liegt und von Marcos, dem Pächter des Herzogs, erfährt, dass Biondetta gar nicht bei ihm geschlafen hat. Hat er einen Traum erlebt? Und in der Tat – so belehrt ihn der Don Quebracuernos, Doktor von Salamanca: Es war ein Traum, der zur Warnung vor einer Gefahr dienen soll, die sich jederzeit materialisieren kann. Der Teufel „vous a séduit, il est vrai, mais il n'a pu parvenir à vous corrompre"[67]. Das weitere Schicksal des Protagonisten bleibt bei diesem Kompromiss im

---

61   Vgl. dazu neben unserer schon erwähnten Studie insbesondere Georges Décote, *L'Itiné-raire de Jacques Cazotte, 1719–1792. De la Fiction Littéraire au Mysticisme*, Genf: Droz, 1984 Zitiert wird nach der Ausgabe: Jacques Cazotte, *Le Diable amoureux*, édition de Max Milner, Paris: Garnier-Flammarion, 1979.

62   Vgl. den Überblick über den Teufelspakt in der Literatur nach der motivbildenden erfolglosen Versuchung Jesu in der Wüste (Matthäus 4) in: Frenzel, *Motive der Weltliteratur*, S. 644–657.

63   Cazotte: *Le Diable amoureux*, S. 117.

64   Ebd.

65   *Le Diable amoureux*, S. 118.

66   *Le Diable amoureux*, S. 120.

67   *Le Diable amoureux*, S. 124.

Ungewissen. Das finale Fragezeichen dient indessen der moraldidaktischen Pädagogik.

Die erste Version von 1772 endet dagegen mit dem Sieg des Guten über das Böse: Da seine Mutter angeblich im Sterben liegt, eilt Don Alvare voller Schuldgefühle und Ungeduld zu seinem Über-Ich, seiner Mutter, nach Maravillas – natürlich gegen Biondettas Willen, deren Zauber alles versucht, um dies zumindest hinauszuzögern. Im entscheidenden Moment genügt ein plötzlicher „trait de lumière"[68], damit Don Alvare sich feierlich von dem „esprit malin"[69] lossagt. Biondetta verschwindet mitsamt den Zauberpferden. Am Himmel erscheint eine aufsteigende schwarze Wolke, deren Spitze einen übergroßen Kamelkopf darstellt. Die Befreiungsformel entspricht dem Kreuzeszeichen Percevals in der *Queste del Saint Graal* – psychologisch relativ unmotiviert, da die Klimax der Verführungserfolge des Teufels Biondetta unvermittelt abgebrochen wird.

Wie Cazotte im Epilog zur Ausgabe des *Diable amoureux* von 1776 mitteilt, habe ein großer Teil des Lesepublikums der Fassung von 1772 eine völlige Niederlage des Protagonisten als weitaus stimmiger und folgerichtiger angesehen. Dieses *dénouement* aber scheint der ursprünglichen Konzeption des Erzählers als Ende eines ersten Romanteils zu entsprechen, auf den ein zweiter hätte folgen sollen, in dem Don Alvare als bedingungsloses Werkzeug des Teufels, als dessen Gehilfe bei der Chaotisierung der Welt[70] mitgewirkt hätte.[71] Das Ende der Fassung von 1776 ist also eine Art Kompromiss zwischen den allesamt verworfenen narrativen Möglichkeiten – ein Kompromiss in der offenen und durch das Instrument des Fantastischen moralisch höherwertigen Antwort auf die Frage nach dem Schicksal des einzelnen Sünders im Spannungsfeld von Gut und Böse. Cazotte, der sich im Dunstkreis der antiaufklärerischen Bewegungen seiner Zeit einrichtete und – immer noch im magischen Denken der Zeit um 1700 verhaftet – Teufels- und Geisterglauben letztlich nicht ablehnend gegenüberstand, hat mit der definitiven Fassung seines *Diable amoureux*, der nur vordergründig als harmloses, ästhetisch

---

68   *Le Diable amoureux*, S. 186 (erste Version).

69   *Le Diable amoureux*, S. 123.

70   Eine Nachfahrin Biondettas, die von Satan geschickte Hexe Matilda in *The Monk* (1796) von Matthew Gregory Lewis, wird nach der mit einem Teufelspakt endenden Verführung Ambrosios und mit dessen Hilfe die Umwelt des Mönchs und ihn selbst in ein derartiges Chaos stürzen, dass selbst der Teufel nicht mehr bereit ist, ein solches Monster in seine Hölle aufzunehmen.

71   Bekannte und Freunde seien verschiedener Auffassung gewesen: „Sur ce récit, les avis se partagèrent: les uns prétendirent qu'on devait conduire Alvare jusqu'à la chute inclusivement, et s'arrêter là; les autres, qu'on ne devait pas en retrancher les conséquences", Cazotte: Épilogue du *Diable amoureux*, S. 127.

reizvolles Feenmärchen erscheinen könnte, eine durchaus aufklärerische, realistische und dennoch optimistische Weltsicht als Lösung angeboten, die auf dem Willen und dem Verhalten des einzelnen Menschen den Verlockungen des Bösen gegenüber basiert.

* * *

Der *Diable amoureux* hat als erste französische fantastische Erzählung in der europäischen Romantik Fortüne gemacht. Doch auch Rossets *histoire tragique*, von der man nicht weiß, ob Jacques Cazotte sie gelesen hat, ist nach der Jahrhundertwende nicht völlig vergessen worden. Sie ist zu Beginn des 19. Jahrhunderts sogar Gegenstand einer kleinen intertextuellen Kette geworden. Am zehnten Tag findet und liest Alphonse Van Worden, Protagonist von Potockis *Manuscrit trouvé à Saragosse* (1804/1810), in der Bibliothek von Don Pedro Uzeda ein dickes Buch – die *Relations curieuses* von Hapelius, genauer: die *Grössesten Denkwürdigkeiten der Welt oder so genandte Relationes curiosae* von Eberhard Werner Happel, die 1687 in Hamburg erschienen waren. In diesem Band stößt Van Worden auf die Vorlage für seine *Histoire de Thibaud de La Jacquière*. Obgleich keine andere Quelle als Happels *Denkwürdigkeiten* genannt wird, legt die Erzählung selbst, die Verführung Thibauds durch den Teufel in Gestalt einer schönen Frau, trotz einiger Zutaten und Modifikationen einen direkten Bezug auf Rosset nahe,[72] während die von Potocki angegebene unmittelbare Vorlage allenfalls als Grundlage der *Histoire de Thibaud de La Jacquière* gelten kann. Da Happel seinerseits auf seine Quelle, Rossets *histoires tragiques* in der deutschen Übersetzung von Martin Zeiller, verweist und ihr im Wesentlichen auch folgt, könnte vermutet werden, dass Potocki diese Quelle gar nicht zur Kenntnis genommen hat. Nicole Hafid-Martin hat indessen sehr glaubhaft gemacht, dass Potocki sehr wohl auch auf diese Quelle zurückgegriffen hat.[73]

Beispielsweise ist bei Potocki – weit über Rossets Intention hinaus – eine bewusste „volonté de transgression non seulement sexuelle mais aussi sociale et religieuse"[74] als deutliche Korrektur der Eindimensionalität Rossets festzustellen. Im Übrigen erhöht Potocki das soziale Niveau des Protagonisten

---

72 Da in späteren Ausgaben von Rossets *Histoires tragiques de nostre temps* der Protagonist von *D'vn Demon qui apparoist en forme de Damoiselle* den Vornamen Thibaud erhalten hatte, ist ohnehin an eine intertextuelle Beziehung zu denken.

73 Nicole Hafid-Martin, „L'Hommage caché de Potocki à François de Rosset dans l'Histoire de Thibaud de La Jacquière", in: Jan Herman u. a. (Hg.), *Le manuscrit trouvé à Saragosse et ses intertextes*, Louvain-Paris: Éditions Peeters, 2001, S. 131–138.

74 Hafid-Martin: „L'Hommage", S. 134.

erheblich und fügt ihr eine ökonomische Relevanz hinzu: Thibauds Vater ist
ein reicher Lyoner Kaufmann. Die beteiligten Freunde von Thibaud, dessen
erotisches Schuldenkonto viel größer ist als bei Rosset, distanzieren sich von
ihm, dem „Gentil soudar et friant de la lame, grand pipeur de fillettes, rafleur
de dez, casseur de vitres, briseur de lanterans [sic], jureur et sacreur"[75], obwohl
auch sie „grivois de même étoffe"[76] sind, ermahnen ihn zu christlich-moralisch
korrektem Verhalten und nehmen an Thibauds erotischem Abenteuer mit dem
Teufel (mit Namen Orlandine) erst gar nicht teil. Thibaud schreckt mehrfach
nicht davor zurück, zum Leidwesen seiner Freunde den Teufel mit seinen Flü-
chen zu provozieren – „sacré mort du grand diable"[77] – und nicht durch seine
erotische Kraftmeierei wie bei Rosset. Potockis Thibaud kommt bei Orlandine nach längerem dialogreichen Flirten und nach einer natürlich vom Teufel
gesteuerten Verführung nur wenige Augenblicke zur Erfüllung seiner Begierde:
„[I]l sentit comme des griffes qui s'enfonçoient dans son dos: ‚Orlandine,
Orlandine (s'écria-t-il) que veut dire ceci?' Orlandine n'étoit plus. Thibaud ne
vit à sa place, qu'un horrible assemblage de formes hideuses et inconnues: ‚Je
ne suis point Orlandine (dit le monstre d'une voix épouvantable). Je suis Belze-
but …'."[78] Der Teufel hindert ihn daran, Jesus anzurufen, und auch ein Eremit
und sein Kruzifix vermögen ihn nicht mehr vor der Todesstrafe zu bewahren:
„L'hermite avoit disparu, et Thibaud fut trouvé mort avec un crucifix entre les
mains."[79]

Genauso ergeht es Thibaud in Charles Nodiers *Aventures de Thibaud de la
Jacquière*, einem *conte fantastique*, der 1822 in den *Infernalia* erschienen ist.
Kein Wunder. Von gelegentlichen leichten Abweichungen abgesehen, handelt
es sich bei diesem *petit roman* um nichts anderes als Potockis Thibaud-Version,
also um ein allein durch die Formulierung „publié par Ch. N***" in der Titelei
der *Infernalia*[80] zu entschuldigendes Plagiat:

> Récit édifiant au XVIIᵉ siècle, l'histoire de La Jacquière achève sa fortune lit-
> téraire sous forme de fable infernale deux siècles plus tard. Mais seuls Ros-
> set et Potocki en ont été véritablement les maîtres d'œuvre, chacun ayant un

---

75   Jean Potocki, *Manuscrit trouvé à Saragosse* (1810), édition de Dominique Triaire, Paris:
     Garnier-Flammarion, 2008, S. 55, https://halshs.archives-ouvertes.fr/halshs-01980373/
     document (Zugriff: 30.05.2022), mit verschiedenen Textfassungen.

76   Potocki, *Manuscrit trouvé à Saragosse*, S. 54.

77   Ebd.

78   *Manuscrit trouvé à Saragosse*, S. 169.

79   *Manuscrit trouvé à Saragosse*, S. 58.

80   Paris: Sanson-Nadau, 1822.

épigone – Happel pour l'auteur du texte référent et Nodier pour celui du texte transformé. Ainsi s'achève la curieuse destinée d'un certain lieutenant en la ville de Lyon ...[81]

* * *

Sind die Zeit um 1800 und der Beginn des 19. Jahrhunderts mit Charles Nodier, Jean Potocki, E. T. A. Hoffmann und anderen die Epoche des aus narrativen Vorstufen wie dem *Diable amoureux* hervorgegangenen, äußerst vielgestaltigen *conte fantastique*, so verwundert nicht, dass sehr früh auch auf der Theaterbühne Verfahren des Fantastischen Einzug halten, die zuvor aber in der Oper bereits geläufig waren. Die besonderen Möglichkeiten, die Inszenierung und Theatermaschinerie im direkten, unmittelbaren Kontakt mit dem Publikum bereitstellen, mussten dies begünstigen. Nach der Epoche der *lumières* konnte auch das Thema der Konfrontation eines exemplarischen Protagonisten mit dem Teufel in Gestalt einer begehrenswerten Frau nicht mehr das traditionelle Oszillieren zwischen Teufelsgläubigkeit und Gotteszuversicht, mehr oder weniger vorhandenem Sündenbewusstsein und mehr oder weniger überzeugender Strafbemessung nicht mehr wirklich – wie auch immer variiert und in religionsmoralischer Verpackung – reproduzierbar sein.

Als ein Symptom für die sich daraus ergebenden Zuspitzungen und Veränderungen kann das *mélodrame* in Prosa und vier Akten *Le château du diable* von Loaisel de Tréogate herausgestellt werden, am 5. Dezember 1792 auf der Bühne des Théâtre de Molière uraufgeführt. Das Stück spielt im 14. Jahrhundert, in einer Zeit, in welcher der Teufel uneingeschränkt präsent, für die Menschen nicht nur auf gefährlichen Reisen real ist: „Mauvais tems, chemins du *diable*, fatigues et périls de toute espèce!"[82], so Robert, Diener des verarmten, aber tapferen Raoul, comte de Salandrie, und seiner Gemahlin Adélaïde, Nichte und Mündel des reichen und tyrannischen Baron de Mongrigny, gegen dessen Willen diese Raoul aus Liebe geheiratet hat und daraufhin von ihrem Onkel enterbt wurde. In der Herberge, in der das Ehepaar übernachtet, wird Raoul von einem Bauern angefleht, ganz in der Nähe das geheimnisumwitterte, verfallene und halb von der Natur vereinnahmte „châtiau du diable"[83] von den bösen Geistern und Dämonen zu befreien, die dort ihr Unwesen zu Lasten der Landbevölkerung treiben: „[C]e sont des revenans, des magiciens

---

81   Hafid-Martin, „L'Hommage", S. 138. Zum Komplex ,Thibaud de la Jacquière' vgl. auch die ältere Studie von Jean Descottignies, „Variations sur un succube. Histoire de Thibaud de la Jacquière", in: *Revue des Sciences Humaines* 111 (1963), S. 329–340.

82   Zitiert wird nach der Ausgabe Paris: Citoyenne Toubon, 1793, hier: S. 5.

83   Loaisel de Tréogate: *Le château du diable*, S. 13.

ou des diables qui s'y rassemblent: mais il n'est sorte de choses qu'on n'y ait vu et entendu, sur-tout depuis deux mois. Outre qu'ils font un sabbat d'enfer, ils maltraitent, ils assomment les passans."[84] Raoul, 1792 als guter Republikaner natürlich dem einfachen Volk verbunden und voller patriotischer Gefühle, ist einverstanden – als Aufklärer vor der Zeit ist er nämlich, wie anfangs auch Robert[85], davon überzeugt, dass es sich um Lügengeschichten („contes de vieilles femmes"[86]) und Betrug, um ein handgestricktes *merveilleux* handelt: „Je ne crois pas aux revenans; mais je crois aux fripons."[87]

Trotz allen Unglaubens: Ein Geist packt den Diener, der Fußboden beginnt zu beben, eine schaurige Musik ertönt, die Szenerie verändert sich zu einem antiken Tempel, ein Grabmal und Ritterstatuen werden sichtbar und auf einer Schriftrolle werden die Besucher zur Flucht aufgefordert. Raoul lässt sich aber von all dem nicht beeindrucken und demaskiert eine Statue, die ihn aber zum Kampf auffordert. Während Robert sich immer wieder versteckt, wo er nur kann, wird Raoul von einer Übermacht mysteriöser Krieger gefesselt. Schließlich erscheint deren Anführerin, eine Amazone, die – für den Diener eine „magicienne"[88] – an Raoul Gefallen findet, den Auserkorenen durch eine Zaubermaschine kaltstellen lässt und im Rahmen einer mysteriösen Choreographie mitsamt der Kulisse versinkt. Robert ist nun davon überzeugt, er habe es mit der Hölle, den „puissances de l'enfer"[89], einer „demeure infernale"[90] zu tun: „où des spectres, des démons peut-être le (= Raoul, D. R.) font griller à petit feu"[91]. Sein an Mozarts Papageno und Leporello oder Molières Sganarelle im *Dom Juan* erinnerndes, angsterfülltes Lamentieren über das gerade Erlebte dient der den Ernst der teuflischen Gefahr relativierenden komischen Einfärbung der Inszenierung des Bösen.

Nach einem Szenenwechsel erscheint der völlig verunsicherte Raoul in einer tiefen Höhle an einen Felsen gekettet. Den ganzen „appareil effrayant"[92] führt er, seiner Mission für die Mitmenschen treu, auf Verbrecher und nicht

---

84 *Le château du diable*, S. 14. Bislang sei es niemandem gelungen, die Teufel und bösen Geister des Schlosses zu vertreiben.

85 Der trinkfreudige und gar nicht mutige Diener Robert ist – ganz in der klassischen Komödientradition – ebenso wie die Herbergsleute für die frühzeitige komische Auflockerung des geheimnisvollen Teufelsgeschehens zuständig („Le vin fortifie contre les périls", *Le château du diable*, S. 17).

86 *Le château du diable*, S. 16.

87 *Le château du diable*, S. 18.

88 *Le château du diable*, S. 26.

89 *Le château du diable*, S. 46.

90 *Le château du diable*, S. 30 und S. 37.

91 *Le château du diable*, S. 28.

92 *Le château du diable*, S. 32.

auf Geister und Teufelswerk zurück. Doch die verführerische Amazone will über ihn richten. Ein Lied über die Allmacht der Liebe und gegen die Gleichgültigkeit des Gefangenen, der nur an seine Adélaïde denkt, deutet auf die Motivation der Amazone, die ihm durch einen Knappen sein Todesurteil eröffnen lässt. Verzichtet er auf Adélaïde und vermacht sich bedingungslos der Amazone, soll er aber begnadigt werden. Zum Schein lässt Raoul sich einen Augenblick lang darauf ein.[93] Schließlich vollzieht er autonom, ohne Hilfe der Henker, die ihm zugedachte Todesstrafe und stürzt sich in den Abgrund.[94] Adélaïde und Robert sind untröstlich. Doch die ‚Hölle‘ will auch Raouls Ehefrau vernichten – auf dem Scheiterhaufen. Der tapfere Raoul, plötzlich unversehrt, rettet sie vor den Flammen. Das Feuer breitet sich aber aus, Feuerregen und Donner sind apokalyptisch, am Ende herrscht aber Dunkelheit und Stille. Der Szenenwechsel gibt den Blick frei auf einen Pavillon in einem schönen Garten, von einer freudigen Musik erfüllt. Nach und nach verfestigt sich die Erkenntnis, dass alles nur ein Spiel war. Der durchaus reuevolle Baron de Mongrigny, Eigentümer des ‚château du diable‘, gibt sich als Erfinder und Regisseur dieses Spiels zu erkennen, das Raoul als des Mündels Ehemann einer harten, strengen Prüfung unterziehen sollte. Diese Prüfung hat er bestanden. Alles klärt sich auf: Auf dem Teufelsschloss wurde ein Theater eingerichtet, das Feuer war nur ein „feu artificiel"[95], und die ‚Amazone‘, Ehefrau eines Knappen, war eine der vielen am Spiel beteiligten Schauspieler. Alle haben ihre Rolle gut gespielt.

Die Verzauberung durch das Theater, durch die Kunst ersetzt die Verzauberung des Schlosses durch Geister und Teufel: „les diables ont déguerpi"[96]. Am Schluss stehen die Überwindung des Bösen und der Triumph der menschlichen „valeur"[97] und Lebensfreude, aber auch die Befreiung der Bewohner von teuflischen Ängsten. Wenn der von den Zaubereien beeindruckte, wundergläubige Diener Robert die Räuberthese mit dem Hinweis „[d]es brigands n'ont pas ainsi le pouvoir d'opérer des prodiges"[98] ausschließt, verkennt er die inszenatorischen Mittel des Theaters. Der Baron de Mongrigny klärt auf: „et

---

93   Über die Amazone: „Son air est noble, majestueux; et elle doit assez connoître ses avantages pour être sûre que quiconque l'aura vue, n'aura pas de peine à se conduire au gré de ses désirs" (*Le château du diable*, S. 44).

94   Der Abgrund war in Wahrheit ein weicher Blätterhaufen.

95   *Le château du diable*, S. 58.

96   *Le château du diable*, S. 60.

97   Ebd.

98   *Le château du diable*, S. 47.

par le moyen de machines fort peu connues en France, j'y opère réellement et naturellement une foule de prodiges."[99]

Es ist der moralisch integre, autonome Mensch, der Wunder bewirken kann, so die aufklärerische These dieses *mélodrame*. Der tapfere Mensch kann sich erfolgreich dem Bösen – auch dem in der Gestalt einer schönen Amazone, „dans un costume riche et voluptueux"[100] – verweigern, sich seiner Versuchung und Machtübernahme leicht erwehren – umso mehr, als die Kostümierung auch die Existenz des Verhüllten in Frage stellt. Er ist darüber hinaus in der Lage, seine Erkenntnis durch sein mutiges Beispiel an Schwächere und Leichtgläubige zu vermitteln. Die Bauern im Umkreis des ‚château du diable' werden es Raoul danken. Der Teufel wird auf diese Weise seine Macht mehr und mehr verlieren – der christliche Wunderglaube aber desgleichen. Die moralischen Strukturen werden indessen komplizierter. Das Böse kann nicht mehr einfach über das Medium des ‚Leibhaftigen' wahrgenommen, in seiner verführerischen Gestalt als Bedrohung durchschaut und bekämpft werden. Beim Diener Robert wird dieser Prozess aber wahrscheinlich länger dauern oder vielleicht niemals zum Ende gelangen: Er spielt eine auch weiter gebrauchte komische Theaterrolle, auf die gelegentlich nicht einmal das *mélodrame* verzichten kann und will.

Bibliographie

Bibel in der Einheitsübersetzung, https://www.uibk.ac.at/theol/leseraum/bibel/ (Zugriff 16.02.2023).

Bayle, Pierre, „Lettre 329: Pierre Bayle à Jean Le Clerc", in: *Correspondance de Pierre Bayle*, http://bayle-correspondance.univ-st-etienne.fr/?Lettre-329-Pierre-Bayle-a-Jean-Le&lang=fr (Zugriff 30.06.2022).

Boiastuau, Pierre, „Merveillevse Histoire d'vn cadauer d'vne fille duquel le diable se seruit pour exercer luxure auec vn ieune homme", in: Ders., u. a., *Histoires prodigieuses & memorables, extraictes de plusieurs fameux Autheurs, Grecs & Latins, sacrez & profanes, diuiseés en six Liures,* Paris: Vesue Gabriel Buon, 1598, S. 1117–1145.

Campanini, Magda, „Actualité et fabrication du tragique chez François de Rosset. Les variantes des deux premières éditions des Histoires tragiques", in: *Réforme, Humanisme, Renaissance* 73 (2011), S. 143–161.

---

99   *Le château du diable*, S. 58. vgl. auch die ausführlichen Bühnenanweisungen und in Fußnoten gelegentliche technische Anweisungen, wie die Theatermaschinerie funktionieren kann und soll.

100   *Le château du diable*, S. 35.

Cazotte, Jacques, *Le Diable amoureux*, édition de Max Milner, Paris: Garnier-Flammarion, 1979.

Courtilz de Sandras, *Fredaines du Diable, ou Recueil de morceaux épars, pour servir à l'histoire du Diable et de ses suppôts*, Paris, Merlin, 1797.

Décote, Georges, *L'Itinéraire de Jacques Cazotte, 1719-1792. De la Fiction Littéraire au Mysticisme*, Genf: Droz, 1984.

Descottignies, Jean, „Variations sur un succube. Histoire de Thibaud de la Jacquière", in: *Revue des Sciences Humaines* 111 (1963), S. 329–340.

Dresken-Weiland, Jutta, *Die frühchristlichen Mosaiken von Ravenna – Bild und Bedeutung*, Regensburg: Schnell & Steiner, 2016.

Franciscus, Erasmus, *Lustige Schau-Bühne von allerhand Curiositäten ...*, 5. Versammlung, Nürnberg: Wolffgang Moritz Endter, 1674.

Frenzel, Elisabeth, *Motive der Weltliteratur*, Stuttgart: Kröner, 1976.

Glaber, Rodulfus, *Historiarum libri quinque*, zitiert nach François Guizot (Hg.), *Collection des mémoires relatifs à l'histoire de France depuis la Fondation de la Monarchie Française jusqu'au 13ᵉ siècle*, Bd. 6, Paris: J.-L.-J.-Brière, 1824.

Goulart, Simon, „Imposture horrible & du tout estrange", in: Ders.,*Thresor d'Histoires Admirables et Memorables de nostre temps*, 2. Auflage, Bd. 3–4, Genf: Jaques Crespin, 1708, S. 819–822.

Hafid-Martin, Nicole, „L'Hommage caché de Potocki à François de Rosset dans l'Histoire de Thibaud de La Jacquière", in: Jan Herman u. a. (Hg.), *Le manuscrit trouvé à Saragosse et ses intertextes*, Louvain-Paris: Éditions Peeters, 2001, S. 131–138.

Histoire prodigieuse d'vn gentilhomme, auquel le Diable s'est apparu, & avec lequel il a conuersé, soubs le corps d'vne femme morte, Paris: François du Carroy, 1613.

La Queste del Saint Graal, édition d'Albert Pauphilet, Paris: Champion, 1923.

Lever, Maurice, *Le Roman français au XVIIᵉ siècle*, Paris: PUF, 1981.

Liebel, Silvia, *Les Médées modernes. La cruauté féminine d'après les canards imprimés français (1574–1651)*, Rennes: Presses universitaires de Rennes, 2013.

Loaisel de Tréogate, Joseph-Marie, *Le château du diable*, Paris: Citoyenne Toubon, 1793.

Lohner, Tobias, *Geistlicher Hauß-Bibliothec / 6.Teil, Allgemainer Hauß-Cathechismus*, München: Sebastian Rauch, 1685.

Mahal, Günther, „Der Teufel. Anmerkungen zu einem nicht allein mittelalterlichen Komplex", in: Ulrich Müller (Hg.): *Dämonen, Monster, Fabelwesen*. St. Gallen: UVK 1999, S. 495–529.

Matthews Grieco, Sarah, *Ange ou diablesse. La représentation de la femme au XVIᵉ siècle*, Paris: Flammarion, 1991.

Milner, Max, *Le Diable dans la littérature française: de Cazotte à Baudelaire*, 2. Auflage, Paris: Éditions Corti, 2007.

Muchembled, Robert, *Une histoire du diable. XII–XXᵉ siècle*, Paris: Éditions du Seuil, 2000.

Nodier, Charles, Charles, *Infernalia*, Paris: Sanson-Nadau, 1822.

Ortiz, Alberto, „Súcubo. El diablo en forma de mujer según la tradición discursiva en contra de la magia", in: María Jesús Zamora Calvo (Hg.): *El diablo en sus infiernos*. Madrid: Abada Editores 2022, S. 47–68.

Pech, Thierry, *Conter le crime. Droit et littérature sous la Contre-Réforme: Les histoires tragiques (1559–1644)*, Paris: Champion, 2000.

Plancy, Collin de, *Histoire des Vampires et des Spectres Malfaisans avec un examen du vampirisme*, Paris: Chez Masson Libraire, 1820.

Potocki, Jean, *Manuscrit trouvé à Saragosse* (1810), édition de Dominique Triaire, Paris: Garnier-Flammarion, 2008, https://halshs.archives-ouvertes.fr/halshs-01980373/document (Zugriff 30.05.2022).

Rieger, Dietmar, *Jacques Cazotte. Ein Beitrag zur erzählenden Literatur des 18. Jahrhunderts*, Heidelberg: Winter, 1969.

Rieger, Dietmar, „'Histoire tragique' und Ständeklausel. Zu den Wandlungen einer narrativen Gattung des 17. Jahrhunderts", in: Frank-Rutger Hausmann (Hg.), *„Diversité, c'est ma devise". Studien zur französischen Literatur des 17. Jahrhunderts. Festschrift für Jürgen Grimm zum 60. Geburtstag*, Paris u. a.: Papers on French Seventeenth Century Literature, 1994, S. 397–424.

Rieger, Dietmar, „'Histoire de loi' – ,histoire tragique'. Authenticité et structure de genre chez François de Rosset", in: *XVIIe siècle* 46 (1994), S. 461–477.

Rieger, Dietmar, „'Ie vous recite la pure verité de ceste Histoire'. Authentification et fictionnalité dans les *Histoires tragiques* (Rosset et Parival)", in: *Cahiers Tristan L'Hermite* 34 (2012), S. 17–30.

Rosset, François de, „D'vn Demon qui apparoist en forme de Damoiselle au Lieutenant du Cheualier du Guet de la ville de Lyon. De leur accointance charnelle, & de la fin mal heureuse qui en succeda", in: Ders., *Histoires tragiques de nostre temps. Ou sont descrites les morts funestes, déplorables & desastreuses de plusieurs personnes, arrivees par leur ambition, amours desreglés, sortileges, vols, rapines, abus de faveurs & amitiez des Princes, & autres divers & memorables accidents. Composees par François de Rosset. Augmentées en cette derniere edition des morts tragiques arrivees à aucuns personnages de France, Espagne & autres lieux de l'Europe, depuis l'an 1620. jusques à present*. Dediees a Monseigneur le Prince. A Paris, De l'Imprimerie de François Huby 1623, S. 187–199.

Rosset, François de, *Les histoires mémorables et tragiques de ce temps* (1619), édition d'Anne de Vaucher Gravili, Paris: Le Livre de Poche, 1994.

Ruciak, Astrée, „Autour de François de Rosset: la dimension monstrueuse dans les *Histoires tragiques*", in: *Réforme, Humanisme, Renaissance* 84 (2017), S. 71–84.

Scholz, Michael, „Hölle! Hölle! Hölle!", in: https://onkelmichael.blog/2016/09/17/hoelle-hoelle-hoelle/ (Zugriff: 16.02.2023).

Sutter, Franciscus, *Sittlicher Gebett-Spiegel, In Welchem zusehen, Was zu dem kräfftigen Gebett nohtwendig, und warum dasselbige bisweilen fruchtlos* Zug: Heinrich Anton Schäll, 1742.

„Teufel", in: *Lexikon des Mittelalters*, Bd. 8, München: Artemis-Verlag 1997, vol. 578 ff.

Vaucher Gravili, Anne de, „De la transgression et du tragique. Les *Histoires tragiques* de François de Rosset", in: *Studi di letteratura francese*, 18 (1990), S. 164 ff.

Vaucher Gravili, Anne de, „Retour sur les figures de séduction dans les *histoires tragiques* de François de Rosset", http://www.farum.it/publifarum/ezine_pdf. php ?id=377 (Zugriff 30.05.2022).

Wie, Ziyang, „Teuflische Synergie. Das Faustbuch (1587) zwischen Determinismus und Willensfreiheit", in: Jutta Eming /Daniela Fuhrmann (Hg.), *Der Teufel und seine poietische Macht in literarischen Texten vom Mittelalter zur Moderne*, Berlin: De Gruyter, 2020, 131–156.

Yve-Plesis, Robert, *Essai d'une bibliographie française méthodique et raisonnée de la Sorcellerie et de la Possession Démoniaque (1900)*, Genf: Slatkine Reprints, 1970.

TEIL II

Lehrdichtung: Teuflisches moralisieren – teuflisches Moralisieren

Dem brüllenden Löwen widerstehen

Mittelalterliche Predigten zu Petri Warnung vor dem Teufel (1 Petr 5,8–9a)
zwischen Gelehrsamkeit, Unterweisung und Affektansprache

Tobias Leuker

Der Reichtum der Heiligen Schrift zeigt sich für Gregor den Großen (* um 540, Papst von 590–604) nicht zuletzt in ihrer semantischen Vielfalt. Der Kirchenvater bemisst sie daran, dass einzelne Vokabeln darin sowohl Gutes als auch Böses versinnbildlichen könnten. Beispielhaft führt er das Substantiv *leo* („Löwe") an. Es könne sowohl für Christus als auch für den Teufel stehen.[1] Als Belegstelle für die positive Symbolik zitiert Gregor einen Vers aus der Offenbarung des Johannes, „Vicit leo de tribu Iuda, radix David" (Apc 5,5, „Es siegte der Löwe aus dem Stamm Juda, die Wurzel Davids"), als Exemplum für die negative die beiden letzten Drittel eines Verses aus dem 1. Petrus-Brief, 1 Petr 5,8, der in voller Länge „Sobrii estote et vigilate, quia adversarius vester diabolus tamquam leo rugiens circuit, quaerens quem devoret" („Seid nüchtern und wacht, denn euer Widersacher, der Teufel, streift umher wie ein brüllender Löwe auf der Suche nach Beute, die er verschlingen kann") lautet.[2] In der theologischen Exegese geriet die ‚dunkle Seite' des Königs der Tiere auch in der Folgezeit nicht aus dem Blick, wie neben anderen Quellen einige Bibelwörterbücher des

* Mein Dank gebührt allen Bibliotheken, die Digitalisate ihrer Manuskripte öffentlich zugänglich machen, und allen Bibliothekarinnen und Bibliothekaren, die eigens für diese Studie Digitalisate von Handschriften angefertigt bzw. zur Verfügung gestellt haben. Ganz besonders danken möchte ich Mme Camille Espinasse (Bibliothèque Ceccano, Avignon) und Prof. Dr. Paul Binski (Gonville and Caius College, Cambridge).

1 Gregorius Magnus, *Moralia in Job*. Hg. von Marc Adriaen, 3 Bde., Turnhout: Brepols, 1979–1985, Bd. 1, S. 246 (= *Moralia in Job* 5,21.41).
2 Bei Gregor, der sein Zitat mit „Adversarius vester" beginnen lässt, steht „sicut" anstelle von „tamquam".

Hochmittelalters bezeugen, die gleich mehrere Löwenpassagen der Bibel auf den Satan münzen.[3] In den bildenden Künsten verhielt es sich ähnlich.[4]

Die zitierte Warnung aus dem 1. Petrus-Brief gehört zu einem Abschnitt, 1 Petr 5,6–11, der als Lesungstext am dritten Sonntag nach Trinitatis (das heißt am vierten Sonntag nach Pfingsten) vorgesehen war. Ein solches liturgisch relevantes Lesestück bezeichnet man als Perikope. Aus der Zeit vor dem Wiederaufblühen der Predigtkultur, das in der lateinischen Christenheit um 1100 einsetzte, hat sich kein Text erhalten, der für die Auslegung des besagten Abschnitts in der Messe bestimmt war. Innerhalb der Predigtproduktion der beiden folgenden Jahrhunderte sind zwei Textsorten zu unterscheiden: zum einen die sogenannten Homilien, die, wie es in den Predigten der Kirchenväter üblich war, eine ganze Perikope oder einen großen Teil davon kommentieren; zum anderen *sermones*, die sich darauf beschränken, einzelne Bibelverse, die in Sonntagspredigten meist aus einer der liturgisch vorgesehenen Perikopen stammen, in den Blick zu nehmen, und deren Bestandteile oft in klein portionierten Segmenten auslegen. Sie tauchen im 12. Jahrhundert erstmals auf und werden im 13. Jahrhundert zum dominanten Predigttyp.[5]

Die Betrachtung der frühesten Predigten, die 1 Petr 5,8 sei es allein, sei es im Verbund mit anderen Versen ausdeuten, ist auch deshalb reizvoll, weil die exegetische Tradition den Autoren der Texte vergleichsweise wenig Interpretationsmaterial an die Hand gab. Das liegt nicht zuletzt daran, dass Beda Venerabilis († 735), der Autor der über mehrere Jahrhunderte hin dominanten Auslegung der sieben kanonischen Episteln,[6] zu denen die beiden Petrus-Briefe

---

3   Vgl. Petrus Cantor († 1197), *Distinctiones Abel.* Hg. von Stephen A. Barney, Turnhout: Brepols, 2020, S. 178 („Diabolus dicitur leo" und „Diabolus dicitur") und S. 358–359 („Leo est", mit Gregors Textbeispielen); Alanus ab Insulis († um 1203), *Distinctiones dictionum theologicalium*, in: *Patrologia Latina*, Bd. 210, Paris: Migne, 1855, Sp. 685–1012, hier Sp. 834–835 („Leo"), bes. Sp. 835: „Dicitur diabolus, quia *sicut leo circuit quaerens quem devoret* [1 Petr 5,8], ita diabolus; unde in Psalmo [PsG 90,13]: *Super aspidem et basiliscum ambulabis, et conculcabis leonem et draconem*"; Petrus de Capua († 1214), *Alphabetum sermocinandi*, Paris, Bibliothèque nationale de France, ms. Latin 16894, f. 132ra–va („Leo"), bes. f. 132ra–b; Mauritius Hibernicus (fl. 1248), *Distinctiones*, München, Bayerische Staatsbibliothek, clm 14289, ff. 165va–166ra („Leo"), bes. f. 165va–b; Johannes Balbus OP († 1298), *Catholicon*, Venedig: Hermann Liechtenstein, 1490, s. v. „Leo" (mit Zitat von Gregorius Magnus, *Moralia in Job* 5,21.41).

4   Vgl. Peter Bloch, „Löwe", in: *Lexikon der christlichen Ikonographie*. Hg. von Engelbert Kirschbaum, Bd. III, Herder: Freiburg, 1971, Sp. 112–119, bes. Sp. 115–116.

5   Die Auffindung der Texte, mit denen wir uns im Folgenden beschäftigen werden, wäre ohne ein großartiges Forschungsinstrument, das *Repertorium der lateinischen Sermones des Mittelalters* von Johannes Baptist Schneyer (11 Bde., Münster: Aschendorff, 1969–1990), unmöglich gewesen.

6   Vgl. Beda, *In epistolas septem canonicas.* Hg. von David Hurst, in: *Bedae Venerabilis Opera*, Bd. 2: *Opera exegetica*, Teilbd. 4, Turnhout: Brepols, 1983, S. 179–342. Das Werk des

gehören,[7] sich dazu entschied, den Vers im Rahmen seiner Interpretation des ersten der beiden Texte[8] ausschließlich mit einem Kommentar von Bischof Cyprian von Karthago († 258) zu versehen,[9] der zwar geist- und inhaltsreich ist, aber jenseits des Verbs „circuit" den Wortlaut von 1 Petr 5,8 eher umkreist als aufgreift und etwa den Löwenvergleich völlig unberücksichtigt lässt:

> Circuit ille [= diabolus] nos singulos, et tamquam hostis clausos obsidens muros explorat et tentat, an sit pars aliqua membrorum minus stabilis et minus fida, cuius aditu ad interiora penetretur. Offert oculis formas inlices et faciles volup-tates, ut visu destruat castitatem. Aures per canora musica temptat, ut soni dulcioris auditu solvat et molliat christianum vigorem. Linguam convicio pro-vocat, manum iniuriis lacessentibus ad petulantiam caedis instigat. Ut fraudato-rem faciat, lucra opponit iniusta. Ut animam pecunia capiat, ingerit perniciosa compendia. Honores terrenos promittit, ut caelestes adimat. Ostentat falsa, ut vera subripiat. Et cum latenter non potest fallere, exerte atque aperte minatur, terrorem turbidae persecutionis intentans, ad debellandos servos Dei inquietus semper et semper infestus, in pace subdolus, in persecutione violentus. Quam ob rem contra omnes diaboli vel fallaces insidias, vel apertas minas stare debet instructus animus et armatus: tam paratus semper ad repugnandum, quam est ad impugnandum semper paratus inimicus.[10]

Der Teufel streift um uns herum. Wie ein Feind, der verschlossene Mauern belagert, kundschaftet er uns aus und prüft, ob es irgendeinen weniger stand-haften und zuverlässigen Teil unserer Gliedmaßen gibt, durch den hindurch

---

angelsächsischen Mönchs rezipiert die beiden ältesten lateinischen Kommentare zu den *Septem epistolae canonicae*, die Auslegung eines anonymen Iren aus der Zeit zwischen 650 und 690 sowie die darauf aufbauende, zwischen 690 und 708 entstandene Exegese eines weiteren Iren, der Hilarius hieß oder sich so nannte: vgl. *Commentarius in episto-las canonicas Scotti anonymi*, in: *Scriptores Hiberniae minores*. Hg. von Robert E. McNally, Turnhout: Brepols, 1973, S. 1–50 (zum 1. Petrus-Brief ebd., S. 28–35, zu 1 Petr 5,8 ebd., S. 35); *Tractatus Hilarii in septem epistolas*, ebd., S. 51–124 (zum 1. Petrus-Brief ebd., S. 77–98, zu 1 Petr 5.8–9a ebd., S. 97). Zur Datierung der beiden Vorläuferschriften vgl. McNally, *Pre-face*, ebd., S. VII–XIX, hier S. VII, X und XVI.

7   Gemeinsam mit dem Jakobus-Brief, den drei Johannes-Briefen und dem Judas-Brief.

8   Vgl. Beda, *In epistolas septem canonicas*, S. 225–260.

9   Vgl. *In epistolas septem canonicas*, S. 258–259. Das Zitat der Cyprian-Stelle leitet Beda mit den Worten „In huius expositione sententiae non nostra, verum beati Cypriani dicta ponamus" (S. 258) ein.

10   Cyprianus, *De zelo et livore*. Hg. von Manlio Simonetti, in: *Sancti Cypriani episcopi Opera*, Bd. 2, Turnhout: Brepols, 1976, S. 73–86, hier S. 75–76 (mit anderer Interpunktion). Bei Cyprian, der vor der Erstellung der *Vulgata* schrieb, lautet das letzte Syntagma von 1 Petr 5,8 nicht „quaerens quem devoret", sondern „aliquem devorare quaerens"; vgl. ebd., S. 75. Zur Auswahl des Cyprian-Passus kann Beda durch den ältesten lateinischen Kom-mentar zu 1 Petr 5,8 inspiriert worden sein. Dort liest man: „*Adversarius* noster *diabolus*, id est more hostis circumdantis civitatem et inspicientis muros" (*Commentarius in epistolas canonicas Scotti anonymi*, S. 35).

das Eindringen in unser Inneres möglich wird. Er bietet den Augen verlockende und leicht zu genießende Lüste an, damit er durch den Sehsinn die Keuschheit zerstört. Die Ohren betört er mit klangreicher Musik,[11] damit er durch das Hörbarmachen gar lieblicher Töne die christliche Stärke aufweicht und auflöst. Die Zunge fordert er durch Schmähungen heraus, die Hand verführt er durch aufstachelndes Unrecht zur Unbeherrschtheit des Mordes. Um einen Menschen zum Betrüger zu machen, konfrontiert er ihn mit unrechtmäßigen Gewinnen; um die Seele mit Geld in seinen Bann zu ziehen, bringt er verderbliche Profite ins Spiel. Irdische Ehren verspricht er, um himmlische unerreichbar zu machen. Er stellt Falsches zur Schau, um Wahres zu entziehen. Und wenn er im Verborgenen nicht zu täuschen vermag, droht er mit unverhohlener Strenge, indem er den Schrecken einer aufwühlenden Verfolgung heraufbeschwört, stets umtriebig, die Diener Gottes zu bekriegen, und stets gefährlich; im Frieden heimtückisch, bei der Verfolgung gewalttätig. Deshalb muss der Geist gegen alle verborgenen Listen und offenen Drohungen des Teufels gewappnet und gerüstet sein: in gleicher Weise stets zur Gegenwehr bereit, wie der Feind stets zum Angriff bereit ist.

Die zwischen 1120 und 1160 entstandene, aufgrund ihrer großen Verbreitung bald schon *Glossa ordinaria* genannte Auslegung der gesamten Heiligen Schrift übernimmt Cyprians Äußerungen nahezu vollständig und lässt ihnen eine Randglosse zu „tamquam leo rugiens" vorausgehen, die die Folgen des Löwengebrülls mit den Wirkungen teuflischer Beeinflussungsformen vergleicht: „Sicut rugitus leonis impedit aures, ne alium sonum excipiant, sic diabolus fidelium mentes terrendo et illicita suggerendo a via veritatis, ne vocem Christi audiant, avertit" („Wie das Brüllen des Löwen die Ohren daran hindert, irgendein anderes Geräusch zu vernehmen, so bringt der Teufel den Geist der Gläubigen durch die Verbreitung von Schrecken und die Verlockung mit unerlaubten Dingen vom Weg der Wahrheit ab, damit sie Christi Stimme nicht hören"). In den Interlinearglossen, das heißt den zwischen den Zeilen des Bibeltextes eingefügten kurzen Bemerkungen, erhält das Prädikatsnomen „Sobrii" die Erläuterung „non intenti delectationibus saeculi" („den weltlichen Freuden keine Beachtung schenkend"). Die nächste Ergänzung, „Fides sit quasi murus" („Der Glaube sei wie eine Mauer"), betrifft dann bereits den Auftakt von 1 Petr 5,9, „Cui resistite fortes in fide" („Ihm [= dem Widersacher] widersteht stark im Glauben"), der mit dem vorausgehenden Vers nicht nur durch den relativen Satzanschluss („cui"), sondern auch durch seine Verbform im Imperativ („resistite") eng verbunden ist.

Jenseits der *Glossa ordinaria* entstanden zwischen 1100 und 1300 noch einige weitere Kommentare zum 1. Petrusbrief, die damaligen Predigern – sofern

---

11   Zur Musik als dämonischer Ausdrucksform vgl. María Jesús Zamora Calvos Beitrag im vorliegenden Band.

ihnen der Zugriff darauf möglich war – zur Orientierung dienen konnten.[12] Ein anderer Quellentyp, der für die Interpretation der Epistel Anregungen bot bzw. hätte bieten können, waren die eingangs erwähnten Bibelwörterbücher, unter denen die beiden ältesten, die *Distinctiones Abel* von Petrus Cantor und die *Distinctiones dictionum theologicalium* von Alain de Lille, besonders verbreitet waren. Zu ihnen kamen ab etwa 1240 auch Bibelkonkordanzen hinzu.[13]

Nimmt man alle 1 Petr 5,8 auslegenden Predigten aus der Zeit bis ca. 1300 in den Blick, gilt es ein Korpus aus 31 Texten in Betracht zu ziehen. Von den 26 *sermones* zu 1 Petr 5,8 bzw. 1 Petr 5,8–5,9a stammt dabei nur ein einziger aus dem 12. Jahrhundert. Er ist in einer Handschrift aus Cambridge ohne Verfasserangabe enthalten und soll im letzten Teil der vorliegenden Studie ausführlich besprochen werden.[14] Was die fünf Homilien anbelangt, die 1 Petr 5,6–5,11 ganz oder in weiten Teilen interpretieren, kann nur eine von ihnen vor 1200 entstanden sein.[15] Wir haben es in diesem Aufsatz demnach ganz überwiegend mit mittellateinischer Prosa des 13. Jahrhunderts zu tun.

---

12   Erhalten sind folgende Exegesen: Bamberg, Staatsbibliothek, msc. bibl. 137 (12. Jh.), ff. 13v–25r = Leipzig, Universitätsbibliothek (12. Jh.), ms. 95, ff. 14r–28r; Anonymus, St. Gallen, Stiftsbibliothek, ms. 1716 (12. Jh.), S. 27–51 (wiederholt im uns interessierenden Abschnitt die Ausführungen der *Glossa ordinaria*); Petrus Cantor, u. a. Paris, Bibliothèque nationale de France, ms. Latin 682, ff. 13ra–21va; Stephan Langton († 1228), Bamberg, Staatsbibliothek, msc. bibl. 138, ff. 9rb–16vb; Ders., u. a. Troyes, Médiathèque Jacques Chirac, ms. 757, ff. 44ra–57vb; Guerric de Saint-Quentin OP († um 1240), Neapel, Biblioteca Nazionale di Napoli, ms. VII.A.16, ff. 225va–230vb; Anonymus, Biblioteca Apostolica Vaticana, ms. Vat. Lat. 996 (13. Jh.), ff. 34vb–50vb; Hugo von St.-Cher OP († 1263), Paris, Bibliothèque nationale de France, ms. Latin 156, ff. 385va–391rb (Teil eines monumentalen Bibelkommentars, aber verschieden von dem im Folgenden aufgeführten Werk); Ders., *Textus Bibliae cum Postilla Domini Hugonis Cardinalis*, 7 Bde., Basel: Koberger, 1498–1503, Bd. 7, *ad locum* (zwischen 1235 und 1240 zusammengestellt und schon bald stark verbreitet); Nicolas de Gorran OP († um 1295), https://www.corpusthomisticum. org/xec2.html (zahlreiche Handschriften); Anonymus, Florenz, Biblioteca Medicea Laurenziana, ms. Conventi Soppressi 465 (um 1300), ff. 278ra–285vb (aus dem Dominikanerkloster Santa Maria Novella). Für eine ausführliche Beschreibung der zuletzt genannten Handschrift vgl. Gabriella Pomaro, „Censimento dei manoscritti della biblioteca di S. Maria Novella. Parte I: Origini e Trecento, *Memorie domenicane* 11 (1980), S. 325–470, hier S. 450–452.

13   Vgl. Mary A. Rouse / Richard H. Rouse, „The Verbal Concordance to the Scriptures“, in: *Archivum Fratrum Praedicatorum* 44 (1974), S. 5–30.

14   Anonymus, Cambridge, Gonville and Caius College, ms. 426/426, ff. 27v–29r (Textzeuge mit irreführendem Titel, der einer Predigt zum 4. – nicht zum 3. – Sonntag nach Trinitatis gelten müsste; siehe unten den Variantenapparat in der Edition des Textes).

15   Vgl. Raoul Ardent, *Homilia in Dominicam III post Trinitatem*, in: Ders., *Homiliae in Epistolas et Evangelia dominicalia*, in: *Patrologia Latina*, Bd. 155, Paris: Migne, 1854, Sp. 1667–2118, hier Sp. 1972–1976 (in mehreren Handschriften überliefert).

Die jenseits des in Cambridge konsultierbaren Textes verbleibenden 30 Predigten hier allesamt zu würdigen, wäre im vorgegebenen Rahmen ein Ding der Unmöglichkeit. Da uns allerdings vorrangig daran gelegen ist, verschiedene Arten des Umgangs mit dem von Petrus angestellten Löwenvergleich zu beleuchten, fällt es nicht schwer, das Untersuchungskorpus weiter einzugrenzen.[16] Sechs *sermones* etwa kommentieren so geringe Teile von 1 Petr 5,8, dass sie die Formel „tamquam leo rugiens" überhaupt nicht auslegen,[17] und zwei weitere gehen so knapp darauf ein, dass sie in dieser Studie ebenfalls nicht sinnvoll behandelt werden können.[18] Als ,Themaverfehlung' kann man den einschlägigen *sermo* von Guillaume d'Auvergne werten, den einzigen Text unseres Korpus, der in einer modernen Edition vorliegt.[19] Der Pariser Bischof widmet sich im Löwenpassus seiner Predigt verschiedenen Arten von Sündern, die, wie er ausführt, schon im Maul des Teufels sitzen, und skizziert, wie sie

---

16   Die im Folgenden erwähnten Predigten sind, sofern nicht ausdrücklich anderslautende Angaben gemacht werden, nur in einer einzigen Handschrift auf uns gekommen und für den dritten Sonntag nach Trinitatis konzipiert worden. Die in einigen der folgenden Anmerkungen gebrauchte Abkürzung „oToF" steht für „ohne Titel und ohne Zuordnung zu einem Sonn- oder Festtag".

17   Guillaume Peyraut OP, in: *Wilhelmi Alverni Episcopi Parisiensis* [*sic*] *Sermones In Epistolas et Evangelia dominicarum et festorum totius anni*, 3 Bde., München: Nikolaus Heinrich, 1641, Bd. 1, S. 242–244: *De eadem dominica* [= *III. post Trinitatis*] *sermo secundus* (handschriftlich stark überliefert); Albertus Magnus OP, Leipzig, Universitätsbibliothek, ms. 683, ff. 125va–127rb: *Dominica III*; William of Macclesfield OP, Kremsmünster, Stiftsbibliothek, ms. 83, ff. 66r–67r: *Domincia tercia* (erster Teil eines Korpus von zwei für denselben Tag bestimmten Predigten, bestehend aus einem *sermo* und einer *collatio*; die Löwenformel wird erst in der *collatio*, der abendlichen Tischpredigt, behandelt; siehe unten, Anm. 20; zur dominikanischen *collatio* vgl. Jean Longère, *La prédication médiévale*, Paris: Études Augustiniennes, 1983, S. 76); Anonymus, Arras, Médiathèque de l'Abbaye Saint-Vaast, ms. 691, ff. 160rb–161va: *Dominica tercia* (die Predigt ist auch im von mir nicht eingesehenen ms. II 1142 der Bibliothèque Royale in Brüssel enthalten); Anonymus, Toulouse, Bibliothèque de Toulouse, ms. 315, ff. 359r–360v (oToF); Anonymus, Erlangen, Universitätsbibliothek, ms. 320, ff. 193rb–va (oToF).

18   Anonymus, Douai, Bibliothèque Marceline Desbordes-Valmore, ms. 49, ff. 110ra–111ra (oToF); Anonymus, Madrid, Biblioteca Nacional, ms. 72, ff. 159va–161ra (oToF). Der zuletzt genannte Text, eine wunderbar klare, auch bei einmaligem Hören leicht nachvollziehbare Pariser Universitätspredigt, die allein die Worte „Sobrii estote et vigilate" auslegt und den Rest von 1 Petr 5,8 (samt Löwenvergleich) lediglich in einem Unterpunkt der dem zweiten Imperativ gewidmeten Ausführungen zitiert, ist auch in zwei weiteren, von mir nicht eingesehenen Handschriften überliefert: Basel, Universitätsbibliothek, ms. A.VII.33, und Rouen, Bibliothèque patrimoniale Villon, ms. 627 (ehemals Paris, Bibliothèque nationale de France, ms. NAL 492).

19   *Guillelmi de Alvernia Opera homiletica*. Hg. von Franco Morenzoni, 4 Bde., Turnhout: Brepols, 2010–2013, Bd. 2, S. 346–347 (oToF). Einziger handschriftlicher Zeuge: Paris, Bibliothèque nationale de France, ms. Latin 15964, ff. 24vb–25ra.

sich dagegen wehren, vollends verschlungen zu werden. Demnach beschreibt
er ein Gefahrenstadium, das nicht dem in 1 Petr 5,8–9a skizzierten entspricht.

Neben dem anonymen Text aus Cambridge verbleiben somit noch 21 Werke,
16 *sermones* und fünf Homilien. Was die *sermones* anbelangt, können die späten, aus den 1290er Jahren stammenden Texte der beiden englischen Dominikaner William of Macclesfield[20] und Nicholas Dale[21] vernachlässigt werden, da
sie jeweils an ihrem Beginn angekündigte Strukturen in Teilen nicht einlösen.
Strukturell aus der Reihe fällt auch die Predigt des 1247 verstorbenen Domini-
kaners Pierre de Reims,[22] da sie in ihrem zweiten Teil einen zweiten Themen-
vers einführt und den ursprünglichen gleichsam vergisst.[23] Neben ihr soll auch
eine der ältesten Predigten unseres Korpus, die des englischen Zisterziensers
Rupert, der von 1201–1240 Bischof von Olmütz war,[24] in der vorliegenden Studie nicht eigens besprochen werden, da sie von einem logischen Manko[25] und
einigen verderbt überlieferten Passagen gezeichnet ist.[26] Gravierende Trans-
missionsprobleme zwingen uns ferner, einen weiteren Text aus der ersten
Hälfte des 13. Jahrhunderts zu marginalisieren.[27] Nicht gesondert würdigen
werden wir überdies die Predigten von Thomas Lebreton (fl. um 1270)[28] und
John Waleys OM († 1285),[29] obschon sie gegenüber allen anderen Texten unseres Korpus den Vorzug haben, den Kausalsatz aus 1 Petr 5,8 im Rahmen einer
„descriptio hostis"[30] bzw. „descriptio sevitie hostis"[31] zu behandeln,[32] sowie die

---

20 William of Macclesfield OP, Kremsmünster, Stiftsbibliothek, ms. 83, ff. 67r–68r: *Collatio.*

21 Nicholas Dale OP, Worcester, Cathedral Library, ms. Q 46, ff. 42r–45r: *Dominica secunda*
    [*sic*] *post festum Trinitatis.* Es handelt sich um eine *reportatio*, das heißt um die Nach-
    schöpfung einer Predigt auf der Grundlage einer Mitschrift des vom Autor vorgetragenen
    Textes.

22 Pierre de Reims OP, Amiens, Bibliothèque Louis d'Aragon, ms. 268, ff. 319vb–320va: *Domi-
    nica III sermo de epistola* (etliche weitere Handschriften).

23 Vgl. unten, Anm. 56.

24 Rupert von Olmütz OCist, Prag, Národní Knihovna České Republiky, ms. XX.A.11, f. 82va–b:
    Item de eodem [= *Dominica tercia*].

25 Es besteht darin, dass Rupert zunächst die bereits „per speciem" (ebd., f. 82va) dem
    Himmelreich angehörenden Gläubigen aus der Gruppe potenzieller Opfer des Teufels
    ausschließt, sie dann aber wenig später doch wieder unter die Gefährdeten einreiht.

26 Zu einer Besonderheit der Predigt vgl. unten, Anm. 67.

27 Anonymus, Amiens, Bibliothèque Louis Aragon, ms. 284, ff. 15vb–16va (0ToF).

28 Thomas Lebreton OM oder OP, Cambridge, Corpus Christi College, ms. 327, ff. 64v–65v:
    Tercia post Trinitatem (zahlreiche weitere Handschriften).

29 John Waleys OM, Valencia, Archivo de la Catedral, ms. 186, ff. 113vb–114va: *Dominica tercia
    in estate, sermo secundus.*

30 Thomas Lebreton, Cambridge, Corpus Christi College, ms. 327, f. 64v.

31 John Waleys, Valencia, Archivo de la Catedral, ms. 186, f. 114rb–va.

32 Die spezifischere Abschnittsbezeichnung bei John dürfte dem Umstand geschuldet sein,
    dass Gregor der Große, den der Franziskaner ausdrücklich zitiert, dem Löwen im zu

Predigt von Eudes de Châteauroux († 1273), die den Vergleich zwischen dem Löwen und dem Teufel ebenfalls breit ausspinnt (vor allem unter Rekurs auf naturkundliche Quellen).[33] Auf drei *sermones* zum dritten Sonntag nach Trinitatis, die mit der bereits erwähnten Predigt von Guillaume d'Auvergne das Merkmal der extremen Kürze teilen, gehen wir hier nur am Rande ein,[34] und die beiden Heiligenpredigten unseres Korpus klammern wir gänzlich aus.[35]

Somit reduziert sich die Anzahl der im Folgenden näher zu besprechenden *sermones* auf vier. Ihnen soll die älteste der den Bibelvers kommentierenden Homilien, das Werk von Raoul Ardent,[36] hinzugesellt werden. Sie erhält den Vorzug vor den jüngeren Vergleichstexten von Jacques de Vitry († 1240),[37] Jean

---

Beginn dieser Studie evozierten Passus aus den *Moralia in Job* (5,21.41) einerseits *virtus*, andererseits *saevitia* zugeschrieben und gefolgert hatte: „Virtute ergo Dominum, saevitia diabolum signat" („Aufgrund seiner Tugend steht er für den Herrn, aufgrund seiner Grausamkeit für den Teufel").

33   Eudes de Châteauroux, Troyes, Médiathèque Jacques Chirac, ms. 271, ff. 235rb–236va: *Dominica III post Penthecosten* [*sic*] (auch anderweitig bezeugt).

34   Guiard de Laon († 1248), Paris, Bibliothèque nationale de France, ms. Latin 15964, ff. 83rb–84ra (ohne Titel; der schöne Text wird am Ende durch die unmotivierte Einführung anderer Tiervergleiche verwässert); Nicolas de Gorran OP, in: Ders., *Fundamentum aureum omnium totiusque anni sermonum*, Paris: sub signo Pellicani et floris Lilii, 1523, f. 44rb–va: *Sermo de eodem* [= *Dominica III post Trinitatem, sermo de epistola*] (handschriftlich stark verbreitet und wie alle Predigten des Autors in der Praxis leicht verwertbar); Anonymus OM, Leipzig, Universitätsbibliothek, ms. 747 (um 1300), f. 48r–v: *Dominica III, Lectio beati Petri apostoli* (zu dieser Predigt siehe unten, Anm. 56).

35   Eudes de Châteauroux, Pisa, Bibliotheca Catheriniana, ms. 21, ff. 3ra–5va: *Sermo de sancto Antonio de ordine Fratrum Minorum* (die den heiligen Antonius von Padua feiernde Predigt, die neben 1 Petr 5,8–9a zusätzlich 1 Petr 5,9b auslegt, ist auch im von mir nicht eingesehenen ms. XIV 35 des Archivio Generale dell'Ordine dei Predicatori in Rom überliefert); Nicolas de Gorran OP, in: Ders., *Fundamentum aureum*, f. 138rb–va: *Sermo IIII de eodem* [*sc. De beata Margareta Virgine*] (zu 1 Petr 5,8b–9a, beginnend mit „Adversarius vester" und handschriftlich gut bezeugt).

36   Raoul Ardent, s. oben, Anm. 15. Zu Leben und Schaffen des anhand werkexterner Daten kaum fassbaren Autors vgl. Stephan Ernst, „Einleitung", in: Radulfus Ardens, *Speculum universale, Auswahl aus den Büchern I und V: Wie entstehen Tugenden und Laster?*, Lateinisch und Deutsch, hg. und übers. von Stephan Ernst, Herder: Freiburg, 2017, S. 11–55, hier S. 13–16.

37   Jacobus de Vitriaco, *Sermones in Epistolas et Evangelia dominicalia totius anni*, Antwerpen: Witwe und Erben von Jan Steels, 1575, S. 629–633: *Eadem* [= *tertia*] *Dominica thema sumptum de epistola Petri canonica* (handschriftlich gut bezeugt). Jacques hebt den Löwenvergleich in singulärer Manier hervor, indem er ihn gleich zu Beginn seines Textes anführt (vgl. Jacobus de Vitriaco, *Sermones*, S. 629), lange bevor er ihn – an der ihm im Rahmen der Perikope zukommenden Stelle – ausführlich auslegt (vgl. ebd., S. 632). Der in der Ouvertüre der Homilie unternommene Versuch, den brüllenden Löwen des 1. Petrus-Briefs mit dem in Job 41 erwähnten Leviathan zu identifizieren und beide mit dem Teufel gleichzusetzen, ist freilich mangelhaft durchgeführt: Während Jacques die

Halgrin d'Abbeville († 1237),[38] Bartolomeo da Breganze († 1270)[39] und Johannes de Castello (fl. 1273).[40]

Der Reigen der Einzelinterpretationen sei mit einer Predigt eröffnet, die der Dominikaner Guy d'Évreux (fl. 1290–1293) als geeignet nicht nur für den dritten Sonntag nach Trinitatis einstufte, sondern auch für das nach römisch-katholischer Auffassung höchste Kirchenfest, den Ostersonntag.[41] In diesem Text, dessen Thema sich auf „Sobrii estote et vigilate" beschränkt und der von seinem Autor unter zutreffender Hervorhebung seines inhaltlichen Schwerpunkts als „sermo [...] de vigilare"[42] bezeichnet wird, erfolgt der Kommentar zu „quasi [sic] leo rugiens circuit, querens quem devoret" im Rahmen der Erläuterung der zweiten von vier verschiedenen Arten des Wachens, nämlich des „vigilare corporaliter propter suspicionem proditionis" (des „körperlichen

---

Nase des Untiers als Satans Nase auffasst und die aus ihr strömenden Dämpfe mit den schädlichen Wirkungen des Teufels gleichsetzt, sieht er im Mund des Leviathan nicht Satans Mund, sondern die Vielzahl der verleumderischen Menschen in Diensten des Teufels angedeutet. Eine solche, ohne jede Erläuterung vorgenommene Vermischung einer tendenziell litteralen und einer dezidiert allegorischen Deutungsebene dürfte die mittelalterlichen Rezipienten der Predigt eher verstört als fasziniert haben, zumal innerhalb der Exegese die entlegenere Interpretation der stärker am Buchstaben orientierten vorausgeht.

38   Vgl. Jean Halgrin d'Abbeville, Paris, Bibliothèque nationale de France, ms. Latin 2909, ff. 136r–137r (ohne Titel): Homilie zu 1 Petr 5,6–10 mit gewisser handschriftlicher Fortune, aber nur schwacher Profilierung des Löwenvergleichs.

39   Vgl. Bartolomeo da Breganze, Vicenza, Biblioteca Civica Bertoliana, ms. 431, S. 26–29 (= Nr. 8, ohne Titel). Das Manuskript ist eine im 18. Jahrhundert entstandene Abschrift einer nicht anderweitig überlieferten Predigtsammlung, die Homilie zu 1 Petr 5,6–11 professionell, aber unspektakulär gestaltet. Dem Löwenvergleich wird auf den S. 27 f. ausführlich Rechnung getragen.

40   Vgl. Johannes de Castello OM, Assisi, Biblioteca del Sacro Convento, Fondo Antico Comunale, ms. 470, ff. 196rb–va: *Item de eodem* [= *Dominica III de epistola*]: in etlichen Handschriften erhaltene Homilie zu 1 Petr 5,6–9, die der Formel „tamquam leo rugiens" nur wenig Beachtung schenkt. Die Nationalität des Predigers ist unbekannt, weshalb ich seinen Namen lateinisch wiedergebe.

41   Vgl. Vatikanstadt, Biblioteca Apostolica Vaticana, ms. Vat. Lat. 1252, ff. 124va–127vb: *Dominica III post Trinitatem*; ebd., f. 298va, erfolgt in einer Liste von Predigtthemen zum Ostersonntag nach dem Zitat des Anfangs von 1 Petr 5,8 folgender Querverweis: „Require [in] dominica III post Trinitatem, et fiat sermo de vigilare"). Das Sermonar, dem Guys Predigt entstammt, ist auch in zahlreichen anderen Handschriften überliefert. Zur Sammlung und ihren Anwendungsmöglichkeiten vgl. Pierre Michaud-Quantin, „Guy d'Évreux, technicien du sermonnaire médiéval", in: *Archivum Fratrum Praedicatorum* 20 (1950), S. 213–233, hier S. 219–231; zur Fortune des Werkes vgl. ebd., S. 218 f.

42   Außer im in Anm. 41 zitierten Passus auch in: Guy d'Évreux, ms. Vat. Lat. 1252, f. 308va, am Beginn einer Übersicht über mögliche Predigtthemen für den dritten Sonntag nach Trinitatis.

Wachens aufgrund der Furcht vor Verrat"). Dieses Wachen wird anhand einer
Auslegung von 1 Petr 5,8 ab „vigilate" illustriert, deren Ouvertüre den Tenor
der über Beda in die *Glossa ordinaria* eingeflossenen Ausführungen Cyprians
aufgreift:

> Videmus enim quod homines qui sunt in terra inter inimicos suos et sunt in
> castris obsessi solent vigilare, ne sint aliquo modo proditi ab adversariis. Et certe
> nos sumus in guerra continua. Cor humanum est quasi castrum obsessum, et
> tenet ibi dyabolus sedem cum exercitu suo, utrum posset hominem capere et
> precipitare in peccatum. Et ideo necessarium est nobis vigilare.[43]

> Wir sehen nämlich, dass die Menschen, die auf Erden unter ihren Feinden sind
> und in ihren Burgen belagert werden, zu wachen pflegen, damit sie auf keiner-
> lei Weise von ihren Feinden verraten werden. Und gewiss befinden wir uns in
> einem ständigen Krieg. Das menschliche Herz ist gleichsam eine belagerte Burg,
> und dort hat der Teufel mit seinem Heer Stellung bezogen, stets darauf sinnend,
> den Menschen zu ergreifen und in Sünde zu stürzen. Und deshalb müssen wir
> wachen.

Die diesen Worten mit einigem Abstand folgenden Ausführungen zu „quasi leo
rugiens circuit, querens quem devoret" lauten:

> Nota: quando leo est famelicus, est quasi totus furibundus, et circuit, si inve-
> niat predam et occidat. Sic certe dyabolus est multum sitibundus dampnationis
> nostre. Unde Numerorum XXIII: *Quasi leo rugiens non accubabit, donec devoret*
> *predam et occisorum sanguinem bibat* [Nm 23,24], et Ezechielis XXII: *Sicut leo*
> *rugiens capiensque predam animas devoraverunt* [Ez 22,25]. Ezechielis XIX: *Leo*
> *factus est, et didicit capere predam et homines devorare* [Ez 19,6].[44]

> Bedenke: Wenn der Löwe hungrig ist, ist er gleichsam ganz und gar rasend, und
> er streift herum, um zu sehen, ob er Beute finden und sie töten kann. So dürs-
> tet gewiss auch der Teufel sehr nach unserer Verdammnis. Daher heißt es im
> 23. Kapitel des Buches Numeri: *Wie ein brüllender Löwe wird er nicht ruhen, bis*
> *er die Beute verschlingt und das Blut der Getöteten trinkt,* und im 22. Kapitel der
> Weissagung des Ezechiel: *Wie ein Löwe, der brüllt und seine Beute ergreift, ver-*
> *schlangen sie die Seelen.* Im 19. Kapitel steht bei Ezechiel: *Er wurde zum Löwen*
> *und lernte, Beute zu packen und Menschen zu verschlingen.*

Die Parallelisierung von Löwe und Teufel hätte kaum stringenter ausfallen
können. Die zu ihrer Untermauerung angeführten Bibelstellen kräftigen das

---

43   Ebd., f. 126ra.

44   Ebd., f. 126va (mit etlichen Fehlern: „Numerorum XXII" statt „Numerorum XXIII", „accu-
     sabit" statt „accubabit", „Ezechielis XXIII" statt „Ezechielis XXII" sowie „didiscit" statt
     „didicit").

Band zwischen den Lexemen „leo", „rugire" und „devorare" auf eindrückliche und neuartige Weise. Nachdem Guy dem Löwenvergleich des Apostels Petrus eine alle Elemente von 1 Petr 5,8 zumindest erwähnende Auslegung beschert hat, lässt er eine Erläuterung des bis dato von ihm nicht vertieften Verbs „circuit" folgen, die die Ausführungen der *Glossa ordinaria* (das heißt Cyprians) auf zweierlei Weise ausbaut: einerseits dadurch, dass sie auf eine populäre Legende, die Erzählung von der Versuchung des heiligen Antonius, verweist, andererseits, indem sie die Sieben Todsünden als Helferinnen des Teufels bei der Belagerung des Sünders mitwirken lässt.[45] Dadurch wird die Bedrohungslage dem Adressatenkreis des Textes besonders plastisch vor Augen geführt. Aus seinen Ausführungen leitet der Predigermönch dann aber nicht etwa eine die Affekte der Rezipienten involvierende Paränese ab, sondern eine nüchtern formulierte Instruktion: „vigilandum est, ne homo predatur"[46] („Man muss darauf achten, dass der Mensch nicht zur Beute [des Teufels] wird"). Dies ist freilich nicht verwunderlich, da sich Guys Predigt nicht an das breite Volk, sondern an andere Prediger richtete, wie aus ihrem Beginn klar hervorgeht.[47] Dort folgt auf die Nennung des Themas als weiterer, für eine Anfangsreflexion herangezogener Bibelauszug, das heißt als sogenanntes Prothema, ein Vers aus dem Buch Hiob, „Vigilantes ad predam preparant panem liberis" („Indem sie früh morgens wachen, um Beute zu machen, bereiten sie den Kindern das Brot", Job 24,5), der die Aussage nach sich zieht, dass darin drei Dinge angesprochen würden, die ein Prediger besitzen müsse. Dabei handelt es sich, wie Guys weitere Ausführungen zeigen, erstens um die Bereitschaft, die Heilige Schrift zu studieren, zweitens um das Bestreben, Sünder von ihrer Schuld zu befreien, und drittens um den Willen und die Fähigkeit, sie zu unterweisen.

---

45 Vgl. ebd., f. 126va–b (Ergänzungen und Verbesserungen in Klammern): „Et bene dicit: *circuit*. Nota: quando rex circuit castrum et invenit situatum supra firmam rocham ex una parte, ex qua non timet acces[s]um, non invadit ipsum ex illa parte, sed ubi inveniet debile. Sic dyabolus, [quando] circuit hominem fortem vel non inclinatum contra unum peccatum, non impugnat illum de illo, sed si inveniat castum, impugnat de superbia, si humilem [ms. si superbum], de luxuria (nota de Antonio [ms. Anthonio]), et quando potest invenire talem debilem, destruit totum. Unde tale castrum ambit cum exercitu suo, [idest] cum septem peccatis mortalibus. Unde Superbia in exercitu dyaboli vexillum portat, quod est certissimum signum dampnatorum; Invidia trahit sagittas, detrahendo aliis; Ira est quasi petraria, iactans lapides blasphemie et improperii; Accidia fossatos evacuat ab aquis gratie; Avaricia fossata implet per terrenorum cumulationem; Luxuria ignem succendit; Gula istum ignem nutrit, apponendo ligna diversorum cibariorum. Et sic per talem circuitum capitur castrum. Unde Amos III: *Tribulabitur et circuietur terra, et detrahetur ex te fortitudo tua, et deripientur edes tue* [Am 3.11]."

46 Ebd., f. 126vb.

47 Ebd., f. 124va–b.

Kein Prediger, der – sei es, wie im hier skizzierten Fall, vor seinesgleichen, sei es vor einem anderen Auditorium – einen von Guys *sermones* performativ darbieten wollte, war gehalten, dazu jeweils den gesamten Text heranzuziehen, im Gegenteil: Dem Dominikaner war vollauf bewusst, dass seine Predigten sehr lang geraten waren, weshalb er im Vorwort seiner Sammlung seine Leser nachdrücklich auffordert, in ihren Reprisen seiner Texte *coram publico* eine Auswahl aus den darin vorgefundenen Materialien zu treffen und beherzt zu kürzen.[48] Besonders leicht zu streichen, weil ohne tragende Bedeutung für die Gesamtstruktur, waren dabei die zahlreichen Passagen, die mit dem Imperativ „Nota" (oder, seltener, mit dem Gerundium „Notandum") eingeleitet werden.[49] Zu ihnen gehören auch die soeben besprochenen Ausführungen zur Grausamkeit des Löwen.

Eine ähnliche, aber anders gestaltete Profilierung des Themas „vigilare" wie Guys *sermo* über „Sobrii estote et vigilate" weist eine anonyme Predigt zum dritten Sonntag nach Trinitatis aus einer Handschrift der Bibliothèque Ceccano in Avignon auf.[50] Ihre beiden Hauptteile werden durch eine Auslegung des Großteils von 1 Petr 5,8 (bis einschließlich „circuit") in vier Schritten[51] sowie durch eine von Petri Worten unabhängige, auf andere Bibelstellen gestützte Abhandlung zu vier verschiedenen Arten des Wachens gebildet, die als Reaktion auf je verschiedene, mit Eigenschaften des Teufels verbundene Tücken angemahnt werden.[52] Eröffnet wird der Text durch ein Prothema, „Venit

---

48   Vgl. ebd., f. 3ra, zitiert (in einer leicht abweichenden Fassung) in: Michaud-Quantin, „Guy d'Évreux", S. 225. Der Forscher kommentiert den Passus mit den Worten: „Dans ses sermons aux multiples articulations, le but de Guy a été de rassembler et de mettre en ordre les matériaux dont pouvait se servir le prédicateur, laissant à celui-ci le soin – et l'obligation – de faire un choix […]."

49   In der Handschrift Vat. Lat. 1252 sind 22 derartige Abschnitte der Predigt zu 1 Petr 5,8 durch farbige Markierungen hervorgehoben.

50   Vgl. Avignon, Bibliothèque Ceccano, ms. 594, ff. 181va–183rb: *Dominica tercia, sermo.* Die Handschrift stammt aus der zweiten Hälfte des 13. Jahrhunderts.

51   Vgl. ebd., ff. 181va–182rb.

52   Vgl. ebd., ff. 182rb–183rb. Die vier diabolischen Eigenschaften lauten: „subtilis ad decipiendum" (f. 182rb), „penetrabilis ad nocendum" (f. 182va), „fortis ad deceptos lesos in suis vinculis retinendum" (f. 182vb) und „gravis ad tollerandum" (f. 183ra), die ihnen zugeordneten vier Arten des Wachens: „sicut avis vigilat, ne subtilitate aucupis decipiatur, sic et nos" (f. 182va), „vigilare debemus sicut portarius, ne inimicus per portam castri penetret vel intret" (f. 182vb), „vigilare debemus sicut fera, ne laqu[e]o venatoris capiatur" (f. 183ra) und „vigilare debemus sicut mercator, ne spolietur" (f. 183rb). Im Anschluss an das Zitat der zweiten biblischen Belegstelle für die vierte Art des Wachens, „Apocalypsis XVI: *Beatus qui vigilat* etc." [Apc 16,15], nutzt der Autor der Predigt die durch das Adjektiv „beatus" eröffnete Möglichkeit, zu einer geläufigen Schlussformel überzugehen, und führt seinen Text auf diese Weise einem brüsken Ende zu: „Ad quam beatitudinem nos perducat etc. Amen." (f. 183rb).

diabolus et tollit verbum de corde eorum" („Der Teufel kommt und nimmt das
Wort aus ihrem Herz", Lc 8,12), dessen Ausgestaltung allein durch eine Auf-
füllung des Bibelverses mit weiteren Satzgliedern erfolgt und kurz und knapp
die Notwendigkeit betont, sich vor dem Teufel in Acht zu nehmen.[53] Es folgt
die Bemerkung, dass Christus nach dem Bericht der Evangelisten Matthäus
und Lukas mehrere Versuchungen des Teufels durch Worte der Heiligen Schrift
zurückgewiesen habe.[54] Sie begründet die Mahnung, in ähnlicher Weise Petri
Warnung vor dem Widersacher als Hilfsmittel zu dessen Abwehr zu nutzen.
In 1 Petr 5,8, heißt es im Anschluss, fordere uns der Apostel erst zu körperlicher Kasteiung („ad corporum nostrorum discretam macerationem", f. 181va)
und dann zur sorgsamen Bewahrung eines reinen Gewissens („ad conscientia-
rum nostrarum diligentem conservationem", f. 181vb) auf, bevor er die Ursache für diese Appelle („precedentium causam vel rationem", f. 182ra) benenne,
nämlich den umherstreifenden Teufel, und schließlich über die Formel „tamquam leo rugiens" dessen schreckliches und grausames Wüten („magnam et
crudelem invasionem", f. 182rb) aufzeige. Dieser letzte Punkt erfährt folgende
Ausgestaltung:

> Tunc leo rugit circa animalia, quando vult ea occidere et devorare. Sic et testatur
> Ecclesiasticus XIII: *Venatio leonis*, idest dyaboli, qui fortis, crudelis et rex pec-
> catorum est, *onager in heremo* [Sir 13,23] presentis miserie existens est, supple.
> Onager est asinus silvestris, per quem intelligitur homo, qui regulis precepto-
> rum Dei non subicitur. Ideo asinus est indomitus et venatio dyaboli effectus,
> quam capit peccati delectatione, occidit ipsius perpetratione, devorat peccandi
> consuetudine. Bene est ergo crudelis. Ezechiel XIX: *Leo factus est* demon homi-
> nibus, *et didicit* post casum suum *predam capere* primos parentes *et homines
> devorare* [Ez 19,6]. Ideo David, videns crudelitatem eius, clamabat ad Deum in
> Psalmo: *Salva me ex ore leonis*, idest „demonis" secundum Glossam, *et a cor-
> nibus unicornium*, idest a peccatis venientibus ex facto primorum parentum
> superbiencium – unicornes sunt animalia superba valde –, *humilitatem meam*
> [PsG 21,22], ne destruatur.[55]

Der Löwe brüllt im Umkreis der anderen Tiere, wenn er sie töten und verschlingen
will. So bezeugt es auch Jesus Sirach im 13. Kapitel: *Die Jagdbeute des Löwen*,
das heißt des Teufels, der stark und grausam ist bzw. der König der Sünden, *ist
der Onager in der Einöde* – ergänze: des gegenwärtigen Lebens. Der Onager ist

---

53   Vgl. ebd., f. 181va: „Venit dyabolus ad illos *qui audiunt verbum Dei*, et tollit temptando et
     ad peccata inclinando verbum *Dei*, ne fructificet sicut semen, de corde eorum." Die hier
     kursiv gesetzten Elemente sind dem unmittelbaren Umfeld des als Prothema gewählten
     Bibelpassus entnommen.

54   Gemeint sind Worte aus dem Alten Testament, die Christus in Mt 4,4, 4,7 und 4,10 bzw.
     Lc 4,4, 4,8 und 4,12 dem Teufel entgegenhält.

55   Vgl. Avignon, Bibliothèque Ceccano, ms. 594, f. 182rb.

ein Wildesel. Mit ihm wird der Mensch bezeichnet, der dem Regelwerk der Vorschriften Gottes nicht unterworfen wird. Deshalb ist er ein ungezähmter Esel
und wird zur Beute des Teufels, die er packt, indem er ihr Lust in Aussicht stellt,
tötet, indem er sie sie vollziehen lässt, und verschlingt, sobald ihr das Sündigen
zur Gewohnheit wird. Gewiss ist der Teufel also grausam. Im 19. Kapitel seiner
Prophetie sagt Ezechiel: *Zum Löwen wurde* der Dämon den Menschen, *und er
erlernte* nach seinem Fall *Beute zu machen*, nämlich Adam und Eva, *und Menschen zu verschlingen.* Deshalb flehte David, als er dessen Grausamkeit sah, in
einem Psalm zu Gott: *Errette mich aus dem Maul des Löwen*, das heißt des Teufels,
wie die Glossa ordinaria besagt, *und meine Demut*, auf dass sie nicht zuschanden
werde, *vor den Hörnern der Einhörner*, das heißt vor den Sünden, die von der
Verfehlung des hochmütigen ersten Menschenpaars herrühren – Einhörner sind
nämlich gar hochmütige Tiere.

Im zitierten Passus findet das zuvor schon ausgelegte Verb „circuit" nur noch
im Adverb „circa" Berücksichtigung. Die Worte „querens quem devoret", denen
im Einklang mit der oben skizzierten Begrenzung des Themas kein eigener
Abschnitt gewährt wird, werden dennoch aufgegriffen, indem der Anonymus
das gewohnheitsmäßige Sündigen als Auslöser für das Verschlungenwerden
durch den Teufel beschreibt, so wie es (vermutlich vor ihm) der Dominikaner
Pierre de Reims in seiner von 1 Petr 5,8 ausgehenden, stark verbreiteten Predigt
getan hatte.[56]

Das logische Band zwischen dem Auftaktsatz des soeben wiedergegebenen
Auszugs und dem darauf folgenden Zitat aus dem Buch Jesus Sirach ist dünn;
die angeführten Bibelstellen und die ihnen hinzugefügten Glossen leisten
dann aber eine stimmige *moralisatio*, in der der Antagonismus zwischen dem
Teufel und dem Sünder durchgehend hervorgehoben wird. Der Abschnitt
mündet in ein Zitat aus den Bußpsalmen, in dem David ebenso reuevoll wie
verzweifelt Gott um Errettung anfleht. Den Adressaten der Predigt eröffnet
sich so die Möglichkeit, innerlich in den Hilferuf einzufallen. Zu einer wirklichen Affektansprache kommt es aber auch hier nicht. Dazu passt, dass man
sich kaum vorstellen kann, dass der Text vor Publikum vorgetragen wurde.
Dies hat nicht so sehr mit seiner beträchtlichen Länge zu tun – auch hier ließen sich leicht Kürzungen vornehmen, etwa durch die Streichung des zweiten
Hauptteils –, als vielmehr mit seinen syntaktischen Eigenheiten, denn etliche
der zitierten Bibelstellen werden auf derart üppige und komplexe Weise mit

---

56   Vgl. Pierre de Reims, Amiens, Bibliothèque Louis Aragon, ms. 268, ff. 319vb–320va, hier
      f. 320ra–va. Die höchst verwickelten Argumentationen dieses Abschnitts, der mit Jer 51,34
      ein zweites Thema einführt, dessen Behandlung mehr als die Hälfte des *sermo* ausmacht,
      werden in der komprimierten Fassung von Pierres Text, die den dritten und letzten Teil
      der am Ende von Anm. 34 erwähnten anonymen franziskanischen Predigt zu 1 Petr 5,8
      ausmacht, hervorragend entwirrt; vgl. Leipzig, Universitätsbibliothek, ms. 747, f. 48r–v,
      bes. f. 48v.

Glossen aufgefüllt, dass eine Rezipierbarkeit der Predigt bei einmaligem Hören auszuschließen ist. Es handelt sich daher wohl eher um ein – gut strukturiertes und nach zeitgenössischen Parametern überzeugend argumentierendes – Lesestück zur Erbauung lateinkundiger Christen.

Als dritte Predigt des späten 13. Jahrhunderts, die ihren Ausgang von 1 Petr 5,8 nimmt, sei nun ein anonymer franziskanischer *sermo* vorgestellt, der unter der Rubrik „Dominica III post Trinitatem" auf ff. 61va–62rb der Hs. Ripoll 192 des Aragonesischen Kronarchivs in Barcelona überliefert ist. Anders als die beiden zuvor behandelten Texte sei er zur Gänze zitiert:

<u>Sobrii estote et vigilate, quia adversarius vester diabolus tamquam leo rugiens circuit, querens quem devoret. Cui resistite fortes in fide</u>, I Petri V. in verbis istis quatuor facit Petrus:
Primo hortatur nos ad carnis temperanciam ibi: <u>Sobrii estote</u>. Hanc docet Sapientia VIII: *Sobrietatem docet*. Glossa: „temperanciam". Ad hanc hortatur nos apostolus Ad Titum II: *Sobrie et iuste et pie vivamus in hoc seculo*. Glossa: „*Sobrie in nobis*, *iuste* ad proximum, *pie* ad Deum." I Ad Thessalonicenses V: *Non dormiamus sicut ceteri, sed vigilemus et sobrii simus*, compescendo *carnis desideria que militant adversus animam*, I Petri II. Sobrietas enim est virtus cibi et potus excessus refrenans. Unde sobrietas dicitur quasi „sub bria", idest sub mensura. Cui opponitur superbia que dicitur quasi „super briam", idest mensuram. Ideo apostolus ad sobrietatem hortatur nos dicens: <u>Sobrii estote</u>. I Petri I: *Sobrii perfecte sperate in eam que offertur vobis gratiam*. Ad sobrietatem autem habendam tria nos inducunt:
  – Natura cui parum sufficit et modicum. Satis scilicet est, et superfluum est nocivum. Boethius in II Consolationis Philosophie: „Paucis minimisque natura contenta est. Cuius sacietatem si superfluis urgere velis, aut iniocundum quod infuderis fiet aut noxium." Jeronimus: „Tibi aqua et panis sit, ceteraque hiis similia in nature satisfactionem." Legitur in scientia naturali quod inter animalia magnorum corporum nulli dedit natura ita parvum os secundum quantitatem corporis sicut homini. In quo suadetur tibi cibi et potus mediocritas.
  – Scriptura. I Ad Thessalonicenses V: *Sobrii simus*. Et hinc sobries.
  – Creatura. In omni enim creatura est modus et mensura. Sapientia XI: *Omnia in mensura, numero et pondere disposuisti*. *In mensura* contra vicium superfluitatis, *in numero* contra vicium singularitatis, *in pondere* contra vicium levitatis.
Hec virtus quam necessaria sit, patet ex duobus, scilicet ex ipsius defectu et effectu.
  – Ex defectu, quia si ipsa defuerit, nil nisi malum inde provenit. Seneca: „Si sobrietas desit, dum corpus repletur, anima evacuatur, homo depauperatur, venter deificatur, Deus blasfematur. Porta oris aperta exercitus viciorum ingreditur", et: „Sine sobrietate mensa homini in laqueum preparatur."
  – Ex effectu, quia multa bona inde proveniunt, scilicet:
    – hominis utraque sanitas. Ecclesiasticus XXXI: *Sanitas est anime et corporis sobrius potus*, nam ex sobrio potu vini naturalis vigor reparatur. Zacharias IX: *vinum germinans virgines*.

– vite diuturnitas. Ecclesiasticus XXXVII: *Propter crapulam multi obierunt. Qui autem abstinens est, adiciet vitam.*

40 – spiritualis iucunditas. Ecclesiasticus XXXI: *Exultatio est anime et cordis vinum moderate potatum.*

– virtutum speciositas. Ecclesiasticus XXXI: *Equa vita hominibus vinum in sobrietate. Si bibas illud moderate, eris sobrius.* Glossa: „Vinum sobrie potatum vitam equitatis non tollit, sed sobrietatem et cetera virtutum

45 ornamenta adducit."

Secundo hortatur nos ad mentis vigilanciam ibi: <u>vigilate</u>, idest: solliciti estote, ne in manum adversarii incidatis. Hanc diligenciam habebat sponsa que dicebat Cantici Canticorum V: *Ego dormio, et cor meum vigilat.* Ad hanc hortatur Dominus Marci XIII: *Videte, vigilate et orate.* Hinc est, quod quatuor animalia plena

50 oculis ante et retro describuntur Ezechielis I.

Tercio hortatur nos ad fidei constanciam ibi: <u>Cui resistite fortes in fide</u>. I ad Corinthios XVI: *Vigilate et state in fide*, ne scilicet aliqua adversitate a fide recedatis sicut illi, de quibus Luce VIII: *Ad tempus credunt, et in tempore temptationis recedunt.* Psalmus: *Filii Ephrem* etc.

55 Quarto ostendit causam necessariam ibi: <u>quia adversarius vester diabolus</u> etc. Et ostendit ibi tria de adversario, scilicet potestatem, calliditatem et crudelitatem.

– Potestatem ostendit, cum dicit: <u>tamquam leo</u>, et ideo fortis: Job XLI: *Non est potestas super terram, que ei comparetur.* Ideo ait David: *Salva me ex ore leonis*, Glossa: „diaboli".

60 – Calliditatem ostendit, cum dicit: <u>circuit</u>, tamquam hostis; et notabiliter dicitur circuire <u>quasi leo</u>. Leo enim, quando vult facere predam, facit circulum in circuitu cum cauda. Quem timentes animalia, non audent exire. Sic diabolus facit circulum circa hominem undique eum terrendo, ne de mundo exeat et fugiat a facie persequentis. Et bene dicitur <u>rugiens</u>, quia „sicut rugitus leo-

65 nis impedit aures animalium, ne alium sonum recipiant, sic diabolus fidelium mentes terrendo vel illicita suggerendo a via veritatis, ne vocem Christi audiant, avertit", Glossa.

– Crudelitatem ostendit, cum dicit: <u>querens quem devoret</u>. Jeremias VI: *Crudelis est, et non miseretur.* Abacuc I: *Semper interficere gentes non parcet.* Et

70 propter hoc comparatur tortori Mathei XVIII: *Tradidit eum tortoribus.*

Contra ista tria, que de adversario ostendit, hortatur ad alia tria que superius diximus: contra enim adversarii potestatem hortatur ad fidei constanciam: <u>Cui</u>, inquit, <u>resistite fortes in fide</u>; contra calliditatem hortatur ad mentis vigilantiam: <u>Vigilate</u>, inquit; contra crudelitatem hortatur ad carnis temperanciam: <u>Sobrii</u>,

75 inquit, <u>estote</u>, ne <u>devoret</u>: *Incrassata est enim pars eius, et cibus eius electus*, Abacuc I.

2, 9, 12: I Petri] Pe *ms.*; 7, 23: I Ad Thessalonicenses] Tes *ms.* 8: ceteri] et ceteri *ms.*; 10: refrenans] refenans *ms.*; 10: sub mensura] submersatur *ms.*; 11: opponitur superbia] opponitur *ms.*; 12–13: perfecte sperate] perfecti esperate *ms.*; 17: societatem] societatem *ms.*; 17–18: iniocundum] in iocundum *ms.*; 18: quod infuderis] *deest in ms.*; 23: hinc] hic *ms.*; 25: numero et pondere] pondere et numero *ms.*; 25–26: superfluitatis] levitatis *ms.*; 26: singularitatis] superfluitatis *ms.*; 27: levitatis] singularitatis *ms.*; 30: si ipsa] ex ipsa *ms.*; 31: corpus] corpo *ms.*; 35: utraque] utriusque *ms.*; 37: Zacharias IX] Za xa XI *ms.*; 42: vita] via *ms.*; 46: hortatur] ortatur *ms.*; 50: oculis] occulis *ms.*; 50: Ezechielis I] Ezechielis II *ms.*; 51: Cui resistite] *deest in ms.*; 51–52: I ad Corinthios] Cor *ms.*; 52: in fide] in fidem *ms.*; 54: Ephrem etc.] Ephem *ms.*; 61: quando] quam vel quem *ms.*; 65: impedit] inpedit *ms.*; 73, 75: inquit] inquid *ms.*; 73–74: mentis vigilantiam: Vigilate, inquit; contra crudelitatem hortatur ad] *deest in ms.*; 76: Abacuc I] Abacuc II.

1–2: 1 Petr 5.8–9; 5: Sap 8.7; 5: Gl. ord. interlin. ad Sap 8.7; 6: Tt 2.12; 6–7: Gl. ord. interlin. ad Tt 2.12; 7–8: I Thess 5.6; 8–9: I Petr 2.11; 10: cf. Radulphus Bockingus, *Vita S. Richardi Episcopi Cicestrensis* (um 1270): „sobrius dicitur, quasi sub bria constitutus, idest, sub mensura." (mittelalterliche Lexika leiten *sobrius* üblicherweise nicht von „sub bria", sondern von „secum habens briam" ab); 11: cf. Caesarius Heisterbachensis OCist († 1240), *Dialogus miraculorum*, dist. IV, cap. III: „Superbia [...] est singularis excellentie super alios quidam appetitus. Unde dicta est superbia, quasi super briam, idest mensuram, se extollens"; 12–13: I Petr 1.13; 16–18: Boethius, *Consolatio Philosophie* II, Prosa V, § 16; 18–19: *recte*: Johannes Saresberiensis: cf. idem, *Polycraticus* 8.8: „Ubi aqua et panis sit, et caetera his similia, ibi naturae satisfactum"; 20–21: cf. Guilelmus Peraldus OP, *Summa vitiorum, De gula* I 4; 23: I Thess 5.6; 24–25: Sap 11.21; 30–33: *recte*: Guilelmus Peraldus OP, *Summa virtutum*, III 3.9 (ohne „Deus blasfematur"); 33: cf. PsG 68.23 (zit. in Rm 11.9); 35–36: Sir 31.37; 37: Zc 9.17; 38–39: Sir 37.34; 40–41: Sir 31.36; 42–43: Sir 31.32; 43–45: Gl. ord. marg. ad Sir 31.32; 48: Ct 5.2; 49: Mc 13.33; 49–50: cf. Ez 1.18; 52: I Cor 16.13; 53–54: Lc 8.13; 54: PsG 77.9 (cf. PsG 77.9–11: „Filii Effrem [...] non custodierunt testamentum Dei, et in lege eius noluerunt ambulare, et obliti sunt benefactorum eius et mirabilium eius [...]"); 57–58: Job 41.24; 58: PsG 21.22; 59: Gl. ord. interl. ad PsG 21.22; 61–64: cf. Hugo de Folieto († um 1174), *De bestiis et aliis rebus liber*, PL 177, Sp. 13–164, hier Sp. 150: „Ad rugitum eius [sc. leonis] timent omnes bestie; cum circulum cauda facit, nulla ferarum audet transire"; Bartholomeus Anglicus OM († um 1250), *De naturis rerum*, Nürnberg: Anton Koberger, 1483, XVIII 63, *De leone* (Auszug): „In altissimis montibus occultat se, et inde contemplatur predam suam. Quam cum viderit, alte rugit. Ad cuius vocem terrentur animalia et subito figunt gradum. Circa que cum cauda in orbem lineam ducit, et illius lineature circulum transire quodlibet animal pertimescit, et stant animalia stupida, quasi edictum expectantia regis sui."; Vincentius Bellovacensis OP († um 1264), *Speculum naturale*, Venedig: Hermann Liechtenstein, 1494, XIX 68, *De leonis ferocitate* (Auszug): „Non solum autem rugitu suo [leo] ceteras terret feras, sed et prede semper inhians, caude sue descriptione super faciem pulveris aut nivis pertracte circulum describit, cuius circunferentiam transire non presumunt bestie incluse."; 64–67: Gl. ord. marg. ad 1 Petr 5.8; 68–69: Jer 6.23; 69: Hb 1.17; 70: Mt 18.34; 75: Hb 1.16.

Seid nüchtern und wacht, denn euer Widersacher, der Teufel, streift umher wie ein brüllender Löwe auf der Suche nach Beute, die er verschlingen kann, 1. Petrus-Brief, 5. Kapitel. In diesen Worten macht Petrus viererlei: Erstens ermahnt er uns zur Mäßigung des Fleisches, und zwar hier: Seid nüchtern. Diese Tugend lehrt die Weisheit im 8. Kapitel: *Sie lehrt die Nüchternheit.* Glossa ordinaria: „das heißt die Mäßigung". Zu ihr ermahnt uns der Apostel Paulus im 2. Kapitel des Briefes an Titus: *Nüchtern und gerecht und fromm lasst uns in dieser Welt leben.* Glossa ordinaria: „*nüchtern,* was uns selbst betrifft; *gerecht* zum Nächsten; *fromm* gegenüber Gott." Im 5. Kapitel des 1. Briefs an die Thessalonicher heißt es dazu: *Lasst uns nicht schlafen wie die Übrigen, lasst uns vielmehr wachen und nüchtern sein*, indem wir, wie im 2. Kapitel des 1. Petrus-Briefs gesagt wird, *die Begierden des Fleisches* zügeln, *die gegen die Seele kämpfen*. Die Nüchternheit ist nämlich eine Tugend, die das Übermaß an Speis und Trank bändigt. Deshalb wird sie *sobrietas* genannt, nämlich gleichsam *sub bria*, das heißt, einem Maß unterworfen. Ihr wird *superbia* entgegengesetzt, die ihren Namen zu tragen scheint, weil sie *super bria*, das heißt jenseits des Maßes, steht. Deshalb ermahnt uns der Apostel Petrus zur Nüchternheit, indem er sagt: <u>Seid nüchtern</u>. Und im 1. Kapitel des 1. Petrus-Briefs steht geschrieben: *Als Nüchterne hofft auf vollkommene Weise auf jene Gnade, die euch dargeboten wird.* Drei Dinge aber veranlassen uns, Nüchternheit zu erlangen:

– die Natur, die mit Wenigem und Bescheidenem zufrieden ist. Denn dieses genügt vollauf, während das Überflüssige schädlich ist. Boethius sagt im zweiten Buch des *Trostes der Philosophie*: „Die Natur ist mit wenigen, ja ganz geringen Dingen zufrieden. Wenn du ihre Genügsamkeit mit überflüssigen Dingen anfechten willst, wird das, was du hinzufügst, entweder unerfreulich oder schädlich sein." In den Büchern zur Naturkunde liest man, dass die Natur keinem der Lebewesen mit großen Körpern einen gemessen an der Körpergröße so kleinen Mund gab wie dem Menschen – ein Aspekt, durch den dir zur Mäßigung im Essen und Trinken geraten wird.

– die Heilige Schrift. Im 5. Kapitel des 1. Briefes an die Thessalonicher heißt es: *Seien wir nüchtern.* Und daher sollst du nüchtern sein.

– die Schöpfung. In jedem Geschöpf nämlich finden sich Maß und Proportion. Die Weisheit spricht im 11. Kapitel: *Alles hast du nach Maß, Zahl und Gewicht geordnet. Nach Maß* gegen das Laster des Überflusses, *nach Zahl* gegen das Laster der Vereinzelung, *nach Gewicht* gegen das Laster der Flüchtigkeit.

Wie notwendig die Tugend der Nüchternheit ist, geht aus zwei Dingen hervor, nämlich aus ihrem Fehlen und aus ihrer Wirkung.

– Aus ihrem Fehlen deshalb, weil nur Schlechtes daraus resultiert. Seneca: „Wenn die Nüchternheit fehlt, wenn der Leib gefüllt, die Seele geleert, der Mensch arm gemacht, der Bauch vergöttert und Gott beleidigt wird, dann zieht durch das offene Tor des Mundes das Heer der Laster ein." Und andernorts: „Ohne Nüchternheit wird der Tisch dem Menschen zum Strick."

– Aus ihrer Wirkung deshalb, weil viele gute Dinge daraus hervorgehen, nämlich:

    – doppelte Gesundheit für den Menschen. Jesus Sirach sagt im 31. Kapitel: *Gesundheit für die Seele und den Körper ist ein nüchterner Trank*, denn maßvoller Weingenuss stellt die körperliche Frische wieder her. Zacharias spricht denn auch im 9. Kapitel seiner Weissagung vom *Wein, der Jungfrauen sprießen lässt.*

    – Langlebigkeit. Jesus Sirach äußert im 37. Kapitel: *Die Völlerei hat viele ins Grab gebracht. Wer aber enthaltsam ist, wird sein Leben verlängern.*

    – geistige Wonne. Jesus Sirach spricht im 31. Kapitel: *Ein Jubelfest für die Seele und das Herz ist maßvoll getrunkener Wein.*

    – Schönheit durch Tugend. Jesus Sirach sagt im 31. Kapitel: *Eine rechtmäßige Lebensweise für die Menschen ist Weingenuss im Verbund mit Mäßigung. Wenn du maßvoll Wein trinkst, wirst du nüchtern sein.* Dazu bemerkt die Glossa ordinaria: „Maßvoll genossener Wein macht ein Leben in Gerechtigkeit nicht zuschanden, sondern fügt ihm Nüchternheit und andere Zierden der Tugenden hinzu."

Zweitens mahnt uns der Apostel zu geistiger Wachsamkeit, und zwar hier: <u>Wacht</u>, das heißt seid aufmerksam, damit ihr nicht in die Hände des Widersachers fallt. Solcherlei Umsicht hatte die Braut, die im 5. Kapitel des Hohen Liedes sagt: *Ich schlafe, aber mein Herz wacht.* Zu solcher Umsicht ermahnt uns der Herr im 13. Kapitel des Markus-Evangeliums: *Seht, wacht und betet.* Aus diesem Grund werden im 1. Kapitel der Weissagung des Ezechiel vier Tiere voller Augen vorne wie hinten beschrieben.

Drittens mahnt uns der Apostel zur Standhaftigkeit im Glauben, nämlich hier: <u>Ihm aber widersteht stark im Glauben.</u> Dazu passt ein Vers aus dem 16. Kapitel des 1. Briefs an die Korinther: *Wacht und seid standhaft im Glauben*, und zwar deshalb, damit ihr nicht in irgendeiner Widrigkeit vom Glauben abfallt wie jene, von denen es bei Lukas im 8. Kapitel heißt: *Sie glauben auf Zeit, und weichen zurück in der Zeit der Versuchung*, und auf die sich das Psalmwort *Ihr Söhne Ephrems* bezieht.

Viertens erklärt uns der Apostel den Anlass, der seine Mahnungen notwendig macht, und zwar hier: <u>weil euer Widersacher, der Teufel</u>, etc. Und was den Widersacher angeht, zeigt er drei Eigenschaften desselben auf, nämlich seine Macht, seine Schläue und seine Grausamkeit.

– Seine Macht zeigt er auf, indem er sagt: <u>wie ein Löwe</u>, das heißt stark: Im 41. Kapitel des Buches Hiob heißt es: *Es gibt keine Macht auf Erden, die im gleichkäme.* Deshalb sagt David: *Errette mich aus dem Schlund des Löwen.* Die Glossa ordinaria ergänzt: „das heißt des Teufels".

– Seine Schläue zeigt er auf, indem er sagt: <u>Er streift umher</u> wie ein Feind; und im Besonderen wird von ihm gesagt, dass er umherstreift <u>wie ein Löwe</u>. Wenn der Löwe nämlich Beute machen will, zieht er mit seinem Schwanz in seiner Umgebung einen Kreis. Weil die Tiere ihn fürchten, wagen sie es nicht, den Kreis zu verlassen. So zieht auch der Teufel einen Kreis um den Menschen, indem er ihm von allen Seiten Schrecken einjagt, damit er die weltliche Sphäre weder verlässt noch vor dem Angesicht seines Verfolgers flieht. Und treffend wird der Teufel <u>brüllend</u> genannt, weil er „so, wie das Brüllen des Löwen die Ohren der anderen Tiere daran hindert, andere Laute zu hören, den Geist der Gläubigen durch das Erregen von Furcht oder das Einreden unerlaubter Dinge vom Weg der Wahrheit abbringt, damit sie die Stimme Christi nicht hören", wie die Glossa ordinaria ausführt.

– Seine Grausamkeit zeigt er auf, indem er sagt: <u>auf der Suche nach Beute, die er verschlingen kann</u>. Jeremias verkündet im 6. Kapitel: *Grausam ist er und hat kein Erbarmen.* Habakuk spricht im 1. Kapitel: *Nie sieht er davon ab, Völker zu töten.* Und deshalb wird der Teufel im 18. Kapitel des Matthäus-Evangeliums mit einem Folterer verglichen: *Er übergab ihn den Folterern.*

Gegen diese drei Eigenschaften des Widersachers mahnt Petrus jene drei Dinge an, von denen wir oben gesprochen haben. Gegen dessen Macht nämlich fordert er zur Standhaftigkeit im Glauben auf: <u>Ihm widersteht stark im Glauben</u>; Gegen dessen Schläue zur geistigen Wachsamkeit: <u>Wacht</u>. Gegen dessen Grausamkeit zur Mäßigung des Fleisches: <u>Seid nüchtern</u>, damit er euch nicht <u>verschlingt</u>. *Fettreich nämlich ist sein Anteil, und seine Speise erlesen*, spricht Habakuk im 1. Kapitel.

Statt diese Predigt ausführlich zu kommentieren, möchte ich mich darauf beschränken, einige Gesichtspunkte hervorzuheben, die sie zu einem typischen Produkt ihrer Zeit machen. Zu den Aspekten, denen wir schon begegnet sind, gehören die Aufteilung des Themas in kleinere Segmente, der konsequente Einsatz von Gliederungsstrukturen zu ihrer Erläuterung, das Heranziehen weiterer Bibelstellen zur Bekräftigung der Argumentation, der – hier besonders häufige – Bezug auf die *Glossa ordinaria*, sowie die Berufung auf profane Autoren und Disziplinen, im konkreten Fall auf Boethius, „Seneca" und die „scientia naturalis". Als weiteres durchaus gängiges Element kommt das Argumentieren mit ‚Etymologien' hinzu, hier im Fall der Substantive *sobrietas* und *superbia*. Die Predigt legt zunächst die imperativischen Elemente von 1 Petr 5,8–9a („Sobrii estote", „vigilate", „resistite") aus und geht erst danach auf die vor der dritten Befehlsform platzierte Beschreibung des Widersachers ein. Die den Teufel charakterisierende Trias „potestas" – „calliditas" – „crudelitas" hat etliche Vorläufer in der Predigt- und Kommentarliteratur,[57] gegenüber denen sich unser Text freilich durch die gewandte Verknüpfung der Bestandteile des Kausalsatzes „quoniam adversarius vester tamquam leo rugiens circuit, querens quem devoret" mit den besagten drei Imperativen auszeichnet. Die dafür erforderliche Plausibilisierung der Erhebung der „sobrietas" zu einem Mittel gegen die „crudelitas" des Teufels gelingt dank des abschließenden Habakuk-Zitats, das hier zwar nicht zum ersten Mal in einer Predigt zu Petri Warnung vor dem Widersacher zum Einsatz kommt,[58] aber in auffallend raffinierter Weise.

---

57 Guiard de Laon bietet in seiner Predigt (vgl. oben, Anm. 34, f. 84ra) folgende Begriffskonstellation: „fortitudo vel potestas" – „crudelitas" – „sollicitudo vel calliditas". In der Variante „fortitudo" – „crudelitas" – „sollicitudo" begegnet die Trias einerseits in dreien der in Anm. 12 aufgelisteten Kommentare zum 1. Petrus-Brief (Guerric de Saint-Quentin OP, Neapel, Biblioteca Nazionale di Napoli VII.A.16, f. 230va; Anonymus, Vatikanstadt, Biblioteca Apostolica Vaticana, Vat. lat. 996, f. 50va; Nicolas de Gorran OP, https://www. corpusthomisticum.org/xec2.html, *ad locum*, dort freilich im Rahmen einer viergliedrigen Serie, die durch den vom Substantiv „adversarius", mit dem Petrus den Teufel bedenkt, abgeleiteten Terminus „perversitas" eröffnet wird), andererseits in zwei Predigten unseres Korpus, nämlich dem *sermo* des Anonymus der Handschrift Amiens 284 (s. oben, Anm. 27, f. 15vb) und der Homilie von Johannes de Castello (s. oben, Anm. 40, f. 196va). Allen in dieser Fußnote aufgelisteten Texten ist gemeinsam, dass sie die „crudelitas" des Teufels aus dem Partizip „rugiens" ableiten und nicht, wie die Predigt der aus dem Kloster Ripoll stammenden Handschrift, aus den Worten „querens quem devoret". Deshalb steht „crudelitas" nur in Letzterer am Ende der Trias.

58 Vgl. Pierre de Reims, Amiens, Bibliothèque Louis d'Aragon, ms. 268, f. 320rb. Der Abschnitt „Leo Tartari" des Lemmas *Leo* aus dem *Alphabetum sermocinandi* von Pietro da Capua (vgl. oben, Anm. 3) antizipiert die in Pierres Predigt zu findende Zusammenstellung von 1 Petr 5,8 und Hb 1,17 mit Job 40,18, „Absorbebit flumen et non mirabitur; habet fiduciam

Den drei bisher betrachteten Predigten ist ein überraschendes Element gemeinsam: Keine von ihnen enthält eine markante Publikumsansprache, keine genügt einem zentralen Postulat der Rhetorik, der Rührung der Zuhörerschaft.[59] Um eine 1 Petr 5,8 kommentierende Predigt kennenzulernen, deren Autor durchgehend den Aspekt des *movere* im Blick hatte, sei nun der den Vers auslegende Abschnitt der bereits erwähnten, wohl im letzten Viertel des 12. Jahrhunderts verfassten Homilie von Raoul Ardent zitiert:

> Sequitur pars tertia,[60] in qua hortatur nos Apostolus ad sobrietatem et vigilantiam dicens: Sobrii estote et vigilate in orationibus,[61] quia adversarius vester diabolus tamquam leo rugiens circuit, querens quem devoret [1 Petr 5,8]. Sobrios nos esse precipit Apostolus non solum a comessatione et ebrietate, [sed etiam a cura] secularis cupiditatis. Hoc est quod Dominus ait in Evangelio: *Videte, ne graventur corda vestra crapula et ebrietate, et curis huius* [ed. eius] *seculi, ne forte veniat in vos repentina calamitas* [Lc 21,34].
>
> Sed quia non sufficit sobrios esse, nisi etiam nos oratione muniamur, addit: Et vigilate in orationibus. Porro in oratione nos precipit vigilare, non solum ut in ipsa oratione non vagi mente, sed potius intenti et vigiles simus, sed ut etiam non solum in diurnis horis, sed etiam in nocturnis in oratione meminerimus vigilare, iuxta quod precipit Jeremias: *Surge et lauda in principio vigiliarum tuarum* [Lam 2,19], et David: *Septies in die laudem dixi tibi* [PsG 118,164], et: *Media nocte surgebam ad confitendum tibi* [PsG 118,62]. Et quare est vigilandum in orationibus? quia adversarius vester diabolus tamquam leo rugiens „circuit", „querens" quem devoret. Quatuor reddunt diabolum instructorem ad nocendum: quia numquam dormit, sed semper vigilat in insidiis; quia est invisibilis, et ideo magis nocere potest; quia naturali callet ingenio; quia est longevus, et ideo ex longa experientia versutior. Quia ergo adversarius noster ita est munitus, ideo maior necessitas nobis incumbit vigilandi. Tamquam, inquit, leo rugiens. Quando diabolus aperte sevit, leo vocatur; quando occulte immittit nobis venenosas tentationes, serpens dicitur; quando per calliditatem nos circumvenit, dicitur vulpes; quando non in principio, sed in fine fallit, dicitur scorpio, vel draco, et huiusmodi. Unde scriptum est: *Super aspidem et basiliscum ambulabis,*

---

quod influat Jordanis in os eius", begründet sie aber anders; vgl. Paris, Bibliothèque nationale de France, ms. Latin 16894, f. 132ra. In der Auslegung des 1. Petrus-Briefes, die Hugo von St.-Cher jenseits der in seinen späterhin weit verbreiteten Gesamtkommentar eingeflossenen Exegese verfasste, wird Hb 1,17 als Glosse zu „querens quem devoret" zitiert; vgl. Paris, Bibliothèque nationale de France, ms. Latin 156, f. 391ra.

59 Vgl. Cicero, *Orator* 97–99; Quintilian, *Institutio oratoria* VIII, Proömium, § 7, v. a. aber Augustinus, *De doctrina christiana*. Hg. von Joseph Martin, in: Aurelius Augustinus, *De doctrina christiana; De vera religione*, Turnhout: Brepols, 1962, S. V–LX und S. 1–176, IV 4, IV 12 und IV 26.

60 Die Homilie besteht insgesamt aus vier Teilen.

61 Raoul ist nicht der einzige Autor unseres Korpus, der einen Vulgata-Text mit der Interpolation „in orationibus" vor sich hatte; vgl. die in den Anm. 19 und 38 benannten Predigten von Guillaume d'Auvergne und Jean Halgrin.

et conculcabis leonem et draconem [PsG 90,13]. Sicut autem leo rugiendo mittit quendam terrorem et obstupefactionem animalibus, ne fugere possint, ita diabolus adveniens solet mittere hominibus quendam horrorem et stuporem, ne sibi cavere queant.

Circuit quoque ad modum leonis ovile fidelium, ut si quem inveniat ab unione aliorum errantem, occidat. Circuit etiam unumquemque fidelem, ut si forte inveniat in eo aliquam partem minus munitam, per eam introeat et [illum] perimat [cf. Gl. ord. ad 1 Petr 5,8]. Proinde, fratres mei, maiori vigilantia [*ed.* violentia] unusquisque se custodiat, ne ab unione fidelis gregis segregetur. Servet etiam, iuxta Salomonem, *omni custodia cor* suum [cf. Prv 4,23],[62] ne forte incuria nostra [*ed.* incuriam nostram] aliquis introitus in nobis adversario reperiatur.

Cui quomodo resistendum sit, ostendit subdens: Cui resistite fortes in fide. [1 Petr 5,9a]. Iunge igitur fidem cum sobrietate et oratione, quas premisit, et habes tria per que diabolo potes resistere. Per sobrietatem quippe vigilamus, per orationem diabolum expugnamus et per fidem, per caritatem operantem, fraudes et tentationes eius evacuamus. Unde Paulus: *In omnibus sumentes scutum fidei, in quo possitis ignea nequissimi tela extinguere* [Eph 6,16]. Et Dominus in Evangelio: *Si habueritis fidem quantum granum sinapis, dicetis monti huic: „Transfer te et iacta te in mare", et fiet* [cf. Mt 17,19 & Lc 17,6].[63]

Es folgt der dritte Teil der Homilie, in der uns der Apostel zur Nüchternheit und Wachsamkeit auffordert, indem er sagt: Seid nüchtern und wacht im Gebet, denn euer Widersacher, der Teufel, streift umher wie ein brüllender Löwe auf der Suche nach Beute, die er verschlingen kann. Nicht nur nüchtern zu sein gegenüber Völlerei und Rausch, schreibt uns der Apostel vor, sondern auch gegenüber den Belangen der weltlichen Begierde. Das entspricht genau dem, was der Herr im Evangelium sagt: *Seht zu, dass eure Herzen nicht von Völlerei und Trunkenheit belastet werden und von den Sorgen um diese Welt, damit nicht womöglich plötzliches Unglück über euch kommt.*

Aber weil es nicht ausreicht, nüchtern zu sein, wenn wir uns nicht zusätzlich durch das Gebet wappnen, fügt Petrus hinzu: und wacht im Gebet. Zu Recht lehrt er uns, im Gebet zu wachen, nicht nur, damit wir im Gebet selbst nicht abwesend sind, sondern aufmerksam und wachsam, sondern auch, damit wir daran denken, nicht nur in den Stunden des Tages, sondern auch in jenen der Nacht im Gebet zu wachen, wie es Jeremias vorschreibt: *Steh auf und sprich ein Lob am Beginn deiner Nachtwachen,* und auch David: *Siebenmal am Tag habe ich dich gelobt,* und: *Mitten in der Nacht pflegte ich aufzustehen, um vor dir ein Bekenntnis abzulegen.*

Und warum muss man im Gebet wachen? Weil, sagt der Apostel, euer Widersacher, der Teufel, wie ein brüllender Löwe umherstreift auf der Suche nach Beute, die er verschlingen kann. Vier Dinge machen den Teufel zu einem Lehrmeister des Schädigens: Er schläft nie, sondern liegt stets auf der Lauer; er ist unsichtbar und kann deshalb umso mehr schaden; er ist dank seines

---

62   Dort liest man: „Omni custodia serva cor tuum".
63   Raoul Ardent, *Homilia in Dominicam III post Trinitatem*, Sp. 1974–1975 (mit Konjekturen und Korrekturen in Klammern sowie veränderter Graphie und Interpunktion).

angeborenen Scharfsinns schlau; er ist sehr alt und daher aus langer Erfahrung umso gerissener. Weil also unser Widersacher derart gerüstet ist, ist die Notwendigkeit, wachsam zu sein, auf unserer Seite umso größer. Wie ein brüllender Löwe, sagt der Apostel. Wenn der Teufel offen wütet, wird er Löwe genannt; wenn er uns im Verborgenen giftige Versuchungen einflößt, Schlange; wenn er uns mit Schläue umgarnt, Fuchs. Wenn er aber nicht von Anfang an, sondern erst gegen Ende täuscht, bezeichnet man ihn als Skorpion oder Drachen, oder gibt ihm einen vergleichbaren Namen. Deshalb steht geschrieben: *Über der Schlange und dem Basilisken wirst du einherschreiten und den Löwen und den Drachen zertreten.* Wie aber der Löwe durch sein Brüllen den anderen Tieren einigen Schrecken einjagt und sie erstarren lässt, so dass sie nicht fliehen können, so pflegt der Teufel, wenn er sich nähert, die Menschen so sehr mit Schrecken und Schauder zu erfüllen, dass sie nicht mehr imstande sind, sich in Sicherheit zu bringen.

Er umschleicht auch in der Art eines Löwen den Stall der Gläubigen, damit er denjenigen töten kann, den er abseits der Gemeinschaft der anderen irren sieht. Er umschleicht auch jeden einzelnen Gläubigen, damit er, wenn er bei ihm einen weniger geschützten Teil ausmacht, durch diesen in dessen Inneres eindringen und ihn zugrunderichten kann. Deshalb, meine Brüder, möge ein jeder von euch sich ganz entschieden davor schützen, von der Gemeinschaft der gläubigen Herde getrennt zu werden. Auch möge ein jeder gemäß dem Spruch Salomos *mit aller Wachsamkeit sein Herz bewahren*, um zu verhindern, dass unser Widersacher durch unsere Nachlässigkeit einen Zugang zu uns finden kann.

Auf welche Weise ihm aber Widerstand zu leisten ist, zeigt Petrus auf, indem er hinzufügt: Ihm widersteht stark im Glauben. Verbinde also den Glauben mit der Nüchternheit und dem Gebet, von denen der Apostel zuvor handelte, dann hast du drei Dinge, mit denen du dem Teufel widerstehen kannst. In Nüchternheit also wachen wir, durch das Gebet besiegen wir den Teufel, und durch den Glauben, durch die tätige Nächstenliebe, lassen wir seine Betrügereien und Versuchungen ins Leere laufen. Daher sagt Paulus: *In allen Situationen ergreift den Schild des Glaubens, damit ihr mit seiner Hilfe die flammenden Geschosse des Erzübeltäters auslöschen könnt.* Und der Herr sagt im Evangelium: *Wenn euer Glaube auch nur die Größe eines Senfkorns haben wird, werdet ihr diesem Berg sagen: „Hebe dich hinweg und stürze dich ins Meer", und es wird geschehen.*

Die Ausführungen Raouls haben über den ganzen Text hin ein „Wir" im Blick, also ein Auditorium, in das sich der Prediger selbst einschließt und das er durch seine Worte instruieren möchte. Was die Kommunikationssituation betrifft, orientiert er sich zwar an Petrus, mildert sie aber insofern ab, als er den Teufel als „unseren" und nicht, wie der Apostelfürst, als „euren Widersacher" bezeichnet und Befehlsformen außerhalb von Schriftzitaten weitgehend vermeidet. Erst gegen Ende des Passus erteilt er den „fratres" eine in eigene Worte gefasste Lektion, als er jedem von ihnen als Rezept gegen die Attacken des Teufels die Anweisung „Iunge igitur fidem cum sobrietate et oratione" gibt. Zuvor hatte er seine Appelle entweder unpersönlicher formuliert („maior necessitas

nobis incumbit vigilandi") oder in Wünsche verpackt („maiori vigilantia unusquisque se custodiat"; „servet [...] cor suum").

Paränetische Intensität geht in Raouls Predigt in beeindruckender Weise
mit doktrinärer Flexibilität einher. Letztere tritt vor allem in seinen Ausführungen zu den verschiedenen Erscheinungsformen des Teufels hervor,
die Vorlagen des Augustinus[64] mit größerer Freiheit als etwa vergleichbare
Passagen aus Werken von Honorius Augustodunensis[65] und Petrus Cantor[66]
variieren. So scheut sich Raoul nicht, den Drachen, mit dem der Kirchenvater
den im Verborgenen schädigenden Teufel verbunden hatte, mit einer zuvor so
nicht kategorisierten diabolischen Wirkungsart zu assoziieren und als Symbol-
tier für teuflische Verschlagenheit stattdessen den Fuchs anzuführen, der im
12. Jahrhundert dank der enormen Fortune des *Roman de Renart* zum Inbegriff
des listenreichen Täuschers aufgestiegen war.[67]

---

64   Vgl. u. a. Aurelius Augustinus, *Enarratio in Psalmum XC*, in: Ders., *Enarrationes in Psalmos*.
     Hg. von Eligius Dekkers und Johannes Fraipont, 3 Bde., Turnhout: Brepols, 1956, Bd. II,
     S. 1254–1278, hier S. 1276: „Leo aperte saevit; draco occulte insidiatur: utramque vim et
     potestatem habet diabolus" (kurz danach Zitat von 1 Petr 5,8); Ders., *In Johannis Evan-
     gelium tractatus CXXIV*. Hg. von Radbod Willems, Turnhout: Brepols, 1954, *Tractatus X*,
     S. 100–109, bes. S. 100: „Non enim cessat inimicus persequi, et si non aperte saevit, insidiis
     agit. [...] Inde dictus est leo et draco. [...] Leo propter apertam iram, draco propter occul-
     tas insidias." (kurz danach Zitat von 1 Petr 5,8).
65   Vgl. Honorius Augustodunensis [ca. 1080–1150/51], *Speculum Ecclesiae*, PL 172, Paris:
     Migne, 1854, Sp. 807–1107, hier Sp. 916: „Draco etiam et leo diabolus appellatur: draco quia
     per occultas temptaciones insidiatur; leo quia per manifestas persecutiones subvertere
     conatur."
66   Vgl. Petrus Cantor, *In primam epistolam Petri*, Paris, Bibliothèque nationale de France, ms.
     Latin 682, f. 23ra, Glosse zu „adversarius noster diabolus tamquam leo rugiens": „aperte
     nocens; qui est draco et serpens occulte nocens"; Ders., *Distinctiones Abel*, ed. Barney,
     S. 178, „Diabolus dicitur": „Diabolus dicitur: leo quando graditur et aperte sevit [...]; draco
     quando volat et nocet occulte, callide [...]; serpens quando serpit et ligat."
67   Zur Freiheit, mit der Raoul Vorgaben der Tradition variierte, vgl. Tobias Leuker, „Bibel-
     zitate als Schutzschild der Scheinheiligen – Zur Profilierung des lateinisch-christlichen
     Hypocrisis-Diskurses in einer Predigt des Kardinals Eudes de Châteauroux", in: *Ver-
     stellungskünste. Die literarische Kritik religiöser und politischer Heuchelei*. Hg. von Pia
     Claudia Doering, Bielefeld: Aisthesis, 2022, S. 79–113, hier S. 91 (mit Blick auf das kanoni-
     sche Laster-Schema Gregors des Großen). Nicht ganz so frei wie der Geistliche aus dem
     Umkreis von Gilbert de la Porrée, aber immer noch auf bemerkenswerte Weise sollte
     Rupert von Olmütz in seiner Predigt zu 1 Petr 5,8–9a (s. oben, Anm. 24) mit Augustinus'
     Exegese von PsG 90,13 umgehen. Statt dem Kirchenvater darin zu folgen, nur zwei der
     vier im Psalm aufgelisteten Tiere, den Löwen und den Drachen, als Erscheinungsformen
     des Teufels zu werten, weitete er diesen Deutungsansatz auch auf die beiden anderen, die
     Giftschlange und den Basilisken, aus, und ersann dementsprechend zwei weitere Arten
     diabolischen Auftretens: „Circuitus vero eius [= diaboli] uniformis non est, quia ipse uni-
     formis non est, quia modo <u>circuit</u> ut <u>leo</u>, modo ut *draco*, modo ut *aspis*, modo ut *basiliscus*.

Der Schluss der vorliegenden Studie sei einer Predigt aus dem Kodex 426/426 des Gonville and Caius College in Cambridge vorbehalten,[68] die möglicherweise noch vor der Entstehung bzw. Verbreitung der *Glossa ordinaria* verfasst wurde, wie die soeben betrachtete Homilie zweifelsfrei zum Vortrag bestimmt war und nicht anders als diese das Ziel der spirituellen Unterweisung und Erbauung ihres Zuhörerkreises konsequent im Auge behält. Jenseits dieser Gemeinsamkeiten unterscheidet sie sich jedoch in einigen Aspekten grundlegend von Raouls Text. Insbesondere fällt auf, dass der anonyme Prediger immer wieder auf Begrifflichkeiten aus dem Bereich der antiken Moralphilosophie sowie auf (in den Rang von Philosophen erhobene) römische Dichter rekurriert.

<u>Sobrii estote et vigilate, quia adversarius vester diabolus tanquam leo rugiens circuit, querens quem devoret. Cui resistite fortes in fide.</u> Licet, dilectissimi fratres, de quadam corporali sobrietate et de quibusdam exterioribus vigiliis hodierna Petri apostoli lectio agere videatur, que quidem utraque, convenienter habita,
5 corpori pariter et anime prosunt et virtutibus annumerari possunt, altius tamen et spiritualius rem, prout decet, inspicientes, inveniemus aliam sobrietatem aliasque vigilias esse, que propinquius ad interiorem hominem videntur pertinere. Cum enim hoc apostolica ammonitio habeat, ut precaveamus nobis ab illius nequissimi leonis incursione, quatuor specialiter videtur et subtiliter insinuare,
10 temperantiam scilicet, prudentiam, iusticiam, fortitudinem, per que possumus Deo auxiliante nobis ab eo precavere. Dum enim dicit: <u>Sobrii estote</u>, temperantiam nobis insinuat; dum dicit: <u>vigilate</u>, prudentiam habendam esse demonstrat, unde et in evangelio: *Vigilate, quia nescitis qua hora Dominus noster venturus sit*; cum vero inferius subdit: <u>Cui resistite fortes in fide</u>, iusticiam latenter et fortitu-
15 dinem videtur intimare.
　　Sobrii igitur, fratres, <u>estote</u>, ut videlicet in omnibus que agitis, temperantie modum conservare studeatis. Si terrena bona vobis esse necessaria putatis, quantum vobis sufficere potest et nequaquam plus ambiatis, et si affluunt divicie, cor non apponatis. Sicut enim quidam gentium philosophus ait: „Quem res
20 plus nimio delectavere secunde / mutate quatient: si quid mirabere, pones / invitus. Fuge magna. Licet sub paupere tecto / reges et regum vita precurrere amicos." Unde idem inferius: „Serviet eternum, qui parvo nesciet uti." Sobrietas quoque non solum in humanis, sed et in divinis habenda est, ut videlicet non plus sapiamus, quam *oportet*, sed sapiamus ad sobrietatem, hoc est, non habe-
25 amus sapientiam que *inflat*, sed sapientiam cum *caritate* que *edificat*.
　　Sequitur: <u>et vigilate</u>. Prudenti consilio omnia que vobis agenda sunt pensate, et rerum exitus metientes. Mentis oculos ad omnia bona videnda et appetenda et ad ea que mala sunt fugienda apertos habete et, secundum quod

---

Leo terret ex <u>rugitu</u>, *draco* multum habens astucie ad quos devenerit cauda ligat et involvit, *aspis* morsu venenum diffundit et perimit, *basiliscus* solo flatu volando occidit." (Prag, Národní Knihovna České Republiky, ms. XX.A.11, f. 82va). Die hier getroffene Differenzierung erfährt im folgenden Abschnitt der Predigt eine Vertiefung.

68　Siehe oben, Anm. 14.

legitur, *scrutemur vias nostras et queramus, et revertamur ad Dominum. Scrute-*
30   *mur*, inquam, *et queramus* quid fuimus et quid esse debuimus, et quid modo
facti sumus; et cum inventum fuerit, quod ad non esse tendimus, necessitate
compulsi *ad Dominum revertamur*. Unde et Moyses inquit: *Attende tibi, ne fiat*
verbum absconditum in corde. Tibi, inquit, *attende*, non pecunie tue, non viribus
tuis, sed animo tuo, unde omnia consilia et facta et cogitaciones emanant. Ibi
35   enim te attendere debes, ubi te potiorem vides. Inde et Dominus per Salomonem: *Si ignoras te, o pulchra inter mulieres, egredere* etc. Vigilemus itaque, fratres,
et secundum quod ait propheta, *levemus ad Dominum cum manibus corda nos-*
tra in celos, ubi vera sunt gaudia, quia adversarius noster diabolus tanquam leo
rugiens circuit, querens quem devoret.
40   Sed notandum nobis est diligenter, quomodo dicitur circuire diabolus quos
devorare nititur. Diabolus quippe, cum primum hominem decepit, nos omnes
infra doloriferum mortalitatis et passibilitatis ambitum posuit. Quod et psalmista
deplorat dicens: *Circumdederunt me dolores mortis, et pericula inferni invenerunt*
me. Inde et Jeremias: *Circumedificavit me adversum, ut non egrediar; aggravavit*
45   *compedem meum, sed et cum clamavero et rogavero, exclusit meam orationem.*
Circum itaque, quem adversus nos edificavit, adhuc cotidie diabolus circuit,
laborans, ut secundum qualitatem fragilis et corrupte ab eo nature nos in aliqua
criminalia possit intrudere. Humanam enim naturam ex primo lapsu sentit ad
omnia mala esse pronam et aptam. Unde et ipse *compedem nostrum* dicitur
50   *aggravare*, ipsum videlicet originalem peccatum superadditis actualibus magis
et magis augmentare. Vel possunt *compedes* ipsius appellari omnia concupi-
scibilia huius mundi, que quidem *aggravantur*, quotiens iniquitatem super
iniquitatem apponimus eo suadente, ita ut sepe ipsa flagitia videantur contra
nos insurgere et intercludere ipsa *Vite et Veritatis* itinera, ut si quandoque Deum
55   *rogamus*, culpis exigentibus *excludatur oratio nostra*. Quantum igitur putatis
eum debere contristari, cuius mens rea sic sentit offensum Iudicem, ut oratio
eius non possit pertingere ad ipsum pietatis fontem?
        Sobrii igitur simus per temperantiam, et vigilemus per prudentiam, quia, ut
ait Johannes in Apocalypsi: *Beatus qui vigilat et custodit vestimenta sua, ne nudus*
60   etc. Resistamus etiam rugienti leoni per iuste et sancte vite dignitatem et fidei
perfecte fortitudinem. Si enim hec quatuor habuerimus, civitas nostre mentis quasi in quadro posita contra omnia callidi hostis temptamenta immobilis
permanebit.
        Hec profecto quatuor virtutum dona quatuor sunt quasi Paradisi flumina
65   humanarum mentium ariditatem rigantia. Hec subvertunt et submergunt currum et frementes equos adversarii nostri cum rugitu magno nos circumdantis.
Habet nimirum diabolus currum, habet equos quatuor frementes currum tra-
hentes. Vultis audire qualis est currus, quales sunt equi? Currus eius est vana et
superba gloria; equi timor, cupiditas, gaudium, dolor: timor quo timent homi-
70   nes, ne non sufficienter habeant vel ne adquisita perdant; cupiditas qua nimis
tenaciter amant sua et ambiunt aliena; gaudium quo ultra modum letantur de
adeptis; dolor quo plusquam oporteat dolent de amissis. Hii sunt equi, quibus
vehitur diabolus et omnes qui serviunt eius voluptatibus. Horum quoque propheta Naum videtur mentionem facere, dum de mundo agens sub figura Ninive
75   dicit: *Non recedet a te vox flagelli et vox equorum frementium.* Quod exponens

Jeronimus dicit Ninivem quatuor habere equos frementes, quia mundus iste
quatuor habet perturbationes, et horum philosophi gentium mentionem faci-
unt, quorum Maro: „Hii metuunt, cupiunt, gaudentque dolentque.“ Et Flaccus
ait: „Gaudeat an doleat, cupiat, metuatne, quid ad rem?“

80   Possunt etiam intelligi quatuor equi quatuor vitia quatuor pretaxatis virtutibus opposita. Sunt autem hec: stulticia prudentie opposita, iniquitas iusticie,
luxuria temperantie, formido fortitudini. Quibus quasi quibusdam iaculis ab
hoste percutimur, dum per stulticiam beatam vitam in temporalibus querimus,
et dum per iniquitatem Deum offendimus, et in concessis ad iuste utendum
85 luxuriam exercemus, et per formidinem in desperationem corruimus vel in his,
ubi non est timor, trepidamus.

        Huiusmodi currus et equorum mentionem psalmista quoque videtur fecisse,
dum dixit: *Hii in curribus, et hii in equis, nos autem in nomine Domini invocabimus.*
Ipsi obligati sunt et ceciderunt; nos autem surreximus et erecti sumus. Pensandum
90 itaque nobis est summopere, dilectissimi fratres, ut Dominum invocemus, qua-
tinus ceteris, qui obligati sunt, cadentibus a viciis nostris resurgamus Ipso adiu-
vante, cui est honor et gloria per infinita secula seculorum. Amen.

Fehlerhafte Titelrubrik im Ms.: Epistola ad Romanos: Existimo enim quod non sunt con-
digne passiones. Evangelium secundum Lucam: Estote misericordes; 3: quibusdam] quibus *ms.*; 4: Petri] Pauli *ms.*; 6: inspicientes] inspitientes *ms.*; 27: metientes] mentientes *ms.*;
29: scrutemur] scrutemus *ms.*; 32: inquit] inquid *ms.*; 36 & 60: etc.] et cetera *ms.*; 38: celos]
celo *ms.*; 43: Circumdederunt] Circumderunt *ms.*; 45: meam] menn *ms.*; 54: vite] vie *ms.*;
58: simus] sumus *ms.*; 75: dicit] dicens *ms.*; 76: quatuor habere] habere *ms.*; 82: luxuria]
luxuries *vel* luxuria *ms.*

1–2: 1 Petr 5.8–9; 13: Mt 24.42; 19–22: Horatius, *Epist.* 1.10.30–33; 22: Horatius, *Epist.* 1.41 (mit
„quia“ statt „qui“); 24–25: cf. I Cor 8.1–2; 29: Lam 3.40; 32–33: Dt 15.9 (nach anderer Übersetzung als der Vulgata); 36: Ct 1.7; 37–38: Lam 3.41; 43–44: PsG 114.3; 44–45: Lam 3.7–8;
54: cf. Joh 14.6; 59: Apc 16.15; 75: cf. Naum 3.1–2; 76–78: cf. Hieronymus, *Commentarius*
in Naum, in: *S. Hieronymi Presbyteri Commentarii in prophetas XII*, hg. von Marc Adriaen, 2 Bde., Turnhout: Brepols, 1969–1970, Bd. 2, S. 525–578, hier S. 557; 77–78: cf. Cicero,
Tusc. disp. 3.11.24–25; 78: cf. Vergilius, *Aen.* 6.733 (mit „cupiuntque dolent, gaudentque“, bei
Hieronymus korrekt zitiert); 79: Horatius, *Epist.* 1.6.12; 80–82: cf. *Hieronymus, Commenta-*
rius in Naum, S. 557; 88–89: PsG 19.8–9.

Seid nüchtern und wacht, denn euer Widersacher, der Teufel, streift umher auf
der Suche nach Beute, die er verschlingen kann. Ihm widersteht stark im Glauben. Wenngleich, liebste Brüder, die heutige Lesung des Apostels Petrus von
einer körperlichen Nüchternheit und gewissen äußerlichen Wachen zu handeln
scheint, zwei Dingen, die gewiss, wenn sie angemessen eingehalten werden,
dem Körper und der Seele gleichermaßen nützen und den tugendhaften Verhaltensweisen zugerechnet werden können, werden wir, wenn wir die Sache,
wie es sich gebührt, auf höhere und geistlichere Weise betrachten, herausfinden,
dass es eine andere Nüchternheit und andere Wachen gibt, die stärker zum
inneren Menschen zu gehören scheinen. Indem nämlich die apostolische Mahnung besagt, dass wir uns vor dem Einfallen jenes überaus ruchlosen Löwen in

Acht nehmen sollen, scheint sie vier Dinge auf besondere und feinsinnige Weise zu insinuieren – nämlich Mäßigung, Klugheit, Gerechtigkeit und Tapferkeit –, durch die wir uns vor ihm mit Gottes Hilfe schützen können. Denn wenn Petrus sagt: <u>Seid nüchtern</u>, bringt er die Mäßigung ins Spiel; wenn er sagt: <u>wacht</u>, zeigt er uns, dass uns Klugheit vonnöten ist, weshalb es ja auch im Evangelium heißt: *Wacht, denn ihr wisst nicht, zu welcher Stunde unser Herr kommen wird*; wenn er aber weiter unten hinzufügt: <u>Ihm widersteht stark im Glauben</u>, scheint er auf verborgene Weise Gerechtigkeit und überdies Tapferkeit anzumahnen.

<u>Seid</u> also, Brüder, <u>nüchtern</u>, und zwar, damit ihr in allen Dingen, die ihr tut, danach trachten könnt, eine von Mäßigung getragene Haltung zu bewahren. Wenn ihr glaubt, dass euch irdische Güter nötig sind, dann mögt ihr erstreben, was euch genügen kann, keineswegs aber mehr, und wenn euch Reichtum zufließt, bindet nicht euer Herz daran. Treffend nämlich sagt einer der heidnischen Philosophen: „Wen das Glück über Gebühr erfreut hat, den wird eingetretenes Unglück erschüttern. Wenn du etwas bewundern wirst, wirst du es nur widerwillig ablegen. Meide das Große! Möglich ist's, im Leben unter einem ärmlichen Dach Könige und Freunde von Königen hinter sich zu lassen." Und derselbe sagt wenig später: „Jener wird ewig dienen, der es nicht verstehen wird, Weniges angemessen zu gebrauchen." Nüchternheit ist dabei nicht nur in menschlichen, sondern auch in göttlichen Angelegenheiten angezeigt, auf dass wir nicht mehr wissen, als angemessen ist, sondern ein mäßiges Wissen haben, das heißt nicht etwa eine Weisheit, die hochmütig macht, sondern eine mit Nächstenliebe verbundene, erbaulich wirkende Weisheit.

Weiter heißt es: <u>und wacht</u>: Wägt mit klugem Ratschluss alles ab, was ihr tun müsst, und habt den Ausgang der Dinge im Blick. Die Augen des Geistes habt gerichtet auf das Erfassen und Begehren aller guten Dinge und auf das Vermeiden aller üblen, und *lasst uns* gemäß dem Schriftwort *unsere Wege prüfen und hinterfragen und zum Herrn zurückkehren. Lasst uns prüfen und hinterfragen*, sage ich, was wir waren, was wir hätten sein sollen und was wir jüngst geworden sind. Und wenn als Ergebnis zu Buche stehen sollte, dass wir dem Nicht-Sein entgegenstreben, dann *lasst uns* von Notwendigkeit angetrieben *zum Herrn zurückkehren*. Deshalb sagt auch Moses: *Hab Acht auf dich, damit das Wort nicht im Herzen verborgen sei. Auf dich*, sagt er, *hab Acht*, nicht auf dein Geld, nicht auf deine Kräfte, sondern auf deine Seele, von der aus all deine Ratschlüsse, Taten und Gedanken ihren Ausgang nehmen. Dort nämlich musst du auf dich achtgeben, wo du dich am ehesten sehen kannst. Deshalb sagt der Herr durch den Mund Salomos: *Wenn du dich nicht kennst, o du Schöne unter den Frauen, geh hinaus* etc. Lasst uns also wachen, Brüder, und gemäß dem Wort des Propheten *unsere Herzen gemeinsam mit den Händen zum Herrn im Himmel erheben*, wo die wahren Freuden sind, <u>weil unser Widersacher, der Teufel, wie ein brüllender Löwe umherstreift auf der Suche nach Beute, die er verschlingen kann</u>.

Wir müssen aber aufmerksam bedenken, wie gesagt wird, dass der Teufel diejenigen umschleicht, die er zu verschlingen trachtet. Der Teufel freilich stellte uns, als er den ersten Menschen täuschte, allesamt in den schmerzvollen Kreis der Sterblichkeit und der Empfindlichkeit für Leid hinein. Das beklagt auch der Psalmist, wenn er sagt: *Es umgaben mich die Schmerzen des Todes, und die Gefahren der Hölle spürten mich auf.* Daher sagt auch Jeremias: *Er errichtete Mauern um mich herum, um mich am Hinausgehen zu hindern; er legte ein Gewicht auf meine Fußfessel. Und so sehr ich auch schrie und flehte, er ließ mein Gebet nicht hinausdringen.* Die Kreislinie, die der Teufel in feindlicher Absicht um uns gezogen hat, beschreitet er noch immer täglich, stets darum bemüht, uns gemäß der Beschaffenheit unseres zerbrechlichen, von ihm verdorbenen Wesens in Verbrechen jedweder Art zu stürzen. Er fühlt nämlich, dass die menschliche Natur seit dem Sündenfall allem Bösen zuneigt und dafür aufgeschlossen ist. Deshalb heißt es, das er selbst unsere Fessel beschwert, das heißt die Erbsünde durch die Hinzufügung von uns selbst verantworteter Sünden immer weiter verschlimmert. Alternativ könnte man als seine Fußfesseln auch alles Begehrbare in dieser Welt bezeichnen, das zweifellos an Last zunimmt, sooft wir, teuflischem Zureden gehorchend, Unrecht auf Unrecht häufen, so dass sich unsere Schandtaten oft gegen uns zu erheben und uns nichts weniger als die Wege des Lebens und der Wahrheit zu versperren scheinen mit der Folge, dass unser Gebet unerhört bleibt, wenn wir zu Gott flehen, weil es unsere Schuld so erfordert. Wie sehr muss, meint ihr, wohl derjenige traurig sein, dessen böse Gesinnung spürt, den Weltenrichter derart beleidigt zu haben, dass sein Gebet nicht mehr zum Quell der Barmherzigkeit selbst vordringen kann?

Nüchtern also wollen wir sein durch Mäßigung, und wachen mit Klugheit, wie Johannes in der Offenbarung sagt: *Selig der, der wacht und seine Kleidung hütet, damit er nicht nackt* etc. Lasst uns zudem dem brüllenden Löwen widerstehen durch die Würde eines gerechten und heiligen Lebens und die Stärke eines vollkommenen Glaubens. Wenn wir nämlich diese vier haben, wird die Stadt unseres Geistes gleichsam auf einen Sockel gestellt sein und von keinerlei Versuchungen des verschlagenen Feindes erschüttert werden können.

Diese vier Tugendgaben benetzen wahrhaftig wie die Flüsse des Paradieses die Dürre des menschlichen Geistes. Sie stürzen den Wagen und die schnaubenden Pferde unseres Widersachers um, der uns mit großem Gebrüll umgibt, und versenken sie. Der Teufel nämlich hat einen Wagen und vier schnaubende Pferde, die den Wagen ziehen. Wollt ihr hören, was das für ein Wagen ist und welche Pferde das sind? Sein Wagen ist die eitle und hochmütige Ruhmsucht, die Pferde sind Furcht, Begierde, Freude und Schmerz: die Furcht, mit der Menschen fürchten, nicht genug zu besitzen oder Erworbenes zu verlieren; die Begierde, mit der sie allzu beharrlich das Ihre lieben und Fremdes begehren; die Freude, mit der sie sich über die Maßen über das freuen, was sie erlangt haben; der Schmerz, durch den sie stärker betrübt sind über das, was sie verloren haben, als es sich gehört. Das sind die Pferde, mit denen der Teufel sich fortbewegt, und mit ihm all jene, die seinen Gelüsten dienen.

Von ihnen scheint der Prophet Nahum zu sprechen, wenn er in einer Rede, die von Ninive handelt und dabei die irdische Welt meint, sagt: *Der Klang der Peitsche und das Wiehern der schnaubenden Pferde wird nicht von dir weichen.* In seiner Auslegung dieses Verses sagt Hieronymus, dass Ninive vier schnaubende Pferde besitze, da diese Welt vier Gemütsstörungen kenne, und auch die heidnischen Philosophen erwähnen diese Affekte, darunter Vergil, wenn er dichtet: „Diese fürchten sich, begehren, freuen sich und empfinden Schmerz." Und Horaz sagt: „Ob einer sich nun freut oder Schmerz empfindet, ob er begehrt oder sich fürchtet, was tut es zur Sache?"

Unter den vier Pferden können auch die vier Laster verstanden werden, die den vorhin erwähnten Tugenden entgegengesetzt sind, nämlich Dummheit, Ungerechigkeit, Ausschweifung und Ängstlichkeit als Gegenteile von Klugheit, Gerechtigkeit, Mäßigung bzw. Tapferkeit. Mit diesen vier Lastern werden wir wie mit Pfeilen vom Feind beschossen, wenn wir aus Dummheit ein glückliches Leben in weltlichen Gütern suchen, durch Ungerechtigkeit Gott beleidigen, uns der Ausschweifung schuldig machen in Dingen, die uns zum maßvollen Gebrauch überlassen wurden, und aus Ängstlichkeit in Verzweiflung fallen oder in Situationen zu zittern beginnen, in denen keinerlei Anlass dazu besteht.

Diesen Wagen und die ihn ziehenden Pferde scheint auch der Psalmist gemeint zu haben, als er sagte: *Diese thronen auf Wagen und auf Pferden, wir aber werden im Namen des Herrn flehend rufen. Diese wurden gefesselt und gingen zugrunde; wir aber haben uns wieder erhoben und stehen aufrecht da.* Wir also, liebste Brüder, müssen vor allem anderen daran denken, dass wir den Herrn im Gebet rufen, damit wir, wenn die anderen, die gefesselt sind, fallen werden, uns aus unseren Lastern erheben mit Hilfe desjenigen, dem Ehre und Ruhm gebührt in alle Ewigkeit. Amen.

Zu Beginn der Predigt legt deren Autor seinen Vorsatz dar, die beiden ersten Imperative aus 1 Petr 5,8–9a nicht im engen buchstäblichen Sinne als Aufforderungen zu körperlicher Enthaltsamkeit und physischem Wachsein deuten, sondern eine tiefere und geistlichere Auslegung vornehmen zu wollen. Im Anschluss daran bringt er einzelne Komponenten des Apostelwortes geschickt mit den vier römischen Kardinaltugenden in Verbindung: den Appell „Sobrii estote" mit *temperantia*, der Mäßigung; den Imperativ „vigilate" mit *prudentia*, der Klugheit; die Aufforderung „cui resistite" mit *iustitia*, der Gerechtigkeit, und den Ausdruck „fortes in fide" mit *fortitudo*, der Stärke.[69] Die beiden ersten Befehlsformen des Bibelpassus werden ausführlich erläutert, wobei *sobrietas* zunächst hinsichtlich des Verhaltens zu den irdischen Dingen mit zwei Horaz-Zitaten und im Anschluss daran für den Bereich der christlichen Glaubenspraxis mit einem Paulus-Wort definiert wird. *Vigilantia* dagegen steht gemäß den Erläuterungen des Anonymus in erster Linie für Selbsterkenntnis durch Überprüfung des eigenen Handelns und Denkens und damit für einen Prozess, der die vom Teufel ausgehenden Gefahren erst bewusst macht und so bewirkt, dass der Mensch die Hinwendung zu Gott beherzt vollzieht. Die anschließenden Ausführungen zum Verb „circuit" und damit zum

---

69   In seiner Homilie zu 1 Petr 5,6–11 sollte auch Jacques de Vitry in 1 Petr 5,8–9a eine Anspielung auf die Tugenden der Mäßigung, Klugheit und Tapferkeit erkennen. Die vierte Kardinaltugend, die Gerechtigkeit, die gemäß dem Anonymus der Handschrift aus Cambridge nur „latenter" aus dem Appell „Cui resistite fortes in fide" herausgelesen werden kann, leitete Jacques aus 1 Petr 5,6, „Humiliamini sub potenti manu Dei" („Erniedrigt euch unter der mächtigen Hand Gottes") ab; vgl. Jacobus de Vitriaco, *Sermones*, S. 629.

Umherstreifen des Widersachers sind auf zwei Zitate aus dem Alten Testament
gestützt, die statt *circuire* („herumgehen") die Verben *circumdare* („umgeben")
und *circumedificare* („um etwas herumbauen") enthalten. Die Exegese dürfte
(selbst)bewusst als Alternative zu der dank Beda prominent gewordenen Auslegung Cyprians konzipiert worden sein. Sie legt warnend dar, dass die von
Adam und Eva ererbte Sündenlast durch neue, auf teuflischer Verführung
beruhende Vergehen so sehr zunehmen könnte, dass die Sünder Gefahr lie-
fen, mit ihren Gebeten bei Gott kein Gehör mehr zu finden. Deshalb, folgert
der Prediger, bedürfe es der *sobrietas* und der *vigilantia*, und überdies, wie er
unter Anspielung auf 1 Petr 5,9a hinzufügt, einer gerechten Lebensführung
und der Stärke im Glauben. Wenn diese vier gegeben seien, könne kein Feind
die Festung des menschlichen Geistes erobern. In diesem Fazit wird nicht nur
die Festungsmetaphorik aus dem von Beda rezipierten Cyprian-Passus aufgegriffen, sondern auch der petrinische Löwenvergleich, der zuvor zweimal,
im Rahmen der Vorstellung des Themas am Beginn der Predigt sowie unmittelbar vor der Kommentierung der *circuitio*, vollständig zitiert worden war.

  Im zweiten Teil der Predigt führt der Anonymus ein neues Bild ein, das des
Wagens („currus") des Teufels, der von Vana Gloria, der Personifikation des eitlen Hochmuts, gelenkt und von Furcht, Begierde, Freude und Hoffnung gezogen
werde. Mit diesen vier Gemütsstörungen („perturbationes") hatte, wie uns
der Anonymus mitteilt, Hieronymus in seinem *Kommentar zum Buch Nahum*
ein Gespann aus vier schnaubenden Pferden gleichgesetzt,[70] die in der Weissagung des alttestamentlichen Propheten erwähnt werden.[71] Das einschlägige
Zitat aus Vergils *Aeneis*, das Hieronymus seiner Interpretation der Stelle nebst
einem indirekten Verweis auf Ciceros Affektlehre beigegeben hatte, wird in
der Predigt um ein inhaltlich dazu passendes Horaz-Wort ergänzt. Sodann
unterbreitet der Anonymus eine alternative Deutung für die Rösser der „quadriga fervens",[72] indem er vorschlägt, sie mit den Lastern zu assoziieren, die
den vier Kardinaltugenden entgegenstünden, also mit der Dummheit, der
Ungerechtigkeit, der Ausschweifung und der Ängstlichkeit. Auch diese Interpretation ist, ohne dass dies kenntlich gemacht wäre, dem Kommentarwerk
des Hieronymus entnommen, der im fraglichen Passus die Kardinaltugenden
als „quattuor quibus pugnamus et tegimur [...] scuta virtutum"[73] („vier

---

70   Für die zitierte Ausgabe und die einschlägige Stelle sowie für die weiteren im Folgenden
     erwähnten Primärtexte vgl. oben den Quellenapparat in der Edition der Predigt.
71   Vgl. Nh 3,2.
72   Ebd.
73   Hieronymus, *Commentarius in Naum*, S. 557.

Tugendschilde, mit deren Hilfe wir kämpfen und Deckung erlangen") würdigt. Sorgt schon die Rezeption dieser Stelle für eine Rückbindung des Predigtendes an die eingangs gebotene Auslegung von 1 Petr 5,8–5,9a, so gilt dies auch für den abschließenden Appell, Gott um der eigenen Rettung willen anzurufen, denn dieser ähnelt der Aufforderung, die im Herzen des *sermo* dem zweiten Zitat des Löwenvergleichs vorausgegangen war. Die finale *peroratio* spinnt die Metaphorik des Teufelswagens weiter. Sie nimmt ihren Ausgang von einem (bei Hieronymus nicht erwähnten) Psalmvers, in dem David die flehend im Namen Gottes Rufenden, zu denen er sich zählt, von der Gruppe derjenigen absetzt, die prangend auf Wagen („in curribus") bzw. Pferden („in equis") einhergezogen, dann aber aufgehalten und zu Fall gebracht worden seien.

Der Vierspänner, den der Prediger als Eigentum des Teufels bezeichnet, wird in Hieronymus' Auslegung von Nh 3,1–4, die der Anonymus rezipierte, als der Stadt Ninive gehörend dargestellt,[74] die der Kirchenvater in seiner Glosse zu Nh 2,8–9 mit dem „mundus", dem sündigen Diesseits, identifiziert.[75] Ihr ist laut Nh 2,11–12 ein Löwe besonders zugetan, den der Kirchenvater mit dem Teufel gleichsetzt, nicht ohne dabei 1 Petr 5,8 anzuführen.[76] Der anonyme Prediger hatte also Grund dazu, den Übergang zwischen den beiden Großabschnitten seines Textes mit einem Satz zu gestalten, der den Vierspänner mit dem Teufel assoziiert und das Gefährt in einem Atemzug mit dem lauten Brüllen („rugitu magno") des Widersachers erwähnt. Während dem ninivitischen Wagen in Nahums Prophetie die Zerstörung durch Flammen beschieden ist, wird dessen Pendant in der Predigt der Handschrift aus Cambridge durch die Elementargewalt des Wassers ausgeschaltet: Die mit den vier Paradiesströmen gleichgesetzten Kardinaltugenden, liest man dort, machten es unschädlich, indem sie es überspülten („subvertunt et submergunt"). Diese Änderung, die sichtlich das im Buch Exodus beschriebene Szenario des Untergangs des Pharaos und seiner Truppen im Roten Meer evoziert, wurde einmal mehr durch Hieronymus angeregt, denn dieser hatte in seinen Erläuterungen zu Nh 3,1–4 die ninivitische Quadriga mit den Vierspännern des ägyptischen Herrschers verglichen, „quae a Domino submersae sunt"[77] („die vom Herrn versenkt wurden").

Die Predigt aus der Bibliothek des Gonville and Caius College ist inhaltlich luzide und sprachlich – von einer ungeschickten Häufung des Ausdrucks *mentionem facere* abgesehen – äußerst elegant gestaltet. Heidnisches und

---

74   Vgl. ebd.
75   Vgl. Hieronymus, *Commentarius in Naum*, S. 547. Dieselbe Allegorese findet sich in Z. 74. unserer Predigt.
76   Vgl. *Commentarius in Naum*, S. 552.
77   *Commentarius in Naum*, S. 557.

Christliches gehen darin eine feine Synthese ein, ebenso Gelehrsamkeit und Didaxe: Der stetige Adressatenbezug wird nicht nur durch die vier Apostrophen an die „fratres" unterstrichen, deren erster und deren letzter das Attribut „dilectissimi" vorausgeht, sondern auch durch die beiden an die Zuhörerschaft gerichteten Fragen. Die erste ist rhetorischer Natur und dient dem Ziel der emotionalen Affizierung, indem sie die Schrecklichkeit des Verlustes des Zugangs zu Gott über das Gebet unterstreicht; die zweite, im Tonfall väterlich-vertrauliche, „Vultis audire qualis est currus, quales sunt equi?", soll die Neugier darauf wecken bzw. steigern, was es wohl mit dem unmittelbar zuvor erstmals erwähnten Teufelswagen und den ihn ziehenden Pferden auf sich haben mag.

* * *

Der Vergleich der beiden Texte, die wir in der vorliegenden Studie zur Gänze ediert haben, lässt deutlich erkennen, wie das im Verlauf des 13. Jahrhunderts immer dominanter werdende Prinzip der Subdivision den diskursiven Fluss von Predigten mehr und mehr hemmte und stattdessen für kunstvoll gegliederte Gebilde mit einem üppigen Beiwerk an Bibelzitaten sorgte. Angesichts dessen von einer Dekadenz des Genres zu sprechen, wäre gewiss zu hart, aber die Mechanismen der Überredungskunst und damit auch der Affektlenkung waren in Predigten des 12. Jahrhunderts zweifellos prägnanter zum Einsatz gekommen, und man kann sich kaum vorstellen, dass penibel untergliederte *sermones* durch eine freie Aufbereitung im mündlichen Vortrag zu rhetorischen Feuerwerken werden konnten. Sich dies auszumalen, fällt noch schwerer, wenn man sich der Annahme anschließt, dass die *mise en acte* der Texte häufig deren Transposition in eine Volkssprache implizierte,[78] denn angesichts des Ansehens der *Vulgata* und des Fehlens autorisierter volkssprachlicher Bibelübersetzungen wäre wohl in allen Fällen, in denen es dazu kam, davon auszugehen, dass die zahlreichen Bibelzitate jeweils doppelt wiedergegeben wurden: zuerst im Wortlaut der lateinischen Standardübersetzung, danach *vulgariter*. Eine gewisse Sperrigkeit des Vortrags wäre somit garantiert gewesen.

---

78 Vgl. D. L. d'Avray, *The Preaching of the Friars. Sermons diffused from Paris before 1300*, Oxford: Clarendon Press, 1985, S. 90–96. Dass ein Autor wie Guy d'Évreux die Grobgliederung seiner *sermones* grundsätzlich nicht nur in lateinischen *distinctiones*, sondern auch in gereimten französischen Formeln festhielt (vgl. Michaud-Quantin, „Guy d'Évreux", S. 229 f.), muss m. E. noch lange nicht bedeuten, dass er vor Publikum den jeweiligen Predigtinhalt hauptsächlich in der Volkssprache präsentierte oder damit rechnete, dass andere Geistliche, die seine Texte zum Einsatz bringen wollten, dies taten.

Ob sämtliche als Predigten ausgewiesene lateinische Werke der zweiten Hälfte des 13. Jahrhunderts für die Verwendung im Rahmen des Gottesdienstes konzipiert wurden, darf – wie das Beispiel der Handschrift aus Avignon nahelegt – bezweifelt werden. Wo sich dies aber so verhielt – und es wird immer noch die Regel gewesen sein –, dürfte sich der Wortlaut der Darbietung stark vom schriftlich fixierten Text unterschieden haben. Bedenkt man dies, so wirkt es weniger ungewöhnlich, dass Guy d'Évreux die Geistlichen, an die er sich wandte, ausdrücklich dazu ermunterte, seine Predigten freimütig abzuwandeln.

Ungeachtet dessen, dass die meisten *Sermones*-Sammlungen aus den letzten Jahrzehnten unseres Untersuchungszeitraums, sei es als Vorstufen zu (möglichen) *performances* durch die jeweiligen Autoren selbst bzw. andere Prediger, sei es als Reduktionen bereits vorgetragener Predigten auf deren Kerninhalte, nur begrenzte Einblicke in die effektive Predigtpraxis der damaligen Zeit eröffnen, verdienen sie es, als Elaborate mit einer ganz eigenen Ästhetik gewürdigt zu werden: Als solche empfahlen sie sich wohl nicht nur jenen Geistlichen, die sie homiletisch zu verwerten gedachten und die strenge Schönheit der einzelnen Vorlagen dabei unweigerlich verwässern mussten, sondern auch Lesern, die nach spiritueller Erbauung suchten. Zu ihrer Gruppe mögen vereinzelt auch gebildete Laien gehört haben.

Bibliographie

A.   *Primärtexte*

> *1. Predigten aus der Zeit bis ca. 1300, die 1 Petr 5,8 allein oder gemeinsam mit anderen Versen aus 1 Petr 5 auslegen*

a) Manuskripte

Albertus Magnus, Leipzig, Universitätbibliothek, ms. 683, ff. 125va–127rb.

Anonymus, Amiens, Bibliothèque Louis d'Aragon, ms. 284, ff. 15vb–16va.

Anonymus, Arras, Médiathèque de l'Abbaye Saint-Vaast, ms. 691, ff. 160rb–161va.

Anonymus, Avignon, Bibliothèque Ceccano, ms. 594, ff. 181va–183rb.

Anonymus, Barcelona, Archivo de la Corona de Aragón, ms. Ripoll 192, ff. 61va–62rb.

Anonymus, Cambridge, Gonville and Caius College, ms. 426/426, ff. 27v–29r.

Anonymus, Douai, Bibliothèque Marceline Desbordes-Valmore, ms. 49, ff. 110ra–111ra.

Anonymus, Erlangen, Universitätsbibliothek, ms. 320, ff. 193rb–va.

Anonymus, Leipzig, Universitätsbibliothek, ms. 747, f. 48r–v.

Anonymus, Madrid, Biblioteca Nacional, ms. 72, ff. 159va–161ra.

Anonymus, Toulouse, Bibliothèque de Toulouse, ms. 315, ff. 359r–360v.

Bartolomeo da Breganze, Vicenza, Biblioteca Civica Bertoliana, ms. 431, S. 26–29.

Eudes de Châteauroux, Pisa, Bibliotheca Catheriniana, ms. 21, ff. 3ra–5va.

Eudes de Châteauroux, Troyes, Médiathèque Jacques Chirac, ms. 271, ff. 235rb–236va.

Guiard de Laon, Paris, Bibliothèque nationale de France, ms. Latin 15964, ff. 83rb–84ra.

Guillaume d'Auvergne, Bibliothèque nationale de France, ms. Latin 15964, ff. 24vb–25ra.

Guy d'Évreux, Vatikanstadt, Biblioteca Apostolica Vaticana, ms. Vat. Lat. 1252, ff. 124va–127vb.

Jean Halgrin d'Abbeville, Paris, Bibliothèque nationale de France, ms. Latin 2909, ff. 136r–137r.

Johannes de Castello, Assisi, Biblioteca del Sacro Convento, Fondo Antico Comunale, ms. 470, ff. 196rb–va.

John Waleys OM, Valencia, Archivo de la Catedral, ms. 186, ff. 113vb–114va.

Nicholas Dale, Worcester, Cathedral Library, ms. Q 46, ff. 42r–45r.

Pierre de Reims, Amiens, Bibliothèque Louis Aragon, ms. 268, ff. 319vb–320va.

Rupert von Olmütz, Prag, Národní Knihovna České Republiky, ms. XX.A.11, f. 82va–b.

Thomas Lebreton, Cambridge, Corpus Christi College, ms. 327, ff. 64v–65v.

William of Macclesfield, Kremsmünster, Stiftsbibliothek, ms. 83, ff. 66r–67r und ff. 67r–68r.

b) Drucke

Guillelmi de Alvernia Opera homiletica. Hg. von Franco Morenzoni, 4 Bde., Turnhout: Brepols, 2010–2013, Bd. 2, S. 346–347.

Guillaume Peyraut, in: *Wilhelmi Alverni Episcopi Parisiensis* [sic] *Sermones In Epistolas et Evangelia dominicarum et festorum totius anni*, 3 Bde., München: Nikolaus Heinrich, 1641, Bd. 1, S. 242–244.

Jacobi de Vitriaci Sermones in Epistolas et Evangelia dominicalia totius anni, Antwerpen: Witwe und Erben von Jan Steels, 1575, S. 629–633.

Nicolai de Gorra Fundamentum aureum omnium totiusque anni sermonum, Paris: sub signo Pellicani et floris Lilii, 1523, f. 44rb–va und f. 138rb–va.

Radulphi Ardentis Homiliae in Epistolas et Evangelia dominicalia, in: *Patrologia Latina*, Bd. 155, Paris: Migne, 1854, Sp. 1667–2118, hier Sp. 1972–1976.

2. Kommentare zum 1. Petrus-Brief aus der Zeit vor 1300

a) Manuskripte

Anonymus, Bamberg, Staatsbibliothek, msc. bibl. 137, ff. 13v–25r = Leipzig, Universitätsbibliothek, ms. 95, ff. 14r–28r.

Anonymus, Florenz, Biblioteca Medicea Laurenziana, ms. Conventi Soppressi 465,
 ff. 278ra–285vb.

Anonymus, St. Gallen, Stiftsbibliothek, ms. 1716, S. 27–51.

Anonymus, Vatikanstadt, Biblioteca Apostolica Vaticana, ms. Vat. Lat. 996, ff. 34vb–
 50vb.

Guerricus de Sancto Quintino, Neapel, Biblioteca Nazionale di Napoli, ms. VII.A.16,
 ff. 225va–230vb.

Hugo de Sancto Caro, Paris, Biblithèque nationale de France, ms. Latin 156,
 ff. 385va–391rb.

Petrus Cantor, Paris, Bibliothèque nationale de France, ms. Latin 682, ff. 13ra–21va.

Stephen Langton, Bamberg, Staatsbibliothek, msc. bibl. 138, ff. 9rb–16vb.

Stephen Langton, Troyes, Médiathèque Jacques Chirac, ms. 757, ff. 44ra–57vb.

b) Drucke

Anonymus Scottus, *Commentarius in epistolas canonicas*, in: *Scriptores Hiberniae minores*. Hg. von Robert E. McNally, Turnhout: Brepols, 1973, S. 1–50 (zum 1. Petrus-Brief:
 S. 28–35).

Beda, *In epistolas septem canonicas*. Hg. von David Hurst, in: *Bedae Venerabilis Opera*,
 Bd. 2: *Opera exegetica*, Teilbd. 4, Turnhout: Brepols, 1983, S. 179–342 (zum 1. Petrus-
 Brief: S. 225–260).

Glossa ordinaria, in: *Biblia cum Glossa ordinaria Walafridi Strabonis aliorumque et inter-
 lineari Anselmi Laudunensis*, 4 Bde., Straßburg: Adolf Rusch, 1480, Bd. 4, *ad locum*.

Hilarius, *Tractatus in septem epistolas*, in: *Scriptores Hiberniae minores*. Hg. von
 Robert E. McNally, Turnhout: Brepols, 1973, S. 51–124 (zum 1. Petrus-Brief: S. 77–98).

Hugo de Sancto Caro, *Postilla in totam Bibliam*, in: *Textus Bibliae cum Postilla Domini
 Hugonis Cardinalis*, 7 Bde., Basel: Koberger, 1498/99–1502/03, Bd. 7, *ad locum*.

c) Internetressource

Nicolaus de Gorra, „In primam epistolam Petri", in: *Corpus thomisticum* https://www.
 corpusthomisticum.org/xec2.html (Zugriff: 05.06.2023).

3. Sonstige Primärtexte

a) Manuskripte

Mauritius Hibernicus, *Distinctiones*, München, Bayerische Staatsbibliothek, clm 14289.

Petrus de Capua, *Alphabetum sermocinandi*, Paris, Bbibliothèque nationale de France,
 ms. Latin 16894.

b) Drucke

Alanus ab Insulis, „Distinctiones dictionum theologicalium", in: *Patrologia Latina*, Bd. 210, Paris: Migne, 1855, Sp. 685–1012.

Aurelius Augustinus, *De doctrina christiana*. Hg. von Josef Martin, in: Aurelius Augustinus, *De doctrina christiana; De vera religione*, Turnhout: Brepols, 1962, S. V–LX und S. 1–176.

Aurelius Augustinus, *Enarrationes in Psalmos*. Hg. von Eligius Dekkers und Johannes Fraipont, 3 Bde., Turnhout: Brepols, 1956.

Aurelius Augustinus, *In Johannis Evangelium tractatus CXXIV*. Hg. von Radbod Willems, Turnhout: Brepols, 1954.

Cyprianus, *De zelo et livore*. Hg. von Manlio Simonetti, in: *Sancti Cypriani episcopi Opera*, Bd. 2, Turnhout: Brepols, 1976, S. 73–86.

Gregorius Magnus, *Moralia in Job*. Hg. von Marc Adriaen, 3 Bde., Turnhout: Brepols, 1979–1985.

Hieronymus, *Commentarius in Naum*, in: *S. Hieronymi Presbyteri Commentarii in prophetas XII*. Hg. von Marc Adriaen, 2 Bde., Turnhout: Brepols, 1969–1970, Bd. 2, S. 525–578.

Honorius Augustodunensis, *Speculum Ecclesiae*, in: *Patrologia Latina*, Bd. 172, Paris: Migne, 1854, Sp. 807–1107.

Johannes Balbus, *Catholicon*, Venedig: Hermann Liechtenstein, 1490.

Petrus Cantor, *Distinctiones Abel*. Hg. von Stephen A. Barney, Turnhout: Brepols, 2020.

B. *Sekundärliteratur*

Avray, D. L. d', *The Preaching of the Friars. Sermons diffused from Paris before 1300*, Oxford: Clarendon Press, 1985.

Bloch, Peter, „Löwe", in: *Lexikon der christlichen Ikonographie*. Hg. von Engelbert Kirschbaum, Bd. III, Herder: Freiburg, 1971, Sp. 112–119.

Ernst, Stephan, „Einleitung", in: Radulfus Ardens (Hg.), *Speculum universale, Auswahl aus den Büchern I und V: Wie entstehen Tugenden und Laster?*, Lateinisch und Deutsch, hg. und übers. von Stephan Ernst, Herder: Freiburg, 2017, S. 11–55.

Leuker, Tobias, „Bibelzitate als Schutzschild der Scheinheiligen – Zur Profilierung des lateinisch-christlichen Hypocrisis-Diskurses in einer Predigt des Kardinals Eudes de Châteauroux", in: *Verstellungskünste. Die literarische Kritik religiöser und politischer Heuchelei*. Hg. von Pia Claudia Doering, Bielefeld: Aisthesis, 2022, S. 79–113.

Longère, Jean, *La prédication médiévale*, Paris: Études Augustiniennes, 1983.

Michaud-Quantin, Pierre, „Guy d'Évreux, technicien du sermonnaire médiéval", in: *Archivum Fratrum Praedicatorum* 20 (1950), S. 213–233.

Pomaro, Gabriella, „Censimento dei manoscritti della biblioteca di S. Maria Novella. Parte I: Origini e Trecento", in: *Memorie domenicane* 11 (1980), S. 325–470.

Rouse, Mary A. / Rouse, Richard H., „The Verbal Concordance to the Scriptures", in: *Archivum Fratrum Praedicatorum* 44 (1974), S. 5–30.

Schneyer, Johannes Baptist, *Repertorium der lateinischen Sermones des Mittelalters (1150–1350)*, 11 Bde., Münster: Aschendorff, 1969–1990.

Vom Schmücken mit des Teufels Hörnern

Zur Kommentierung einer mittelalterlichen Haarmode in der
altfranzösischen Dichtung

Stephan Siebert

Die Figur des Teufels ist aus heutiger Sicht untrennbar mit einer spezifischen Bildlichkeit verbunden, die sich durch den Einfluss der Patristik mit besonderer Wucht im Mittelalter entfaltete. Aus der Mannigfaltigkeit teuflischer Formen, die sowohl in ihren Ursprüngen als auch in der literarischen Rezeption stärker der Hetero- denn der Homogenität zuneigen,[1] stechen die Hörner des Ziegenbocks als möglicherweise eindeutigstes bildliches Attribut der Diabolie hervor.

Der vorliegende Aufsatz untersucht die literarische Kommentierung einer modischen Erscheinung der mittelalterlichen Alltagskultur vor der Referenzfolie des Teuflischen. In einer Reihe von Texten der satirischen volkssprachlichen Dichtung wird eine von der zweiten Hälfte des 13. Jahrhunderts bis ins 15. Jahrhundert hineinwirkende weibliche Haarmode, deren besondere Form Assoziationen mit den Hörnern des Teufels weckt, als Kennzeichen lasterhafter Eigenschaften ihrer Trägerinnen gedeutet. Der Großteil der Dichtungen, die diesen Zusammenhang kommentieren, steht an der Schnittstelle zweier unterschiedlicher Diskurse, die sich wechselseitig beeinflussen. Zum einen knüpfen sie an die einschlägige Bildlichkeit der so genannten ‚cornes‘ an, die sie als unwiderlegbares Zeichen der teuflischen Natur der Frau deuten. Zum anderen reihen sie sich in eine weit zurückreichende Tradition der christlichen Schmähung weiblicher Kosmetik und vestimentärer Praktiken ein. Dabei entsteht ein Spannungsfeld zwischen der ‚entlarvenden‘ Eindeutigkeit der hornförmigen Frisur und den zentralen Vorwürfen der misogynen Dichtung, die gerade den Formenwandel und die Verhüllung als Merkmale der Frau zeichnen.

---

1 Vgl. Günther Mahal, „Der Teufel. Anmerkungen zu einem nicht allein mittelalterlichen Komplex", in: Ulrich Müller / Werner Wunderlich (Hg.), *Dämonen, Monster, Fabelwesen*, Konstanz: UVK, 1999, S. 495–530, hier S. 520 f.

© BRILL FINK, 2024 | DOI:10.30965/9783846768013_005

1

Bemerkenswerterweise ist das christliche Konzept des Teufels in seinem Ursprung stärker exegetisch als bildlich konturiert worden. Der alttestamentliche Satan, dessen Bezeichnung sich in etwa mit ‚Widersacher' übersetzen lässt, tritt in unterschiedlichen Rollen und Kontexten auf, sein Wirken wird allein dadurch geeint, dass er die Menschen auf die Probe stellt. Dabei kann er insofern als ein „Werkzeug Gottes"[2] bezeichnet werden, als er die spezifische Funktion erfüllt, die Glaubenstreue des Einzelnen zu prüfen. Erst im Neuen Testament formt sich aus den Elementen des alttestamentlichen Satans und der in apokryphen Schriften geformten Vorstellung eines Anführers der gestürzten Engel die Figur des Teufels heraus, die dann als zentraler Antagonist zu Gottes Wirken auftritt und Jesus in der Wüste in Versuchung führt (Mt 4,1–11; Mk 1,13; Lk 4,1–13).[3] Trotz seiner gestiegenen Bedeutung bleibt die Körperlichkeit des Teufels zunächst weitgehend unbestimmt.

Eine konkrete Figuration des neutestamentlichen Satans entsteht erst durch die Arbeit der lateinischen Kirchenväter, die das blässliche Teufelsbild der Heiligen Schrift mit den Vorstellungen heidnischer Kulte verbinden. In einem beispielhaften Synkretismus werden Elemente einzelner heidnischer Mythen mit dem christlichen Fundament, das neben dem neutestamentlichen Teufel auch weitere synoptische Beschreibungen dämonologischer Gestalten umfasst, zu einer dann mit eindeutigen symbolischen Merkmalen ausgestatteten Figur verschmolzen.[4] So sind auch die für das mittelalterliche Teufelsbild prägenden Hörner keineswegs biblischen Ursprungs, sondern gehen auf den altgriechischen Mythos des Pan zurück. Die theriomorphe Gestalt des Hirtengottes, der sich fern der menschlichen Zivilisation aufhält und in der antiken Mythologie vor allem mit Musik und Tanz assoziiert wird, vereint einen menschlichen Körperbau und aufrechten Gang mit den Hörnern und Beinen des Ziegenbocks.[5]

---

2 Francis G. Gentry, „Der Teufel in der amerikanischen Kultur und in der biblischen Tradition", in: Ulrich Müller / Werner Wunderlich (Hg.), *Dämonen, Monster, Fabelwesen*, Konstanz: UVK, 1999, S. 487–494, hier S. 488.

3 Vgl. Gentry, „Der Teufel", S. 489 f.

4 Vgl. Mahal, „Der Teufel", S. 497–504.

5 Vgl. Jens Holzhausen, „Pan", in: Hubert Cancik / Helmuth Schneider (Hg.), *Der neue Pauly. Enzyklopädie der Antike*, Stuttgart: Metzler, 2000, S. 221–223, hier S. 221 f.

Das mittelalterliche Teufelsbild ist zuvorderst von einer Normabweichung („disorder"[6], „désordre"[7]) geprägt, die die teuflische Unnatürlichkeit betont und ihn als Widersacher Gottes zeichnet.[8] In ikonographischen Abbildungen, die sich ab dem 12. Jahrhundert finden, wird die Figur meist als Mischwesen mit menschlichen und tierischen Elementen dargestellt, deren Körper als monströs beschrieben werden kann, da er gegen übliche Proportionen verstößt.[9] Über die Integration bestialischer Elemente (beispielsweise Hörner, Bocksfuß, Flügel) hinaus, kann die körperliche Andersartigkeit des Teufels auch durch eine unübliche Form einzelner Körperteile oder eine unnatürliche Anordnung der Extremitäten verdeutlicht werden. So kann sich das Gesicht des Teufels am Bauch befinden, seine Hörner können aus dem Rumpf hervorwachsen oder gar seine gesamten inneren Organe nach außen gewendet sein. Der deformierte Körper dient als Signum der Abkehr von der natürlichen göttlichen Ordnung.[10]

Ein weiterer Aspekt, der mittelalterliche Teufelsdarstellungen prägt, ist die konzeptionelle Nähe der Figur zum weiblichen Geschlecht. Dabei dient insbesondere die biblische Urmutter Eva im Mittelalter als Repräsentantin aller Frauen. Ihre in der Genesis beschriebene Rolle beim Sündenfall des Menschen wird entweder als Ausdruck von Naivität oder aber Komplizenschaft mit der Schlange gelesen, die aufgrund ihres verführerischen Wirkens in der christlichen Symbolik als „die Verkörperung des Bösen schlechthin"[11] gilt und in apokryphen Schriften in Kontexten einer Verurteilung der weiblichen Sexualität mit dem Teufel assoziiert wird.[12] Der von der Schöpfungsgeschichte hergeleitete Zusammenhang schlägt sich in der spätmittelalterlichen Ikonographie in einer Reihe von Darstellungen nieder, die ein Mischwesen aus Schlange und Frau abbilden. Wird die Schlange in frühen Darstellungen des

---

6   Alexander E. Makhov, „… in diversas figuras nequitiae. The Devil's Image from the Viewpoint of Rhetoric", in: Gerhard Jaritz (Hg.), *Angels, Devils. The Supernatural and its Visual Representation*, Budapest: Central European University Press, 2011, S. 29–50, hier S. 30.

7   Jérome Baschet, „Images du désordre et ordre de l'image: représentations médiévales de l'enfer", in: *Médiévales* 4 (1983), S. 15–36, hier S. 15. Baschet bezeichnet die Hölle in mittelalterlichen Darstellungen grundsätzlich als „lieu […] du désordre et du monstrueux" (S. 15).

8   Vgl. Makhov, „… in diversas", S. 29 f. Zentrales Merkmal dieser Unnatürlichkeit ist die grundlegende Abwesenheit einer Ordnung.

9   Vgl. Gentry, „Der Teufel", S. 492.

10   Vgl. Makhov, „… in diversas", S. 30.

11   Sigrid und Lothar Dittrich, *Lexikon der Tiersymbole. Tiere als Sinnbild in der Malerei des 14.–17. Jahrhunderts*, Petersberg: Imhof, 2004, S. 445.

12   Vgl. Manuela Martinek, *Wie die Schlange zum Teufel wurde. Die Symbolik in der Paradiesgeschichte von der hebräischen Bibel bis zum Koran*, Wiesbaden: Harrassowitz, 1996, S. 134.

Sündenfalls noch rein zoomorph bebildert, finden sich ab dem 14. Jahrhundert vermehrt plastische Repräsentationen eines anthropomorphen Wesens mit dem Körper einer Schlange und dem Kopf einer Frau, die die Assoziation mit dem Teufel betonen.[13] Prägender Symbolgehalt dieser Abbildungen, die bereits in einigen Minaturen der *bibles moralisée*s des 13. Jahrhunderts vorkommen, ist das Element der teuflischen Versuchung, das hier durch das bildliche Motiv der sexuellen Begierde illustriert wird.[14]

2

Die im Folgenden betrachteten Texte sind in ihrer Gesamtheit Ausdruck einer literarischen Kommentierung lebensweltlicher Zusammenhänge ihrer Entstehungszeit und zeugen somit von einer satirischen Prägung der altfranzösischen Literatur, die in besonderem Maße in einer dichterischen Kurzform wie dem subjektiven *dit* zutage tritt.[15] Der Begriff ‚satirisch' trägt in diesem Zusammenhang in erster Linie dem kommentierenden Alltagsbezug der Texte Rechnung: Einendes Merkmal ist, dass sie eine empirisch beobachtbare soziale Realität beschreiben, kommentieren und in ein jeweils spezifisches Wertegefüge einordnen.

Gegenstand der untersuchten Texte ist eine im späten 13. Jahrhundert aufgekommene weibliche Mode,[16] die darin besteht, sich das Haupthaar zu

---

13   Vgl. Helen Schüngel-Straumann, *Eva. Die erste Frau der Bibel: Ursache allen Übels?*, Paderborn: Ferdinand Schöningh, 2014, S. 39 f. und John K. Bonnell, „The Serpent with a Human Head in Art and in Mystery Play", in: *American Journal of Archaeology* 21,3 (1917), S. 255–291, hier S. 263 f. Bonnell weist darüber hinaus auf literarische Beschreibungen von Schlangen mit einem weiblichen Kopf oder Gesicht hin, die sich u. a. in Texten von Petrus Comestor, Vincent de Beauvais und dem anonymen *Speculum Humanae Salvationis* finden und sich häufig auf Beda Venerabilis berufen (S. 257–263).

14   Vgl. Andrea Imig, *Luzifer als Frau? Zur Ikonographie der frauengestaltigen Schlange in Sündenfallsdarstellungen des 13. bis 16. Jahrhunderts*, Hamburg: Dr. Kovač, 2009, S. 201 f.

15   Vgl. Monique Léonard, „L'actualité dans les dits", in: Christoph Cormeau (Hg.), *Zeitgeschehen und seine Darstellung im Mittelalter / L'actualité et sa représentation au Moyen Âge*, Bonn: Bouvier, 1995, S. 100–117, hier S. 100 f.

16   Vgl. Mario Pagano (Hg.), *Dit des cornetes. Poemetto misogino antico francese del XIII secolo*, Neapel: Liguori, 1982, S. 8 f. Pagano datiert den Beginn der Mode aufgrund der zahlreichen Erwähnungen in verschiedenen Texten aus dieser Zeit auf die zweite Hälfte des 13. Jahrhunderts und korrigiert damit die Einschätzung Enlarts, der von einem etwa 100 Jahre später beginnenden Zeitraum ausgegangen war (Camille Enlart, *Manuel d'archéologie française. Depuis les temps mérovingiens jusqu'à la Renaissance*, 3 Bde., Paris: A Picard, 1916, Bd. 3, S. 205).

scheiteln und an den Schläfen zu zwei Zöpfen zu flechten, die wiederum mithilfe stofflicher Elemente oder sogar von Fremdhaar[17] zu hornförmigen Spitzen – den zwei so genannten *cornes* oder *cornetes*[18] – staffiert werden.[19]

Abb. 4.1   Béatrice, Comtesse d'Arundel, Beginn des 15. Jh.s

17   Vgl. Wolter, Gundula, *Teufelshörner und Lustäpfel. Modekritik in Wort und Bild. 1150–1620*, Marburg: Jonas, 2002, S. 84.

18   Vgl. Eugène-Emmanuel Viollet-le-Duc, *Dictionnaire raisonné du mobilier français. De l'époque carlovingienne à la Renaissance*, 6 Bde., Paris: Morel, 1872, Bd. 3, S. 222–225. Die zu einem einzelnen Horn gebündelte Frisur wurde als *hennin* bezeichnet.

19   Vgl. Jules Quicherat, *Histoire du costume en France depuis les temps les plus reculés jusqu'à la fin du XVIIIe siècle*, Paris: Hachette, 1875, S. 189. Quicherat bietet eine detaillierte Beschreibung der Frisur: „[...] les cheveux, toujours séparés en deux, furent nattés et conduits derrière à partir des tempes, mais en donnant aux deux touffes qui couvraient les oreilles une extrême proéminence. Si la nature ne fournissait pas de quoi les faire assez grosses, on y mettait des cheveux d'emprunt [...]. Les cheveux arrangés comme on vient de dire, étaient enfermés dans une coiffe de soie recouverte d'une résille dite crépine, qu'un tressoir assujettissait sur cette coiffe. Nécessairement des sachets répondaient aux touffes de côté. Leur saillie fut étirée en pointe. C'est ce qu'on trouve appelé du nom de cornes, dans les écrits du temps."

Die möglicherweise auf einen orientalischen Einfluss zurückgehende Mode,[20] hält sich bis weit ins 15. Jahrhundert und scheint auch später noch vereinzelt getragen worden zu sein.[21] Die geschmähten und verspotteten Haarhörner dienen den Texten als rhetorischer Ankerpunkt, an dem sich verschiedene, meist frauenfeindliche Diskurse verorten und mit der scheinbaren Empirie der im Alltag beobachtbaren Frisur belegen lassen.

Das Element der *cornes* steht im Großteil der Texte in einem diskursiven Rahmen, der insofern als misogyn bezeichnet werden kann, als er dem weiblichen Geschlecht feste negative Eigenschaften attribuiert und diese mit einer Reihe rhetorischer Versatzstücke und Topoi zu belegen versucht. Die bis in die Antike zurückreichende Tradition der Schmähung der Frau wird insbesondere in der christlichen Lehre rezipiert und findet Eingang in theologische und philosophische Schriften.[22] Misogyne Perspektiven prägen grundsätzlich die gesamte volkssprachliche Dichtung des Mittelalters, in besonderer Weise jedoch das *fabliau* und bestimmte Texte des *dit*, die sich spezifisch der Aufzählung weiblicher Laster widmen.[23] In ihrer steten Rekurrenz auf ein kanonisches Repertoire frauenfeindlicher Motive, das sich im Wesentlichen um die drei Hauptlaster der *tromperie*, der *convoitise* und der *impureté* konstituiert,[24] wohnt den misogynen Texten des Mittelalters per definitionem eine gewisse Formelhaftigkeit inne: „[...] misogyny as a discourse is always to some extent avowedly derivative [...]".[25] Neben dem Verweis auf die Rolle Evas beim Sündenfall des Menschen und dem Topos der *molestiae nuptiarum*, der Übel der Ehe,[26] führen die Texte ebenfalls eine Reihe biblischer und vereinzelt historischer Männerfiguren an, deren Rolle als „Frauensklaven"[27] exemplarisch vor den schädlichen Wirkungen der sexuellen Begierde warnen soll.[28]

---

20   Vgl. Enlart, *Manuel d'archéologie*, S. 204.

21   Vgl. *Manuel d'archéologie*, S. 206, der auf das Bildnis der Herzogin von Lancaster aus dem Jahr 1525 verweist, auf dem die markante Frisur zu sehen ist. Vgl. ebenso die Abbildung bei Victor Gay, *Glossaire archéologique du Moyen Age et de la Renaissance*, 2 Bde., Paris: Librairie de la société bibliographique, 1887, Bd. 1, S. 130.

22   Vgl. R. Howard Bloch, „Medieval misogyny", in: *Representations* 20 (1987), S. 1–24, hier S. 1.

23   Vgl. August Wulff, *Die frauenfeindlichen Dichtungen in den romanischen Literaturen des Mittelalters bis zum Ende des XIII. Jahrhunderts*, Halle: Niemeyer, 1914, S. 102.

24   Vgl. Théodore Lee Neff, *La satire des femmes dans la poésie lyrique française du Moyen Age*, Paris: Giard & Brière, 1900, S. 79.

25   Bloch, „Medieval misogyny", S. 6.

26   Vgl. R. Howard Bloch, *Medieval misogyny and the Invention of Western Romantic Love*, Chicago: University of Chicago Press, 1991, S. 13–16.

27   Rüdiger Schnell, *Causa amoris. Liebeskonzeption und Liebesdarstellung in der mittelalterlichen Literatur*, Bern: Francke, 1985, S. 478.

28   Vgl. ebd.

Über ihre offensichtliche symbolische Dimension hinaus erweist sich die hornförmige Frisur noch aus einem zweiten Grund als besonders geeignet, um die vorgebliche weibliche Lasterhaftigkeit anzuklagen. So findet sich bereits bei den Kirchenvätern eine herbe Kritik an der dem weiblichen Geschlecht attestierten Neigung zum eitlen Schmücken, sei es vestimentärer, ornamentaler oder kosmetischer Art. Eine besondere Form der Sündhaftigkeit stellt aus Sicht der Kirchenväter das Schmücken mit Fremdhaar dar.[29] Dabei ist den Theologen jegliche Form der Körperzierde nicht nur deshalb verdächtig, weil sie mit der erotischen Verführung in Verbindung gebracht wird, sondern auch da sie dem gottgeschaffenen Leib etwas Zusätzliches hinzufügt und so von der reinen göttlichen Schöpfung ablenkt.[30] Tertullian hält in seiner Schrift *De cultu foeminarum* in einem Abschnitt über das Schminken apodiktisch fest „quod nascitur, opus Dei est; ergo quod tingitur, diaboli negotium est"[31] („was geboren wird, ist Gottes Werk; was aufgetragen wird, ist des Teufels Geschäft") und ordnet die (weibliche) Kosmetik so grundsätzlich der Sphäre des Teufels zu.

Auch im 13. Jahrhundert werden die frühchristlichen Argumente gegen die weibliche Zierde noch stark rezipiert.[32] Thomas von Aquin, der sich in *Quaestio 169* seiner *Summa theologica* mit der Frage des weiblichen Schmückens befasst, rekurriert zu Beginn von Artikel 2 auf den Kirchenschriftsteller Cyprian (†258), der die Körperzierde analog zu Tertullian als Versuch, Gottes Werk zu übertreffen, wertet und deswegen als teuflisch verurteilt.[33] Thomas selbst unterscheidet zwischen dem Schmücken aus Eitelkeit und jenem, das mit dem Ziel der außerehelichen Verführung motiviert sei, wobei er insbesondere letzteres als schwere Sünde einstuft und das Schminken grundsätzlich als eine Art der Verstellung („species fictionis"[34]) bezeichnet, mit der eine nicht vorhandene Schönheit vorgegaukelt werde („fingere pulchritudinem

---

29   Vgl. Pagano (Hg.), *Dit des cornetes*, S. 29 f.

30   Vgl. Wolter, *Teufelshörner*, S. 11 und Bloch, „Medieval misogyny", S. 11–13. Noch ausführlicher kommentiert letzterer diesen Zusammenhang unter dem Stichwort „Cosmetic Theology" in seiner Monographie *Medieval misogyny*, S. 39–47.

31   Tertullian, „De cultu foeminarum", in: *Quintus Septimius Florens Tertulliani presbyteri Carthaginiensis. Opera omnia.* Hg. von Jacques-Paul Migne (*Patrologia Latina. Series prima*, 1), Paris: Migne, 1844, Sp. 1303–1334, hier Sp. 1321.

32   Vgl. Wolter, *Teufelshörner*, S. 16.

33   Thomas von Aquin, *Masshaltung* (2. *Teil*), in: *Summa theologica. Die deutsche Thomas-Ausgabe.* Hg. von Josef Groner, 36 Bde., Graz: Styria, 1993, Bd. 22, q. 169, art. II, S. 357. „Deum videre non poteris, quando oculi tibi non sunt quos Deus fecit, sed quos Diabolus infecit ...: de inimico tuo compta, cum illo pariter arsura."

34   Thomas von Aquin, *Masshaltung* (2. *Teil*), q. 169, art. II, S. 360.

non habitam"[35]). Nicht zuletzt ist der meist an die Frauen gerichtete Tadel, der körperlichen Zierde eine zu große Aufmerksamkeit zu widmen, ein gängiges Element im Repertoire der Moralpredigten des 13. und 14. Jahrhunderts.[36] Philipp der Kanzler beispielsweise vergleicht in einer Predigt das Wirken derjenigen, die mit großem Aufwand Haar und Antlitz verzierten, mit der Sündhaftigkeit Maria Magdalenas und schmäht die toupierten Haarschöpfe als zweites, rückwärtiges Gesicht („novam faciem a posteriori"[37]). Aus ihren Zöpfen machten sie so einen teuflischen Fallstrick („muscipulam diaboli"[38]).

Die Hörnerfrisur erweist sich somit als anknüpfungsreich für mehrere der hier skizzierten Diskurse. Zum einen ist den christlichen Theologen des Mittelalters jegliche Schmückung des Körpers verdächtig, zum anderen erlaubt die markante Form der Frisur einen direkten und jederzeit nachvollziehbaren Verweis auf den Widersacher Gottes. Im Folgenden gilt es zu untersuchen, wie sich dieser Zusammenhang in der volkssprachlichen Dichtung des Spätmittelalters niederschlägt.

3

In seiner Ausgabe des *Dit des cornetes* zählt Mario Pagano zehn weitere Texte auf, die auf die Frisur der *cornes* anspielen.[39] Der Großteil dieser Passagen steht im Kontext einer moralischen Rüge der weiblichen Eitelkeit, die sich am Beispiel der extravaganten Frisur besonders effektvoll anklagen lässt.

Eines der frühesten und sicherlich das ausführlichste Beispiel für die literarische Kommentierung der Hörnerfrisur stellt der *Dit des cornetes* dar. Der in der zweiten Hälfte des 13. Jahrhunderts verfasste Text[40] ist jener Gruppe misogyner *dits* zuzurechnen, die sich in formelhafter Weise der Aufzählung verschiedener Verfehlungen und Laster der Frau verschreiben.[41] Im Unterschied zu den meisten anderen Dichtungen dieser Couleur, in denen die *cornes* als ein Element in einer längeren Aufzählung von Signa weiblicher Lasterhaftigkeit firmieren, greift der anonyme Verfasser des *Dit des cornetes* das Bild der

---

35   Ebd.

36   Vgl. Pagano (Hg.), *Dit des cornetes*, S. 9–12.

37   Zitiert nach: Johannes Baptist Schneyer, *Die Sittenkritik in den Predigten Philipps des Kanzlers*, Münster: Aschendorff, 1963, S. 24.

38   Zitiert nach: Schneyer, *Die Sittenkritik*, S. 25.

39   Vgl. Pagano (Hg.), *Dit des cornetes*, S. 13.

40   Vgl. ebd.

41   Vgl. Wulff, *Die frauenfeindlichen Dichtungen*, S. 102.

Teufelshörner als zentrales Symbol auf, um das er die üblichen Schmähungen gegen das weibliche Geschlecht gruppiert.

Wenn der Dichter gleich zu Beginn auf einen Pariser Bischof verweist, der seine weiblichen Gemeindemitglieder für ihre modischen Exzesse gescholten habe, wird deutlich, in welchem Maße die Gestaltung des Äußeren Gegenstand der Moralpredigten dieser Zeit ist. Dabei gelten dem Verfasser insbesondere das Schminken und das Schmücken mit Fremdhaar[42] als Ausdruck weltlicher Eitelkeit: „Si se prent garde / que fame est trop fole musarde, / qui forre son chief et se farde / por plere au monde."[43] Über die grundlegende Missbilligung jeglicher Körperzierde hinaus spielt der dem Bischof zugeschriebene Schmähruf „hurte belin!"[44] („Stoß zu, Ziegenbock"), mit dem ein jeder die Trägerinnen der Hörnerfrisur grüßen solle, auf die besondere Form der Haarpracht an.[45] Die hier formulierte Aufforderung zu öffentlicher Maßregelung und Tadel derart toupierter Frauen verdeutlicht die soziale Dimension der Frisur, die aufgrund ihrer markanten Sichtbarkeit im Stadtbild („De lor cornes est grant parole, / genz s'en gabent n'est pas frivole, por / parmi la vile"[46]) als Kennzeichen weiblicher Lasterhaftigkeit dienen soll.

Die Hörner selbst werden einerseits in ihrer stofflichen Materialität beschrieben („de chanvre ouvré ou de lin / se font cornues"[47]), andererseits jedoch als Symbol der von der Frau ausgehenden Gefahr für die Männer („Cornes ont pour tuer les hommes"[48]) und ihrer Verbundenheit mit dem Teufel gedeutet: „Mes je croi bien que le dëable / les veut asséoir a sa table, / qui leur ensaigne / que n'i ait nule qui se faingne / de porter de pechié l'ensaingne / desus son chief"[49] („Ich glaube gern, dass der Teufel / sie an seinen Tisch lädt, / um sie zu unterrichten, / sodass eine jede danach strebt, / das Zeichen der Sünde / auf dem Haupt zu tragen"). An dieser Stelle vermengt sich die Kritik an der eitlen Gestaltung des Äußeren mit dem markanten symbolischen Gehalt

---

42 Vgl. Frédéric Godefroy (Hg.), *Dictionnaire de l'ancienne langue française et de tous ses dialectes du IXe au XVe siècle*, 10 Bde., New York: Kraus, 1961 [ND der Ausgabe von 1880–1902], Bd. 4, S. 94. Das Verb *forrer* (V. 5) und das Substantiv *forreure* (V. 11) verweisen auf die Verwendung von Fremdhaar, die an anderer Stelle noch einmal explizit kommentiert wird: „D'autrui cheveus portent granz sommes / desus lor teste" (V. 23 f.).

43 „Le dit des cornetes", in: *Dit des cornetes. Poemetto misogino antico francese del XIII secolo*. Hg. von Mario Pagano, Neapel: Liguori, 1982, S. 27–42, V. 3–6.

44 „Le dit des cornetes", V. 17.

45 Vgl. Pagano (Hg.), *Dit des cornetes*, S. 28 f. Pagano diskutiert die Bedeutung dieses Ausrufs im Detail.

46 „Le dit des cornetes", V. 100–103.

47 „Le dit des cornetes", V. 74 f.

48 „Le dit des cornetes", V. 22.

49 „Le dit des cornetes", V. 106–111.

der Hörner: Die mit der körperlichen Zierde assoziierten Laster der Eitelkeit
und Koketterie („boban", „cointise"[50]) werden seit der Patristik als unmittelbar gegen Gott gerichtet verstanden („Tel cointise est a Dieu trop vile"[51]). Mehr
noch ist es jedoch die spezifische Form der Frisur, die den Dichter hier veranlasst, jene, die sich mit ihr schmücken, als Anhängerinnen des Teufels zu
geißeln und ihnen höllische Strafen in Aussicht zu stellen.[52] Eine weitere Stärkung erfährt das geknüpfte Band zwischen Frau und Teufel durch den kanonischen Verweis auf die Schuld Evas am Sündenfall des Menschen.[53]

Der im *Dit des cornetes* anklingende Spott prägt auch zwei weitere Texte vom
Ende des 13. Jahrhunderts, die sich der *cornes* annehmen. In dem gegen 1290
verfassten Werk *Le char d'Orgueil* des Franziskanerpriesters Nicole Bozon,[54]
das einen von Pferden gezogenen allegorischen Wagen der Orgueil, Tochter
Luzifers, beschreibt und dessen Bestandteile als symbolische Repräsentation
einzelner Laster oder Gruppen von Sündern auslegt, findet sich eine zwanzig
Strophen umfassende Diatribe gegen die Eitelkeit der Frauen.[55] Diese werden
dort als „cornues bestes"[56] beschrieben, die ihre Wucherungen („les boces"[57])
stolz zur Schau trügen. Jean de Meun spottet in seinem *Testament*,[58] in dem er
verschiedene gesellschaftliche Gruppen nach dem Muster der *estats du monde*
für ihre jeweiligen Verfehlungen tadelt, ebenfalls über die auffällige Frisur.
Dabei überspitzt er deren Form und Beschaffenheit auf groteske Weise, indem
er darüber spekuliert, ob die Nadeln, mit denen die Haarhörner befestigt werden, wohl im Fleisch steckten,[59] und sie mit Balken und Galgen vergleicht.[60]
Die Polemik gipfelt schließlich in einer vollkommen überzeichneten

---

50   „Le dit des cornetes", V. 62, 65. Als positiver Gegenentwurf dienen die „preudes fames / de
     simple afere" (V. 80 f.).

51   „Le dit des cornetes", V. 103.

52   „Le dit des cornetes", V. 118–123.

53   „Le dit des cornetes", V. 31–33.

54   Vgl. M. Amelia Klenke / Anne-Françoise Labie-Leurquin, „Nicole Bozon", in: *Dictionnaire
     des lettres françaises. Le Moyen Age.* Hg. und überarbeitet von Geneviève Hasenohr und
     Michel Zink, Paris: Fayard, ²1992 [1964], S. 1069–1070, hier S. 1069.

55   Johan Vising (Hg.), *Deux poèmes de Nicholas Bozon. Le char d'Orgueil. La lettre de l'Emper-
     eur Orgueil*, Göteborg: Elanders Boktryckeri Aktiebolag, 1919, S. XI.

56   Nicole Bozon, „Le char d'Orgueil", in: *Deux poèmes de Nicholas Bozon. Le char d'Orgueil. La
     lettre de l'Empereur Orgueil.* Hg. von Johan Vising, Göteborg: Elanders Boktryckeri Aktie-
     bolag, 1919, S. 3–30, V. 259.

57   Ebd.

58   Jean de Meun, „Li testament de maistre Jehan de Meung", in: *Le roman de la Rose par
     Guillaume de Lorris et Jehan de Meung. Nouvelle Édition, revue et corrigée sur les meilleurs
     et plus anciens manuscrits.* Hg. von Martin Méon, 4 Bde., Paris: P. Didot, 1814, Bd. 4, S. 1–116.

59   Jean de Meun, „Li testament", S. 64.

60   „Li testament", S. 65.

Darstellung der Haarhörner, die ihren Trägerinnen einen lächerlichen Anschein verliehen: „Encore y refont-elles ung grant haribourras, / car entre la touelle qui n'est pas de bourras, / et la temple et les cornes porroit passer ung ras, / ou la greigneur moustoile qui soit jusques Arras"[61] („Und wiederum drapieren Sie das Haar zu einem wilden Gesteck: / Zwischen dem edlen Tuch / und der Schläfe und den Hörnern fände sogar eine Ratte Platz / oder das größte Wiesel von hier bis Arras"). Abermals findet sich auch hier der Hinweis auf die weibliche Gegnerschaft zum männlichen Geschlecht, das als Opfer der symbolischen Hörner beklagt wird: „Ne sunt avant venus fors por hommes blecier"[62] („Sie streben allein danach, die Männer zu verwunden").

Eine eher beiläufige Erwähnung finden die *cornes* in dem kurzen *dit La contenance des fames*,[63] wo sie, von ihrer symbolischen Dimension weitgehend losgelöst, im Kontext der weiblichen Wandelbarkeit stehen: „Or metra la main à l'oreille, / por ces cornetes redecier. / Or veut dormir, or veut veillier, / or se refait apareillier, / or changera surcot et cote"[64] („Nun führt sie die Hand zum Ohr, / um die Hörnchen zu richten. / Nun will sie schlafen, nun will sie wachen, / nun überprüft sie ihr Erscheinungsbild, / nun wechselt sie Kleid und Unterkleid"). Das eitle Schmücken des Körpers durch allerlei modische Accessoires ist hier Ausdruck eines steten Formwandels, der – hervorgehoben durch die Anapher „or", die jeweils eine neue kosmetische Handlung oder eine spontane Gemütsregung einleitet – auf das misogyne Motiv der Inkonstanz verweist und die Frau als undurchschaubares und nur schwerlich zu fassendes Wesen zeichnet.[65]

Auch im *dit Li mariages des filles au diable*,[66] das die Filiation von Frau und Teufel schon im Titel proklamiert, wird die markante Hornfrisur mit dem Verhüllen in Verbindung gebracht. Der nach dem Muster der *estats du monde* aufgebaute *dit* listet zunächst die Verfehlungen verschiedener sozialer Gruppen der mittelalterlichen Gesellschaft – u. a. Prälaten, Anwälte, Händler und Bauern – auf, bevor er sie im zweiten Teil jeweils mit einem Idealbild ihrer Zunft kontrastiert. Dabei werden gleich zu Beginn „barat", „engien" und „ypocrisie"[67]

---

61   Ebd.
62   Ebd.
63   „La contenance des fames", in: *Nouveau recueil de contes, dits, fabliaux et autres pièces inédites des XIIIᵉ, XIVᵉ et XVᵉ siècles*. Hg. von Achille Jubinal, 2 Bde., Genf: Slatkine, 1975, [ND der Ausgabe von 1839–1842], Bd. 2, S. 170–177.
64   „La contenance", S. 175 f.
65   Vgl. Neff, *La satire*, S. 1–4.
66   „Li mariages des filles au diable", in: *Nouveau recueil de contes, dits, fabliaux et autres pièces inédites des XIIIᵉ, XIVᵉ et XVᵉ siècles*. Hg. von Achille Jubinal, 2 Bde., Genf: Slatkine, 1975, [ND der Ausgabe von 1839–1842], Bd. 1, S. 283–292.
67   „Li mariages", S. 283.

als Hauptlaster der Epoche deklariert. Die „dames cornues"[68] werden in der ihnen gewidmeten Strophe als Hirsche gescholten, die mit prächtigem Geweih durch die Straßen stolzierten („Com cerf ramu vont par les rues"[69]) und sich mit allerlei Stoffen und Schminke verzierten („en bourriaus, en fars, en sambues, / usent et metent lor jouvente"[70]). Unter dem Schein der künstlich erzeugten Schönheit jedoch versteckten sich die Verfehlungen („défautes nues"[71]). Die Nutzlosigkeit der äußeren Schönheit wird mit dem Bild einer jungen Pflanze verdeutlicht, deren Blüte der Wind fortreißt. Ähnlich werde es auch den eitlen Frauen ergehen, deren Höner eines Tages in der Hölle abgeschlagen würden.[72] Als Gegenentwurf zur gescholtenen Eitelkeit derer, die röhrten wie gehörnte Biester („braient com cornues bestes"[73]), gelten dem Dichter die schlichte Einfachheit und die sittliche Zurückhaltung: „Beles dames, simples, honnestes / n'alez mie suiant les festes / comme les musardes et foles: / dedenz vos ostiex coies estes"[74] („Schöne, bescheidene und ehrliche Damen, / haltet euch fern von den Festen, / die nur törichte Frauen besuchen, / bleibt vielmehr sittsam in euren Gemächern").

Auch in zwei Texten aus der zweiten Hälfte des 14. Jahrhunderts finden sich noch Erwähnungen der *cornes*. Während der von Jean Levefre zwischen 1370 und 1390 verfasste Traktat *Les lamentations de Matheolus* – eine volkssprachliche Übertragung der aus dem vorigen Jahrhundert stammenden *Lamentationes Matheoluli* von Mathieu de Boulogne[75] – als ein weiteres Exemplar der misogynen Dichtung des Mittelalters gelten kann, handelt es sich beim *Livre du Chevalier de La Tour Landry pour l'enseignement de ses filles* um eine in Prosa verfasste Erziehungsschrift. In einem Kapitel des 1371 verfassten Werkes,[76] schildert der Ritter die Szene eines Bischofs, der eine Moralpredigt gegen die Mode der *cornetes* hält.[77]

---

68   „Li mariages", S. 287.
69   Ebd.
70   „Li mariages", S. 288.
71   Ebd.
72   Ebd.
73   „Li mariages", S. 291.
74   „Li mariages", S. 291 f.
75   Vgl. Karen Pratt, „Translating Misogamy: The Authority of the Intertext in the *Lamentationes Matheoluli* and its Middle French Translation by Jean Lefevre", in: *Forum for Modern Language Studies* 35,4 (1999), S. 421–435, hier S. 423 f.
76   Pierre Boisard / Danielle Régnier-Bohler, „Geoffroi de La Tour Landry", in: *Dictionnaire des lettres françaises. Le Moyen Age*. Hg. und überarbeitet von Geneviève Hasenohr und Michel Zink, Paris: Fayard, ²1992 [1964], S. 498–499, hier S. 498.
77   Pagano hält es für möglich, dass der Verfasser der Erziehungsschrift den *Dit des cornetes* gekannt und als Vorbild verwendet hat, vgl. Pagano (Hg.), *Dit des cornetes*, S. 13.

Die in vier Bücher gegliederte, insgesamt mehr als 9000 Verse umfassende Klageschrift des Matheolus greift das Bild der Hörnerfrisur gleich an mehreren Stellen auf und stellt es zumeist in den Kontext der Täuschung der männlichen Sinne durch die stoffliche und kosmetische Inszenierung des weiblichen Körpers. So wird die Frau an einer Stelle als wahrhafte Chimäre („Environ soy porte les signes / qui à la Chimere sont dignes"[78]) bezeichnet, die Hörner wie ein Ziegenbock trage („elle a cornes comme une chievre"[79]) und deren Körper an die Schlange („[...] resemble la serpente"[80]) aber auch an den Löwen („devers la poictrine est lyon"[81]) denken lasse. Die in der misogynen Dichtung gängige Darstellung der Frau als monströses Wesen und die Attribution tierischer Eigenschaften knüpft an die mittelalterliche Tradition der Bestiarien an. Dieses bildliche Verfahren ist häufig an eine spezifische allegorische Deutung der tierischen Form gebunden, deren Eigenschaften so auf die Frau übertragen werden.[82] Dass der Zoomorphismus auch hier auf einen bestimmten Sinn, eine *senefiance*, verweist, wird deutlich, wenn der Dichter explizit auf der Zeichenfunktion seiner Verse insistiert: „Femme est hermaphrodite monstre, / et pour chimère se démonstre / par ses cornes et par sa quoe / plus grandes que paon ne poe, / dont de monstre porte l'enseigne / sy comme cest dictié l'enseigne"[83] („Die Frau ist ein scheußliches Zwitterwesen / und als Chimäre zeigt sie sich / durch ihre Hörner und den Schwanz, / mit denen Sie noch jeden Pfau überragt. / Sie trägt das Zeichen des Monströsen, / so wie dieser *dit* es hier aufzeigt"). Die Haarhörner sind in der Perspektive dieser Dichtung Ausdruck der grundsätzlichen Andersartigkeit, der ‚Monstrosität', der Frau, die in ihrer kosmetisch und stofflich erzeugten Wandelbarkeit nicht auf eine einzige Form festgelegt werden kann, sondern sich jeglicher (männlicher) Definition entzieht. Die zentrale Klage, die der Dichter aus der geschilderten Mannigfaltigkeit der Frau ableitet, ist somit auch die Täuschung der Männer durch eine gezielte Manipulation ihres Äußeren. Die Hörner scheinen dabei im Besonderen die Hinterlist zu symbolisieren, wenn sie als Teil einer teuflischen Maske gedeutet werden, unter der sich die weibliche Zwietracht verstecke:

---

78 Jean Lefèvre, *Le livre de Mathéolus*. Hg. von Édouard Tricotel, Brüssel: A. Mertens, 1846, 2. Buch, V. 2603 f.

79 Lefèvre, „Le livre de Mathéolus", 2. Buch, V. 2616.

80 „Le livre de Mathéolus", 2. Buch, V. 2608.

81 „Le livre de Mathéolus", 2. Buch, V. 2609.

82 Vgl. Monique Léonard, „Le dit de la femme", in: Bernard Ribémont (Hg.), *Écrire pour dire. Études sur le dit médiéval*, Paris: Klincksieck, 1990, S. 29–47, hier S. 34 f. Exemplarisch lässt sich dies in dem von Léonard edierten *Dit de la femme* beobachten, wo die vorgebliche Inkonstanz der Frau am bunt schillernden Fell einer *beste* illustriert wird.

83 Jean Lefèvre, „Le livre de Mathéolus", 2. Buch, V. 4228–4233.

„Elle a cornes comme une chievre, / c'est la barboire des chetifs, / [...] / par
dehors monstre sa paincture, / mais par dedans gist la poincture"[84] („Sie trägt
Hörner wie ein Ziegenbock, / das ist die teuflische Maske der Schwachen /
[...] / von außen sieht man nur den Anstrich, / aber innen lauert der schmerz-
hafte Stich"). Dieser Zusammenhang zeigt sich an einer weiteren Stelle des
Werkes, an der die aufwendige Frisur abermals mit dem Verbergen weiblicher
Verfehlungen und Laster in Verbindung gebracht wird: „Elles sont moult à res-
soingnier / quant on les voit ainsi cornues, / et qui les tiendroit en corps nues, /
adonc pourroit il sans mentir / leurs vices véoir et sentir"[85] („Wenn man sie in
ihrer Hornpracht sieht, / nehme man sich in Acht. / Nur wer ihre unverhüllten
Körper sähe, / könnte frei von jeder Lüge / ihre wahren Laster sehen und fühlen"). Dabei zeigt sich eine gewisse semantische Unschärfe, die aus der symbolischen Bedeutung der Teufelshörner hervorgeht. Nur wenn die Frisur als
Zeichen einer verführerischen modischen Extravaganz gelesen wird, kann sie
tatsächlich Lasterhaftigkeit verbergen. Dann stehen sich äußere Schönheit und
innere, moralische Hässlichkeit in einem für den Akt des Verbergens konstitu-
tiven Widerspruch entgegen. Werden die beiden Haarsträhnen jedoch mit den
Teufelshörnern assoziiert – und dies ist da der Fall, wo sie als *cornes* oder *cornetes* bezeichnet werden – ist die Sündhaftigkeit bereits nach außen gewendet
und manifest, sie kann somit keine innere Lasterhaftigkeit mehr verhüllen
oder überstrahlen. Denkbar wäre hingegen ein konzeptuelles Band zwischen
einer der Frau attribuierten Wandelbarkeit, die sich in zahlreichen kosmeti-
schen und stofflichen Verhüllungstechniken äußert, und jener Formenvielfalt,
die auch der Figur des Teufels zu eigen ist. Wie Mahal festhält, wohnt gerade
jener Ausformung des Teufels eine besondere Bedrohlichkeit inne, die „sich
leise, unmerklich und in Freundesgestalt oder selbst als Familienangehöriger
nähert, um dann die erlangte Sympathie zum desto leichteren Seelenfang zu
nutzen [...]".[86] Die Hörnerfrisur wäre somit zugleich konkrete Manifestation
als auch symbolische Repräsentation der weiblichen Wandelbarkeit. Sie vereint modische Verführungskraft und teuflische Symbolik, ohne diesen Widerspruch je ganz aufzulösen.

In Kapitel 47 der von Geoffroy de La Tour Landry für seine Töchter verfassten Erziehungsschrift berichtet der Erzähler von einem Bischof, der vor

---

84   „Le livre de Mathéolus", 2. Buch, V. 2616–2622. Der Begriff *barbëoire* bezeichnet eine
      Maske, die mit dem Teufel in Verbindung gebracht wird, vgl. Adolf Tobler, Erhard Lom-
      matzsch, *Altfranzösisches Wörterbuch*. 12 Bde., Berlin: Weidmann, 1925, Bd. 1, S. 838.
85   „Le livre de Mathéolus", 2. Buch, V. 3124–3128.
86   Mahal, „Der Teufel", S. 509.

kurzem („nagaires"[87]) in einer Predigt alle Frauen gescholten habe, die der um sich greifenden Mode („la nouvelle guise qui couroit"[88]) der *cornes* verfallen seien. Abermals werden die vom Erzähler als „bien branchues"[89] bezeichneten Trägerinnen der Frisur in erster Linie mit dem Laster der Verstellung in Verbindung gebracht. So heißt es, der Bischof habe in seiner Predigt die Sintflut als Strafe für die Eitelkeit der Menschheit gedeutet, insbesondere jedoch für das Wirken jener Frauen, die ein falsches Bild von sich selbst erzeugten.[90] Das modische Kleiden wird hier ausdrücklich mit Handlungen des Fälschens („contrefaisoient"[91]) und des Verschleierns („leurs desguiseures"[92]) gleichgesetzt und als vom Teufel motiviert („Dont l'ennemy [...] les fist cheoir en l'ordure du vil pechié de luxure"[93]) verurteilt. Am Ende seines Exemplums kommt der Bischof auf die anwesenden Trägerinnen der Hornfrisur zu sprechen, die er mit gehörnten Schnecken („limas cornus"[94]), Einhörnern („licornes"[95]) und gekrönten Hirschen („cerfs branchus"[96]) vergleicht und für ihr eitles Wirken geißelt.[97] Wenn eine solche Person die Kirche betreten wolle, so der Bischof, lasse er eine jede den Kopf senken, um sicherzugehen, dass nicht der Teufel selbst zwischen ihren Hörnern sitze: „Je doute, dist l'evesque, que l'ennemy soit assis entre leurs branches et leurs cornes"[98] („Ich fürchte, so der Bischof, dass der Teufel selbst zwischen ihren Zweigen und Hörnern sitzen könnte"). Auch die abschließende Moral der Erzählung insistiert auf dem direkten Zusammenhang der weiblichen Mode mit dem Wirken des Teufels, wenn der Erzähler das Handeln jener Frauen, die sich herausputzten, um den Männern zu gefallen, mit dem einer Spinne vergleicht, die ihr Netz webe, um Fliegen zu fangen.[99]

---

87 Geoffroy de La Tour Landry, *Le livre du Chevalier de La Tour Landry pour l'enseignement de ses filles.* Hg. von Anatole de Montaiglon, New York: Kraus Reprint, 1982 [ND der Ausgabe von 1854], S. 98.

88 Ebd.

89 Ebd.

90 Ebd.

91 Ebd.

92 Ebd.

93 Ebd.

94 Ebd.

95 Ebd.

96 *Le livre du Chevalier*, S. 99.

97 Vgl. ebd. Das Verhalten der modisch gekleideten Frauen wird als „mignotises", „contrefaictures" und „cointises" bezeichnet.

98 Ebd. Ein anonymer Kupferstich um 1600 zeigt eine mit den modischen Hörnern gekleidete Frau, auf deren Kopf eine kleine Teufelsfratze thront, vgl. Wolter, *Teufelshörner*, S. 90.

99 Vgl. Geoffroy, *Le livre du Chevalier*, S. 99. Die Spinne, die im Netz sitzt und ihre Beute verzehrt, gilt in der christlichen Ikonographie als Symbol des Bösen und dient in der

In zwei weiteren Texten steht die literarische Kommentierung der Haarmode in einem grundsätzlich anderen Kontext als in den bisher betrachteten
Dichtungen moralischer Prägung. Im *Clef d'amors* werden die *cornes* in erster
Linie unter ästhetischen Gesichtspunkten betrachtet, wenn der Verfasser über
das passende Verhältnis der Frisur zur Gesichtsform sinniert. Während eine
Frau mit rundlichem Gesicht sich hüten solle, allzu prominente Haarhörner
zu tragen, da diese das Gesicht entstellten,[100] werde einem länglichen Gesicht
durch die großen Hörner hingegen eine schmückende Rundlichkeit verliehen:
„Adonques, cen doiz tu savoir, / pues tu bien grans cornes avoir, / si que ta fache
en arondisse / et par la rondeche enbelisse"[101] („Dann, so sollst du wissen, /
trage große Hörner, / sodass dein Gesicht rundlicher erscheine / und so in
Schönheit erstrahle"). Die Form der Frisur scheint hier von ihrer symbolischen
Dimension vollkommen befreit und die Verse entbehren jeglicher moralischer
Perspektiven. Im engen Kontext der Formensprache einer höfischen Ästhetik
kann die Frisur allein anhand ihrer sinnlichen Wirkung beurteilt und am Ideal
einer spezifisch kodifizierten Schönheit gemessen werden. Wo der symbolische Gehalt der Hörner suspendiert ist oder zumindest in den Hintergrund
rückt, scheint auch die moralische Einordnung nicht zwingend zu sein.

Im *Roman de la Rose* hingegen werden die *cornes* zwar noch als Chiffre einer
täuschenden Verstellung gelesen und mit der sinnlichen Verführung assoziiert,
jedoch wird die Frisur in der Rede der Vieille, die dem männlichen Begehren
eine weibliche Verführungskunst entgegensetzt, in der Kosmetik und Verhüllung als feminine Ermächtigungsstrategien gelten können, zum Ausdruck
einer positiven Listigkeit. Das Schmücken des Körpers ist hier nicht mehr
Ausdruck einer zu verurteilenden Eitelkeit, sondern pragmatisches Vorgehen
gegen die Unaufrichtigkeit der Männer („Briement tuit les lobent et trichent, /
tant sont ribaut, par tout se fichent"[102]), der es mit Gleichem zu begegnen gelte.
Oberstes Gebot ist die Erzeugung eines verlockenden Äußeren, das nicht not-
wendigerweise authentisch sein muss, wie dem Rat der Vieille zu entnehmen
ist: „S'el n'est bele, si se cointait, / la plus lede bel ator ait".[103] In diesem Sinne
ist eine durch und durch positive Lesart der *cornes* möglich, die in der Rede der
Vieille zum Symbol weiblicher Verführungskunst werden:

Emblematik zur Repräsentation des Teufels, vgl. Dittrich/Dittrich, *Lexikon der Tiersymbole*, S. 503.

100 *La clef d'amors*. Hg. von Auguste Doutrepont (Bibliotheca Normannica, 5), Halle: Niemeyer, 1890, V. 2273–2280.

101 *La clef*, V. 2285–2288.

102 Guillaume de Lorris, Jean de Meun, *Le roman de la rose*. Hg. von Daniel Poirion, Paris:
Garnier-Flammarion, 1974, V. 13265 f.

103 Lorris / Meun, *Le roman de la rose*, V. 13281 f.

Et s'ele veoit decheoir, / dont granz duel feroit au veoir, / les biaus crinz de sa teste blonde, / ou s'il convient que l'en la tonde / par aucune grant maladie, / dont biautez est tost enledie, / ou s'il avient que par corrous / les ait aucuns ribaus desrous, / si que de ceus ne puisse ovrer, / por groces treces recouvrer / face tant que l'en li aporte / cheveus de quelque fame morte, / ou de soie blonde borriaus, / et boute tout en ses forriaus. / Sus ses oreilles port tex cornes / que bues ne cers ne unicornes, / s'il se devoit touz effronter, / ne puist tex cornes sormonter; / [...].[104]

(Und wenn sie sähe, / was zu sehen sehr schmerzhaft wäre, / dass die schönen Haare ihres blonden Schopfs ausfallen; / oder wenn man diese wegen einer / schweren Krankheit abschneiden muss, / wodurch die Schönheit schnell verunstaltet wird; / oder wenn es geschieht, dass vor lauter Zorn / irgendein Spitzbube sie ganz ausgerissen hätte, / so dass sie diese nicht mehr benutzen kann, / um sich wieder ein dickes Haargeflecht zu machen, / so sorge sie dafür, dass man ihr die Haare / irgendeiner verstorbenen Frau bringt / oder Wülste von blondfarbener Seide, / und stopfe das alles in ihr Haarnetz. / Über den Ohren trage sie solche Haarhörner, / dass kein Hirsch, kein Bock und kein Einhorn, / selbst wenn es sich den Kopf einschlüge, / ihre Hörner überragen könnte; / [...])[105]

Dabei greift die Vieille mit bemerkenswerter Genauigkeit die wesentlichen Vorwürfe des moralischen Diskurses gegen die Hörnerfrisur auf, sei es die Verwendung von Fremdhaar oder die absonderliche Form der Haarhörner, und deklariert sie zum Fanal weiblicher Ermächtigung: „[...] les lieux communs misogynes réapparaissent, mais pris à contresens [...]".[106] Die moralische Lesart der zuvor betrachteten Texte wird dabei weniger abgelöst als vielmehr in ihr Gegenteil verkehrt: Jegliche kosmetische Handlung ist in der Perspektive der Vieille legitimiert und wird als Zeichen besonderer Geschicklichkeit gedeutet.

4

In den betrachteten Texten dient die Frisur der *cornes* in erster Linie als negative Chiffre weiblicher Lasterhaftigkeit. Der symbolische Gehalt der Hörner fügt sich dabei nahtlos in die Perspektive der misogynen Dichtung ein und ist von solcher Eindeutigkeit, dass er von den Dichtern nur vereinzelt durch einen zusätzlichen Verweis auf den Teufel expliziert wird. In der Aufzählung der Verfehlungen und Laster des weiblichen Geschlechts figuriert der Verweis auf die soziale Praxis der Haarmode als zeitlich und räumlich nahe Referenz

---

104   *Le roman de la rose*, V. 13283–13300.

105   Guillaume de Lorris / Jean de Meun, *Der Rosenroman*. Hg. und übers. von Karl August Ott, 3 Bde., München: Fink, 1978, Bd. 2, V. 13283–13300.

106   Daniel Poirion (Hg.), *Le roman de la rose*, Paris: Garnier-Flammarion, 1974, S. 21.

der vorgeblichen Schlechtigkeit der Frau, die den Katalog der exegetischen Herleitungen erweitert. Über den symbolischen Gehalt der Hörnerfrisur hinaus erlaubt es die Haarmode den Dichtern, an den bis in die Patristik zurückreichenden Diskurs gegen weibliche Kosmetik und Kleidung anzuknüpfen. Die *cornes* werden dementsprechend zuvorderst als Ausdruck eitler Koketterie verstanden, die gegen das Gebot der Sittsamkeit verstößt. Des Weiteren werden die Haarhörner mit der Verhüllung von Lasterhaftigkeit assoziiert. Das mag auf den ersten Blick verwundern, sind die Hörner als Merkmal des Teufels doch eindeutig negativ konnotiert und scheinen Lasterhaftigkeit stärker zu signalisieren denn zu verdecken. Im Kontext des theologischen Kleidungsdiskurses erscheint dieser Zusammenhang hingegen plausibel. Die Verzierung des Körpers wird dort grundsätzlich mit der Verstellung in Verbindung gebracht, da der Körper, grundlegendes Ausdrucksmittel des Menschen, mit dem Schein kosmetischer, ornamentaler oder vestimentärer Hilfsmittel verhüllt wird. Die *cornes* können in dieser Perspektive als extravaganter Auswuchs der modischen Verzierung des Körpers und daher als Form weiblicher Verstellung gelten.

Eine weitere Analogie zwischen Frau und Teufel, die durch die Frisur der *cornes* illustriert werden kann, ist die Vorstellung von einem stets im Wandel begriffenen Wesen, das nicht auf eine einzelne Figuration zu definieren ist. Die empfundene Ähnlichkeit der Frisur zu den Hörnern des Ziegenbocks erlaubt eine für die misogyne Dichtung charakteristische Auslegung der Frau als wildes Tier, als *beste*, das verschiedenste Formenmerkmale vereint. So werden die Frauen, die sich mit der Hornfrisur schmücken, in den Dichtungen als „belin"[107], „cerf ramu"[108], „cerfs branchus"[109], „limas cornus"[110] und „licornes"[111] verspottet. Zusätzlich findet sich die Bezeichnung der Frau als *beste* im *Dit des cornetes* und an zahlreichen Stellen der *Lamentations de Matheolus*.[112] Sowohl im *Char d'Orgueil* als auch in *Li mariages des filles au diable* ist von „cornues bestes"[113] die Rede. Ähnlich wie der Teufel werden die Frauen hier selbst als „Mischwesen zwischen Mensch und Tier"[114] beschrieben. Diese Abweichung von einer körperlichen Eindeutigkeit bedeutet immer auch einen Mangel an definitorischer Sicherheit aus der männlichen Perspektive, die das der Frau

---

107   „Le dit des cornetes", V. 17.
108   „Li mariages", S. 287.
109   Geoffroy, *Le livre du Chevalier*, S. 99.
110   *Le livre du Chevalier*, S. 98.
111   Ebd.
112   „Le dit des cornetes", V. 25; „Le livre de Mathéolus", 2. Buch, V. 161, 1298, 2024.
113   Nicole Bozon, „Le char d'Orgueil", V. 259; „Li mariages", S. 292.
114   Mahal, „Der Teufel", S. 502 f.

attribuierte tierisch-fremde Element als Ausdruck von Gefahr deutet: „Cornes ont por tuer les hommes".[115]

Im Spannungsfeld zwischen der symbolischen Evidenz der Teufelshörner und der Assoziation mit der Technik der Verstellung ergibt sich eine durch und durch ambivalente Figuration, die dem entspricht, was Mahal als „verkappte[n], freundliche[n] oder gar attraktive[n] Teufel"[116] bezeichnet. Diese semantische Mehrdeutigkeit äußert sich exemplarisch in dem Lexem *cointise*, das in mehreren der Dichtungen zur Beschreibung der schmückenden Handlungen der Frau verwendet wird.[117] Das Adjektiv *cointe* kann sowohl positive innere (*habile, sage, prudent*) als auch äußere Eigenschaften (*joli, gentil* oder *propre, bien soigné*) bezeichnen. Das davon abgeleitete Substantiv kann zugleich die sorgsame Pflege des Äußeren (*parure, soin de se parer*) und die Eitelkeit (*coquetterie, vanité*) beschreiben. Auf eine Person bezogen attestiert es dieser entweder Klugheit (*sagesse, prudence*) oder Listigkeit (*ruse*).[118] Die Hörnerfrisur verweist auf eine semantische Schnittmenge der verschiedenen, teilweise widersprüchlichen Bedeutungsnuancen der *cointise*: Die Haarhörner sind zunächst Ergebnis einer besonderen Hinwendung zur Verzierung und modischen Gestaltung des Körpers, sie stehen somit für die (weibliche) Eitelkeit. Ihre spezifische Form weist jedoch stärker noch als andere modische Auswüchse, die in der Argumentation der Kirchenväter immer vom gottgeschaffenen Körper ablenken, unmittelbar auf den Widersacher Gottes hin. Trotz der eindeutigen Symbolik der Hörner, die eine Assoziation mit dem Teufel nachgerade proklamieren, werden sie in erster Linie mit der Verstellung in Verbindung gebracht, indem sie als Teil eines koketten, sorgfältig auf einen verführenden Effekt hin arrangierten Äußeren der Frau verstanden werden, unter dem sich jedoch den Dichtern zufolge moralische Schlechtigkeit bis hin zur Diabolie verbirgt.

---

115 „Le dit des cornetes", V. 22.

116 Mahal, „Der Teufel", S. 509.

117 Im *Dit des cornetes* findet sich das Substantiv *cointise* gleich drei Mal (V. 103, 134, 107), in *La contenance des fames* wird das penible Herrichten des Äußeren, das auch das Zurechtrücken der *cornes* umfasst, mit dem Verb *cointir* (V. 166) bezeichnet. Im *Livre du Chevalier de La Tour Landry* wird die Mode der Hörnerfrisur an zwei Stellen mit dem Begriff der *cointise* (S. 98, 99) bedacht. Auch die Vieille rät im *Roman de la Rose* zur *cointise*, vgl. Lorris / Meun, *Le roman de la rose*, V. 13281.

118 Vgl. Godefroy (Hrsg.), *DALF*, Bd. 2, S. 173 f.

Bibliographie

Baschet, Jérome, „Images du désordre et ordre de l'image: représentations médiévales de l'enfer", in: *Médiévales* 4 (1983), S. 15–36.

Boisard, Pierre / Régnier-Bohler, Danielle, „Geoffroi de La Tour Landry", in: *Dictionnaire des lettres françaises. Le Moyen Age*. Hg. und überarbeitet von Geneviève Hasenohr und Michel Zink, Paris: Fayard, ²1992 [1964], S. 498–499.

Bonnell, John K., „The Serpent with a Human Head in Art and in Mystery Play", in: *American Journal of Archaeology* 21,3 (1917), S. 255–291.

Bozon, Nicole, „Le char d'Orgueil", in: *Deux poèmes de Nicholas Bozon. Le char d'Orgueil. La lettre de l'Empereur Orgueil*. Hg. von Johan Vising, Göteborg: Elanders Boktryckeri Aktiebolag, 1919, S. 3–30.

Bloch, R. Howard, *Medieval misogyny and the Invention of Western Romantic Love*, Chicago: University of Chicago Press, 1991.

Bloch, R. Howard, „Medieval misogyny", in: *Representations* 20 (1987), S. 1–24.

Dittrich, Sigrid und Lothar, *Lexikon der Tiersymbole. Tiere als Sinnbild in der Malerei des 14.–17. Jahrhunderts*, Petersberg: Imhof, 2004.

Enlart, Camille, *Manuel d'archéologie française. Depuis les temps mérovingiens jusqu'à la Renaissance*, 3 Bde., Paris: A Picard, 1902–1916.

Gay, Victor, *Glossaire archéologique du Moyen Age et de la Renaissance*, 2 Bde., Paris: Librairie de la société bibliographique, 1887.

Gentry, Francis G., „Der Teufel in der amerikanischen Kultur und in der biblischen Tradition", in: Ulrich Müller / Werner Wunderlich (Hg.), *Dämonen, Monster, Fabelwesen*, Konstanz: UVK, 1999, S. 487–494.

Geoffroy de La Tour Landry, *Le livre du Chevalier de La Tour Landry pour l'enseignement de ses filles*. Hg. von Anatole de Montaiglon, New York: Kraus Reprint, 1982 [ND der Ausgabe von 1854].

Godefroy, Frédéric (Hg.), *Dictionnaire de l'ancienne langue française et de tous ses dialectes du IXᵉ au XVᵉ siècle*, 10 Bde., New York: Kraus, 1961 [ND der Ausgabe von 1880–1902].

Guillaume de Lorris / Jean de Meun, *Der Rosenroman*. Hg. und übers. von Karl August Ott, 3 Bde., München: Fink, 1976–1979.

Guillaume de Lorris / Jean de Meun, *Le roman de la rose*. Hg. von Daniel Poirion, Paris: Garnier-Flammarion, 1974.

Holzhausen, Jens, „Pan", in: Hubert Cancik / Helmuth Schneider (Hg.), *Der neue Pauly. Enzyklopädie der Antike*, Stuttgart: Metzler, 2000, S. 221–223.

Imig, Andrea, *Luzifer als Frau? Zur Ikonographie der frauengestaltigen Schlange in Sündenfallsdarstellungen des 13. bis 16. Jahrhunderts*, Hamburg: Dr. Kovač, 2009.

Jean de Meun, „Li testament de maistre Jehan de Meung", in: *Le roman de la Rose par Guillaume de Lorris et Jehan de Meung. Nouvelle Édition, revue et corrigée sur les meilleurs et plus anciens manuscrits*. Hg. von Martin Méon, 4 Bde., Paris: P. Didot, 1814, Bd. 4, S. 1–116.

Jean Lefèvre, *Le livre de Mathéolus*. Hg. von Édouard Tricotel, Brüssel: A. Mertens, 1846.

Klenke, M. Amelia / Labie-Leurquin, Anne-Françoise, „Nicole Bozon", in: *Dictionnaire des lettres françaises. Le Moyen Age*. Hg. und überarbeitet von Geneviève Hasenohr und Michel Zink, Paris: Fayard, ²1992 [1964], S. 1069–1070.

La clef d'amors. Hg. von Auguste Doutrepont (Bibliotheca Normannica, 5), Halle: Niemeyer, 1890.

„La contenance des fames", in: *Nouveau recueil de contes, dits, fabliaux et autres pièces inédites des XIIIe, XIVe et XVe siècles*. Hg. von Achille Jubinal, 2 Bde., Genf: Slatkine, 1975, [ND der Ausgabe von 1839–1842], Bd. 2, S. 170–177.

„Le dit des cornetes", in: *Dit des cornetes. Poemetto misogino antico francese del XIII secolo*. Hg. von Mario Pagano, Neapel: Liguori, 1982, S. 27–42.

Léonard, Monique, „L'actualité dans les dits", in: Christoph Cormeau (Hg.), *Zeitgeschehen und seine Darstellung im Mittelalter / L'actualité et sa représentation au Moyen Âge*, Bonn: Bouvier, 1995, S. 100–117.

Léonard, Monique, „Le dit de la femme", in: Bernard Ribémont (Hg.), *Écrire pour dire. Études sur le dit médiéval*, Paris: Klincksieck, 1990, S. 29–47.

„Li mariages des filles au diable", in: *Nouveau recueil de contes, dits, fabliaux et autres pièces inédites des XIIIe, XIVe et XVe siècles*. Hg. von Achille Jubinal, 2 Bde., Genf: Slatkine, 1975, [ND der Ausgabe von 1839–1842], Bd. 1, S. 283–292.

Mahal, Günther, „Der Teufel. Anmerkungen zu einem nicht allein mittelalterlichen Komplex", in: Ulrich Müller / Werner Wunderlich (Hg.), *Dämonen, Monster, Fabelwesen*, Konstanz: UVK, 1999, S. 495–530.

Makhov, Alexander E., „... *in diversas figuras nequitiae*. The Devil's Image from the Viewpoint of Rhetoric", in: Gerhard Jaritz (Hg.), *Angels, Devils. The Supernatural and its Visual Representation*, Budapest: Central European University Press, 2011, S. 29–50.

Martinek, Manuela, *Wie die Schlange zum Teufel wurde. Die Symbolik in der Paradiesgeschichte von der hebräischen Bibel bis zum Koran*, Wiesbaden: Harrassowitz, 1996.

Neff, Théodore Lee, *La satire des femmes dans la poésie lyrique française du Moyen Age*, Paris: Giard & Brière, 1900.Pagano, Mario (Hg.), *Dit des cornetes. Poemetto misogino antico francese del XIII secolo*, Neapel: Liguori, 1982.

Poirion, Daniel (Hg.), *Le roman de la rose*, Paris: Garnier-Flammarion, 1974.

Pratt, Karen, „Translating Misogamy: The Authority of the Intertext in the *Lamentationes Matheoluli* and its Middle French Translation by Jean Lefevre", in: *Forum for Modern Language Studies* 35,4 (1999), S. 421–435.

Quicherat, Jules, *Histoire du costume en France depuis les temps les plus reculés jusqu'à la fin du XVIIIe siècle*, Paris: Hachette, 1875.

Schnell, Rüdiger, *Causa amoris. Liebeskonzeption und Liebesdarstellung in der mittelalterlichen Literatur*, Bern: Francke, 1985.

Schneyer, Johannes Baptist, *Die Sittenkritik in den Predigten Philipps des Kanzlers*, Münster: Aschendorff, 1963.

Schüngel-Straumann, Helen, *Eva. Die erste Frau der Bibel: Ursache allen Übels?*, Paderborn: Ferdinand Schöningh, 2014.

Tertullian, „De cultu foeminarum", in: *Quintus Septimius Florens Tertulliani presbyteri Carthaginiensis. Opera omnia*. Hg. von Jacques-Paul Migne (*Patrologia Latina. Series prima*, 1), Paris: Migne, 1844, Sp. 1303–1334.

Thomas von Aquin, *Masshaltung* (2. *Teil*), in: *Summa theologica. Die deutsche Thomas-Ausgabe*. Hg. von Josef Groner, 36 Bde., Graz: Styria, 1993, Bd. 22.

Tobler, Adolf / Lommatzsch, Erhard, *Altfranzösisches Wörterbuch*, 12 Bde., Berlin: Weidmann, 1925.

Viollet-le-Duc, Eugène-Emmanuel, *Dictionnaire raisonné du mobilier français. De l'époque carlovingienne à la Renaissance*, 6 Bde., Paris: Morel, 1858–1875.

Vising, Johan (Hg.), *Deux poèmes de Nicholas Bozon. Le char d'Orgueil. La lettre de l'Empereur Orgueil*, Göteborg: Elanders Boktryckeri Aktiebolag, 1919.

Wolter, Gundula, *Teufelshörner und Lustäpfel. Modekritik in Wort und Bild. 1150–1620*, Marburg: Jonas, 2002.

Wulff, August, *Die frauenfeindlichen Dichtungen in den romanischen Literaturen des Mittelalters bis zum Ende des XIII. Jahrhunderts*, Halle: Niemeyer, 1914.

Das Unbehagen an der unreinen Seele

Diabolisierungen und Rehabilitierungen von Mensch-Tier-Verwandlungen im siglo de oro

Teresa Hiergeist

1. Frühneuzeitliche Homogenisierungen und Ausdifferenzierungen

Die Homogenität bildet einen diskursiven Fixpunkt der Gesellschaft des *siglo de oro*. In nahezu sämtlichen Lebensbereichen gilt sie als erstrebenswert und wird von den Eliten kompromisslos verfochten: Seit 1492 kümmern sich die Herrschenden mit Nachdruck um eine ideologische Vereinheitlichung im Innen und Außen,[1] die in der Zentralisierung des Verwaltungsapparats[2] und den imperialistischen und missionarischen Bestrebungen in den Kolonien ebenso zum Ausdruck kommt[3] wie in der Nulltoleranzstrategie gegenüber den nicht-christlichen Religionen[4] und dem zentralen Stellenwert der Blutreinheit[5] in sozioökonomischen Kontexten. Alles, was die Einheit stört – das Disperse, das Indigene, das Jüdische, das Islamische – und alles, was ihre Wahrnehmung verunmöglicht – alles Heterogene, Hybride, nicht klar Abgrenz- und Fassbare – riskiert, als suspekt wahrgenommen zu werden, und wird in weiterer Konsequenz entweder alterisiert und diabolisiert oder institutionell eingehegt, unterworfen oder konvertiert.[6] Dieses Bedürfnis nach dem Homogenen ist als kompensatorische Reaktion auf die vielfältigen politischen, wirtschaftlichen,

---

1 Vgl. Javier María Donézar Díez de Ulzurrun, „De las naciones-patrias a la ‚nación-patria'. Del Antiguo al Nuevo Régimen", in: Antonio Álvarez-Ossorio Alvariño / Bernardo J. García García (Hg.), *La monarquía de las naciones. Patria, nación y naturaleza en la Monarquía de España*, Madrid: Fundación Carlos de Amberes, 2004, S. 93–120.

2 Vgl. Fernando de los Ríos Urruti, *Religión y Estado en la España del siglo XVI*, México: Fondo de Cultura Económica, 1957, S. 75.

3 Vgl. José Sánchez Herrero, *Historia de la Iglesia en España e Hispanoamérica*, Madrid: Silex, 2008, S. 75–80.

4 Vgl. Luis Gil Fernández u. a., *La cultura española en la Edad Moderna*, Madrid: Istmo, 2004, S. 29.

5 Vgl. María Antonia Bel Bravo, „Matrimonio versus ‚estatus de limpieza de sangre' en la España moderna", in: *Hispania sacra* 61,123 (2009), S. 105–124, hier S. 106 f.

6 Die Durchdringung der christlichen Kultur des *siglo de oro* vom Stereotyp eines bedrohlichen Anderen beschreibt: Jesús María Usunáriz Garayoa, „Paz entre cristianos o guerra contra los herejes? La crítica hispana ante la política exterior de la Monarquía Hispánica (siglos XVI–XVII)", in: Dies. / Edwin Williamson (Hg.), *La autoridad política y el poder de las letras en el siglo de oro*, Madrid: Iberoamericana, 2013, S. 220 f.

© BRILL FINK, 2024 | DOI:10.30965/9783846768013_006

sozialen und kulturellen Öffnungen zu verstehen, die das frühneuzeitliche Spanien prägen: Die räumliche Entgrenzung des Territoriums im Zuge der Kolonialisierung,[7] die Ausweitung der Handelszonen, die Ausprägung einer merkantilistischen Wettbewerbskultur,[8] die beginnende Urbanisierung[9] sowie die internationalen Kontakte humanistischer Gelehrter[10] potenzieren für viele sozialen Akteure und Akteurinnen die zwischenmenschlichen Kontakte und Handlungsmöglichkeiten. Angesichts dieser Ausdifferenzierung akzentuiert sich der Wunsch nach klaren und kontrollierbaren diskursiven Rahmenbedingungen.

Analoges lässt sich in Bezug auf die Konzeptualisierungen von ‚Menschlichkeit' und ‚Tierlichkeit' beobachten. Die Interspezies-Relationen sind im *siglo de oro* durch die Konfrontation des traditionellen Bestiarium-Wissens mit naturgeschichtlichen Zugängen, die gleichzeitig die Herausforderung einer symbolisch-emblematischen durch eine realistisch-empirische Form der Weltaneignung bedeutet,[11] durch die Entdeckung unbekannter Tierarten in außereuropäischen Territorien, welche bestehende Klassifikationen sprengen,[12] sowie durch die damalige Entwicklung von einer dominant pastoralen zu einer vorwiegend agrarischen Gesellschaft[13] in vielfacher Hinsicht zur Neuverhandlung gestellt.[14] Die zahlreichen Darstellungen von Mensch-Tier-Mischwesen und Mensch-Tier-Verwandlungen in kulturellen Artefakten der

---

7   Vgl. Wolf-Dieter Lange / Wolfgang Matzat, „Vorwort", in: Ders. / Ders. (Hg.), *Sonderwege in die Neuzeit. Dialogizität und Intertextualität in der spanischen Literatur zwischen Mittelalter und Aufklärung*, Bonn: Romanistischer Verlag, 1997, S. 7–10.

8   Vgl. Jaime Vicens Vives, *An Economic History of Spain*, New Haven: Princeton University Press, 1969, S. 291–311.

9   Vgl. Ronald G. Asch, „Hof, Adel und Monarchie. Norbert Elias' *Höfische Gesellschaft* im Lichte der neueren Forschung", in: Claudia Opitz (Hg.), *Höfische Gesellschaft und Zivilisationsprozess. Norbert Elias' Werk in kulturwissenschaftlicher Perspektive*, Köln: Böhlau, 2005, S. 119–142, hier S. 124.

10   Vgl. Francisco Rico, *El sueño del humanismo. De Petrarca a Erasmo*, Barcelona: Destino, 2002, S. 58.

11   Vgl. José María López Pinero, *Medicina e historia natural en la sociedad española de los siglos XVI y XVII*, Valencia: Publicacions de la Universitat de València, 2007, S. 40.

12   Vgl. Miguel de Asúa / Roger French, *A New World of Animals. Early Modern Europeans on the Creatures of Iberian America*, Alderhot: Ashgate, 2005, S. 43.

13   Vgl. Carla Rahn Phillips / William D. Phillips, *Spain's Golden Fleece. Wool Production and the Wool Trade from the Middle Ages to the Nineteenth Century*, London: Johns Hopkins University Press, 1997, S. 60.

14   Vgl. Teresa Hiergeist, *Tiere der Arena – Arena der Tiere. Neuverhandlungen der Interspezies-Relationen in aristokratischen Kampfspielen des siglo de oro*, Würzburg: Königshausen & Neumann, 2019, S. 47.

Frühen Neuzeit[15] sind ein Indikator dafür, dass die Interspezies-Relationen in Aufbruch und Transformation befindlich sind.[16] Gleichzeitig häufen sich klerikale und humanistische Bemühungen um eine Zementierung und Essenzialisierung der Interspezies-Grenze: ‚Das Tier‘ wird als dasjenige konstruiert, von dem sich ‚der Mensch‘ als Inbegriff der Vernunft und Krone der Schöpfung eindeutig und kategorisch (und nicht etwa graduell) unterscheidet[17] und das deshalb diskursiv weitestmöglich von ihm abgerückt wird, was eine pauschalisierende Negativkonstruktion der Tiere als simple instinkt- und körpergeleitete Wesen impliziert.[18] Situationen wiederum, in denen die Unterscheidung zwischen beiden zu verschwimmen droht, werden meist als monströs stigmatisiert und in die Nähe des Teuflischen gerückt.[19]

Der vorliegende Beitrag untersucht die Heterogenitätstoleranz in Bezug auf die kulturell gesetzte Grenze zwischen Mensch und Tier – und damit zwischen ‚Reinem‘ und ‚Diabolischem‘ sowie die damit verbundene Dialektik zwischen Diskursöffnung und -schließung, indem er textuelle Inszenierungen von Interspezies-Transformationen in den Blick nimmt. Das Hauptaugenmerk liegt dabei auf Inszenierungen der pythagoräischen Seelenwanderung, welchen im Rahmen des frühneuzeitlichen Rückbezugs auf antike Texte rezipiert und in das kulturelle Imaginäre integriert wird. Ziel ist es auszuloten, wo in der Frühen Neuzeit die Grenze zwischen den Spezies verläuft und als wie durchlässig sie wahrgenommen wird, mit der Intention Einblick nicht nur in die Mensch-Tier-Beziehungen der damaligen Zeit zu erhalten, sondern auch in die im *siglo de oro* typischen Vorstellungen gesellschaftlicher Kohärenz.

15   Vgl. Hartmut Böhme, „Das monströse Tier. Spiegel des Menschen“, in: Luca Tori / Aline Steinbrecher (Hg.), *Animali. Tiere und Fabelwesen von der Antike bis zur Neuzeit*, Genf: Skira, 2012, S. 49–60.

16   Vgl. Pia Holenstein Weidmann, „Monströse Erscheinungen im 16. Jahrhundert zwischen Naturwissenschaft und Gottesfurcht“, in: Paul Michel (Hg.), *Spinnenfuß und Krötenbauch. Genese und Symbolik von Kompositwesen*, Zürich: Pano, 2013, S. 209–226, hier S. 223.

17   Vgl. hierzu etwa das beispielhafte Zitat aus Juan Luis Vives' *Tratado del alma*: „¿Cómo no distinguir la inmensa diferencia que hay entre los hombres y los animales? Aparte otras pruebas de menos valor, un hombre practica muchas artes manuales, produce obras tan diversas y admirables de invención y ejecución, recorre con su pensamiento todo el mundo, disfruta de razón y de lenguaje, en todo lo cual resplandece cierto poder e imagen de la inteligencia divina“, Juan Luis Vives, *Tratado del alma*, Buenos Aires: Espasa Calpe, 1945 (1538), S. 120.

18   Vgl. Markus Wild, „Anthropologische Differenz“, in: Roland Borgards (Hg.), *Tiere. Kulturwissenschaftliches Handbuch*, Stuttgart: Metzler, 2016, S. 47–59, hier S. 47.

19   Vgl. Surekha Davies, „The Unlucky, the Bad and the Ugly. Categories of Monstrosity from the Renaissance to the Enlightenment“, in: Asa Simon Mittman / Peter J. Dendle (Hg.), *The Ashgate Research Companion to Monsters and the Monstrous*, Farnham: Ashgate, 2013, S. 49–76, hier S. 57.

2.   Zum diabolischen Potenzial einer unklaren Mensch-Tier-Grenze

Erwähnungen von Menschen, die sich in Tiere verwandeln, tauchen im Spanien des *siglo de oro* in drei Kontexten auf: der Magie, Verrücktheit und Seelenwanderung. Machtvolle Hexen und Zauberer vermochten, davon ging man seinerzeit aus, die Gestalt von Insekten, Spinnen, Hunden, Katzen, Hähnen oder Löwen anzunehmen, um unbemerkt Schaden anzurichten.[20] Auch könnten sie andere Personen aus persönlichen Ressentiments oder auf Anweisung in Tiere transformieren.[21] Diese Überschreitungen der Mensch-Tier-Grenze sind stets negativ konnotiert und werden auf ein dämonisches Involvement zurückgeführt: Meist werden sie als bedrohlich und gefährlich, als teuflisch und / oder häretisch konstruiert und gesetzlich wie theologisch verdammt.[22] Davon zeugen im 16. Jahrhundert zum einen die von klerikaler Seite verfassten Traktate zur Bekämpfung von Aberglauben und Magie wie Martín de Castañegas *Tratado de las supersticiones* (1529), Pedro Ciruelos *Reprovación de las supersticiones* (1538) oder Martín del Ríos *Disquisitionum magicarum libri sex* (1599); zum anderen Inquisitionsberichte, denen zufolge solche magischen Praktiken mit Exekution, Exil, Galeerendienst oder Peitschenhieben streng bestraft werden.[23] Wie schwer Vergehen wiegen, die eine substanzielle Verwandlung des Magiers / der Hexe oder seines / ihres Opfers in ein Tier zur Folge haben, beweist etwa die Tatsache, dass – den Quellen zufolge – über Inés Alonso, die mehrere Personen totgehext haben soll, ebenso die Todesstrafe verhängt wird wie über Quiteria de Morillas, die durch das Bestreichen mit einer Tinktur aus Wachs, Wermut, Schlange und totem Kind die Flugfähigkeit erlangt haben, d. h. zu einem Mischwesen zwischen Mensch und Vogel geworden sein soll.[24]

Ein weiterer Kontext der Transzendierung von Mensch-Tier-Grenzen im *siglo de oro* ist die geistige Verwirrtheit. Generell sind psychische Auffälligkeiten in der damaligen Zeit weniger kanonisiert als heute, es besteht jedoch ein Konsens darüber, dass Personen mit deutlicher Realitätsverzerrung als

---

20   Vgl. Abel A. Alves, *The Animals of Spain. An Introduction to Imperial Perceptions and Human Interaction with Other Animals, 1492–1826*, Leiden: Brill, 2011, S. 114–127.

21   Vgl. Mariano Delgado, „Einleitung", in: Pedro Ciruelo, *Verwerfung des Aberglaubens und der Zauberei. Ein Inventar des Volksglaubens in der spanischen Renaissance*, Stuttgart: Kohlhammer, 2008, S. 9–22, hier S. 14 f.

22   Vgl. María Luz de las Cuevas Torresano, „Inquisición y hechicería. Los procesos inquisitoriales de hechicería en el Tribunal de Toledo durante la primera mitad del siglo XVII", in: *Anales toledanos* 13 (1980), S. 25–92, hier S. 84.

23   Vgl. Julio Caro Baroja, *Vidas mágicas e Inquisición*, Bd. 1, Madrid: Istmo, 1992, S. 80.

24   Vgl. Fernando Sánchez Dragó, *España mágica*, Madrid: Espasa Calpe, 1997, S. 35 sowie S. 449.

‚verrückt' zu gelten haben.[25] Dies gilt besonders für solche, die meinen, ein Gegenstand (ein Ziegelstein, ein Tontopf oder ein Glas etc.) oder ein Tier (meist ein Hahn oder ein Werwolf) zu werden bzw. geworden zu sein.[26] Derartige Wahnvorstellungen werden damals weniger als Krankheit denn als Stigma aufgefasst: Man geht davon aus, dass sie entweder angehext sind oder eine Strafe Gottes für begangene Sünden darstellen, das heißt, dass sie dem Kontakt mit dem Teuflischen erwachsen sind.[27] Demnach ist das verrückte Subjekt für seinen Zustand gleichsam selbst verantwortlich, da es ein lasterhaftes Leben führt oder geführt hat[28] und dadurch auf eine un-menschliche oder vor-zivilisatorische Stufe abgesunken ist. Wenn etwa Isidor von Sevilla berichtet, „para muchos latrocinios se muda a veces la figura del ladrón, y ya sea con cantos mágicos o por beneficios de hierbas se convierten en fieras"[29], dann bringt die Transformation zum Ausdruck, dass es sich um gefährliche und unerwünschte Subjekte handelt, welche die gesellschaftliche Ordnung stören.[30] Dementsprechend begegnen ihnen ihre Mitmenschen: Personen, die sich für Tiere halten oder für Tiere gehalten werden, werden verlacht und geschlagen,[31] in Käfige gesperrt, aus den Städten verjagt oder als dem Teufel nahestehende Hexer/n verfolgt.[32]

Ein dritter Kontext, der die als essenziell verstandene Mensch-Tier-Grenze sprengt, stellt die pythagoräische Seelenwanderungslehre dar, die vor allem über die humanistische Auseinandersetzung mit antiken Texten Einzug ins frühneuzeitliche Imaginäre hält. Ihre Grundlinien und die Debatten um sie werden aufgrund ihrer Relevanz für die nachfolgende Argumentation etwas ausführlicher rekonstruiert. Pythagoras geht von einem konstanten, unsterblichen und göttlichen Seelenkern in sämtlichen Lebewesen aus, der so lange

---

25   Vgl. Carmen López Alonso, *Locura y sociedad en Sevilla. Historia del hospital de los inocentes (1436–1840)*, Sevilla: Diputación Provincial, 1988, S. 263.

26   Vgl. Belén Atienza, *El loco en el espejo. Locura y melancolía en la España de Lope de Vega*, Amsterdam: Rodopi, 2009, S. 30.

27   Vgl. Enrique González Duro, *Historia de la locura en España*, Bd. 1: *Siglos XIII al XVII*, Madrid: Temas de hoy, 1994, S. 48.

28   Vgl. Atienza, *El loco en el espejo*, S. 28.

29   Vgl. San Isidro de Sevilla, *Etymologías*. Edición bilingüe, Madrid: Biblioteca de autores cristianos, 2009, S. 887.

30   Dass Menschen zu wilden Tieren werden, weil sie die göttlichen Gebote nicht befolgen, ist auch in biblischen Gleichnissen keine Seltenheit, vgl. Florent Pouvreau, *Du poil et de la bête. Iconographie du corps sauvage en Occident à la fin du Moyen Age (XIIIe–XVIe siècle)*, Monts: CRHIPA, 2014, S. 185.

31   Vgl. González Duro, *Historia de la locura en España*, S. 49 f.

32   Vgl. Helmut Vogt, *Das Bild des Kranken. Die Darstellung äußerer Veränderungen durch innere Leiden und ihre Heilmaßnahmen von der Renaissance bis in unsere Zeit*, München: Lehmanns, 1969, S. 318–319.

in unterschiedlichen Körpern reinkarniert, bis das jeweilige Subjekt eine
Möglichkeit gefunden hat, diesen Kreislauf zu durchbrechen, sein körper-
gebundenes Ich-Bewusstsein zu transzendieren, sich seiner früheren Leben
bewusst zu werden und reiner Geist zu sein.[33] Der Körper, in den die Seele
eingeht, ist nicht an Speziesgrenzen gebunden, er kann menschlich, aber
auch tierisch sein. Hiervon zeugt etwa die Anekdote, wonach Pythagoras in
den Klagelauten eines verprügelten Hundes die Stimme seines verstorbenen
Freundes wiedererkennt,[34] die auch den Ausgangspunkt seines Vegetarismus-
postulats bildet, zumal alle verspeisten Tiere potenzielle Träger der Seelen
ehemaliger Bekannter oder Familienmitglieder seien.[35]

Ursprünglich ist die Seelenwanderung bei Pythagoras weitgehend wertfrei
gedacht. In welchem Körper man wiedergeboren wird, hängt vom Zufall und
Todeszeitpunkt ab. Seine Schüler und Schülerinnen verknüpfen sie jedoch
bald mit moralischen Kriterien:[36] Wer als Mensch hohen sozialen Rangs
zur Welt kommt, hat im vorherigen Leben ein hohes Maß an Bewusstheit
erlangt; wer hingegen als Tier wiedergeboren wird, erhält dadurch die Strafe
für vormalige Ausschweifungen.[37] Der moralische Status des Einzelnen, seine
seelische Reinheit, ist mithin nach außen hin untrüglich sichtbar. Diese wert-
mäßige Differenzierung zwischen den Spezies wird auch in rhetorischer Hinsicht spürbar. Dementsprechend unterstreichen seine Anhänger Pythagoras'
Macht wiederholt über die hyperbolische Inszenierung seines Einflusses auf
die Tierwelt: So zähmt er einmal eine wütende Bärin oder bringt ein andermal
einen Stier dazu, sich für immer grüner Bohnen zu enthalten – Erzählungen,
welche die Zähmung der animalischen Triebe im Menschen symbolisch zur
Aufführung bringen.[38]

---

33   Vgl. S. K. Heninger, *Touches of Sweet Harmony. Pythagorean Cosmology and Renaissance
     Poetics*, San Marino: Huntington Library, 1974, S. 205.

34   Vgl. Bernhard Land, *Himmel und Hölle. Jenseitsglaube von der Antike bis heute*, München:
     Beck, 2003, S. 18.

35   Vgl. Konrad Dietzfelbinger, *Pythagoras. Spiritualität und Wissenschaft*, Königsdorf:
     Königsdorfer, 2005, S. 111.

36   Vgl. Helmut Obst, *Reinkarnation. Weltgeschichte einer Idee*, München: Beck, 2009, S. 44 f.

37   Vgl. Helmut Zander, *Geschichte der Seelenwanderung in Europa. Alternative religiöse Tradi-
     tionen von der Antike bis heute*, Darmstadt: Wissenschaftliche Buchgesellschaft, 1999, S. 93.
     Diese Idee ist mit dem in der Frühen Neuzeit viel propagierten aristotelischen Stufen-
     leiterprinzip kompatibel, wonach Menschen einen Zwischenstatus zwischen Engel und
     Tier einnähmen und je nach Verhalten zu diesem oder jenem auf- oder absteigen könn-
     ten, vgl. Rainer Timme, *Der Vergleich von Mensch und Tier bei Ernst Tugendhat und Aris-
     toteles. Selbstbeschreibung und Selbstverständnis. Kritik eines Topos der Philosophischen
     Anthropologie*, Berlin: Logos, 2012, S. 353-370.

38   Vgl. Christoph Riedweg, *Pythagoras. Leben, Lehre, Nachwirkung*, München: Beck, 2002,
     S. 32.

Die pythagoräischen Lehren genießen bereits in der Antike große Beliebtheit und werden auch während des Mittelalters von christlichen Autoritäten
wie Clemens von Alexandria, Hieronimus, Augustinus und Isidor von Sevilla
zumindest ansatzweise tradiert.[39] Eine besondere Blüte erreichen sie in der
Renaissance, wo sie für Musik, Astronomie, Mathematik, Architektur, Kunst
und Philosophie fruchtbar gemacht werden. Gelehrte italienischer, deutscher,
französischer, flandrischer und spanischer Provenienz – unter ihnen Leon Battista Alberti, Pico della Mirandola und Erasmus von Rotterdam – greifen die
Ideen zur moralischen Vervollkommnung, zur Unsterblichkeit der Seele, zur
kosmischen Harmonie, zum kargen, genügsamen Leben und zum Vegetarismus
auf, wobei sie sie nicht selten mit platonischem Gedankengut verschmelzen.[40]
Auch das Konzept der Seelenwanderung wird verstärkt besprochen und, weil
es von den christlichen Jenseitsvorstellungen signifikant abweicht, kontrovers
diskutiert.[41] Viele Texte weisen die Möglichkeit einer Reinkarnation vor dem
Hintergrund der Überzeugung von einem singulären Leben auf der Erde und
der Heimkehr zu Gott in der gemeinsamen Auferstehung von Körper und Seele,[42] kategorisch zurück. Dies gilt etwa für Pedro Ciruelos *Reprovación de las
supersticiones y hechicerías*, das die Seelenwanderung dezidiert diabolisiert:
„Digo que todos los buenos cristianos tengan por cierta sentencia, que nunca
ánima de persona defuncta torna a se enuestir en cuerpo de persona biua [...].
El espíritu que habla en el que está endemoniado, o espiritado no es alma de
hombre, antes es verdaderamente diablo engañador".[43]

Von denjenigen, die die Möglichkeit der Metempsychose dennoch andenken, lassen sich die meisten nur bedingt auf den Gedanken ein, die Seele
könne nach dem Tod auch in tierliche Körper eingehen, da er der anthropo-
zentrischen Idee der menschlichen Würde, Exzellenz innerhalb der Schöpfung und Gottähnlichkeit widerspricht.[44] Affirmative Bezugnahmen finden

---

39   Vgl. Dietzfelbinger, *Pythagoras*, S. 61.

40   Vgl. Christiane L. Joost-Gaugier, *Pythagoras and Renaissance Europe. Finding Heaven*, New
      York: Cambridge University Press, 2009, S. 59, S. 87 sowie S. 104.

41   Vgl. Antonio Las Heras, *Reencarnación. Una ventana a la eternidad*, Buenos Aires: Albat-
      ros, 2005, S. 96.

42   Vgl. Stefania Rocchetta, *Tornare al mondo. Resurrezioni, rinascite e doppi nella cultura
      antica*, Bologna: Mulino, 2012, S. 9.

43   Pedro Ciruelo, *Reapropiación de las supersticiones y hechicerías*, Valencia: Albatros, 1978,
      S. 114 f. Auch etwa Michel de Montaigne positioniert sich gegen die Metempsychose,
      bezeichnet sie als „ridicule", vgl. Michel de Montaigne, *Apologie de Raymond Sébond*,
      Paris: Aubier, 1978, S. 156.

44   Vgl. Zander, *Geschichte der Seelenwanderung in Europa*, S. 237 sowie S. 244. Vgl. Brian
      Ogren, *Renaissance and Rebirth. Reincarnation in Early Modern Italien Kabbalah*, Leiden:
      Brill, 2009, S. 7 sowie S. 39.

höchstens in allegorischem Modus statt: Die Wiedergeburt als Tier wird über ihre Ausdeutung als moralischer Abstieg in die christliche Lehre eingepasst. Das gilt etwa für Erasmus von Rotterdam, der in *Lingua* (1525) anmerkt:

> Apud Lucianum Pythagoras, cuius anima fingitur subinde mutate domicilio, per omnia virorum ac mulierum, bipedum et quadrupedum corpora fuisse peregrinate, fatetur se longe suavius, o vaxasse quum esset rana quam quum esset rex. Atque haec quidem, licet absurda dictu, non ira multum abessent a vero, nisi coelestis ille philosophus nobis persuasisset, aeternam ferlcitatem esse paratam his qui totius ferlcitatis proram ac puppim, vt aiunt, in ipso collocarint.[45]

In den seltenen Fällen, in denen die Schreibenden die Seelenwanderung doch wörtlich nehmen, fassen sie sie als göttliche Strafe für Verfehlungen des vorherigen Lebens auf.[46] Explizit wird dies in Giordano Brunos *La caballa del cavallo pegaseo* (1585), der in Bezugnahme auf Pythagoras argumentiert, dass ethisches Verhalten einen Aufstieg zum Göttlichen, egoistisches hingegen einen Abstieg zum Tierlichen bewirke.[47]

Es stellt sich an diesem Punkt die Frage, welchen expressiven Mehrwert es hat, eine solche Botschaft über die Seelenwanderung auszudrücken, schließlich sind auch animalisierende Diskurse, die den christlichen Lehren nicht widersprechen, im *siglo de oro* hochpräsent.[48] Im Folgenden wird deshalb der Frage nach den Motivationen für die frühneuzeitliche Rekurrenz auf die Seelenwanderung nachgegangen. Aufgezeigt wird dies anhand von zwei Nachdichtungen von Lukians „Der Traum oder der Haushahn", *Diálogo de las transformaciones de Pitagoras*[49] und *El Crótalon*[50]. Lukians Text bietet die besten Voraussetzungen dafür, den Seelenwanderungsdiskurs aufgreifen zu können, ohne sich deshalb unmittelbar einem Häresievorwurf auszusetzen, denn der

---

45   Erasmus von Rotterdam, *Lingua*, Basel: Froben, 1525, S. 2 [Bei Lukian, gibt Pythagoras, dessen Seele ihren Aufenthaltsort wiederholt geändert haben soll und in die Körper unterschiedlichster Wesen eingegangen sein soll – Männer und Frauen, Zwei- und Vierfüßler – zu, dass er als Frosch ein glücklicheres Leben geführt hat denn als König. Das mag absurd klingen, aber es ist von der Wahrheit nicht weit entfernt, wenn uns dieser himmlische Weisheitslehrer nicht davon überzeugt, dass denen immerwährendes Glück beschert ist, die all ihre Hoffnungen auf die Rettung ihres Seelenheils setzen (Übersetzung T. H.)].

46   Vgl. Ogren, *Renaissance and* Rebirth, S. 288.

47   Vgl. Karen Silvia de León-Jones, *Giordano Bruno and the Kabbalah. Prophets, Magicians, and Rabbis*, Lincoln: University of Nebraska Press, 1997, S. 217.

48   Vgl. Erica Fudge, „Introduction", in: Dies. (Hg.), *Renaissance Beasts. Of Animals, Humans, and Other Wonderful Creatures*, Urbana: University of Illinois Press, 2004, S. 1–18, hier S. 7.

49   Im Folgenden zitiert aus: *Diálogo de las transformaciones de Pitágoras*, Barcelona: Quaderns Crema, 1994.

50   Im Folgenden zitiert aus: Cristóbal de Villalón, *El Crótalon*, Madrid: Cátedra, 1990.

Dialog eines Zimmermanns mit seinem Hahn, der über die unterschiedlichen Reinkarnationen, die ihm bereits widerfahren sind, berichtet, ist neben einer Sitten- und Sozialkritik als Satire auf die pythagoräischen Lehren konzipiert.[51] Wenn der Hahn wiederholt betont, er könne sich nur deshalb verbal ausdrücken, weil er in seinen früheren Leben ein Mensch gewesen sei, und wenn er großschnäbelig über seine vormaligen Existenzen spricht, so geschieht dies mit der Intention der Ridikulisierung der Seelenwanderungslehre.

3.   Zur Christianisierung der Seelenwanderung in *Pitagoras*

Der zwischen 1530 und 1550 anonym verfasste *Diálogo de las transformaciones de Pitagoras* verleiht der Seelenwanderung einen pikaresken Charakter: Der beständige Wechsel der Leben ermöglichst es, ein möglichst facettenreiches Panorama der spanischen Gesellschaft zu zeichnen[52] und dabei die soziale, wirtschaftliche, politische, philosophische und religiöse Amoral zu denunzieren.[53] Gleichwohl mithin die (Kritik an der) Metempsychose nicht im Zentrum des Interesses des Texts steht, kommt dieser nicht umhin, sich zu ihr zu positionieren. Zunächst versieht er sie mit einer dezidierten didaktischen Komponente, indem er das jeweils aktuelle Leben des Protagonisten konsequent in einen Kausalzusammenhang mit dem moralischen Standard des vorherigen setzt. Dementsprechend lässt dieser explizit verlauten, seine Wiedergeburt als Hahn sei „el pago que los dioses me dieron por mi mal vivir"[54]. Eine präzedente Inkarnation als Esel wird darüber gerechtfertigt, dass er als reicher Mann zahlreiche Diebstähle und Wuchergeschäfte angeleiert, lasterhaft und egoistisch gelebt und die Armen so verachtet habe, dass er zum Ausgleich im nächsten

---

51   Das soll freilich nicht insinuieren, dass die eindeutige Kritik der Seelenwanderung Lukians primäres Ziel gewesen sei, charakterisiert sich sein Werk doch gerade durch die bedeutungsmäßige Unabschließbarkeit, vgl. Peter von Möllendorf, „Lukians Dialogcorpora – ein ästhetisches Experiment", in: Klaus W. Hempfer / Anita Traninger (Hg.), *Der Dialog im Diskursfeld seiner Zeit*, Stuttgart: Steiner, 2010, S. 75–94, hier S. 89.

52   Gerade die Situierung in einem handwerklichen Milieu entfaltet dabei auch ein sozialreflexives Potenzial, vgl. Ana Vian Herrero, „Una obra maestra del diálogo iucianesco renacentista: el anónimo *Diálogo de las transformaciones de Pitágoras*", in: *Bulletin hispanique* 94,1 (1992), S. 5–35, hier S. 10.

53   Vgl. Ana Vian Herrero, „El *Diálogo de las transformaciones de Pitágoras*, la tradición satírica menipea y los orígenes de la picaresca. Confluencia de estímulos narrativos en la España renacentista", in: Jean Canavaggio (Hg.), *La invención de la novela*, Madrid: Casa de Velázquez, 1999, S. 107–128, hier S. 122.

54   *Pitágoras*, S. 217.

Leben deren Diener geworden sei.[55] Die Tierwerdung ist demnach als Strafe für Sündhaftigkeit konzeptualisiert.

Bemerkbar ist überdies die Bemühung, Menschen- und Tierexistenzen rhetorisch voneinander abzugrenzen und mithin eine essenzielle Grenze zwischen den Spezies zu ziehen. Dies zeigt sich etwa in antithetischen oder paradoxen Formulierungen wie: „Este que agora te parezca gallo no ha mucho tiempo que fue hombre"[56] und „esto es más milagroso: ¡ver un gallo filósofo!"[57]. Auch als Miçilo den Hahn um eine abschließende Einschätzung bittet, welches er für das glücklichste Leben halte, antwortet er getrennt für die Tier- und Menschenexistenzen: „Entre los brutos cuando era rana; entre los hombres siendo un pobre hombre como tú, porque tú no tienes que temer próspera ni adversa fortuna, ni te puede perjudicar"[58], so dass die kategoriale Unterscheidung zwischen den Spezies bestehen bleibt, die mit christlichen Vorstellungen kompatibel ist.

Hierzu passt, dass die Bezugnahme auf die Seelenwanderung, dem antiken Original entsprechend, meist in satirischem Modus erfolgt. So meint etwa der Zimmermann Miçilo, seinen Hahn als Lügner entlarvt und die Metempsychose widerlegt zu haben, weil seine Redseligkeit dem Schweigegelübde und seine Vorliebe für Bohnen den asketischen Speisevorschriften des Pythagoras, den er angeblich in einem früheren Leben verkörpert habe, widerspreche.[59] Die Körperwechsel werden bisweilen hyperbolisch überspitzt, etwa wenn Miçilos frühere Identität als Goldameise in Amerika mit Homers früherer Existenz als Kamel in Indien parallelisiert wird.[60] Wie genau Seelen ihre Behausung wechseln, wird lapidar ausgespart, „porque sería muy prolixo al contar"[61]. Dieser komische Modus ist nicht nur unterhaltsam und akzentuiert die Kritik der Metempsychose, sondern lenkt die Aufmerksamkeit auch geschickt von denjenigen Aspekten ab, die den christlichen Dogmen widersprechen, etwa die Frage nach der Verbindung von Leib und Seele und das Wesen der Seele.

Das Konzept der Seelenwanderung dient *Pitágoras* folglich vorrangig dazu, seine Lesenden zu gemahnen, zur Garantie ihres Seelenheils alles daran zu setzen, – im figurativen Sinn – nicht zum Tier zu werden, d. h. nicht moralisch abzusteigen. Der Ausdruck der verspielten Erlösung über die Wiedergeburt als Tier mag dabei für die Lesenden der damaligen Zeit als Drohkulisse

---

55 Vgl. *Pitágoras*, S. 242.
56 *Pitágoras*, S. 186.
57 *Pitágoras*, S. 190.
58 *Pitágoras*, S. 289.
59 Vgl. *Pitágoras*, S. 190.
60 Vgl. *Pitágoras*, S. 209.
61 *Pitágoras*, S. 207.

konkreter vorstellbar und greifbar gewesen sein als die aus den theologisch-gelehrten Diskursen hervorgehende Evokation von Fegefeuer oder Hölle.[62] Außerdem kommt der Seelenwanderung in diesem Setting die Funktion zu, Vorstellungen gesellschaftlicher Statik mit einer individuellen Verantwortlichkeit für das eigene Handeln zu kombinieren. Dem Subjekt ist über die Zuweisung des neuen Körpers eine fixe soziale Rolle zugeteilt, die allerdings nicht als ungerechtes Fatum zu verstehen ist, gegen das man murren könnte, sondern als eigener Verdienst. Auf diese Weise erlaubt die Metempsychose den Aufbau eines merklichen disziplinatorischen Drucks und schafft eine Motivation für ein christlich-tugendhaftes Verhalten, ohne dass die stratifikatorische Sozialordnung deshalb destabilisiert würde. Über ihre Allegorisierung und das satirische Überspielen ihrer heterodoxen Komponenten, vollzieht *Pitagoras* mithin eine Christianisierung der Seelenwanderung, die nicht zuletzt auch eine ostentative Einhegung des Diabolischen darstellt, wie sie im Zuge der gegenreformistischen Machtdemonstrationen der katholischen Kirche im *siglo de oro* nicht unüblich war.[63]

4. Zur Humanisierung der Seelenwanderungslehre in *El Crótalon*

Etwas anders gelagert ist die Rekurrenz auf die Seelenwanderung in *El Crótalon*. Dieser Text, der 1552 anonym veröffentlicht und heute Cristóbal de Villalón zugeschrieben wird,[64] ist *Pitagoras* durchaus ähnlich, allerdings mit diesem nicht identisch, ist seine Ausarbeitung doch detailreicher und – wie Ramón Menéndez Pidal einschätzt – stilistisch anspruchsvoller.[65] Es liegt nahe, dass *Pitagoras* als Vorbild für *El Crótalon* gedient hat, die Vermutung, dass die Texte

---

62 Ana Vián Herrero verweist darauf, dass die frühneuzeitliche Lukian-Rezeption mehrheitlich von einer Auffassung des Satirikers als Moralphilosoph geprägt ist und seinen Nachdichtungen deshalb nicht selten ein belehrender Charakter eignet, vgl. Ana Vian Herrero, „El diálogo lucianesco en el Renacimiento español. Su aportación a la literatura y el pensamiento modernos", in: Roger Friedlein (Hg.), *El diálogo renacentista en la península ibérica*, München: Steiner, 2005, S. 51–96.

63 Vgl. Joachim Küpper, *Diskurs-Renovatio bei Lope de Vega und Calderón. Untersuchungen zum spanischen Barockdrama; mit einer Skizze zur Evolution der Diskurse im Mittelalter, Renaissance und Manierismus*, Tübingen: Niemeyer, 1990, S. 20 sowie S. 456.

64 Vgl. Ana Vian Herrero, „Hacia un perfil biográfico y literario del humanista Cristóbal de Villalón. Reexamen crítico", in: *Boletín de la Real Academia Española* 93,308 (2012), S. 583–629, hier S. 629.

65 Vgl. Ramón Menéndez Pidal, *Historia general de las literaturas hispánicas*, Bd. 2, Barcelona: Barna, 1951, S. 378.

allerdings vom gleichen Autor stammen könnten,[66] ist m. E. gerade in Hinblick auf die implizite Haltung zur Seelenwanderung unwahrscheinlich. Schließlich vermeidet *El Crótalon* relativ konsequent, den disziplinierenden oder sanktionierenden Ton anzuschlagen, der für *Pitagoras* charakteristisch war. Stattdessen bleibt offen, ob die einzelnen Wiedergeburten mit dem moralischen Standard des jeweils vorherigen Lebens zusammenhängen oder willkürlich erfolgen, ob sie als Strafe oder als Zufall verstanden werden müssen. Über lange Passagen enthält die Erklärung der Seelenwanderung durch den Hahn kein wertendes Element:

> [E]n cualquiera tiempo que un animal muere, está aparejado otro cuerpo en el vientre de alguna hembra en dispusiçión, de recibir alma, y que a éste se passa el alma del que agora murió. De manera que puede ser que una mesma alma, habiendo sido criada de largo tiempo, haya venido en infinitos cuerpos, y que agora quinientos años hubiese sido rey, y después un miserable aguadero; y ansí en un tiempo un hombre sabio, y en otro un neçio, y en otro rana, y en otro asno, caballo o puerco.[67]

Durch die Häufung der Wörter mit temporalem Sinn („en cualquiera tiempo que", „en dispusiçión", „ahora") scheint die Wahl des neuen Körpers eher der Kontingenz zu unterliegen. Auch eine klare Grenze zwischen Mensch und Tier wird dabei nicht gezogen: Durch die generalisierenden Formulierungen („un animal", „otro cuerpo", „el vientre de alguna hembra") wirkt die Beschaffenheit von Ausgangs- und Zielkörper einerlei.[68] Diese Gleichwertigkeit unterstreicht auch das Ende des Abschnitts: Hier werden zunächst zwar die binären Oppositionen ‚reich – arm‘, ‚weise – dumm‘ aufgeführt, um die Drastik des Zufalls zu akzentuieren; diese verschwimmen jedoch mit der Nennung der Tiere, die durch das asyndetische „y en otro" gleichgeordnet erscheinen und inhaltlich nur beschränkt Dualismen zulassen.[69]

Diese Wertneutralität bestätigt sich in den mit der Metempsychose verknüpften Semantiken. Als der Protagonist vom König zum Schwein wird, heißt es: „[D]exando mi cuerpo caído allí, salida mi ánima se fue a lançar en

---

66   Vgl. Joseph J. Kincaid, *Cristóbal de Villalón*, New York: Twayne, 1973, S. 55.

67   Villalón, *El Crótalon*, S. 91.

68   Überdies modelliert der hypotaktische Satzbau sprachlich einen Übergang zwischen beiden.

69   Höchstens Esel und Pferd könnten in dieser Hinsicht als gegensätzlich aufgefasst werden, in der Hinsicht, dass der Esel tendenziell als Tier armer, das Pferd als eines reicher Leute galt, vgl. Marc Bochet, *L'âne, le Job des animaux. De l'âne biblique à l'âne littéraire*, Paris: Champion, 2010, S. 45. Diese Opposition wird jedoch dadurch aufgelöst, dass ihnen als drittes Element das Schwein beigegeben ist.

el vientre de una fiera y muy valiente puerca que en los montes de Armenia estaba preñanda de seis lechones, y yo vine a salir en el primero que parió"[70]; als er sich vom Kleriker zum Esel wandelt: „[M]i cuerpo fue echado en un corpezuelo de un burro que estaba por nacer"[71]. Durch die Personifikation der Seele im ersten („mi ánima se fue a lançar") und die Passivierung im zweiten Beispiel („fue echado") erscheint eine Einflussnahme auf die neue Gestalt unrealistisch, allein der Zufall zeichnet für sie verantwortlich.

Allerdings ist diese wertfreie (und damit genuin pythagoräische und maximal unchristliche) Form der Seelenwanderung nicht konsequent durchgehalten. So lässt der Hahn einmal explizit verlauten: „Los trabajos que yo padeçía en un estado o naturaleza, era en penitençia de pecados que cometía en otra"[72] und bemüht sich um ein tugendhaftes Leben, weil er um die Konsequenzen seines Verhaltens für die spätere Existenz weiß.[73] Auch in Miçilos schockierter Reaktion – „¿de hombre veniste a ser puerco, tan sucio y tan bruto animal?"[74] – schwingt der Gedanke an einer Kausalität mit, die auf einen Bestrafungscharakter der Schweinwerdung schließen lässt.[75] Insgesamt bleiben die Bewertung der Seelenwanderung und auch ihr moralisierendes Potenzial folglich unkonturiert.

Diese Ambivalenz wird über die narrative Inszenierung der Verwandlungen unterstrichen: Erstens erzählt der Hahn in *El Crótalon* seine Lebensgeschichten (anders als der in *Pitagoras*) nicht chronologisch, sondern anachronisch. Die einzelnen Kapitel verbindet eine assoziative Logik, die sich aus der Konversation mit dem Zimmermann ergibt, so dass die Reihenfolge der Erlebnisse nicht rekonstruierbar ist und diese wie Facetten erscheinen, die sich zwar nach und nach zusammenfügen, ohne jedoch ein kohärentes Bild zu ergeben – eine Anlage, welche die Herstellung einer Kausalität und somit auch die valorative Einordnung der verschiedenen Leben verunmöglicht. Zweitens sind Identitäten nicht allein durch die Geburt determiniert, da in der Diegese eine relativ rege soziale Mobilität besteht: Es tauchen Figuren auf, die den ärmlichen Verhältnissen entfliehen, indem sie Priester werden („elegí ser sacerdote")[76], die

---

70 Villalón, *El Crótalon*, S. 104.

71 *El Crótalon*, S. 154.

72 *El Crótalon*, S. 155 f.

73 Vgl. *El Crótalon*, S. 160.

74 *El Crótalon*, S. 104.

75 Über das *venir a ser*, das die Aktivität des Subjekts betont, und die abwertenden Adjektive, die den Sturz drastischer machen, wird die Überschreitung der Speziesgrenze als Animalisierung inszeniert, die eine disziplinatorische Intention besitzt.

76 *El Crótalon*, S. 141. Das *elegir* unterstreicht dabei durch seinen aktivischen Charakter die Selbstbestimmtheit der Figur.

ihre Soldatenkarriere an den Nagel hängen, um Mönch zu werden[77] oder die sich als Ritter verkleiden, um sozial aufzusteigen[78]. Nicht zuletzt schwanken die Persönlichkeiten je nach Tagesform, zumal Miçilo bisweilen faul, bisweilen motiviert auftritt und der Hahn mal extro-, mal introvertiert erscheint. Diese ausgeprägte soziale Fluidität lässt das Los der Wiedergeburt weniger bedrohlich wirken, vermindert ihren Strafcharakter und suggeriert ein gewisse Maß an Handlungsmacht und Selbstbestimmtheit.

Nicht zuletzt lässt sich beobachten, dass *El Crotalon* die Seelenwanderung in vielerlei Hinsicht unkommentiert mit christlichen Jenseitsvorstellungen koexistieren lässt und punktuell sogar intentional die Grenzen zwischen Paganum und Dogma verwischt. So wird an einer Stelle in dezidierter Rekurrenz auf die Semantik und Rhetorik, die gewöhnlich für das christliche Leben nach dem Tod reserviert ist, von der Metempsychose gesprochen: „[R]ecibe el alma gran plazer en se libertar y salir desta cárcel del cuerpo y ir a vivir mejor vida; porque en verdad este morir no es acabar sino passar desta vida a otra mejor".[79] Besonders deutlich wird dies in dem Kapitel, in der Passage, wo sich der Protagonist auf eine Erkundungstour durch die Hölle begibt,[80] wo er auf Satyrn, Harpyen, Himatopodes, Furien, Chimären sowie „monstruosas figuras de hombres y animales"[81] und „demonios tan feos y de tanto espanto"[82] stößt. Den Höhepunkt dieses unwirtlichen Chronotopos bildet die Beschreibung eines Flusses aus Feuer, an dessen Ränder aggressive und gefräßige Tiere und Mischwesen lauern:

> infinitos coxixos, sierpes, culebras, cocodrilos, áspides, escorpiones, alacranes, hemorrhois, chersidros, chelidros, cencris, amodites, cerastas, scithalas, y la secas dipsas, amphisebena sierpe de dos cabecas y natrix, y jaculos que con las alas volan gran distancia; están aquí las sierpes phareas, porphiro, pester, seps y el basilisco. También están aquí dragones y ontros ponconosos animales, porque si acaso acontece salirse alguna alma del río pensando respirar por la ribera con algún alivio y consolación, luego son heridas destas venenosas serpientes y coxixos que les hazen padecer doblado tormento y mal.[83]

---

77 Vgl. *El Crótalon*, S. 210.

78 Vgl. *El Crótalon*, S. 253.

79 *El Crótalon*, S. 279.

80 Zur wohl berühmtesten literarischen Jenseitsreise, Dantes *Divina Commedia*, vgl. genauer David Neltings Beitrag im vorliegenden Band.

81 *El Crótalon*, S. 341.

82 *El Crótalon*, S. 347.

83 *El Crótalon*, S. 350.

In dieser Beschreibung werden reale Tiere mit Fabel- und Mischwesen gleichgesetzt und erfahren eine ähnlich diabolisierende Bewertung. Nicht nur sind vorwiegend Arten ausgewählt, die in der damaligen Vorstellung ohnehin einen dubiosen Ruf besitzen und als Teufelstiere gelten (Schlangen, Krokodile, Skorpione), die Attribuierungen *coxixo, padecer, tormento, mal* werten sie zusätzlich ab. Die Beschreibung evoziert Alterität, erreicht durch ihren akkumulativen Charakter eine hyperbolische Komponente und durch die Verwendung des Präsens erhöhte Unmittelbarkeit. Dieser Monstruosität ist allerdings in dieser Szene dadurch ihre Bedrohlichkeit genommen, dass der Protagonist sich ohnehin nur auf der Durchreise durch die Hölle befindet und auch dadurch, dass Luzifer eine Sentenz veröffentlicht, in der er aus Platzmangel kurzerhand alle Seelen vormalig Reicher in Eselskörper transferieren lässt.[84] Die Seelenwanderung wird in dieser Hinsicht mit der christlichen Lehre verschmolzen.

So ähnlich *El Crótalon* mithin *Pitagoras* hinsichtlich der Intention ist, die menschliche Lasterhaftigkeit und Hybris anzuprangern,[85] so sehr setzt es sich bezüglich der Seelenwanderung von dessen Strategie der christianisierenden Integration ab. Durch die mehrfache intentionale Distanzierung vom Kausalitätsgedanken macht es die Seelenwanderung allegorisch unlesbar, durch die detailreiche Thematisierung ihres Ablaufs und ihre Amalgamierung mit christlichen Dogmen gibt es sich einen dezidiert häretischen Anstrich,[86] wobei das lukianeske Modell nicht als Ausgangspunkt der Kritik der pythagoräischen Lehren, sondern des provokativen Ausgreifens ins Heterodoxe genommen wird. Dadurch, dass es bestehende Bewertungen konsequent *ad absurdum* führt und herausfordert, und dadurch, dass es das Diabolische in einem Modus feiert, der sowohl am ernsthaften als auch am karnevalesken Modus partizipiert, erreicht *El Crótalon* eine radikale Diskursöffnung[87] und eine Relativierung der Auffassungen von Wahrheit und den Eindruck einer perspektivischen Gebundenheit und jederzeitigen Paradoxie von Realität.[88]

---

84   Vgl. *El Crótalon*, S. 372.

85   Vgl. Jorge Bergua Cavero, *Estudios sobre la tradición de Plutarco en Espana* (*siglos XIII–XVII*), Zaragoza: Departamento de Ciencias de la Antigüedad, 1995, S. 248.

86   Dass es sich beim Verfasser von *El Crótalon* um einen Humanisten handelt, der sich des institutionskritischen und häretischen Potenzials seines Werks durchaus bewusst war, betont auch wiederholt Ana Vian Herrero, vgl. Ana Vian Herrero, „Introducción", in: *Diálogo de las Transformaciones de Pitágoras*, Barcelona: Quaderns Crema, 1994, S. 11–177, hier: S. 54 und Ana Vian Herrero, „Gnophoso contra Dávalos. Realidad histórica y fuentes literarias", in: *Revista de Filología Espanola* 61,1 (1981), S. 159–184, hier S. 161.

87   Vgl. Asunción Rallo, „Introducción", in: Cristóbal de Villalón, *El Crótalon*, Madrid: Cátedra, 1990, S. 13–70, hier S. 65.

88   In dieser Hinsicht erinnert es an Erasmus von Rotterdams *Encomium moriae* (1511).

5.   Fazit

Überschreitungen der Mensch-Tier-Grenze (magische Verwandlungen, Wahn-vorstellungen sowie Seelenwanderungen) werden im Spanien des *siglo de oro* meist als bedrohlich wahrgenommen und nicht selten als diabolisiert. Mit dieser teuflischen Komponente wird auf dreierlei Weise umgegangen: Ent-weder sie dient als Ausgangspunkt für den diskursiven Ausschluss, für eine allegorisierende Christianisierung und damit eine Integration in bestehende Auffassungen von Orthodoxie oder sie wird in ihrer Alterität für eine Relativie-rung bestehender Vorstellungen von Wahrheit und Wirklichkeit. Der *Diálogo de las transformaciones de Pitagoras* und *El Crótalon* liefern in ihrem kriti-schen und affirmativen Umgang mit der Seelenwanderung und den mit ihr verbundenen diabolischen Konnotationen selbst einen Beweis für die dialek-tische Kopräsenz von Homogenisierungs- und Heterogenisierungstendenzen im Spanien des *siglo de oro*, von denen eingangs die Rede war und deren dialektische Aushandlung die zentrale Herausforderung der Frühen Neuzeit darstellt.

Bibliographie

Alves, Abel A., *The Animals of Spain. An Introduction to Imperial Perceptions and Human Interaction with Other Animals, 1492–1826*, Leiden: Brill, 2011.

Asch, Ronald G., „Hof, Adel und Monarchie. Norbert Elias' *Höfische Gesellschaft* im Lichte der neueren Forschung", in: Claudia Opitz (Hg.), *Höfische Gesellschaft und Zivilisationsprozess. Norbert Elias' Werk in kulturwissenschaftlicher Perspektive*, Köln: Böhlau, 2005, S. 119–142.

Asúa, Miguel de / French, Roger: *A New World of Animals. Early Modern Europeans on the Creatures of Iberian America*, Alderhot: Ashgate, 2005.

Atienza, Belén, *El loco en el espejo. Locura y melancolía en la España de Lope de Vega*, Amsterdam: Rodopi, 2009.

Bel Bravo, María Antonia, „Matrimonio versus ‚estatus de limpieza de sangre' en la España moderna", in: *Hispania sacra* 61,123 (2009), S. 105–124.

Bergua Cavero, Jorge, *Estudios sobre la tradición de Plutarco en Espana (siglos XIII–XVII)*, Zaragoza: Departamento de Ciencias de la Antigüedad, 1995.

Bochet, Marc, *L'âne, le Job des animaux. De l'âne biblique à l'âne littéraire*, Paris: Cham-pion, 2010.

Böhme, Hartmut, „Das monströse Tier. Spiegel des Menschen", in: Luca Tori / Aline Steinbrecher (Hg.), *Animali. Tiere und Fabelwesen von der Antike bis zur Neuzeit*, Genf: Skira, 2012, S. 49–60.

Caro Baroja, Julio, *Vidas mágicas e Inquisición*, Bd. 1), Madrid: Istmo, 1992.

Ciruelo, Pedro, *Reapropiación de las supersticiones y hechicerías*, Valencia: Albatros, 1978.

Davies, Surheka, „The Unlucky, the Bad and the Ugly. Categories of Monstrosity from the Renaissance to the Enlightement", in: Asa Simon Mittman / Peter J. Dendle (Hg.), *The Ashgate Research Companion to Monsters and the Monstrous*, Farnham: Ashgate, 2013, S. 49–76.

de las Cuevas Torresano, María Luz, „Inquisición y hechicería. Los procesos inquisitoriales de hechicería en el Tribunal de Toledo durante la primera mitad del siglo XVII", in: *Anales toledanos* 13 (1980), S. 25–92.

Delgado, Mariano, „Einleitung", in: Pedro Ciruelo, *Verwerfung des Aberglaubens und der Zauberei. Ein Inventar des Volksglaubens in der spanischen Renaissance*, Stuttgart: Kohlhammer, 2008, S. 9–22.

de los Ríos Urruti, Fernando, *Religión y Estado en la España del siglo XVI*, México: Fondo de Cultura Económica, 1957.

Diálogo de las transformaciones de Pitágoras, Barcelona: Quaderns Crema, 1994.

Dietzfelbinger, Konrad, *Pythagoras. Spiritualität und Wissenschaft*, Königsdorf: Königsdorfer, 2005.

Donézar Díez de Ulzurrun, Javier María, „De las naciones-patrias a la ‚nación-patria'. Del Antiguo al Nuevo Régimen", in: Antonio Álvarez-Ossorio Alvariño / Bernardo J. García García (Hg.), *La monarquía de las naciones. Patria, nación y naturaleza en la Monarquía de España*, Madrid: Fundación Carlos de Amberes, 2004, S. 93–120.

Erasmus von Rotterdam, *Lingua*, Basel: Froben, 1525.

Fudge, Erica, „Introduction", in: Dies. (Hg.), *Renaissance Beasts. Of Animals, Humans, and Other Wonderful Creatures*, Urbana: University of Illinois Press, 2004, S. 1–18.

Gil Fernández, Luis u. a., *La cultura española en la Edad Moderna*, Madrid: Istmo, 2004.

González Duro, Enrique, *Historia de la locura en España*, Bd. 1: *Siglos XIII al XVII*, Madrid: Temas de hoy, 1994.

Heninger, S. K., *Touches of Sweet Harmony. Pythagorean Cosmology and Renaissance Poetics*, San Marino: Huntington Library, 1974.

Hiergeist, Teresa, *Tiere der Arena – Arena der Tiere. Neuverhandlungen der Interspezies-Relationen in aristokratischen Kampfspielen des siglo de oro*, Würzburg: Königshausen & Neumann, 2019.

Holenstein Weidmann, Pia, „Monströse Erscheinungen im 16. Jahrhundert zwischen Naturwissenschaft und Gottesfurcht", in: Paul Michel (Hg.), *Spinnenfuß und Krötenbauch. Genese und Symbolik von Kompositwesen*, Zürich: Pano, 2013, S. 209–226.

Joost-Gaugier, Christiane L., *Pythagoras and Renaissance Europe. Finding Heaven*, New York: Cambridge University Press, 2009.

Kincaid, Joseph J., *Cristóbal de Villalón*, New York: Twayne, 1973.

Küpper, Joachim, *Diskurs-Renovatio bei Lope de Vega und Calderón. Untersuchungen zum spanischen Barockdrama; mit einer Skizze zur Evolution der Diskurse im Mittelalter, Renaissance und Manierismus*, Tübingen: Niemeyer, 1990.

Land, Bernhard, *Himmel und Hölle. Jenseitsglaube von der Antike bis heute*, München: Beck, 2003.

Lange, Wolf-Dieter / Matzat, Wolfgang, „Vorwort", in: Ders. / Ders. (Hg.), *Sonderwege in die Neuzeit. Dialogizität und Intertextualität in der spanischen Literatur zwischen Mittelalter und Aufklärung*, Bonn: Romanistischer Verlag, 1997, S. 7–10.

Las Heras, Antonio, *Reencarnación. Una ventana a la eternidad*, Buenos Aires: Albatros, 2005.

León-Jones, Karen Silvia de, *Giordano Bruno and the Kabbalah. Prophets, Magicians, and Rabbis*, Lincoln: University of Nebraska Press, 1997.

López Alonso, Carmen, *Locura y sociedad en Sevilla. Historia del hospital de los inocentes (1436–1840)*, Sevilla: Diputación Provincial, 1988.

López Pinero, José María, *Medicina e historia natural en la sociedad española de los siglos XVI y XVII*, Valencia: Publicacions de la Universitat de València, 2007.

Menéndez Pidal, Ramón, *Historia general de las literaturas hispánicas*, Bd. 2, Barcelona: Barna, 1951.

Möllendorf, Peter von, „Lukians Dialogcorpora – ein ästhetisches Experiment", in: Klaus W. Hempfer / Anita Traninger (Hg.), *Der Dialog im Diskursfeld seiner Zeit*, Stuttgart: Steiner, 2010, S. 75–94.

Montaigne, Michel de, *Apologie de Raymond Sébond*, Paris: Aubier, 1978.

Obst, Helmut, *Reinkarnation. Weltgeschichte einer Idee*, München: Beck, 2009.

Ogren, Brian, *Renaissance and Rebirth. Reincarnation in Early Modern Italien Kabbalah*, Leiden: Brill, 2009.

Pouvreau, Florent, *Du poil et de la bête. Iconographie du corps sauvage en Occident à la fin du Moyen Age (XIIIᵉ–XVIᵉ siècle)*, Monts: CRHIPA, 2014.

Rahn Phillips, Carla / Phillips, William D., *Spain's Golden Fleece. Wool Production and the Wool Trade from the Middle Ages to the Nineteenth Century*, London: Johns Hopkins University Press, 1997.

Rallo, Asunción, „Introducción", in: Cristóbal de Villalón, *El Crótalon*, Madrid: Cátedra, 1990, S. 13–70.

Rico, Francisco, *El sueño del humanismo. De Petrarca a Erasmo*, Barcelona: Destino, 2002.

Riedweg, Christoph, *Pythagoras. Leben, Lehre, Nachwirkung*, München: Beck, 2002.

Rocchetta, Stefania, *Tornare al mondo. Resurrezioni, rinascite e doppi nella cultura antica*, Bologna: Mulino, 2012.

San Isidro de Sevilla, *Etymologías*. Edición bilingüe, Madrid: Biblioteca de autores cristianos, 2009.

Sánchez Dragó, Fernando, *España mágica*, Madrid: Espasa Calpe, 1997.

Sánchez Herrero, José, *Historia de la Iglesia en España e Hispanoamérica*, Madrid: Silex, 2008.

Timme, Rainer, *Der Vergleich von Mensch und Tier bei Ernst Tugendhat und Aristoteles. Selbstbeschreibung und Selbstverständnis. Kritik eines Topos der Philosophischen Anthropologie*, Berlin: Logos, 2012.

Usunáriz Garayoa, Jesús María, „Paz entre cristianos o guerra contra los herejes? La crítica hispana ante la política exterior de la Monarquía Hispánica (siglos XVI–XVII)", in: Dies. / Edwin Williamson (Hg.), *La autoridad política y el poder de las letras en el siglo de oro*, Madrid: Iberoamericana, 2013, S. 220–221.

Vian Herrero, Ana, „Gnophoso contra Dávalos. Realidad histórica y fuentes literarias", in: *Revista de Filología Espanola* 61,1 (1981), S. 159–184.

Vian Herrero, Ana, „Una obra maestra del diálogo iucianesco renacentista: el anónimo *Diálogo de las transformaciones de Pitágoras*", in: *Bulletin hispanique* 94,1 (1992), S. 5–35.

Vian Herrero, Ana, „Introducción", in: *Diálogo de las Transformaciones de Pitágoras*, Barcelona: Quaderns Crema, 1994, S. 11–177.

Vian Herrero, Ana, „El *Diálogo de las transformaciones de Pitágoras*, la tradición satírica menipea y los orígenes de la picaresca. Confluencia de estímulos narrativos en la España renacentista", in: Jean Canavaggio (Hg.), *La invención de la novela*, Madrid: Casa de Velázquez, 1999, S. 107–128.

Vian Herrero, Ana, „El diálogo lucianesco en el Renacimiento español. Su aportación a la literatura y el pensamiento modernos", in: Roger Friedlein (Hg.), *El diálogo renacentista en la península ibérica*, München: Steiner, 2005, S. 51–96.

Vian Herrero, Ana, „Hacia un perfil biográfico y literario del humanista Cristóbal de Villalón. Reexamen crítico", in: *Boletín de la Real Academia Española* 93.308 (2012), S. 583–629.

Vicens Vives, Jaime, *An Economic History of Spain*, New Haven: Princeton University Press, 1969.

Villalón, Cristóbal de, *El Crótalon*, Madrid: Cátedra, 1990.

Vives, Juan Luis, *Tratado del alma*, Buenos Aires: Espasa Calpe, 1945 [1538].

Vogt, Helmut, *Das Bild des Kranken. Die Darstellung äußerer Veränderungen durch innere Leiden und ihre Heilmaßnahmen von der Renaissance bis in unsere Zeit*, München: Lehmanns, 1969.

Wild, Markus, „Anthropologische Differenz", in: Roland Borgards (Hg.), *Tiere. Kulturwissenschaftliches Handbuch*, Stuttgart: Metzler, 2016, S. 47–59, hier S. 47.

Zander, Helmut, *Geschichte der Seelenwanderung in Europa. Alternative religiöse Traditionen von der Antike bis heute*, Darmstadt: Wissenschaftliche Buchgesellschaft, 1999.

TEIL III

Traktatliteratur: Teuflisches reflektieren –
teuflisches Reflektieren

El gran engaño

Imaginario demonológico en el Nuevo Mundo

Alberto Ortiz

> Advertir conviene, pues,
> con grandísimo cuidado,
> si el que vuestro pastor es
> echa el ojo al interés
> más que al pasto del ganado.
> No a pastor que lo maltrata
> lo deis, que lo desbarata;
> y alguna vez, ¡oh, dolor!,
> pensaréis que es su pastor,
> y es el lobo que lo mata.
>
> – Juan Pérez Ramírez, *Desposorio espiritual*
> *del pastor Pedro con la Iglesia Mexicana*

Bien indica Christian Duverger en su introducción al *Diario de a bordo* que la opinión del almirante Cristóbal Colón abonó al desarrollo de la idea euro centrista del buen salvaje. La calificación moral de los indígenas americanos se prestó para justificaciones políticas e imposiciones ideológicas, cierto, pero también correspondió a la necesidad antropológica de escudriñar la presencia del mal natural y preternatural en la ontología humana. Si el resumen de la bitácora colombina acota: "[...] *questa gente no tiene secta ninguna ni son idó-latras, salvo muy mansos y sin saber qué sea mal ni matar a otros ni prender, y sin armas* [...] *y crédulos y cognoscedores que hay Dios en el cielo, y firmes que noso-tros habemos venido del cielo* [...]."[1] No obstante, tal clasificación tiene contra-partes, pues al mismo tiempo se estructuró una versión opositora que satanizó a los indígenas y a las nuevas tierras de conquista y colonización.

---

* Un estudio antecedente de este tema puede leerse en mi libro: Alberto Ortiz, *Diablo novohis-pano. Discursos contra la superstición y la idolatría en el Nuevo Mundo*, Valencia: Universidad de Valencia, 2011.

1 Cristóbal Colón, *Diario de a bordo*, edición de Christian Duverger. México: Taurus, 2016, p. 140 s. [en cursivas en la edición consultada].

La parcializada visión del indio como un ser inofensivo, sin organización religiosa alguna, ni idolatría, se modificó, tanto como la supuesta descendencia celestial de los europeos, conforme avanzó el proceso de descubrimiento, conquista, evangelización y colonización y se sucedieron los históricos enfrentamientos nacidos de las diferenciaciones raciales, culturales y religiosas.

Primero, si acordamos con el primer gran denunciante de los errores y delitos de la conquista, quien consideró que algunas actividades españolas en las islas del trópico fueron las primeras injusticias sanguinarias en las Indias, y lo expresó mediante una fina ironía, los propios españoles se encargaron de contradecir la buena opinión que los indígenas tenían de ellos –ya fuera porque así lo sugirieron entre los pueblos desde su llegada al continente, o ya fuera porque así lo creyeron– a partir del episodio protagonizado por Alonso de Hojeda y secundado por el Almirante,[2] en abril de 1494: "También se derramaría por toda la tierra buen rumor y buena fama de los cristianos, que un poco antes estimaban haber descendido del cielo."[3]

Segundo, sin autor u origen conocido, dado que se trata de la natural extensión social y cultural de un mito ya para entonces sólido en la Europa cristiana; a partir de las incursiones en tierra continental creció la percepción, especialmente entre letrados y evangelizadores, de que enfrentaban una tierra enseñoreada por el viejo enemigo del cristianismo, el diablo. La rebeldía de los naturales ante la presencia de soldados y frailes, la resistencia a la doctrina y la conversión, la insistencia en rendir culto a dioses diferentes, la continuidad de tradiciones y costumbres consideradas bárbaras, más las persistentes muestras de idolatría, fueron esgrimidos entre cronistas, regidores espirituales, autoridades virreinales y teólogos, como argumentos incuestionables para explicar las influencias diabólicas desatadas sobre el Nuevo Mundo. Influencias que el conocido mandato papal de Alejandro VI y la propia convicción religiosa conminaban a combatir. Incluso para los eruditos más crédulos en las intrigas infernales fue difícil concebir que Dios hubiera abandonado del todo a esta región de la tierra, o que los indígenas fuesen hijos irredentos de los demonios, por ende, reiteraron, los habitantes de las Indias habían sido engañados por el maligno.

---

2 De las Casas narra que Hojeda, al mando de 400 hombres realizó una campaña de sojuzgamiento, apresó, torturó y mató al cacique de un lugar llamado Río de Oro. Colón hizo otro tanto. Véase el capítulo XCIII, de Fray Bartolomé de las Casas, *Historias de las Indias*, vol. 1, edición de Agustín Millares Carlo. Estudio preliminar de Lewis Hanke. México: Fondo de Cultura Económica, 2017.

3 Las Casas, *Historias de las Indias*, S. 380.

Es cierto, cosa de grande admiratión, que haya nuestro señor Dios tantos siglos ocultada una silva de tantas gentes idólatras, cuyos frutos ubérrimos sólo el Demonio los ha cogido, y en el fuego infernal los tiene atesorados; ni puedo creer que la iglesia de Dios no sea próspera donde la sinagoga de Satanás tanta prosperidad ha tenido, [...].[4]

El presente ensayo busca dilucidar el doblez del juego transcultural del discurso cristiano occidental explícito en las obras de autores del siglo XVI, que ubican al diablo dentro y al lado de los pobladores americanos, en especial entre los que existieron durante la conquista y la emergente Nueva España. También intenta colaborar en el desarrollo de una línea teórica para describir cualquier fenómeno de instalación ideológica que satanice lo extraño sin percibir del todo la apropiación del mito diabólico ni el proceso lectivo aplicado, que no distingue la diferenciación cultural como valor, sino que se apropia de la verdad para posicionar al otro, a saber, el indígena, al centro del cerco del error vital y trascendental, en este caso, demoniaco, hasta que no cambie de vida y pensamiento y así comparta los supuestos imaginarios, tenidos por reales, del mito, inicialmente ajeno.

La narrativa del mito diabólico que ocupó y preocupó a la sociedad letrada de aquella época abarca episodios cargados de intensa atmósfera fantástica, de tal modo que muestra que el mundo de entonces era concebido como una contigüidad dinámica entre la realidad y la ficción, en cuyo centro de fe el hombre debía mantenerse firme. Destacan: el pacto diabólico expreso o implícito, la infestación y posesión diabólica de sujetos y comunidades, especialmente de órdenes regulares femeninas, el sabbat o aquelarre y la manufactura mágica de todo tipo de maleficios y encantamientos contra los cristianos, es decir, la brujería. La discusión erudita que alimentó, recreó e incluso inventó la mayor parte de los aspectos esenciales del mito, con tono enfáticamente censor, amonestador y coercitivo, conformó, desde el Renacimiento hasta la Ilustración, una tradición discursiva contra la magia y las supersticiones, reconocible en las reiteradas ediciones de tratados demonológicos, manuales inquisitoriales, y diversos libros reprobadores de prácticas mágicas y hechicería.

Naturalmente, las versiones populares y eruditas de esta tradición discursiva pasaron a América a partir del siglo XVI, con todos sus embrollos teológicos, demonológicos y doctrinales. Viajando dentro del imaginario de personas: soldados, exploradores, colonos, encomenderos, predicadores, evangelizadores, prelados etc.; y de textos: libros, bulas, cédulas, epístolas, reglamentaciones,

---

4 Fray Bernardino de Sahagún, *Historia General de las cosas de Nueva España*, Edición de Josefina García Quintana y Alfredo López Austin. México: Consejo Nacional para la Cultura y las Artes, 1989, p. 34.

instrucciones, novelas, epopeyas, dramas, etc., el diablo mudó de residencia, o, más precisamente, extendió su presencia dual, como imaginario colectivo y como objeto de estudio teológico.

En cuanto a los tratados demonológicos y contra la brujería, la primera muestra relevante de este traslado es, sin duda, la refundición, prácticamente una copia, que fray Andrés de Olmos hizo del *Tratado de las supersticiones y hechicerías y de la posibilidad y remedio de ellas*, datado en 1529, del franciscano fray Martín de Castañega. El padre Olmos, también franciscano, llegó al nuevo mundo acompañando a fray Juan de Zumárraga, cuando éste fue nombrado primer obispo de México, alrededor de 1527. Ya en las denominadas Indias occidentales, evangelizó, persiguió idolatrías y escribió, entre otras obras, un *Arte de la lengua mexicana* y una versión de los *Huehuetlatolli*.

En Europa, Castañega había escrito el tratado en castellano para ayudar a sus compañeros clérigos a reconocer las trampas del diablo y sus acólitos, y así pudieran aleccionar mejor al pueblo llano contra las supersticiones y los engaños diabólicos; en especial denuncia la existencia de una iglesia diabólica o secta de brujos que, dirigida por Satán, conspiraba para revertir el orden divino establecido.[5] Sin embargo, su libro no alcanzó la difusión de otros tratados europeos célebres contra la brujería y las supersticiones, como el del Maestro Ciruelo; entre otras razones debido a las limitaciones teológicas del autor, el estilo sencillo, la escasa documentación y citación autorizada, la brevedad del discurso y el hecho de que la mayor parte de sus explicaciones podían encontrarse más claras y completas en obras de autores con mayor prestigio.

En América, hacia 1553, Olmos reutilizó el texto adaptándolo a las nuevas circunstancias religiosas, la conversión de los indígenas: "[...] tomé el trabajo de sacar del dicho libro lo que pareció hazer más al caso para éstos."[6] De esta forma avisa, instruye y solicita a evangelizadores e incluso a los rectores de la Iglesia para tener cuidado y diligencia en busca de evitar la propagación de errores diabólicos entre los naturales novohispanos. Es decir, lo convirtió en una más de las herramientas didácticas que se diseñaron, actualizaron o adaptaron a partir del siglo XVI, para apoyar la conquista espiritual.

A pesar de que los predicadores europeos en parte interpretaron las costumbres y tradiciones autóctonas adversas o ajenas al cristianismo como una extensión de la labor de Satán, al tiempo que extendían su creencia y, sin

---

5   Esta es una idea emblemática del mito, reiterada por varios demonólogos, entre los que destaca el autor de las *Disquisiciones mágicas*, Martín del Río, ya que revela el juego de oposiciones propio del dilema del mal en el cristianismo.

6   Fray Andrés de Olmos, *Tratado de hechicerías y sortilegios*, edición de Georges Baudot, México: Universidad Nacional Autónoma de México, 1990, p. 3.

intención, su influencia maligna; en realidad el traslado del mito diabólico constituyó una transformación del mismo, pues el diablo instalado en los ídolos y rituales indígenas trasmutó del instigador del pecado medieval y renacentista al personaje disfrazado de la extrañeza representado por el ídolo. Cuando Olmos copia y rescribe en idioma náhuatl el tratado de Castañega no sólo está confeccionando una herramienta doctrinal, sino que colabora en la transformación del discurso contra la intriga diabólica al recrear al personaje del mal, hasta figurarlo en las reminiscencias religiosas.

Así pues, más que un traslado regional del empleo del diablo, Olmos explica la presencia de hechicerías, herejías, abusiones y supersticiones, lo que llama malas yerbas y vicios, entre los naturales de la Nueva España, mediante la idea de una batalla extensiva y continua del bien contra el mal infernal: "Si en el árbol verde tales cosas acaecen, ¿qué será en el seco? Si la vieja christiandad se quema, no es de maravillar que arda la nueva, pues el enemigo no menos embidia, enojo y rencor tiene destos que poco hase se le escaparon de las uñas que de los que ya ha mucho tiempo se le salieron de las manos."[7] Aunque apenas lo esboce al final del prólogo de su refrito, Olmos reconoce en la convivencia social de distintos pueblos y costumbres la inevitable contaminación cultural, teme que las prácticas mágicas y supersticiosas se transmitan sin la oposición e información rectora acerca de las virtudes cristianas: "[...] porque ya esta Nueva España se va mezclando de diversas naciones, y donde ay muchedumbre ay está la confusión. Deseo con esto avisar a los unos y a los otros simples en tal manera que así como a algunos se les pega la lengua o costumbre corrupta la tal ponçoña y pestelencia o semejante no se pegue o traspase de unos en otros [...]."[8] Resulta inevitable especular un poco al respecto, ya que las afirmaciones del connotado fraile –escritas además durante la madurez de su vida, después de más o menos 25 años de haber arribado a América al lado del virrey Zumárraga, y luego de bregar en la labor evangelizadora hasta la desesperación y la frustración[9]– sugieren cierto reconocimiento de que las creencias tradicionales, consideradas nocivas, alrededor de la magia y la brujería, estaban siendo transmitidas de españoles a indios, además de las que ya, se suponía, circulaba y se usaban entre ellos. A esto habría qué añadir su propia prudencia al explicitar asuntos censurados y prohibidos, cuando señala sus

---

7   Olmos, *Tratado de hechicerías*, p. 4.
8   *Tratado de hechicerías*, p. 5.
9   El estilo amonestador del padre Olmos proviene de su conocimiento y rescate de los textos didácticos para los niños y jóvenes nahuas, conocidos como *Huehuetlatolli*, además de su conocimiento del idioma náhuatl. En algunos momentos señala con emoción y pesar, la cantidad de errores que nota cometen los indígenas y reitera que se ha esforzado, en balde, para corregirlos.

precauciones: "Recatándome y tocando la materia de manera que avese y no emponçoñe a los leyentes o oyentes [...]"[10], un riesgo conocido por los letrados de la época, insisto, conscientes de los procesos de contagio, mal uso o errada interpretación en materias delicadas.[11]

Donde no hay duda es en que fray Andrés de Olmos señala dos fuentes de los engaños infligidos a los indígenas en materia de hechicerías y vanas creencias. La principal, por supuesto, de suyo, es 'el hombre tecolote', es decir el diablo, instigador de los males, pecados y errores de los hombres: "Innumerables maldades, increíbles, inspira el Diablo a la gente para burlarse de ella, para afligirla, para engañar a los que se extravían, a los que le sirven."[12] El evangelizador deja claro que los sacrificios humanos y otras prácticas sangrientas del pasado mesoamericano estaban inspiradas por el diablo y sus sirvientes, pero afirma que a partir de la llegada de la cristianización éste ha perdido su potestad.

En consecuencia, la dirección de los nahuales o sacerdotes de los cultos indígenas, –equiparados a los brujos europeos, igual que los dioses prehispánicos fueron equiparados a los demonios, en este texto y en general– constituye la otra fuente del engaño diabólico. Son ellos, opina Olmos, los que sirvieron y sirven de operadores malignos entre los no cristianos y los bautizados viejos y nuevos. El capítulo IV del tratado está dedicado a señalar tales ministros, promotores de los sacrificios de sangre y las ceremonias erróneas que se hacían en estas tierras, sostiene. Para ampliar el tema, en el capítulo V, ligado a la tradición misógina de la brujería, Olmos habla de viejas nahuales o brujas, ahí reitera los defectos supuestos que hacen de las mujeres las personas más propensas y dispuestas a seguir los engaños del diablo.

Además de la dicha ampliación de los dominios del diablo, en la cual el contagio ideológico y las trampas de sus operadores parecen ser factores esenciales a combatir, la presencia del enemigo maligno en América también fue explicada como el síntoma de la empresa para su expulsión justa y necesaria, dado que dicha presencia diabólica provenía de las derrotas que los cristianos le habían asestado; por lo tanto, el cristianismo en triunfo era indirectamente causante del asalto demoniaco allende el mar, supuestamente fructífero hasta el siglo XVI.[13]

---

10   Olmos, *Tratado de hechicerías*, p. 3.
11   Por otro lado, libros de este tipo están ya clasificados como textos de transculturación. Georges Baudot, rescatador y editor pionero de los libros de Olmos, los reconoce como tales en el prefacio que escribió para el *Tratado sobre los siete pecados mortales*. También los considera parte del "fenómeno de transvase semántico del siglo XVI", p. vii.
12   Olmos, *Tratado de hechicerías*, p. 69.
13   El discurso contra la magia, la brujería y los demonios armó, además una especie de paradoja o juego irónico: ahí donde brotaba una crisis heterodoxa aparecía de inmediato el

Al lado del imaginario doctrinal, cuya teoría estableció que la inquina de los demonios contra los hombres y su creador alentó su expansión y dominio en tierras ignotas que los cristianos tenían la obligación de liberar mediante sólidas campañas evangelizadoras, está el respaldo jurídico. Es evidente el parangón entre las ansiedades diabólicas de dominio en el Nuevo Mundo y las similares inercias colonizadoras, conversoras y apropiadoras de los españoles. Casi como una excusa a modo que le acarreó al imperio español el reproche de la leyenda negra, la justificación doctrinal estuvo apuntalada por la teoría del Derecho romano e hispánico, pues, sin mucho esfuerzo exegético, permitió a sus abogados alegar legitimidad de conquista, incluso ahí, entre los más sesudos defensores del derecho natural de la gente.

> Pues, aunque por naturaleza unos individuos se nombren libres y otros siervos, como afirma Aristóteles, sin embargo, esto es verdadero en cuanto que hay algunos que sobresalen en virtud y prudencia, que con razón pueden estar al frente de otros, y que también pueden conducir y guiar a otros. Otros son siervos por naturaleza, esto es, de tal manera tienen una condición servil, que más bien deben someterse a otros y ser regidos por otros, y no imperar sobre otros o regirlos. Sin embargo, quienes por naturaleza son libres no tienen, por el hecho de ser más prudentes, dominio en acto sobre los otros, aun cuando esos otros sean de condición servil cuanto se quiera.[14]

El dictamen de fray Alonso de la Vera Cruz es de una riqueza ideológica deslumbrante. Lamentablemente no constituyó la guía teórica de la realidad durante la conquista geográfica y espiritual. Si bien, por un lado, señala las diferencias entre las partes y las posibilidades lícitas del dominio de cristianos sobre indígenas; por otro, afirma el dominio justo de los indígenas y proscribe la guerra como forma de sometimiento, so pretexto infidelidad y sometimiento. Nótese la dualidad contigua entre los unos, asumidos como propios, que se caracterizan como libres, virtuosos, líderes; mientras que los otros se consideran naturalmente limitados, serviles, sometidos. Disparidad que se tradujo en el juego ontológico del nosotros, cristianos, y los otros, herejes, paganos, salvajes, etc. En especial subrayo el giro de su discurso hacia la convicción de que los naturales americanos mostraban servidumbre a los demonios representados por

---

diablo, justo con la llegada de los cristianos e inquisidores, como si los demonios y brujos saltaran de aquí para allá sobre las espaldas de los creyentes. Agradezco a Anna Wörsdörfer haberme indicado con certeza que "también de Lancre, en su tratado sobre la brujería en el País Vasco, cree que los demonios, tras huir de Europa, encontraron un hogar en América ... y de allí volvieron a Europa, al País Vasco".

14   Fray Alonso de la Vera Cruz, *De dominio infidelium et iusto bello. Sobre el dominio de los infieles y la guerra justa*, edición crítica, traducción y notas de Roberto Heredia Correa, México: Universidad Nacional Autónoma de México, 2007, p. 1.

los ídolos, pues habían sido cooptados por el diablo; por lo tanto, no eran libres ni prudentes y necesitaban que los virtuosos los ayudaran para liberarse y salvarse. Tal es la tarea salvífica, la empresa cristiana, la conquista espiritual. Los cristianos tenían la obligación y el derecho de guiar a los siervos engañados hacia la verdadera fe. "El emperador, al recibir los tributos de estos naturales, está obligado a tener cuidado no sólo de su bien temporal sino también de su bien espiritual."[15] En consecuencia, fue sencillo omitir la prohibición del domino de actos, siempre aduciendo que se combatía el intento expansionista del diablo y sus esbirros, que se escondían en las Indias tras sus derrotas en Europa.

Pregonero de esta perspectiva, Joseph de Acosta[16] indica en su *Historia natural y moral de las Indias*, de 1590, que la pretensión de Lucifer para ser adorado y suplantar el lugar de Dios le ha motivado a engañar a diversos pueblos, los cuales, tras sus consejos, caen en la idolatría[17]; de este modo, el autor sostiene que la soberbia demoniaca es la causa de que naciones extranjeras tengan cultos contrarios a la verdadera fe. Dentro de esta perspectiva religiosa el dogma de exclusividad divina raya en el desprecio lastimero ante aquellos que no conocen o no aceptan al cristianismo, pues afirma: "Cierto pone lástima ver de la manera que Satanás estaba apoderado de esta gente"[18], justo un criterio de exclusión discriminatorio y prejuiciado que instala en el otro la malignidad y el error, un tránsito de culpa ontológica propio de los problemas de la otredad.

> De aquí procede el perpetuo y extraño cuidado que este enemigo de Dios ha siempre tenido de hacerse adorar de los hombres, inventando tantos géneros de idolatrías con que tantos tiempos tuvo sujeta la mayor parte del mundo, que apenas le quedó a Dios un rincón de su pueblo Israel. Y con la misma tiranía, después que el fuerte del Evangelio le venció y desarmó, y entró por la fuerza de la cruz, las más importantes y poderosas plazas de su reino, acometió las gentes más remotas y bárbaras, procurando conservar entre ellas la falsa y mentida divinidad, que el hijo de Dios le había quitado en su Iglesia, encerrándole como a fiera en jaula, para que fuese para escarnio suyo y regocijo de sus siervos, como lo significa por Job. Mas en fin, ya que la idolatría fue extirpada de la mejor y más

---

15   Vera Cruz, *De dominio infidelium*, p. 11 s.
16   Debemos a Edmundo O'Gorman una acertada y concisa lista de sus datos biográficos y bibliográficos, incluida en la edición citada aquí. Así, se sabe que el padre Acosta nació en Medina del Campo a finales de 1540, estudió con los jesuitas, enseñó teología en Ocaña y Plascencia, llegó a América en 1571, trabajó en los virreinatos de Perú y México, hacia 1594 regresó a España y murió en Salamanca en el año de 1600.
17   Más específicamente demonolatría. El libro V de su obra está dedicado a este asunto.
18   Joseph de Acosta, *Historia natural y moral de las Indias*, edición de Edmundo O'Gorman, México: Fondo de Cultura Económica, 2006, p. 262.

noble parte del mundo, retirose a lo más apartado y reinó en esta otra parte del mundo, que aunque en nobleza muy inferior, en grandeza y anchura no lo es.[19]

Que Satán y los demonios fueran el principal constructor e incitador de la idolatría no era una idea nueva en el siglo XVI, los tratadistas y cronistas sólo reiteraron una parte del mito diabólico redactado poco a poco a lo largo de la historia del cristianismo. La acusación de falso culto a toda manifestación politeísta iconográfica, ya había sido planteada, experimentada e instalada frente a la herencia de la cultura grecolatina, cuyos cimientos perduraron e incluso fueron valorados y reconocidos en Europa a pesar de esta satanización. Lo mismo se aplicó frente a otras naciones consideradas infieles. Así que es posible leer a los demonios en los ídolos americanos como una reedición más del largo trayecto censor y discriminatorio que intentó eliminar el paganismo del Viejo Mundo.

En la naciente Nueva España, tanto el relato del mito del conflicto entre Dios y el diablo, aceptado por verdad o dogma de fe, como la inercia tradicional del prejuicio frente a las creencias del otro y la indicación idolátrica, se revelaron a manera de una locución adecuada a las circunstancias, o sea, una adaptación del discurso tradicional, desde el diálogo que tuvieron los franciscanos y los jefes mexicas en la reunión extraordinaria, conocida como *Los Coloquios de los Doce*, acaecida en el año de 1524. En la versión del texto que se conserva, el propio Lucifer ordena a sus secuaces: "Vosotros que sois de más alto entendimiento, con toda diligencia y aviso tentarlos eys, para que ydolatren, que adoren por dios al sol y a la luna y a las estrellas y a las estatuas hechas de piedra y de madero, [...] y también los provocareis para que nos adoren y tengan por dioses a nosotros, [...]."[20] La línea fantástica del tiempo cristiano y de la propia verdad revelada y salvadora, aspectos que las anteriores afirmaciones plantean como hechos irrebatibles, parte de la antigüedad pagana, hace un alto renovador en Jesucristo y se extiende hacia el descubrimiento de las Indias. El enemigo recorre el mismo derrotero. Joseph de Acosta supone que, con la conversión de los antiguos paganos grecolatinos, la idolatría y, por ende, el politeísmo, ha sido desterrado de Europa, mas el peligro no está disuelto, pues, dada la ansiedad de Lucifer por ser adorado, ha trasladado su dominio a tierras ignotas, ahí fomentó el engaño de la idolatría y los ritos sanguinarios para que, a través de ellos, los indígenas le rindieran pleitesía. "Finalmente,

---

19   Acosta, *Historia natural y moral*, p. 243 s.

20   Christian Duverger, *La conversión de los indios de Nueva España. Con el texto de los Coloquios de los Doce de Bernardino de Sahagún (1564)*, México: Fondo de Cultura Económica, 1996, p. 79.

quien con atención lo mirare, hallará que el modo que el demonio ha tenido de engañar a los indios, es el mismo con que engañó a los griegos y romanos, y otros gentiles antiguos."[21]

Para el padre Acosta, no hay duda de que la idolatría supersticiosa es el indicador de la presencia del diablo entre los naturales americanos, y que su dominio sobre ellos depende en gran medida de su encono contra Dios, su plan para erigirse como señor de los hombres y su eterna pretensión de adoración; para tal efecto los ha engatusado con éxito, a tal grado que sirven al enemigo; hasta ahora, sugiere, el tiempo de conquista y evangelización, en el que la labor eclesiástica le arrebata adeptos y salva almas mediante la doctrina, cuerpos y almas que, de otro modo, estarían condenadas al infierno. La imitación, la suplantación o usurpación y el fingimiento, son procedimientos diabólicos en este magno engaño.

> Lo dicho puede bastar para entender la soberbia del demonio y la desventura de la miserable gente que con tanta costa de su hacienda y trabajo y vidas, servían a su proprio enemigo, que no pretendía de ellos más que destruilles las almas y consumilles los cuerpos; y con esto muy contentos, pareciéndoles por su grave engaño que tenían grandes y poderosos dioses a quien tanto servicio se hacía.[22]

En su afán de engrandecer la labor evangélica del catolicismo en el Nuevo Mundo, el autor parece ignorar que su discurso instala al diablo como un enemigo formidable y poderoso, efecto que consigue al adjudicarle el dominio y la prevalencia de su engaño sobre los indígenas. En otras palabras, lo reconoce como el dios de los pueblos principales de América, dios falso al fin, pero dominante y regidor plenipotenciario, lo cual contradice a los dictámenes de varios especialistas que insistían en la inutilidad de los engaños diabólicos en casos particulares, ya no se diga en el control de naciones enteras, a excepción de aquellos pueblos que por sus propios pecados se negaran a recibir la conversión.

Por supuesto que tras la retórica histórico-religiosa se presupone que, dada la magnitud de la obra falaz del enemigo, su dominio y grandeza entre los indígenas, la labor de los cristianos alcanzará mayor mérito. A fin de cuentas, discursos de este tipo forman parte de la campaña apologética del cristianismo, especialmente después del concilio tridentino, que justificó su doctrina y acciones para sobrellevar mejor el control de la fe, la conducta y la moral individual y social; al mismo tiempo sostienen las estructuras cosmogónicas y

---

21   Acosta, *Historia natural y moral*, p. 249.
22   *Historia natural y moral*, p. 267.

colaboran con la tarea censora, admonitoria y coercitiva que instala una versión de la verdad y el bien sobre disidencias y enemigos reales e imaginarios.

Muestra del afán que pretendió normar y aplicar los resolutivos tridentinos en la administración de lo que se denominó culto arreglado y el adoctrinamiento correcto de personas en las Indias, el Tercer Concilio Provincial Mexicano ordenó un catecismo universal, en castellano, pero también escrito, previo examen y autorización, en las distintas lenguas indígenas, que unificara los saberes y las explicaciones básicas del catolicismo, incluso antes de bautizarse, especialmente dirigido a los nuevos cristianos, (niños, criados, esclavos, indios, etc.) considerados "ovejas flacas y desamparadas"[23].

Los autores de los resolutivos normativos estaban consciente de la realidad que enfrentaban en la labor de evangelizar el territorio del Nuevo Mundo, de tal modo que prescribieron varias órdenes para erradicar o contrarrestar al menos las reminiscencias idolátricas y las costumbres y ceremonias prehispánicas: "Para que los indios se conserven en la fee que se les enseña, y no buelvan al vómito de las ydolatrías que dexaron, grandemente conviene quitarles de delante qualquier rastro de sus ritos antiguos, que les pueda ser ocasión para esto."[24]

Resulta evidente que el trabajo de contención y extirpación de la idolatría conformó la principal estrategia en la campaña contra el mal preternatural avecindado en América, a tal grado que, para jerarcas, teólogos, predicadores y frailes, la lucha doctrinal y práctica contra los ídolos era lo mismo que la lucha contra los demonios.

> Assí mismo encarga este santo conçilio al gobernador y justiçias de su magestad den orden como se quiten de las puertas o edificios los ydolos que en ellas están puestos; o se deshagan las figuras que tienen, y los cúes o sacrificadores se allanen y quiten, porque del todo se pierda la memoria de la subjección del demonio en que estos miserables vivían; y él con sus astucias no use de estas cosas como de despertadores e incentivos con que les traiga a la memoria los errores de su gentilidad (medio de la perdiçión de sus ánimas, y oprobio de nuestra sancta fee).[25]

En ordenanzas conciliares como la citada está claro que el corolario ideológico que prevaleció para deshacer los errores que el diablo y sus ayudantes habían instalado en las Indias parte de la equiparación de las creencias indígenas con

---

23   *Decretos del concilio tercero provincial mexicano (1585)*, vol. 2, edición histórico crítica y
       estudio preliminar de Luis Martínez Ferrer, Zamora: El Colegio de Michoacán / Universi-
       dad Pontificia de la Santa Cruz, 2009, p. 214.
24   *Decretos del concilio*, p. 224.
25   *Decretos del concilio*, p. 226.

el pasado grecolatino. El concepto gentilidad se usa de manera peyorativa, desde la supremacía supuesta que proviene de la adjudicación de alianzas divinas exclusivas, sus individuos son esos otros equivocados que desconocen la verdadera fe, y que, al compartir el error, compelen a la aplicación de un tutelaje corrector, vigilante de sus cuerpos y almas, determinante, imperativo, censor y didáctico, mismo que, a su vez, trata de corregir el otro tutelaje, el del diablo sobre los infieles y paganos, pues se trata de un asunto serio, de una guerra concreta contra los enemigos malignos y sus trampas.

Consecuentemente, se presupone y asume una superioridad moral de los cristianos aunada a la convicción de que la salvación de miles de almas dependen del esfuerzo evangelizador de la monarquía y la Iglesia, cuya guerra extraordinaria y santa, tautológicamente, justifica la tutela, el gobierno y casi cualquier medio de coerción para concretar la llamada obra de Dios: "Y como derechamente toque a este sancto conçilio el desear y procurar que las ovejas redimidas con la sangre de Christo Nuestro Señor, no anden descarriadas, y entregadas a los crueles lobos, que son los demonios."[26]

En palabras de Robert Ricard, los misioneros, en general, despreciaron o ignoraron la mayoría de los conceptos culturales indígenas, en parte porque no correspondían a su idea de civilización, y en parte porque su trabajo consistía en desbrozar el camino para asentar la nueva era político-religiosa, no en postularse como guardianes culturales.[27] Incluso aplicaron su prejuicio cultural, debido a la necesaria traducción inmediata del mundo nuevo que recorrían, cuando encontraron ceremonias que parecían ser esbozos de la liturgia cristiana: "Ese bautismo que hallaban, esa confesión, esa comunión, lejos de parecerles supervivencias o atisbos torpes de esperanza y promesa, les dieron la impresión de ser parodias diabólicas y apartaron de ellas con horror los ojos."[28]

Principalmente, tras y en el discurso se encuentra la convicción de que Satán ha sido el señor de estos pueblos, y que sus ritos suplantadores instalaron a los ídolos como representaciones de su dominio. En otras palabras, según los cronistas y predicadores de la época, el engaño esencial que el diablo asentó en las Indias fue la idolatría, considerada como culto extraño de doble error, el de método de culto y el de objeto de adoración.

---

26   Ibid.

27   De esta generalización debe excluirse a fray Bernardino de Sahagún, quien, además, en el prólogo de su famosa obra, critica a los que destruyen los vestigios de los indígenas y llaman bárbaros a los mexicas, ya que en su opinión tienen aspectos de vida más adelantados que muchos pueblos europeos.

28   Robert Ricard, *La conquista espiritual de México*, México: Fondo de Cultura Económica, 1994, p. 100.

Sin duda, los eruditos preocupados por el predominio maligno entre los pueblos americanos heredaron y reforzaron un concepto cargado de connotaciones negativas, prejuicios y discriminaciones en la historia cultural de Occidente. Santo Tomás lo había aparejado a la superstición, para dar paso a los errores de latría y dulía en la práctica de la fe cuando se rinde culto a lo que no se debe o como no se debe, y lo consideró pecado grave contra Dios, en especial si se realizaba a consciencia, en tanto "consiste en que alguien otorgue a una criatura el honor debido a Dios"[29]. La premeditación del acto, sumada a la infidelidad y blasfemia que, desde esta perspectiva, eso conlleva posibilita, para el aquinate, que la idolatría por ignorancia sea un pecado menos grave, en cuyo caso, pasado el tiempo y bajo la percepción de los evangelizadores y cronistas, estarían los indígenas, siempre y cuando no se empecinaran en continuar con sus creencias originales. De cualquier forma, se trata de una encrucijada teológica y moral, pues Santo Tomás también diferenció la gravedad del pecado si la latría se ofrecía a un dios único, lo cual indica diferencia desfavorable en su calificación magistral ante las religiones politeístas o maniqueas.

Por añadidura, siendo toda la percepción patrística importante para la definición del concepto, el dictamen fundante de la aplicación canónica tomística al respecto se encuentra en el artículo 4, cuando el teólogo establece en su solución las causas de la idolatría, de ellas las dos últimas constituyen piedras angulares para entender la exégesis y la glosa posterior del pensamiento censor y doctrinal del imaginario demonológico en conflicto al enfrentar los cultos y dioses americanos:

> En tercer lugar, por desconocimiento del Dios verdadero, en cuya excelencia no pensaron, dieron culto divino, seducidos por su belleza o poder, a algunas criaturas. [...]
> La otra causa de la idolatría fue consumativa. Fueron los mismos demonios, que en los ídolos se mostraron como dignos de culto a los hombres ignorantes, respondiendo a sus preguntas y realizando obras que a ellos les parecían milagros.[30]

Es notorio que ambas causales se repetirán en el caso del Nuevo Mundo, de acuerdo al pensamiento erudito de la época; por un lado, los naturales desconocen al verdadero dios, su idolatría es un error / pecado por ignorancia; y por otro, los demonios han usurpado el lugar divino, los indígenas viven una suplantación ofensiva a Dios, yerran por engaño diabólico. El conflicto que

---

29   Santo Tomás de Aquino, *Suma de Teología IV, parte II–II (b)*, Madrid: Biblioteca de Autores Cristianos, 2005, p. 131.

30   Santo Tomás, *Suma de Teología*, p. 133.

la idolatría presenta a la doctrina oficial es una doble extrañeza: el objeto de culto no es el dios establecido como único y verdadero, y los rituales no son aceptables.[31] Justo el dilema de los evangelizadores frente a las creencias de los pueblos prehispánicos.

La concordancia de los dictámenes sobre el vínculo entre Lucifer y las ceremonias y dioses de las religiones prehispánicas obedece ciertamente a los principios de autoridad y tradición que se mantienen al paso de los siglos. Pero también a la diferencia de la otredad instalada en el prejuicio y la malignidad de aquellos sometidos a la censura y necesitados de rescate. En este contexto los indios fueron considerados ignorantes, ingenuos, salvajes, paganos, idólatras, carentes de la verdadera fe; en contraste, los españoles se erigieron superiores moralmente, así que debían gobernar material y espiritualmente. El diablo en América fue un gran justificador de la conquista.

Imbuidos en la versión censora y persecutoria de la heterodoxia, cuyo prejuicio diferenciador y segregador de la otredad ya había tenido conflictos y consecuencias socio-históricas frente a otras culturas, en específico la musulmana y la judía, los letrados y evangelizadores del siglo XVI restablecieron, indirectamente y sin acuerdo tácito, al menos tres carencias graves que a sus ojos también disminuían la calidad de los indígenas americanos: la carencia de civilidad, dada su forma de vida alejada de los parámetros cristianos eurocentristas, por un lado demasiado apegada a los procesos naturales que los aliaba al salvajismo reprobable, y por otro falto del sentido estético del hombre blanco; la carencia de la verdadera fe, justo el supuesto problema a deshacer, pues, al faltarles la guía de la verdadera religión, vivían en el error y la idolatría, a tal grado que sus sacerdotes los mal aconsejaban para hacerles sacrificios y ceremonias vanas a representaciones del demonio; y el señorío o potestad del diablo entre ellos, es decir, el tutelaje diabólico en las Indias, una sujeción que les esclavizaba el cuerpo y el alma para perderlos, y que, a fin de cuentas significaba carecer de esenciales valores humanos.

Con todo, el prejuicio y el desprecio de las creencias del otro hasta la satanización, en este contexto, es totalmente comprensible. No debería escandalizarnos que Sahagún y su equipo de trabajo etnográfico, por ejemplo, confundieran el fenómeno del nahualismo con el de la brujería, caso típico de la manera como Europa malignizó al mundo prehispánico: "El hombre que tiene pacto con el Demonio se transfigura en diversos animales, y por odio desea muerte a los otros, usando hechicerías y muchos maleficios contra ellos."[32] La obligación evangelizadora de los misioneros frente al reto mayús-

---

31   Cf. Moshe Halbertal / Avishai Margalit, *Idolatría. Guerras por imágenes: las raíces de un conflicto milenario*, Barcelona: Gedisa, 2003, p. 15.

32   Sahagún, *Historia General*, p. 598.

culo que implicaba hacer tabla rasa de un crisol cultural amplio lingüística, social y geográficamente requirió de estrategias exegéticas a modo, es decir, de la aplicación de los propios conceptos, imaginarios e idiosincrasia, en detrimento de los de los demás, a partir de su definición desde el estanco de la superioridad, como bárbaros, inciviles, menores de edad y, eventualmente, engañados y acólitos del demonio.

Prevalece la responsabilidad del combate. Los letrados insisten en que el diablo debe ser atacado allá o aquí. Las almas deben ser salvadas y el mal terrenal o infernal contenido. Es decir, se atienen a una seudo realidad: el diablo está aquí, entre nosotros, intriga contra Dios y su creación. Engaña, llena de falsedades la vida humana, pretende ser adorado como dios, pervierte y daña a propios y extraños. Según los tratadistas y evangelizadores, tanto la ingenuidad como la malicia de los indios ayudan indirecta o directamente al plan maligno. Por ignorancia, inocencia o maldad, los indígenas viven en un engaño que debe ser descubierto y erradicado por los guías espirituales, función que la historia, la supremacía y la propia divinidad han determinado para los europeos católicos.

Sin embargo, ya desde un horizonte interpretativo, un juego paradójico se devela tras las anteriores percepciones respecto del asalto demonológico al Nuevo Mundo. Si el mito diabólico fuera una verdad imbricada entre el mundo físico y las percepciones espirituales, como lo plantea la literatura demonológica, podría afirmarse que fue Lucifer quien engañó a los evangelizadores hasta hacerlos creer que él había burlado a los indígenas americanos para que lo adorasen. La trampa contiene tales dobleces que el episodio parecería una intriga dentro de la cual los europeos ingenuos sirven a los planes expansionistas del diablo, pues, no obstante su celo doctrinal, o, precisamente por ello, son utilizados para transportar y difundir las ideas diabólicas: brujería, exorcismo, posesión, pacto, aquelarres, etc. En realidad, él no existe en América, su mundo es la Europa cristiana. El diablo llega a América en los cuerpos y las pertenencias de los descubridores, conquistadores, evangelizadores y colonizadores. Son ellos quienes lo desplazan de sí mismos y lo impostan en el cuerpo y las costumbres de los pueblos americanos.

Bibliografía

Acosta, Joseph de, *Historia natural y moral de las Indias*, edición de Edmundo O'Gorman. México: Fondo de Cultura Económica, 2006.

Aquino, santo Tomás de, *Suma de Teología IV, parte II–II (b)*. Madrid: Biblioteca de Autores Cristianos, 2005.

Baudot, Georges, *México y los albores del discurso colonial*. México: Nueva imagen, 1996.

Casas, fray Bartolomé de las, *Historias de las Indias*, vol. 1, edición de Agustín Millares Carlo. Estudio preliminar de Lewis Hanke. México: Fondo de Cultura Económica, 2017.

Castañega, fray Martín de, *Tratado de las supersticiones y hechizerias y de la possibilidad y remedio dellas (1529)*, edición e introducción crítica de Juan Roberto Muro Abad. Logroño: Instituto de Estudios Riojanos, 1994.

Colón, Cristóbal, *Diario de a bordo*, edición de Christian Duverger. México: Taurus, 2016.

Decretos del concilio tercero provincial mexicano (1585), vol. 2, edición histórico crítica y estudio preliminar de Luis Martínez Ferrer. Zamora: El Colegio de Michoacán / Universidad Pontificia de la Santa Cruz, 2009.

Duverger, Christian, *La conversión de los indios de Nueva España. Con el texto de los Coloquios de los Doce de Bernardino de Sahagún (1564)*. México: Fondo de Cultura Económica, 1996.

Halbertal, Moshe / Avishai Margalit, *Idolatría. Guerras por imágenes: las raíces de un conflicto milenario*, Barcelona: Gedisa, 2003.

Olmos, fray Andrés de, *Tratado de hechicerías y sortilegios*, edición de Geroges Baudot, México: Universidad Nacional Autónoma de México, 1990.

Olmos, fray Andrés de, *Tratado sobre los siete pecados mortales*, edición de Georges Baudot, México: Universidad Nacional Autónoma de México, 1996.

Ortiz, Alberto, *Diablo novohispano. Discursos contra la superstición y la idolatría en el Nuevo Mundo*, Valencia: Universidad de Valencia, 2012.

Ricard, Robert, *La conquista espiritual de México*. México: Fondo de Cultura Económica, 1994.

Sahagún, fray Bernardino de, *Historia General de las cosas de Nueva España*, edición de Josefina García Quintana y Alfredo López Austin. México: Consejo Nacional para la Cultura y las Artes, 1989.

Vera Cruz, fray Alonso de la, *De dominio infidelium et iusto bello. Sobre el dominio de los infieles y la guerra justa*, edición crítica, traducción y notas de Roberto Heredia Correa, México: Universidad Nacional Autónoma de México, 2007.

Il maligno e il medico

Patologie diaboliche e cure miracolose intorno alla metà del Cinquecento:
Il caso di Pompeo Della Barba

Folke Gernert

A tutt'oggi, una lombalgia acuta viene chiamata colloquialmente colpo della strega. Artiglio del diavolo è il nome popolare del *harpagophytum procumbens*, una pianta africana che si usa contro dolori articolari. Nell'uso linguistico corrente, sia le malattie che i rimedi possono essere associati alla stregoneria e al diavolo. Neppure l'idea di poter essere colpiti dal malocchio è scomparsa dall'imaginario collettivo fino al presente.[1]

Già i pensatori tardo-antichi del platonismo medio, come Porfirio e Giamblico, ipotizzavano che i demoni potessero causare varie patologie.[2] Soprattutto le malattie incurabili e inspiegabili venivano attribuite in epoche successive all'influenza diabolica.[3] Parlando del *Formicarius* (ca. 1437) di Johannes Nider e del *Malleus maleficarum* (1486), Lavenia ricorda che "i teologi e gli inquisitori difesero l'idea che Dio permettesse ai demoni di colpire uomini, bestie e raccolti; che il diavolo potesse alterare il corso della natura o l'equilibrio degli umori e guastare o possedere i corpi"[4]. Persino gli addetti ai lavori della salute come il medico fiorentino Antonio Benivieni (1443–1502), autore del *De abditis nonnullis ac mirandis morborum et sanationum causis*, credevano nell'influenza di Lucifero sul benessere umano.[5]

Per quanto riguarda la questione delle patologie diaboliche e la loro guarigione, due eruditi sono centrali, uno platonico e l'altro aristotelico, cioè

---

1 Cf. sul malocchio Leland Estes, "The Medical Origins of the European Witch Craze: A Hypothesis", in: *Journal of Social History* 17 (1983), pp. 271–284, qui p. 276.

2 Cf. Roland Götz, "Der Dämonenpakt bei Augustinus", in: Georg Schwaiger (a cura di), *Teufelsglaube und Hexenprozesse*, München: Beck, 1987, pp. 57–84, qui pp. 60–61.

3 Cf. Secondo Stuart Clark, "Demons and disease. The disenchantment of the sick", in: Hilary Marland / Marijke Gijswijt-Hofstra / Hans de Waardt (a cura di), *Illness and healing alternatives in Western Europe*, London: Routledge, 1997, pp. 38–58, qui p. 38, nella demonologia della prima età moderna l'idea che i diavoli potessero causare malattie era un luogo comune. Cf. anche il capitolo "Le diable au corps", in: Robert Muchembled, *Une histoire du diable*, Paris: Seuil, 2000 e Vincenzo Lavenia, "La medicina dei diavoli: Il caso italiano, secoli XVI–XVII", in: Maria Pia Donato / Luc Berlivet (a cura di), *Médecine et religion*, Roma: École française de Rome, 2013, pp. 163–194, qui p. 165.

4 Lavenia, "La medicina", p. 166.

5 Cf "La medicina", pp. 166–167. Cf. sul *Malleus* Clark, "Demons", p. 39.

© BRILL FINK, 2024 | DOI:10.30965/9783846768013_008

Marsilio Ficino (1433–1499) e Pietro Pomponazzi (1462–1525). Entrambi, sebbene spesso lo si dimentichi, erano anche medici. Il filosofo neoplatonico e traduttore degli scritti ermetici, nel cui edificio di pensiero i demoni hanno un posto di rilievo, tratta il nostro argomento in *De vita libri tres*. Qui parla del meraviglioso potere curativo di certe piante come l'iperico, chiamato "fuga dei demoni"[6] e insiste sulle "operazioni meravigliose per la salute, che possono essere fatte dai medici esperti in astrologia per mezzo di preparati composti di molti elementi"[7]. Un significato particolare hanno i talismani, a cui fa riferimento in varie occasioni e la cui efficacia è legata alle attività dei demoni:

> Per spiriti delle stelle poi alcuni intendono in verità le mirabili forze dei corpi celesti, altri invece i dèmoni che accompagnano questa o quella stella. Di qualsiasi genere siano gli spiriti delle stelle, ritengono che si introducano nelle statue e nelle immagini non diversamente da come i dèmoni sono soliti occupare talvolta i corpi degli uomini, e per mezzo di essi parlare, muoversi, muovere, compiere cose strabilianti. Ritengono che gli spiriti delle stelle facciano qualcosa di simile per mezzo delle immagini. Credono che i dèmoni, abitatori del fuoco cosmico, penetrino nei nostri corpi per mezzo degli umori ignei o ardenti [...] Noi invero crediamo che queste cose possano accadere per opera dei dèmoni, non tanto perché costretti in una determinata materia, quanto perché godono di essere venerati.[8]

Tutta una serie di medici della prima età moderna sono influenzati dagli insegnamenti di Ficino, nonostante non abbiano un atteggiamento uniforme nei confronti del diavolo. Mentre Symphorien Champier (ca. 1471–ca. 1540) dubitava della veridicità dei sabba[9] e Agrippa di Nettesheim (1486–1535) difese una donna accusata di stregoneria nel 1519,[10] Jean Fernel (1497–1558), uno dei medici più famosi del suo secolo, sosteneva in *De abditis rerum causis* (1548) che certe malattie avessero una causa innaturale o soprannaturale e fossero probabilmente il risultato dell'intervento del diavolo.[11]

---

6   Marsilio Ficino, *Sulla vita*. A cura di Alessandra Tarabochia Canavero, Milano: Rusconi, 1995, pp. 237–238, enumera l'iperico tra le erbe che "abbiano dal Sole e da Giove meravigliose proprietà contro le epidemie e i veleni", ricordando che "si ritiene che tenga lontani da noi i vapori nocivi dei demoni maligni per nessun altro potere che quello ricevuto dalle Grazie celesti".

7   Cf. Ficino, *Sulla vita*, pp. 233–243.

8   Cf. *Sulla vita*, pp. 265–267.

9   Cf. Clark, "Demons", p. 49

10 Cf. "Demons", p. 49 e Kurt Flasch, *Der Teufel und seine Engel*, München: Beck, 2015, p. 238.

11 Cf. Marianne Closson, "The Devil's Curses: The Demonic Origin of Disease in the Sixteenth and Seventeenth Centuries", in: Claire L. Carlin (a cura di), *Imagining contagion in early modern Europe*, Victoria: Springer, 2005, pp. 63–77, qui p. 65 e Estes, "The Medical Origins", p. 272.

A differenza dei neoplatonici, i peripatetici ribadiscono che i demoni non trovano posto nel pensiero dello Stagirita. L'espressione più radicale di questa visione si trova in Pietro Pomponazzi, il cui *De naturalium effctuum causis sive De incantationibus* fu completato nel 1520. Lo aveva scritto su richiesta di un collega che voleva farsi spiegare come fossero possibili certe guarigioni miracolose senza presupporre un'influenza diabolica.[12] "Il Peretto insinuò la totale inammissibilità naturale del mondo diabolico cristiano e la sua funzione politica [...] spiegando le malattie occulte, i miracoli e le convulsioni attribuite a forze soprannaturali con il ricorso alle potenze degli astri e alla *vis imaginationis*."[13] Quest'opera altamente eterodossa poté circolare solo in forma manoscritta fino alla pubblicazione postuma da parte del medico protestante Guglielmo Gratarolo nel 1556 a Basilea. In questa edizione, il medico neerlandese Levinus Lemnius (1505–1568) ha avuto modo di conoscere le tesi del padovano, che alcuni ricercatori[14] sospettano abbiano influenzato il suo *Occulta naturae miracula* (1559),[15] tradotto all'italiano nel 1560.[16]

La critica alla caccia alle streghe non implica necessariamente la negazione dell'esistenza del diavolo, come dimostra l'esempio di Johann Wier (ca. 1515–1588), la figura chiave del discorso medico sulla demonologia.[17] Come osserva Anglo, il "commonplace to regard Wier as the first, and most important, anti-witchcraft writer, to praise his common sense, his humanity, and his skillful deployment of medical evidence; to enthuse over his allegedly liberal-minded skepticism"[18] è stato messo in discussione giustamente. Come

---

12   Cf. Don Cameron Allen, *Doubt's Boundless Sea*, Baltimore: Johns Hopkins Press, 1964, p. 40.

13   Lavenia, "La medicina", p. 168. Cf. anche Flasch, *Der Teufel*, pp. 223–235 e Ismael del Olmo, "*Miscere diversa broda*: Pietro Pomponazzi y la naturalización de la posesión diabólica como crítica a la demonología escolástica", in: *Temas Medievales* 26 (2018), pp. 131–159, qui p. 148.

14   Closson, "The Devil's Curses", p. 68.

15   Clark, "Demons", p. 7.

16   Per *De gli occulti miracoli e vari ammaestramenti delle cose della natura* cf. Clark, "Demons", Closson, "The Devil's Curses", p. 67–68 e Lavenia, "La medicina", p. 169.

17   Quando la ricerca si occupa dell'atteggiamento dei medici nei confronti della caccia alle streghe, Wier è di solito al centro dell'attenzione, cf. p es. Gregory Zilboorg, *The medical man and the witch during the renaissance*, Baltimore: Johns Hopkins press, 1935 o Flasch, *Der Teufel*, pp. 237–254. Nelle raccolte tematiche, gli viene solitamente dedicato un capitolo a parte, p. es. Michaela Valente, "*Against the Devil, the Subtle and Cunning Enemy*: Johann Wier's *De praestigiis daemonum*", in: Johannes M. Machielsen (a cura di), *The science of demons*, London: Routledge, 2020, pp. 103–118.

18   Sydney Anglo, "Melancholia and Witchcraft: The Debate between Wier, Bodin and Scot", in: *Folie et Déraison à la Renaissance*, Bruxelles: Éditions de l'Université de Bruxelles, 1976, pp. 209–227, qui pp. 210–211.

lo studioso citato cerca di mostrare, l'argomentazione di Wier è da un lato inco-
erente e dall'altro non va oltre la spiegazione del fenomeno con il ricorso alla
melanconia come era già stato proposto da Lemnio. La sua opera *De praestigiis
daemonum*, pubblicata per la prima volta nel 1563, fu tradotta in francese dal
suo collega di professione Jacques Grévin (1538–1570) con il titolo *Cinq livres
de l'imposture et tromperie des diables* (1567). Come ha rilevato Wilkin, Wier ha
esaltato il potere del diavolo, anziché respingerlo.[19] Inoltre, come sottolinea la
ricercatrice citata, Wier ha preso le distanze dai peripatetici perché ricondu-
cono tutti i miracoli e le mostruosità di qualsiasi tipo a cause naturali.[20]

I testi citati finora sono quasi tutti scritti in latino e destinati a un pubblico
accademico. In lingua vernacolare scriverà verso la fine del secolo suo fami-
gerato *The Discoverie of Witchcraft* (1584) il medico inglese Reginald Scot.[21]
Meno prominente ma più rilevante nel nostro contesto è il caso di Francesco
de' Vieri (1524–1591), autore di un *Discorso intorno a' dimonii volgarmente chia-
mati spiriti*, pubblicato nel 1576. Proprio il fatto che fosse scritto in italiano
portò l'autore a scontrarsi con l'Inquisizione. I demoni non sono un argomento
che può essere affrontato in volgare – questo è il rimprovero delle autorità:
"non multum expediat, ut haec materia de spiritibus difficillima vulgari lingua
circumferatur".[22]

I tipi di testi che hanno come argomento i demoni e le streghe sono di
solito trattati o discorsi. Un'eccezione interessante è rappresentata da Andrés
Laguna, che nel suo commento alla traduzione di Dioscoride presenta il suo
punto di vista sulla stregoneria sotto forma di racconto. Pompeo della Barba,
l'autore di cui ci proponiamo di occuparci ha optato invece per la forma del
dialogo che – come è ben noto – era in auge nel 500. Sia per la scelta della
lingua volgare che per la forma letteraria, i suoi *Due primi dialoghi*, pubblicati
nel 1558, occupano una posizione del tutto particolare nel panorama del dibat-
tito sul diavolo tra i medici della sua epoca. Anche se la visione medica della
stregoneria e del demonio è stata esaminata dai ricercatori in varie occasioni,[23]

---

19   Rebecca M. Wilkin, *Women, Imagination and the Search for Truth in Early Modern France*,
     Aldershot: Ashgate, 2008, p. 68.

20   Wilkin, *Women*, p. 69.

21   Mi limito a fare riferimento al saggio attuale di Philip C. Almond, "Doubt and Demonol-
     ogy: Reginald Scot's *The Discoverie of Witchcraft*", in: Johannes M. Machielsen (a cura di),
     The science of demons, London: Routledge, 2020, pp. 133–148.

22   Citato da Lavenia, "La medicina", p. 175, nota 43, che ha rintracciato il documento nella
     Biblioteca Apostolica Vaticana, Vat. Lat. 6207, fol. 93 r.

23   Cf. Zilboorg, *The medical man*, Jean Céard, "Médecine et démonologie", in: Marie-Thérèse
     Jones-Davies (a cura di), *Diable, diables et diableries au temps de la Renaissance*, Paris:
     Touzot, 1988, pp. 97–112, Clark, "Demons", Lavenia, "La medicina" e Peter Elmer, "Medicine

questo dialogo è passato in gran parte inosservato dagli studiosi.[24] Di seguito, dopo una breve introduzione a Pompeo della Barbara e a questo dialogo, presenteremo il punto di vista dell'autore sul diavolo.

Pompeo della Barba (1521–1582), figlio di un medico di Pescia, studiò all'Università di Pisa, dove si laureò in medicina tra il 1543 e il 1548. Fu archiatra di Papa Pio IV, che morì nel 1565.[25] La sua prima opera pubblicata fu una *Esposizione di un sonetto platonico* (Firenze, Lorenzo Torrentino, 1549, riedizione 1554).[26] Qualche anno dopo, pubblicò dei *Discorsi sopra il sogno de Scipione* (Venezia, Giovan Maria Bonelli, 1553). L'opera di nostro interesse sono i *Due primi dialoghi. Nell'uno dei quali si ragiona de' segreti della natura; nell'altro, se siano di maggior pregio le armi, o le lettere*, pubblicati da Gabriel Giolito de' Ferrari a Venezia nel 1558. Probabilmente a causa della sua proibizione da parte dell'Inquisizione, il libretto è oggi molto raro e ne esistono solo poche copie. Il Sant'Uffizio punì il frate carmelitano Michele di Freschi per aver concesso troppo frettolosamente una licenza di stampa senza rendersi conto che il libro conteneva "cose molto perverse"[27]. In occasione della nascita dei gemelli di un certo Pirro Musefilo, il primo dialogo affronta una serie di questioni relative alla procreazione e alla sessualità. Sono inclusi temi delicati come il piacere femminile dell'amore e l'ermafroditismo.[28] Ma Della Barba parla anche del diavolo e dei demoni. E lo fa in lingua volgare, che – come è stato dimostrato – era disapprovato dalle autorità ecclesiastiche. La presentazione in forma di dialogo favorisce la pluralità discorsiva ma anche la divulgazione dei contenuti scientifici per un ampio pubblico di lettori.

I partecipanti al dialogo sono tutti personaggi contemporanei dell'autore: il lucchese Domenico Boni, poi medico personale di Emanuele Filiberto di

---

and Witchcraft", in: Brian P. Levack (a cura di), *The Oxford Handbook of Witchcraft in Early Modern Europe and Colonial America*, Oxford: Oxford UP, 2014.

24   Cf. Meschini, "Della Barba, Pompeo", in: *Dizionario Biografico degli Italiani* 36 (1988). https://www.treccani.it/ (Accesso 18.03.2023): "L'opera, condannata nel 1564 dal S. Offizio, e divenuta rarissima, ha finito con l'esser pressoché dimenticata".

25   I dati biografici sono stati ricavati da Meschini, "Della Barba".

26   È l'opera dell'autore che ha ricevuto la maggiore attenzione da parte della critica, cf. Armando Maggi, "Demonologia e neoplatonismo nel trattato d'amore *Sposizione d'un sonetto platonico* di Pompeo della Barba", in: *Italianistica* 28 (1999), pp. 9–21 e dello stesso autore *In the Company of Demons*, Chicago, University of Chicago Press, 2006.

27   Cf. Andrea Del Col, "Note sull'eterodossia di fra Sisto da Siena: i suoi rapporti con Orazio Brunetto e un gruppo veneziano di *spirituali*", in: *Collectanea Franciscana* 47 (1977), pp. 27–64, qui p. 482: "Il Sant'Ufficio continuò gli interventi spiccioli: nel marzo 1558 [...] ritirò e bruciò i *Due Primi Dialoghi* di M. Pompeo della Barba, stampati dal Giolito, punendo il carmelitano fra Michele di Freschi, che aveva concesso la licenza di stampa senza accorgersi che il libro conteneva "cose molto perverse".

28   Cf. Eva Del Soldato / Andrea Rizzi, *City, court, academy*, London: Routledge, 2018, p. 105.

Savoia, Bernardo Segni (1504–1558), importante traduttore di Aristotele in italiano, Pandolfo Martelli (1504–1568), di cui si sa poco e Lodovico Domenichi (1515–1564), traduttore di autori classici e moderni, tra cui Luciano, Agrippa di Nettesheim e Jean Calvin. La pubblicazione del *Libro del fuggir le superstizioni* (1551) di quest'ultimo portò alla condanna dell'autore al carcere a vita. Anche se questa fu presto sospesa, Domenichi rimase una figura problematica. Il fatto che Della Barba faccia di Domenichi uno degli interlocutori del suo dialogo pochi anni dopo questo scandalo testimonia una certa affinità con le idee eterodosse. Come sempre nel dialogo rinascimentale, l'identità storica degli interlocutori gioca un ruolo importante. L'aristotelico Segni viene solitamente contrapposto al medico Boni e anche all'eterodosso Domenichi.

Nel primo dialogo, Della Barba cita numerose autorità, soprattutto antiche: in primo luogo le opere biologiche di Aristotele e la *Storia naturale* di Plinio, ma anche scrittori di medicina come Galeno e, più raramente, Ippocrate. A differenza della *Esposizione*, Platone e i platonici ricevono meno attenzione dei peripatetici. Per quanto riguarda il problema del demoniaco, Ficino viene citato una sola volta. Più importanti, tuttavia, sono le tesi radicalmente eterodosse di Pomponazzi, anche se il suo nome non viene mai pronunciato. Nell'affrontare la questione delle guarigioni miracolose (notoriamente il punto di partenza del *De incantationibus*), l'aristotelico Segni afferma categoricamente che l'influenza dei demoni deve essere necessariamente esclusa. Il ruolo svolto da Pomponazzi da Ludovico Panizza,[29] si divide nell'opera di Della Barba tra due interlocutori che parlano delle loro esperienze e delle loro letture. Pandolfo Martelli propone la prima domanda: "Questo è quello che vorrei un tratto intendere a pieno, trovandosi scritto da buoni autori e vedendosi tutto giorno simil cose mirabili. Ho veduto io medicare ferite notabili senza medicina nissuna, ma solo con le fila de panni lini incantate e con certe parole dette da chi le medica."[30] È interessante notare che qui non è il medico, ma di nuovo Segni, a offrire una spiegazione naturale del fenomeno.[31] Questa risposta apre l'occasione per un'altra domanda, che viene ora formulata da Ludovico Domenichi:

---

29   Cf. la "Premessa" in Pietro Pomponazzi, *Le incantazioni*. A cura di Vittoria Perrone Compagni, Pisa: Edizioni della Normale, 2013, pp. 93–98.

30   Pompeo Della Barba, *Due primi dialoghi*, Venezia: Gabriel Giolito de' Ferrari, 1558, p. 67.
      Poiché il testo non è disponibile in un'edizione moderna, lo riproduco qui di seguito
      dall'edizione originale del 1558, riportando tra parentesi i numeri di pagina e modernizzando leggermente l'ortografia. Ringrazio la Biblioteca Nazionale Centrale di Firenze
      (MAGL. 3.6.503.) e la Bodleian Library di Oxford (Lawn f. 470) per avermi fornito le digitalizzazioni delle copie in loro possesso.

31   "Questo non è nulla, perché le fila da loro fanno lo effetto, tirando a sé l'umore superfluo
      e mantenendo asciutta, diseccata e netta la ferita. Onde la natura la incarna e consolida,
      non sendo impedita dalla putredine degli umori, che volete miglior esempio, o più chiaro

Si è pure veduto che uno scritto legato al collo a uno, che abbia la febbre, lo libera. E quivi non è altra sustanza che carta e inchiostro, ne' quali come sappiamo non essere tal virtù di sanare, perché se vi fusse, ogni carta e ogni inchiostro farebbe il medesimo effetto. A tal che viene a seguire, l'opera farsi o per influsso del cielo o per potenza diabolica di demoni.[32]

Segni è scettico pure su questo punto e non vuole ipotizzare un'influenza celeste o demoniaca ("Per influenza del cielo o per potenza di demoni non credo io potersi fare")[33]. Partendo dai postulati di base della sua disciplina scientifica, egli afferma poi che "[n]oi parliamo de le cose possibili e probabili in filosofia naturale, per vedere quello che con i principi di questa scienza si potria rispondere a certi effetti simili"[34]. Tale approccio –insiste– non metterebbe minimamente in discussione i fondamenti della fede cristiana.[35] L'appello all'ortodossia è più che problematico alla luce delle tesi espresse e della negazione categorica del demonio:

Dicovi che questi tali effetti non posson venire dal demonio, ritornando su fondamenti peripatetici, imperoché, secondo l'opinion loro, i demoni non sono. E quando mai pur anco fussino, come vogliono altri filosofi, questi sono effetti particolari ch'essi non gli conoscono e, non conoscendogli, non possono anco produrli.[36]

Anche con argomenti così complessi, la forma del dialogo consente una mediazione didattica che incorpora le reazioni dei diversi interlocutori. Qui Lodovico non solo si dichiara d'accordo ma, da non specialista, introduce un concetto chiave nella discussione: "È vero. Ho inteso altre volte da' vostri

---

del cane, il quale, ferito, si medica da sé, tenendo con la lingua purgata e monda la ferita, senza aiuto di niente altro", Della Barba, *Due primi dialoghi*, p. 67.

32   Ibid.

33   Ibid.

34   *Due primi dialoghi*, p. 68.

35   "Non bisogna trapassare di un genere in un altro, se noi non vogliamo confonderci, perché come voi entrate ne la nostra vera filosofia cristiana, vi è chiaro e risoluto ogni dubbio", Ibid.

36   *Due primi dialoghi*, pp. 68 sq. A questo proposito, cf. Perrone Compagni nella Introduzione alla sua edizione di Pomponazzi, *Le incantazioni*, pp. 22 sq.: "[...] angeli e demoni non sono né causa né effetto degli enti singolari: sono dunque esclusi dalla conoscenza dei singolari mediante la propria essenza. D'altra parte, il demone non potrebbe conoscere neppure mediante l'essenza universale 'uomo', perché l'idea di uomo è un'astrazione, che non ha esistenza reale bensì soltanto l'esistenza intenzionale di una rappresentazione mentale: la conoscenza universale del demone non potrebbe specificarsi come pensiero singolare di questo o quell'uomo".

filosofi che non potrebbeno conoscere se non gli universali."[37] Questa reazione del dilettante informato chiude una linea di argomentazione e permette al relatore principale, ora sotto forma di domanda retorica, di addentrarsi in una nuova area tematica, la forza dell'immaginazione.[38] Questa –secondo Segni– è così potente che può provocare delle modifiche non solo nel proprio corpo, ma anche in quello degli altri, come dimostra l'esempio della donna incinta. Così, in modo simile alla somministrazione di un placebo, si spiega l'efficacia della guarigione attraverso le parole:

> E così l'infermo incantato, per vigore della sua forte e gagliarda imaginazione di doversi sanare per virtù di quelle parole, viene a ridurre gl'umori suoi a benigno. E con quella alterazione a correggerli o veramente a prepargli a l'evacuazione e ripigliando forza la natura, si fa superiore al male e cacciagli poi fuor del corpo. E per questa via il corpo resta sano. Quando talora pure accaggia simil caso che di rado credo che occorra, overo possiamo imaginarci che gli scritti e le parole de lo incantatore sanano per quest'altra via, cioè perché da lui per la sua fissa imaginazione di sanare s'elevino vapori buoni in così fatta alterazione e che entrino nel corpo infermo a quelli ubidiente, e rendongli la sanità.[39]

I vapori emanati dall'immaginazione possono essere benigni o maligni; possono sia guarire che causare malattie. Ecco come Segni spiega nella continuazione il malocchio: "Si come da la trista imaginazione de le vecchie maliarde ripiene d'umori perniziosi e cattivi, si levano in quella perturbazione vapori maligni, li quali facilmente s'imprimono ne' teneri corpicini de' fanciulletti che sogliono ammaliare e guastare".[40] L'ammaliamento dei bambini piccoli attraverso gli occhi delle donne anziane è un tema che viene affrontato nel dialogo in vari passi da diversi punti di vista. Richiamandosi ad Alessandro di Afrodisia, Segni solleva la questione del perché i bambini piccoli, in particolare, siano suscettibili al malocchio.[41] A riprova della forte influenza che l'anima

---

37   *Due primi dialoghi*, p. 69.
38   "Ma sapete voi qual sia la cagione che questi tali scritti e questi brevi rendono la sanità –se pure talor lo fanno–? La forza de l'imaginazione, già detta di colui che presta loro fede. Avete pure inteso mirabili effetti che questa nostra imaginativa virtù produce non solamente nel proprio corpo, ubidiente a lei, ma ancora ne l'altrui, per l'essempio de la donna gravida, la quale fa il parto segnato con la voglia de la cosa da lei desiderata", *Due primi dialoghi*, p. 68.
39   *Due primi dialoghi*, pp. 69 sq.
40   *Due primi dialoghi*, p. 70.
41   „E però vedete che più facilmente sono fascinati e ammaliati e fanciulli –come dice Alessandro Afrodiseo ne la seconda parte de' suoi *Problemi*–, perché per la tenerezza de' corpi loro e per la natura più facile a mutarsi e ad alterarsi manco resistono che le altre età più dure non fanno sendo la loro passiva materia più disposta", *Due primi dialoghi*, p. 97.

esercita sul corpo, Segni fa riferimento altrove sia alle donne gravide che alla fascinazione:

> Non vi parrà dunque impossibile ch'ella operi ancora fuor del proprio subietto, trovando la materia disposta a potere introdurvi qualche forma che desideri, come abbiamo vedute de le donne gravide che partoriscono i figliuoli segnati con quelle voglie che la intensa imaginativa l'aveva fatte desiderare. E come si vede ne gli incanti e ne le malie di queste vecchie maliarde che guastano i teneri fanciullini, disposti a facilmente ricevere le loro maligne impressioni.[42]

Gli effetti dello stato emotivo della madre in attesa nei confronti del bambino nel grembo materno sono descritti non solo da Fracastoro,[43] ma anche da Pomponazzi, di cui Della Barba adotta la linea argomentativa senza dirlo.[44] Il riferimento del Domenichi, in questo contesto, allo sguardo mortale di alcuni popoli africani, di cui aveva letto in Plinio, spinge Segni ad una spiegazione alternativa della fascinazione: "O non s'ha a attribuire a l'imaginativa, ma al alito pestifero de la bocca o al vapor velenoso ch'escie loro de gli occhi [...]".[45] Questa tesi viene corroborata e precisata dal medico Boni, che prende la parola su richiesta di Pandolfo:

> Quello che dite, M. Bernardo, di alcune famiglie [...] in Africa [...] le quali lodando fascinano o guardando intensamente i piccoli fanciulli gli fanno diventare etici e consumare, non si debba attribuire a l'imaginativa, ma a l'alito pernizioso che da loro esce. Lo credo sia come voi dite, ma credo pur ancora che ci concorra il consenso grande de la fantasia loro a tale effetto, come causa principale movente gli umori e gli spiriti velenosi che per l'alito mandano nel corpo ammaliato e per gli occhi pestiferi e per tutta la faccia. Là onde i gentiluzzi e deboletti spiriti ai vaporosi umori de' teneri fanciulli restano da quelli potenti e terribili consumati. E di questa sorte d'uomini malefici credo ne l'uno e nell'altro sesso se ne possa trovar, quali il volgo chiama streghi e streghe.[46]

Facendo ricorso ad autorità scientifiche come il citato Fracastoro[47], messer Domenico cerca di fornire una spiegazione scientifica di ciò che è

---

42 *Due primi dialoghi*, pp. 60 sq.

43 Girolamo Fracastoro, *De sympathia et antipathia rerum*, a cura di Concetta Pennuto, Roma: Edizioni di Storia e Letteratura, 2008, p. 15.

44 Pomponazzi, *Le incantazioni*, p. 119: "Ancora: quanto perniciosamente il desiderio di nuocere riesce a fascinare i fanciulli e le persone alquanto impressionabili soltanto con uno sguardo prolungato! Come è chiaro che la voglia di una donna incinta marchia il molle feto con il segno di ciò che è stato immaginato!"

45 Della Barba, *Due primi dialoghi*, p. 61.

46 *Due primi dialoghi*, p. 62.

47 Fracastoro, *De sympathia*, p. 13.

popolarmente temuto come stregoneria. I vari interlocutori sono unanimi nel separare nettamente la prospettiva scientifica dalle credenze popolari quando si tratta di fenomeni difficili da spiegare. Così come Boni assegna qui il termine "strega" al volgo, Bernardo sottolinea in varie occasioni che le cose straordinarie sono percepite dagli ignoranti come miracoli ("cose [...] che a' volgari paiono miracolose e fuor dell'ordine di natura"[48] o "effetti grandi –giudicati dal vulgo miracoli–"[49]). I dialoganti propongono diverse cose inspiegabili nel loro solito modo disordinato. Parlano di predizione del futuro, di astinenza dal cibo, di simpatia e antipatia tra animali e piante,[50] di cure miracolose e finanche di morti risuscitati, per citare solo alcuni argomenti. Ciò solleva anche la questione dell'affidabilità delle autorità antiche, in particolare di Plinio. Parlando dell'eliotropio, che – come si legge nella *Naturalis historia*– avrebbe la capacità di rendere invisibile chi lo porta, Pandolfo ricorda scherzosamente il Calandrino di Boccaccio e schiera la letteratura contro la storia naturale.

Nel nostro dialogo vengono distinti i miracoli naturali da quelli divini,[51] ma viene anche considerato l'inganno consapevole. Il riferimento di Pandolfo a notizie di statue di bronzo e di marmo che sudano e piangono è spiegato da Bernardo in termini anticlericali piuttosto che scientifici: "Avvegna che a molte di queste cose si potesse dire, la maggior parte de le volte essere inganni de' sacerdoti, per fare correre i popoli a portare loro limosine, come qualche particolare esempio potria mostrare".[52] Della Barba riprende questa radicale condanna del sacerdozio cattolico fino ai minimi dettagli nuovamente da Pomponazzi.[53]

---

48 Della Barba, *Due primi dialoghi*, p. 97.

49 *Due primi dialoghi*, p. 100.

50 Cf. Ann E. Moyer, "Sympathy in the Renaissance", in: Eric Schliesser (a cura di), *Sympathy: A History*, Oxford: Oxford UP, 2015, pp. 70–101, qui p. 84: "The mechanisms of sympathetic and antipathetic motion and attraction are not visible and hence may appear to the casual observer to be mysterious powers, but in fact they can be explained entirely in physical and material terms using current principles of natural philosophy in the Aristotelian tradition".

51 Bernardo dice esplicitamente: "Avete da saper, che sono di due sorti miracoli, cioè naturali e divini", Della Barba, *Due primi dialoghi*, p. 113. Cf. Paolo Rubini, "Erklärung der Wunder im Spätaristotelismus: Pietro Pomponazzis *De incantationibus*", in: Vlad Alexandrescu / Robert Theis (a cura di), *Nature et surnaturel*, Hildesheim: Olms, 2010, p. 23–36.

52 Della Barba, *Due primi dialoghi*, p. 127.

53 Pomponazzi, *Le incantazioni*, p. 207: "Quanto poi al racconto delle statue che sudarono, che emisero lacrime, [...] è già chiaro cosa si dovrebbe rispondere se si seguono i miei avversari: si tratta di effetti causati tutti dall'intervento di spiriti. Invece, attenendomi ad Aristotele, io ritengo che si debba rispondere così: anche se molto spesso questi fenomeni sono trucchi di uomini e di sacerdoti [...] e sappiamo bene che imbrogli di questo tipo sono stati organizzati anche ai nostri tempi".

Una forma di frode completamente diversa, una specie di illusione ottica, è ricordata da messer Lodovico per mostrare quali spettacoli incantevoli siano possibili grazie alla profonda conoscenza della natura:

> I magi di Persia con la salvia smaltita nel fango, sendo il sole e la luna nel secondo aspetto del leone, generavano uno uccello simile a una merla con la coda di serpe. E poi, riduttala, in cenere, la infondevano in una lampana accesa e subito tutta la casa pareva piena di serpenti –come testifica il vostro Ficino nell'*Apologia a' Tre libri della vita*–, che tutto facevano con la dottrina loro e con il profondissimo conoscere de le nature de le cose.[54]

È sorprendente che Domenichi citasse Ficino a sostegno della spiegazione scientifica aristotelica del miracoloso senza demoni che propone il Segni. Il passo citato si trova nel contesto della distinzione tra magia demoniaca e naturale, dove quest'ultima viene nuovamente separata in due tipologie, una superflua, nata per pura curiosità, e un'altra, necessaria.[55] "Questo genere di magia deve essere evitato in quanto inutile e dannoso alla salute del corpo e alla salvezza dell'anima. Bisogna tuttavia difendere e non rifiutare la magia che deriva da necessità, che unisce la medicina all'astrologia."[56] Quella che in Ficino è un'aspra critica all'ostentazione, in Della Barba diventa un elogio del sapere che rende possibile proprio questa ostentazione.

Per quanto riguarda i guaritori, Boni non manca di accusarli di un deliberato intento di ingannare: "gli incantatori sciocchi che si credono con superstitioni e con parole fare miracoli o veramente vogliono darlo ad intendere ad altri".[57] Il caso esemplare che narra per illustrare questo fenomeno è tratto nientemeno che da Galeno, "nostro gentil fisico"[58]:

> Era, dice, uno di questi incantatori che voleva darsi a credere che ammazzava gli scorpioni con le parole e così sputava loro a dosso insino in tre volte e diceva ogni volta certe parole. E a la terza volta gli scorpioni restavano morti. Il medico eccellente e sagace veduto sputare loro adosso, subito s'accorse che la morte di que' velenosi animali veniva non da la virtù de le parole, né da l'osservanza del numero ternario de lo sputare, ma da la loro proprietà de lo sputo contrario a

---

54   Della Barba, *Due primi dialoghi*, pp. 111 sq.

55   Ficino, *Apologia*, in *Sulla vita* 1995, p. 299: "La prima senza dubbio compie inutili prodigi per ostentazione, come quando i Magi persiani dalla salvia putrefatta sotto la terra, mentre il Sole e la Luna occupavano la seconda faccia del Leone, e si trovavano lì nel medesimo grado, facevano nascere un uccello simile ad un merlo con la coda di serpente e, dopo averlo ridotto in cenere, lo mettevano dentro ad una lampada, sicché la casa sembrava immediatamente piena di serpenti".

56   Ficino, *Apologia*, in *Sulla vita* 1995, p. 299.

57   Della Barba, *Due primi dialoghi*, p. 104.

58   Ibid.

tutti i veleni (come testifica parimente Nicandro) e così senza dire egli parola alcuna, il dotto medico sputava loro adosso e con lo sputo solo gli amazzava.[59]

I contemporanei di Della Barba erano molto attratti dal maneggio di animali velenosi e dei veleni vari. I medici in particolare cercavano spiegazioni per le numerose storie prodigiose, molte delle quali erano state tramandate dall'antichità. Anche il convertito spagnolo Andrés Laguna (1490–1560), in una delle narrazioni interpolate della sua traduzione di Dioscoride, parla di un ciarlatano come di un truffatore: "El primer año que llegué a Roma vi dos Marsos de estos que se publican descendientes el apóstol Sant Pablo, los cuales contrastando sobre cual tenía más probados remedios contra todo género de serpiente, vinieron a desafío, el cual se ordenó dentro de Campo de Flor en esta manera: [...]."[60] Dopo il divertente racconto dei truffatori truffati, il verdetto del medico spagnolo è esplicito: "podemos juzgar que gran parte de la ciencia de aquestos hombres consiste en burlerías y engaños".[61]

Anche di fronte a notizie di morti riportati in vita, i medici della prima età moderna riescono a trovare spiegazioni naturali. "Avvegna che Xanto storico dica con una certa erba per nome chiamata bali, un dragone avere resa la vita a un suo figliuolo ucciso e che Tillone, morto da un dragone, con la medesima racquistò la vita".[62] Gli esempi citati da messer Bernardo, che attribuiscono l'effetto miracoloso a una pianta medicinale, non provengono direttamente dallo storico lidio citato, ma nuovamente da Pomponazzi.[63] Un'altra spiegazione naturale avanzata da messer Lodovico è quella della morte apparente del presunto risorto:

> Narra Rabi Moise di mente di Galeno che accade una volta a un uomo certa suffocazione che gli durò sei giorni. Tenevalo come morto senza mangiare e senza bere. Riferisce ancora di alcuni che sono stati per simili accidenti giudicati morti e innanzi a settanta due ore sotterrati dove che poi si è trovato ch'erano vivi. E questo è il modo nel quale i magi e i negromanti risucitano i morti.[64]

---

59   Ibid. Paul T. Keyser, "Science and magic in Galen's recipes (Sympathy and efficacy)", in: Armelle Debru (a cura di), *Galen on Pharmacology*, Leiden: Brill, 1997, pp. 175–198, qui p. 190: "Galen provides a few charms. In *De simpl. med. fac.* 10.16 [...], he records [...] Nicander's observation that saliva kills poisonous beasts [...]. Someone once showed Galen an incantation [...], which he said thrice, spitting each time, and so killed a scorpion".

60   Andrés Laguna (trad.), *Pedacio Dioscórides Anazarbeo. Acerca de la materia medicinal y de los venenos mortíferos*, Anversa: Juan Latio, 1555, p. 612.

61   Laguna, *Pedacio Dioscórides*, p. 612.

62   Della Barba, *Due primi dialoghi*, p. 110.

63   Pomponazzi, *Le incantazioni*, p. 164.

64   Della Barba, *Due primi dialoghi*, p. 108.

Qui è il medico ebreo medievale Maimonide (1135–1204) a rendere plausibile l'opera dei negromanti.[65]

In linea con quanto mostrato finora, lo scetticismo di Della Barba si estende anche alla credenza nel sabba delle streghe. È ancora una volta messer Lodovico a sollevare la questione oggetto di discussione fin dal *Canon episcopi*. "Pensate adunque che tutti que' malefizi che son detti farsi da le streghe sia per opera de la imaginativa loro? Così quello andare ogni settimana una volta in corso o vogliamo dire a la noce di Benevento come gli altri?"[66] Non deve stupire che messer Bernardo veda il sabba come un prodotto dell'immaginazione. È sorprendente, peraltro, che egli si rifaccia a Gianfrancesco Pico[67] e non confuti appieno le sue tesi: "Io sì. Lo tengo per certo che vi vadino con l'imaginazione solamente, non si partendo né movendo dond'elle sono, se pure è vero quello che scrive Gianfrancesco Pico nel suo *Dialogo de la strega*, che le si diano ad intendere d'andarvi e s'ell'hanno queste baie e queste novelle di donnicciule verità alcuna in loro".[68] Il punto di vista adottato è perfettamente compatibile con le scoperte di altri medici della prima età moderna che si sono occupati di questo tema. Comunque non è Wier il primo a dover essere considerato, ma una pubblicazione che precede di pochi anni quella del nostro dialogo. Si tratta della già citata traduzione spagnola di Dioscoride, in cui Laguna si rivela un pioniere degli studi degli effetti allucinogeni del cosiddetto unguento delle streghe.[69] In una narrazione intercalata, riferisce come

---

65   Maimonides, *Medical Aphorisms. Treatises 22–25*. A cura di Gerrit Bos, Provo: Brigham Young University Press, 2017, 24,45, p. 95: "He says in this treatise: A torpor may happen to a person that lasts four six or seven days, during which he does not use the faculty of reason and does not eat and does not drink, and his vessels are dry and his respiration is irregular. Then he mentions unusual methos of treating apoplexy patients" e 24,49, p. 97.

66   Della Barba, *Due primi dialoghi*, p. 70.

67   Nel 1523, Giovanni Francesco Pico della Mirandola pubblicò, in latino, il suo *Strix sive de ludificatione daemonum*. Una traduzione italiana de Turino Turini apparve a Pescia, da Lorenzo Torrentino, nel 1555.

68   Della Barba, *Due primi dialoghi*, p. 70. Per quanto riguarda le menzioni delle tesi di Pico nella *Sposizione* di Della Barba, cf. Maggi, *In the Company*, p. 129: "Della Barba reminds us that in *Strix*, Giovan Francesco Pico contends that the evil spirits often make their female worshippers believe that these women can fly to their night gatherings. In this case, the connection between humans and spirits takes place in the witches' imagination". Para Pico cf. Walter Stephens, "Learned credulity in Gianfrancesco Pico's *Strix*", in: *Renaissance and reformation* 4 (2019), pp. 17–40.

69   Cf. Harry Friedenwald, "Andres a Laguna, a Pioneer in his views on Witchcraft", in: *Bulletin of the History of Medicine* 7 (1939), pp. 1037–1046, José Francisco López Muñoz / Francisco Pérez Fernández, "Los ungüentos de brujas y filtros de amor en las novelas cervantinas y el papel del *Dioscórides* de Andrés Laguna", in: *Tribuna Plural* 8 (2015), pp. 237–292 e il mio articolo "Cañizares y los médicos: De nuevo sobre el bálsamo de las brujas cervantino", in: Elvezio Canonica, Pierre Darnis e Alberto Montaner (a cura di), *A la sombra de*

sia entrato avventurosamente in possesso della sostanza in questione e l'abbia sperimentata su una sua paziente. La donna dormì per 36 ore e poi riferì i suoi sogni erotici. Questo esperimento permette al medico di smascherare i racconti delle avventure con il diavolo come allucinazioni: "De donde podemos conjecturar que todo cuanto dicen y hacen las desventuradas brujas es sueño, causado de bebrajes y unciones muy frías, las cuales de tal suerte las corrompen la memoria y la fantasía que se imaginan las cuitadillas y aun firmísimamente creen haber hecho despiertas todo cuanto soñaron durmiendo".[70] Il caso di Pompeo della Barba e le analogie con Andrés Laguna dimostrano che le idee radicalmente scettiche sulla stregoneria e sul diavolo erano già diffuse tra i medici prima del *De praestigiis daemonum*. E sono stati formulati persino in lingua volgare, anche se in contesti in cui i ricercatori odierni non li hanno sempre cercati.

Bibliografia

Almond, Philip C., "Doubt and Demonology: Reginald Scot's *The Discoverie of Witchcraft*", in: Johannes M. Machielsen (a cura di), *The science of demons*, London: Routledge, 2020, pp. 133–148.

Allen, Don Cameron, *Doubt's Boundless Sea*, Baltimore: Johns Hopkins Press, 1964.

Anglo, Sydney, "Melancholia and Witchcraft: The Debate between Wier, Bodin and Scot", in: *Folie et Déraison à la Renaissance*, Bruxelles: Éditions de l'Université de Bruxelles, 1976, pp. 209–227.

Céard, Jean, "Médecine et démonologie", in: Marie-Thérèse Jones-Davies (a cura di), *Diable, diables et diableries au temps de la Renaissance*, Paris: Touzot, 1988, pp. 97–112.

Clark, Stuart, "Demons and disease. The disenchantment of the sick", in: Hilary Marland / Marijke Gijswijt-Hofstra / Hans de Waardt (a cura di), *Illness and healing alternatives in Western Europe*, London: Routledge, 1997, pp. 38–58.

Closson, Marianne, "The Devil's Curses: The Demonic Origin of Disease in the Sixteenth and Seventeenth Centuries", in: Claire L. Carlin (a cura di), *Imagining contagion in early modern Europe*, Victoria: Springer, 2005, pp. 63–77.

Del Col, Andrea, "Note sull'eterodossia di fra Sisto da Siena: i suoi rapporti con Orazio Brunetto e un gruppo veneziano di *spirituali*", in: *Collectanea Franciscana* 47 (1977), pp. 27–64.

Della Barba, Pompeo, *Due primi dialoghi*, Venezia: Gabriel Giolito de' Ferrari, 1558.

---

la Camacha. Formas y funciones de la superstición en Cervantes. Anejo n.º 13 de Etiópicas: Revista de Letra Renacentistas, Huelva: Universidad de Huelva, 2023, pp. 193–206.

70   Laguna, *Pedacio Dioscórides*, p. 422.

Del Soldato, Eva / Andrea Rizzi, *City, court, academy*, London: Routledge, 2018.

Elmer, Peter, "Medicine and Witchcraft", in: Brian P. Levack (a cura di), *The Oxford Handbook of Witchcraft in Early Modern Europe and Colonial America*, Oxford: Oxford UP, 2014.

Estes, Leland, "The Medical Origins of the European Witch Craze: A Hypothesis", in: *Journal of Social History* 17 (1983), pp. 271–284.

Ficino, Marsilio, *Sulla vita*. A cura di Alessandra Tarabochia Canavero, Milano: Rusconi, 1995.

Flasch, Kurt, *Der Teufel und seine Engel*, München: Beck, 2015.

Fracastoro, Girolamo, *De sympathia et antipathia rerum*, a cura di Concetta Pennuto, Roma: Edizioni di Storia e Letteratura, 2008.

Friedenwald, Harry, "Andres a Laguna, a Pioneer in his views on Witchcraft", in: *Bulletin of the History of Medicine* 7 (1939), pp. 1037–1046.

Götz, Roland, "Der Dämonenpakt bei Augustinus", in: Georg Schwaiger (a cura di), *Teufelsglaube und Hexenprozesse*, München: Beck, 1987, pp. 57–84.

Gernert, Folke, "Cañizares y los médicos: De nuevo sobre el bálsamo de las brujas cervantino", in: Elvezio Canonica, Pierre Darnis e Alberto Montaner (a cura di), *A la sombra de la Camacha. Formas y funciones de la superstición en Cervantes. Anejo n.° 13 de Etiópicas: Revista de Letra Renacentistas*, Huelva: Universidad de Huelva, 2023, pp. 193–206.

Keyser, Paul T., "Science and magic in Galen's recipes (Sympathy and efficacy)", in: Armelle Debru (a cura di), *Galen on Pharmacology*, Leiden: Brill, 1997, pp. 175–198.

Laguna, Andrés (trad.), *Pedacio Dioscórides Anazarbeo. Acerca de la materia medicinal y de los venenos mortíferos*, Anversa: Juan Latio, 1555.

Lavenia, Vincenzo, "La medicina dei diavoli: Il caso italiano, secoli XVI–XVII", in: Maria Pia Donato, Luc Berlivet (a cura di), *Médecine et religion*, Roma: École française de Rome, 2013, pp. 163–194.

López Muñoz, José Francisco / Francisco Pérez Fernández, "Los ungüentos de brujas y filtros de amor en las novelas cervantinas y el papel del *Dioscórides* de Andrés Laguna", in: *Tribuna Plural* 8 (2015), pp. 237–292.

Maggi, Armando, "Demonologia e neoplatonismo nel trattato d'amore *Sposizione d'un sonetto platonico* di Pompeo della Barba", in: *Italianistica* 28 (1999), pp. 9–21.

Maggi, Armando, *In the Company of Demons*, Chicago: University of Chicago Press, 2006.

Maimonides, *Medical Aphorisms. Treatises 22–25*. A cura di Gerrit Bos, Provo: Brigham Young University Press, 2017.

Meschini, Franco Aurelio, "Della Barba, Pompeo", in: *Dizionario Biografico degli Italiani* 36 (1988). https://www.treccani.it/ (Accesso 18.03.2023).

Moyer, Ann E., "Sympathy in the Renaissance", in: Eric Schliesser (a cura di), *Sympathy: A History*, Oxford: Oxford UP, 2015, pp. 70–101.

Muchembled, Robert, *Une histoire du diable*, Paris: Seuil, 2000.

Olmo, Ismael del, "*Miscere diversa broda*: Pietro Pomponazzi y la naturalización de la posesión diabólica como crítica a la demonología escolástica", in: *Temas Medievales* 26 (2018), pp. 131–159.

Pomponazzi, Pietro, *Le incantazioni*. A cura di Vittoria Perrone Compagni, Pisa: Edizioni della Normale, 2013.

Rubini, Paolo, "Erklärung der Wunder im Spätaristotelismus: Pietro Pomponazzis *De incantationibus*", in: Vlad Alexandrescu / Robert Theis (a cura di), *Nature et surnaturel*, Hildesheim: Olms, 2010, p. 23–36.

Stephens, Walter, "Learned credulity in Gianfrancesco Pico's *Strix*", in: *Renaissance and reformation* 4 (2019), pp. 17–40.

Valente, Michaela, "*Against the Devil, the Subtle and Cunning Enemy*: Johann Wier's *De praestigiis daemonum*", in: Johannes M. Machielsen (a cura di), *The science of demons*, London: Routledge, 2020, pp. 103–118.

Wilkin, Rebecca M., *Women, Imagination and the Search for Truth in Early Modern France*, Aldershot: Ashgate, 2008.

Zilboorg, Gregory, *The medical man and the witch during the renaissance*, Baltimore: Johns Hopkins press, 1935.

Nieremberg, la música y sus demonios

María Jesús Zamora Calvo

1. Introducción

Desde la Antigüedad, la música queda impregnada por la magia, adentrándose en los fundamentos matemáticos que la rigen y la sustentan. Genera su creación dentro del orden cósmico, como canal de expresión y comunicación sublime del ser humano con el universo, algo que permite delinear una transición de lo expresivo a lo simbólico, y de ahí que tanto el ángel intérprete como el demonio músico adquieran un significado antagónico y complementario en la concepción que se tiene de la armonía de las esferas.[1] Se establece un vínculo entre la música y la ordenación cósmica, como un reflejo del macrocosmos en el microcosmos de la práctica musical. Para aclarar este punto, retrotraigámonos a tratados antiguos como el *Pymander*, el *Asclepio* o el *Corpus Hermeticum*[2], textos que influyen decisivamente en este concepto del cosmos penetrado por la simpatía y la antipatía entre los elementos que constituyen sus nueve esferas. El hombre se erige como gran milagro, situado entre la tierra y el cielo, único entre los seres de este mundo que se alza más allá y, con él, la música, la expresión humana más elevada. Es el dueño del orbe, desafía a los elementos, conoce a los demonios y transforma su realidad circundante. Su destino no se limita a ser el centro del universo, sino que también puede desbordar el mundo de las formas valorando su propia independencia. De este modo, siempre que lo decida, puede sobrepasar los límites

---

* Este capítulo se enmarca dentro de la producción científica generada por el grupo de investigación consolidado "Mentalidades mágicas y discursos antisupersticiosos (siglos XVI, XVII y XVIII)", reconocido oficialmente en la Universidad Autónoma de Madrid, http://www.mariajesuszamora.es/grupo_MMDA.

1 Joscelyn Godwin, *Harmony of the Spheres. A Sourcebook of the Pythagorean Tradution in Music*. Rochester / Vermont: Inner Traditions International, 1993; Jacomien Prins / Maude Vanhaelen (eds.), *Sing Aloud Harmonious Spheres: Renaissance Conceptions of Cosmic Harmony*, London / New York: Routledge / Taylor & Francis Group, 2018; Rafael García Mahíques (dir.), *Los tipos iconográficos de la tradición cristiana. Los ángeles III. La música del Cielo*, Madrid: Ediciones Encuentro, 2021, t. 4.
2 Hermes Trismegisto, *Corpus hermeticum*. Coloniae Agrippinae: offic. Coliniana sumpt. Pet Cholini, 1630; Brian P. Copenhaver (ed.), *Corpus Hermeticum y Asclepio*, trads. Jaume Pòrtulas y Cristina Serna, Madrid: Siruela, 2000.

© BRILL FINK, 2024 | DOI:10.30965/9783846768013_009

esféricos encontrando o su degeneración –si opta por la profundidad de lo demoniaco– o su perfeccionamiento –si se decanta por la ascensión hacia la música celeste–.[3]

El ser humano se halla suspendido en el centro de las causas definidas y limitadas de las cosas, que en esencia son lo que siempre fueron desde el principio: piedra, animal, planta, astro, etc.: "El hombre es la nada que puede llegar a serlo todo y se proyecta hacia el futuro. Su humanidad no reside en una naturaleza ya dada, sino en la construcción de la misma, en la elección asumida, en su rebasar los ámbitos de lo real."[4] La esfera celeste habitada por espíritus, llena de vida, no es una naturaleza que oprima al individuo; todo lo contrario, para él ha de ser un espacio en el que pueda expandir su libertad a partir de un diálogo con los seres que animan las estrellas y los espítirus celestes. Kepler contempla estas esferas como entes que giran animados por espíritus.[5] Lo único que precisa es disponer de la capacidad necesaria para saber oír y comprender la voz de las fuerzas cósmicas. Pero para captarla ha de acallar la propia, solo así pueden emerger los movimientos elementales. Todo se encuentra en actividad viva, origen de vibraciones infinitas, que establecen entre sí una amplia gama de correspondencias. El hombre tiene que aprehender y decodificar hasta comprobar que en el cosmos no existe límite posible.

Juan Eusebio Nieremberg es conocedor de esta armonía de las esferas basada en la simpatía y la antipatía entre las partes y la recoge en su *Curiosa y oculta filosofía* (1649)[6], para explicar cómo influye el maligno sobre el ser humano a través de la práctica musical como forma diabólica de expresión. Por eso en este capítulo intentaremos explicar, bajo el punto de vista de este autor, si la música puede injerir en los afectos y los estados de ánimo de los seres humanos; y si a través de ella se puede derrotar a los demonios gracias a la aversión y repugnancia que estos sienten hacia la denominada 'música celestial' antagónica a la forma de manifestación del mal.

2.   **Magia natural *versus* demoniaca**

Desde la Baja Edad Media hasta la Ilustración, se escriben un gran número de tratados en los que se aborda el tema de la magia desde los más diversos

---

3 María Jesús Zamora Calvo, *Ensueños de razón. El cuento inserto en tratados de magia (siglos XVI y XVII)*, Madrid / Frankfurt: Iberoamericana / Vervuert, 2005, p. 36–43.

4 Eugenio Garin, *El zodiaco de la vida. La polémica astrológica del Trescientos al Quinientos*, trad. Antonio-Prometeo Moya, Madrid: Alianza Editorial, 1981, p. 205.

5 Johannes Kepler, *Harmonices mundi*, Lincii Austriae: Godofredi Tampachii, 1619.

6 Juan Eusebio Nieremberg, *Curiosa y oculta filosofía*, Alcalá: María Fernández, 1649.

prismas, intentando erradicarla de la sociedad de este tiempo.[7] A lo largo de cada uno de estos textos, se nos va revelando un mundo mágico. Tras los objetos, los gestos y las palabras, se esconde un lenguaje moldeado por símbolos, ritos y sentidos de los que brota una fuerza atrayente e hipnótica. Sin tratar en profundidad las raíces históricas de este tipo de magia, tan solo mencionaremos la que llega a su consolidación durante el periodo escolástico. Partimos de la opinión de Alberto Magno, quien contrapone la magia natural a la adivinación que practican tanto hechiceros como nigromantes, estimando la primera como óptima y lícita, al estar fundada en propiedades de la Naturaleza creada por Dios, sin más limitaciones que la ley o la voluntad divina.[8]

Guillaume d'Auvergne se refiere explícitamente a esta magia natural, no demoniaca, que como la medicina puede producir curaciones. Sin negar la realidad de esta tipología, santo Tomás de Aquino prefiere considerar las artes mágicas excluidas de toda ciencia, al tenerlas como falacias del diablo y, por consiguiente, indebidas.[9] A partir de aquí se plantea la necesidad de discernir lo natural de lo demoniaco, la realidad de la ilusión. En este sentido, Roger Bacon cree que esto es posible por vía del experimento, siendo justamente lo empírico una de las bases en las que se sustenta la nueva mentalidad científica que surge a partir del Renacimiento.[10]

En general, este periodo premoderno es bastante favorable a la noción de magia natural, sobre todo a dos de sus vertientes: la de la astrología y la de la alquimia.[11] Para el hombre de este tiempo la magia no es más que una mera bifurcación casual en los vínculos de simpatía o de antipatía con los que queda comunicado todo el universo. Lo mágico inunda también la medicina de la época, tal y como aparece documentado por Pietro d'Abano en su *Conciliador*[12], donde se comparan las artes sugestivas e incluso hipnóticas con las

7   María Jesús Zamora Calvo, *Artes maleficorum. Brujas, magos y demonios en el Siglo de Oro*, Barcelona: Calambur Editorial, 2016, p. 187–250.

8   Alberto Magno, *De mineralibus, et rebus metalicis libri quinque*, Colonia: Ioan Birkmano, 1569.

9   Santo Tomás de Aquino, *Summa Theologica*, Padua: Ex typographia Seminarii, 1698 [1270].

10 Cf. Daniel P. Walker, *Spiritual and Demonic Magic. From Ficino to Campanella*, London: The Warburg Institute, 1958, p. 75–84; Germana Ernst / Guido Giglioni (eds.), *I vincoli della natura. Magia e stregoneria nel Rinascimento*, Roma: Carocci Editore, 2012.

11 Francisco Tomás Verdú Vicente, *Astrología y hermetismo en Miguel Servet*, Valencia: Universidad de Valencia, 1998.

12 Pietro d'Abano, *Conciliator controversiarum, quae inter philosophos et medicos versantur*, Mantua: Vierster & Septemcastrensis, 1472.

fórmulas sacramentales,[13] que originará un gran escándalo y la reprobación eclesial.

A la hora de contraponer la magia natural a la demoniaca, descubrimos que no nos resulta tan fácil discernir hasta qué punto los pensadores renacentistas mantienen una tendencia consciente y clara hacia el primer tipo. Como recordaremos, la doctrina filosófica dominante es la del neoplatonismo tardío sintetizado con el neopitagorismo. En este sentido resulta obvio constatar que los sistemas filosófico-teológicos que admiten la existencia de demonios y de la inmortalidad del alma se prestan mejor a creer en la posibilidad de comunicar información o manipular poderes, desviándolos de su curso espontáneo en provecho particular.[14]

Según esta nueva concepción, los diablos son entes integrados en el mundo, de ahí que lo que realmente se debe distinguir es la magia buena o blanca –la teúrgia– de la mala o negra –la goecia–, dependiendo de la clase de demonios o ángeles que intervengan. La idea más general de la magia en la época premoderna se basa en una cosmovisión sintética, con una jerarquía de seres relacionados por vínculos y estructurados a modo de anillos o eslabones en cadenas de causalidad intencional, obedeciendo a las referidas leyes de simpatía y antipatía. De este modo, la acción mágica queda condensada en cualquier gesto simbólico, contacto, grito, palabra, nota, signo, escritura, objeto, etc. con eficacia para producir un bien o anular un mal. ¿Y qué opinión tiene de esta concepción mágica Juan Eusebio Nieremberg?

3.   Juan Eusebio Nieremberg: vida y pensamiento

Nieremberg es uno de los máximos representantes del Humanismo español, un autor conocido, leído y respetado durante los siglos XVII y XVIII. Dedica su vida al estudio, la enseñanza y la reflexión. Nace en Madrid en 1595, de padres alemanes que vinieron a España formando parte del séquito de María de Austria (hija de Carlos V y esposa del emperador Maximiliano II). Estudia en Alcalá de Henares y más tarde en Salamanca, donde ingresa en la Compañía de Jesús el 2 de abril de 1614. Dentro de esta orden sus actividades se enfocan a la docencia en el Colegio Imperial de Madrid. Comienza impartiendo Gramática

---

13   Según Daniel P. Walker, el *Conciliador* es una de las fuentes utilizadas por Marsilio Ficino en su tratado *De vita*. E incluso llama la atención sobre el posible papel de la liturgia con su música, ritmos, aromas y escenario en la idea semi-sacra de la magia natural en Ficino. Cf. Walker, *Spiritual and Demonic Magic*, p. 36.

14   Cf. William Eamon, *Science and the Secrets of Nature. Books of Secrets in Medieval and Early Modern Culture*, Princeton: Princeton University Press, 1994.

y luego Sagrada Escritura, para convertirse posteriormente en el primer lector de Historia Natural; más tarde ejerce como Rector en dicha institución. En 1645 sufre una grave enfermedad que le mantiene sin habla durante largo tiempo. Muere en Madrid, el 7 de abril de 1658, después de recuperar parte de sus capacidades intelectuales y de terminar varios libros.[15]

Sus pretensiones se centran en el ámbito intelectual, no material. A excepción de la primera biografía que realiza sobre san Ignacio de Loyola,[16] siempre obtiene el permiso de Roma para publicar sus libros. Se somete a las normas y costumbres marcadas por la Compañía, potenciando la austeridad y el respeto. Rechaza deliberadamente cualquier aspiración política. Por orden de Felipe IV ejerce como confesor de Margarita de Saboya y forma parte del tribunal que juzga el dogma de la Inmaculada Concepción.[17] Es un personaje apreciado por sus compañeros de orden y por sus contemporáneos.

---

15   Nieremberg cuenta con varias biografías. El padre Juan de Igarza y Vargas realizó una de las primeras, que quedó manuscrita y se extravió en alguno de los traslados de la Compañía; se tiene noticia de ella gracias a Sommervogel. Michel Liétard se basó en esta para redactar una latina que publicó junto a *Opera parthenica* y la *Hieromelissa bibliotheca*. El padre Alonso de Andrade elaboró la que quizá sea la más famosa de todas, *Breve relación de la vida del P. Iuan Eusebio Nieremberg*, incluida en el tomo V de la serie de los *Varones ilustres de la Compañía de Jesús*. A los pocos días de morir este autor, el padre Diego de Celada escribió la *Carta del Rector del Colegio Imperial de Madrid, para los superiores y religiosos de la Compañía de Jesús de esta provincia, sobre la muerte y virtudes del P. Juan Eusebio Nieremberg, de la Compañía de Jesús*. También se conserva la *Inscripción fúnebre y breve discurso, en varios versos castellanos, a la muerte, o tránsito del Reverendíssimo Padre Juan Eusebio de Nieremberg, de la Compañía de Jesús, dedicado a la feliz memoria de su nombre*, Madrid: Domingo García Morrás, 1658. En 1673, Giovanni Battista Manni le dedicó el *Ritratti della gloria del Paradiso rappresentata in immagini, ed espressa in esenpi al peccatore duro di cuore. Con alcune Conside rationi sopra el rigorisissimo Giuditio di Dio dal P. Gio. Eusebio Nieremberg*, Milano: Federico Agnelli, 1675. Y ya en el siglo XVIII, Andrés Marcos Burriel y Antoine de la Roque escribieron sus respectivas biografías, pero ambos manuscritos tampoco se han conservado. Cf. Carlos Sommervogel, *Bibliothèque de la Compagnie de Jésus*, Bruxelles / Paris: Oscar Schepens / Alphonse Picard, 1894, t. IV, p. 550; Hugues Didier, *Vida y pensamiento de Juan E. Nieremberg*, Salamanca / Madrid: Universidad Pontificia / Fundación Universitaria Española, 1976; José Simón Díaz, *Bibliografía de la literatura hispánica*, Madrid: Consejo Superior de Investigaciones Científicas, 1994, t. XVI, p. 48 s.

16   La única excepción se encuentra en la vida que realizó de san Ignacio de Loyola, bastante alejada de la realidad. Tan exagerada es que incluso sus superiores la desaprobaron en su primera versión de 1631, exigiéndole que la enmendara considerablemente. En el Archivo Histórico Nacional de Madrid, sección de Inquisición, n.os 838 y 1122, se recoge la censura escrita por el Secretario del Prepósito General sobre la *Vida de san Ignacio de Loyola* (1631) por no ajustarse a la realidad y relatar obras y milagros sin fundamento.

17   José Simón Díaz, *Historia del Colegio Imperial de Madrid*, Madrid: Consejo Superior de Investigaciones Científicas / Instituto de Estudios Madrileños, 1952–1959, t. I, p. 563.

Nieremberg dispone de un conocimiento amplio y profundo sobre diversas materias, un neoplatónico que sigue más a Plotino que a san Agustín. Deja un gran número de libros escritos, "5740 páginas folio en castellano y poco menos de 5000 en latín"[18]. Concibe la vida como un sueño y el mundo como un gran teatro. Aborda estos temas bajo su propio punto de vista lo mismo que hacen Gracián y Calderón de la Barca. Duda de la realidad del mundo visible. Para él, la vanidad de las obras y de las inquietudes humanas se troca en pura irrealidad. Lo terrenal es huidizo, efímero, incierto y engañoso. Estamos sobre un escenario, representando el papel que Dios nos ha dado previamente. "Itaque iure Paulus ex his rerum versibilibus praeteruntibusque figuris collegit, nos quoque licere personam obducere, ut suis theatrum constet officiis, simulque actores fabulae. Hi dum flent, non dolent; dum emunt, non possident; dum iubent, sine imperio sunt."[19] El hombre nunca debe confundir la representación con la realidad. El alma ha de distanciarse tanto del cuerpo como de la situación social o histórica en la que este se encuentra. En esta función, Dios hace un reparto equitativo de papeles entre los personajes ricos y los pobres, los honrados y los sinvergüenzas, los sanos y los enfermos. Por ello la armonía del mundo se encuentra hecha de contrastes. Una vez que se ha asumido esto, el problema del mal pierde su perspectiva, ya que sirve para ver más nítidamente el bien que emana de Dios y de sus actos. De este modo la muerte cobra un sentido nuevo, ya que ella es la que transforma el mal temporal en bien eterno.

De todas sus obras nos vamos a centrar en *Curiosa y oculta filosofía: primera y segunda parte de las maravillas de la naturaleza, examinadas en varias cuestiones naturales* (1649), un compendio donde recopila tres tratados de filosofía natural: *Curiosa filosofía y cuestiones naturales*, *Oculta filosofía* y *Prolusión a la doctrina e historia natural*. En este volumen compilatorio, Nieremberg ofrece un muestrario completo y erudito de aquellos fenómenos naturales que carecen de explicación *a priori* racional, vinculando sus causas con efectos provocados por el diablo. Uno de los puntos que ha llamado nuestra atención es que este autor percibe la injerencia del demonio en la música como forma diabólica de expresión que provoca efectos adversos para el ser humano.

---

18   Didier, *Vida y pensamiento de Juan E. Nieremberg*, p. 7.
19   "Por lo tanto, según la ley de Pablo, dedujo de estas cosas mudables y figuras efímeras, que también nos es lícito disfrazar a una persona para que el teatro esté a la altura de sus deberes y lo mismo que a los actores de la obra; que mientras lloran, no se apenan; mientras compran, no poseen; mientras mandan, carecen de autoridad", Juan Eusebio Nieremberg, *De arte voluntatis libri sex*, Lugduni: Sumptibus Iacobi Cardon, 1631, lib. I, cap. 79, p. 111 (traducción M. J. Z. C.).

4.   Música y demonología

Nieremberg considera la música como don divino, que puede producir consecuencias ambivalentes que van de la calma a la intranquilidad, dependiendo
de que su origen sea celestial o demoniaco.[20] Esta dicotomía queda reflejada
en un espejo antagónico donde, por una parte, se muestra Dios y, por la otra,
Satanás. Lo bello se convierte en refracción de lo bueno, como la luz purifica-
dora; mientras lo feo se vincula con lo malo, como la oscuridad dañina. Por
ello, mientras Dios habita en el cielo gobernado por el orden divino de la creación, el maligno se entroniza en las profundidades del infierno donde reina
la estridencia y el desconcierto. Esta asociación entre la maldad y la fealdad,
adquiere una fuerte connotación moral en este periodo, tanto es así que con-
tribuye a justificar que la monstruosidad demoniaca sea reflejo de su carácter
perverso y dañino.

Esta concepción dispone de su correlato en la música: si el orden divino se
revela a través de la música celestial como vía salvífica para el hombre, el caos
infernal presenta la disonancia y la desarmonía con su correlato en la tierra a
través de determinadas prácticas musicales como formas de manifestación de
lo diabólico; esta reflexión ya fue expresada por fray Luis de León en su *Oda a
Francisco Salinas*, cuya forma métrica (lira) aspira a producir en el lector una
emoción semejante a la de la música de Salinas. En cuanto a su contenido mar-
cadamente platónico, expresa cómo la armonía musical faculta al alma para
llegar a la belleza ideal, atravesando las ocho esferas que configuran el universo, trascendiendo con ello el mundo de las apariencias:

> [...] Traspasa el aire todo
> hasta llegar a la más alta esfera,
> y oye allí otro modo
> de no perecedera
> música, que es la fuente y la primera.
>
> Ve cómo el gran maestro,
> aquesta inmensa cítara aplicado,
> con movimiento diestro
> produce el son sagrado,
> con que este eterno templo es sustentado.
>
> Y como está compuesta
> de números concordes, luego envía
> consonante respuesta;
> y entrambas a porfía
> se mezcla una dulcísima armonía.

---

20   Nieremberg, *Curiosa y oculta filosofía*, p. 200–207.

Aquí la alma navega
por un mar de dulzura, y finalmente
en él ansí se anega
que ningún accidente
estraño y peregrino oye o siente [...].[21]

Para Nieremberg, la música tiene el poder de alterar las emociones del hombre, para bien o para mal, cifrando un lenguaje que traspasa el entendimiento. Esto se debe a las frecuencias que recorren el cuerpo hasta penetrar en el alma, para conmoverla inquietándola o apaciguándola: "llevada el alma de la suavidad de la música, se divierte de otras cosas, dando lugar a que se sosieguen entre tanto varias turbaciones y especies descompuestas."[22] Para argumentar esta idea pone como ejemplos a Pitágoras, Clinias y Aquiles quienes se valían de la música para atemperar 'sus pasiones', Clinias –en concreto– tocaba la cítara, que simboliza el cosmos, al ser plana por un lado y redondeada por el otro representa la tierra y el cielo, mientras que sus cuerdas se relacionan con los planos del universo.[23] Es un instrumento vinculado con el diablo, símbolo de la concupiscencia libidinosa humana: "Hymni dicuntur et tu citharam tenes! Psalmi canuntur, et tu psalterium sonas aut tympanum! Merito vae, qui salutem negligis, mortem eligis."[24] Para Candela Perpiñá García, "el instrumento de cuerda aparentemente dulce e inocuo, se convierte en la artimaña preferida por el Diablo para engañar y tentar a los incautos"[25]. Al igual que el resto de tratadistas, Nieremberg se basa a veces en relatos de corte tradicional para argumentar su planteamiento teórico, como en este caso:

[...] en tiempo de Enrico IV, rey de Dinamarca, vivía un excelente músico que se propiciaba tener en su mano los afectos humanos para hacer a los tristes, alegres; a los alegres, tristes; a los enojados, apacibles; a los mansos, airados, hasta enfurecer a los hombres. El rey, deseoso de ver esta maravilla, mandó llamar al músico, el cual rehusó lo que pudo tocar delante de él, porque era de notables fuerzas y, si una vez se enfurecía, podía hacer mucho daño. Pero como la curiosidad del rey le forzó a que tocase delante de sí, previno el músico de lejos alguna gente

21   Fray Luis de León, *Poesías*, ed. Mauro Armiño, Madrid: Biblioteca EDAF, 1985, p. 48 s.

22   Nieremberg, *Curiosa y oculta filosofía*, p. 200.

23   Juan Eduardo Cirlot, *Diccionario de símbolos*, Madrid: Ediciones Siruela, 1997 [1958], p. 138.

24   "¡Se cantan himnos y tú sostienes el arpa! ¡Se cantan los salmos y se toca el arpa o el tambor! ¡Ay de los que descuidan la salvación y eligen la muerte!", Sancti Ambrosii Mediolanensis Episcopi, *De Elia et Jejunio*, Liber Unus, Caput XV,55, https://catholiclibrary.org/library/view?docId=Fathers-OR/PL.014.html&chunk.id=00000599 (acceso: 20.05.2023).

25   Candela Perpiñá García, "Demonios y seres maléficos músicos", en: Rafael García Mahíques (dir.), *Los tipos iconográficos de la tradición cristiana. Los Demonios II. Bestiario, música endiablada y exorcismo*, Madrid: Ediciones Encuentro, 2021, t. 6, p. 315.

que pudiese venir a detener al rey cuando les hiciese señas. Con este apercibimiento comenzó a tocar delante de la persona real y de otros grandes del reino. Entristeciólosisteció al principio con un son grave y bajo que, mudándole luego, los regocijó de modo que querían saltar de contento. Pasado más adelante los encorajó, de suerte que, a poco tiempo, se enfurecieron. Entonces, hizo la señal para que viniesen a detener al rey, el cual estaba tan furioso que mató algunos que le quisieron reportar, de que tuvo gran sentimiento después que se le pasó aquella furia.[26]

Nieremberg hace referencia como *auctoritas* a Aristógeno y Plutarco para explicar que este es el motivo por el cual los banquetes van acompañados por un tipo de música alegre y colorista, ya que esta contrarresta los efectos causados por el vino.[27] Incluso destaca otro poder de la música: el de mantener la fidelidad en el seno del matrimonio, para lo que cita el caso de Clitemnestra, mujer de Agamenón, quien antes de marcharse a la guerra de Troya, la puso bajo la custodia y la vigilancia de un músico "y, si no es muerto este, no la pudo gozar Aegisto"[28]. Dentro de la atracción o aversión que una persona puede sentir por la música, influye mucho el tipo de instrumento que se utilice, por ejemplo las chirimías, pertenecientes a la familia de viento y, por ello, vinculadas con el diablo al producir un sonido potente, penetrante, semejante al llanto: "Nicanor, según certificó Hipócrates, se turbaba y temía cuando oía en los convites chirimías"[29]; o el arpa que produce un sonido lleno de tensión y sufrimiento, simbolizando "amor que crucifica al hombre dolorosamente en espera durante todos los instantes de su existencia terrena"[30], por ello: "Scaligero dice de uno que, cuando oía algún arpa, no podía detener las aguas. Weinrich escribe de un perro que, oyendo templar un instrumento, era como darle de palos, así aullaba y se quejaba".[31] Sin embargo, con respecto a Orfeo que encantó a Cerbero con la música de su lira, dejándolo dormido, Juan Eusebio lo considera un hechicero, por lo que "[n]o hacía aquello por eficacia natural de la música, sino por arte supersticiosa y, así, censuró bien Pausanias que todo lo que se cuenta de la atracción de cosas inanimadas es o fábula u obra del demonio"[32]. En este caso, la música no amansa a las fieras, si no que son las formas diabólicas de expresión las que lo consiguen.

---

26 Nieremberg, *Curiosa y oculta filosofía*, p. 204.

27 *Curiosa y occulta filosofía*, p. 200.

28 *Curiosa y occulta filosofía*, p. 200 s.

29 *Curiosa y occulta filosofía*, p. 209.

30 Cirlot, *Diccionario de símbolos*, p. 95.

31 Nieremberg, *Curiosa y oculta filosofía*, p. 209.

32 Ibid.

Nuestro jesuita insiste en el hecho de que el demonio tiene una gran facilidad para infiltrarse en la sociedad a través de la práctica musical, lo que propaga la idea de que tanto la música como especialmente la danza pueden despertar las bajas pasiones a través de los sentidos, al impulsar apetitos carnales.[33] Esta vinculación de la música con la sensualidad y el pecado se remonta a la Antigüedad, por ello Nieremberg se apoya en Platón, quien vetó: "a los mancebos el canto lidio y frigio, porque aquel afligía al ánimo con tristeza, este le irritaba."[34] Esta concepción es asimilada por la cultura cristiana de una forma contrapuesta: los padres de la Iglesia aconsejan el canto para aumentar la fe, mientras que alertan de la lascivia que encubre determinadas prácticas musicales, "capaz de engañar a los sentidos y apartar al hombre del camino de la salvación, arrastrándolo a su muerte espiritual"[35]. Hace referencia a los "espíritus del corazón" para razonar por qué la música puede influir en los estados de ánimo del hombre. Estos

> [...] reciben dentro del pecho el aire trémulo y ondeado, haciéndose como unos con él, siguiéndoles los otros espíritus de las demás partes del cuerpo y mueven los músculos o los detienen conforme el modo y ley de los números y tonos músicos, o se apresura y repite incitadamente, o con mediano tenor se modera o con pausas lentas descansa, al modo que una cuerda tocada hace que resuene otra cuando están acordadamente templadas y tiradas. No de otra manera los espíritus del corazón se excitan por el sonido de fuera y, si este es furioso y alborotado, ellos se alteran semejantemente.[36]

Juan Eusebio incide en la idea de que gracias a la música se pueden controlar algunos vicios especialmente sexuales, donde el diablo se erige como el gran tentador. Estas pasiones humanas se desencadenan a través de determinados sonidos. Desde la Edad Media, la música se había convertido en una vía de exaltación de la belleza divina, por lo que se buscaron escalas mayores que armonizaran justamente esta gracia, para que los oyentes sintieran tranquilidad y espacialidad. A través de este control, se fue adoctrinando la cultura musical y, por ende, el oído y el gusto del auditorio. Las disonancias rompían con las armonías, como el tritono o *diabolus in musica*, un acorde cargado de angustia con tonos ásperos, motivo por el cual fue prohibido por la Iglesia medieval al pensar que a través de él se estaba invocando al diablo, que era una forma de manifestación de lo maligno provocando a un estado intranquilizante y

---

33   Sobre la demonización de la danza, véase también la contribución de Kirsten von Hagen en este volumen.

34   Nieremberg, *Curiosa y oculta filosofía*, p. 204.

35   Perpiñá García, "Demonios y seres maléficos músicos", p. 314.

36   Nieremberg, *Curiosa y oculta filosofía*, p. 205.

agitado.[37] Satanás adquiere una importancia clave a la hora de interpretar el periodo que discurre entre la época tardomedieval y la premoderna, pero también sirve para reafirmar la imagen de un Dios severo frente a su arcángel rebelde. Se le culpabiliza de los acontecimientos penosos, funestos y dolientes que asolan a estas décadas: pestes, guerras, sequías, hambrunas, migraciones y miserias.[38] Con la propagación del miedo al diablo se pretende instaurar una sumisión al Estado y la Iglesia, es decir, se le utiliza como un instrumento necesario entre Dios y los nuevos sistemas de obediencia forjados por los hombres e impuestos en un mundo en continuo cambio;[39] y en este contexto la música desempeña un papel fundamental para alimentar esta manipulación.

Si el anhelo último de los justos es llegar a la plenitud de la gloria en el paraíso, donde se disfruta de la música celestial y de cánticos divinos; los pecadores son empujados a las fauces de Levitán, donde soportan tormentos y castigos amenizados por todo tipo de estridencias diabólicas. A través del canto se está evocando a un vínculo natural de todos elementos, "a la vez que comunicación, delación y exaltación de esta relación interna de todo"[40]. Su conexión es, por lo tanto, puramente divina. Frente a ello, está el ruido inconexo y atronador del infierno. "Así pues, la música del Diablo es una música que no es digna de ser considerada como tal, ya que su fin no es alabar a Dios, sino todo lo contrario. Esta perversión musical desafía toda la lógica y el orden de la creación."[41]

Nieremberg está convencido que la intención última que persigue el diablo, a la hora de entablar alguna relación con el hombre, es la de apoderarse tanto de su cuerpo como de su alma y que todos los poderes y encantamientos que utiliza van encaminados a culminar con la posesión demoniaca.[42] De ahí que, durante la época premoderna, se considere a Satanás como un personaje cotidiano que, mediante la astucia, consigue dominar no solo el alma, sino también todos los miembros de un cuerpo humano o animal en su defecto.[43] Según Di Nola:

---

37   Perpiñá García, "Demonios y seres maléficos músicos", p. 312 s.

38   Jean Delumeau, *El miedo en Occidente (Siglos XIV–XVII). Una ciudad sitiada*, trad. Mauro Armiño, Madrid: Taurus, 2002.

39   María Jesús Zamora Calvo (ed.), *El diablo en sus infiernos*, Madrid: Abada Editores, 2022.

40   Cirlot, *Diccionario de símbolos*, p. 326.

41   Perpiñá García, "Demonios y seres maléficos músicos", p. 310.

42   Alfonso M. di Nola, *Historia del diablo*, trad. M. García Viñó, Madrid: Nuevos Temas, 1992, p. 343.

43   Sobre el tema de la posesión diabólica, se recomienda consultar: Juan García Font, *Manía divina y posesión diabólica. Posesiones, exorcismos y brujerías a través de la Historia y en las distintas partes del mundo*, Barcelona: Plaza-Janés, 1982; Daniel P. Walker, *Unclean spirits: possession and exorcism in France and England in the late Sixteenth and early Seventeenth*

La posesión, efectivamente, es una particular condición personal o colectiva que se presenta como ocupación del espíritu o de la presencia vital por parte de realidades extrañas, representadas como potencias impersonales o personales (dioses, demonios, espíritus, dobles de difuntos, espíritus naturales, espíritus animales, etc.). La característica histórica del fenómeno está en el hecho de que la imagen delirante que determina el ser poseído tiene siempre valor cultural, y está, pues, conexionada con los cuadros míticos y culturales que pertenecen a la persona o al grupo implicado. De forma que un cuadro fenomenológico y funcionalmente análogo entre muchas etnias y tradiciones religiosas se especifica de vez en cuando, como complejo de elementos culturalmente determinados: la posesión cristiana, por consiguiente, no podía tener más que al diablo en su núcleo.[44]

Para argumentar esta idea, Nieremberg recurre a una fuente bíblica, concretamente al episodio en el que Saúl endemoniado experimenta un cierto sosiego al escuchar el arpa de David. "Ayudábase aquel demonio, como los otros que ocupan los cuerpos humanos, de los órganos, potencias, afectos y humores de Saúl y, principalmente, de su melancolía."[45] Esto le lleva a plantearse si la música puede ayudar a expulsar a los demonios.

> Yo pienso que bastaba la natural. No niego que las oraciones y santo afecto de David con que cantaría algunos salmos de cosas santas y divinas tendrían más eficacia que ningún medio natural. Solo digo que no es necesario recurrir a este, porque semejante efecto no está fuera de la jurisdicción de la naturaleza porque, si bien no hay cosa material que por su virtud directa y primariamente ofenda la sustancia espiritual, hay muchas cosas que estorban sus efectos, de las cuales traté al fin de discurso que hice de la mudanza de la naturaleza.[46]

El mal se filtra en el ámbito más íntimo de la persona a través de la culpa, el pecado, la inquietud, la posesión, la locura, el desengaño o la desesperanza. Por la puerta de la melancolía se interna en el cuerpo de Saúl. La música se convierte en una vía para alejar momentáneamente al demonio, pero no expulsarlo. No logra emitir una orden constante y duradera a un espíritu maligno para que renuncie definitivamente a poseer y torturar a Saúl: "todas las veces que el espíritu malo del Señor arrebataba a Saúl, tomaba David su citara y

---

centuries, London: Scolar Press, 1981; Corrado Balducci, *La possessione diabolica*, Roma: Edizioni Mediterranee, 1974; Hilaire Kallendorf, *La retórica del exorcismo. Ensayos sobr religión y literatura*, Madrid / Frankfurt: Iberoamericana / Vervuert, 2016; Ismael del Olmo, *Legio: posesiones diabólicas y exorcismos en la Europa de los siglos XVI y XVII*, Zaragoza: Institución Fernando el Católico, 2018.

44   Di Nola, *Historia del diablo*, p. 343.

45   Nieremberg, *Curiosa y oculta filosofía*, p. 203.

46   Nieremberg, *Curiosa y oculta filosofía*, p. 202–203.

tocaba con su mano y se refocilaba Saúl y se aliviaba, porque se apartaba del espíritu malo"[47], pero sí que pone de manifiesto una realidad: la aversión que algunos diablos sienten por la música; lo que evidencia su carácter ambivalente, ya que mientras que para los justos tiene efectos salvadores, para los impíos conlleva su destrucción.

5. Últimas consideraciones

Como el resto de demonólogos de su tiempo, Nieremberg cree firmemente que "[e]l demonio quiere el demonio alteración, confusión, turbación, melancolía, tristeza y otros humores dispuestos para su fin y contra estos es la música, que sosiega y apacigua los afectos, compone los humores, destierra la melancolía y tristeza"[48]. Lo que pretende es invertir, una vez más, el orden divino puesto de manifiesto a través de la música celestial, para corromper dicha armonía, generando intranquilidad, desasosiego y angustia a través de cacofonías o sonios desagradables producidos a través del caos, el ruido y la confusión, algo plenamente evidenciado a través de la iconografía tardomedieval y premoderna. Tan solo hemos de fijarnos en aquellos demonios que aparecen a las puertas de las bocas del infierno, a modo de centinelas,[49] tocando instrumentos como trompetas o cuernos, como si con ello advirtiera a los convictos sobre los castigos que padecerán al adentrarse en el averno: "y los echarán en el horno de fuego; allí será el llanto y el rechinar de dientes" (Mateo 13,50). Lucifer se erige como el hermano pequeño de Cristo, el arcángel de luz, colmado de hermosura y sabiduría, quien cegado por la envidia se reviste de soberbia para enfrentarse al Padre. Derrotado se precipita a la oscuridad y, a medida que cae al abismo, sus rasgos se van desfigurando, con una belleza mutilada que evidencia el vencimiento, la expulsión y el desplome de un Satanás que se entroniza en su guarida infernal. Desde allí, manda tocar cítaras, trompas y cornetas con la disonancia de un estruendo que resuena para que ni el hombre ni Dios olviden que él sigue allí.

---

47   Nieremberg, *Curiosa y oculta filosofía*, p. 203.

48   Ibid.

49   María Tausiet, "The Guardian of Hell: Popular Demonology, Exorcism, and Mysticism in Baroque Spain", en: Julian Goodare / Rita Voltmer / Liv Helene Willumsen (eds.), *Demonology and Witch-Hunting in Early Modern Europe*, London / New York: Routledge / Taylor & Francis Group, 2020, p. 302–326.

Bibliografía

Balducci, Corrado, *La possessione diabolica*, Roma: Edizioni Mediterranee, 1974.

Cirlot, Juan Eduardo, *Diccionario de símbolos*, Madrid: Ediciones Siruela, 1997 [1958].

Copenhaver, Brian P. (ed.), *Corpus Hermeticum y Asclepio*, trads. Jaume Pòrtulas y Cristina Serna, Madrid: Siruela, 2000.

D'Abano, Pietro, *Conciliator controversiarum, quae inter philosophos et medicos versantur*, Mantua: Vierster & Septemcastrensis, 1472.

Delumeau, Jean, *El miedo en Occidente (Siglos XIV–XVII). Una ciudad sitiada*, trad. Mauro Armiño, Madrid: Taurus, 2002.

Di Nola, Alfonso M., *Historia del diablo*, trad. M. García Viñó, Madrid: Nuevos Temas, 1992.

Didier, Hugues, *Vida y pensamiento de Juan E. Nieremberg*, trad. M. Navarro Carnicer, Salamanca / Madrid: Universidad Pontificia / Fundación Universitaria Española, 1976.

Eamon, William, *Science and the Secrets of Nature. Books of Secrets in Medieval and Early Modern Culture*, Princeton: Princeton University Press, 1994.

Ernst, Germana / Giglioni, Guido (eds.), *I vincoli della natura. Magia e stregoneria nel Rinascimento*, Roma: Carocci Editore, 2012.

García Font, Juan, *Manía divina y posesión diabólica. Posesiones, exorcismos y brujerías a través de la Historia y en las distintas partes del mundo*, Barcelona: Plaza-Janés, 1982.

García Mahíques, Rafael (dir.), *Los tipos iconográficos de la tradición cristiana. Los ángeles III. La música del Cielo*, Madrid: Ediciones Encuentro, 2021, t. 4.

Garin, Eugenio, *El zodiaco de la vida. La polémica astrológica del Trescientos al Quinientos*, trad. Antonio-Prometeo Moya, Madrid: Alianza Editorial, 1981.

Godwin, Joscelyn, *Harmony of the Spheres. A Sourcebook of the Pythagorean Tradution in Music*. Rochester / Vermont: Inner Traditions International, 1993.

Kallendorf, Hilaire, *La retórica del exorcismo. Ensayos sobra religición y literatur*, Madrid / Frankfurt: Iberoamericana / Vervuert, 2016.

Kepler, Johannes, *Harmonices mundi*, Lincii Austriae: Godofredi Tampachii, 1619.

León, fray Luis de, *Poesías*, ed. Mauro Armiño, Madrid: Biblioteca EDAF, 1985.

Magno, Alberto, *De mineralibus, et rebus metalicis libri quinque*, Colonia: Ioan Birkmano, 1569.

Nieremberg, Juan Eusebio, *De arte voluntatis libri sex*, Lugduni: Sumptibus Iacobi Cardon, 1631.

Nieremberg, Juan Eusebio, *Curiosa y oculta filosofía*, Alcalá: María Fernández, 1649.

Olmo, Ismael del, *Legio: posesiones diabólicas y exorcismos en la Europa de los siglos XVI y XVII*, Zaragoza: Institución Fernando el Católico, 2018.

Perpiñá García, Candela, "Demonios y seres maléficos músicos", en: Rafael García Mahíques (dir.), *Los tipos iconográficos de la tradición cristiana. Los Demonios II. Bestiario, música endiablada y exorcismo*, Madrid: Ediciones Encuentro, 2021, t. 6, p. 310–321.

Prins, Jacomien / Vanhaelen, Maude (eds.), *Sing Aloud Harmonious Spheres: Renaissance Conceptions of Cosmic Harmony.* London / New York: Routledge / Taylor & Francis Group, 2018.

Sancti Ambrosii Mediolanensis Episcopi, *De Elia et Jejunio*, Liber Unus, Caput XV, 55 https://catholiclibrary.org/library/view?docId=Fathers-OR/PL.014.html&chunk. id=00000599 (acceso: 20.05.2023).

Simón Díaz, José, *Historia del Colegio Imperial de Madrid*, Madrid: Consejo Superior de Investigaciones Científicas / Instituto de Estudios Madrileños, 1952–1959.

Simón Díaz, José, *Bibliografía de la literatura hispánica*, Madrid: Consejo Superior de Investigaciones Científicas, 1994.

Sommervogel, Carlos, *Bibliothèque de la Compagnie de Jésus*, Bruxeles / Paris: Oscar Schepens / Alphonse Picard, 1894.

Tausiet, María, "The Guardian of Hell: Popular Demonology, Exorcism, and Mysticism in Baroque Spain", en: Julian Goodare / Rita Voltmer / Liv Helene Willumsen (eds.), *Demonology and Witch-Hunting in Early Modern Europe*, London / New York: Routledge / Taylor & Francis Group, 2020, p. 302–326.

Tomás de Aquino, santo, *Summa Theologica*, Padua: Ex typographia Seminarii, 1698 [1270].

Trismegisto, Hermes, *Corpus hermeticum.* Coloniae Agrippinae: offic. Coliniana sumpt. Pet Cholini, 1630.

Verdú Vicente, Francisco Tomás, *Astrología y hermetismo en Miguel Servet*, Valencia: Universidad de Valencia, 1998.

Walker, Daniel P., *Spiritual and Demonic Magic. From Ficino to Campanella*, London: The Warburg Institute, 1958.

Walker, Daniel P., *Unclean spirits: possession and exorcism in France and England in the late Sixteenth and early Seventeenth centuries*, London: Scolar Press, 1981.

Zamora Calvo, María Jesús, *Ensueños de razón. El cuento inserto en tratados de magia (siglos XVI y XVII)*, Madrid / Frankfurt: Iberoamericana / Vervuert, 2005.

Zamora Calvo, María Jesús, *Artes maleficorum. Brujas, magos y demonios en el Siglo de Oro*, Barcelona: Calambur Editorial, 2016.

Zamora Calvo, María Jesús (ed.), *El diablo en sus infiernos*, Madrid: Abada Editores, 2022.

TEIL IV

Narrative Gattungen: Teuflisches erzählen – teuflisches Erzählen

„Lo 'mperador del doloroso regno …"

Ambivalenzen der Luzifer-Darstellung in Dantes Commedia

David Nelting

1.   Luzifer als Darstellungsproblem christlicher Dichtung

Die Darstellung des Teufels gehört zu den großen literarischen Herausforderungen. Es gibt kaum eine paradoxere und damit ästhetisch sperrigere Figur als diejenige des hoffärtigen Engels, der von den höchsten Himmelssphären in den Abgrund der Hölle gestürzt wird und der in aller Verworfenheit doch sein übermenschliches Wesen behält: Durch den Fall ist der Engel ja nicht Mensch geworden, sondern verbleibt ontologisch im Feld eines Göttlichen, das in der Logik christlicher Seinslehre menschliches Verstehen und menschliche Sagbarkeit überfordert. Besonders spannungsreich stellt sich diese, in der Geschichte christlicher Kultur mal mehr, mal weniger drängende, nie aber gleichgültige Frage nach der Darstellbarkeit des Göttlichen in Dantes *Commedia*. Gleich zweimal verneint Dante eingangs der Paradieserzählung grundsätzlich die Möglichkeit, von seiner Erfahrung zu berichten: „[…] vidi cose che ridire / né sa né può chi di là sù discende" (Par. I, 5–6).[1] Nun ist bekannt, dass Dante entgegen dieser Unsagbarkeitsbehauptung das Geschaute schließlich sehr wohl in Worte fasst, und zwar detailreich – mit Nachdruck macht er allerdings deutlich, dass dies sein einzigartiges dichterisches Vermögen auf außerordentliche Weise beansprucht (Par. I, 10–36). Und auch wenn der Teufel bei Dante seinen Ort naturgemäß nicht im Himmel der Seligen, sondern im Inferno hat, so betrifft das Darstellungsproblem auch ihn – anders als in unserer Gegenwart, in der etwa die Fernsehserie *Lucifer* den Titelhelden psychologisiert und so diesseits von Glaube und Dogma in schmucker Menschengestalt darstellbar macht. Für Dante aber gelten andere Denkvoraussetzungen, ging es ihm doch darum, sein Werk in einer „doppelten Autorschaft"[2] mit einem poetischen und heilsgeschichtlichen Geltungsanspruch auszustatten. Dantes *Commedia* als „poema sacro al quale ha posto mano e cielo e terra" (Par. XXV, 1–2) versucht, weltliche Dichtung (*poema* und *terra*) und christliche

---

1   Hier und hinfort zitiert nach: Dante Alighieri, *Commedia*. Inferno–Purgatorio–Paradiso. Con il commento di Anna Maria Chiavacci Leonardi, 3 Bde., Mailand: Mondadori, 1991–1994–1997.

2   Vgl. Gerhard Regn, „Double Authorship: Prophetic and Poetic Inspiration in Dante's *Paradise*", in: *MLN* (Italian Issue) 122,1 (2007), S. 167–185.

© BRILL FINK, 2024 | DOI:10.30965/9783846768013_010

Wahrheitsoffenbarung (*sacro* und *cielo*) zu vereinen. Während Dante im *Convivio* Dichtung allgemein als eine „schöne Lüge" („bella menzogna") definiert, die nur allegorisch Wahrheit („veritade") zu stiften imstand sei (*Convivio* II i 3³), entzieht sich die *Commedia* einer solchen Dichtungsauffassung; sie soll als Darstellung des christlichen Jenseits bereits auf der ersten Aussageebene (*sensus litteralis*) wahrhaftiges Notat des Geschauten sein. Verdichtet kommt dieser Anspruch in Beatrices Auftrag an Dante im irdischen Paradies auf dem Gipfel des Läuterungsbergs zum Ausdruck. Dort hält Beatrice Dante – in markantem Rückgriff auf Anfang und Ende der Johannesoffenbarung[4] – dazu an, zum Wohle der Welt, die in Sünde lebt, genau das aufzuschreiben, was er sieht: „[...] in pro del mondo che mal vive / al carro tieni or gli occhi, e quel che vedi, / ritornato di là, fa che tu scrive" (Purg. XXXII, 103–105). Konsequent bezeichnet sich Dante in Par. X in einem quasibiblischen Autorverständnis als „scriba" der ihm offenbarten „materia" (Par. X, 27). Auf diese Weise wird die *Commedia* zu einem „Third Testament"[5] und zu Dantes „own Book of Revelation"[6], welches sich als eine Dichtung versteht, die durch ihre poetisch-rhetorischen Verfahren Evidenz herstellen und durch den Klang ihrer Verse Gottes Sieg über das Böse sinnliche Präsenz verschaffen soll („per sonare un poco in questi versi, / più si conceperà di tua vittoria", Par. XXXIII, 74–75). Mit seiner Selbstverpflichtung auf höchste, gottgegebene Wahrhaftigkeit aber verabschiedet Dante jene Spielräume der Fiktionalität, die ‚Dichtung' seit Aristoteles von anderen Diskurstypen unterscheidet. Charles S. Singleton hat das einst auf die berühmte Formel gebracht: „[T]he fiction of the *Divine Comedy* is that it is not fiction".[7]

Dieser Anspruch macht Dantes Luzifer-Darstellung – für Dante heißt der Teufel *Lucifero* – besonders interessant, muss er die Figur doch in ihrer ‚wahren' heilsgeschichtlichen Statur in Szene setzen. Damit ist von vornherein klar, dass er gemäß biblischer Anlage und theologischer Konzeption des Teufels bei seiner Darstellung kaum auf literarische Modelle der paganen Antike zurückgreifen kann: Wesen und Geschichte des Teufels entziehen sich heldenepischen und tragischen Mustern ebenso wie komischen Formularien. Auch

---

3   Hier und hinfort zitiert nach: Dante Alighieri, *Il Convivio*. Commentato da G. Busnelli e G. Vandelli con Introduzione di Michele Barbi, 2 Bde., Florenz: Le Monnier, 1964.

4   Dort wird dem Apokalyptiker bedeutet, er solle aufschreiben, was er sieht, und es an die Gemeinden schicken (Offb 1,11; 21,5).

5   Harold Bloom, *The Western Canon. The Books and School of the Ages*, New York: Harcourt Brace, 1994, S. 77.

6   Peter S. Hawkins, *Dante's Testaments. Essays in Scriptural Imagination*, Stanford: Stanford UP, 1999, S. 35.

7   Charles S. Singleton, *Dante Studies 1 Commedia: Elements of Structure*, Cambridge/Mass.: Harvard UP, 1963 [1954], S. 62.

wenn Diskurstraditionen des Tragischen und des Komischen morphologische Parallelen zur Luzifer-Legende aufweisen – von der tragischen Fallhöhe der edlen Figur durch unentrinnbare Schuld hin in die finale Katastrophe bis zu (komischer) Widersprüchlichkeit, Normabweichung, Gegensätzlichkeit oder ‚Gegensinnigkeit‘ –, so sperrt sich die biblische Luzifer-Erzählung und ihre theologische Systematisierung in entscheidenden Punkten diesen Modellen. ‚Tragisch‘ ist der Fall Luzifers schon allein deswegen nicht, weil dieser sich aus freiem Willen und wider besseren Wissens schuldig macht, anders als der tragische Held seit Aristoteles' Poetik, der, wie Ödipus, von den Göttern verfolgt ‚schuldlos schuldig‘ einen ‚Fehler‘ (*hamartía*) begeht. Dieser Punkt scheint mir entscheidend, und er entspricht der für Dante maßgeblichen theologischen Sicht auf Luzifer. So unterschiedlich die beiden im Jahr 1274 gestorbenen Kirchenlehrer Bonaventura und Thomas von ihrer argumentativen Systematik her gewesen sein mögen (Bonaventura als mystisch geprägter Franziskaner und der Aquinate als scholastischer Aristoteliker), so einhellig betonen doch beide den freien Willen in Luzifers Streben nach Selbstverherrlichung.[8] Beide Autoren sind nun in der *Commedia* von sichtlich größter theologischer Autorität;[9] auch für Dante ist damit Luzifers Auflehnung gegen Gott kein ‚tragischer Fehler‘, sondern vorsätzliches Verbrechen; die Darstellung Luzifers daher auch keine ‚tragische‘. ‚Komisch‘ – ich beziehe mich hier auf die rhetorische Kategorie im engeren Sinne und nicht auf jene allgemeine Mischung unterschiedlicher Stilebenen, welche der *Commedia* unter anderem ihren Titel gibt – ist die Gegensinnigkeit Luzifers schon deshalb nicht, weil sich die Geschichte nicht wie in einer ‚Komödie‘ vom Schlechten zum Guten wendet, sondern der gefallene Lichtträger das abgrundtief Böse in die Welt bringt und als

---

8   In Bonaventuras *Breviloquium* 7, *De apostasia daemonum*, heißt es „per liberum arbitrium voluntatis poterat tendere in summum bonum vel converti ad bonum privatum" (hier und hinfort zitiert nach: *S. Bonaventurae Opera Theologica Selecta*, cura PP. Collegii S. Bonaventurae edita. Tomus V. Tria Opuscula. Sermones Theologici, Florenz: Typographia Collegii S. Bonaventurae, 1964), und Thomas' *ST* I q63 behandelt die bewusste *malitia* der Engel (*De Angelorum malitia quoad culpam*), wobei der freie Wille Luzifers insbesondere in a5, „Utrum diabolus fuerit malus in primo instanti suae creationis per culpam propriae voluntatis", betont wird (hier und hinfort zitiert nach: *Summa Theologiae*. Deutsch-lateinische Ausgabe. Die deutsche Thomas-Ausgabe, 36 Bde., Berlin/Boston: De Gruyter, 1934–2021). Thomas kommt – u. a. im Autoritätsbezug auf Augustinus – zu dem klaren Ergebnis, dass das Böse der Engel aus ihrer *voluntas* hervorging, was substantiell darin begründet liegt, dass „angelus habet liberum arbitrium inflexibile post electionem" (*ST* I q63 a6).

9   Nicht nur hat Thomas demonstrativ vollständige Diskurshoheit über Par. X–XII. Die sinnstiftende Rolle beider Autoren für die *Commedia* verdeutlicht Dante durch einen auffälligen Chiasmus: Während in Par. XI der Dominikaner Thomas dem Jenseitsreisenden vom Leben des Franz von Assisi und der Ordensgeschichte der Franziskaner berichtet, behandelt der Franziskaner Bonaventura in Par. XII Dominikus und die Genese des Dominikanerordens.

schreckliche Figuration der größtmöglichen Gottesferne und des endgültigen Verlusts des Seelenheils das Gegenteil jener entlastenden Folgenlosigkeit komischer Diskrepanzfiguren bedeutet, von der literarische Komiktheorien meist ausgehen. – Dies in Erinnerung zu rufen, wirkt auf den ersten Blick vielleicht müßig, erscheint mir aber angesichts moderner Deutungen, die in hermeneutischer Horizontverschmelzung bei Dantes Luzifer-Darstellung groteske Komik, Karikatur und Parodie am Werk sehen,[10] durchaus angezeigt.

Kurzum: Dante muss seinem eigenen Ansatz zufolge jenseits mundaner Darstellungskonventionen Wege finden, die heilsgeschichtliche Rolle des Teufels mit den Mitteln einer – angesichts der patristischen und scholastischen Ablehnung der Dichtkunst[11] einzigartigen – „christlichen Poetik"[12] anschaulich zu machen, in welcher sich rhetorische Evidenzstrategien mit religiösem Wahrheitsanspruch verbinden. Dantes diesbezügliche Verfahren, durch die er die Doppelnatur des gefallenen Engels vor Augen stellt, münden, so mein Eindruck, in eine Poetik unhintergehbarer Ambivalenz, die sich als solche aus der eigentümlichen Beschaffenheit des Darstellungsgegenstands speist. ‚Ambivalenz' verstehe ich insofern nicht in dem Sinne, dass es zu Uneindeutigkeiten auf der Ebene der abschließenden Sinnstiftung käme, sondern dass Dante auf der Darstellungsebene spezifische Techniken der Montage von Lexemen mit

---

10   Dies ist der Fall der Handbucheinträge „Lucifer" von Dino Cervigni (*The Dante Encyclopedia.* Hg. von Richard Lansing, London: Routledge, 2010, S. 573–575) und „Lucifero" von Andrea Ciotti (*Enciclopedia Dantesca*, 6 Bde., Rom: Treccani, 1970, Bd. 3, S. 718–722), die von „evidente carica di comicità grottesca e caricaturale" (Ciotti, S. 719) und „caricature", „parody" und „grotesque" (Cervigni, S. 574–575) sprechen. Dass mittelalterliche Teufelsdarstellungen aus moderner Warte in ihrer ästhetischen und epistemischen Andersheit durchaus ‚komisch' anmuten können, mag sich aus der Gegensinnigkeit divergenter epochaler Dispositionen erklären. Für die Rekonstruktion historischer Funktionszusammenhänge ist damit indes wenig gewonnen. – Der von Ciotti und Cervigni verwendete Begriff der Groteske scheint auf den ersten Blick besser zu passen, erscheint mir aber als Beschreibungskonzept für römische Dekorationsmalerei, das sich nach der Ausgrabung der neronischen Domus Aurea im späten Quattrocento herausgebildet hat, in seinem kleinteilig kapriziösen und grundsätzlich komischen Zuschnitt ebenso wenig geeignet, die Spezifität des gewaltigen Schreckens zu erfassen, auf den Dantes Luzifer-Darstellung historisch zielt. Vgl. zum grotesken *ridiculum* André Chastel, *Die Groteske. Streifzüge durch eine zügellose Malerei*, Berlin: Wagenbach, 1997.

11   Ich erinnere für die scholastische Theologie des 13. Jahrhunderts an Thomas' Ablehnung der Dichtkunst als „infima inter omnes doctrinas" in *ST* I q1 a9. Unter den Kirchenvätern plädiert der Bibelübersetzer Hieronymus für kunstlose *sancta simplicitas* (*Epistolae* 57, 12 / *PL* 22, Sp. 579); Augustinus verdammt Sprachkunst als „gaudia vanitatis humanae" (*Confessiones* 3. IV–V / *PL* 32, Sp. 685–686).

12   Vgl. Andreas Kablitz, „Dichtung und Offenbarung. Dantes *Göttliche Komödie* und die Begründung einer christlichen Poetik", in: Ders. / Christoph Markschies (Hg.), *Heilige Texte. Religion und Rationalität*, Berlin/Boston: De Gruyter, 2013, S. 167–203.

gegenläufigen semantischen Valenzen verfolgt, welche ein umfassendes und aus Dantes historischem Diskursrahmen heraus heilsgeschichtlich ‚wahres' und in seinem sprachlichen Spannungszustand möglichst vollständiges Bild des Teufels erzeugen sollen. Dante verfolgt in diesem Sinn eine durchaus aufwändige *ars diaboli*, welche die ganze Bandbreite teuflischer Erscheinungsformen vom wunderschönen Engel bis zur abstoßenden Verkörperung höllischer Lebensfeindlichkeit und Gottesferne sprachlich ansichtig macht und auf diese Weise Effekte der Ambivalenz herstellt, die den heilsgeschichtlichen Schrecken, der sich aus Sicht des christlichen Dogmas mit dem Teufel verbindet, ebenso spezifisch wie nachhaltig erfahrbar machen sollen.

## 2.	Dantes *Lucifero*: Name und Programm

Ein erster Befund besteht darin, dass Dante den Teufel in allen drei *Cantiche*, also in *Inferno, Purgatorio* und *Paradiso*, erzählerisch präsent macht. Dies betrifft insgesamt vier Textstellen im *Inferno*, eine im *Purgatorio* und wiederum vier im *Paradiso*. In *Purgatorio* und *Paradiso* wird Luzifer nicht beim Namen genannt, sondern periphrastisch aufgerufen und dadurch sowohl rhetorisch mit Bedeutsamkeit versehen als auch über bestimmte Eigenschaften und Handlungen charakterisiert. Selbstverständlich steht hier die Verurteilung seines Hochmuts und seines Neids im Vordergrund, der beiden Eigenschaften, die dem Teufel Thomas' *Summa theologiae* zufolge in erster Linie eignen – in Bezug auf die Frage: „Utrum in angelis possit esse tantum peccatum superbiae et invidiae" kommt Thomas zu dem Ergebnis, dass Stolz und Neid die Hauptsünden der gefallenen Engel bezeichnen, von denen sich alle weiteren Sünden ableiten ließen („[...] sub superbia et invidia, prout in daemonibus ponuntur, comprehenduntur omnia peccata quae ab illis derivantur", *ST* I q63 a2). Dementsprechend nennt auch Dante die beiden Todsünden ausdrücklich als Merkmale Luzifers, und zwar *invidia* in Par. IX, 127–129 („La tua città, che di colui è pianta / che pria volse le spalle al suo fattore / e di cui è la 'nvidia tanto pianta, [...]") und *superbia* – Luzifer als der „primo superbo" der Schöpfung – in Par. XIX, 46–48, („E ciò fa certo che 'l primo superbo, / che fu la somme d'ogne creatura, / per non aspettar lume, cadde acerbo; [...]") sowie, mit einer verstärkend expliziten Verdammung, in Par. XXIX, 55–57: „Principio del cader fu il maladetto / superbir di colui che tu vedesti / da tutti i pesi del mondo costretto". Diese Passus sind in ihrem Urteil eindeutig und aus scholastisch-thomistischer Sicht auch sozusagen vorhersehbar. Didaktisch dramatisiert findet sich dieses Luzifer-Konzept in der szenischen Ansicht des Engelssturzes auf der Reliefdarstellung berühmter Hochmütiger, deren Reihe Luzifer

anführt, in Purg. XII, 25–27: „Vedea colui che fu nobil creato / più ch'altra crea-
tura, giù dal cielo / folgoreggiando scender, da l'un lato". Das hier entworfene
Bild stellt die Notwendigkeit und Unausweichlichkeit des Falls vor Augen, ver-
stärkend im Sinne rhetorischer *evidentia* eingeleitet von *vedea*. Das vermutlich
von Dante geformte[13] Verb *folgoreggiare* zitiert dabei in seiner lexikalischen
Gestalt das Lukasevangelium, in welchem vom *fulgur* des Sturzes die Rede ist –
„Videbam Satanam sicut fulgur de caelo cadentem"[14] (Lk 10,18) –, und stiftet in
Verbindung mit der Verlaufsform eine effektvolle Dynamisierung der Szenerie.

Dantes Luzifer-Bild erschöpft sich freilich nicht in dieser einsinnig konzen-
trierten Darstellung von Todsünde und Strafe. Von einiger Relevanz scheint mir
in dieser Hinsicht bereits die Namensgebung des Teufels in jenen Sequenzen,
in denen er nicht periphrastisch aufgerufen wird. Dort heißt er *Dite*, *Lucifero*
und *Belzebù*. Diese Namen fallen nun in unterschiedlichen Zusammenhängen,
und dabei ergibt sich eine klare Aufteilung: Vergil sagt *Dite*, Dante *Lucifero* sowie *Belzebù*. Vergils Verwendung von *Dite* in seiner eigenen, direkten
Figurenrede (Inf. XI, 64–65; Inf. XII, 38–39)[15] ist dabei überaus naheliegend.
In seiner ausdrücklich paganen Prägung – Vergil hatte sich Dante zu Beginn
als *poeta* vorgestellt, der zu Zeiten der „dèi falsi e bugiardi" (Inf. I, 72) gelebt
habe – bezeichnet er den Teufel auch Dante gegenüber als den spezifisch
römischen Dis[16], ganz wie er diesen Namen schon in der *Aeneis* praktisch
durchweg für den Gott der Unterwelt verwendet.[17] Und so ist nach Inf. XI
und Inf. XII auch im letzten Gesang des Inferno, in dem die beiden Jenseitswanderer dem Teufel im tiefsten Höllenkreis begegnen, dieser für Vergil der
antike Dis: „Quando noi fummo fatti tanto avante, / ch'al mio maestro piacque

---

13   Anna Maria Chiavacci Leonardi spricht in ihrem Stellenkommentar von dem „probabile
     conio dantesco" des Verbs (Dante, *Commedia*. Purgatorio, S. 356).

14   Hier und hinfort zitiert nach: *Biblia Sacra Iuxta Vulgatam Versionem*. Adiuvantibus Boni-
     fatio Fischer OSB, Iohanne Gribomont OSB, H.F.D. Sparks, W. Thiele, recensuit Robertus
     Weber OSB. Tomus II. Proverbia-Apocalypsis. Appendix, Stuttgart: Württembergische
     Bibelanstalt, ²1975 [1969].

15   Die betreffenden Passus in der direkten Rede Vergils lauten: „[…] nel cerchio minore, ov'
     è 'l / de l'universo in su che Dite siede, / qualunque trade in etterno è consunto" (Inf. XI,
     64–65) und: „[…] venisse colui che la gran preda / levò a Dite del cerchio superno, […]"
     (Inf. XII, 38–39). Auch die Bezeichnung des Inferno ab dem sechsten Höllenkreis der
     Häretiker als *città di Dite* ergibt sich nicht aus Dantes Erzählerrede, sondern aus der direk-
     ten Figurenrede Vergils: „Lo buon maestro disse: 'Omai, figluolo, / s'appressa la città c'ha
     nome Dite / coi gravi cittadin, col grande stuolo'" (Inf. VIII, 67–69).

16   Vgl. Fritz Graf, „Dis Pater", in: *Der Neue Pauly. Enzyklopädie der Antike*. Hg. von Hubert
     Cancik und Helmut Schneider. 16 Bde., Stuttgart/Weimar: Metzler, 1997, Bd. 3, Cl-Epi,
     S. 690.

17   Nur in *Aen*. VII, 327 ist von Pluto die Rede, sonst von Dis (*Aen*. VI, 127; 269; 397; VII, 568;
     XII, 199).

di mostrarmi / la creatura ch’ebbe il bel sembiante, / d’innanzi mi si tolse e fé restarmi, / ‚Ecco Dite‘, dicendo, ‚ed ecco il loco / ove convien che di fortezza t’armi‘ “ (Inf. XXXIV, 16–21). Dante dagegen nennt in seiner Erzählerrede den Teufel *Lucifero*, also mit einem Namen, der sich aus dem berühmten Bibelvers Is/Jes 14,12 ableitet: „quomodo cecidisti de caelo lucifer qui mane oriebaris“. Dies geschieht zum ersten Mal in Dantes Bericht davon, wie Antaeus Vergil und ihn in den neunten Höllenkreis hinabsetzt: „Ma lievemente al fondo che divora / Lucifero e Giuda, ci sposò; / né, sì chinato, lì fece dimora, / e come albero in nave si levò“ (Inf. XXXI, 142–145). Nach der Begegnung mit Luzifer wiederholt Dante diesen biblischen Namen ein zweites Mal: Beim Verlassen des Höllengrunds durch den Höhlengang, der die Jenseitswanderer zur südlichen Erdoberfläche und zum Fuß des Läuterungsbergs führt, wendet sich Dante noch einmal um und schaut zurück, und an dieser Stelle wird der Teufel (der nun in Untersicht erscheint) von Dante erneut – und im Zurückblicken gleichsam essentiell abschließend – als *Lucifero* bezeichnet: „Io levai gli occhi e credetti vedere / Lucifero com’io l’avea lasciato, / e vidili le gambe in sù tenere […]“ (Inf. XXXIV, 88–90). Den neutestamentlichen *Belzebù* (den Anführer der Dämonen, Mk 3,22; Lk 11,15) verwendet Dante schließlich in sicherer Entfernung von Luzifer, ohne dass es dabei noch zu irgendwelchen Bedeutungszuschreibungen käme (Inf. XXXIV, 127).

Dieser in der Danteforschung gemeinhin übergangene[18] Unterschied der Benennung des Teufels abhängig von der Sprecherinstanz erscheint mir für das Verständnis von Dantes Luzifer-Darstellung in gleich mehrerlei Hinsicht durchaus bedeutsam. Der nominelle Wechsel vom Vergilischen *Dis* zum dantesken *Lucifero* ist zunächst einmal charakteristisch für jenes die *Commedia* prägende Verhältnis von Dante und Vergil, das (im Sinn des bibelexegetischen Verfahrens) ‚typologisch‘ als vorchristliche Ankündigung (Vergil)

---

18   Selbst Anna Maria Chiavacci Leonardi verwischt in ihrem kanonischen Kommentar diesen Unterschied, wenn sie zu Inf. VIII, 68, festhält: „[…] anche Dante chiama *Dite* sia la città che il suo ‚imperatore‘, Lucifero“ (vgl. Dante, *Commedia*. Inferno, S. 254). Auch die *Enciclopedia Dantesca* verzeichnet *Dite* als „uno dei nomi che D. adotta […] per indicare Lucifero“ – was vom Sprecherstandpunkt her gesehen eben nicht zutrifft, ist es doch allein Vergil, der in den betreffenden Versen spricht (Vittorio Russo, „Dite“, in: *Enciclopedia Dantesca*, 6 Bde., Rom: Treccani, 1970, Bd. 2, S. 518–519, hier S. 518) –, jüngst der Kommentar von Enrico Malato („Dite è uno dei nomi che Dante assume per indicare Lucifero“, Dante Alighieri, *Le Opere Vol. VI. La Divina Commedia*. A cura di Enrico Malato. Tomo 1. Inferno, Rom: Salerno, 2021, S. 236). Paola Manni dagegen unterscheidet zwischen „classico e virgiliano *Dite*“, „biblico *Lucifero*“ und „evangelico *Belzebú*“, vertieft dies aber nicht weiter („Canto XXXIV. Il canto di Lucifero“, in: *Cento canti per cento anni. I. Inferno. 2. Canti XVIII–XXXIV*. A cura di Enrico Malato e Andrea Mazzucchi, Rom: Salerno, 2013, S. 1091–1115, hier S. 1112).

und christliche Erfüllung (Dante) angelegt ist. Vergil, der große antike Epiker und stilistisches Vorbild[19] Dantes, liefert in der Logik der *Commedia* mit seiner *Aeneis* nicht weniger, aber auch nicht mehr als die vorchristliche Grundlage für ein *poema sacro*, welches die Tradition der paganen Epik in eine Poetik christlicher Erlösung überführt. Die Makrostruktur der *Commedia* stellt dieses heilsgeschichtlich geordnete Verhältnis der beiden Autoren deutlich vor Augen: Vergil ist Führer Dantes, hat aber anders als Dantes Beatrice keinen Zugang zum christlichen Paradies; Vergil geht als *primo* Dante, dem *secondo*, zunächst voraus (Inf. IV, 15), wird von diesem gleichwohl mit Eintritt ins irdische Paradies heilsgeschichtlich ‚überholt' und zurückgelassen. Aber auch zahlreiche Details wie eben die hier vorliegende, sprecherbezogen konsequent unterschiedliche Bezeichnung des Teufels machen diese Anlage greifbar; Vergil bleibt lexikalisch der römischen Antike verpflichtet, Dante dagegen spricht auf Grundlage der Bibel als dem Wort Gottes.

Dantes Wahl des Namens *Lucifero* für seine eigene Rede im Gegensatz zu Vergils *Dite* hat meinem Eindruck nach allerdings noch weitere Implikate, die über die Abgrenzung von Dantes christlich lexikalisierter Wahrheitsrede von der vorchristlichen Mythologie hinausreichen, und die in erheblichem Maße das Problem der teuflischen Form und ihrer ambivalenten Anlage betreffen. Belangvoll erscheint mir dabei die Frage, warum Dante von den biblisch möglichen Bezeichnungen des Teufels (abgesehen von dem darstellungsökonomisch randständigen *Belzebù*) ausgerechnet Luzifer wählt. Luzifer ist ja in der Heiligen Schrift des Christentums keineswegs ein zwingender Name für den Teufel. Biblisch ebenfalls verbürgt wären die Bezeichnungen *Satanas* (die sich etwa in dem mit Dantes Wortschöpfung ‚folgoreggiare' prominent aufgerufenen Bibelvers Lk 10,18 findet oder in Mk 1,12) oder *Diabolus* (zum Beispiel Mt 4,1; 25,41; Lk 4,2). Diese beiden gebräuchlicheren Namen des Teufels – *lucifer* steht in der Bibel einzig und allein in Is/Jes 14,12 – finden sich auch in Offb 12,9 („et proiectus est draco ille magnus serpens antiquus qui vocatur Diabolus et Satanas") und wären mit Blick auf einen bibeltreuen *discours* letztlich naheliegender gewesen. Insbesondere *Diabolus* hätte sich vor dem Hintergrund der Autorität Thomas' von Aquin angeboten, der bei dem Thema der gefallenen Engel in *ST* I q63 stets von *diabolus* und nicht von Luzifer spricht. Dass Dante keinen der beiden geläufigeren Namen *Satanas* oder *Diabolus* für seine Benennung des Teufels wählt, ist insofern auffällig. Worin könnte nun diese Wahl begründet liegen?

---

19   Vgl. Dantes Vergilanrede in Inf. I, 85–87: „Tu se' lo mio maestro e' l mio autore, / tu se' solo colui da cu' io / lo bello stilo che m'ha fatto onore."

Dantes *Lucifero* liefert zum Einen eine größere Präzision im Vergleich zu der eher unspezifischen Breite des italienischen *diavolo*-Lexems, welches in seiner historischen Semantik anders als *Lucifero* alle möglichen Dämonen und bösen Geister meinen kann (genau in diesem Sinne von „demoni" [Inf. XXI, 47] verwendet Dante übrigens *diavolo* in der Pluralform „diavoli" in Inf. XXI, 92, und generisch als „un diavolo" in Inf. XXVIII, 37).[20] Nun hätte *Satanas* diese Funktion auch erfüllt. Die Verwendung von *Lucifero* führt daher zum Anderen – und ist dies mit Blick auf eine aus Dantes Sicht heilsgeschichtlich ‚wahrhaftige' Darstellung des Teufels womöglich von noch größerer Bedeutung als die lexikalische und damit auch typologische Abgrenzung vom paganen *Dite* Vergils – auch eine programmatische Ambivalenz mit sich, rückt der Name doch im Gegensatz zu *Satanas* und *Diabolus* auf unmissverständliche Weise das ehedem glanzvolle Wesen des ‚Lichtträgers' in den Vordergrund. Dantes Bezeichnung des Teufels in seinem eigenen Erzähldiskurs versieht die Figur des finsteren Herrschers der Hölle, des Erzversuchers und Widersachers Gottes durch die Wahl des Namens *Lucifero* also mit einer eigentümlichen Semantik, die zwischen verheerendem Vergehen gegen den Schöpfer, Strafe und Fall und dem ursprünglichen Wesen des Teufels als himmlisch leuchtendem Cherub (Ez 28,14) oszilliert und genau dieses erste Wesen Luzifers sprachmateriell gewärtig hält. Diese Ambivalenz von Dantes Luzifer-Darstellung unterläuft gewiss nicht das überwölbende Thema der gerechten Bestrafung des Aufbegehrens gegen Gott. Aber sie wird auf nachdrückliche und in der Darstellungsökonomie der *Commedia* auch nachhaltige Weise ausgebaut. Insofern scheint mir das im Namen enthaltene Denotat der einstigen Strahlkraft des Teufels eine Grundspannung von Dantes Luzifer-Darstellung programmatisch zu verdichten.

Vor allem zwei Motive sind es, die in diesem Zusammenhang eine zentrale Rolle spielen: die Schönheit Luzifers und seine Vorrangstellung unter den Engeln. Diese Motive finden sich in den Schriften der bereits erwähnten Kirchenlehrer Bonaventura und Thomas. Beim Aquinaten wird in *ST* I q63 a7 unter dem Titel „Utrum angelus supremus inter peccantes fuerit supremus inter omnes" detailliert geklärt, dass Luzifer in der Tat „superior inter omnes" sei; als „supremus angelus" wird er mit einer alle anderen Engel überragenden Strahlkraft („claritas") versehen,[21] welche von Thomas, der, wie gesagt, von

---

20 Vgl. die Einträge im *Tommaseo Online* s. v. ‚diavolo', welche das Lexem allgemein als „spirito maligno, avverso a Dio e all'uomo", als christlichen „Demonio" und als „spirito del male, nemico al bene dell'uomo" definieren.

21 „[...] dicit Gregorius in Homilia de centum ovibus [hom. 34 in Ev.] quod primus angelus qui peccavit, „dum cunctis agminibus angelorum praelatus eorum claritatem transcenderet, ex eorum comparatione clarior fuit", *ST* I q63 a7 (dt.: „[...] sagt Gregorius von dem

diabolus oder periphrastisch von dem sündhaften Engel spricht, nicht ausdrücklich mit dem alttestamentarischen *lucifer* in Verbindung gebracht wird, dessen Eigenschaft des Lichtträgers aber mittelbar aufscheinen lässt. In Bonaventuras *Breviloquium* II, 7, 1 ist deutlich knapper, aber ebenso unmissverständlich von der Vorrangstellung Luzifers, der hier auch so genannt wird, die Rede („Primus inter Angelos Lucifer […]"). Bonaventura stattet darüber hinaus Luzifer ganz im Einklang mit dem Nomen und dem Jesaia-Bezugstext mit Prädikaten wie *excellentia, altitudo* und, für Dante im Folgenden noch durchaus belangvoll, *pulcritudo* aus: „Et quoniam per liberum arbitrium voluntatis poterat tendere in bonum summum vel converti ad bonum privatum, Lucifer, suae pulcritudinis et altitudinis consideratione excitatus ad se diligendum et suum privatum bonum, praesumpsit de altitudine habita et ambivit excellentiam propriam […]" (*Brev.* II, 7, 3).[22] Vor diesem Hintergrund spielt auch in der bereits oben zitierten Passage Purg. XII, 25–27, also auf dem Relief der Hochmütigen, die herausragende Position Luzifers unter den Engeln eine prominente Rolle, und zwar auf besonders nachdrückliche Weise: Denn bevor er uns den Sturz effektvoll vor Augen stellt, erinnert Dante an die ursprünglich überragende *nobiltà* des Teufels: „Vedea colui che fu nobil creato / più ch'altra creatura, giù dal cielo / folgoreggiando scender, da l'un lato." Auch in dem zitierten Hinweis auf Luzifer als den *primo superbo* in Par. XIX, 46–48 findet sich dieses Motiv, texträumlich als Mittelvers der Terzine gerahmt von Todsünde und Sturz: „E ciò fa certo che 'l primo superbo, / che fu la somme d'ogne creatura, / per non aspettar lume, cadde acerbo". Glänzender Ursprung und gegenwärtige Verworfenheit sind so in einen Spannungszustand gebracht, der zuvörderst die gewaltige Fallhöhe Luzifers illustriert, dabei aber die ursprüngliche *nobiltà* des Teufels sprachmateriell ungebrochen mitführt. – Auf die von Bonaventura betonte *pulcritudo* Luzifers wird noch zurückzukommen sein.

3.   „… con paura il metto in metro": Dante und Luzifer

Höhepunkt von Dantes Luzifer-Darstellung ist Inf. XXXIV, der Gesang, in dem Dante auf Luzifer selbst trifft, und der nicht nur den Herrscher der Hölle vor

---

ersten Engel, der gesündigt hat: ‚Da er über alle Scharen der Engel erhaben, ihren Glanz
überstrahlte, war er im Vergleich zu ihnen glänzender", Übersetzung D. N.).

22   Dt.: „Und da er nun aus freiem Willen und Urteil nach dem höchsten Guten streben
oder aber sich dem eigenen Vorteil zuwenden konnte, hat Luzifer, hingerissen von der
Betrachtung seiner Schönheit und hohen Stellung und in Hochschätzung seiner selbst
und seines eigenen Vorteils, anmaßend auf der ihm eigenen Hoheit beharrt und mit seiner eigenen Vorzüglichkeit geprahlt […]" (Übersetzung D. N.).

Augen stellt, sondern auch Dantes gesamten Weltentwurf erläutert, dessen
Topographie ursächlich an das Schicksal des gefallenen Engels gebunden ist:
Anlässlich der Begegnung mit Luzifer im tiefsten Grund des Inferno erfährt
Dante durch Vergil, dass die Hölle als Trichter durch die vor Luzifers Sturz
zurückweichenden Erdmassen entstanden und gleichzeitig auf der Südhalb-
kugel dadurch der Läuterungsberg emporgestiegen ist. Der letzte Gesang des
Inferno ist somit ein Schlüssel zum Verstehen der dantesken Jenseitswelt; die
Beschaffenheit dieser Welt ist dabei untrennbar mit Luzifer im Erdmittelpunkt
verbunden. Seine zentrale Position für die christliche Heilsgeschichte und für
Dantes Kosmologie ist damit räumlich unmissverständlich angezeigt.

Der Gesang beginnt mit dem lateinischen Zitat des von Venantius Fortu-
natus (gest. 609) verfassten *Hymnus in honore sanctae crucis*. Die erste Text-
zeile dieses Hymnus – *Vexilla regis prodeunt*, die Banner des Königs treten
vor – nimmt Dante auf, ergänzt sie allerdings um ein *inferni* („*Vexilla regis
prodeunt inferni* / verso di noi [...]", Inf. XXXIV, 1–2). Dadurch wird der Vers
in seinen neuen Kontext überführt: Angekündigt wird hier nicht wie in dem
zugrundliegenden Hymnus der Erlöserkönig Christus, sondern der König
der Hölle. Gleichzeitig macht der Rekurs auf den Hymnus deutlich, dass
Christus und Luzifer, der Antichrist, spiegelbildlich im Sinne eines heilsgeschichtlichen Antagonismus aufeinander zugeordnet sind: Luzifer, der
sich gegen Gott auflehnt, anstatt zum Wohl der Schöpfung dessen Willen zu
erfüllen, verkörpert die vollständige Perversion Christi (bezeichnenderweise
wird Luzifer in Par. XXVII, 26–27 als „[...] 'l perverso / che cadde di qua in
su [...]" umschrieben). Das mit dem Hymnus aufgegriffene Thema des Kreu-
zes antizipiert dabei auch schon die Erscheinungsform Luzifers, welcher im
ewigen Eis des tiefsten Höllenkreises, der aufgrund seiner Ferne von Gott als
der Quelle des lebensspendenden Lichtes keinerlei Wärme mehr empfängt,
fixiert ist und mit seinen ausgebreiteten Schwingen eine „croce a se stesso"[23]
figuriert. Die Erscheinung Luzifers wird von Dante freilich dramatisch ver-
zögert. Zunächst vermag der Jenseitswanderer sich nicht klar zu orientieren
und nimmt seine Umgebung wie in dichtem Nebel oder nächtlicher Finsternis
bedrohlich verschleiert wahr, wobei er die Umrisse des Teufels zunächst über
den Vergleich mit einer Windmühle zu erfassen sucht (in der sich bereits eine
machtvolle „contrafattura" der Kreuzesform abzeichnet[24]): „Come quando una

---

23   Anna Maria Chiavacci Leonardi, „Introduzione al Canto XXXIV", in: Dante, *Commedia.*
      Inferno, S. 1003–1010, hier S. 1007.

24   Vgl. z. B. Manni, „Canto XXXIV", S. 1099 f. Inwieweit die Windmühle als historische
      „novità tecnologica" und „struttura a torre con le pale roteanti nel vuoto" Dantes Zeit-
      genossen „come qualcosa di veramente inquietante" erschienen ist (Manni, S. 1100), muss
      bei aller Plausibilität wohl dahingestellt bleiben; festzuhalten ist freilich, dass Dante hier

grossa nebbia spira, / o quando l'emisperio nostro annotta, / par di lungi un molin che'l vento gira, / veder mi parve in tal dificio allotta; [...]" (Par. XXXIV, 4–7). Sturm veranlasst Dante, hinter seinem *duca* Vergil Schutz zu suchen (8–9); Angst ergreift ihn auch noch in der Rückschau der Niederschrift: „[C]on paura il metto in metro" (10) heißt es in einem Echo auf die zweite Terzine von Inf. I, deren programmatisches „nel pensier rinova la paura" (Inf. I, 6) hier angesichts des größten Schreckens zyklisch aufgenommen wird. Vergil warnt dementsprechend Dante, er müsse sich an diesem Ort mit besonderer Stärke wappnen: „„Ecco Dite', dicendo, ,ed ecco il loco / ove convien che di fortezza t'armi' " (20–21). Dante ist überwältigt in einem Maße, das sich sprachlichem Ausdruck sperrt; die unsagbare Wirkung des riesigen Luzifer auf Dante wird als ein Zustand zwischen Leben und Tod, für den die Worte fehlen, ausgewiesen: „Com'io divenni allor gelato e fioco, / nol dimandar, lettor, ch'i' non lo scrivo, / però ch'ogne parlar sarebbe poco. / Io non mori' e non rimasi vivo; / pensa oggimai per te, s'hai fior d'ingegno, / qual io divenni, d'uno e d'altro privo" (22–27). Die Ursache dieser übermenschlichen Ergriffenheit Dantes ist der periphrastisch als „Lo 'mperador del doloroso regno" (28) gefasste Luzifer, der mit seiner Brust aus dem Eis ragt und dessen Hässlichkeit in einer Reimwort-verknüpfung von *brutto* und *lutto* (34–36) ansichtig macht, wie alles Übel der Welt auf ihn zurückgeht („ben dee da lui procedere ogne lutto", 36). Zu dem unsagbar schrecklichen Eindruck Luzifers passt auch, dass dieser schweigt: Im Gegensatz zu anderen Höllenbewohnern stößt er auch keine Verwünschungen aus, keinerlei diskursive Beziehung kann zu ihm aufgebaut werden. Das ‚Wort‘, welches im Eingang des Johannesevangeliums die göttliche Schöpfung ausmacht, ist hier vollständig verstummt.

Diese einzigartig erschreckende Sprachlosigkeit Luzifers findet ihre Entsprechung in einer teuflischen Form, deren überwältigende Ansicht durch entsprechende Verben betont wird („quanto parve a me", 37, „io vidi", 38, „la destra parea", 43, „la sinistra a vedere era tal", 44). Als Wunder (*meraviglia*, 37) nimmt Dante wahr, dass Luzifer drei Gesichter an seinem Haupt trägt. Diese Dreigesichtigkeit Luzifers wird in den Kommentaren üblicherweise als Kontrafaktur der göttlichen Dreieinigkeit verbucht; die drei Gesichter haben die Farben rot, hellgelb und schwarz. Die Farbwerte werden gemeinhin auf dieser Linie als Umkehrungen der göttlichen Eigenschaften Allmacht, Weisheit und Liebe gelesen, wobei rot für die wütende Ohnmacht, gelb als hasserfüllter Neid und

---

ein Szenario übermächtiger Maschinisierung entwirft, welche sich in Luzifers Kiefern als einer *maciulla* (einer Brechmaschine zur Flachsverarbeitung, 56) fortsetzt und auf die Herstellung eines genau auf Luzifer zugeschnittenen „orrore" (Manni, S. 1101) zielt, dessen mechanische Unerbittlichkeit die Ebene alles Menschlichen grundsätzlich überschießt.

schwarz für verdunkelte Unwissenheit stehen. Unter jedem der Gesichter sind Luzifer riesenhafte Flügel angewachsen, die federlos nach Art der Fledermäuse beschaffen sind. Das Flattern dieser Flügel lässt die Umgebung gefrieren; Luzifer weint aus sechs Augen, von drei Kinnen trieft blutiger Schaum. In seinen drei Mündern zermalmt er jeweils einen Sünder, und mit seinen Klauen zerfleischt er diese. Die drei Sünder sind Judas (in der Mitte), Brutus und Cassius, also der Verräter Christi und die Verräter Caesars, des Gründungsvaters des römischen Imperiums. Vergil führt Dante „con fatica e con angoscia" (78) an den dichtfelligen („folto pelo", 75) Beinen Luzifers entlang zu einer Felsspalte; durch einen Höhlengang bewegen sich die beiden Jenseitswanderer bis zum „chiaro mondo" der Südhalbkugel (134). Während ihres gemeinsamen Wegs erläutert Vergil dem erstaunten Dante die durch die Furcht der Erde vor dem stürzenden Luzifer („[...] la terra [...] per paura di lui fé del mar velo", 122–123) bewirkte topographische Beschaffenheit von Hölle und Südhalbkugel; schließlich können die beiden am Ausgang der Höhle erleichtert wieder die Sterne sehen („uscimmo a riveder le stelle", 139).

4.   **Eine Figur der Ambivalenz: der *imperador* des Inferno**

Um nun auch mit Blick auf das Schreckensszenario von Inf. XXXIV wieder auf meine Ausgangsfrage der ‚Ambivalenz' als Effekt spezifischer Formgebung zurückzukommen: Dantes Luzifer-Darstellung beschränkt sich hier nicht auf die Inszenierung eines vergeblich mit seinen ehemaligen Engelsflügeln schlagenden Luzifer, der im Eis auf ewig die Strafe für seinen Hochmut leiden muss und der für Dante den sprachlos machenden, schrecklichen Endpunkt des Inferno bedeutet. Es finden sich auch gegenstrebige Elemente. Zweimal nämlich wird – in Dantes eigener Erzählerrede – die oben erwähnte ursprüngliche Schönheit Luzifers, dessen von Bonaventura unterstrichene *pulcritudo*, betont. So wird Luzifer in Vers 18 als „la creatura ch'ebbe il bel sembiante" gefasst, und in den Versen 34–36 bringt Dante das Unheil der Welt mit Luzifers Verlust seiner Schönheit in Verbindung: „S'el fu sì bel com 'elli è ora brutto, / e contra 'l suo fattore alzò le ciglia, / ben dee da lui procedere ogne lutto." Die glänzende Vergangenheit des gefallenen Engels wird so in die Gegenwart der Wahrnehmung des hässlichen („brutto") Wesens eingeholt. Damit richtet Dante auf der poetischen Darstellungsebene ein nachhaltiges Spannungsverhältnis ein: Auch in der Beschreibung des grauenhaften Teufels hält er dessen ursprüngliche Schönheit gewärtig. Der Gegensatz zwischen Vergangenheit und Gegenwart, zwischen *bello* und *brutto* stellt die immense Fallhöhe Luzifers und damit die gewaltigen Risiken des Hochmuts vor Augen; sprachmateriell gleichwohl bedenkenswert ist die Tatsache, dass Dante zweimal das Lexem *bello* einsetzt, *brutto* dagegen nur einmal. Wir sehen in dem Herrscher der Hölle gleichsam noch sehr deutlich den glanzvollen Engel durchscheinen, auch wenn dieser seine Bewegungsfähigkeit, die Federn seiner Flügel und seine Sprache eingebüßt hat. Diese Ambivalenz verstärkt als Kontrast- und Reflexionsfigur der immensen Fallhöhe den Schrecken der uns vor Augen stehenden erhabenen Figuration von Sünde und Strafe. Gleichzeitig bleiben engelhafter Ursprung und gegenwärtiger Zustand miteinander verwoben: Die einst himmlische Schönheit – auch als bloße Erinnerung – hat ebenso Teil am Wesen Luzifers wie die erhabene Unsagbarkeit des Schrecklichen, die Dante in der Erinnerung an seine Luzifer-Erfahrung aufs Neue erfährt; in einem unauflöslichen sprachmateriellen Spannungszustand verschränkt Dante beide Dimensionen des Göttlichen in der Darstellung eines Luzifer, der Merkmale seiner himmlischen Herkunft noch in sich trägt.

Ein in diesem Zusammenhang ebenfalls belangvolles Lexem ist das des *imperadore*, welches Luzifers Funktion im Inferno fasst, ist er doch „lo 'mperador del doloroso regno" (28). Mit diesem Begriff hat es in Dantes Diskurswelt eine ganz eigene Bewandtnis. Dante hatte eine eindeutige Vorstellung von der optimalen politischen Weltordnung, deren Unverrückbarkeit für ihn so groß war, dass er in seiner Parteinahme für den Kaiser und gegen die Machtansprüche des Papstes kompromisslos lebenslange Verbannung aus seiner Heimatstadt Florenz in Kauf genommen hat. Diese, Dantes politische Unbeirrbarkeit ist in seiner geschichtstheologischen Auffassung von Politik gegründet, sieht er doch im Kaisertum des mittelalterlichen Sacrum Imperium Romanum als dem Nachfolger des römischen Imperiums die einzig richtige, nicht verhandelbare, weil gottgewollte Weltordnung. Dies belegen etwa die Rede des Justinian in Par. VI oder einschlägige Passus im *Convivio*. Dort erklärt Dante aristotelisch, dass die „vita felice" der Menschheit wie die Ankunft eines Schiffes in den richtigen Hafen an einen einzigen Steuermann gekoppelt sei, dem alle zu gehorchen haben („lo nocchiero, a la cui voce tutti obedire deono", *Conv.* IV iv 5). Auf die politische Weltordnung übertragen bedeutet dies die Notwendigkeit des Imperiums: „E questo officio per eccellenza Imperio è chiamato, sanza nulla addizione, però che esso è di tutti li comandamenti comandamento. E così chi a questo officio è posto è chiamato Imperadore [...]" (*Conv.* IV iv 7). Mit Blick auf die politische Weltgeschichte ist es für Dante Gott selbst, der in seinem Heilsplan das römische Imperium in die Welt gebracht hat, und zwar – so meint Dante in einer gewagten Verknüpfung von Erlösungsgeschehen und politischer Weltordnung – um einen der Menschwerdung des Erlösers angemessenen Weltzustand herzustellen (*Conv.* IV v 3–7). Das Imperium ist somit nicht nur Garant einer optimalen Weltordnung, es stellt auch den Ermöglichungsrahmen der Erlösung dar und damit des Seelenheils der Menschheit schlechthin; Träger dieser Institution ist der *Imperadore*. Kaiserliche Macht ist somit nicht nur Abbild göttlicher Allmacht, sondern mit dieser wesenhaft verbunden. Nicht von ungefähr entwirft Dante in zwei Periphrasen auch das Bild Gottes als eines *imperadore*: In Inf. I, 124 ist Gott „quello imperador che là sù regna“, und in Par. XII, 40 „lo 'mperador che sempre regna“.

Vor diesem Hintergrund wird nicht nur deutlich, warum Luzifer in seinen Mäulern Brutus und Cassius als Verräter Caesars auf eine Ebene mit dem Verräter Christi, Judas, zermalmt: Imperium und Heilsgeschehen sind in Dantes politischer Logik untrennbar verknüpft, der Verrat an ihnen vergleichbar verwerflich. Auch gewinnt Dantes Wortwahl für die ‚politische‘ Funktion Luzifers einige Tragweite: Das im ersten Vers des Gesangs aufgebrachte Motiv von Luzifer als *rex inferni* wird hier jenseits der vorgegebenen Wortwahl des dort zitierten lateinischen Hymnus aus Dantes Sicht funktional auf den Punkt gebracht. Luzifer ist nicht nur *rex*, sondern *imperadore*, und dies ist für Dante eben jener Begriff, der in höchstem Maße eine gottgewollte Ordnung der Welt – offenbar auch der jenseitigen – verkörpert. In diesem Sinn ist Luzifer, so wie der Kaiser auf Erden, der Statthalter einer gottgefälligen Ordnung im Inferno. Im *imperadore*-Begriff verdichtet sich so gesehen die Ambivalenz von Dantes Luzifer-Darstellung: Der gottlos böse *primo superbo*, der sich an Gottes Ordnung versündigt, bleibt doch als *imperadore* Garant eben dieser Ordnung, wenigstens im Inferno, das auf diese Weise nicht dem Chaos anheimfällt, sondern vom gefallenen Engel ganz im Sinne seines Schöpfers überwacht wird. Der Spannungszustand von Schönheit und Schrecken, von imperialer Macht und im Eis des tiefsten Höllenkreises festgefrorener Ohnmacht, der in Dantes Luzifer zum Austrag kommt, stellt insoweit Gottes unentrinnbare Allmacht mit größter Deutlichkeit vor Augen. Auch der Gegner des Schöpfers ist ein wichtiges Rad im Getriebe der Schöpfung. Am tiefsten Punkt eisig lebensfeindlicher Gottesferne bleibt Luzifer als *imperadore* in Gottes Auftrag ewig mit seinem engelhaften Ursprung verbunden. Die sprachlichen Ambivalenzen von Dantes Luzifer-Darstellung machen uns dies als das heilsgeschichtlich ‚wahre‘ Wesen des Teufels poetisch ansichtig.

Bibliographie

Alighieri, Dante, *Commedia*. Inferno–Purgatorio–Paradiso. Con il commento di Anna Maria Chiavacci Leonardi, 3 Bde., Mailand: Mondadori, 1991–1994–1997.

Alighieri, Dante, *Le Opere Vol. VI. La Divina Commedia*. A cura di Enrico Malato. Tomo 1. Inferno, Rom: Salerno 2021.

Alighieri, Dante, *Il Convivio*. Commentato da G. Busnelli e G. Vandelli con Introduzione di Michele Barbi, 2 Bde., Florenz: Le Monnier 1964.

Biblia Sacra Iuxta Vulgatam Versionem. Adiuvantibus Bonifatio Fischer OSB, Iohanne Gribomont OSB, H.F.D. Sparks, W. Thiele, recensuit Robertus Weber OSB. Tomus II. Proverbia-Apocalypsis. Appendix, Stuttgart: Württembergische Bibelanstalt, ²1975 [1969].

Bloom, Harold, *The Western Canon. The Books and School of the Ages*, New York: Harcourt Brace, 1994.

Bonaventura, *S. Bonaventurae Opera Theologica Selecta*, cura PP. Collegii S. Bonaventurae edita. Tomus V. Tria Opuscula. Sermones Theologici, Florenz: Typographia Collegii S. Bonaventurae, 1964.

Cervigni, Dino, „Lucifer", *The Dante Encyclopedia*. Hg. von Richard Lansing, London: Routledge, 2010, S. 573–575.

Chastel, André, *Die Groteske. Streifzüge durch eine zügellose Malerei*, Berlin: Wagenbach, 1997.

Ciotti, Andrea, „Lucifero", in: *Enciclopedia Dantesca*, 6 Bde., Rom: Treccani, 1970, Bd. 3, S. 718–722.

Graf, Fritz, „Dis Pater", in: *Der Neue Pauly. Enzyklopädie der Antike*. Hg. von Hubert Cancik und Helmut Schneider, 16 Bde., Stuttgart/Weimar: Metzler, 1997, Bd. 3, Cl-Epi, S. 690.

Hawkins, Peter S., *Dante's Testaments. Essays in Scriptural Imagination*, Stanford: Stanford UP, 1999.

Kablitz, Andreas, „Dichtung und Offenbarung. Dantes *Göttliche Komödie* und die Begründung einer christlichen Poetik", in: Ders. / Christoph Markschies (Hg.), *Heilige Texte. Religion und Rationalität*, Berlin / Boston: De Gruyter, 2013, S. 167–203.

Manni, Paola, „Canto XXXIV. Il canto di Lucifero", in: *Cento canti per cento anni*. I. Inferno. 2. Canti XVIII–XXXIV. A cura di Enrico Malato e Andrea Mazzucchi, Rom: Salerno, 2013, S. 1091–1115.

Regn, Gerhard, „Double Authorship: Prophetic and Poetic Inspiration in Dante's *Paradise*", in: *MLN* (Italian Issue) 122,1 (2007), S. 167–185.

Russo, Vittorio, „Dite", in: *Enciclopedia Dantesca*, 6 Bde., Rom: Treccani, 1970, Bd. 2, S. 518–519.

Singleton, Charles S., *Dante Studies 1. Commedia: Elements of Structure*, Cambridge/ Mass.: Harvard UP, 1963 [1954].

Thomas von Aquin, *Summa Theologiae*. Lateinisch-deutsche Ausgabe. Die deutsche Thomas-Ausgabe. Hg. von Dominikanerprovinz Teutonia e.V., 36 Bde., Berlin / Boston: De Gruyter, 1934–2021.

La falacia de la brujería en *El coloquio de los perros* de Cervantes

Eva Lara Alberola

1. Introducción

El coloquio de los perros, de Cervantes, ha generado mucho debate en relación con la figura de la bruja Cañizares, con respecto de la cual se han vertido multitud de teorías. Este trabajo constituye una aportación más al amplio caudal de estudios acerca de la bruja diabólica literaria, concebida como una sierva de Satán desde una perspectiva canónico-teológica. Esta mujer, considerada parte de una secta capitaneada por el demonio, terminó de fijarse en el ideario a lo largo del siglo XVI y se había consolidado plenamente en el siglo XVII, cuando Cervantes compuso la obra que nos ocupa, como una fémina capaz de practicar todo el mal posible, en virtud de unos poderes facilitados por medio de un pacto, y que acudía a los aquelarres a cometer todo tipo de actos nefandos. En el presente artículo se abordará a la Cañizares cervantina, una de esas mágicas demoníacas, desde una nueva perspectiva, como continuación de un trabajo anterior que venía a resaltar la locura de este personaje, que se instala continuamente en la teoría sobre las acciones brujeriles, nunca en la praxis, y jamás presenta ejemplos o anécdotas de sus andanzas. Su brujería es solo mental, una mera creencia. En este caso, ahondaremos en el tipo de discurso que este actante plantea, con el fin de determinar que su voz es totalmente impostada y eso refleja una determinada concepción de lo brujeril por parte del autor. Si el parlamento de la Cañizares es más propio de un teólogo que de una mujer de su condición social, es porque no es ella quien habla, pues nunca, en ninguna circunstancia, es la bruja la que se expresa libremente. Son las autoridades quienes se manifiestan por boca de estas féminas de un modo engañoso y, en consecuencia, casi diabólico, lo cual no deja de ser una ironía.

* El presente trabajo se inscribe en las actividades del Proyecto de I+D del Programa Estatal de Generación de Conocimiento (MCIU/FEDER) PID2021-127063NB-I00: Narremas y Mitemas: Unidades de Elaboración Épica e Historiográfica, dirigido por el doctor Alberto Montaner Frutos; y en el Proyecto I+D para grupos de investigación consolidados de la Conselleria de Innovación, Universidades, Ciencia y Sociedad Digital CIAICO/2022/226: "Figuras del mal: marginalidad, dominación y transgresión en los siglos XVII–XIX", de la UCV, dirigido por los doctores Juan Gomis Coloma y Eva Lara Alberola.

Son los letrados quienes tergiversan el relato de los iletrados,[1] aplicando su percepción demoníaca de estas prácticas y poniendo en marcha toda la monstruosa maquinaria conceptual de la que hablaba Baggiarini.[2]

Cervantes, al anular la voz de la bruja Cañizares y someterla al ejercicio de ventriloquía que tanto destacara Dolan[3] en los casos de brujería, se está posicionando; está manifestando que este fenómeno constituye solamente una gran falacia; aunque al hacerlo dentro del sueño del sueño del alférez Campuzano que cree escuchar a dos perros que hablan sobre sus desventuras, se salvaguarda de cualquier posible consecuencia. Esta es la hipótesis que defenderemos en este trabajo.

Muchos son los críticos que han abordado *El coloquio de los perros* y, por tanto, exponer un estado de la cuestión detallado ocuparía demasiado espacio, pero sí queremos realizar un sucinto repaso de aquellos trabajos y opiniones más relevantes, en relación con el tema que nos ocupa. Lo primero y más importante es el reconocimiento de la centralidad del pasaje dedicado a la Cañizares, como afirmaba ya González de Amezúa[4] y, de alguna manera, Woodward[5]. En referencia a esta figura, se reivindica la relevancia de la brujería como elemento definitorio, aunque desde perspectivas muy diversas, como la de Jarocka[6], que defiende que la mujer marginal se inicia en la brujería a causa de su realidad social, considerando la posibilidad material de estas prácticas y dando crédito al pasaje brujeril del *Coloquio*, sin tener en cuenta el juego literario que lleva a cabo el autor jugando al despiste, lo cual, como ya hemos apuntado, posee algo también de demoníaco en relación con la situación discursiva; en la misma línea en que iría Gómez Sánchez-Romate[7], aunque esta sí sería consciente de que, en conexión con *El casamiento engañoso*, cada relato se inscribe dentro de

---

1   Malcolm Gaskill, "Witches and Witnesses in Old and New England", en: Stuart Clark (ed.), *Languages of Witchcraft. Narrative, Ideology and Meaning in Early Modern Culture*, London: McMillan, 2001, p. 55–80, aquí p. 56.

2   Estéfano Efrén Baggiarini, "Hacia una hermenéutica de la brujería. Paganismo, discurso punitivo y magia en la Europa renacentista y moderna", en: *XI Jornadas de Investigación en filosofía*, Buenos Aires: Universidad Nacional de la Plata, 2017, p. 1–11.

3   Frances E. Dolan, "Ridiculous Fictions: Making Distinctions in the Discourses of Witchcraft", en: *Differences: A Journal of Feminist Cultural Studies* 7,2 (1995), p. 82–110.

4   Agustín González de Amezúa, "Introducción", en: Miguel de Cervantes, *El casamiento engañoso y el coloquio de los perros*, Madrid: Bailly-Bailliér, 1912, aquí p. 153.

5   Louisse J. Woodward, "*El casamiento engañoso y El coloquio de los perros*", en: *Bulletin of Hispanic Studies* 36 (1959), p. 201–212, aquí p. 81.

6   Marja Ludwika Jarocka, *El coloquio de los perros a una nueva luz*, México: Universidad Autónoma de México, 1979.

7   Mª José Gómez Sánchez-Romate, "Hechicería en el *Coloquio de los perros*", en: *Actas del I Coloquio Internacional de la Asociación de Cervantistas*, Barcelona: Anthropos, 1990, p. 271–280.

otro; Forcione[8], quien considera que esta bruja posee acceso a conocimientos vetados para el resto de los mortales y no cuestiona nada en referencia a este personaje; y Garcés[9], que incide en el aspecto sexual de la brujería y defiende que Cervantes crea, en la mente del alférez, un monstruo depredador sexual que, además, funciona como madre metonímica de Berganza. Dicha idea de la monstruosidad es retomada tanto por Miñana[10] como por Padilla[11].

Existe gran cantidad de especialistas que han profundizado en el episodio de la Cañizares, en su carácter brujeril, tomando en serio sus palabras, su discurso, y sin atender a la tropelía cervantina, como hemos visto, pero otros expertos sí han reparado en este juego, como Avalle-Arce[12] o Williamson[13], quienes se detienen en los distintos planos narrativos; tal y como hace Riley[14], aunque sigue tratando de encontrar un sentido a la profecía de la bruja, pues considera que ocupa un lugar preeminente; también Johnson[15] incide en que una historia se integra dentro de otra, pero no duda ni de la Cañizares ni de sus presuntas prácticas, ni de su voz, pues la considera un sujeto que genera su propio discurso. Cárdenas-Rotunno[16] retoma la misma visión que Avalle-Arce o Williamson, pero añade algunos matices sobre los que volveremos más adelante.

En la misma línea que Johnson, encontramos las tesis de Verena Dolle[17], estudiosa que llega a hablar de autoafirmación y formación de la subjetividad

---

8   Alban K. Forcione, *Cervantes and the Mystery of Lawlessness: A Study of* El casamiento engañoso *y* El coloquio de los perros, Princeton: Princeton University Press, 1984.

9   Mª Antonia Garcés, "Berganza and the Abject: The Desecration of the Mother", en: Ruth El Saffar / Diana de Armas Wilson (ed.), *Quixotic desire. Psycoanalytic Perspectives on Cervantes*, Ithaca / London: Ithaca and London Cornell University Press, 1993, p. 292–314.

10   Rogelio Miñana, "Metaficción y monstruosidad en *El coloquio de los perros* de Cervantes", en: *Vanderbilt e-journal of Luso-Hispanic Studies* 2 (2005), s. p.

11   Ignacio Padilla, *El diablo y Cervantes*, México: Fondo de Cultura Económica, 2005.

12   Juan Bautista Avalle-Arce, "Introducción", en: Miguel de Cervantes, *Novelas ejemplares*, édicion de Juan Bautista Avalle-Arce, Madrid: Castalia, 1982.

13   Edwin Williamson, "El juego de la verdad en *El casamiento engañoso* y *El coloquio de los perros*", en: *Actas del II Coloquio Internacional de la Asociación de Cervantistas*, Alcalá de Henares: Asociación de Cervantistas, 1990, p. 183–200.

14   Edward C. Riley, "La profecía de la bruja (*El Coloquio de los perros*)", en: *Actas del I Coloquio Internacional de la Asociación de Cervantistas*, Madrid: Asociación de Cervantistas, 1990, p. 83–94.

15   Carroll B. Johnson, "Of Witches and Bitches: Gender, Marginality, and Discourse in *El casamiento engañoso* y *Coloquio de los perros*", en: *Cervantes* 11,2 (1991), p. 7–25.

16   Anthony J. Cárdenas-Rotunno, "Bestialidad y la palabra: El parto perruno en el *Coloquio de los perros*", en: *Hispania* 91 (2008), p. 301–309.

17   Verena Dolle, "La bruja Cañizares y la teatralización de la subjetividad (femenina)", en: Carmen Rivero Iglesias (ed.), *Ortodoxia y heterodoxia en Cervantes*, Alcalá de Henares: Centro de Estudios Cervantinos, 2011, p. 43–56.

en la Edad Moderna tomando como eje a la Cañizares y sus palabras, considerando incluso que esta anciana se expresa en un espacio libre, lejos de las
esferas de poder y de la coacción. Nada más lejos de la realidad. Vemos, así, que
el hecho de que muchos expertos sean conscientes de esa técnica cervantina
de las muñecas rusas no afecta a su concepción sobre la Cañizares. Esto mismo
sucedía con Hutchinson[18], quien se sorprendía por los conocimientos que ate-
soraba la vieja con respecto del debate brujeril y hablaba de la relevancia de lo
femenino comunitario en el pasaje, lo cual conectaría con la alteridad. En otra
dirección iría el trabajo de Molho[19], pues a pesar de dar todavía demasiado
crédito a la Cañizares, al menos asevera que su papel sería el de exponer a otros
personajes y sus pecados, no el de actuar, y explica que no posee poder mágico
alguno, solo se hunde en un profundo sueño e insiste, precisamente, en que al
final la voz que escuchamos no es la de esta mujer, sino la de los intelectuales
que escribían sobre brujería. Retomaremos esto posteriormente porque res-
palda nuestra teoría.

2.   La falacia de la brujería

Este estudio trata de llevar más allá, como se adelantaba en la introducción,
una teoría que expusimos en otro trabajo, consistente en defender lo que
entonces llamamos "la locura de la brujería"[20]. Cañizares, siempre teniendo
en cuenta ese juego literario del que hace uso Cervantes y que desacredita al
mismo personaje de la bruja, se perfilaría, bajo nuestro punto de vista, como
una demente que solo diserta sobre brujería (de una manera que no le es propia), pero nunca muestra su práctica ni aporta relatos, ejemplos o detalles de
sus supuestas actividades. Se autoinculpa recitando de memoria lo aprendido,
emulando a los teólogos, como *alter ego* que es de Campuzano, de quien toma
prestados sus conocimientos. Llegábamos entonces a la siguiente conclusión:

> Cervantes vuelve a sorprendernos con su ingenio. [...] Decide dar una vuelta de
> tuerca ofreciendo la imagen de una anciana por cuya boca hablan los intelectua-
> les y que se perfila como una demente que juega con sustancias psicotrópicas

---

18   Steven D. Hutchinson, "Las brujas de Cervantes y la noción de comunidad femenina", en:
      Cervantes: Bulletin of the Cervantes Society of America 12,2 (1992), p. 127–136.
19   Maurice Molho, "El sagaz perturbador del género humano: brujas, perros embrujados
      y otras demonomanías cervantinas", en: *Cervantes: Bulletin of the Cervantes Society of
      America* 12,2 (1992), p. 21–32.
20   Eva Lara Alberola, "*Vamos a verle muy lejos de aquí, a un gran campo, donde nos juntamos
      infinidad de gente* ...: The Cañizares in *Coloquio de los perros*; An Evil Witch or An Insane
      Woman?", en: Jorge Abril Sánchez (ed.), *Demonology and Demonolatry in the Age of Cer-
      vantes*, New Jersey: Juan de la Cuesta, en prensa.

y se cree bruja sin serlo;[21] una quijotesa degradada que tal vez pudiera plasmar la auténtica concepción cervantina de la brujería: una gran falacia que nacía y moría en el trastorno mental y cuya raíz se hallaría en los tratados.[22]

En esta ocasión, seguiremos tirando de ese hilo, el de la "gran falacia". Revisaremos, a continuación, aquellas partes del texto que pueden avalar nuestra tesis. No volveremos sobre la hechicería ni sobre la Camacha y la Montiela, ni siquiera nos centraremos en la famosa profecía. Nos interesa, sobre todo, la figura de la Cañizares y cómo, a través de la misma, el autor está plasmando una determinada concepción de lo brujeril y de lo diabólico.

Es innegable que Cañizares habla desde el 'yo'. Se expresa en primera persona y realiza afirmaciones como "[...] sólo me he quedado con la curiosidad de ser bruja, que es un vicio dificultosísimo de dejar"[23]. Cervantes dedica una gran atención a estas prácticas específicas y podemos ver en numerosas ocasiones a esta anciana pontificando. Por ello, precisamente, algunos críticos han querido ver en esta mujer una conexión con saberes vetados[24] o una autoafirmación de la identidad.[25] Esto, evidentemente, no es así, como veremos.

Cañizares expone algunas cuestiones acerca del diablo como gran mentiroso: "[...] con una verdad mezcla mil mentiras".[26] Dicha costumbre afecta también a las presuntas brujas: "Con todo esto, nos trae muy engañadas a las que somos brujas, que, con hacernos mil burlas, no le podemos dejar".[27] Estas mujeres quedan, así, indisolublemente unidas a su señor, ya hemos visto anteriormente que se habla de "vicio". Finalmente, el discurso de la anciana desemboca en los conventículos: "Vamos a verle muy lejos de aquí, a un gran campo, donde nos juntamos infinidad de gente, brujos y brujas, y allí nos da de comer desabridamente, y pasan otras cosas que en verdad y en Dios y en mi ánima que no me atrevo a contarlas, según son sucias y asquerosas, y no quiero ofender tus castas orejas".[28] Como vemos, la Cañizares no presenta ningún detalle sobre esta reunión. Entra enseguida en otros asuntos tales como el vuelo, con el fin de abordar si la asistencia a tales encuentros se da de forma

---

21   No olvidemos que Vicente García incide sobre todo en que la Cañizares es una drogodependiente. Todas las acusaciones de licantropía, vuelos y asesinatos de infantes son falsas, lo único real es la untura y sus efectos, véase Luis Miguel Vicente García, "La Cañizares en el Coloquio de los perros: ¿bruja o hechicera?", en: *Mester* 18,1 (1989), p. 1–7, aquí p. 4.

22   Lara, "*Vamos a verle*", en prensa.

23   Miguel de Cervantes, *El Coloquio de los perros*, en: Id., *Novelas ejemplares*, vol. 2, edicion de Harry Sieber, Madrid: Cátedra, p. 299–359, aquí p. 338.

24   Forcione, *Cervantes and the Mystery of Lawlessness*, p. 62.

25   Dolle, "La bruja Cañizares y la teatralización".

26   Cervantes, *Coloquio*, p. 340.

27   Ibid.

28   Ibid.

real o imaginaria, una de las cuestiones que generaron más debate entre los intelectuales:

> Hay opinión que no vamos a estos convites sino con la fantasía en la cual nos representa el demonio las imágenes de todas aquellas cosas que después contamos que nos han sucedido. Otros dicen que no, sino que verdaderamente vamos en cuerpo y en ánima; y entrambas opiniones tengo para mí que son verdaderas, puesto que nosotros no sabemos cuándo vamos de una o de otra manera, porque todo lo que nos pasa en la fantasía es tan intensamente que no diferenciamos de cuando vamos real y verdaderamente. Algunas experiencias desto han hecho los señores inquisidores con algunas de nosotras que han tenido presas, y pienso que han hallado ser verdad lo que digo.[29]

La vieja no se inclina por ninguna de las dos posibilidades, aunque alude a alguna experiencia de los propios inquisidores,[30] y pasa a tratar otros asuntos relevantes en referencia a la secta, como el ungüento:

> Este ungüento con que las brujas nos untamos es compuesto de jugos de yerbas en todo extremo fríos, y no es, como dice el vulgo, hecho con la sangre de los niños que ahogamos. Aquí pudieras también preguntarme qué gusto o provecho saca el demonio de hacernos matar las criaturas tiernas, pues sabe que estando bautizadas, como inocentes y sin pecado, se van al cielo, y él recibe pena particular con cada alma cristiana que se le escapa.[31]

Contradice aquí la bruja la teoría de que en la base del ungüento estaría la sangre de los niños asesinados,[32] pero no cuestiona la conexión de la brujería con el infanticidio.[33]

---

29   Cervantes, *Coloquio*, p. 339 s.

30   Se refiere, probablemente, al caso relatado por Fray Prudencia de Sandoval en sus *Historia de la vida y hechos del Emperador Carlos V* (1604), en el capítulo XV "De las brujas de Navarra notables. – Cómo hacían sus juntas las brujas. – Cómo veían las brujas el Santísimo Sacramento".

31   Cervantes, *Coloquio*, p. 341.

32   Nider explica cómo las brujas acechan a los niños mientras duermen, los matan con sus rituales, posteriormente los desentierran de sus tumbas, los cocinan en calderos y con el resultado confeccionan sus ungüentos, véase Johannes Nider, *El libro V del Formicarius*, edición de Pedro Eduardo León Mescua, Valencia: Amazon, 2009, aquí p. 30. Este tratado se considera el primer gran libro sobre brujería, de modo que resulta interesante ver que todas estas cuestiones ya aparecen recogidas en sus páginas en 1437–1438.

33   En Nider, *Formicarius*, cap. 3, p. 28–30 se exponen varios casos de infanticidios, unidos en ocasiones al canibalismo ritual, demostrando que este crimen se encuentra en la base misma de la brujería. En el *Malleus Maeficarum*, cuestión 11, (y tratados posteriores) se insiste en estos actos y se habla, por ejemplo, de cómo las brujas devoran niños y beben su sangre, véase E. Institoris / J. Sprenger, *Malleus Maleficarum*, León: Maxtor, 2004, aquí p. 147.

Posteriormente, añade:

> [...] son tan frías, que nos privan de todos los sentidos en untándonos con ellas, y quedamos tendidas y desnudas en el suelo, y entonces dicen que en la fantasía pasamos todo aquello que nos parece pasar verdaderamente. Otras veces, acabadas de untar, a nuestro parecer, mudamos de forma, y convertidas en gallos, lechuzas o cuervos, vamos al lugar donde nuestro dueño nos espera, y allí cobramos nuestra primera forma y gozamos de los deleites que te dejo de decir.[34]

Los principales parlamentos de la anciana en referencia a la brujería finalizan con las siguientes reflexiones acerca de cómo la pertenencia a esta hermandad se torna en una depravación imposible de abandonar, pues resulta placentera para estas féminas. De esa manera, se pierde el alma de forma irreversible. Ella reconoce su propia maldad:

> [...] La costumbre del vicio se vuelve en naturaleza, y éste de ser brujas se convierte en sangre y carne, y en medio de su ardor, que es mucho, trae un frío que pone en el alma tal, que la refría y entorpece aun en la fe, de donde nace un olvido de sí misma, y ni se acuerda de los temores con que Dios la amenaza ni la gloria con que la convida; y, en efeto, como es pecado de carne y de deleites, es fuerza que amortigüe todos los sentidos, y los embelese y absorte, sin dejarlos usar sus oficios como deben; y así, quedando el alma inútil, floja y desmazalada, no puede levantar la consideración siquiera a tener algún buen pensamiento. [...] Yo tengo una destas almas que te he pintado: todo lo veo y todo lo entiendo, y como el deleite me tiene echados los grillos a la voluntad, siempre he sido y seré mala.[35]

En relación con todas estas disertaciones de la Cañizares, merece la pena recuperar la opinión de Molho, quien asevera que, al escuchar a esta anciana, en realidad resuena la voz del padre Rivadeneyra en su *Libro de las tribulaciones*. Según este experto, "la doctrina teológica del *Coloquio* no la expone el hombre de Dios sino la sierva del diablo. El jesuita es un personaje silencioso que sólo predica por boca de la bruja"[36]. Esta concepción resulta esclarecedora si se toma en el sentido adecuado. Cierto es que quien expone estas apreciaciones es una supuesta servidora de Satán, lo cual quedaría totalmente desacreditado con la tesis que defendimos en el trabajo anterior del que ya hemos hablado, si la entendemos como una loca que solo cree ser bruja. También hemos de traer a colación, a este respecto, a Cárdenas-Rotunno, quien incide en que las palabras de la Cañizares se encuentran en un tercer nivel de narración, lo cual

34   Cervantes, *Coloquio*, p. 342.
35   Ibid.
36   Molho, "El sagaz perturbador del género humano", p. 27 s.

ya es de por sí significativo. En relación con esto, señala: "Estamos lejos del centro, lejos de controlar, y, si nos descuidamos, más cercanos de ser controlados, y no por la autoridad presencial del que habla, sino por su ausencia"[37], y a renglón seguido indica que la drogadicta bruja es aquí la autoridad, que se encuentra, eso sí, en la periferia si tenemos en cuenta el juego metaliterario. La única enmienda que cabría hacer a este especialista, bastante atinado en sus afirmaciones, es que no es Cañizares quien posee esa marginal potestad que se le atribuye, en tanto funciona más bien como simple títere.

Se pueden extraer algunas conclusiones más de carácter valioso aparte de las aportaciones que ya realizamos en torno a la posible demencia de la anciana que nos ocupa, dado que las presuntas brujas, a las que se les daba la palabra únicamente en los procesos que las juzgaban, nunca han tenido una voz propia.

Recientemente, hemos tenido la oportunidad de trabajar en profundidad el proceso de las brujas de Barahona, contra algunas mujeres de la villa de Pareja, en Guadalajara, incoado entre 1526 y 1529.[38] Anteriormente, ahondamos también en todo lo relativo al Auto de Fe de Logroño de 1610.[39] Lo que se puede derivar de estos análisis coincide con los resultados de los estudios emprendidos por otros investigadores en la materia. Las mujeres (también hombres, pero principalmente mujeres) que comparecen en la sala de justicia construyen narraciones y lo que se juzga son discursos, evidentemente, mediatizados, fragmentados y distorsionados por los jueces e inquisidores. De hecho, las confesiones de los acusados están totalmente dirigidas y son el resultado de un proceso de coerción, mediación, ventriloquía y tortura.[40] En consecuencia, aunque pueda existir una base popular de las creencias relativas a las brujas y sus crímenes, la voz que se escucha a través de las actas de los procesos no es la de la mujer que comparece, sino, en gran parte, la de los intelectuales,[41] hecho que resulta casi diabólico por lo que tiene de cínico, ya que se ejerce el poder a través del discurso.[42] Por ello, Dolan afirma también que, poco a poco, los doctos tratados escritos por teólogos y juristas principalmente compilaron

---

37   Cárdenas-Rotunno, "Bestialidad y la palabra", p. 305 s.

38   Eva Lara Alberola, "Las brujas de Barahona: la construcción del relato a partir del proceso", en: *Boletín de Literatura Oral* 12 (2022), p. 74–105.

39   Eva Lara Alberola, "El panfleto de don Juan de Mongastón sobre las brujas de Zugarramurdi (Auto de Fe de Logroño de 1610), editado en 1611: ¿documento histórico o literatura?", en: *RILCE* 33,1 (2017), p. 259–282.

40   Dolan, *Ridiculous Fictions*, p. 82 y p. 90.

41   Ibid.

42   Sobre la naturaleza diabólica del intelectual que posee el poder narrativo en los tratados de brujería, véase también la contribución de Anna Isabell Wörsdörfer sobre Pierre de Lancre en este volumen.

las ideas y prácticas de los villanos iletrados. Pero, claro está, las pasaron por el filtro de lo canónico-teológico.[43] Precisamente, esa visión puramente teológica y prácticamente desprovista de lo popular es la que encontramos en boca de la Cañizares.

Solamente su alusión a la consideración del vulgo en relación con los ingredientes del ungüento, concretamente la sangre de los infantes sacrificados, entronca con una visión popular de la brujería.[44] Aunque esto lo retoman los intelectuales también. Pensemos en el *Malleus Maleficarum*, obra en la cual se hace referencia a los ungüentos: "[...] fabrican un ungüento con el cuerpo de los niños, sobre todo de aquellos a los que ellas dan muerte antes del bautismo".[45] También Martín del Río indica que las brujas vuelan con un bastón y "dicho bastón lo suelen untar con ungüento preparado con variedad de ingredientes sosísimos, en especial con manteca de niños asesinados."[46] En el resto de ideas que se exponen, tal y como asevera Gittes, Cañizares se comporta como un teólogo.[47]

De hecho, Muchembled señala que el conventículo solo es una invención de los teólogos cuyas ideas llegaron a gobernar la imaginación de las élites de Europa desde la Edad Media tardía sobre la base de la persecución de ciertos grupos heréticos.[48] Cierto es que este autor no menciona la base tradicional de estas reuniones, pero está acertado al insistir en que la concepción del aquelarre que se instaurará es una construcción canónico-teológica.[49] Precisamente

---

43   Para abordar la distinción entre la brujería popular y canónico-teológica (esta última concepción es la que se aplica durante la caza de brujas), véase el trabajo de Alberto Montaner y Eva Lara, "Magia, hechicería, brujería: deslinde de conceptos", en: Id. / Id. (ed.), *Señales, portentos y demonios: La magia en la literatura y la cultura españolas del Renacimiento*, Salamanca: SEMYR, p. 33–184.

44   En relación con los aspectos más tradicionales de la brujería, véase el reciente estudio de Júlia Carreras, *Vienen de noche. Estudios sobre las brujas y la otredad*, Barcelona: Luciérnaga, 2022. Para comprender cómo se va construyendo el concepto de brujería sobre esa base popular, véase también Eva Lara Alberola, "*Mulier striga*, documento atribuido a Bartolo de Sassoferrato. ¿Primera piedra medieval para el retrato de la bruja?", en: *Medievalismo* 31 (2021), p. 273–301.

45   Institoris / Sprenger, *Malleus Maleficarum*, p. 236.

46   Martín del Río, *La magia demoníaca. Parte II de las Disquisiciones mágicas*, edición de Jesús Moya, Madrid: Hiperión, 1991 [1599], aquí, p. 338.

47   Tobias Foster Gittes, "Cañizares's Textual Auto-da-Fé: Inquisitorial Dogs and Martyred Witches in Cervantes's *Novela y coloquio que pasó entre Cipión y Berganza*", en: *Hispanic Review* 74,4 (2006), p. 355–377, aquí p. 367.

48   Robert Muchembled, "Satanic Myths and Cultural Reality", en: Bengt Ankarloo / Gustav Henningsen (ed.), *Early Modern European Witchcraft. Centres and Peripheries*, Oxford: Oxford University Press, 1990, p. 139–160, aquí p. 139 s.

49   También es de esta opinión Ginzburg, aunque él también atiende a lo folkórico: Carlo Ginzburg, "Deciphering the Sabbat", in: Bengt Ankarloo / Gustav Henningsen (ed.), *Early*

por esto, Cervantes se inclina por esa voz impostada de la bruja Cañizares, que se expresa como un intelectual en un intento de manifestar que la brujería en sí es una pura falacia. Si este insigne autor hubiera querido reflejar otras dimensiones de estas prácticas, hubiera optado por que esta anciana vertiera diversas anécdotas presuntamente vivenciadas por ella, apelando así a aspectos más tradicionales o al hecho de que estas mujeres pudieran llegar a confundir realidad con ficción. No obstante, se inclinó por insertar un discurso totalmente culto y libresco, resaltando el papel que la interpretación de las élites desempeñó en la visión de la brujería que se impuso y que se persiguió.

No sin razón Henningsen incide en que la brujería en sí no existió. Este experto centra su estudio en el proceso que condujo al Auto de Fe de Logroño de 1610 y la psicosis posterior que se derivó del mismo. Concluye (y sus aseveraciones se pueden extrapolar a muchas otras causas y sucesos) que los supuestos brujos fueron sometidos a un lavado de cerebro por medio del aislamiento, la violencia y la persuasión (prácticas igualmente diabólicas en tanto malvadas). Las personas juzgadas eran guiadas, durante los interrogatorios, a partir de las preguntas formuladas, que daban cuenta de aquello que deseaban oír los inquisidores. Otra parte de esta manipulación procedería directamente del púlpito, desde el cual se arribaba al gran público.[50] Como bien explica este especialista, la tragedia se dio cuando tanto predicadores como jueces aplicaron sus conceptos a causas populares concretas.[51] Por ello, Gaskill insiste en que las composiciones librescas de la élite tendieron a tergiversar y malinterpretar la experiencia de los iletrados de baja condición.[52] Aunque Rowland afirma que la abstracta concepción de la brujería se concreta en las narraciones populares, influidas por sus particulares creencias y por los cuentos tradicionales,[53] Cervantes, como ya hemos dicho, focaliza en la raíz libresca de este fenómeno, precisamente por toda la "tecnología interpretativa" que supone y por el despliegue de esa "monstruosa (en varios sentidos) maquinaria conceptual" que se pone en marcha de las que hablaba Baggiarini.[54] Maquinaria que,

---

     Modern European Witchcraft. Centres and Peripheries, Oxford: Oxford University Press, 1990, p. 121–137, aquí p. 132.

50   Gustav Henningsen, *El abogado de las brujas. Brujería vasca e Inquisición española*, Madrid: Alianza, 1983 [1980], aquí p. 67, p. 72 y p. 196.

51   Henningsen, *El abogado de las brujas*, p. 346.

52   Gaskill, *Witches and Witnesses*, p. 56.

53   Robert Rowland, "Fantastical and Devilish Persons: European Witch-beliefs in Comparative Perspective", en: Bengt Ankarlooy / Gustav Henningsen (ed.), *Early Modern European Witchcraft. Centres and Peripheries*, Oxford: Oxford University Press, 1990, p. 161–190, aquí p. 180 s.

54   Baggiarini, "Hacia una hermenéutica", p. 6.

por otra parte, tal y como asevera Montesino González,[55] favorece la cohesión y legitimación de las instituciones y normas.

En el *Coloquio* no nos hallamos ante una bruja juzgada durante un proceso y no asistimos a esa manipulación de primera mano (esa situación hubiera sido demasiado evidente), pero, si observamos con atención, vemos cómo Pedro Ciruelo o Martín del Río se manifiestan a través del parlamento de la vieja, que no expone sus propias apreciaciones, ni mucho menos. Ciruelo, en referencia al vuelo, afirmaba:

> [...] algunas dellas se untan con unos ungüentos y dizen ciertas palabras y saltan por la chimenea del hogar, o por una ventana y van por el ayre y en breve tiempo van a tierras muy lexos y tornan presto diziendo las cosas que alla passan. Otras destas en acabandose de untar y dezir aquellas palabras; se caen en tierra como muertas, frias, y sin sentido alguno; aunque las quemen, o asierren no lo sienten; y dende a dos o tres horas se levantan muy ligeramente y dizen muchas cosas de otras tierras y lugares a donde dizen que han ido.[56]

El maestro Ciruelo determina la doble posibilidad de la que hablaba la Cañizares, no se inclina por ninguna de las dos opciones, sino que considera que unas veces las brujas pueden acudir al conventículo corpóreamente y, en otras ocasiones, de forma solo ilusoria, tras aplicarse el unto.

Martín del Río, a quien Cervantes también conocería, sin duda, se detenía igualmente en el vuelo brujeril, en el Libro II de sus *Disquisiciones mágicas*, y coincidía con Ciruelo en que ambas posibilidades resultarían factibles, aunque él se inclina más por la asistencia verdadera, en cuerpo y alma, al conventículo, pero no niega que "[...] a muchos engaña el demonio privándolos de los sentidos internos y externos, trastornándoles tal vez además la fantasía"[57].

En cuanto a la referencia a las metamorfosis que hace la presunta bruja, recordemos que indica que la transformación en distintos animales tras la aplicación del ungüento se produce "a su parecer". Esa aclaración deja nuevamente la cuestión abierta a múltiples interpretaciones. En todo caso, está tocando otro de los grandes asuntos relativos a la brujería. De ahí que los tratadistas más importantes lo abordaran en sus obras. Institoris y Sprenger exponían en el *Malleus Maleficarum*: "Así pues está claro que el diablo puede, por medio de la conmoción de las percepciones y los humores internos, trabajar para alterar

---

55   Antonio Montesino González, "El estigma de la brujería", en: Salvador Rodríguez Becerra (ed.), *El diablo, las brujas y su mundo. Homenaje andaluz a Julio Caro Baroja*, Sevilla: Signatura, 2000, p. 67–94, aquí p. 84.

56   Pedro Ciruelo, *Reprobación de las supersticiones y hechicerías*, edición de Alva V. Ebersole, Valencia: Albatros, 1978 [1530], aquí p. 37.

57   Martín del Río, *La magia demoníaca*, p. 330.

el acto y la potencia sensitiva, nutritiva, apetitiva u otra cualquiera de las corporales, por medio de un agente físico cualquiera".[58] También se refieren a la ilusión diabólica Castañega[59] y Martín del Río[60].

Cervantes no profundiza demasiado en las prácticas de la Cañizares y, por ende, en las costumbres y hábitos brujeriles. Le bastan solo algunas cuestiones representativas y controvertidas para ejecutar uno de los más magistrales ejercicios de construcción de un personaje marginal que, a fin de cuentas, es usado solo como una máscara, como una carcasa dentro de la cual, en realidad, no hay una bruja, sino un compendio de intelectuales que se dejan oír a través de esa anciana.

No obstante, García Rubio no está de acuerdo con el hecho de que Cervantes desacredite la brujería. Según él,

> tanta sinceridad, rayana con una confesión de arrepentido, se ha de entender no con el objetivo de desacreditar a la brujería / hechicería en su totalidad, sino más bien como un acto de verdadera sinceridad que busca en el lector benevolencia con lo sucedido y a la vez un cierto grado de aceptación hacia las personas implicadas, apiadándose sobre todo de aquellas que son maltratadas por el diablo.[61]

No dudamos de que se busque la compasión por parte del lector, pero no ante una figura que pacta con el diablo, sino ante quien no tiene más remedio que confesar tales aberraciones por una presión externa. Cervantes parece haberse dado cuenta de ello y lo refleja en su novela corta más compleja. García Rubio también había hecho referencia a que el autor estaría parodiando el discurso ideológico de la brujería, lo cual llevaría a una desmitificación del mismo.[62] A pesar de ello, para él, no hay una desacreditación total. A nuestro parecer, en el *Coloquio* se está exponiendo que fuera de la construcción libresca de la brujería todo es una falacia. Por ello, cuando la Cañizares se expresa, escuchamos otras voces. La bruja no puede poseer su propio discurso porque no existe como tal. Sería una ilusión, 'diabólica' solo en el sentido del control del discurso que se ejerce por parte de los intelectuales y las autoridades, a partir del cual se crea una gran mentira, una falacia. Por tanto, aquellas tesis que dan crédito a ese parlamento no se sostienen. Vicente García explica que "La Cañizares se

---

58   Institoris / Sprenger, *Malleus Maleficarum*, p. 140.

59   Fray Martín de Castañega, *Tratado de las supersticiones y hechicerías*, edición José Dueso, San Sebastián: De la Luna, 2001 [1529], aquí p. 41.

60   Martín del Río, *La magia demoníaca*, p. 364 s.

61   Francisco García Rubio, "Ideología e interpelación en el discurso de la Cañizares", en: Julio Baena (ed.), *Novelas ejemplares: las grietas de la ejemplaridad*, Delaware: Juan de la Cuesta, 2008, p. 265–283, aquí p. 273.

62   García Rubio, "Ideología", p. 266.

muestra teóloga y bastante conforme con la doctrina católica", a lo cual añade que "expresa sus vivencias internas con sinceridad",[63] sin reparar en el hecho de que ahí precisamente está la clave, en ese acto de pontificar como una intelectual. Como hemos visto, muchos son los especialistas que se han detenido en esa naturaleza teologal de las palabras de la vieja, pero en pocas ocasiones esa evidencia se ha llevado más allá.

Marco Gutiérrez resalta, sin atender a lo que terminamos de exponer, que el autor no pretende posicionarse ni aclarar lo relativo al vuelo real o fingido: "Cervantes no busca disipar dudas, sino más bien tender puentes entre los superpoderes que se atribuyen a las hechiceras / brujas y los hechos sorprendentes de los que él deja constancia en la obra, de suerte que el lector no los rechace de plano"[64], sino que los pueda concebir en un universo literario donde todo es posible. Y esto se puede considerar así, pero no se puede circunscribir todo lo brujeril a estos aspectos concretos. Acierta Gerber en su análisis, de forma más afinada, al vincular el elemento brujeril con la experiencia de la ficción,[65] tras resaltar el juego de cajas chinas que se aplica a partir de la enfermedad del alférez Campuzano.[66] Lo rompedor de las discusiones expuestas es que se ponen en boca de la bruja: "[...] las relaciones entre realidad, imaginación y discurso son el punto central de la trama y sostienen, como hemos visto, toda la estructura".[67] Para Gerber, al terminar el texto, el lector vuelve a la situación inicial y llega el turno de la interpretación. En torno a esta última gira todo el *Coloquio*. Estamos totalmente de acuerdo, en general y de forma específica en relación con la brujería. No sin razón asevera Pozuelo Yvancos que Cervantes usa los conceptos de fantasía e imaginación (que vincula frecuentemente al vuelo y la asistencia al aquelarre) para convertirlos en metonimias de la creación de mundos a través de la literatura.[68] Y esta interesante concepción confluye con lo que ya se ha expresado anteriormente en referencia al discurso de las brujas

---

63   Luis Miguel Vicente García, "La Cañizares en el *Coloquio de los perros*: ¿bruja o hechucera?", en: *Mester* 18,1 (1989), p. 1–7, aquí p. 4.

64   Marco A. Gutiérrez, "*El coloquio de los perros*: creación, deconstrucción e interpretación en la literatura de la marginalidad", en: María Luisa Lobato / Javier San José y Germán Vega (ed.), *Brujería, magia y otros prodigios en la literatura española de los Siglos de Oro*. Alicante: Biblioteca Virtual Miguel de Cervantes, 2016, p. 239–281, aquí p. 258.

65   Clea Gerber, "*Deleites imaginados*: ficción, sugestión demoníaca en *El Coloquio de los perros* de Miguel de Cervantes", en: *Anuario brasileño de estudios hispánicos* 23 (2013), p. 67–84, aquí p. 69 s.

66   Gerber, "*Deleites imaginados*", p. 68.

67   "*Deleites imaginados*", p. 81.

68   José María Pozuelo Yvancos, "Los conceptos de fantasía e imaginación en Cervantes", Alicante: Biblioteca Virtual Cervantes, 2006, s. p.

en la sala de justicia, pues también ahí la dicotomía realidad-ficción / imaginación resulta fundamental.

La Cañizares se comporta de manera similar a como lo haría una bruja que se ve obligada a confesar, pero de una manera hiperbólica y llevada al extremo, dado que se prescinde del interrogatorio y de la manipulación directa de jueces o inquisidores. Su discurso constituye un parlamento totalmente dirigido, en absoluto se puede catalogar de libre o alejado de las esferas de autoridad. La anciana es una marioneta a través de la cual escuchamos a los tratadistas, puesto que se ha obviado cualquier aportación de carácter popular. Así se demuestra que, tras la bruja y sus presuntos testimonios, solo hay un acopio de elementos librescos, con la consiguiente reformulación e integración de los aspectos tradicionales. Fuera de esa construcción canónico-teológica no hay nada. La brujería es solo humo.

3.   Conclusiones

Para terminar, diremos que el autor muestra, situando en el epicentro del *Coloquio* este encuentro entre Berganza y la vieja, y teniendo en cuenta la tropelía que sustenta el texto, que la brujería es una falacia. No solo por el modo en que se expresa la Cañizares, con todas las implicaciones que eso tiene, sino porque todo forma parte de un sueño delirante y, en él, la bruja es un núcleo importantísimo. No olvidemos que todo tiene lugar en la mente del alférez. Sea desde la alucinación o no, la verdadera naturaleza de este fenómeno mágico es indiscutible. Es más, se resalta de una manera más aguda al hacer que forme parte del universo onírico, pues la brujería, tal y como se ha definido desde un punto de vista canónico-teológico, tiene mucho de esquizoide. Pensemos, además, que esa dicotomía que veíamos en el momento de hablar del vuelo o de las metamorfosis es la misma a la que se enfrenta Campuzano cuando debe decidir si todo lo vivenciado es realidad o pura ficción. Por ello, la disertación de la Cañizares puede alcanzar una dimensión que trasciende lo puramente brujeril para invitar a la reflexión mucho más profunda sobre la obra y sobre la literatura misma, como han señalado algunos especialistas.

En las páginas del *Coloquio* protagonizadas por la Cañizares, observamos, como se ha demostrado a lo largo del trabajo, que lo referido por los máximos expertos en la materia acerca del discurso de las mujeres juzgadas por brujas que se vierte en la sala de justicia se puede aplicar con toda precisión para interpretar este pasaje y arribar a conclusiones definitivas. Una vez más, antropología, historia y crítica literaria se aúnan para aportar una perspectiva más rica y clarificadora acerca de un texto artístico. La brujería es solo una densa niebla que se escapa entre los dedos, un espejismo creado a lo largo de los siglos y de manera acumulativa[69] que encarna todos los miedos y que se utiliza para explicar el mal que rodea al ser humano. Es solo una idea, un concepto, que en un determinado momento se materializa en personas concretas que sirven como chivos expiatorios.[70] Por ello, resulta absolutamente indemostrable, más allá de los datos que aporta la palabra, el discurso. De ahí la verborrea de la Cañizares y su parlamento puramente libresco e impropio. En esta novela ejemplar, se puede ver, desde todos los puntos de vista, que, como diría Francisco de Goya, "el sueño de la razón produce monstruos"[71].

Bibliografía

Avalle-Arce, Juan Bautista, "Introducción", en: Miguel de Cervantes, *Novelas ejemplares*, edición de Juan Bautista Avalle-Arce, Madrid: Castalia, 1982.

Baggiarini Estéfano, Efrén, "Hacia una hermenéutica de la brujería. Paganismo, discurso punitivo y magia en la Europa renacentista y moderna", en: *XI Jornadas de Investigación en filosofía*, Buenos Aires: Universidad Nacional de la Plata, 2017, p. 1–11.

Barandiarán, José Miguel de, *Brujería y brujas: testimonios recogidos en el País Vasco*, San Sebastián: Txertoa, 1998.

Cárdenas-Rotunno, Anthony J., "Bestialidad y la palabra: El parto perruno en el *Coloquio de los perros*", en: *Hispania* 91 (2008), p. 301–309.

Carreras, Júlia, *Vienen de noche. Estudios sobre las brujas y la otredad*, Barcelona: Luciérnaga, 2022.

Castañega, Fray Martín de, *Tratado de las supersticiones y hechicerías*, edición de José Dueso, San Sebastián: De la Luna, 2001 [1529].

Cervantes, Miguel de, *El Coloquio de los perros*, en: Id., *Novelas ejemplares* vol. 2, edición de Harry Sieber, Madrid: Cátedra, p. 299–359.

Ciruelo, Pedro, *Reprobación de las supersticiones y hechicerías*, edición de Alva V. Ebersole, Valencia: Albatros, 1978 [1530].

Cohn, Norman, *Los demonios familiares en Europa*, Madrid: Alianza, 1980 [1975].

Dolan, Frances E., "Ridiculous Fictions: Making Distinctions in the Discourses of Witchcraft", en: *Differences: A Journal of Feminist Cultural Studies* 7,2 (1995), p. 82–110.

---

69   Norman Cohn, *Los demonios familiares en Europa*, Madrid: Alianza, 1980 [1975].

70   José Miguel de Barandiarán, *Brujería y brujas: testimonios recogidos en el País Vasco*, San Sebastián: Txertoa, 1998, aquí p. 19.

71   Francisco de Goya, *El sueño de la razón produce monstruos*, Capricho 43, Museo del Prado, 1797–1799.

Dolle, Verena, "La bruja Cañizares y la teatralización de la subjetividad (femenina)", en: Carmen Rivero Iglesias (ed.), *Ortodoxia y heterodoxia en Cervantes*, Alcalá de Henares: Centro de Estudios Cervantinos, 2011, p. 43–56.

Forcione, Alban K., *Cervantes and the Mystery of Lawlessness: A Study of* El casamiento engañoso *y* El coloquio de los perros, Princeton: Princeton University Press, 1984.

Garcés, Mª Antonia, "Berganza and the Abject: The Desecration of the Mother", en: Ruth El Saffar / Diana de Armas Wilson (ed.), *Quixotic desire. Psycoanalytic Perspectives on Cervantes*, Ithaca / London: Ithaca and London Cornell University Press, 1993, p. 292–314.

García Rubio, Francisco, "Ideología e interpelación en el discurso de la Cañizares", en: Julio Baena (ed.) *Novelas ejemplares: las grietas de la ejemplaridad*, Delaware: Juan de la Cuesta, 2008, p. 265–283.

Gerber, Clea, "*Deleites imaginados*: ficción, sugestión, demonología en el *Coloquio de los perros* de Miguel de Cervantes", en: *Anuario brasileño de estudios hispánicos* 23 (2013), p. 67–84.

Ginzburg, Carlo, "Deciphering the Sabbat", en: Bengt Ankarloo / Gustav Henningsen (ed.), *Early Modern European Witchcraft. Centres and Peripheries*, Oxford: Oxford University Press,1990, p. 121–137.

Gittes, Tobias Foster, "Cañizares's Textual Auto-da-fé: Inquisitorial Dogs and Martyred Witches in Cervantes's *Novela y coloquio que pasó entre Cipión y Berganza*", en: *Hispanic Review* 74,4 (2006), p. 355–377.

Gómez Sánchez-Romate, Mª José, "Hechicería en el Coloquio de los perros", en: *Actas del I Coloquio Internacional de la Asociación de Cervantistas*, Barcelona: Anthropos, 1990, p. 271–280.

González de Amezúa, Agustín, "Introducción", in: Miguel de Cervantes, *El casamiento engañoso y el coloquio de los perros*, Madrid: Bailly-Bailliér, 1912.

Gutiérrez, Marco A., "El coloquio de los perros: creación, deconstrucción e interpretación en la literatura de la marginalidad", en: María Luisa Lobato / Javier San José y Germán Vega (ed.), *Brujería, magia y otros prodigios en la literatura española de los Siglos de Oro*, Alicante: Biblioteca Virtual Miguel de Cervantes, 2016, p. 239–281.

Henningsen, Gustav, *El abogado de las brujas. Brujería vasca e Inquisición española*, Madrid: Alianza, 1983 [1980].

Hutchinson, Steven D., "Las brujas de Cervantes y la noción de comunidad femenina", en: *Cervantes: Bulletin of the Cervantes Society of America* 12,2 (1992), p. 127–136.

Institoris, E. / Sprenger, J., *Malleus Maleficarum*, León: Maxtor, 2004 [1486].

Jarocka, Marja Ludwika, *El coloquio de los perros a una nueva luz*, México: Universidad Autónoma de México, 1979.

Johnson, Carroll B., "Of Witches and Bitches: Gender, Marginality, and Discourse in *El casamiento engañoso y Coloquio de los perros*", en: *Cervantes* 11,2 (1991), p. 7–25.

Lara Alberola, Eva, "El panfleto de don Juan de Mongastón sobre las brujas de Zugarramurdi (Auto de Fe de Logroño de 1610), editado en 1611: ¿documento histórico o literatura?", en: *RILCE* 33,1 (2017), p. 259–282.

Lara Alberola, Eva, "Mulier striga, documento atribuido a Bartolo de Sassoferrato. ¿Primera piedra medieval para el retrato de la bruja?", en: *Medievalismo* 31 (2021), p. 273–301.

Lara Alberola, Eva, "Vamos a verle muy lejos de aquí, a un gran campo, donde nos juntamos infinidad de gente ...: The Cañizares in *Coloquio de los perros*; An Evil Witch or An Insane Woman?", en: Jorge Abril Sánchez (ed.), *Demonology and Demonolatry in the Age of Cervantes*, New Jersey: Juan de la Cuesta, en prensa.

Lara Alberola, Eva, "Las brujas de Barahona: la construcción del relato a partir del proceso", en: *Boletín de Literatura Oral* 12 (2022), p. 74–105.

Miñana, Rogelio, "Metaficción y monstruosidad en *El coloquio de los perros* de Cervantes", en: *Vanderbilt e-journal of Luso-Hispanic Studies* 2 (2005), s. p.

Molho, Maurice, "El sagaz perturbador del género humano: brujas, perros embrujados y otras demonomanías cervantinas", en: *Cervantes: Bulletin of the Cervantes Society of America* 12.2 (1992), p. 21–32.

Montaner, Alberto / Lara, Eva, "Magia, hechicería, brujería: deslinde de conceptos", en: Id. / Id. (ed.), *Señales, portentos y demonios: La magia en la literatura y la cultura españolas del Renacimiento*, Salamanca: SEMYR, 2014, p. 33–184.

Montesino González, Antonio, "El estigma de la brujería", en: Salvador Rodríguez Becerra (ed.), *El diablo, las brujas y su mundo. Homenaje andaluz a Julio Caro Baroja*, Sevilla: Signatura, 2000, p. 67–94.

Muchembled, Robert, "Satanic Myths and Cultural Reality", en: Bengt Ankarloo / Gustav Henningsen (ed.), *Early Modern European Witchcraft. Centres and Peripheries*, Oxford: Oxford University Press, 1990, p. 139–160.

Nider, Johannes, *El libro V del Formicarius*, edición de Pedro Eduardo León Mescua, Valencia: Amazon, 2009 [1437–1438].

Padilla, Ignacio, *El diablo y Cervantes*, México: Fondo de Cultura Económica, 2005.

Pozuelo Yvancos, José María, "Los conceptos de *fantasía e imaginación* en Cervantes", Alicante: Biblioteca Virtual Cervantes, 2006 [2004], s. p.

Riley, Edward C., "La profecía de la bruja (El Coloquio de los perros)", en: *Actas del I Coloquio Internacional de la Asociación de Cervantistas*, Madrid: Asociación de Cervantistas, 1990, p. 83–94.

Río, Martín del, *La magia demoníaca. Parte II de las Disquisiciones mágicas*, edición de Jesús Moya, Madrid: Hiperión, 1991 [1599].

Robert Rowland, "Fantastical and Devilish Persons: European Witch-beliefs in Comparative Perspective", en: Bengt Ankarlooy / Gustav Henningsen (ed.), *Early Modern European Witchcraft. Centres and Peripheries*, Oxford: Oxford University Press, 1990, p. 161–190.

Vicente García, Luis Miguel, "La Cañizares en el *Coloquio de los perros*: ¿bruja o hechicera?", en: *Mester* 18,1 (1989), p. 1–7.

Williamson, Edwin, "El juego de la verdad en *El casamiento engañoso* y *El coloquio de
los perros*", en: *Actas del II Coloquio Internacional de la Asociación de Cervantistas*,
Alcalá de Henares: Asociación de Cervantistas, 1990, p. 183–200.

Woodward, Louisse J. "*El casamiento engañoso* y *El coloquio de los perros*", en: *Bulletin of
Hispanic Studies* 36 (1959), p. 201–212.

Der Teufel der Moderne

Nostalgie, Bewahrung von Traditionen und die Dämonisierung des gesellschaftlichen Wandels bei Ramuz und Pierre Mac Orlan

Matthias Kern

1.   Einleitung

Die erste Hälfte des 20. Jahrhunderts wird durch die Wiederkehr des Teufels als handlungstragender Romanfigur markiert. Dabei erfolgt häufig eine Gleichsetzung der soziopolitischen Situation mit dem Diabolischen. Zwei bekannte Beispiele, die in den Kanon der Weltliteratur eingegangen sind, finden sich bei Michail Bulgakow mit *Der Meister und Margarita* (1940) und bei Thomas Mann mit *Doktor Faustus* (1947). Beide Romane beziehen sich mehr oder minder lose auf den Faust-Mythos und aktualisieren ihn, wodurch der Pakt mit dem Teufel und der Auftritt des Dämonischen auch zur Darstellung der zeitgenössischen Lebensumstände benutzt wird. Dabei bleibt die Identifizierung des Teufels mit der Modernität allerdings zumeist diffus.[1] In *Doktor Faustus* verweisen erst die letzten Sätze auf eine Parallelisierung des Teufelspakts, den der Protagonist Leverkühn eingeht, mit dem Aufstieg des Nationalsozialismus in Deutschland;[2] in *Der Meister und Margarita* ist die Figur Volands, der den

---

1 Mittl weist zurecht auf eine Multiplizierung des Bösen bei Mann und Bulgakow hin und unterstreicht darüber hinaus, wie insbesondere Bulgakows Roman die „Grenzen von Gut und Böse, Wahrheit und Fiktion verschwimmen" lässt, woraus sich eine komplexere Erzählung von Machtstrukturen und moralischen Beziehungen ergibt, vgl. Florian Mittl, „Der Teufel in der Literatur: ‚Ein Teil von jener Kraft, die stets das Böse will und stets das Gute schafft' ", in: *Disputatio philosophica: International Journal on Philosophy and Religion* 15,1 (2013), S. 65–79, hier S. 76. Eine klarere Verbindung zwischen der Figur des Teufels und dem modernen Nationalismus im Ersten Weltkrieg findet sich dagegen beispielsweise in Vernon Lees (Violet Paget) *Satan the waster* (1920), wie Russell unterstreicht, vgl. Jeffrey Burton Russell, *Mephistopheles. The Devil in the Modern World*, Ithaca: Cornell University Press, 1992, S. 268.

2 „Heute stürzt es [i. e. das Deutsche Reich, M. K.], von Dämonen umschlungen, über einem Auge die Hand und mit dem andern ins Grauen starrend, hinab von Verzweiflung zu Verzweiflung. Wann wird es des Schlundes Grund erreichen? Wann wird aus letzter Hoffnungslosigkeit, ein Wunder, das über den Glauben geht, das Licht der Hoffnung tragen? Ein einsamer alter Mann faltet seine Hände und spricht: Gott sei eurer armen Seele gnädig, mein Freund, mein Vaterland.", Thomas Mann, *Doktor Faustus. Das Leben des deutschen Tonsetzers Adrian Leverkühn erzählt von einem Freunde*, Frankfurt: Fischer, 1999, S. 676.

© BRILL FINK, 2024 | DOI:10.30965/9783846768013_012

Teufel darstellt, nur eine Figuration des Bösen, die gegenüber der Übermacht des politischen Systems in seiner Handlungsgewalt sogar zurücktritt.[3]

Diesen Narrativen des Dämonischen gehen in der französischsprachigen Literatur zwei weitere Romane voraus, die bereits zeitgleich bzw. kurz nach dem Ersten Weltkrieg die Gleichsetzung zwischen der Moderne und einem Pakt mit dem Teufel vollziehen und dabei auf vergleichbare Plotmuster zurückgreifen: Es handelt sich hierbei um Charles Ferdinand Ramuz' *Le Règne de l'esprit malin* (1917) und Pierre Mac Orlans kurzen Roman *Marguerite de la nuit* (1925). Während bei ersterem der Auftritt des Teufels Gelegenheit bietet, die Idylle der französischen Schweiz und die Fragilität ihrer Dorfgesellschaften darzustellen, nutzt Pierre Mac Orlan in seiner Aktualisierung des Faust-Mythos die Figur des Teufels, um der Leserschaft die Abgründe und den Rausch im Paris der 1920erJahre vor Augen zu führen. In beiden Fällen jedoch bedienen sich die Autoren der mythischen Darstellung des Teufels und lassen diese explizit mit der Darstellung ihrer zeitgenössischen Welt verschmelzen, wobei das moderne Leben nicht nur als eine Bedrohung erscheint, sondern zeitgleich in den Raum des Fantastischen gerückt wird. Dadurch werden der technische Fortschritt und die sozialen Verhältnisse der Gesellschaft im 20. Jahrhundert einer doppeldeutigen Bewertung unterzogen: Obgleich die Begegnung mit der Moderne einen unheimlichen Schauder und eine Rückkehr zu abergläubischen Denkmustern hervorruft, wird auch der individuelle Nutzen des Fortschritts deutlich, der mit dem modernen Leben einhergeht.

In den folgenden Seiten soll nun erörtert werden, wie die Diabolisierung der Moderne in den zwei genannten Romanen als Chiffre für eine tiefgreifende Fortschrittskritik eingesetzt wird und inwiefern die Figur des Teufels auch als Akteur einer verführerischen und faszinierenden Moderne inszeniert wird, sodass ein ambivalentes Bild des technischen Fortschritts und der daraus folgenden Gesellschaftstransformation gezeichnet wird. Um dies genauer zu erläutern, soll zunächst dargestellt werden, inwiefern sich das dämonische Narrativ – und insbesondere der Teufelspakt – zur Darstellung von Gesellschaftskrisen eignet und welche Vorstellungen der Gesellschaftskrise am Ende des Ersten Weltkriegs im französischsprachigen Raum zugrunde liegen. Darauf soll in einer Analyse von Pierre Mac Orlans Roman *Marguerite de la nuit* anhand der in seinem Essaywerk entwickelten Kategorie des *fantastique social* ergründet werden, inwiefern die dämonische Darstellung der Gesellschaftskrise nicht nur das Werk des Autors, sondern auch das soziale Imaginarium[4]

---

3   Mittl, *Der Teufel in der Literatur*, S. 77.

4   Zur Definition des Terminus vgl. Pierre Popovic, *Imaginaire social et folie littéraire: le second Empire de Paulin Gagne*, Montreal: Presses de l'Université de Montréal, 2008, S. 24.

der Zeit prägt. Schließlich wird anhand von *Le Règne de l'esprit malin* ein modifizierter Einsatz des Dämonischen als narrative Strategie dargestellt, indem die teuflische Darstellung der gesellschaftlichen Beschleunigung und des modernen Konsumverhaltens im Zuge eines nationalistischen Diskurses zur Stärkung der Romandie, der französischsprachigen Schweiz, eingesetzt wird.

2.   **Tödliche Moderne. Vom Ersten Weltkrieg zur Fortschrittskritik**

In der Forschung zur literarischen Darstellung des Teufels besteht ein Konsens, dass der Teufel als Personifizierung des menschlichen Bösen erst spät in Texten und Diskursen auftritt und dabei mit dem Aufkommen einer modernen Philosophie koinzidiert.[5] Während also in der Anfangszeit des Christentums der Teufel eine untergeordnete Rolle spielt und der Fokus mehr auf der Verbreitung der Glaubensgrundsätze liegt, wird dem Teufel als Inkarnation des Bösen erst ab dem Mittelalter eine gewisse Macht eingeräumt, die die Stellung des Glaubens noch weiter konsolidieren soll.[6] Daraus folgt allerdings auch eine Komplexifizierung des christlichen Glaubenssystems und des mit ihm verbundenen Menschenbilds: Durch die prominente Stellung, die der Figur des Teufels im religiösen Diskurs zugesprochen wird, erfolgt ebenso eine Schwächung der Rolle des monotheistischen Gottes, da ihm ein ebenbürtiger Gegenspieler gegenübergestellt wird.[7] Ferner unterstreicht die Rolle des Teufels den freien Willen des Menschen, da nur durch ihn der Teufel Macht über die Menschheit gewinnen kann: Beginnend mit dem Mittelalter kann der Teufel sein dämonisches Werk nur über einen Vertrag mit seinem Opfer ausüben, wie es auch im Faust-Mythos der Fall ist. Die kontraktuelle Verbindung kann jedoch lediglich als gültig angesehen werden, sofern der freie Wille des Menschen garantiert ist und dieser sich auch gegen die Allmacht Gottes widersetzen kann.[8]

Die Figur des Teufels, die eigentlich den Gläubigen die Wichtigkeit der Gottesfurcht vor Augen halten soll, führt also zu einer Hinterfragung des Monotheismus im System des Christentums. Darüber hinaus stärkt die Vorstellung des Teufelspakts auch die Rolle des Rechts, an das sich übermenschliche

---

5   Vgl. hierzu insbesondere Russell, *Mephistopheles*, S. 23 und Augusto Forti, *Faust. Le diable et la science*, Paris: Presses Universitaires de France, 2017, S. 25–28.

6   Carlos A. Matheus López, „About the Devil, Literature and Arbitration", in: *Law & Literature* 27,3 (2015), S. 383–394, hier S. 383 f.

7   Vgl. Christian Polke, „Welchen Sinn hat es heute (noch) vom Teufel zu reden?", in: *Jahrbuch der Internationalen Faust-Gesellschaft* 3 (2007/2008), S. 13–28, hier S. 15–17.

8   Vgl. López, *About the Devil*, S. 388.

Figuren genauso wie der Mensch selbst halten müssen und das allen Parteien eine gewisse Autonomie zugestehen kann. In diesem Sinne versteht sich, dass der literarische Rückgriff auf die Figur des Teufels als die Personifizierung des Bösen erst mit der modernen Vorstellung des individuellen freien Willens ihre komplette Stärke entfalten kann. Das Dämonische ist also intrikat mit einer modernen Vorstellung des Menschen verbunden. Dennoch bleibt festzustellen, dass im Bereich des religiösen Diskurses die Figur des Teufels in der Zeit der Hochmoderne an Schrecken verliert.[9] Wie lässt sich dann allerdings erklären, dass der Pakt mit dem Teufel gerade in der ersten Hälfte des 20. Jahrhunderts in Frankreich an Wichtigkeit als literarisches Motiv gewinnt?

Ein Blick auf die Essayistik nach dem Ersten Weltkrieg kann einige Spuren aufdecken. Die französische Gesellschaft geht trotz des errungenen Sieges stark geschwächt aus dem Ersten Weltkrieg hervor. In Folge der *Grande Guerre* hat die französische Gesellschaft 1,4 Millionen Personen im arbeitsfähigen Alter verloren. Um diese Verluste auszugleichen, müssen die kapitalstärksten Industrien neue Arbeitskräfte aus den ruralen Gegenden anziehen, was nicht nur zu einer demographischen Verschiebung zwischen Land- und Stadtbevölkerung, sondern auch zu einer drastischen Veränderung der Anteile der Arbeitssektoren führt. Darüber hinaus wird auch verstärkt auf weibliche und ausländische Arbeitskräfte zurückgegriffen, wodurch sich die französische Gesellschaft noch weiter transformiert:[10] Nicht nur verändert sich die wirtschaftliche Komposition des Staates, die Transformationen führen auch zwangsläufig zu einer Neubewertung des Gesellschaftsgefüges und der gesellschaftlichen Rollen. Neben der materiellen Schwächung und der finanziellen Destabilisierung, die von der in Frankreich ab 1930 spürbaren Weltwirtschaftskrise und zuvor schon durch die Modernisierung der Produktionsprozesse verschärft wird,[11] wird aber von Intellektuellen wie Paul Valéry auch eine weitaus schwerwiegendere Krise konstatiert:

> La crise militaire est peut-être finie. La crise économique est visible dans toute sa force; mais la crise intellectuelle, plus subtile, et qui, par sa nature même, prend les apparences les plus trompeuses (puisqu'elle se passe dans le royaume même

---

9   Robert Muchembled, *Une histoire du diable*, Paris: Le Seuil, 2002, S. 287 f. Muchembled ignoriert allerdings bei seiner Diagnose des Teufelsmotivs in der Literatur des 20. Jahrhunderts weitgehend Mac Orlan und Ramuz.

10 Ralph Schor, *Histoire de la société française au XXᵉ siècle*, Paris: Belin, 2005, S. 153 f.

11 Zur Rolle der Modernisierung des Industriesektors und dem verspäteten Eintritt der Weltwirtschaftskrise, vgl. Jean-Jacques Becker, *La France de 1914 à 1940. Les difficultés de la République*, Paris: Presses Universitaires de France, 2005, S. 69–73.

de la dissimulation), cette crise laisse difficilement saisir son véritable point, sa phase.[12]

Valéry zufolge geht mit den Verlusten des Krieges auch eine schwere Verunsicherung der europäischen Gesellschaft einher, die sich vornehmlich in einem neu entwickelten Skeptizismus gegenüber dem menschlichen Fortschritt äußert. Dabei habe sich Valéry zufolge die Kulturkrise der europäischen Gesellschaften und ihrer hegemonialen Stellung schon seit längerer Zeit angekündigt, nur in Form des Ersten Weltkriegs besonders drastisch manifestiert. Valéry zeichnet das Porträt einer Gesellschaft, die vom Krieg stark verunsichert wie Hamlet[13] die Schädel seiner Vorfahren aufhebt und hinterfragt, welches Erbe sie antritt und inwiefern die kulturellen Erzeugnisse der Vergangenheit überhaupt eine Relevanz für die Nachkriegsgesellschaft haben können, die, wie Valéry befürchtet, sich als ein „miracle d'une société animale, une parfaite et définitive fourmilière"[14] entpuppen könnte und somit die Intellektualität vollständig aufgegeben hätte. Diese Abkehr vom Intellektualismus erklärt sich dabei eben gerade durch die Erkenntnis, dass der menschliche Fortschritt nur zur Gewalt und zum automatisierten Töten geführt hätte; der gesellschaftliche und technische Fortschritt nimmt unheimliche und dämonische Züge an.

Die „Crise de l'esprit" ist aber nicht nur eine isolierte Diagnose des Zeitgeists von Paul Valéry; kurze Zeit nach der Veröffentlichung von Valérys Essay wird in der einflussreichen *N.R.F.*[15] zunächst vom Literaturkritiker Benjamin Crémieux eine neue, unruhige Schreibweise bei den jungen Autoren seiner Zeit festgestellt,[16] darauf ruft der Autor Marcel Arland ebenfalls in der *N.R.F.* einen „nouveau mal du siècle" aus, der darin besteht, dass die neue Literatur vor allen Dingen ethische Fragen beleuchten und der Autor dabei eine Beschränkung

12   Paul Valéry, „La Crise de l'esprit [1919]", in: *Œuvres*. Hg. v. Jean Hytier, 2 Bde., Paris: Gallimard, 1957, Bd. 1, S. 988–1040, hier S. 990.

13   Zur Bedeutung der Figur Hamlets bei Valéry als „Emblem dieser Geschichte der Krise", vgl. Walburga Hülk, „Narrative der Krise", in: Uta Fenske u. a. (Hg.), *Die Krise als Erzählung: transdisziplinäre Perspektiven auf ein Narrativ der Moderne*, Bielefeld: Transcript, 2013, S. 113–131, hier S. 126.

14   Valéry, *La Crise de l'esprit*, S. 994.

15   Die *Nouvelle Revue française* (*N.R.F.*) wird am Anfang des 20. Jahrhunderts von André Gide ins Leben gerufen und zieht Autor:innen an, die einen hohen ästhetischen Anspruch und eine Abtrennung der Literatur vom Politischen fordern. Die *N.R.F.* nimmt so die Rolle der Verteidigerin des guten Geschmacks ein, vgl. Gisèle Sapiro, „Les formes de l'engagement dans le champ littéraire", in: Jean Kaempfer u. a. (Hg.), *Formes de l'engagement littéraire (XVᵉ–XXIᵉ siècle)*, Lausanne: Éditions Antipodes, 2006, S. 118–130, hier S. 121.

16   Benjamin Crémieux, „Le bilan d'une enquête", in: *N.R.F.* 120 (1923), S. 287–294.

auf „son propre drame, avec les cinq misères de ses cinq sens, avec l'enivrante misère de penser et d'être ému"[17] vornehmen sollte. Die Gesellschaftskrise tritt demzufolge als persönliche Krise des Individuums auf, das nach einem neuen Sinn im modernen Leben sucht und sich dabei ausschließlich auf die sinnlich zu erfahrende Welt und einen solipsistischen Zugang zum Erleben stützen kann. Das „mal du siècle", auf das Arland bezugnehmend auf den romantischen Gemütszustand der Jugend nach der Niederlage Napoléons gemäß der Beschreibung von Alfred de Musset referiert,[18] wird daraufhin auch von anderen Autoren wie Daniel-Rops[19] aufgenommen und als „inquiétude" beschrieben, die bis heute als Benennung einer losen Bewegung junger Autoren im Dunstkreis der *N.R.F.* benutzt wird.[20] In den Romanen Marcel Arlands, der häufig als Modell der „inquiétude" betrachtet wird, führt die von den Figuren verspürte Unruhe gegenüber den unsicheren Zeiten nach dem Krieg zu einer spirituellen Hinwendung zum Christentum, was die Bezüge zu Mussets „mal du siècle" noch verstärkt.[21]

Am Rande dieser am ästhetischen Pol des literarischen Feldes situierten Gruppe[22] lässt sich allerdings eine ähnliche Unruhe beobachten, die darüber hinaus einen stärkeren Bezug zur soziopolitischen Situation Frankreichs nach dem Ersten Weltkrieg aufbaut:[23] So zeigt sich im Essaywerk des zu seiner Lebenszeit insbesondere als Autor von Abenteuerromanen und parodistischen Erzählungen bekannten Schriftstellers Pierre Mac Orlan ein Bewusstsein für

---

17   Marcel Arland, „Sur un nouveau mal du siècle", in: *N.R.F.* 22 (1924), S. 149–158, hier S. 158.

18   Musset beschreibt den „mal du siècle" seiner nach Napoléons Niederlage herangewachsenen Generation in seinem Roman *La Confession d'un enfant du siècle* von 1836. Zum romantischen „mal de siècle" vgl. auch Deborah Gutermann, „Mal du siècle et mal du ‚sexe' dans la première moitié du XIXᵉ siècle. Les identités sexuées romantiques aux prises avec le réel.", in: *Sociétés & Représentations* 24 (2007), S. 195–210.

19   Vgl. exemplarisch Daniel-Rops, *Notre inquiétude. Essais*, Paris: Perrin, 1927.

20   Vgl. Ralph Winter, „‚Moderne Hamlets': Die Französische Autorengruppe der Inquiétude 1924–1927", in: Gerhard Lauer (Hg.), *Literaturwissenschaftliche Beiträge Zur Generationenforschung*, Göttingen: Wallstein, 2010, S. 85–107.

21   Schon Musset unterstreicht das Bedürfnis zu einer spirituellen Hinwendung der Jugend in seiner *Confession d'un enfant du siècle*, bricht sie aber, ähnlich wie schon kurz zuvor Stendhal in *Le Rouge et le noir* (1830) bei seiner Figur Julien Sorel. Die Karriere als Geistlicher soll einzig als Ersatz für die Träume nach Ruhm und Größe fungieren: „Quand les enfants parlaient de gloire, on leur disait: Faites-vous prêtres; quand ils parlaient d'ambition: Faites-vous prêtres; d'espérance, d'amour, de force, de vie: Faites-vous prêtres.", Alfred de Musset, *La Confession d'un enfant du siècle*, Paris: Gallimard, 1973, S. 23.

22   Zur Benennung vgl. Gisèle Sapiro, „Das französische literarische Feld: Struktur, Dynamik und Formen der Politisierung", in: *Berliner Journal Für Soziologie* 14,2 (2004), S. 157–171, hier S. 161.

23   Vgl. Roger W. Baines, *‚Inquietude' in the Work of Pierre Mac Orlan*, Amsterdam: Rodopi, 2000, S. 19–21.

eine krisengeschüttelte Gesellschaft, die angesichts der Beschleunigung des Lebens, der allgemeinen Unsicherheit und des technischen Fortschritts in einen abergläubischen Zustand zurückfällt:

> Phonographe, Photographe, tous les mots en graphe, après avoir été rejetés loin des existences délicates et sensibles, se réinstallent en maîtres dans la vie de ceux qui s'émerveillent de voir et d'entendre. Ils prennent une singulière revanche en restituant aux choses dont ils reproduisent mécaniquement les limites la présence de ce mystère universel dont chaque objet possède une part qui lui confère et sa personnalité et son intérêt dans le monde.[24]

Neben seiner Tätigkeit als Schriftsteller ist der Polygraph Pierre Mac Orlan einer der wichtigsten Kritiker, der auf Französisch über das Medium der Fotografie geschrieben hat.[25] In dieser Funktion stellt er fest, dass die zu seinen Lebzeiten noch jungen Medien Fotografie, Radio und Tonaufnahmen nicht nur über die Macht verfügen, exakte Dokumente zu erstellen, sondern dass sie darüber hinaus eine suggestive Kraft besitzen, die einen Einfluss auf die Einbildungskraft der Menschen ausüben und so auch alte Ängste wiedererwecken können. Für die Literatur ergibt sich daraus für Mac Orlan auch, dass die Kunst des Erzählens angepasst werden muss und sie die Einbildungskraft ähnlich stimulieren muss, indem eine neue Form des Fantastischen bedient wird, die das Übernatürliche als einen Teil der alltäglichen Welt darstellt:

> Aujourd'hui, et ce n'est pas une opinion littéraire sur Gérard de Nerval, le fantastique des romantiques nous paraît très puéril. Leurs personnages ne sont pas assez humains et la force qui les domine est trop semblable aux créations imaginaires de l'humanité.
> Le diable n'est pas terrifiant sur la lande de Siboro, au milieu des sorcières, mais il peut l'être en apparaissant dans un petit cabaret de la zone, dont le patron, par exemple, fait des réparations de bicyclettes.[26]

Pierre Mac Orlan beschreibt diese Form des Fantastischen als das „fantastique social". Es handelt sich dabei um einen Terminus, der häufig in seinem Essaywerk auftritt und dabei nicht nur einen literarischen Effekt benennt, sondern auch auf die krisenhafte Wahrnehmung der zeitgenössischen Realität bezogen wird. Mac Orlan zufolge verfügt gerade die Alltagswelt nach dem Ersten

---

24   Pierre Mac Orlan, „Le Décor Sentimental", in: Ders., *Masques Sur Mesure*, Paris: Cercle du bibliophile, 1970, S. 13–108, hier S. 29.

25   Chéroux, Clément, „Pourtant Mac Orlan. La photographie et le fantastique social", in: Pierre Mac Orlan, *Écrits sur la photographie*, Paris: Textuel, 2011, S. 7–27, hier S. 7f.

26   Pierre Mac Orlan, „Le Fantastique", in: Ders., *Œuvres complètes*, 22 Bde., Évreux: Cercle du bibliophile, 1969, Bd. 6, S. 329–342, hier S. 331 f.

Weltkrieg über das „fantastique social", das zu einer konstanten Beunruhigung und einer abergläubischen Hinterfragung des Banalen führt. Aufbauend auf der „crise de l'esprit", die Valéry bereits direkt nach dem Ende des Ersten Weltkriegs konstatiert, deutet Mac Orlan diese Krisenhaftigkeit des Geistes als eine Art Paranoia des modernen Menschen um, der überall eine Gefahr vermutet, da er umgeben ist von einer beschleunigten Welt, die auf Techniken basiert, die er nicht mehr verstehen kann und die ihm wie schwarze Magie erscheinen. Eine solche Darstellung der Modernität verdeutlicht damit auch, inwiefern eine Annäherung zwischen der „Medienmoderne"[27] nach dem Ersten Weltkrieg und dem Dämonischen im Werk von Pierre Mac Orlan plausibel erscheint. Eine detailliertere Betrachtung von *Marguerite de la nuit* kann noch genauer illustrieren, inwiefern die 1920er Jahre insbesondere als dämonische Epoche für Pierre Mac Orlan erscheinen.

3.   Dämonen der Moderne. Pierre Mac Orlans „fantastique social" in *Marguerite de la nuit*

Marguerite de la nuit präsentiert sich auf den ersten Blick wie eine *ré-écriture* oder eine aktualisierende Umformung von Goethes Faust, da die Haupthandlung den Etappen des faustischen Mythos folgt, sie allerdings in das Paris von 1924 versetzt: Der zweiundachtzigjährige Gelehrte Georges Faust führt ein simples und zurückgezogenes Leben in Montmartre, bis er eines Frühlingsmorgens beschließt, seinen Bart zu scheren und nach einer Prostituierten Ausschau zu halten. Auf der Suche stößt er auf den Kokainhändler und Zuhälter Léon und die Lebedame Marguerite. Léon, der in Faust einen Nachfahren des historischen Faust erkennt und der selbst nur ein verkleideter Mephistopheles ist, bietet ihm den gleichen Pakt der Verjüngung gegen seine Seele an, was Georges Faust akzeptiert. Doch schon beginnend mit der Ausformulierung des Paktes treten die Divergenzen zum ursprünglichen Faust-Mythos vor Augen, denn Léon präzisiert auf Bitten von Faust eine Klausel im Vertrag:

> J'autorise monsieur le Professeur Faust à remplacer sa signature par celle d'une autre personne, qui signera cette reconnaissance de dette avec son sang et qui, par cette opération, devra me remettre son âme, le jour de l'échéance, à la place

---

27   Terminus übernommen von Harro Segeberg, *Literatur im Medienzeitalter. Literatur, Technik und Medien seit 1914*, Darmstadt: Wissenschaftliche Buchgesellschaft, 2003, S. 125 f.

de celui qui signa cet acte le premier. Le dernier signataire de ce papier sera rendu responsable de la dette.[28]

Auf diese Weise lässt Faust sich die Möglichkeit offen, der Einlösung seiner Schuld zu entgehen. Léon erfüllt dagegen seine Aufgabe und verjüngt Faust, doch nun ergeben sich neue Probleme: Während Goethes Titelfigur im *Faust* von Mephistopheles als Diener begleitet wird und sich keine Sorgen um sein Wohl machen muss, bleibt Georges Faust arm und muss sich, um weiterhin überleben zu können, von Léon als Drogenlieferant einstellen lassen. In dieser Funktion trifft er schließlich Marguerite wieder, die sich in ihn verliebt und als ihren Zuhälter ansieht, sodass sie sich fortan um ihn kümmert. Faust wird dennoch von der Aussicht, seine Seele zu verlieren, geplagt; Marguerite, die ihn zu retten versucht, unterzeichnet schließlich selbst den Vertrag, um ihren Geliebten zu befreien. Darauf zerbricht jedoch ihre Liebesbeziehung, da Georges Faust ihre eigene Angst vor der Verdammnis nicht ernst nimmt und sie keinen neuen Vertragspartner findet. Sie beschließt darauf, ins Ausland zu gehen und dort auf einen gnädigen, alten Mann zu hoffen, während Faust gut gelaunt zum Teufel zurückkehrt.

Diese kurze Zusammenfassung der Romanhandlung illustriert schon einige Elemente, die die Funktion des Dämonischen und eine umformende Verschiebung der Bedeutung des Teufels verdeutlichen. Der Faust-Mythos wird bei Pierre Mac Orlan zunächst stark ökonomisiert. Vom Beginn der Handlung an wird die Bedeutung des Geldes unterstrichen, etwa schon, als sich der noch alte Faust einen neuen Anzug kaufen möchte und dafür all seine Bücher verkauft.[29] Um ein aktives und sozialeres Leben zu führen, wird somit die Romanfigur von Anfang an dazu verpflichtet, einen Teil seiner Persönlichkeit zu verkaufen – denn es wird ebenso unterstrichen, dass bis zu diesem Punkt Faust ausschließlich als Literat und Geisteswissenschaftler gelebt hat. Die Ökonomisierung wird daraufhin nur noch klarer, da sowohl die Figur selbst als auch der Erzähler wiederholt erwähnen, wie viel Geld Faust in jedem Moment besitzt.[30] Ferner wird der Pakt mit dem Teufel ebenfalls als ein

---

28   Pierre Mac Orlan, *Marguerite de la Nuit. Suivi de À l'hôpital Marie-Madeleine*, Paris: Grasset & Fasquelle, 1925, S. 38.

29   Orlan, *Marguerite de la Nuit*, S. 25 f.

30   *Marguerite de la Nuit*, S. 30: „Il lui restait deux cent cinquante francs.", S. 32: „Il tenait toujours au sol par la présence de ses deux cent cinquante francs. Il commanda une bouteille de champagne à soixante-quinze francs [...]", S. 41: „Je suis sans un", S. 42: „Je possède cent francs, c'est un fait exact", S. 50: „Un contrat comme celui que j'ai signé est incomplet. J'aurais dû prévoir des appointements, des rentes intéressantes jusqu'à la fin de mes jours [...] Mon ancêtre était riche. [...] Jamais d'ennuis d'argent. Je me demande ce qu'aurait été sa seconde jeunesse s'il s'était trouvé dans mon dénuement."

Geschäftsabschluss dargestellt, bei dem die individuelle Seele an Wert verliert und dagegen als eine austauschbare Währung aufgefasst wird. Léon bestätigt: „Vous avez raison, une âme ou une autre, c'est absolument la même chose au point de vue commercial."[31] Der Teufel präsentiert sich als „Américain 100 %",[32] der lediglich an der Seele Fausts als Tauschware interessiert ist. Dies spiegelt sich auch in seinem neuen Auftreten als Drogenhändler wider: Tatsächlich bestätigt Léon, dass der Drogenhandel die modernisierte Form des gleichen Teufelspakts sei, den Georges Faust eingeht.[33] Während die anderen Klienten Léons ihre Seele in der Abhängigkeit und dem Rausch abgeben, muss der Teufel mit Georges Faust nur den „décor tombé en désuétude des petits livres de colportage à couverture bleue"[34] verwenden, um den Pakt abzuschließen.

Das Dämonische hat also in Pierre Mac Orlans Umformung einen neuen „décor" gefunden, nämlich zum einen die Drogensucht, der die meisten Nebenfiguren des Romans verfallen sind, und zum anderen den Kapitalismus an sich, der jede Beziehung auf einen Handel reduziert. Dies ist letztendlich auch der Grund, weshalb die Liebesbeziehung zwischen Marguerite und Georges Faust scheitert: Denn nur kurz nachdem Faust Marguerite erobert und somit sein Ziel errungen hat, zieht er sich in seine Passivität zurück und verliert das Interesse an der Beziehung, da ihn der Verlust seiner eigenen Seele bedrückt. Marguerites Unterzeichnung des Vertrages und die Entlastung Fausts kann die Liebe zwar kurzfristig erneut entfachen, aber darauf belastet der Handel Marguerite, während Faust sie mit ihren Sorgen im Stich lässt.

Die Ökonomisierung des Lebens führt demnach auch zum Ende der Liebe als moralischen Wert – und damit auch der traditionellen Geschlechterrollen. Zwar verfällt Marguerite dem jungen Georges Faust und untergibt sich ihm vollständig, doch dieser negiert seine Rolle als Beschützer. Während Marguerites Freundinnen als Prostituierte zwar ebenfalls das Geld verdienen und ihren Partnern den Lebensunterhalt finanzieren, nehmen diese allerdings die Rolle des Zuhälters an und garantieren ihnen einen gewissen Schutz, während Faust in die Untätigkeit stürzt, auf Marguerites Bett liegen bleibt und an seine Verdammnis denkt.[35] Marguerite wird dagegen zur agierenden und treibenden Kraft; sie übernimmt die Schuld der Seele von Faust und bringt sich selbst damit in Schwierigkeiten, da sie nun erfolglos versucht, den Vertrag

---

31 Orlan, *Marguerite de la Nuit*, S. 35.
32 *Marguerite de la Nuit*, S. 38.
33 Zum Zusammenhang von Teufel und Droge vgl. auch Florian Homanns Beitrag im vorliegenden Band.
34 Orlan, *Marguerite de la Nuit*, S. 36.
35 *Marguerite de la Nuit*, S. 54 und 56.

an einen anderen Mann abzutreten und so ihren Erfolg als Lebedame in den angesehenen Nachtlokalen von Paris verliert.

Die Umkehrung der Geschlechterrollen, bei der die Frau als machtvolle, wenn auch tragische Heldin auftritt, ist ein rekurrierendes Motiv bei Mac Orlan. In *La Cavalière Elsa* steigt die titelgebende Protagonistin, eine Kölner Jüdin, zum Ende des Ersten Weltkriegs als Symbol der russischen Revolution auf und wird zu einer neuen Jeanne d'Arc, die die sowjetischen Truppen erfolgreich bis nach Frankreich leitet und dank ihrer Selbstaufgabe gegenüber der mythischen Gestalt die Weltherrschaft des sowjetischen Kommunismus ermöglicht.[36] In *Le Quai des brumes* ist es auch die junge Prostituierte Nelly, die als einzige Figur – entgegen allen männlichen Figuren des Romans – einen gewissen Aufstieg nach dem Ersten Weltkrieg als „impératrice de la rue"[37], als einflussreiche Prostituierte der *haute société* erfährt. Wie bereits Roger Baines bemerkt hat, werden weibliche Figuren bei Pierre Mac Orlan als gefährliche Verführerinnen, als teuflische *femmes fatales*, dargestellt, die den Untergang der traditionellen Welt markieren und ein neues, unheimliches Zeitalter einläuten.[38] In *Marguerite de la nuit* gilt dies allerdings nur für die erste Hälfte des Romans, da Marguerite, nachdem sie ihre eigene Seele dem Teufel verpfändet, ihre verführerischen Kräfte einbüßt und sich selbst in die Rolle der Unterworfenen stürzt. Erst ihre Abreise aus Frankreich markiert eine Rückkehr zu eigener Handlungsmacht.

Tatsächlich findet in der zweiten Hälfte des Romans ebenfalls eine sukzessive Verschiebung des Dämonischen statt: Steht am Anfang der Versuchung Fausts Marguerite und der weibliche Körper im Allgemeinen, so stellt bald darauf Léon das Böse in der Form des Zuhälters und Drogenhändlers dar. Das Ende des Romans transformiert dies aber von Neuem: Léon greift gar nicht mehr in das Geschehen ein und stattdessen ist es Faust, der sich im letzten Kapitel als grausamer und gewissenloser Liebhaber erweist. Der Aufbruch Marguerites ist für ihn lediglich ein ökonomisches Problem; von seiner Schuld enthoben begegnet er schließlich gut gelaunt dem Teufel Léon, der seinerseits zögert, Faust die Hand zu geben. Tatsächlich wird hier rückwirkend klar, dass der eigentliche Dämon des Romans Faust selbst ist, der vollkommen bewusst den Pakt mit dem Teufel eingeht, die Klausel einfordert, die ihm ermöglicht, seine Schuld abzugeben, und der schon direkt nach seiner Verjüngung gut

---

36   Für eine detailliertere Auseinandersetzung mit der politischen Rolle der Frau in diesem Roman vgl. Bruno Curatolo, „Le fantastique politique dans le roman des années vingt: autour de *La Cavalière Elsa*", in: *Roman 20–50* 47 (2009), S. 29–40.

37   Pierre Mac Orlan, *Le Quai des brumes*, Paris: Gallimard, 2007, S. 127.

38   Baines, *‚Inquietude'*, S. 209.

gelaunt den vielsagenden Vers von Valentin aus Gounods Oper *Faust* singt: *„Marguerite ... Sois maudi-ite.*"[39] Hier zeigt sich somit die Kaltblütigkeit Fausts: Er hat von Anfang an diesen Ausgang seiner erotischen Beziehung mit Marguerite vorhergesehen und sie willentlich in das Verderben gestürzt. Die Rollen haben sich somit gewendet: Der Teufel ist nicht mehr die Figur Léon, sondern Faust als Repräsentant seiner (jungen) Generation, die nach dem Krieg als Ansammlung hedonistischer Egoisten hervortritt. Dies entspricht genau dem Bild des „fantastique social", das Mac Orlan für den *entre-deux-guerres* konstatiert und in seinem Werk kritisiert: Nur schamlose und abgebrühte Abenteurer können in der Gesellschaft vorankommen, während Emotionalität als ein Relikt der Vergangenheit erscheint.[40]

4.   Tradition, Nation und die europäische Moderne. Der dämonische Fremde in C. F. Ramuz' *Le Règne de l'esprit malin*

Während Mac Orlan also für das 20. Jahrhundert typisch die Boshaftigkeit des Teufels hinterfragt und ein komplexes Bild des Dämonischen zeichnet, das mit der Modernität und der Moral nach dem Ersten Weltkrieg zusammenfällt, lässt sich bei Charles Ferdinand Ramuz eine emphatischere Darstellung des Teufels als bösartige Figur und einziger Ursprung des Schlechten erkennen. In seinem „mystischen"[41] Roman *Le Règne de l'esprit malin*, der 1917 veröffentlicht wird und der in einer vorhergehenden Version bereits am Anfang des Jahres 1914 im *Mercure de France* vorliegt, wird das idyllische Leben in einem entfernten Bergdorf des Vaud durch die Ankunft des Fremden Branchu gestört. Der in Deutschland ausgebildete Schuster lässt sich im Dorf nieder und gewinnt schnell Ansehen für seine exakte, schnelle und günstige Arbeit. Als es zu seltsamen Fällen von

---

39   Orlan, *Marguerite de la Nuit*, S. 41. Mac Orlan zitiert hier die Arie „Écoute-moi bien Marguerite", Akt 4, Szene 11 aus Charles Gounods *Faust* (Libretto Jules Barbier und Michel Carré).

40   Dies hat bereits Adèle Bloch festgestellt, vgl. „Pierre Mac Orlan's Fantastic Vision of Modern Times", in: *Modern Language Quarterly* 24,2 (1963), S. 191–196, hier S. 196.

41   Zur Benennung des Romans als gleichermaßen mythisch und mystisch vgl. Gérald Froidevaux, „Notice", in: Charles Ferdinand Ramuz, *Romans*. Hg. v. Doris Jakubec, 2 Bde., Paris: Gallimard, 2005, Bd. 1, S. 1636–1647, hier S. 1636. *Le Règne de l'esprit malin* ist ein Teil eines Romanzyklus, der ferner die Romane *La Guérison des maladies* (1917), *Les Signes parmi nous* (1919), *Terre du ciel* (1921) und *Présence de la mort* (1922) umfasst und in serieller Fassung den Einbruch einer diabolischen Kraft in die Schweizer Alpenregion in den ersten Dekaden des 20. Jahrhunderts beschreibt. Zur Serialität von Ramuz' Romanen vgl. Matthias Kern, „Zwischen Moderne und Konservatismus. Die Serie der ländlichen Mythen von C.F. Ramuz und ihre politische Lektüre", in: *HeLix* 15 (2023), S. 30–46.

Epilepsie und Paralyse in der weiblichen Dorfgesellschaft kommt, kann er die betroffenen Frauen, allen voran Marguerite Lhôte, heilen, wodurch er allseits große Bewunderung erhält. Doch die Situation verschlechtert sich weiter; es kommt im Dorf zu immer neuen Fällen von Gewalt und Mord, unter anderem am letzten Kritiker Branchus, Luc. Der Bauer Lude entwickelt eine neue Habsucht und eignet sich heimlich die Felder der Umgebung an, wird dabei aber beobachtet und erpresst, weshalb er die Flucht ergreift und seine Familie zurücklässt. Mittlerweile erkrankt die Dorfgemeinschaft auch an einer drastisch beschriebenen Pest; nur wer sich Branchu anschließt, überlebt und führt fortan ein orgiastisches Leben im ehemaligen Gasthof des Ortes. Die plötzliche Rückkehr von Marie Lude, der Tochter des Bauern, die sich vor der Pest mit ihrer Mutter in den Bergen versteckt hat, kann schließlich Branchu, der sich bereits als wahrhaftiger Teufel entpuppt hat, durch einen einfachen Kreuzschlag besiegen.

Der Romanzyklus der mystischen Romane, die Ramuz von 1917 bis 1922 veröffentlicht und in den folgenden Jahren immer wieder grundlegenden Überarbeitungen unterzieht, bei denen die Narrative an die Aktualität angepasst werden, stellt insofern einen Bruch im Werk des Autors dar, da er von einer neonaturalistisch geprägten Schreibweise zu einer Darstellung wechselt, die alte Legenden und Mythen in der Gegenwart des Vaud verorten soll und damit die Präsenz des Metaphysischen oder Fantastischen in der Realität des Landlebens attestiert.[42] In *Le Règne de l'esprit malin* wird die Ankunft des Teufels im Alpenraum von Ramuz' Heimatkanton Vaud als apokalyptisches Ereignis inszeniert, das lediglich durch die Unschuld und die Religiosität eines jungen Mädchens aufgehalten werden kann. In dieser Handlungsentwicklung lässt sich die Bedeutung einer christlichen Rückwendung bei Ramuz beobachten, da der keusche Glauben von Marie Lude die Dorfgemeinschaft rettet.

Doch nicht nur die positive Bewertung des Christentums fällt auf; eine genauere Betrachtung des Dorflebens vor der Ankunft des Teufels zeigt eine ideale, archaische und autonome Gesellschaft, die weder vom technischen Fortschritt, noch der Beschleunigung und Ökonomisierung der Moderne betroffen zu sein scheint:

> [...] il faisait très beau, il faisait tout rose, il y avait ce soir-là, on peut le dire, du contentement dans les cœurs. Outre le beau temps qui durait, l'année s'annonçait comme devant être une bonne année; les vignes d'en bas venaient bien, on avait déjà eu de l'herbe en abondance, le foin ne manquerait pas non plus, et, pour ce qui est du froment, qui commençait seulement à changer de couleur, rarement on l'avait vu si dru, si bien fourni, si fort de tige. [...]

---

42   Froidevaux, *Notice*, S. 1637.

Toutes les cheminées s'étaient mises à fumer; on sait bien ce que ça veut dire. Quand il fait rose ainsi sur les grands rochers en haut de la montagne et qu'en bas les cheminées fument, c'est que l'heure de la soupe ne va plus tarder.[43]

Ramuz erstellt für die Ankunft des Teufels in der Gestalt von Branchu einen traditionellen und idealen Dekor des Berglebens: Frauen, die auf den Plätzen miteinander sprechen, während die Männer von der Arbeit auf den Feldern zurückkehren und in den Häusern schon die Suppe köchelt. Eindringlinge wie Branchu, der zunächst als Wanderarbeiter identifiziert wird, werden grundsätzlich fremdenfeindlich beäugt: „C'est toujours cette même mauvaise graine de soûlons et de fainéants; avec ça querelleurs, capricieux, portés sur la bouche [...]."[44] Diese Darstellung veranschaulicht, inwiefern das Dorf und seine umliegenden Felder einem Arkadien der Berge entspricht, das kaum dem Einfluss der äußeren Welt unterworfen ist. Das Bergdorf scheint einzig von den landwirtschaftlichen und handwerklichen Erträgen zu profitieren; eine wahre wirtschaftliche Ordnung wird vom Erzähler großflächig negiert: „C'est que l'argent est rare chez nous; on n'y voit guère de ces papiers à images."[45] Nicht nur herrscht im Dorf eine archaische Ordnung, es unterwirft sich auch weniger den kapitalistischen Zwängen, da Geld als ein seltener Wert betrachtet wird und nur Branchu über größere Summen verfügt.

Eine so idealisierte Darstellung des Landlebens stimmt auch mit der Darstellung des Vauds überein, die Ramuz später in seiner *Lettre à Bernard Grasset* inkludiert: „mais c'est encore le Pays de Vaud, comme il s'est appelé dans les vieux temps et il le mérite; car il est avant tout un *pays*, quoique tout petit: on veut dire qu'il est complet, qu'il connaît toutes les productions et qu'en cas de besoin, il pourrait entièrement se suffire à lui-même."[46] Der Kanton Vaud ist eine unabhängige Größe, die sich von der äußeren Welt abschotten kann wegen seines landschaftlichen Reichtums, kennt daher kaum den Geldhandel und braucht Ramuz zufolge auch keine technischen Neuerungen, da es schon

---

43   Charles Ferdinand Ramuz, „Le Règne de l'esprit malin", in: Ders., *Romans*. Hg. v. Doris Jakubec, 2 Bde., Paris: Gallimard, 2005, Bd. 1, S. 1009–1114, S. 1011 f.

44   Ramuz, *Le Règne de l'esprit malin*, S. 1011.

45   *Le Règne de l'esprit malin*, S. 1019.

46   Charles Ferdinand Ramuz, „Lettre à Bernard Grasset", in: Ders., *Œuvres complètes*. Hg. v. Gustave Roud / Daniel Simond, 20 Bde., Lausanne: Rencontre, 1967–1978, Bd. 12, S. 239–272, hier S. 247.

an sich komplett ist.[47] Diese rousseauistische[48] Darstellung des Landlebens ist auch eines der Motive, weshalb der Autor nicht nur in konservativen Kreisen der Schweiz als Verteidiger der Nation, sondern auch vonseiten der kommunistischen Literaturkritik als Gegner des Kapitalismus rezipiert worden ist.[49] Es lässt sich dennoch anhand des Nachdrucks, mit dem die mystischen Romane auf christlichen Symbolismus rekurrieren, festhalten, dass sich diese Texte durch ihre konservative Haltung auszeichnen.

Dies wird insbesondere bei der Betrachtung der Teufelsfigur und der Bedeutung des Dämonischen deutlich. Anders als Pierre Mac Orlan identifiziert Ramuz seinen Teufel Branchu nicht explizit mit einem neuen Lebensstil am Rande der Kriminalität, aber indirekt lässt er sich jedoch als Symbol der Modernität und der Fremdheit lesen. In exponierter Stelle am Ende eines Kapitels wird unterstrichen, dass der Fremde Branchu seine Ausbildung als Schuster in Deutschland absolviert hat.[50] Angesichts der zeitlichen Situierung der Abfassung von *Le Règne de l'esprit malin* kann diese Bemerkung als Hinweis auf eine beunruhigende Moderne gelesen werden: Deutschland ist auch für Mac Orlan ein wichtiger Referenzpunkt in seiner Beschreibung des „fantastique social", da das Land über eine bedeutende romantische literarische Produktion verfügt, aber auch in seinem expressionistischen Kino die unheimliche Moderne ausdrückt.[51] Ferner ist aber das Deutsche Reich als Hauptkriegspartei und als Aggressor für die benachbarte Schweiz eine reale Bedrohung

---

47 Diese ideale Darstellung des Vauds als eigenständiges Land außerhalb der Zeit und der Welt wird besonders deutlich im Roman *Terre du Ciel*, vgl. Matthias Kern, „Zwischen Moderne und Konservatismus", S. 39–41.

48 Tatsächlich entspricht die Darstellung des Vaud und seiner Ökonomie bei Ramuz exakt der Beschreibung vom Haut-Valais, das Saint-Preux nach seiner Trennung von Julie vorfindet: „Cependant l'argent est fort rare dans le Haut-Valais, mais c'est pour cela que les habitans sont à leur aise: car les denrées y sont abondantes sans aucun débouché au dehors, sans consommation de luxe au dedans, et sans que le cultivateur montagnard, dont les travaux sont les plaisirs, devienne moins laborieux", Jean-Jacques Rousseau, *Œuvres complètes*. Hg. v. Bernard Gagnebin, 5 Bde., Paris: Gallimard, 1990–1995, Bd. 2: *La nouvelle Héloïse. Théatre – Poésies – Essais littéraires*, S. 80. Vgl. auch Patrick Stoffel, *Die Alpen. Wo die Natur zur Vernunft kam*, Göttingen: Wallstein 2018, S. 158–166.

49 Vgl. hierzu Jérôme Meizoz, „‚Nous Voilà Tout de Même Singulièrement Rapprochés'. Henry Poulaille et C.-F. Ramuz face à la question de l'‚authenticité'", in: André Not / Jérôme Radwan (Hg.), *Autour d'Henry Poulaille et de La Littérature Prolétarienne*, Aix-en-Provence: PUP, 2003, S. 83–96 und Stéphane Petermann, „Ramuz paysan, patriote et héros: construction d'un mythe", *A contrario* 2,4 (2006), S. 36–56.

50 Charles Ferdinand Ramuz, „Le Règne de l'esprit malin", S. 1025.

51 Vgl. hierzu Margarete Zimmermann, „Bilder der Armut. Pierre Mac Orlans Reportagen aus dem Berlin von 1932.", in: Wolfgang Klein u. a. (Hg.), *Dazwischen. Reisen – Metropolen – Avantgarden. Festschrift für Wolfgang Asholt*, Bielefeld: Aisthesis, 2009, S. 345–369.

während des Ersten Weltkriegs. Branchu wird damit zu einem fremden Eindringling, gegenüber dem die Dorfgemeinschaft zu Recht zunächst mit Misstrauen entgegentritt. Dabei wird durch die Erzählinstanz, die sich häufig in die Gemeinschaft des Dorfes einbezieht, wie aus den oben genannten Zitaten ersichtlich wird, die erste Hostilität gegenüber Branchu nur legitimiert.

Darüber hinaus kann auch die magische Schnelligkeit, mit der Branchu seine Arbeit verrichtet, und die Genauigkeit seiner Arbeit[52] als eine Allegorie zu modernen Produktionstechniken gelesen werden. Dieser Eindruck wird noch dadurch verstärkt, dass Branchu ebenfalls in der Lage ist, Krankheiten zu behandeln, die in der Gemeinschaft als unheilbar gelten. Neben der übernatürlichen Ebene des Handlungsstrangs schwingen dank dieser allegorischen Deutung plausible Erklärungsmöglichkeiten mit.

Schließlich kann auch die Zügellosigkeit der Anhänger des Teufels als eine konservative Kritik an der Änderung der Sexualmoral gelesen werden, die durch den Ersten Weltkrieg angestoßen worden ist.[53] Auf diese Weise kann *Le Règne de l'esprit malin* als eine konservative Allegorie auf die Gefahren des Ersten Weltkriegs und seiner sozialen Folgen für die Romandie gelesen werden. Anders als bei Mac Orlan ist diese Zeitkritik aber nicht explizit. Dies erklärt sich vornehmlich durch das Projekt Ramuz', der in seinen mystischen Romanen den Kanton Vaud durch die *ré-écriture* christlicher Narrative und Symboliken ästhetisch aufladen will.

5. Schlussfolgerungen

Es wird insgesamt deutlich, dass bei Mac Orlan und Ramuz nach dem Ersten Weltkrieg das Motiv des Dämonischen vor allen Dingen als Symbolik im Zuge einer umfassenden Modernekritik eingesetzt wird. Diese Modernekritik schreibt sich dabei in die Tradition von Valerys „Crise de l'esprit" ein, die eine generelle Verunsicherung gegenüber dem Fortschrittsgedanken nach dem Ersten Weltkrieg beschreibt. Während Ramuz den Teufel allerdings als Bedrohung der nationalen Unversehrtheit der französischen Schweiz angesichts des Krieges und der Moderne inszeniert, bedient sich Mac Orlan dagegen seiner Ästhetik des „fantastique social" eher zum Beweis, inwiefern fantastische

---

52   Ramuz, *Le Règne de l'esprit malin*, S. 1025: „C'est pourtant étonnant, n'est-ce pas? de payer si peu et d'être si bien servi; voilà des bottes que je porte depuis quatre ans; elles ont l'air de bottes neuves, et encore qu'il me les a cirées avec un cirage, on ne sait pas avec quoi il est fait, mais il brille tellement qu'on en a mal aux yeux."

53   Dies wird schon deutlich bei einer kursorischen Betrachtung der Literatur des *entre-deux-guerres*, wie Baines zeigt, vgl. Baines, „Inquietude', S. 209–213.

Überzeugungen auch den modernen Menschen bestimmen und inwiefern dadurch die Modernität von ihm und seinen Zeitgenossen als unheimlich wahrgenommen wird. In beiden Fällen lässt sich jedoch eine umformende Identifizierung des Dämonischen mit der Modernität feststellen. Es zeigt sich also, dass der Teufel als Symbolfigur damit in der französischen Literatur des *entre-deux-guerres* vornehmlich als Personifizierung der Ängste vor dem Aufstieg der Technologie und des Kapitalismus und der Bedrohung von Traditionen eingesetzt wird. Aus diesem Grund kann es auch nicht überraschen, dass er gerade von Autoren wie Mac Orlan oder Ramuz, die auf politischer Ebene eher konservative Standpunkte vertreten, als Plotelement benutzt wird.

Bibliographie

Arland, Marcel, „Sur un nouveau mal du siècle", in: *N.R.F.* 22 (1924), S. 149–158.

Baines, Roger W., *‚Inquietude' in the Work of Pierre Mac Orlan*, Amsterdam: Rodopi, 2000.

Becker, Jacques, *La France de 1914 à 1940. Les difficultés de la République*, Paris: Presses Universitaires de France, 2005.

Bloch Adèle, „Pierre Mac Orlan's Fantastic Vision of Modern Times", in: *Modern Language Quarterly* 24,2 (1963), S. 191–196.

Chéroux, Clément, „Pourtant Mac Orlan. La photographie et le fantastique social", in: Pierre Mac Orlan, *Écrits sur la photographie*, Paris: Textuel, 2011, S. 7–27.

Crémieux, Benjamin, „Le bilan d'une enquête", in: *N.R.F.* 120 (1923), S. 287–294.

Curatolo, Bruno, „Le fantastique politique dans le roman des années vingt: autour de *La Cavalière Elsa.*", in: *Roman 20-50* 47 (2009), S. 29–40.

Daniel-Rops, *Notre inquiétude. Essais*, Paris: Perrin, 1927.

Forti, Augusto, *Faust. Le diable et la science,* Paris: Presses Universitaires de France, 2017.

Froidevaux, Gérald, „Notice", in: Charles Ferdinand Ramuz, *Romans*. Hg. v. Doris Jakubec, 2 Bde., Paris: Gallimard, 2005, Bd. 1, S. 1636–1647.

Gutermann, Deborah, „Mal du siècle et mal du ‚sexe' dans la première moitié du XIXe siècle. Les identités sexuées romantiques aux prises avec le réel", in: *Sociétés & Représentations* 24 (2007), S. 195–210.

Hülk, Walburga, „Narrative der Krise", in: Uta Fenske u. a. (Hg.), *Die Krise als Erzählung: transdisziplinäre Perspektiven auf ein Narrativ der Moderne*, Bielefeld: Transcript, 2013, S. 113–131.

Kern, Matthias, „Zwischen Moderne und Konservatismus. Die Serie der ländlichen Mythen von C.F. Ramuz und ihre politische Lektüre", in: *HeLix* 15 (2023), S. 30–46.

Mac Orlan, Pierre, *Marguerite de la Nuit. Suivi de À l'hôpital Marie-Madeleine*, Paris: Grasset & Fasquelle, 1925.

Mac Orlan, Pierre, „Le Fantastique", in: Ders., *Œuvres complètes*, 22 Bde., Évreux: Cercle du bibliophile, 1969, Bd. 6, S. 329–342.

Mac Orlan, Pierre, „Le Décor Sentimental", in: Ders., *Masques Sur Mesure*, Paris: Cercle du bibliophile, 1970, S. 13–108.

Mac Orlan, Pierre, *Le Quai des brumes*, Paris: Gallimard, 2007.

Mann, Thomas, *Doktor Faustus. Das Leben des deutschen Tonsetzers Adrian Leverkühn erzählt von einem Freunde,* Frankfurt: Fischer, 1999.

Matheus López, Carlos A., „About the Devil, Literature and Arbitration", in: *Law & Literature* 27,3 (2015), S. 383–394.

Meizoz, Jérôme, „‚Nous Voilà Tout de Même Singulièrement Rapprochés'. Henry Poulaille et C.-F. Ramuz Face à La Question de l',authenticité'", in: André Not / Jérôme Radwan (Hg.), *Autour d'Henry Poulaille et de La Littérature Prolétarienne*, Aix-en-Provence: PUP, 2003, S. 83–96.

Mittl, Florian, „Der Teufel in der Literatur: ‚Ein Teil von jener Kraft, die stets das Böse will und stets das Gute schafft' ", in: *Disputatio philosophica: International Journal on Philosophy and Religion* 15,1 (2013), S. 65–79.

Muchembled, Robert, *Une histoire du diable*, Paris: Le Seuil, 2002.

Musset, Alfred de, *La Confession d'un enfant du siècle*, Paris: Gallimard, 1973.

Petermann, Stéphane, „Ramuz paysan, patriote et héros: construction d'un mythe", in: *A contrario* 2,4 (2006), S. 36–56.

Polke, Christian, „Welchen Sinn hat es heute (noch) vom Teufel zu reden?", in: *Jahrbuch der Internationalen Faust-Gesellschaft* 3 (2007/2008), S. 13–28.

Popovic, Pierre, *Imaginaire social et folie littéraire: le second Empire de Paulin Gagne*, Montreal: Presses de l'Université de Montréal, 2008.

Ramuz, Charles Ferdinand, „Lettre à Bernard Grasset", in: Ders., *Œuvres complètes*. Hg. v. Gustave Roud / Daniel Simond, 20 Bde., Lausanne: Rencontre, 1967–1978, Bd. 12, S. 239–272.

Ramuz, Charles Ferdinand, „Le Règne de l'esprit malin", in: Ders., *Romans*. Hg. v. Doris Jakubec, 2 Bde., Paris: Gallimard, 2005, Bd. 1, S. 1009–1114.

Rousseau, Jean-Jacques, *Œuvres complètes*. Hg. v. Bernard Gagnebin, 5 Bde., Paris: Gallimard, 1990–1995, Bd. 2: *La nouvelle Héloïse. Théatre – Poésies – Essais littéraires.*

Russell, Jeffrey Burton, *Mephistopheles. The Devil in the Modern World*, Ithaca: Cornell University Press, 1992.

Sapiro, Gisèle, „Das französische literarische Feld: Struktur, Dynamik und Formen der Politisierung", in: *Berliner Journal Für Soziologie* 14,2 (2004), S. 157–171.

Sapiro, Gisèle, „Les formes de l'engagement dans le champ littéraire", in: Jean Kaempfer u. a. (Hg.), *Formes de l'engagement littéraire (XVe–XXIe siècle)*, Lausanne: Éditions Antipodes, 2006, S. 118–130.

Schor, Ralph, *Histoire de la société française au XXe siècle*, Paris: Belin, 2005.

Segeberg, Harro, *Literatur im Medienzeitalter. Literatur, Technik und Medien seit 1914*, Darmstadt: Wissenschaftliche Buchgesellschaft, 2003.

Stoffel, Patrick, *Die Alpen. Wo die Natur zur Vernunft kam*, Göttingen: Wallstein, 2018.

Valéry, Paul, „La Crise de l'esprit [1919]", in: *Œuvres*. Hg. v. Jean Hytier, 2 Bde, Paris: Gallimard, 1957, Bd. 1, S. 988–1040.

Winter, Ralph, „ ,Moderne Hamlets': Die Französische Autorengruppe der Inquiétude 1924–1927", in: Gerhard Lauer (Hg.), *Literaturwissenschaftliche Beiträge Zur Generationenforschung*, Göttingen: Wallstein, 2010, S. 85–107.

Zimmermann, Margarete, „Bilder der Armut. Pierre Mac Orlans Reportagen aus dem Berlin von 1932.", in: Wolfgang Klein u. a. (Hg.), *Dazwischen. Reisen – Metropolen – Avantgarden. Festschrift für Wolfgang Asholt*, Bielefeld: Aisthesis, 2009, S. 345–369.

TEIL V

Drama und Theater: Teuflisches darstellen – teuflisches Darstellen

„voll des tüffells kunst vnd list"

Inszenierungsformen des Diabolischen im Luzerner Antichristspiel

Julia Gold

> *You can't run from the devil.*
> – Digger Barnes

1.   Diabolische *ars* oder Der Teufel als Verstellungskünstler im Spiel

In den deutschen geistlichen Spielen des Spätmittelalters und der Frühen Neuzeit ist der Teufel los.[1] Der Befund gründet nicht zuletzt darin, dass gerade hier – im Spiel mit Maske und Verkleidung – „der Teufel zu sich selbst [kommt]", wie Jutta Eming jüngst formuliert hat.[2] Sie weist damit auf eine, wenn nicht *die* zentrale Eigenschaft des Teufels hin: seine Verstellungskunst, mithin sein Täuschungsvermögen.[3] Verstanden werden kann der Teufel insofern als per se theatral;[4] seine illusionistischen Fähigkeiten und Fertigkeiten[5] werden im

---

1   Damit soll nicht gesagt sein, dass dies in weltlichen Spielen nicht der Fall wäre – man denke nur an die vor Teufeln wimmelnden Fastnachtspiele. Dass überdies die Unterscheidung von ‚geistlichem' und ‚weltlichem' Spiel grundsätzlich problematisch ist, ist Konsens der Forschung.

2   Jutta Eming, „Teuflisch theatral. Zu Poiesis und Performanz in einigen Szenen des *Alsfelder Passionsspiels*", in: Dies. / Daniela Fuhrmann (Hg.), *Der Teufel und seine poietische Macht in literarischen Texten vom Mittelalter zur Moderne*, Berlin: de Gruyter, 2021, S. 103–130, hier S. 104.

3   Zum Teufel als eines *mille artifex* vgl. Meinolf Schumacher, „Der Teufel als ‚Tausendkünstler'. Ein wortgeschichtlicher Beitrag", in: *Mittellateinisches Jahrbuch* 27 (1992), S. 65–76. Das Verstellungs- und Täuschungsvermögen im Sinne einer dämonischen Illusion, die mithin eine ästhetische Illusion ist, untersucht auch das von Susanne Goumegou und Jörg Robert geleitete Teilprojekt C06 *Augentrug, Traum und Täuschung – Der dämonologische Ursprung der Illusion* im Rahmen des Tübinger SFB 1391 *Andere Ästhetik*.

4   Das Schauspiel wird damit zu einem „teuflische[n] Medium", Eming, „Teuflisch theatral", S. 105.

5   Da mit dem Terminus *ars* eine prinzipiell lehr- und lernbare Fähig- und Fertigkeit angezeigt ist, stellt sich die Frage, woher der Teufel das erlernbare Wissen bezieht. Eben diese Frage wird in der diabologischen und dämonologischen Tradition seit den Kirchenvätern diskutiert. Grundlegend ist die Augustinische Theorie. Vgl. dazu Roland Götz, „Der Dämonenpakt bei Augustinus", in: Georg Schwaiger (Hg.), *Teufelsglaube und Hexenprozesse*, München: Beck, ⁴1987, S. 57–84; Bernd-Christian Otto, *Magie. Rezeptions- und diskursgeschichtliche Analysen von der Antike bis zur Neuzeit*, Berlin: de Gruyter, 2011, S. 309–331; Jörn Bockmann /

Handeln augenscheinlich und dieses entspricht zugleich seiner *natura*. Das Schauspiel setzt beide Aspekte performativ um, indem es in der szenischen Darstellung ein ‚Als-ob‘ auf zwei Ebenen bietet: Einerseits reflektiert es in den Sprechtexten die teuflische Wesensart und Verfasstheit, andererseits präsentiert es die Verstellung auf der Ebene der *actio*. Mit der Visualisierung und Reflexion der grundsätzlichen *ars diaboli* der Verkleidung und Verstellung vermittelt das Spiel ein spezifisches religiöses Wissen vom Teufel – und vom Menschen.[6]

Zu diesem Wissen gehört auch, die Omnipräsenz des Diabolischen anzunehmen, die im Spiel durch das Auftreten einer abundanten Zahl verschiedener Teufel realisiert ist. Diese wiederum sind hierarchisch dem Höllenfürsten Luzifer (oder Satan) unterstellt. Als bedrohliche, allgegenwärtige Masse visualisieren sie die teuflische Wirkmacht in der Welt, insbesondere die Einflussnahme auf den Menschen. In ihrer aisthetischen Erscheinungsform im Sinne einer sinnlich wahrnehmbaren Vergegenwärtigung werden die Teufel im Spiel für den Rezipienten fassbar und wird ihr Bedrohungspotential konkret. In der Anschauung des diabolischen Treibens wird die teuflische Verführungskunst ebenso evident wie die Verführbarkeit des Menschen. Letztere tritt umso stärker hervor, als die menschliche Sündhaftigkeit Dreh- und Angelpunkt nicht nur der ‚eigentlichen‘ Handlung des Spiels, sondern auch der deutenden und erklärenden Spielteile ist. Die Mahnung und Warnung vor den Täuschungen des Teufels zielt auf die unablässige Sorge um das Seelenheil, auf Wachsamkeit und bewusste Lebensführung. Zu diesem Zweck intendieren die Spiele

---

Julia Gold, „Kommunikation mit Teufeln und Dämonen. Eine Einleitung“, in: Ders. / Dies. (Hg.), *Turpiloquium. Kommunikation mit Teufeln und Dämonen in Mittelalter und Früher Neuzeit*, Würzburg: Königshausen & Neumann, 2017, S. 1–18, hier S. 2–7. Zur frühneuzeitlichen Diskussion in dämonologischen Traktaten mit Blick auf teuflische Verstellungskunst und Illusionserzeugung vgl. Julia Gold, „Translation und Vergesellschaftung dämonischer Illusion. Conrad Lautenbachs Übersetzung des *Tractatus de laniis et phitonicis mulieribus* (1576)“, in: Susanne Goumegou u. a. (Hg.), *Dämonie der Illusion – Semantik, Episteme, Performanz. L'illusion et le démoniaque – Sémantique, Epistémè, Performance*, Berlin: de Gruyter, 2024 [bei den Herausgebern].

6 Nur am Rand kann darauf hingewiesen werden, dass im Zuge der performativen Umsetzung ein weiterer Aspekt hinzutritt, der für die Vermittlung eines Wissens über diabolische *artes* relevant ist, nämlich die Verkörperung der transzendenten Entität ‚Teufel‘ durch einen Menschen. Einerseits ist dies eine Notwendigkeit der Darstellung, andererseits ist damit wiederum Existentielles über den Teufel gesagt, denn es ist das „ausgesprochen Menschliche am Teufel“, das „gerade seine Unberechenbarkeit aus[macht]“, Hans Werner Goetz, *Gott und die Welt*. Teil 1, Bd. 3: IV. *Die Geschöpfe: Engel, Teufel, Menschen*, Göttingen: Vandenhoeck & Ruprecht, 2016, S. 233. Umgekehrt bedeutet das: „Jeder Mensch konnte vom Teufel besessen oder ein verkleideter Teufel sein; in jedem Menschen konnte man jederzeit den Teufel vermuten“, Goetz, *Gott und die Welt*, S. 234.

neben einem emotionalen Affizieren des Rezipienten auch ein intellektuel-
les Affizieren.[7] Dabei ist die figurierte transzendente Entität ‚Teufel' auch dazu
angetan, Abstrakta zu diskursivieren. Präsentiert werden können negativ konnotierte Abstrakta als personifizierte Laster, die einen konkreten Bedrohungs-
fundus darstellen. Mit Hilfe der Personifikation werden sie zu einer greifbaren
Größe und bieten Reflexionspotential für menschliches Verhalten. Insofern
vermitteln Teufelsfigurationen und mit ihnen verbundene *artes* auch ein Verständnis von menschlicher Innerlichkeit.

Den Teufeln bzw. Teufelsfigurationen und ihren beherrschten und inkor-
porierten *artes* wird nicht zuletzt mit paränetischer Absicht eine Bühne
geboten, sind die teuflischen Machenschaften doch stets im Kontext einer
„heilsgeschichtlich bedingten Bedrohung jedes Menschen im Hinblick auf
sein Jenseitsschicksal"[8] gedacht. Das Konzept von Diesseits und Jenseits rückt
den eschatologischen Gedanken in den Fokus, der mit einer spezifischen Darstellung des Diabolischen im Spiel verknüpft ist. Für die Vermittlung eines Wissens um die teuflischen *artes* sowie für ihre performative Umsetzung scheint
insofern eine Subgruppe des geistlichen Spiels besonders geeignet zu sein, die
den angesprochenen eschatologischen Gedanken ins Zentrum rückt. Gemeint
sind jene Spiele, die in der Forschung unter den Bezeichnungen ‚Weltgerichtsspiel' und ‚Antichristspiel' firmieren und die sich ganz dezidiert mit eschatologischen Fragen auseinandersetzen. Dabei zeigt das Kommen des Antichrist
traditionell das baldige Weltende und Jüngste Gericht an.[9] In den Spielen wer-

---

7   Dass für die Spiele unbedingt notwendig ist, neben der emotionalen Komponente auch das
    intellektuelle Element zu akzentuieren, hebt Ukena-Best hervor: „Sich die dargebotenen
    Wegweisungen zum persönlichen Heil zu eigen zu machen, erfordert von den Zuschauern
    auch das intellektuelle Erfassen der religiösen Didaxe", Elke Ukena-Best, „Rezension zu
    Ursula Schulze, Geistliche Spiele im Mittelalter und in der Frühen Neuzeit. Von der litur-
    gischen Feier zum geistlichen Schauspiel. Eine Einführung. Berlin: Erich Schmidt, 2012",
    in: *Arbitrium* 32,1 (2014), S. 53–59, hier S. 58. Zu verschiedenen Funktionalisierungen reli-
    giösen Wissens im spätmittelalterlichen und frühneuzeitlichen Spiel vgl. die Beiträge im
    einschlägigen Band: Klaus Ridder u. a. (Hg.), *Religiöses Wissen im mittelalterlichen und früh-
    neuzeitlichen Schauspiel*, Berlin: Schwabe, 2021.
8   Jörn Bockmann, „*Faust-* und *Wagnerbuch*. Versuch über Vigilanz, Superstitionssemiotik und
    Poetik des Wissens", in: Ders. u. a. (Hg.), *Diabolische Vigilanz. Studien zur Inszenierung von
    Wachsamkeit in Teufelserzählungen des Spätmittelalters und der Frühen Neuzeit*, Berlin: de
    Gruyter, 2022, S. 101–129, hier S. 102.
9   Vgl. die neutestamentliche Grundlage: *filioli novissima hora est et sicut audistis quia anti-
    christus venit nunc antichristi multi facti sunt unde scimus quoniam novissima hora est*
    (1 Io 2,18). „Kinder, es ist die letzte Stunde! Und wie ihr gehört habt, dass der Antichrist kommt,
    sind jetzt viele Widersacher Christi aufgetreten; daran erkennen wir, dass es die letzte Stunde
    ist", ich zitiere den Bibeltext nach der Vulgata: Robert Weber / Roger Gryson (Hg.), *Biblia
    Sacra. Iuxta Vulgatam Versionem. Editio quinta*, Stuttgart: Deutsche Bibelgesellschaft, 2007.

den das Auftreten der Teufel und das Visualisieren ihrer Machenschaften mit
dem Antichrist und der Apokalypse verbunden. Im Szenario der letzten Dinge
nimmt sich die noch verbleibende Chance der Teufel für den Seelenfang umso
markanter aus. In Hinblick auf die inhaltliche Gestaltung eschatologischer
Spiele[10] verspricht das Antichristspiel mit seinen spezifischen Inszenierungs-
möglichkeiten des Diabolischen also ein lohnender Gegenstand zu sein. Denn
während im Weltgerichtsspiel der Moment der letztmöglichen Entscheidung
des Menschen für Gut oder Böse, für oder wider Gott, bereits verstrichen ist,
markiert das Antichristspiel eben jenen Moment, in dem die Optionen von
Erlösung und Verdammung, von Himmel und Hölle, noch offen sind. Dass es
ein ‚Zu-spät' gibt, darauf weist aber auch das Antichristspiel hin.[11] Für ein Visualisieren und Ausagieren der *artes diaboli* und der damit verbundenen kom-
munikativen Leistung ist es aber gerade wichtig, dass dieses ‚Zu-spät' noch
nicht eingetreten ist. Nicht zuletzt wird menschliche Reue als Möglichkeit und
Erlösungshoffnung gerade in den Teufelsreden präsent gehalten.

Den hier skizzierten theatralen Strategien von Darstellung und Wissensver-
mittlung der *artes diaboli* und ihrer Semantisierung im Antichristspiel geht der
folgende Beitrag nach. Anhand einer Fallstudie beschreibt und deutet er die
Möglichkeiten und Funktionen einer auf mehreren Ebenen angesiedelten Auseinandersetzung mit Figurationen des Bösen. Angenommen wird, dass eine
bewusst inszenierte Multiperspektivität auf teuflische *artes* dazu angetan ist,
es den Rezipienten zu ermöglichen, sich in einem komparativen Akt mit den
Figuren des Spiels in Beziehung zu setzen und damit nicht nur ein Verständnis
für die Notwendigkeit der heilssichernden, handlungspraktischen Angebote
zu schaffen, sondern auch die Wahrnehmung als Selbst zu befördern. Exemplarisch fokussiert wird das *Luzerner Antichristspiel* (1549) des Zacharias Bletz,
dem nicht nur eine herausragende Stellung in der Luzerner Theatergeschichte
zukommt,[12] sondern das auch auf besonders anschauliche Weise verdeutlicht,

---

Die Übersetzung folgt: *Die Bibel nach Martin Luthers Übersetzung. Revidiert 2017. Mit Apokryphen*, Stuttgart: Deutsche Bibelgesellschaft, 2017.

10   Hierzu zählen neben den Antichrist- und Weltgerichtsspielen auch Zehnjungfrauen-
spiele, die das Gleichnis von den klugen und törichten Jungfrauen nach Mt 25 aufgreifen,
sowie Moralitäten.

11   Im *Luzerner Antichristspiel*, das ich im Folgenden in den Blick nehme, ist es der Evangelist
Matthäus, der die entsprechenden Christusworte des biblischen Gleichnisses verkündet:
*so sichs der knecht nitt thũtt verseen | vnnd nit weist. Dan mag in nütt heilen, | sin herr wũrtt
jn verstossen vnd zerteilen* (V. 1160–1162; nach Mt 24,45–51). Voraus geht dem Gleichnis
vom treuen und klugen Knecht die Mahnung Jesu an seine Jünger, sich nicht täuschen
und verführen zu lassen: [*E*]*t respondens Iesus dixit eis videte ne quis vos seducat* (Mt 24,4;
„Jesus aber antwortete und sprach zu ihnen: Seht zu, dass euch nicht jemand verführe").

12   Zu Luzern als prominentem Ort spätmittelalterlicher und frühneuzeitlicher Theater-
kultur vgl. die grundlegende Untersuchung von Heidy Greco-Kaufmann, *Zuo der Eere*

wie *das* „zentrale Krisenszenario"[13] der Christenheit mit einer spezifischen Inszenierung der *artes diaboli* verbunden werden konnte.

2.   Das Luzerner Antichristspiel als Modellfall

L'angeli dissero nanzi al Salvatore tutte le bone opere fatte in questo mondo per li salvati, quali furono separati dalli dannati et conducti in Paradiso delli angeli prefati. Li dannati furno conducti all'Inferno da tutti li diavoli circundati con una grossa catena di ferro, et in quello atto fu fatto uno grande applauso per detti diavoli, et nell'Inferno una strepito grandissimo con fochi diversi et tiri d'artigileria che pareva volesse ruinare il mondo, benchè prima fosse stata abbrusciata una città per significatione del mondo[.][14]

Dies berichtet der Mailänder Giovanni Angelo Rizio, ein Gesandter Karls V., von der Aufführung des Antichrist- und Weltgerichtsspiels, das er im April des Jahres 1549 in Luzern geboten bekam.[15] Es handelt sich um ein seltenes

---

Gottes, vfferbuwung dess mentschen vnd der statt Lucern lob. Theater und szenische Vorgänge in der Stadt Luzern im Spätmittelalter und in der Frühen Neuzeit. Quellenedition und historischer Abriss, 2 Bde. Zürich: Chronos, 2009. Vgl. ferner zu verschiedenen Teufelsfiguren im städtischen Kontext Luzerns Heidy Greco-Kaufmann, „Die Bedeutung von Teufelsfiguren in theatralen Aktivitäten und im Ordnungsdiskurs der Stadt Luzern", in: *Literaturwissenschaftliches Jahrbuch* 56 (2015), S. 119–135.

13   Carlotta L. Posth, „Krisenbewältigung im spätmittelalterlichen Schauspiel: Elias und Enoch als eschatologische Heldenfiguren", in: *helden. heroes. héros. E-Journal zu Kulturen des Heroischen* 5,1 (2017): *HeldInnen und Katastrophen – Heroes and Catastrophes*, S. 21–29, hier S. 21. Dass dieses Krisenszenario in der Zukunft liegt, die Apokalypse noch bevorsteht und die Darstellung von Zeit in den Antichrist- und Weltgerichtsspielen dadurch eine spezifische Faktur besitzt, ist von der Forschung besonders beachtet worden. Vgl. die Beiträge von Elke Koch, „Endzeit als Ereignis. Zur Performativität von Drohung und Verheißung im Weltgerichtsspiel des späten Mittelalters", in: Dies. u. a. (Hg.), *Drohung und Verheißung. Mikroprozesse in Verhältnissen von Macht und Subjekt*, Freiburg: Rombach, 2007, S. 237–262, und Patrick Nehr, „Gnade und Gerechtigkeit, Hoffnung und Verzweiflung. Zeitsemantiken von Diesseits und Jenseits im ‚Münchner Weltgerichtsspiel' und im ‚Münchner Eigengerichtsspiel' (1510)", in: Julia Weitbrecht u. a. (Hg.), *Die Zeit der letzten Dinge. Deutungsmuster und Erzählformen des Umgangs mit Vergänglichkeit in Mittelalter und Früher Neuzeit*, Göttingen: Vandenhoeck & Ruprecht, 2020, S. 225–250. Vgl. auch Ridder und Barton, die pointieren: „In der Zukunft wird das Böse noch einmal freigelassen, und diese Zukunft holt das Antichristspiel in die Gegenwart herein", Klaus Ridder / Ulrich Barton, „Die Antichrist-Figur im mittelalterlichen Schauspiel", in: Wolfram Brandes / Felicitas Schmieder (Hg.), *Antichrist. Konstruktionen von Feindbildern*, Berlin: Akademie Verlag, 2010, S. 179–195, hier S. 184.

14   Text zitiert nach: Greco-Kaufmann, *Zuo der Eere Gottes*, Bd. 2, S. 125–129, hier S. 126.

15   Zuvor hatte er bereits in einem Brief auf „una bellissima cosa" hingewiesen, die er bald mit der Aufführung des Antichrist- und Weltgerichtsspiels zu sehen bekommen werde, Greco-Kaufmann, *Zuo der Eere Gottes*, Bd. 2, S. 125.

Rezeptionszeugnis zu einem spätmittelalterlich-frühneuzeitlichen Spiel, das die subjektiven Eindrücke vom Spielgeschehen dokumentiert. Haas formuliert dazu, scheinbar nicht weniger ergriffen, als er es Rizio zu sein bescheinigt:

> Der Zufall fügt es, daß uns ein Augenzeugenbericht über eine der aufregendsten Veranstaltungen der Luzerner Schauspiele erhalten geblieben ist. [...] Der Italiener [= Giovanni Angelo Rizio, J. G.] verließ den Schauplatz derart ergriffen vom Außergewöhnlichen, dem er eben beigewohnt hatte, daß er unter den tiefen Eindrücken des Erlebnisses es wichtig genug fand, davon dem Gouverneur von Mailand, seinem Vorgesetzten, zu schreiben.[16]

Mit Bezug auf die Inszenierung des Diabolischen erwähnt er die schiere Masse der Teufel („tutti li diavoli") sowie ein ebenso handfestes wie sinnbildliches Requisit: Gefangen und in eine große Kette („una grossa catena") geschlagen werden die Verdammten der Hölle zugeführt.

Rizio berichtet in seinem Schreiben auch vom Antichrist und seinem Umgang mit dem Teufel: „l'Antichristo, resurretione dei morti fatta per esso Antichristo in virtù del Diavolo, molti re, principi et populi che si convertirno alle fede dell'Antichristo[.]"[17] Das von Rizio beschriebene zweitägige Luzerner Spiel inszeniert das nahende Weltende, das sich im Auftreten und Wirken des Antichrist ankündigt, sowie das darauffolgende Weltgericht; es tut dies auch durch Aufbietung einer nicht unerheblichen Zahl von Teufelsfiguren.[18] Das ausladende Spiel sieht für den ersten Tag über 5000, für den zweiten Tag über 8000 Sprechverse vor.[19] Antichrist- und Weltgerichtsteil sind gemeinsam

---

16 Leonhard Haas, „Über geistliche Spiele in der Innerschweiz. Mailändische Augenzeugenberichte von 1533, 1549 und 1553", in: *Zeitschrift für schweizerische Kirchengeschichte. Revue d'histoire ecclésiastique Suisse* 47 (1953), S. 113–122, hier S. 116.

17 Greco-Kaufmann, *Zuo der Eere Gottes*, Bd. 2, S. 126.

18 Zu den Antichristspielen der Schweiz vgl. einführend Heidy Greco-Kaufmann, „Antichristspiel", in: Andreas Kotte (Hg.), *Theaterlexikon der Schweiz*, 3 Bde., Zürich: Chronos, 2005, hier Bd. 1, S. 55 f. Zu den Antichristspielen allgemein vgl. Klaus Aichele, *Das Antichristdrama des Mittelalters der Reformation und Gegenreformation*, Den Haag: Martinus Nijhoff, 1974.

19 Das unter der Leitung von Notarius Zacharias Bletz aufgeführte Spiel ist in drei Papierhandschriften überliefert. Die ZHB in Luzern bewahrt unter der Signatur Ms 169 II fol. eine Handschrift auf, die den Titel das ‚Jüngst Gericht. Der 1. Tag' trägt. Gemeinsam mit den Handschriften Ms 169 IIIa sowie 169 III bildet sie den von mehreren Händen aufgezeichneten Spieltext. – Die Forschung hat sich dem *Luzerner Antichrist- und Weltgerichtsspiel* mit Blick auf eben diese besondere Überlieferungslage genähert. Zusammengestellt sind die Informationen bei Rolf Bergmann, *Katalog der deutschsprachigen geistlichen Spiele und Marienklagen des Mittelalters*, München: Beck, 1986, Nr. 80–83, S. 190–197. Auch die im Vergleich mit anderen Weltgerichtsspielen spezifische Ausprägung wurde betrachtet. Vgl. einführend Hellmut Rosenfeld, „Luzerner Antichrist- und

überliefert und inhaltlich aufeinander bezogen, doch wurden die Teile an zwei
aufeinanderfolgenden Tagen aufgeführt. In Hinblick auf die Aufführungszeit
sind sie also voneinander geschieden und stellen überdies einzelne Motiv- und
Spielkomplexe dar. Daher erscheint es durchaus legitim, das Spiel des ersten
Tags, das Antichristspiel, separat zu betrachten. Seine Handlung ist rasch
umrissen: Nach mehreren Einleitungsreden, die vom Fähnrich, dem Proclamator und den Propheten Jesaja, Hesekiel, Daniel und Sacharja bestritten werden,
tritt der Salvator auf und heilt den gichtbrüchigen Lazarus. Sodann belehrt er
seine Jünger über das Ende der Welt (nach Mt 24, Mt 25 sowie Joh 5,19–47). Der
Evangelist Matthäus und der Kirchenvater Hieronymus berichten in langen
Reden vom Antichrist, bevor Satan, der „hellen fürst" (V. 4861), dessen Geburt
verkündet. Er befiehlt seinen Unterteufeln Astaroth, Gyt, Nid, Vnküschheyt,
Tarrator, Mellemäl, Jrtum und Brendli,[20] ihn für die Hölle zu gewinnen. Mit Hilfe
der Teufel bewirkt der Antichrist Heilungswunder und Totenerweckungen.
Dadurch und mehr noch durch das exzessive Verteilen von Geld und Gold
gewinnt er die Massen. Auch die Herrscher der Welt – erwähnt werden die

---

Weltgerichtsspiel", in: Kurt Ruh u. a. (Hg.), *Die deutsche Literatur des Mittelalters. Verfasserlexikon*, Bd. 5, ²1985, Sp. 1089–1092, hier Sp. 1091: „Bletz hat unter Anlehnung an die Tradition und mit Einbeziehung des Antichristthemas das m[ittel]al[terliche] Weltgerichtsspiel
selbständig neugestaltet." Vgl. mit Bezug auf Struktur und Inhalt der Weltgerichtsspiele ferner Ursula Schulze, „Zur Typologie der Weltgerichtsspiele im 16. Jahrhundert", in: Peter
Wiesinger (Hg.), *Textsorten und Textallianzen vom 16. bis zum 18. Jahrhundert*, Berlin:
Weidler, 2007, S. 237–258; Ursula Schulze, „Erweiterungs- und Veränderungsprozesse in
der Tradition der Weltgerichtsspiele", in: *PBB* 118 (1996), S. 205–233. Daneben luden die
antijüdischen Tendenzen des Spiels zu breiterer Erforschung ein. Vgl. Veronika Duncker,
*Antijudaismus, antireformatorische Polemik und Zeitkritik im ‚Luzerner Antichristspiel' des
Zacharias Bletz*, Diss. masch. Frankfurt a. M. 1994. Zuletzt hat sich Johanna Thali mit dem
Spiel beschäftigt und dessen dezidiert antireformatorische Ausrichtung geltend gemacht,
die sich anhand verschiedener inhaltlicher Akzentuierungen beschreiben lässt. Johanna
Thali, „Schauspiel als Bekenntnis. Das geistliche Spiel als Medium im Glaubensstreit am
Beispiel des *Luzerner Antichrist- und Weltgerichtsspiels* von 1549", in: Cora Dietl / Wern-
fried Hofmeister (Hg.), *Jahrbuch der Oswald von Wolkenstein-Gesellschaft*, Bd. 20: *Das
Geistliche Spiel des europäischen Spätmittelalters*, Wiesbaden: Reichert, 2015, S. 440–461.
Die im Beitrag angekündigte „breit angelegte[] Untersuchung" (S. 440) ist, soweit ich
sehe, noch nicht erschienen. Zu den antijüdischen und antireformatorischen Tendenzen
vgl. bereits auch Winfried Frey, „Zacharias Bletz und die neue Zeit. Zum *Luzerner Antichristspiel*", in: *Zeitschrift für Religions- und Geistesgeschichte* 47,2 (1995), S. 126–144. – Zu
Leben und Werk des Zacharias Bletz vgl. Gregor Egloff, „Zacharias Bletz", in: *Historisches
Lexikon der Schweiz (HLS)*, Version vom 06.11.2002.

20   Benutzte Textausgabe: Karl Reuschel (Hg.), *Das Antichristdrama des Zacharias Bletz samt
dem Rollen- und Spielerverzeichnis für die Luzerner Aufführungen vom Jahre 1549*, in: Ders.,
*Die deutschen Weltgerichtsspiele des Mittelalters und der Reformationszeit. Eine literar-
historische Untersuchung. Nebst dem Abdruck des Luzerner ‚Antichrist' von 1549*, Leipzig:
Eduard Avenarius, 1906, S. 207–328.

Kontinente Asien, Afrika und Europa – sind ihm Untertan. Salvator ruft die
Propheten Elias und Enoch und gibt ihnen den Auftrag, gegen den Antichrist
zu predigen. Im Kampf werden die Propheten von den Heerführern des Antichrist, Gog und Magog, erschlagen. Salvator befiehlt Gabriel, sie zum Leben
zu erwecken. Sie fahren in den Himmel auf. Da dem Antichrist aufgrund der
Totenerweckung und Himmelfahrt der Propheten Anhänger verloren gehen,
empfiehlt Astaroth ihm, selbst mit einer Himmelfahrt aufzutrumpfen. Die
Teufel setzen die Himmelfahrt ins Werk, doch der Himmel bleibt dem Antichrist verschlossen. Raffael stürzt ihn auf Geheiß des Salvators zu Tode. Die
Teufel triumphieren, laden den falschen Messias auf einen Karren und fahren
ihn in die Hölle. Der Johannes der Apokalypse gibt einen Ausblick, was für
den zweiten Spieltag zu erwarten ist: Folgen wird das Weltgericht. Der Proclamator beschließt den ersten Spieltag mit einem nochmaligen Hinweis auf das
Weltgerichtsspiel.[21]

Warum dies alles vor Augen gestellt wird, erläutert er gleich zu Beginn:

> Vnns sünderen zum trost, heyll, fürdernus
> Vnd besserung zů spilen die glichnus
> Des iüngsten grichts, so künfftig ist,
> was daruor soll bschen durch den entcrist,
> Souil vns gschrifft zeigt vnd leertt (V. 105–109).

Bereits hier wird eine dezidiert negative Anthropologie formuliert: Alle Menschen, einschließlich des Sprechers, sind Sünder. Mit „glichnus" ist ein bild-
haftes Sprechen angezeigt,[22] welches das Spiel bestimmt, indem es eine
Zweiteilung von Bild und Auslegung erkennen lässt, die sich bei genauerem
Hinsehen als szenisch geschiedene Auslegung im Bild präsentiert. Es sind vor
allem Kirchenlehrer- und Prophetenreden, die sich – der Tradition folgend –
durch ihre Kommentar- und Exegesefunktion auszeichnen. Sie durchziehen
das Spiel und geben konkrete Hinweise für das Verständnis des Vorgeführten,
was auch bedeutet, dass die expliziten Vorgaben auf Produktionsseite eine
eingängige Interpretation auf Rezeptionsseite ermöglichen. Die geforderte
hermeneutische Operation, das heißt die Decodierung des Bildes, wird dergestalt als machbare ausgewiesen. Dies erscheint aus mehreren Gründen

---

21   Eine tabellarische Inhaltsübersicht mit Versangaben bietet Duncker, *Antijudaismus*,
      S. 20–27.

22   Vgl. Bedeutung Nr. 4 des Bedeutungsindex zum Lemma „gleichnis", in: *Frühneuhoch-
      deutsches Wörterbuch*. Online unter: https://fwb-online.de/lemma/gleichnis.s.1fn?q=
      gleichnis&page=1#sense4 (Zugriff 06.09.2023). Auch heißt es im Spiel etwa: „werden ir
      sömlichs spilen gsen / figürlich, wie das alls württ bschen" (V. 1343 f.), wobei das Wort
      ‚figürlich' wiederum Bildlichkeit anzeigt.

notwendig. Erstens werden im performativ umgesetzten Bild Aussagen über etwas getroffen, das recht eigentlich nicht gewusst werden kann bzw. das für den Menschen nicht verfügbar ist.[23] Zudem wird zweitens mit den Teufeln als transzendenten Wesen sowie den personifizierten Sünden etwas präsentiert, das ebenfalls nicht verfügbar ist. In beiden Fällen scheint im *Luzerner Antichristspiel* die Anbindung an die gelehrt-lateinische, schriftliterarische Tradition Voraussetzung für die Darstellbarkeit zu sein, denn im Spiel tritt die „autoritative verbale Verheißung"[24] besonders deutlich hervor.[25] „[I]n dieser gschicht" (V. 128; das Matthäusevangelium, J. G.) werde das Publikum nämlich von Christus selbst unterrichtet, wie der Antichrist die Menschen durch „zeichen" (V. 123) verführe, wobei die Spielsituation – die Anrede an das Publikum im Hier und Jetzt – und die Referenz auf den Bibeltext miteinander verschmelzen. Dass das Spiel einen „jngang" (V. 132) habe, der „allein mit langen sprüchen" (V. 133) daherkomme, wird als unumgänglich ausgewiesen. Nur so sei gewährleistet, dass das Vorgeführte prätextuell abgesichert ist: „domitt wir clare gschrifft legen dar. / die selbig sunders sond nemen war" (V. 135 f.).[26] Das Spiel behauptet hier und an zahlreichen weiteren Stellen, einzig der Autorität der Schrift verpflichtet zu sein, und es verifiziert dies allenthalben mit genauen Quellenangaben in den Sprechtexten wie in den Marginalien.[27] Hinzu tritt eine Vielzahl an Wiederholungen der Quellennennungen und deren Aufgreifen in Versen, die nicht nur die Bedeutsamkeit des Gesagten betonen, sondern mit Blick auf das Publikum auch als memorierendes Element gelten können. Hier zeigt sich, dass das Spiel „der Tradition der wirksamen, weil den Interessen und Bedürfnissen des durchschnittlichen Rezipienten entsprechenden Predigt"[28] entstammt. Eschatologisches Textwissen und dessen Auslegung

---

23   Vgl. dazu Koch, „Endzeit als Ereignis", S. 239. Sie weist insbesondere auf das daraus resultierende Spannungsverhältnis hin, das „zwischen der Unverfügbarkeit und der Unfassbarkeit der primären eschatologischen Drohung und Verheißung sowie ihrer Inszenierung und Rezeption im Spiel" besteht.

24   Koch, „Endzeit als Ereignis", S. 238.

25   Jesus habe seine Jünger unterrichtet, was vor dem Ende der Welt geschehe – dies als Allusion auf Mt 24,1–51 (vgl. V. 113 f.). Wenige Verse später heißt es dann explizit: „Alls matheus der euangelist beschribtt[] / am viervndzwentzigsten do by blybtt" (V. 121 f.).

26   Vgl. auch „Do wir an iedes statt ein person / Die gschrifft offenlich reden lon / sprüchswys, hindan gsetzt alles mittell, / alls wir hand funden an mengem capittell" (V. 149–152).

27   Vgl. dazu auch Thali, „Schauspiel als Bekenntnis", S. 455 f. Die Anbindung an die schriftliterarische Tradition ist somit sowohl für das Publikum der Aufführung als auch für den Leser der Handschriften klar erkennbar.

28   Mark Chinca, „Norm und Durchschnitt. Zum Münchner Eigengerichtsspiel von 1510", in: Elke Brüggen u. a. (Hg.), *Text und Normativität im deutschen Mittelalter. XX. Anglo-German Colloquium*, Berlin: de Gruyter 2012, S. 217–231, hier S. 218.

werden verknüpft mit einer persönlichen Betroffenheit des Rezipienten, der die Notwendigkeit des Wissens und seines ‚rechten' Verständnisses erkennt, wobei diese Erkenntnis aus der Erfahrung durch Hören und Schauen resultiert. So wird das Wissen um Himmel, Hölle, Gott und Teufel, Antichrist und Weltende eben auch durch Sehen und Wahrnehmen beglaubigt. Durch die Redundanzen der Schriftbelege wie durch die Hinweise auf Augenzeugenschaft umkreist das Spiel beständig den Dualismus von Erlösung und Verdammung – und damit den Dualismus von Himmel und Hölle,[29] in den auch die *artes diaboli* eingebunden sind. Denn mit Verdammung und Hölle, mithin mit einer Hölle auf Erden, sind die Teufel und ihre Machenschaften verknüpft. Die textuell abgesicherten eschatologischen Wahrheiten und der damit verbundene unhintergehbare Traditionsbezug sind durch das *spilen* im *hic et nunc* konkretisiert. „Im Modus des ‚Als-Ob' macht diese Konkretisierung die Endzeit, gleichsam in einem Testlauf, virtuell erfahrbar", wobei die „ästhetische Konkretisierung" gleichermaßen die theatral inszenierten teuflischen *artes* umfasst.[30] Sie zeigt darüber hinaus, was Endzeit und Gegenwart untrennbar miteinander verbindet und wie die Teufel durch die Zeiten fortwährend wirken.

Dabei ist es in Hinblick auf die vorgeführten *artes diaboli* nun bedeutsam, dass sie auf drei heuristisch zu unterscheidende Weisen präsentiert werden. Zu differenzieren sind nämlich folgende handelnde Figuren: 1) Teufel in Teufelsgestalt, 2) anthropomorphe Abstrakta und 3) ein konkreter Mensch. Letzterer ist exzeptionell und exemplarisch zugleich, da er vorherbestimmt ist, der Antichrist zu sein, zugleich aber den sündigen Menschen als solchen verkörpert.[31] Den folgenden Ausführungen liegt diese Dreiteilung zugrunde.[32]

2.1   Teufel

Die Teufel treten im *Luzerner Antichristspiel* in erster Linie in ihrer Rolle als Verführer auf und spielen damit ihr seelenheilbedrohendes Potential aus.[33]

---

29   Der klare eschatologische Dualismus, den die Orte Himmel und Hölle visualisieren, ist, wie in den Endzeit-Spielen üblich, mit dem Letzten Gericht verknüpft, und das heißt: mit der unzweifelhaften Scheidung der Gerechten von den Verdammten.

30   Koch, „Endzeit als Ereignis", S. 239.

31   Der Antichrist ist folglich ein Mensch unter teuflischem Einfluss, der überdies die Macht der Teufel als seine eigene präsentiert.

32   Im Spiel ist eine solche Trennung nicht eindeutig gegeben. Vielmehr changieren die Figurationen, so dass die klare Zuordnung zu einer der drei Kategorien kaum möglich erscheint. Freilich vermag die tentative Differenzierung den Blick für die Multiperspektivität der *figurae diaboli* und ihrer *artes* zu schärfen.

33   Aichele, *Das Antichristdrama*, S. 114, weist dem Teufel im Antichristspiel auf Handlungsebene drei Funktionen zu, nämlich zum einen, der Vater des Antichrist zu sein, zum anderen, als Helfer bei der ‚Welteroberung' des Antichrist aufzutreten, und zum Dritten

Nachdem Hieronymus eine ausführliche Vita des Antichrist präsentiert hat (vgl. V. 1165–1344), tritt Satan zum ersten Mal auf. Er ist im wahrsten Sinne des Wortes räumlich an den Ort der Verdammnis und genauer: an die Hölle gebunden.[34] Eine Kette verbindet ihn untrennbar mit ihr. „[S]o rett sathan, gadt an der kettnen für dhell" (V. 1344b–c).[35] Dass Satan in Ketten liegt, hat seinen Ursprung im autoritativen Bibelwort aus Apc 20,2 f. Hier berichtet der Visionär Johannes, dass ein Engel den Teufel in Ketten geschlagen und in den Abgrund gestürzt habe, wo er 1000 Jahre habe verweilen müssen, um die Menschen nicht zu verführen.[36] Erst nach Ablauf dieser Frist sei er für

---

als Strafvollstrecker zu agieren, der den gestürzten Antichrist in die Hölle führt. – Greco-Kaufmann, „Bedeutung von Teufelsfiguren", S. 131, spricht sogar davon, dass Bletz die Teufel im *Luzerner Antichrist- und Weltgerichtsspiel* zu „Hauptakteuren" mache.

34 Es zeigt sich für die Luzerner Bühne, dass Räume des Heils und der Verdammung imaginiert und konkretisiert werden. Den Teufeln wird mit der Hölle ein eigener Raum zugewiesen. Ausloten lassen sich die Aufführungsgegebenheiten durch Hinweise in den Spieltexten sowie durch zeitgenössische Bühnenpläne. Für Luzern bedeutet das Folgendes: Gespielt wurde auf dem Weinmarkt. Die Simultanbühne mit den einzelnen Ständen verteilte sich auf dem Markt, wobei Himmel und Hölle einander entgegengesetzt waren. Im Personen- und Spielerverzeichnis wird explizit gemacht, dass bekannt ist, wo welche Orte zu finden sind. Über den Himmel heißt es beispielsweise: „jm himel der ist an gwonem ort", Reuschel (Hg.), *Antichristdrama*, S. 321. Auszugehen ist hier sicherlich vom *Luzerner Osterspiel*, das Zacharias Bletz vier Jahre zuvor als Spielleiter verantwortet hatte, wonach sich der Himmel „im Osten des Platzes auf einem Balkon [befand], der zwischen den beiden Erkern an der Fassade des Hauses zur Sonne angebracht war", Greco-Kaufmann, *Zuo der Eere Gottes*, Bd. 1, S. 339. Die Hölle freilich hatte im Antichristspiel, anders als im Osterspiel, ihren Platz „vnder dem metzger gangg". Reuschel, (Hg.), *Antichristdrama.* S. 323. Die Hölle selbst scheint, wie auf späteren Bühnenplänen Renward Cysats zum Osterspiel 1583 skizziert, als Höllenmaul dargestellt worden zu sein. Dies legen auch einige Sprechtexte nahe: [Irrtum:] „darzů erfülle synen schlund. / entcrist, du můst ouch in den mund!" (V. 4853f.), [Astaroth:] „sathan, thů vff der hellen schlund!" (V. 4867) – Zur Raumkonzeption des spätmittelalterlichen Theaters vgl. Hans Rudolf Velten, „Die Nullstufe der Bühne: Spielfläche und Schranken als historische Aufführungsdispositive im spätmittelalterlichen Theater", in: *Zeitschrift für Literaturwissenschaft und Linguistik* 50,3 (2020), S. 511–531, hier bes. S. 516 und 520 f. (zu Luzern). Die spätmittelalterliche Simultanbühne deutet Ehrstine als kulturelles Medium. Durch die spezifische Verbindung von Raum und *figura* wird eine „Erinnerungsarchitektur" hergestellt. Glenn Ehrstine, „Das figurierte Gedächtnis: *Figura*, Memoria und Simultanbühne des deutschen Mittelalters", in: Ursula Peters (Hg.), *Text und Kultur. Mittelalterliche Literatur, 1150–1450. DFG-Symposion 2000*, Stuttgart: Metzler, 2001, S. 414–437, das Zitat S. 417.

35 Vgl. auch die spätere Regieanweisung: „so die tüffel allso vmb den entcrist stand, so komptt sathan für dhell vsshar an der ketten vnd rett" (V. 4784a–d).

36 Dass die Zahl 1000 hierbei nicht als konkrete Zahl zu verstehen sei, die auf einen errechenbaren Termin des Weltendes verweise, findet sich bereits bei Augustinus in *De civitate dei* XX,7. Vgl. dazu Hans-Peter Kursawa, *Antichristsage, Weltende und Jüngstes Gericht in mittelalterlicher deutscher Dichtung. Analyse der Endzeiterwartungen bei Frau Ava bis zum*

kurze Zeit losgelassen worden (vgl. Apc 20,3).[37] Während Satan im Spiel daher angekettet und räumlich nur eingeschränkt handlungsfähig ist,[38] können sich die übrigen, ihm untergebenen Teufel frei im Raum und unter den Menschen bewegen. Der relativen Statik des Höllenfürsten und Anführers Satan entspricht die Dynamik des innerweltlichen diabolischen Gebarens der übrigen „tüffel" (V. 1344a). Ungestüm hüpfend[39] und jubilierend[40] erfahren sie von der Geburt des Antichrist und „mitt rychem schall" (V. 1346) begeben sie sich aus der Hölle in die Welt. Auf Geheiß Satans geht Astaroth zum Antichrist, um ihm zu verkünden, dass er der Messias sei. Zuvor aber, so gibt eine Regieanweisung an, verkleidet er sich vor den Augen des Publikums.[41] Er führt damit die Verstellung des Teufels mit einfachen theatralen Mitteln vor: „astarot leytt ein lasterlich cleyd vber das tüffel cleyd an" (V. 1366a–b). Das ‚Teufelskleid' wird durch ein ‚Lasterkleid' verdeckt; der Vorgang des Einkleidens ist dabei gut sichtbar und kann als Verfahren diabolischer Täuschung wahrgenommen werden. Die Kleidung beinhaltet folglich einen vestimentären Code, dessen Entschlüsselung für das Publikum auf der Hand liegt. Trotz der Verkleidung bleibt der Teufel, wenngleich nun nicht mehr als solcher erkennbar, einem negativ konnotierten Gewand verhaftet, indem er „lasterlich" und folglich mit moralischem Fehlverhalten verbunden erscheint. Zur *ars diaboli* gehört es dann auch, sich als göttlicher Bote auszugeben. In seiner Verkleidung überbringt Astaroth dem Antichrist die Nachricht, dass er der Messias sei.[42] Neben der optischen Täuschung beherrscht der Teufel auch die verbale: Mit doppeldeutiger Rede (vgl. auch „du bist vnseres vatters sun", V. 1382) täuscht er den Antichrist – auf dessen Prädisposition wird zurückzukommen sein –, wobei

---

     Parusiegedicht Heinrichs von Neustadt vor dem Hintergrund mittelalterlicher Apokalyptik, Diss. masch. Köln 1976, S. 22 f.

37   So wird der Salvator im zweiten Spielteil, dem Weltgerichtsspiel, den Erzengel Raphael beauftragen, Satan von der Kette zu lassen und ihm damit größtmöglichen Spielraum (im übertragenen wie im Wortsinn) zugestehen. Vgl. dazu auch Greco-Kaufmann, *Zuo der Eere Gottes*, Bd. 1, S. 338.

38   Vgl. auch die Rede des Salvators im Spiel, der von seinem Kreuzestod und *descensus ad inferos* berichtet: „mit gwallt den tüffell zwang vnd fieng, / den selben band, die hell vffprach" (V. 2991 f.).

39   Die Regieanweisung spricht von „bochslent tüffel in der hell" (V. 1344a), wobei das Wort ‚bochslent' möglicherweise ‚bockspringend' meint. Vgl. Aichele, *Das Antichristdrama*, S. 115.

40   Vgl. „mitt frolockung" (V. 1344a).

41   Ähnliches kann Eming, „Teuflisch theatral", S. 124, für das *Alsfelder Passionsspiel* ausmachen, in dem Satan vor den Augen des Publikums als Frau verkleidet wird.

42   [Astaroth:] „Von vnseren (!) gott bist vsserkoronn, / der wellt zum trost geborenn. / Dorumb bis städt in dim wäsen! / vil völcker durch dich werden genesen, / wan du bist der messias, / der langest den juden verheissen was, / jnen zů erfüllen ir gsatz" (V. 1367–1373).

er nicht lügt. Vielmehr vertraut er auf den doppelten Sinn der Rede, wenn er das Richtige sagt, seine Worte allerdings anstelle auf den Teufel auch auf Gott bezogen werden können. Vorgeführt wird die teuflische *ars* der sprachlichen Ambiguität.[43]

Es ist das Konzept der *discretio spirituum*, das hier in laikale Bereiche diffundiert, indem es vor Augen gestellt wird. Die mit der Endzeit verbundene Verführungskunst des Teufels wird mit einer laikalen ‚Unterscheidung der Geister'-Lehre verbunden.[44] Hierher gehört schließlich auch die Problematisierung der Exegesekompetenz, die für die korrekte Auslegung des Bildes bzw. des bildhaften Sprechens unerlässlich ist. Wer nämlich „gottes fründ" (V. 3359) und wer „tüffels fründ" (V. 3367) ist, muss erst ermittelt werden. Prekär scheint hier vor allem die Auslegung nach eigenem Gusto, die der Antichrist figuriert.[45] Dass er (vermeintlich) schriftgelehrt und exegetisch kompetent ist, scheint seine Kleidung ebenso zu signalisieren – „alls ein doctor jn langem erbarem[46] [c]leyd mit einem [d]octor baret"[47] – wie die Zuschreibung anderer: [Abram:] „du kanst bibell recht exsponieren" (V. 3372). Verbale und optische Täuschung, die den Antichrist mit den Teufeln parallelisiert, sind auf Handlungsebene wenigstens zeitweise geglückt.

Zu den Wesenszügen der Teufel, die sich in ihren *artes* spiegeln, gehört schließlich auch der Eigennutz, der letztlich in ihrer Missgunst gründet. Alles, was die Teufel wirken, tun sie zu ihrem Vergnügen (V. 4774: „kurtzwyl") und zu ihrem Nutzen, will heißen: zu ihrer Genugtuung. Dies steht von ihrem ersten Auftreten an fest, wenn Satan Astaroth (und mit ihm dem Publikum) die Triebfeder ihres teuflischen Handelns erläutert (vgl. V. 1363–1366). Ausgewiesen wird ihre Selbstbezogenheit. Dass die diabolischen *artes* im Letzten nur ihnen selbst dienen, nicht aber dem Menschen, der im Übrigen aufgrund der genannten Täuschungen glaubt, er erfahre göttliche Hilfe, wird unten mit

---

43 Vgl. auch die Selbstbezeichnung der Teufel als Engel (V. 4771), welcher der Antichrist folgt (V. 4754). Da die Teufel tatsächlich Engel sind, lügen sie hier nicht.

44 Dass die ‚Unterscheidung der Geister' nur mit göttlicher Hilfe gelingen kann, ist konventionell. Goetz, *Gott und die Welt*, S. 268: „Besonders subtil wurde es, wenn der Teufel [...] mit dem Anspruch auftrat, im Namen Gottes zu sprechen." Das Verhältnis von Gott und Teufel erläutert im Antichristspiel der Kirchenlehrer Gregorius in Bezug auf das Wunder: „Niemandt mag vff ertrich nun / zeichen thůn dan gottes sunn / vnnd die, denen er gwallt hett geben, / ja denen, so in sim willen läben: / wiewol durch stüffels raat vnd list / gross zeichen württ thůn der entcrist, / so gott der sünd halb jm verhengt" (V. 2648–2654).

45 „[J]ch leg das vss, wie mir das gfalltt" (V. 3369).

46 Der Nasalstrich, den die Edition von Reuschel bietet, ist aufgelöst.

47 Reuschel (Hg.), *Antichristdrama*, S. 322.

Blick auf den Antichrist zu vertiefen sein. Er figuriert anschaulich, wie aus den „mentschen gnossen" (V. 1363) ein „tüffels gnoss" (V. 4770) wird.

2.2 *Personifikationen als anthropomorphe* artes diaboli

Neben die Teufelsfiguren Satan und Astaroth sowie weitere Unterteufel[48] treten Personifikationen, die menschliche Sünden nicht nur verkörpern, sondern diese auch durch ihr Handeln konkretisieren.[49] Eine Darstellung von Tugenden und Lastern in Form der Vermenschlichung ist bereits in der antiken Rhetorik greifbar; hier nun, im frühneuzeitlichen Spiel, erscheint sie als theatrale Möglichkeit, den Abstrakta eine Stimme zu verleihen; sie sprechen für sich und interagieren im Gespräch mit anderen. Im mit Blick auf das Schauspiel auch wörtlich verstandenen Zusammenspiel von Stimme und Handeln tritt der performative Aspekt besonders hervor.[50] So offenbart sich dem Publikum im Antichristspiel das teuflische bzw. teuflisch motivierte menschliche Böse. Terminologisch gefasst werden die auftretenden Personifikationen als „geist" (V. 1357). Satan befiehlt Astaroth, den Antichrist für die Hölle zu gewinnen, und zwar mit Hilfe dreier „geist[er]" (V. 1357): „gytt, nyd, vnküscheytt" (V. 1358).[51]

---

48   Dies sind Tarrator, Mellemäl und Brendli. Vgl. das Verzeichnis der *dramatis personae*, Reuschel (Hg.), *Antichristdrama*, S. 324.

49   Zu handelnden Personifikationen als Reflexionsfiguren vgl. auch das Teilprojekt von Sandra Linden und Daniela Wagner im Tübinger SFB 139 *Andere Ästhetik*: „Handelnde Personifikationen als ästhetische Reflexionsfigur in der Literatur und Kunst des Mittelalters". Die grundsätzlichen Überlegungen und theoretischen Prämissen erläutert der Beitrag: Sandra Linden / Daniela Wagner, „Die Gewalt der Caritas. Handelnde Personifikationen als ästhetische Reflexionsfiguren", in: Annette Gerok-Reiter (Hg.), *Andere Ästhetik. Grundlagen – Fragen – Perspektiven*, Berlin: de Gruyter, 2022, S. 243–282, hier insbes. S. 246–250.

50   Eine solche Form der Darstellung von Abstrakta ist für das zeitgenössische Spiel nicht ungewöhnlich, man denke an die Personifikationen ‚Gerechtigkeit' und ‚Barmherzigkeit', die in den Weltgerichtsspielen auftreten und zentrale göttliche Wesenszüge figurieren. Vgl. beispielsweise das *Münchner Weltgerichtsspiel* (wohl 1510), in dem ‚Gerechtigkeit' und ‚Barmherzigkeit' vor dem göttlichen Richter um das Schicksal des Menschen streiten. Hier spricht der göttliche Richter im Letzten mit sich selbst. – Bereits in der älteren Studie von Maximilian Josef Rudwin, *Der Teufel in den deutschen geistlichen Spielen des Mittelalters und der Reformationszeit. Ein Beitrag zur Literatur-, Kultur- und Kirchengeschichte Deutschlands*, Göttingen: Vandenhoeck & Ruprecht, 1915, S. 64, werden die personifizierten Abstrakta als „allegorische Gestalten, die Verkörperungen gewisser Laster sind", bezeichnet.

51   Hinzu tritt ferner der personifizierte Irrtum, der sowohl im Spieltext als auch im Rollen- und Spielerverzeichnis genannt wird (vgl. die Sprecherangabe nach V. 2519 sowie das Verzeichnis, Reuschel (Hg.), *Antichristdrama*, S. 324). Damit bewahrheitet sich auch die Genealogie des Antichrist, die Hieronymus bietet: „die irthumb geyst nend jn vch oberhand" (V. 1206).

Die „hochfartt" (V. 1359) tue ein Übriges; diese freilich besitze der Antichrist bereits.[52] Zur *ars diaboli* gehört es damit auch, den Menschen mit Hilfe bestimmter Laster in die „ewige[] pyn" (V. 1365) zu befördern. Dass die drei personifizierten Laster bzw. Todsünden als diabolische Wesen zu denken sind, darauf verweist das Wort ‚Geist', das als „Bezeichnung für personifizierte überirdische Wesen"[53], wenngleich meist mit hinzutretender Attribuierung, den Teufel meinen kann. Bezeugt wird ein solches Verständnis auch durch weitere zeitgenössische Luzerner Spiele, die explizit Geiz-, Neid- und Unkeuschheitsteufel präsentieren.[54] So gehören *gytt*, *nyd* und *vnküscheytt* auch im Antichristspiel in die Sphäre des Diabolischen; optisch sind sie jedoch von den Teufeln unterschieden. Augenfällig wird dies durch die vorgesehene Kostümierung, welche die Regieanweisung vorgibt: „also gytt, nyd, vnküscheytt. hend kein tüffels köpff, sonst parett, aber hend vnd füss clauwen wie tüffell" (V. 1366b–d). Die personifizierten Sünden sind folglich Teufel, die jedoch nicht auf den ersten Blick als solche zu erkennen sind. Sie sind menschlich und teuflisch zugleich, und sie verdeutlichen als theatrale Figuren den Konnex des menschlich Bösen mit dem in die Immanenz hineinwirkenden transzendenten ewig Bösen. Ihre Gesichter sind folgerichtig gerade nicht teuflisch, sondern menschlich unauffällig; zudem tragen sie ein Barett und zeigen sich damit als Menschen (oder: menschenähnlich) in modisch-repräsentativer Kleidung. Möglich wäre darüber hinaus, in der Kopfbedeckung ein religiös-politisches Statement zu sehen. Im Rahmen der zeitgenössischen konfessionellen Streitigkeiten mag das Barett auf die Reformatoren verweisen; anhand der Kleidung zeigte sich dann antireformatorische Kritik.[55]

Sind Köpfe und Kleidung menschlich, so verraten die äußeren Extremitäten ihr Wesen (*natura*) als teuflisches: Die Klauen demaskieren die ansonsten

---

52   „[M]itt hochfartt ist er for erfüllt" (V. 1359).

53   „geist", in: *Frühneuhochdeutsches Wörterbuch*. Online unter: https://fwb-online.de/lemma/geist.s.om?q=geist&page=1#sense5 (Zugriff: 14.04.2023).

54   Vgl. etwa Renward Cysats Fastnachtspiel *Convivii process* (1593) oder Jakob Wilhelmis Heiligenspiel über den heiligen Wilhelm von Aquitanien (*Wilhelmspiel*, 1596). Mit Zacharias Bletz selbst verbunden ist das wenige Jahre vor dem Antichristspiel aufgeführte Fastnachtspiel *Der Narrenfresser*, das ebenfalls Lasterallegorien, u. a. *Vnküscheit* und *Gydt*, präsentiert. Vgl. dazu Heidy Greco-Kaufmann, „Inszenierte Politik? Versuch einer Verortung der Luzerner Fastnachtspiele im Kontext theatraler Aktivitäten in der frühneuzeitlichen Stadt", in: Klaus Ridder (Hg.): *Fastnachtspiele. Weltliches Schauspiel in literarischen und kulturellen Kontexten*, Tübingen: Niemeyer, 2009, S. 99–114, hier S. 102.

55   Eine solche Vermutung findet sich bereits bei Duncker, *Antijudaismus*, S. 91, und Frey, „Zacharias Bletz", S. 140. Zu den antireformatorischen Tendenzen, die sich im Weltgerichtsspiel-Teil fortsetzen, vgl. Thali, „Schauspiel als Bekenntnis", S. 452–455 (mit Bezug auf die Figuration Luthers).

menschlich daherkommenden Gestalten. Für den personifizierten *nyd* gilt überdies, dass er per se mit dem Teufel assoziiert ist. Während die Hauptsünde Luzifers bekanntlich die *superbia* ist,[56] ist der Neid bzw. die Missgunst (*invidia*)[57] eine Sünde des Teufels, die nicht nur auf Gott, sondern auch und gerade auf den Menschen zielt. Voll Neid schaut der Teufel auf den Menschen, da dieser (noch) nicht aus der Gnade gefallen ist und insofern erlöst werden kann.[58] Auch in dieser Hinsicht ist die personifizierte Todsünde folglich mit dem Teufel verbunden.

Das Rollen- und Spielerverzeichnis hält außerdem für alle diabolischen *dramatis personae* fest: „kein tüffel soll ein beschlossne tüffelskopff han / in schwartze [a]ller vnfletigste [best]oupften cleyd[.]"[59] Die Angabe, dass die Teufelskopfmasken nicht verschlossen sein sollen, lässt vermuten, dass sie so gestaltet sind, dass der menschliche Kopf weiterhin sichtbar ist. Das Publikum nimmt folglich umso mehr wahr, welcher Darsteller hinter der Maske steckt. Die Maskerade des Teufels wird aufgebrochen, das Menschliche sichtbar.

---

56 Vgl. etwa die wirkmächtige Definition Isidors von Sevilla, die den Teufel über dessen Hochmut und den daraus resultierenden Sturz fasst: „Diabolus Hebraice dicitur deorsum fluens, quia quietus in caeli culmine stare contempsit, sed superbiae pondere deorsum corruens cecidit" (XIII,11,18). Benutzte Ausgabe: Wallace M. Lindsay (Hg.), *Isidori Hispalensis Episcopi, Etymologiarvm sive originvm, Libri XX*, 2 Bde., Oxford: Oxford University Press, 1911, hier Bd. 1, S. 330. Die Übersetzung folgt: Lenelotte Möller, *Die Enzyklopädie des Isidor von Sevilla*, Wiesbaden: Marix, 2008, S. 310: „*Diabolus* sagt man hebräisch für *deorsum fluens* (abwärts fließend), weil er, (sic!) leise auf dem Gipfel des Himmels zu stehen verachtete, aber [dann] durch das Gewicht des Hochmuts abwärts stürzend hinunterfiel." Vgl. hierzu auch die Ausführungen von Goetz, *Gott*, S. 196. Zur Inszenierung diabolischer *superbia* im geistlichen Spiel und konkret im Osterspiel vgl. Elke Ukena-Best, *„Homud heft us duvele senket in afgrunde. Superbia*, Teufel und Hölle im ‚Redentiner Osterspiel'", in: *Leuvense bijdragen* 90 (2001), S. 181–214. Auch im Antichristspiel wird die *superbia* des Teufels expliziert. Elias erläutert den Zusammenhang von teuflischem Wesenszug und Sturz: „wan er [= Gott, J. G.] wüst, wie der tüffel ist / tusentvallig voller list, / das er begertt zů rechen den vaal, / den er tedt gegen hell zů taal; / allein durch hochfartt vnd übermůtt / verlor dseligkeytt, das höchste gůtt" (V. 3521–3526). Daher „übtt [er] sich jn allen werchen vnd sachen, / den mentschen darůon vellig zmachen" (V. 3529 f.).

57 Daneben spielt die Grundbedeutung von mhd. *nît* als „Hass" eine Rolle. Zur semantischen Verschiebung vgl. die Studie von Cora Dietl, „Vom Hass zum Neid. Die Figur des Nîthart zwischen mhd. *nît* und nhd. ‚Neid'", in: Ulrich Breuer / Irma Hyvärinen (Hg.), *Wörter – Verbindungen. Festschrift für Jarmo Korhonen zum 60. Geburtstag*, Frankfurt: Lang, 2006, S. 377–386.

58 Vgl. zum teuflischen Neid auf den Menschen und zu den Teufelsklagen Julia Gold, „Mitleid mit dem Teufel? Ambivalenzen einer altbekannten Figur im geistlichen Spiel des Mittelalters und im protestantischen Drama der Frühen Neuzeit", in: Jörn Bockmann / Regina Toepfer (Hg.), *Ambivalenzen des geistlichen Spiels. Revisionen von Texten und Methoden*, Göttingen: Vandenhoeck & Ruprecht, 2018, S. 125–154.

59 Reuschel (Hg.), *Antichristdrama*, S. 323 f.

Wie die personifizierten Sünden handeln, geben sie in ihren Reden selbst preis: Als für sich selbst zum Scherz gereichend, „bschyssen" (V. 1496) sie viele Menschen. Exemplarisch zeigt sich dies an mit Hilfe von Zauberei herbeigeführten Schädigungen des Menschen, die zwischen Illusion und tatsächlicher körperlicher Beeinträchtigung changieren. Zumindest sind die Teufelsreden hier bewusst diffus gehalten. Einerseits suggerieren sie, dass der teuflische Betrug gerade nicht in der als tatsächlich gegebenen körperlichen Schädigung des Menschen besteht. Andererseits bedeuten sie, körperliche Gebrechen hervorgerufen zu haben. Die teuflisch gedachte Sündenpersonifikation[60] *Gydtt* gibt zu, zwei Männer durch Schadenzauber beeinträchtigt zu haben,[61] so dass der eine blind und der andere lahm geworden sei. Hier scheint das ‚Verzaubern' zunächst eine reale körperliche Beeinträchtigung zu meinen und keine Illusion, wobei die Ursache von Blindheit und Lähmung den Geschädigten verborgen bleibt.[62] Möglicherweise ist dies auch der Tatsache geschuldet, dass im Spiel performativ kaum zwischen Illusion und Realität unterschieden werden kann. Im weiteren Verlauf jedenfalls suchen

---

60   Die Assoziation von Teufel mit Sündenpersonifikation zeigt sich auch im weiteren Verlauf des Spiels, so etwa, wenn ‚Irrtum' Worte aus 1 Pt 5,8 alludiert, die klar auf den Teufel bezogen sind: „sy könent sich nitt zwol vor mir hütten. / wan tag vnnd nacht so gan ich wütten / vmbhar wie ein hungriger leüw" (V. 4849–4851). Ferner ist die Assoziation auch in der Luzerner Theatergeschichte präsent. Für das Osterspiel von 1597 notiert Renward Cysat beispielsweise, dass Astaroth und Beelzebub Ira und Invidia seien. Vgl. Marshall Blakemore Evans, *Das Osterspiel von Luzern. Eine historisch-kritische Einleitung*. Übersetzung des englischen Originaltextes von Paul Hagmann, Bern: Theaterkultur-Verlag, 1961, S. 108. Vgl. ferner Greco-Kaufmann, „Bedeutung von Teufelsfiguren", S. 130.

61   Vgl. „hand ich [...] verzoubrett" (V. 1498 f.). Die Inszenierung von Schadenzauber und konkret von Krankheitszauber setzt sich im weiteren Spielverlauf fort, so etwa, wenn ein Teufel namens Tarrator einen Mann aussätzig macht (vgl. die Regieanweisung V. 1953c). Im Gespräch mit dem Teufel Mellemäl weist er diese „zouberlist" (V. 1977) freilich als Illusion aus: Der Zauber besteht darin, Ismael glauben zu machen, er sei aussätzig und müsse „ins siechenhus gan" (V. 1981). Dabei ist das körperliche Unwohlsein für den Betroffenen real (vgl. V. 1980). Auch Mellemäl versteht sich auf eine solche Kunst der Täuschung, wobei Zauberrequisiten zum Einsatz kommen: Er bläst dem zu Schädigenden Zauberstaub in die Augen (V. 1984), so dass dieser glaubt, „stockplind" (V. 1989) zu sein. Im Folgenden schädigt auch der Teufel Brenndlin einen Menschen „mitt list" (V. 2508), so dass dieser „lytt, alls syg er recht todtt" (V. 2510). Der Antichrist kann den Scheintoten sodann zum Leben erwecken (V. 2527 f.: „sin läben müss er empfan / von mir wunderbarer gstallt"). Christusanalog berührt er den vermeintlich Toten und spricht dessen imperativische Erweckungsworte (vgl. V. 2530 f.). Der personifizierte ‚Irrtum' hatte ihm zuvor bescheinigt, den Toten „vss dim eygnen gwalltt" (V. 2525) ins Leben zurückzubringen. Weitere Totenerweckungen folgen (vgl. V. 4185–4188).

62   So sagt der Blinde: „weis doch nitt, wies mir bschach" (V. 1522); der Gelähmte benennt nur den Zeitpunkt des Krankheitsbeginns und die Folgen: „Zwen monat ists, das ich ward lam. / wenig sidhar vss dem bett kam" (V. 1527 f.).

die Reden zu verdeutlichen, dass die Schädigungen lediglich für real gehalten
werden sollen – und zwar von allen beteiligten menschlichen Akteuren: Die
Geschädigten glauben, tatsächlich lahm und blind zu sein, und auch diejenigen, die sie sehen, nehmen sie als krank wahr. Getäuscht ist schließlich
auch der Mensch, der glaubt, er könne sie heilen: der hochmütige Antichrist.[63]
Zuletzt glauben jene, die den vermeintlichen Akt der Heilung sehen, an ein
Wunder. Die im Spiel ausgestellte diabolische *ars* entpuppt sich als eine Reihe
von realitätsgetreuen Täuschungen. Dem Menschen vermittelt wird diese Täuschung in unterschiedlichen Bewusstseinszuständen. Anfällig für teuflische
Täuschung ist er vor allem im Schlaf (V. 1501: „jm schlaff han ich jnen gseytt“).[64]
Die hier bestehende besondere Gefährdung des Menschen korrespondiert
mit der Wachsamkeit der Teufel, die niemals schlafen (vgl. V. 2516).[65] Sodann
scheint insbesondere der Sehsinn als Einfallstor für teuflische Einflussnahme,
wie die visuelle Wahrnehmung der Schädigung von Mitmenschen und des vermeintlichen Heilungswunders bezeugt. Im Gespräch mit den Teufeln reflektieren die Sündenpersonifikationen zudem ausführlich über die Notwendigkeit,
den rechten Zeitpunkt für den Einsatz ihrer *artes* nicht zu verpassen und die
Illusion sowohl der Krankheitszustände wie des Heilens aufrechtzuerhalten.
Es gilt folglich, die Gunst der Stunde zu nutzen, um möglichst viele Menschen
zu täuschen und für die Hölle zu gewinnen. *Gydtt* formuliert dies in zwei Versen mit sentenzartigem Charakter: „so lùgent, das v̇ch dkunst nitt fäl / sglück
ist schlipffig, glatt vnd häl“ (V. 1992f.). Ziel ist es, den Antichrist nicht „vor aller
wellt schamrott“ (V. 2000) stehen zu lassen, so etwa, wenn dieser versuchen
sollte, jemanden zu heilen, der tatsächlich krank ist und die besagte Heilung
dann ausbleibe.[66] Das Scheitern der Täuschung muss schließlich dadurch verhindert werden, dass die Teufel und Sündenpersonifikationen besonders flink
sind (V. 2016: „ylens [...] rennen“), um stets in der Nähe dessen und an seiner
statt zu wirken, dem die Tat zugeschrieben werden soll.

    Dies sichert den späteren Triumph, für den Satan die resümierenden Worte
findet:

---

63 Obgleich die Teufel und Sündenpersonifikationen ihm mitteilen, dass er durch einen
    anderen, nämlich seinen Vater, wirke, weist der Antichrist die „wunderzeichen“ (V. 2134
    u. ö.) zunächst als eigenes Tun aus, bevor er den Beistand des Vaters nennt.

64 ‚Geiz‘ gibt den zwei Geschädigten im Schlaf ein, wer der Messias ist, der sie heilen kann.
    Es ist dies die Inversion der Vorstellung des als Arzt wirkenden Christus. Im Gespräch mit
    Nyd offenbart ‚Geiz‘, dass die Kranken nun auf „messie, sathans sun“ (V. 1504) hoffen: „sy
    glouben mir in all min sachen, / sin fürgang werd sy gsund machen“ (V. 1505 f.).

65 Der Mensch hingegen lässt die nötige Wachsamkeit vermissen (vgl. V. 1135, 1141, 1144).

66 Tarrator beruhigt ‚Neid‘, der dieses Szenario des Scheiterns entwirft, und preist seine
    Täuschungsfähigkeiten an, die mehrfach als „zouber“ (V. 2008, 2010, 2017) benannt
    werden.

sind nie me seelen kon haryn [= in die Hölle, J. G.]
durch kein ketzery, secten noch tanten,
wan jetz durch dich vnnd din predicanten (V. 4800–4802).[67]

Neben der Täuschung durch Einflüsterung – vor allem im oben genannten
prekären Zustand des Schlafs –, beherrschen die Teufel und Sündenpersonifikationen es folglich, besonders rasch zu agieren. Geschuldet ist dies einerseits dem Wunsch der gelingenden Täuschung, andererseits kann damit aber
auch angesprochen sein, dass sich der Mensch den Teufeln und Sünden aufgrund dieser Schnelligkeit nicht erwehren kann, wie die Rede der *Vnküschheytt* mit Bezug auf den Antichrist verdeutlicht: „keiner ist so gschwind"
(V. 1514). In besagtem Fall überkommt die personifizierte sexuelle Begierde
den Menschen; sie herrscht „in alle land" (V. 1564) und sie ist Ausweis einer
dezidiert körperlich gedachten teuflischen *ars*. Besonders apart ist in diesem
Zusammenhang die Selbstbezeichnung der *Vnküschheytt* als der „venuskind
engel" (V. 1563). In der Überblendung von paganer und christlicher Terminо-
logie stellt sich die Personifikation als ‚Venuskind' Cupido vor, das mit der
christlichen Vorstellung eines Himmelswesens verknüpft ist. Mag also die
äußere Erscheinung der *Vnküschheytt* über ihr wahres Wesen hinwegtäuschen,
so tut es die Rede nicht. Das ‚Venuskind' konkretisiert die immerwährende
(V. 1571: „in die ewigkeytten") Affizierung des Menschen durch Begierde.[68] Aus-
gestellt wird damit zugleich die Codierung der handelnden und sprechenden
Personifikation als Teil des menschlichen Inneren. Dadurch, dass die Personifikationen als menschliches Inneres sprechen, zeigt sich freilich auch, dass
die diabolischen *artes* nur wirksam sind, wenn der Mensch sich ihnen geneigt
zeigt. Die teuflisch-verführerischen *artes* sind letztlich auch Verstärker des
prädisponierten menschlichen Inneren.[69] Einen besonders anschaulichen Fall
dieser Prädisposition stellt der Antichrist dar.

---

67   Hier werden der Antichrist und seine Anhänger, die Prediger, konfessionell codiert und
      scheinen auf die Reformatoren bezogen. Vgl. auch die untenstehenden Ausführungen zur
      Kostümierung des Antichrist.

68   „du must zů diner begird nach lyblslust / wybsbild han, dich schmucken an ir brust, / die
      hüpsten, sod magst komen an. / lieber, was freüwt bas ein man?" (V. 1557–1560).

69   *Mutatis mutandis* gilt hier, was Jörg Robert, „Dämonie der Technik – Die Medien des
      D. Johann Fausten", in: Kirsten Dickhaut (Hg.): *Kunst der Täuschung – Art of Deception:
      Über Status und Bedeutung von ästhetischer und dämonischer Illusion in der Frühen Neu-
      zeit (1400–1700) in Italien und Frankreich*, Wiesbaden: Harrassowitz, 2016, S. 373–396,
      hier S. 379, für das Faustbuch und dessen Beschwörungsszene herausgearbeitet hat:
      „Der Teufel ist die teuflische Inklination des Menschen" (bei Faust ist es die charakter-
      liche Disposition der *curiositas*). Insofern bezeichnet Robert den Teufel treffend als

2.3   *Der Antichrist als diabolische Figur*

Die Figur des Antichrist ist – anders als die überzeitlichen Teufel – eine historisch gedachte Erscheinung, die zeitlich bestimmt werden kann.[70] Verknüpft ist sie mit der apokalyptischen Schreckensvorstellung des Weltgerichts. Dabei ist das Weltende nur in klarer zeitlicher Abfolge denkbar: Erst kommt der Antichrist, dann das Jüngste Gericht.[71] Da vorgegeben ist, dass dieses Ereignis unzweifelhaft eintreffen wird, steht nicht in Frage, ob und wie es verhindert werden kann, sondern, wie der Abfall des Menschen von Christus und seine Hinwendung zum Antichrist zu vermeiden ist. An genau diesem Punkt aber nimmt das Antichristspiel eine doppelte Perspektive ein. Einerseits führt es im oben bereits angesprochenen ‚Als-ob' des Spiels die Zukunft im Hier und Jetzt vor Augen, andererseits liegt in dieser Präsenz das Potential, den Antichrist als gegenwärtigen Menschen zu verstehen.[72] Eine solche Deutung ist neutestamentlich fundiert, denn nach den Johannesbriefen ist der Antichrist ein Mensch, der falsche Lehren über Christus verbreitet.[73] In diesem christusleugnenden Menschen wirkt der Teufel, der nach Io 8,44 der Vater der Lüge ist. Dass der Antichrist in dieser Folge traditionell eng mit dem Teufel bzw. den Teufeln verbunden ist, mithin sogar als nahezu mit ihm identisch verstanden werden kann, bezeugt bereits Isidor von Sevilla. Im Anschluss an seine Erläuterungen zu *diabolus* und *satanas* erklärt er:

> Antichristus appellatur, quia contra Christum venturus est. Non, quomodo quidam simplices intellegunt, Antichristum ideo dictum quod ante Christum venturus sit, id est post eum veniat Christus. Non sic, sed Antichristus Graece dicitur, quod est Latine contrarius Christo. [...] Christum enim se mentietur, dum venerit[.][74]

„Resonanzverstärker des Unbewussten, ein Medium und Katalysator der verborgenen Impulse", ebd.

70   Vgl. dazu mit Blick auf die Sangspruchdichtung Dorothea Klein, „Die Sangspruchdichter und der Antichrist", in: *Archiv für das Studium der neueren Sprachen und Literaturen* 249 (2012), S. 1–30, hier S. 2. Mehrfach entfaltet das Antichristspiel die Vita des Antichrist, geht auf seine Empfängnis und Geburt, seine Kindheit und Jugend ein. Untermauert wird die Beschreibung durch historiographisch-geographische Details, die seine Herkunft beglaubigen.

71   Vgl. auch 1 Io 2,18: „novissima hora est".

72   Die angesprochene Historizität des Antichrist bedingt, dass seine Imagination besonders variabel einsetzbar ist, um die haltlosen Zustände der Welt zu beschreiben. Wo Leid, Bedrängnis und Tod herrschen, bietet sich die Instrumentalisierung der Antichristfigur für gegenwärtige politisch-religiöse Verhältnisse bzw. besser: Missverhältnisse an.

73   Vgl. 1 Io 2,18 und 22 sowie 4,3; ferner 2 Io 7.

74   „*Antichristus* wird er [hier bezogen auf Satan; J. G.] genannt, weil er im Begriff ist, gegen [...] Christus zu gehen. Nicht so, wie dies einfache Menschen verstehen, dass er der Antichrist genannt wird, weil er ante (vor) Christus gekommen wäre und Christus nach

Isidor fasst das Wesen des Teufels wie das des Antichrist als ein grundsätzlich antagonistisches. Der Teufel bzw. der Antichrist ist der ‚Gegen-Christus'. Im Spiel wird nun exponiert, wie es mit Hilfe der *artes diaboli* zu dieser Gegnerschaft kommt. Ihren Ausgang nimmt sie im Spiel auf Grundlage der schriftliterarischen, autoritativen Tradition. Die Figur des Kirchenvaters Hieronymus erläutert mit Bezug auf Gn 49, dass der Antichrist aus Babylon und konkret aus dem Geschlecht Dans komme. Bezogen wird ein alttestamentliches Wort auf den Antichrist, wenn Hieronymus Gn 49,17 f. zitiert:

> Dan werd ein schlang vff dem wäg,
> ein ghürntte schlang, wie ich ůch seg,
> jm fůssweg ligent, zbyssen dhuff
> des pferts, den zfellen, so sitzt druff,
> domitt der vffgsessen fall hinder sich ferr,
> sprechent: din heyl würd ich warten, o herr (V. 1177–1182).

Traditionell, so etwa schon bei Hippolytus von Rom (um 170–235),[75] gelten diese alttestamentlichen Verse als Hinweis auf den Antichrist. Dass mit dem Geschlecht Dans überdies Götzendienst verknüpft ist, bezeugt Idc 18,30 f. (vgl. dort „sculptile" sowie „idolum"). Das Dargebotene wird folglich an die exegetische Tradition rückgebunden und damit nicht nur beglaubigt, sondern auch auf das Spiel und seinen Aussagewert beziehbar. Die komplexe hermeneutische Operation der Schriftdeutung wird im Medium des Spiels verfügbar gemacht, tritt aus der gelehrt-lateinischen Sphäre heraus und ermächtigt das Publikum zu einer eigenständigen Exegese-Leistung. Für die folgende Präsentation der *artes diaboli* bedeutet das – obgleich diese *artes* nicht durch den Bibeltext gestützt sind –, dass sie als auf dem Fundament der *auctoritas* fußend wahrgenommen werden (können). In diesem Zusammenhang ist es bedeutsam, dass nach dem Bericht des Hieronymus auch Dan seine Söhne

---

ihm [...]. Nicht so, sondern Antichrist sagt man griechisch, was lateinisch in *contrarius Christo* (gegen bzw. wider Christus) übersetzt wird. [...] Er wird sich nämlich als Christus ausgeben, bis dieser [selbst] kommt[.]" Leicht modifizierte Übersetzung nach Möller, *Enzyklopädie*, S. 310. Goetz, *Gott*, S. 196, formuliert, dass der Teufel mit dem Antichrist „in eine enge, bis zur Identifikation neigende Beziehung" gerückt werde. Mit dem Teufel habe er gemein, dass er Christus in allem entgegengesetzt sei.

75   Vgl. zu Leben und Werk des Hippolytus von Rom Miroslav Marcovich, „Hippolyt von Rom", in: *Theologische Realenzyklopädie* 15 (1986), S. 381–387, insbes. S. 385 (zu *De Christo et antichristo*). Vgl. auch Kursawa, *Antichristsage*, S. 31, der hervorhebt, dass bei Hippolytus erstmals die antithetische Analogie zum Leben Jesu begegnet. Vgl. zur Struktur auch Aichele, *Das Antichristdrama*, S. 4, der in der „exakte[n] parallelisierend-antithetische[n] Auffassung des Antichrist als des Gegenspielers Christi" ein wesentliches Strukturprinzip bei der Interpretation der *materia* sieht.

vor dem Tod zu sich ruft. Hier nun warnt Dan sie vor den Teufeln. Dem „böss
fiendt" (V. 1192) sollen sie nicht unterliegen; dies umso mehr, als er in ihnen
eine Prädisposition zum Bösen erkennt.[76] Konkret prophezeit er den Abfall
vom rechten Glauben, der in ‚heidnischen Sünden' und um den Verstand brin-
gender Hurerei augenfällig wird (vgl. V. 1201–1205). Es ist ein Leben „in aller
bossheytt | der bössen geyst" (V. 1201 f.), wobei die „irthumb geyst" (V. 1206)
die Oberhand in ihnen gewinnen. – Dass der personifizierte Irrtum auch auf
der Bühne präsent ist, verschränkt die erzählte Vergangenheit mit dem gegenwärtigen Geschehen. Verschränkt werden die Zeiten aber auch deswegen, weil
sich die Rede des Hieronymus durch einen Wechsel der Personalpronomina
auszeichnet. Hatte Hieronymus zuvor durch Inquit-Formel markierte wört-
liche Rede Dans wiedergegeben (V. 1193: „sprach er"), so vermischen sich die
Ebenen, wenn es heißt: „So han ich dan auch glesen das, / so vom grechten
enoch gschriben was, / das sathan v̄wer fürst ist" (V. 1207–1209). Wer hier
gelesen hat, ist referentiell uneindeutig. Der Folgevers hingegen scheint auf
Hieronymus bezogen zu sein: „Dorumb württ vss inen erboren der entcrist"
(V. 1210). Und wenn es heißt „apocalipsi finden wir gschriben stan" (V. 1212), ist
auch hier Eindeutigkeit hergestellt: Der Exeget erläutert einer Gemeinschaft,
in die er sich selbst einschließt, das Bibelwort aus Apc 7. Die Uneindeutigkeit
der Bezüge befördert freilich das Verständnis von einer überzeitlichen Macht
des Bösen auf den Menschen. Auch das Publikum kann sich angesprochen
fühlen, wenn es heißt, dass Satan ‚euer' Fürst ist.

Das Böse des Antichrist wird im Spiel sodann doppelt begründet: zum
einen durch die biologisch-genetischen Bedingungen der Abstammung von
bereits teufelsverfallenen Menschen, zum anderen durch das fortwährende
Wirken des Teufels in ihm, wobei die charakterliche Disposition des Antichrist
besonders günstige Bedingungen dafür bietet.[77] Hieronymus macht den Einfluss des Teufels bereits auf das Kind im Mutterleib geltend: „württ der tüffel
das kind vnd wyb / anfechten zů bsitzen in můtter lyb" (V. 1239 f.). Unstrittig
ist dabei, dass die Empfängnis „durch gotts vorhengnus vnnd gericht" (V. 1238)
geschieht; das Kind ist pränatal dazu bestimmt, der Antichrist zu sein. Assoziiert ist, dass auch die Mutter für teuflisches Einwirken prädisponiert ist: Sie
pflegt einen schlechten Umgang, der dazu führt, dass sie von einem der „mör-
dernn" (V. 1228), „schacheren vnd vbelthättigen lütten" (V. 1230), mit denen sie

---

76   „Wan ich erkenn[,] sprach er, gross gferden / in v̄ch" (V. 1193 f.).
77   Dies ist eine Beobachtung, die sich auch für andere literarisch verhandelte teufels-
     bündnerische Zusammenhänge bestätigt. Vgl. beispielsweise Robert, „Dämonie", S. 378,
     mit Bezug auf den Teufelsbündner Faust.

sich umgibt, ein Kind empfängt. Wer Vater des Antichrist ist, bleibt unklar (vgl. V. 1235 f.). Deutlich wird auch, dass der dem im Text zugrunde gelegten *ordo* widersprechende Sexualkontakt als teuflisches Wirken semantisiert ist. Die *ars diaboli* im Sinne einer Verführungskunst manifestiert sich auf eminent körperliche Weise, zeigt sich mithin in sexuellem Begehren. In dessen eben auch genealogisch gedachter Folge besitzt ihr Sohn eine Neigung zu ‚Unkeuschheit'.

Die körperbezogene *ars* setzt sich dann auch in anderen Handlungen und Handlungsanweisungen des Antichrist fort. Augenfällig wird sie in exzessiver Gewaltausübung, wenn der Antichrist unter teuflischem Einfluss die Körper seiner Anhänger wie seiner Widersacher traktiert.[78] Die Anhänger nämlich werden auf Geheiß des Antichrist mit einem Halbmond an Stirn oder Hand gekennzeichnet,[79] die Widersacher hingegen ohne Gnade niedergemetzelt. Vorgeführt wird dies durch Todschlag auf der Bühne (V. 2561a), aber auch durch Bericht in der Figurenrede, so etwa, wenn Gog von der Freude erzählt, die er beim Kindermord empfunden habe, während ihre Eltern diesen mitansehen mussten (vgl. V. 2595–2597). Die in alle Teile der Welt ausgebreitete Gewalt wird so letztlich als diabolisch motivierter Akt ausgewiesen, die gnadenlose Tötung religiöser Gegner als Teufelswerk.

Hinzu tritt die bereits angesprochene auditive Verblendung, welche die Teufel in Perfektion beherrschen. In Hinblick auf den Antichrist und seine Mutter ist es einmal mehr die Doppelwertigkeit diabolischen Sprechens, die im Spiel in Anschlag gebracht wird. Satan gibt der im Spieltext namenlos bleibenden Mutter „zferstan", sie habe ihren Sohn „in grosser helligkeytt" (V. 1245) empfangen: Ihr Sohn sei ein Geschenk göttlicher Gnade (vgl. V. 1252).

---

78 Zur Gewalt als Form der Teufelskommunikation, die im Spiel stellvertretend durch den Antichrist als „des bösenn geists werchzüg" (Rede des Hieronymus, V. 1306) bzw. „dess tüffels werchzüg" (Rede Enochs, V. 4126) ausgeübt wird, vgl. mit Bezug auf die diabologische Traktatliteratur Julia Gold, *„mit hilff oder zů tůn des bösen geists. Kommunikation mit Teufeln und Dämonen in frühneuzeitlichen Hexereitraktaten am Beispiel Ulrich Molitoris"*, in: Jörn Bockmann / Dies. (Hg.), *Turpiloquium. Kommunikation mit Teufeln und Dämonen in Mittelalter und Früher Neuzeit*, Würzburg: Königshausen & Neumann, 2017, S. 187–209, hier S. 195–199.

79 Wie dies performativ umgesetzt wird, verdeutlicht eine Regieanweisung: „giesi hett ein bensell, zeichnets an dstirn mitt eim halben mon schwartz" (V. 3153b–d). In der Formulierung, dass es sich bei den Bezeichneten um jene des „nüwen gloubens" (V. 3155) handle, der gleichwohl „ketzerwerchs" (V. 3154) sei, hat die Forschung wiederum antireformatorische Tendenzen gesehen. Vgl. Frey, „Zacharias Bletz", S. 133 f. Erwogen wurde aber auch, im Zeichen des Halbmonds einen Verweis auf zeithistorische Konflikte, namentlich die Türkenkriege, zu sehen (vgl. Duncker, *Antijudaismus*, S. 90), und mehr noch, den Reformatoren eine Verbindung zu den Türken zu unterstellen. Vgl. Frey, „Zacharias Bletz", S. 133.

Teuflisches Wirken zeigt sich dann auch bei der Geburt selbst:

> jn syner geburtt württ durch betrug
> sathans grosser nebel an verzug,
> donderclepff, tossen vngstÿmiglich,
> dorab vil werden verwundren sich. (V. 1247–1250)

Mit laut tönenden Naturphänomenen, Donner und Sturm, ist die Exzeptiona-
lität des Kindes ausgewiesen, dessen Geburt sogleich mit dem Betrug durch
Satan verknüpft wird. Verstanden werden kann der „grosse[] nebel" dabei im
Wort- wie im übertragenen Sinn, denn der Teufel scheint hier für den Aufruhr
der Natur ebenso verantwortlich zu sein wie für die Trübung und Verdunklung
der menschlichen Sinne.[80] Die Verwunderung der Augen- und Ohrenzeugen
über die Begleiterscheinungen bei der Geburt weist überdies auf die (vermeintlichen) Wunder voraus, die mit dem Antichrist und seinem künftigen
Tun sichtbar werden. Die implizite Vorausdeutung besagt, dass bei allen kommenden Erscheinungen stets mit dem Wirken Satans zu rechnen ist.

Gehüllt in ihre Verkleidungen geben die Teufel dem lasteraffinen Menschen –
dem Antichrist – sodann ein, er sei der Messias:

> [Astaroth:] Von vnseren [!] gott bist vsserkorenn,
> der wellt zum trost geborenn.
> Dorumb bis städt in dim wäsen!
> vil völcker durch dich werden genesen,
> wan du bist der messias (V. 1367–1371).

Der Antichrist hört und glaubt die Rede sofort und ohne Zweifel. Seine
charakterliche Disposition der *hochfartt* ist Nährboden dafür. So kann Astaroth denn auch verkünden:

> Mesias, freüw dich! diser stund
> württ ein plint gsechent, ein lamer gsund
> ab diner ankunfft, dim fürgan (V. 1515–1517).

Die *ars* des Teufels liegt hier in seiner Schmeichelei. Er redet den Antichrist als
Auserwählten an und bestätigt, dass von seiner Präsenz Heil ausgehe. Dass er
hinzufügt, „derglichen durch vns noch vil württ tan" (V. 1518), beeinträchtigt

---

80   Das Spiel diskutiert dabei nicht die Möglichkeit oder Unmöglichkeit einer teuflischen
      Beeinflussung der Elemente, wie sie die zeitgenössische Traktatliteratur bietet. Vielmehr
      wird, ohne weitere Worte über die Umstände zu verlieren, ein teuflischer Ursprung der
      Naturereignisse angenommen.

das Selbstbewusstsein des Antichrist dabei nicht. Mit Überzeugung betont er, er sei „der tröster diser wellt" (V. 1545).

Daneben figuriert der Antichrist die Käuflichkeit des Menschen. „[V]il rychtumb, gold vnd gellt" (V. 1546 u. ö.) bewirken, dass vor allem die Herrschenden, mithin die politischen Führer der Welt, sich dem Teufel ergeben. Neben den o. g. zahlreichen Sünden ist es daher die Gier nach Geld und überhaupt nach materiellem Reichtum sowie die Käuflichkeit, die als gegenwärtig besonders ausgeprägt und verheerend dargestellt wird. Alles und jeder lässt sich kaufen – und eben allen voran die Herrscher der Welt (vgl. V. 2155–2159; vgl. auch V. 2167: „küng, fürsten, heren"). Vor allem in Europa sind diese, so suggeriert die Rede des Antichrist, nicht zuletzt aufgrund von Zwietracht unter den engsten Verwandten[81] auf Geld fixiert. Seinen Mitstreitern prophezeit er: „vch zůvallen württ alle welltt. / merteylls von wägen gab vnd gellt" (V. 2184 f.).[82] Um die Gier nach Schätzen vorzuführen, bedient sich der Antichrist im Spiel einer spezifischen *ars diaboli*: der Schatzgräberei. Er wirft nicht nur mit Geld um sich,[83] sondern er weiß auch, wo Schätze zu finden sind: „mir sind je all schätz offenbar" (V. 1805). Mit Hilfe des Teufels kennt er alle Orte, an denen es lohnt, nach Schätzen zu graben.

Mit trügerischen Reden, materiellem Reichtum und ungezügelter Gewaltanwendung gewinnt er Anhänger für sich und den Ausbau seiner Macht, wie er glaubt, im Letzten jedoch für den Teufel und die Hölle.[84] In der Zusammenschau stellt das Vorgeführte ostentativ die menschliche Verführbarkeit in ihren unterschiedlichen Facetten aus. Auch der, der für das Publikum traditionell als „Inkarnation des Bösen schlechthin"[85] gilt und der den Menschen allenthalben betrügt (vgl. V. 1313 u. ö.), ist ein Verführter; nur zu leicht ergibt er sich den *artes*

---

81   „brůder wider brůder, elter wider dkind" (V. 2161).

82   Im Spiel bestätigt wird dies, wenn die Erfolgsmeldung verkündet wird, dass alle Herrscher gewonnen werden konnten (vgl. V. 2942). Auch der Salvator weiß zu berichten, dass die Kinder der Welt „durch gaben, gold vnd gelltt" (V. 2998) an den Antichrist gebunden wurden. Nicht zuletzt ist damit eine radikale Gegenwartskritik verbunden, die in der Rede des Kirchenlehrers Ambrosius expliziert wird: „vil mentschen werden durch gůtt vnd gelltt / by synen zytten [in der Zeit des Antichrist, J. G.] in der wellt / verfůrtt, alls leyder jetz auch bschicht" (V. 2236–2238). Die Verschränkung von Endzeit und Jetztzeit ist indes mit Blick auf das Antichristmotiv nicht unüblich. Vgl. Klein, „Sangspruchdichter", S. 9 (in Hinblick auf einen Sangspruch Walthers von der Vogelweide): „Heillose Gegenwart und heillose Endzeit werden einander angenähert."

83   „Wirfft gellt vss" (V. 1801a).

84   Satan resümiert, der Antichrist sei ihm in allem gefolgt, was er geraten habe, was bedeutet: „dwällt betrogen durch gab vnnd miett / vnnd gar verfürtt" (V. 4788 f.).

85   Klein, „Sangspruchdichter", S. 2. Als „Inkarnation des Bösen" bezeichnet auch Greco-Kaufmann, *Zuo der Eere*, Bd. 1, S. 337, den Luzerner *Entcrist*.

diaboli und wirkt in der Folge, wie Elias diagnostiziert, als „zoubrer" (V. 3157).
Mit teuflischer Hilfe wird der Antichrist selbst zum Blender; er ist „ein sündig
man / voll des tüffells kunst vnd list" (V. 3349f.). Zugleich wird ihm ein anima-
lisches Wesen zugeschrieben. Er ist eine „gifftig krott" (V. 2559) und „gifftige[]
schlangen" (V. 3226),[86] mithin ein Teufelstier, dies nicht zuletzt, weil der Teufel von ihm Besitz ergriffen und in seinem Inneren beste Voraussetzungen für
sein Wirken vorgefunden hat.[87] Die Nennung teuflisch konnotierter Tiere in
Verbindung mit dem Epitheton ‚giftig' weist dabei auf seine Verstandlosigkeit
und auf die todbringende Gefahr hin, die von ihm ausgeht.[88] Den Tod bedeutet
sein Wirken für Seele und Körper. Für die einen, die sich vom verführten Verführer täuschen lassen, bringt er den Verlust des Seelenheils.[89] Für die anderen
ist er die personifizierte Hölle auf Erden, denn er errichtet eine gewaltsame
Herrschaft, die für jeden den Tod vorsieht, der ihm nicht untertan ist.

In seinen Reden ist er jedoch nicht vom Salvator zu unterscheiden.[90] Dies
ist zugleich, wie ausgeführt, Signum einer spezifischen *ars diaboli*, die eben
darin besteht, durch das gesprochene Wort zu manipulieren. Das bedeutet
auch, dass die bereits genannte Unterscheidung der Geister auf Grundlage
verbaler Äußerungen im Spiel als unmöglich ausgewiesen wird. Optisch
freilich lässt sich im Anschluss an die obengenannten Beobachtungen differenzieren, dass der Antichrist ähnlich ausgestattet ist wie die Sündenpersonifikationen. Insofern wird suggeriert, dass das Sehen durchaus als Strategie der

---

86   Nicht zuletzt verweist die Schlange dabei auch auf den Sündenfall. Dass der Lapsus des
     Menschen auf der Theaterbühne Luzerns durch eine anthropomorphe Schlange visua-
     lisiert werden konnte, belegen die Aufzeichnungen zur Osterspielaufführung von 1583.
     Dort heißt es: „Die Schlang sol im vffzug den ersten tag vffrecht gan, vnd nach dem fluoch
     vff allen vieren in die Hell dar von kriechen", zitiert nach Evans, *Osterspiel von Luzern*,
     S. 106.

87   [Elias:] „den entcrist, in den der tüffell ist gangen / alls jn syn eigen hus vnd fass" (V. 3227 f.).

88   Zugleich mag damit der Vorstellung vom Antichrist als Tier Rechnung getragen werden,
     auf die das Spiel allenthalben verweist (vgl. V. 3623 u. ö.). Gemeint ist hier freilich das
     apokalyptische Tier nach Apc 13,1–18 und Apc 19,17–21. Letztere Textstelle differenziert
     freilich zwischen Tier und falschem Propheten. So bleibt die Vorstellung diffus.

89   Hier gilt, was Koch, „Endzeit als Ereignis", S. 261, herausgearbeitet hat: Der Antichrist (und
     dessen Sturz) „stellt den Unterschied immanenter und transzendenter Verheißung aus,
     denn es gelingt ihm zwar, sich durch seine Verheißungen hoffnungsfrohe Anhänger zuzu-
     legen, jedoch kann er sein Erlösungsversprechen nicht wahr machen."

90   Vgl. etwa „jch han nitt von mir selbs das leben, / sunder mich hett der gesant, / der vch
     versprach das globtt land / vch zů gůtt vnnd ouch zů heyl" (V. 3474–3477). Frey, „Zacharias
     Bletz", S. 143, sieht in der vorgeführten verbalen Ununterscheidbarkeit von Christus und
     Antichrist eine Referenz auf die zeitgenössische Verunsicherung durch die Glaubens-
     spaltung. Auch die Nachfolger des einen wie des anderen sind nicht an ihren Worten
     erkennbar, wie die Rede Magogs zeigt, welche die Nachfolge bis in den Tod proklamiert.
     V. 3517 f.: „wend ouch, herre, mitt dir sterben. / allein durch dich wir bhalltten werden". Was
     ‚wahr' ist, scheint nicht mehr sicher.

Wahrheitsfindung taugt. Konsequent ist dies auch deswegen, weil das Spiel besondere Heilsteilhabe im Modus des partizipativen Schauens behauptet. Zudem führt es am Antichrist *ex negativo* vor, dass, wenngleich der postlapsarische, sündenbehaftete Mensch vor den *artes diaboli* nicht gefeit ist, dieser doch im Bewusstsein um die eigene Fehlbarkeit auf gottgeschenkte Einsicht und Gnade hoffen darf. Mehr noch gibt das Spiel ganz konkrete Hinweise, wie göttliche Gnade erwirkt werden kann, denn der Salvator begründet seine Entscheidung, Rafael mit dem Todessturz des Antichrist zu beauftragen, mit den folgenden Worten: „wan ich kein bůss an jm gespür, / sunder thůtt beharren, ist gantz ir" (V. 4721 f.). In aller Eindeutigkeit wird hier vor Augen gestellt, wohin ein Leben ohne Buße führt, nämlich in den „helschen grund" (V. 4768, 4798 u. ö.).

Wenn kurz darauf – nach dem Tod und der Verdammung des Antichrist – in der Rede der Sündenpersonifikationen Reue als Möglichkeit weiterhin präsent gehalten wird,[91] dann offeriert dies dem Publikum, eben diese auf sich zu beziehen. Damit binden Personifikationen- und Salvatorrede das Geschehen an den Beginn des Spiels zurück. Dort nämlich fokussiert der Proclamator himmlische Ewigkeit und höllische Verdammnis, welche die diametralen Jenseitsorte Himmel und Hölle auf die Gegenwart des Publikums beziehen und ein Dazwischen der weltimmanent wirkenden *artes diaboli* geltend machen, die das Ende des Menschen und sein Schicksal nach dem Tod entscheidend beeinflussen. Ebenso geltend gemacht wird hier die Trias von Beichte, Reue und Buße,[92] die das göttliche Urteil am Ende der Zeiten bestimmt. Neben die vom Proclamator gleich zu Beginn als Ansprache an die Trinität postulierte Gewissheit „Nütt mag entrünnen dim grechten gricht" (V. 56) tritt die Hoffnung des allein „barmhertzig[en], gůttig[en] vnd grecht[en]" (V. 57) Gottes, der dem prinzipiell sündenbehafteten Menschen den Himmel aufgrund der Erlösungstat Christi und unter der Voraussetzung der genannten Trias öffnet (V. 67: „zů dir ins ewig rich"). Mit den Schlüsselbegriffen ‚Reue' und ‚Buße' angezeigt ist damit auch ein Gegenmittel wider die teuflischen *artes*. Nur so ist Erlösung trotz einer grundsätzlich defizitär gedachten Anthropologie und trotz besonderer Fähigkeiten und Fertigkeiten der Teufel möglich. Daneben werden im Spiel konkrete Frömmigkeitspraktiken in Anschlag gebracht, namentlich Gebete und Gebetshaltungen. Mit der Einsicht des Menschen in seine eigene Sündhaftigkeit sind Handlungsanweisungen verbunden, die sich

---

91   Der personifizierte Irrtum gibt zu, ein paar Menschen verloren zu haben: „mir sind entrunnen dick / durch grechten rüwen, doch nitt vil" (V. 4820 f.).

92   „Vnnd noch, so wir von sünden thůnd stan, / bycht, rüw vnd bůss [das Schaft-s der Edition wird als Rund-s wiedergegeben, J. G.] derhalb empfan" (V. 61 f.) sowie die Wiederholung: „Von sünden stan, sin dine kind, / die selben bichten, rüwen, bůssen, / alls wir anemen sond vnd mussen, / wend wir zů dir ins ewig rich" (V. 64–67).

in einer an Ort und Stelle umzusetzenden kollektiven und nach Geschlecht variierenden Gebetshaltung auf Knien (V. 86: „hiemitt sich mencklich neig vff dknüw") – für Männer: „mitt zertan[en] armen" (V. 87), für Frauen und Kinder: „mitt vffghebten henden" (V. 88) – sowie in biblisch legitimierten katechetisch ausgerichteten Sprechtexten (Zehn Gebote, Gebot der Nächstenliebe) zeigen. Gebetet werden nacheinander das Vaterunser, das Ave Maria und das Glaubensbekenntnis. Pointiert wird die kniend zu betende Folge zum Abschluss des Spiels noch einmal wiederholt, nun mit drei Vaterunser, drei Ave Maria und einem Glaubensbekenntnis.

Daneben besitzt die Gottesmutter Maria als Fürbitterin besonderes Gewicht. Bedeutsam ist dies auch mit Blick auf jene Menschen, die vom ‚wahren' Glauben abgewichen sind und die nun ‚zurückgeholt' werden müssen: „durch din fürbitt für wider zů war: stand, / so am waren glouben jrrung hand!" (V. 79 f.).

Nicht als „narr" (V. 4857) zu enden,[93] den die Teufel unter lautem und disharmonischem Freudengeschrei auf einen Karren werfen und in die Hölle fahren,[94] ist somit für das Publikum im Hier und Jetzt noch möglich. Ihm wird der theatrale Spiegel vorgehalten, wobei jeder für sich die eigene Disposition und die besondere Angriffsfläche für diabolische *artes* reflektieren soll.

3. Resümee

Das *Luzerner Antichristspiel* präsentiert ein überkommenes Wissen über die zahlreichen *artes diaboli*, die mit der Vorstellung vom nahenden Weltende verknüpft sind. Dabei präsentiert es dieses Wissen im Modus des bildhaften Sprechens und liefert zudem die Auslegung des Bildes. Beides wird ostentativ an die *auctoritas* des Bibeltextes angebunden. Die nachgerade inflationär

---

93   Gemeint ist damit auch der Narr, der sich als Gott auf Erden gebärdet (vgl. V. 4870). Vgl. zudem Satan, der konstatiert: „du wottest dich glychen dem höchsten gott / desshalb blybst ewig stüffels spott" (V. 4877). Als Ausblick stehen die ohne Gott dastehenden Anhänger des Antichrist, die nunmehr selbst Götter werden oder gänzlich ohne Gott leben wollen: [Darius:] „wir wend nun selbs gött werden" (V. 4916), [Tartarus:] „jch weiss, das kein gott me ist. / der götter wäsen ist vmb sust. / handle ieder nach synem lust!" (V. 4926). Das Leben ohne Gott konkretisiert sich in der Verneinung eines transzendenten Straf- und Sühneortes sowie in der Affirmation immanenter höfisch gedachter Freuden: „es ist weder hell, fegfüwr noch pyn. / tantzent, essent, trinckent, singent, / stechent, turnierent, louffent, ringent, / sind frölich, handlend alles, das / jr wend! wär bas mag, der thů bas!" (V. 4930–4934).

94   [Astaroth:] „jr tüffel, was thůnt ir mitt dem narren? / werffend in vff disen karren! / so wend wir in nach vnseren eeren / zur hell beleytten als ein herren!" (V. 4857–4860). Im Übrigen bleiben die Teufel auch nach dem Tod des Antichrist bei ihrer doppeldeutigen Rede. Satan etwa begrüßt den Toten vor der Hölle: „Nun kum, min sun, in dir ich han / ein gfallen, du hest min willen than" (V. 4785 f.).

gebrauchte Markierung der intertextuellen Referenz zeugt einerseits von dem produktionsästhetischen Willen, Wahrheit festzuschreiben, andererseits führt sie dazu, dass rezeptionsästhetisch der Eindruck entsteht, alles Vorgebrachte und Gezeigte entspreche diesem Wahrheitsgehalt. So sind auch die Teufel und der Antichrist in ihrem vorgeführten Handeln ‚wahr', sind die *artes diaboli* Ausweis dieser Wahrheit.

Zugleich bezeugt die ästhetische Faktur des Spiels den Versuch, die den Menschen bedrohenden *artes diaboli* auf mehreren Ebenen zu denken. Gezeigt wird das Wesen der Teufel, die ihre *artes* ganz grundsätzlich auf den Menschen ausrichten. Das Spiel sucht damit zugleich, der *natura* des Teufels gerecht zu werden, die doch eigentlich für den Menschen nicht fassbar ist. Das nicht greifbare innerweltlich agierende Transzendente wird dergestalt verfügbar gemacht. Eben dies ist die Grundlage für die Vermittlung eines spezifischen religiösen Handlungs- und Orientierungswissens, das den Menschen gegen die teuflischen *artes* immer wieder aufs Neue immunisiert. Dieser soll sich in einem komparativen Akt mit den Figuren des Spiels in Beziehung setzen und die *comparatio* mit einer Vorstellung von Zukunft verknüpfen. Das dergestalt intendierte reflexive Vorgehen soll ein Handeln im *hic et nunc* erzeugen, das dem (je eigenen) Seelenheil zuträglich ist. Für dieses praktische Handeln wiederum werden konkrete Angebote gemacht: Es sind individuelle Reue, Beichte und Buße sowie das gemeinschaftlich zelebrierte Gebet, zu denen frömmigkeitspraktisch angeleitet wird. Der exhortative Gestus der Rede stellt dies unmissverständlich aus. Zugleich ist damit eben auch ein Blick in das eigene Innere verbunden; das Vorgeführte wird zur Selbstbetrachtung. Dass diese Selbstbetrachtung eine komplexe ist, macht das Spiel durch die Mehrdimensionalität der Perspektive deutlich. Doch ganz gleich, wer wie agiert – die Teufel, die personifizierten Sünden, der Antichrist –, immer ist es der spielexterne Rezipient, der sich und die verschiedenen *artes* ‚abgleicht'.

Wie die Teufel im Menschen wirken, zeigt das Beispiel des Antichrist in aller Drastik. Als gleichsam exzeptionelle wie exemplarische Figur führt er eine dezidiert negative Anthropologie vor Augen, die Fundament der Reflexion ist. Für die ausgestellten *artes diaboli* scheint dabei besonders bedeutsam zu sein, dass das Spiel durch die Mehrdimensionalität des Bösen ein Changieren von Mensch und Teufel insinuiert. Die vorgeführte Externalisierung menschlicher Sünden und Laster bewirkt, dass der Teufel menschlich und der Mensch teuflisch erscheint. Insbesondere, wenn das Innere des Menschen in den diabolisch-menschlich gezeichneten Personifikationen vor Augen gestellt wird, ermöglicht das Spiel die Reflexion über das Gefährdungspotential des Einzelnen und über die diabolische Wirkmacht im Eigenen. Die theatral inszenierten diabolischen *artes* bieten insofern auch die Möglichkeit, einen Erkenntnisprozess anzustoßen. Die ostentativ ausgestellte teuflisch-menschliche Bedrohung scheint

insofern didaktisch nutzbar. Der unablässigen Bedrohung des eigenen Inneren eingedenk, wird dann auch die Trostfunktion der Darstellung des Diabolischen sichtbar. Die teuflischen Figurationen sind jedoch nie ganz zu kalmieren
oder an ein Ende zu bringen. Einmal mehr gilt hier, dass die *figurae diaboli*
„[b]eim nächsten Spiel, in der nächsten Aufführung [...] wieder von neuem"[95]
erstehen. Sie sind insofern gleichsam bezogen auf das Universelle, Kollektive
und Individuelle. Mit Blick auf das Publikum, das aus Einzelmenschen besteht,
bedeutet dies aber auch, dass ganz gleich, ob Himmel oder Hölle am Lebens-
ende stehen, stets eines gilt: „es ist din verdienter lon" (V. 4891).

Bibliographie

Aichele, Klaus, *Das Antichristdrama des Mittelalters der Reformation und Gegenreformation*, Den Haag: Martinus Nijhoff, 1974.

Bergmann, Rolf, *Katalog der deutschsprachigen geistlichen Spiele und Marienklagen des
Mittelalters*, München: Beck 1986, Nr. 80–83, S. 190–197.

Bockmann, Jörn / Gold, Julia, „Kommunikation mit Teufeln und Dämonen. Eine
Einleitung", in: Ders. / Dies. (Hg.), *Turpiloquium. Kommunikation mit Teufeln und
Dämonen in Mittelalter und Früher Neuzeit*, Würzburg: Königshausen & Neumann,
2017, S. 1–18.

Bockmann, Jörn, „*Faust-* und *Wagnerbuch*. Versuch über Vigilanz, Superstitionssemio-
tik und Poetik des Wissens", in: Ders. u. a. (Hg.), *Diabolische Vigilanz. Studien zur
Inszenierung von Wachsamkeit in Teufelserzählungen des Spätmittelalters und der
Frühen Neuzeit*, Berlin: de Gruyter, 2022, S. 101–129.

Chinca, Mark, „Norm und Durchschnitt. Zum Münchner Eigengerichtsspiel von
1510", in: Elke Brüggen u. a. (Hg.), *Text und Normativität im deutschen Mittelalter.
XX. Anglo-German Colloquium*, Berlin: de Gruyter ,2012, S. 217–231.

Dietl, Cora, „Vom Hass zum Neid. Die Figur des Nîthart zwischen mhd. *nît* und nhd.
‚Neid'", in: Ulrich Breuer / Irma Hyvärinen (Hg.), *Wörter – Verbindungen. Festschrift
für Jarmo Korhonen zum 60. Geburtstag*, Frankfurt: Lang, 2006, S. 377–386.

Duncker, Veronika, *Antijudaismus, antireformatorische Polemik und Zeitkritik im ‚Luzerner Antichristspiel' des Zacharias Bletz*, Diss. masch. Frankfurt a. M. 1994.

Egloff, Gregor, „Zacharias Bletz", in: *Historisches Lexikon der Schweiz (HLS)*, Version
vom 06.11.2002.

Ehrstine, Glenn, „Das figurierte Gedächtnis: *Figura*, Memoria und Simultanbühne des
deutschen Mittelalters", in: Ursula Peters (Hg.), *Text und Kultur. Mittelalterliche Literatur, 1150–1450. DFG-Symposion 2000*, Stuttgart: Metzler, 2001, S. 414–437.

---

95   Eming, „Teuflisch theatral", S. 129.

Eming, Jutta, „Teuflisch theatral. Zu Poiesis und Performanz in einigen Szenen des *Als-felder Passionsspiels*", in: Dies. / Daniela Fuhrmann (Hg.), *Der Teufel und seine poietische Macht in literarischen Texten vom Mittelalter zur Moderne*, Berlin: de Gruyter, 2021, S. 103–130.

Evans, Marshall Blakemore, *Das Osterspiel von Luzern. Eine historisch-kritische Einleitung*. Übersetzung des englischen Originaltextes von Paul Hagmann, Bern: Theaterkultur-Verlag, 1961.

Frey, Winfried, „Zacharias Bletz und die neue Zeit. Zum *Luzerner Antichristspiel*", in: *Zeitschrift für Religions- und Geistesgeschichte* 47,2 (1995), S. 126–144.

„geist", in: *Frühneuhochdeutsches Wörterbuch*. Online unter: https://fwb-online.de/lemma/geist.s.0m?q=geist&page=1#sense5 (Zugriff: 14.04.2023).

„gleichnis", in: *Frühneuhochdeutsches Wörterbuch*. Online unter: https://fwb-online.de/lemma/gleichnis.s.1fn?q=gleichnis&page=1#sense4 (Zugriff: 06.09.2023).

Gold, Julia, „*mit hilff oder zů tůn des bôsen geists*. Kommunikation mit Teufeln und Dämonen in frühneuzeitlichen Hexereitraktaten am Beispiel Ulrich Molitoris", in: Jörn Bockmann / Dies. (Hg.), *Turpiloquium. Kommunikation mit Teufeln und Dämonen in Mittelalter und Früher Neuzeit*, Würzburg: Königshausen & Neumann, 2017, S. 187–209.

Gold, Julia, „Mitleid mit dem Teufel? Ambivalenzen einer altbekannten Figur im geistlichen Spiel des Mittelalters und im protestantischen Drama der Frühen Neuzeit", in: Jörn Bockmann / Regina Toepfer (Hg.), *Ambivalenzen des geistlichen Spiels. Revisionen von Texten und Methoden*, Göttingen: Vandenhoeck & Ruprecht, 2018, S. 125–154.

Gold, Julia, „Translation und Vergesellschaftung dämonischer Illusion. Conrad Lautenbachs Übersetzung des *Tractatus de laniis et phitonicis mulieribus* (1576)", in: Susanne Goumegou u. a. (Hg.), *Dämonie der Illusion – Semantik, Episteme, Performanz. L'illusion et le démoniaque – Sémantique, Epistémè, Performance*, Berlin: de Gruyter, 2024 [bei den Herausgebern].

Goetz, Hans Werner, *Gott und die Welt*. Teil 1, Bd. 3: IV. *Die Geschöpfe: Engel, Teufel, Menschen*, Göttingen: Vandenhoeck & Ruprecht, 2016.

Götz, Roland, „Der Dämonenpakt bei Augustinus", in: Georg Schwaiger (Hg.), *Teufelsglaube und Hexenprozesse*, München: Beck, [4]1987, S. 57–84.

Greco-Kaufmann, Heidy, „Antichristspiel", in: Andreas Kotte (Hg.), *Theaterlexikon der Schweiz*, 3 Bde., Zürich: Chronos, 2005.

Greco-Kaufmann, Heidy, *Zuo der Eere Gottes, vfferbuwung dess mentschen vnd der statt Lucern lob. Theater und szenische Vorgänge in der Stadt Luzern im Spätmittelalter und in der Frühen Neuzeit. Quellenedition und historischer Abriss*, 2 Bde. Zürich: Chronos, 2009.

Greco-Kaufmann, Heidy, „Inszenierte Politik? Versuch einer Verortung der Luzerner Fastnachtspiele im Kontext theatraler Aktivitäten in der frühneuzeitlichen Stadt", in: Klaus Ridder (Hg.): *Fastnachtspiele. Weltliches Schauspiel in literarischen und kulturellen Kontexten*, Tübingen: Niemeyer, 2009, S. 99–114.

Greco-Kaufmann, Heidy, „Die Bedeutung von Teufelsfiguren in theatralen Aktivitäten und im Ordnungsdiskurs der Stadt Luzern", in: *Literaturwissenschaftliches Jahrbuch* 56 (2015), S. 119–135.

Haas, Leonhard, „Über geistliche Spiele in der Innerschweiz. Mailändische Augenzeugenberichte von 1533, 1549 und 1553", in: *Zeitschrift für schweizerische Kirchengeschichte. Revue d'histoire ecclésiastique Suisse* 47 (1953), S. 113–122.

Klein, Dorothea, „Die Sangspruchdichter und der Antichrist", in: *Archiv für das Studium der neueren Sprachen und Literaturen* 249 (2012), S. 1–30.

Koch, Elke, „Endzeit als Ereignis. Zur Performativität von Drohung und Verheißung im Weltgerichtsspiel des späten Mittelalters", in: Dies. u. a. (Hg.), *Drohung und Verheißung. Mikroprozesse in Verhältnissen von Macht und Subjekt*, Freiburg: Rombach, 2007, S. 237–262.

Kursawa, Hans-Peter, *Antichristsage, Weltende und Jüngstes Gericht in mittelalterlicher deutscher Dichtung. Analyse der Endzeiterwartungen bei Frau Ava bis zum Parusiegedicht Heinrichs von Neustadt vor dem Hintergrund mittelalterlicher Apokalyptik*, Diss. masch. Köln 1976.

Linden, Sandra / Wagner, Daniela, „Die Gewalt der Caritas. Handelnde Personifikationen als ästhetische Reflexionsfiguren", in: Annette Gerok-Reiter (Hg.), *Andere Ästhetik. Grundlagen – Fragen – Perspektiven*, Berlin: de Gruyter, 2022, S. 243–282.

Lindsay, Wallace M. (Hg.), *Isidori Hispalensis Episcopi, Etymologiarvm sive originvm, Libri XX*, 2 Bde., Oxford: Oxford University Press, 1911.

Marcovich, Miroslav, „Hippolyt von Rom", in: *Theologische Realenzyklopädie* 15 (1986), S. 381–387.

Möller, Lenelotte, *Die Enzyklopädie des Isidor von Sevilla*, Wiesbaden: Marix, 2008.

Nehr, Patrick, „Gnade und Gerechtigkeit, Hoffnung und Verzweiflung. Zeitsemantiken von Diesseits und Jenseits im ‚Münchner Weltgerichtsspiel' und im ‚Münchner Eigengerichtsspiel' (1510)", in: Julia Weitbrecht u. a. (Hg.), *Die Zeit der letzten Dinge. Deutungsmuster und Erzählformen des Umgangs mit Vergänglichkeit in Mittelalter und Früher Neuzeit*, Göttingen: Vandenhoeck & Ruprecht, 2020, S. 225–250.

Otto, Bernd-Christian, *Magie. Rezeptions- und diskursgeschichtliche Analysen von der Antike bis zur Neuzeit*, Berlin: de Gruyter, 2011, S. 309–331.

Posth, Carlotta L., „Krisenbewältigung im spätmittelalterlichen Schauspiel: Elias und Enoch als eschatologische Heldenfiguren", in: *helden. heroes. héros. E-Journal zu Kulturen des Heroischen* 5,1 (2017): *HeldInnen und Katastrophen – Heroes and Catastrophes*, S. 21–29.

Reuschel, Karl (Hg.), *Das Antichristdrama des Zacharias Bletz samt dem Rollen- und Spielerverzeichnis für die Luzerner Aufführungen vom Jahre 1549*, in: Ders., *Die deutschen Weltgerichtsspiele des Mittelalters und der Reformationszeit. Eine literarhistorische Untersuchung. Nebst dem Abdruck des Luzerner ‚Antichrist' von 1549,* Leipzig: Eduard Avenarius, 1906, S. 207–328.

Ridder, Klaus / Barton, Ulrich, „Die Antichrist-Figur im mittelalterlichen Schauspiel", in: Wolfram Brandes / Felicitas Schmieder (Hg.), *Antichrist. Konstruktionen von Feindbildern,* Berlin: Akademie Verlag, 2010, S. 179–195.

Ridder, Klaus u. a. (Hg.), *Religiöses Wissen im mittelalterlichen und frühneuzeitlichen Schauspiel,* Berlin: Schwabe, 2021.

Robert, Jörg, „Dämonie der Technik – Die Medien des D. Johann Fausten", in: Kirsten Dickhaut (Hg.): *Kunst der Täuschung – Art of Deception: Über Status und Bedeutung von ästhetischer und dämonischer Illusion in der Frühen Neuzeit (1400–1700) in Italien und Frankreich,* Wiesbaden: Harrassowitz, 2016, S. 373–396.

Rosenfeld, Hellmut, „Luzerner Antichrist- und Weltgerichtsspiel", in: Kurt Ruh u. a. (Hg.), *Die deutsche Literatur des Mittelalters. Verfasserlexikon,* Bd. 5, [2]1985, Sp. 1089–1092.

Rudwin, Maximilian Josef, *Der Teufel in den deutschen geistlichen Spielen des Mittelalters und der Reformationszeit. Ein Beitrag zur Literatur-, Kultur- und Kirchengeschichte Deutschlands,* Göttingen: Vandenhoeck & Ruprecht, 1915.

Schulze, Ursula, „Erweiterungs- und Veränderungsprozesse in der Tradition der Weltgerichtsspiele", in: *PBB* 118 (1996), S. 205–233.

Schulze, Ursula, „Zur Typologie der Weltgerichtsspiele im 16. Jahrhundert", in: Peter Wiesinger (Hg.), *Textsorten und Textallianzen vom 16. bis zum 18. Jahrhundert,* Berlin: Weidler, 2007, S. 237–258.

Schumacher, Meinolf, „Der Teufel als ‚Tausendkünstler'. Ein wortgeschichtlicher Beitrag", in: *Mittellateinisches Jahrbuch* 27 (1992), S. 65–76.

Thali, Johanna, „Schauspiel als Bekenntnis. Das geistliche Spiel als Medium im Glaubensstreit am Beispiel des *Luzerner Antichrist- und Weltgerichtsspiels* von 1549", in: Cora Dietl / Wernfried Hofmeister (Hg.), *Jahrbuch der Oswald von Wolkenstein-Gesellschaft,* Bd. 20: *Das Geistliche Spiel des europäischen Spätmittelalters,* Wiesbaden: Reichert, 2015, S. 440–461.

Ukena-Best, Elke, „*Homud heft us duvele senket in afgrunde. Superbia,* Teufel und Hölle im ‚Redentiner Osterspiel'", in: *Leuvense bijdragen* 90 (2001), S. 181–214.

Ukena-Best, Elke, „Rezension zu Ursula Schulze, Geistliche Spiele im Mittelalter und in der Frühen Neuzeit. Von der liturgischen Feier zum geistlichen Schauspiel. Eine Einführung. Berlin: Erich Schmidt 2012", in: *Arbitrium* 32,1 (2014), S. 53–59.

Velten, Hans Rudolf, „Die Nullstufe der Bühne: Spielfläche und Schranken als historische Aufführungsdispositive im spätmittelalterlichen Theater", in: *Zeitschrift für Literaturwissenschaft und Linguistik* 50,3 (2020), S. 511–531.

Weber, Robert / Gryson, Roger (Hg.), *Biblia Sacra. Iuxta Vulgatam Versionem. Editio quinta,* Stuttgart: Deutsche Bibelgesellschaft, 2007. Die Übersetzung folgt: *Die Bibel nach Martin Luthers Übersetzung. Revidiert 2017. Mit Apokryphen,* Stuttgart: Deutsche Bibelgesellschaft, 2017.

Leibhaftigkeit

Gestaltloser Teufel, täuschende Schauspielkunst und Höllenfeuer in Molières Dom Juan

Kirsten Dickhaut

Die Ambivalenz des Teufels besteht darin, dass ihm eine spezifische Ikonographie zugeschrieben wird, die ihn als dunkles Wesen zeigt und ihm animalische Züge verleiht, sodass er als Mischwesen erscheint.[1] Auszeichnend sind etwa Hörner und Bocksfüße, zuweilen auch Flügel, deren Ensemble in neuerer Forschung eine Öffnung des Teufelsmotivs hin zu Fragen der Monstrosität bewirkt hat.[2] Zugleich wird ihm aber immer auch etwas Menschliches in der Physiognomie zuteil, sodass das Wesenhafte scheinbar human und die Details offensichtlich animalisch oder fremd erscheinen.

Darüber hinaus eignet dem Teufel eine gewisse Unsichtbarkeit oder Flüchtigkeit. Er erweist sich als wandelbar und kann bekanntlich gar die Gestalt anderer annehmen.[3] Spätestens mit den in der Frühen Neuzeit virulent werdenden Vorstellungen einer Teufelsbesessenheit zeigt sich seine Macht und Anpassungsfähigkeit in besonderer Weise.[4] Gerade diese Kompetenz, den

---

1 „Wir wissen heute, woher der traditionelle Gestalttyp des Teufels stammt und nach welchem Prinzip er bildlich funktioniert. Weit entfernt davon, die Frucht freier Erfindung der Maler zu sein, entsteht das Teufelsungeheuer, hybride und zusammengesetzt, wie es ist, aus der Montage verschiedener Elemente, in denen sich drei Traditionsstränge treffen und vermischen: die *marginalia* des Mittelalters, die Ungeheuer des klassischen Altertums und das noch reichhaltigere Repertoire der phantastischen Wesen des Orients und des fernen Ostens", Daniel Arasse, *Bildnisse des Teufels*, Berlin: Matthes & Seitz, 2012, S. 10.

2 Hier sei exemplarisch verwiesen auf: Richard Brittnacher, *Ästhetik des Horrors. Gespenster, Vampire, Monster, Teufel und künstliche Menschen in der phantastischen Literatur*, Frankfurt: Suhrkamp, 1994.

3 Vgl. Robert Muchembled, *Une histoire du diable. XIIe–XXe siècle*, Paris: Seuil 2000; Jean-Patrice Boudet, *Entre science et nigromance. Astrologie, divination et magie dans l'Occident médiéval (XIIe–XVe siècle)*, Paris: Sorbonne 2005; Rainer Beck, *Mäuselmacher oder die Imagination des Bösen*, München: Beck 2011; Maximilian Bergengruen, *Die Formen des Teufels. Dämonologie und literarische Gattung in der Frühen Neuzeit*, Göttingen: Wallstein Verlag, 2021.

4 Siehe hierzu einschlägig Michel de Certeau, *La Possession de Loudun*, Paris: Julliard, 1970.

© BRILL FINK, 2024 | DOI:10.30965/9783846768013_014

eigenen Körper zu verändern, anzupassen, in Menschen hineinzuschlüpfen,[5] volatil und unsichtbar zu sein, um physikalische Grenzen zu überwinden, ermöglicht es dem Teufel auch, als Gestaltgeber zu wirken. Die Teufelskunst ist damit nicht nur eine Art, die Verblüffung und Schauder erzeugen kann. Vielmehr gelingt es ihr, durch Größenveränderung, Gestaltvariation und Multiplikation die eigene poietische Leistung[6] immer wieder zu bieten und zu überbieten und aus Hässlichem gar Ästhetisches werden zu lassen, wie freilich auch umgekehrt. Damit sind – neben der Inkarnation des Bösen – die beiden signifikantesten Attribute des Teufels in der Frühen Neuzeit epistemisch und poietisch, insofern seine Darstellung grundsätzlich mit epistemischer Skepsis gepaart ist und seine Gestalt von eindrücklicher Opulenz bis zur nebulösen Unsichtbarkeit reicht. Seine Macht ist jedoch noch weitaus größer, als es diese Hinweise auf seine Phänomenologie erkennen lassen. Der Teufel ist deshalb so unheimlich, weil er für den einzelnen Sünder das Leben in der Hölle symbolisiert[7] und für die (christliche) Gemeinschaft, weil er die Ordnung der (göttlichen) Natur zu zerstören droht.[8]

Daniel Arasse hat in seiner Darstellung des Teufelsbildnisses einen Wandel konstatiert, der für die Frühe Neuzeit prägend ist und der zugleich zwei

---

5 Komplementär zum heiligen Geist wirkt der Teufel durch das Ohr und nutzt es als Einfallstor für seine Macht. Siehe ausführlich dazu: Kirsten Dickhaut, „Lenkung der Dinge in Magie, Kunst und Politik der Frühen Neuzeit. Einführung und Ausblick", in: Stefan Bayer u. a. (Hg.), *Lenkung der Dinge / Zeitsprünge* 25/1–4 (2021), S. 1–34.

6 Dieser Aspekt des gestalterischen Potentials des Teufels, das sich sowohl auf ihn selbst und seine Masken bezieht als auch auf die von ihm handelnde Literatur, die besonders in der Zeit nach dem *Hexenhammer* (1486) immer virulenter wird, ist in der Forschung bisher vergleichsweise wenig behandelt worden. Der vorliegende Band ergänzt diese Perspektive, die bereits durch zwei einschlägige Arbeiten aufgegriffen wurde: Arasse, *Bildnisse des Teufels* sowie Jutta Eming / Daniela Fuhrmann (Hg.), *Der Teufel und seine poietische Macht in literarischen Texten vom Mittelalter zur Moderne*, Berlin: De Gruyter, 2021 (siehe dort vor allem die Einleitung, S. 1–24).

7 Auch wenn der Teufel heute nach wie vor als Antagonist Gottes gilt, so hat sich seine Funktion in der Kulturgeschichte doch gewandelt und auch diese Perspektive erst allmählich herausgebildet. Zunächst bildet er sein Profil als „Handlanger Gottes (aus), um Hiobs Gottesfurcht unter Beweis zu stellen (vgl. Hiob 1,9ff)", Eming / Fuhrmann, *Der Teufel und seine poietische Macht in literarischen Texten*, S. 4. Erst die Erzählungen des Neuen Testaments machen aus dem gefallenen Engel einen auch dem Namen gerecht werdenden Satan.

8 „In der Kunst und im religiösen Denken verleiht die Ungeheuerlichkeit von Mischwesen jener Negation der Ordnung Gestalt, welche die Schöpfung Gottes ins Chaos gestürzt hat, um daraus einen Kosmos zu schaffen", Arasse, *Bildnisse des Teufels*, S. 10.

Bewegungen verbindet. Zum einen konstatiert er die Vermenschlichung des Antichristen, die er an der „*Personalisierung* der Beziehung des Christen zur Sünde und zum Teufel"[9] festmacht. Zum anderen und komplementär dazu arbeitet er die „Verinnerlichung des Dämons"[10] in der Frühen Neuzeit heraus. Beide Bewegungen sind bis in die Moderne relevant und zeigen, wie das Teuflische auch ohne monströses Zeichen nicht verschwinden wird. Was als Konstante bleibt, ist die Frage, die sich der Mensch wie Herakles am Scheideweg immer wieder stellen muss – und zwar programmatisch: Diese entscheidende Frage, die im Übrigen auch auf dem nachfolgenden Titelkupfer (Abbildung 13.1) entsprechend dargestellt ist und deshalb hier direkt als Vergleich gegenübergestellt sei, formuliert Savonarola einschlägig in seiner Predigt: Paradies oder Hölle?

> Dazu erinnere ich mich, dass ich dir ein andermal eine ähnliche Predigt hielt und dir sagte, dass wolltest du dich auf den Tod gut vorbereiten, du dir drei Tafeln malen lassen solltest. Die erste Anweisung war, dir auf einer Tafel oben das Paradies und unten die Hölle malen zu lassen und diese Tafel in deinem Zimmer so aufzuhängen, das [sic] sie dir oft vor Augen sein musste: aber nicht damit du dich an ihren Anblick gewöhntest und sie dich dann nicht mehr bewegte. Und ich sagte dir, dass du immer denken und sagen solltest, heute sterbe ich vielleicht, dass du dieses Bild ganz genau betrachten solltest und dass der Tod immer vor dir steht, um dich aus diesem Leben fortzutragen, und gleichsam zu dir sagt: Du musst ohnehin sterben und kannst meinen Händen nicht entkommen: Schau wohin du gehen willst, nach oben ins Paradies oder nach unten in die Hölle?[11]

Diese Alternative, göttliches Paradies oben und teuflische Hölle unten, findet sich auch entsprechend auf dem Holzschnitt mit den korrespondierenden Bewohnern der Reiche. Oben sitzt Gott, und die Engel posaunen zum himmlischen Chor und unten erwarten die gleichfalls geflügelten Teufel die Sünder nach ihrem Tod:

---

9   Arasse, *Bildnisse des Teufels*, S. 25.
10   *Bildnisse des Teufels*, S. 27.
11   Savonarola, *Predica dell'arte del bene morire*, Florenz ca. 1502, zitiert nach Arasse, *Bildnisse des Teufels*, S. 23.

Abb. 13.1   Girolamo Savonarola: *Predica del arte del bene morire*;
             Florenz: Antonio Tubini, ca. 1502

Der Holzschnitt zeigt den Sensenmann als Allegorie des Todes, der mit jeweils
einem Finger auf das Reich Gottes bzw. jenes des Teufels hinweist. Dabei ist
hier keine Wahl im eigentlichen Sinn dargestellt, vielmehr ist das Skelett ein
deiktischer Wegweiser, der nur die Konsequenz des Lebenswandels anzeigt. Je
nach Tugend- oder Sündhaftigkeit ist mit den Höllenqualen zu rechnen oder
nicht.

Vor diesem skizzierten Hintergrund wird im Folgenden jenes Theaterstück von Molière beleuchtet, das aus nachvollziehbaren Gründen recht
schnell die Zensur auf den Plan rief und insgesamt vergleichsweise selten
aufgeführt wurde: *Dom Juan ou le Festin de Pierre*.[12] Sein Reiz besteht für die

---

12   Siehe grundlegend zu Don Juan: Dietmar Rieger, „Je me sens un cœur à aimer toute la
      terre'. Donjuaneske Handlungsräume von Tirso de Molina bis Jean Anouilh", in: *Arcadia* 23

Forschung zunächst in der epistemischen Frage der Identifikation teuflischer oder verruchter Elemente, die mit der Poetologie Molières immer wieder verbunden wurden und den Theaterdichter vor allem als Skeptiker darstellten.[13] Das Raffinement dieses Maschinentheaters[14] besteht jedoch auch darin, die gestaltlose Gestaltung und damit die imaginative Anleitung vielfältig zu nutzen, um die Präsenz des Teuflischen poietisch zu evozieren. Diesem Aspekt, der es erlaubt, den gestaltlosen Teufel, der immer wieder im Drama berufen wird, mit der Leibhaftigkeit zu verbinden, widmet sich der vorliegende Beitrag. Er ist zugleich Gelegenheit, die eher selten thematisierte Theatermaschine dieses Stücks in ihrer Verbindung zur *Ars diaboli* zu deuten.

Auf drei Ebenen wird das Teuflische im Text evoziert. Zunächst einmal wird der Name selbst verwendet, der mit der Sündhaftigkeit verbunden ist und damit eine Form des *Memento mori* bietet. Als zweites wird im Text der steinerne Gast Dom Juan begegnen, der als Wiedergänger und *Memento-mori*-Figur im Stück immer virulenter wird und gleichfalls aus der Hölle kommt. Und schließlich wird am Ende der Höllenschlund selbst geöffnet und dessen Leibhaftigkeit durch die Handlung reflektiert. Dom Juan muss hinabfahren ins Höllenfeuer. Suggestive Rhetorik und Maschinenwerk bilden im Folgenden die zwei argumentativen Schritte, die die Gestalt prägende und Imagination anleitende *Ars diaboli* ausmacht.

1.   Der Teufel steckt im Detail

Molières *Dom Juan* beginnt mit einer berühmten Szene mit zwei Dienern, die die Aufgabe hat, das Gesamttableau und die Zuschauer auf Dom Juan vorzubereiten, das heißt ihr Urteil über jenen, der sogleich auftreten wird, zu lenken. Mit folgenden Worten präsentiert deshalb Sganarelle seinem Gegenüber, dem Knappen Gusman, und den Zuschauern ein Portrait seines Herren Dom Juan:

> [...] tu vois en Dom Juan, mon maître, le plus grand scélérat que la terre ait jamais porté, un enragé, un chien, un diable, un Turc, un hérétique, qui ne croit ni ciel, ni saint, ni Dieu, ni loup-garou, qui passe cette vie en véritable bête brute, un

---

(1988), S. 231–242; zur Kontextualisierung des Stücks siehe ausführlich Georges Forestier, *Molière*. Paris: Gallimard 2018, S. 277–297.

13   Jacques Truchet, „Molière théologien dans *Dom Juan*", in: *Revue d'Histoire littéraire de la France* 72, 5/6 (1972), S. 928–938.

14   Zur Maschinenthematik in der Frühen Neuzeit siehe umfänglich und einschlägig Alex Sutter: *Göttliche Maschinen. Die Automaten für Lebendiges*, Frankfurt: Athenäum, 1988; spezifisch siehe Christian Delmas: „*Dom Juan* et le théâtre à machines", in: *Cahiers de la littérature du XVIIᵉ siècle* 6 (1984), S. 125–138.

pourceau d'Épicure, un vrai Sardanapale, qui ferme l'oreille à toutes les remon-
trances chrétiennes qu'on lui peut faire, et traite de billevesées tout ce que nous
croyons.[15]

Die lange Tirade, die in der Zuschreibung Dom Juans als *Sardanapale* gipfelt,[16]
nimmt auch den Begriff des Teufels auf. Das heißt von der ersten Szene an
wird Dom Juan mit dem Teufel in Verbindung gebracht. Diese Relation ist
programmatisch für das Stück, bedeutet aber nicht, dass die Frage nach der
durch Dom Juan auf die Bühne gebrachten Skeptiker damit gelöst sei.[17] Entscheidend ist hier zunächst, dass Dom Juan zwar in seiner Skrupellosigkeit
und Sündhaftigkeit als teuflisch markiert wird, genauer: ihm dieses Attribut
jeweils zugeordnet wird – aber der Begriff selbst bleibt eine Metapher. Es geht
ja im Stück um die Darstellung der Konsequenzen sündhaften Handelns und
diese meint sodann die potentielle Begegnung mit dem Teufel, quasi innerlich
und äußerlich.[18] So wird bereits zu Beginn deutlich, dass der Einfluss des Teufels alle Bereiche durchdringt.

In jedem Akt wird im Sinne eines *Memento mori* der Teufel deshalb auch
mindestens einmal erwähnt, im letzten dann sogar dreimal, bevor Dom Juan
in die Hölle hinabfährt. Dabei ist durchaus die jeweilige Bedeutung der Verwendung genauer zu betrachten. Während nämlich im ersten Akt die erste
Szene zunächst mit den Reflexionen Sganarelles über den Tabakkonsum einsetzt, der gerade in der Zeit auch durch Verbot und Steuern limitiert wurde,[19]
ist die Nennung des Teufels als Ausweis des Lebenswandels von Dom Juan noch
deutlich weltlich konnotiert. Umgekehrt erscheint der Tabakkonsum des Dieners, den dieser anpreist, durchaus wie eine lässliche Sünde, die jedoch gerade
durch das Lob dieser *Luxuria* schon aufhorchen lässt. Offensichtlich wird
mit der Nennung des Teufels jeweils dem Menschen der Spiegel vorgehalten,
damit er seine Handlungen bedenke und überdenke, um zu antizipieren, was
das Toten- oder Partikulargericht schließlich bezüglich der Taten entscheiden
werde. Im zweiten Akt zeigt Dom Juan, dass er keine Angst hat vor der Macht

15   Molière, *Dom Juan*, Paris: Flammarion, 1998, S. 63.

16   Kirsten Dickhaut, „Sardanapale, Soliman Aga et Mamamouchi. Le pouvoir des noms et de
     la gloire: *Dom Juan* et *Le Bourgeois gentilhomme* de Molière", in: Jörn Steigerwald / Hen-
     drik Schlieper (Hg.), *Molière, dramaturge de la société de co*ur, in: *Œuvres & Critiques* 47,2
     (2022), S. 57–76.

17   Patrick Dandrey, Dom Juan *ou la critique de la raison comique. Nouvelle édition corrigée et
     mise à jour*, Paris: Champion 2011.

18   Arasse, *Bildnisse des Teufels*, S. 27.

19   Dandrey, Dom Juan, S. 151–153.

des Teufels, insofern er den Begriff metaphorisch auf die Frauen bezieht.[20] Im III. Akt sodann will Sganarelle es genauer wissen und stellt die zentralen Fragen nach dem Glauben Dom Juans über Hölle und Teufel:

> SGANARELLE: Je veux savoir un peu vos pensées à fond. Est-il possible que vous ne croyiez point du tout au ciel?
> DOM JUAN: Laissons cela.
> SGANARELLE: C'est-à-dire que non. Et à l'enfer?
> DOM JUAN: Eh!
> SGANARELLE: Tout de même. Et au *diable*, s'il vous plaît?
> DOM JUAN: Oui, oui.[21]

Offensichtlich hält der Skeptiker Dom Juan den Himmel nicht gerade für sein Heil relevant. Auch die Hölle scheint er nicht zu fürchten, während der Teufel hingegen auch für ihn existiert, wie seine doppelte Bejahung anzeigt. Er ist also kein Agnostiker, eine Art Sündengericht schließt er nicht aus. Denn er glaubt, so ja die erste Frage, dann doch an die Macht des Gestaltlosen. Dass das Partikulargericht für Dom Juan nur noch die Hölle bereithalten kann, lässt Sganarelle mehrfach erkennen. Im V. Akt jedoch wird er überaus deutlich und Dom Juans Replik ist zynisch und ironisch zugleich.

> SGANARELLE: [...] qui n'a point de loi vit en bête brute: et, par conséquent, vous serez damné à tous les *diables*.
> DOM JUAN: Ô le beau raisonnement![22]

Als schöne Rhetorik bezeichnet der Protagonist in seiner Apostrophe die Ausführungen Sganarelles, die darin gipfeln, dass er dessen Ende antizipiert. Er werde verdammt werden und zu den Teufeln, also in die Hölle, kommen. Da der Diener mit seinen Drohungen und Prophezeiungen keinen Erfolg hat, erkennt er, dass er selbst auch in Gefahr ist, und verurteilt nun Dom Juan und seine Taten ebenso:

> SGANARELLE: Monsieur, quel *diable* de style prenez-vous là? Ceci est bien pis que le reste, et je vous aimerais bien mieux encore comme vous étiez auparavant. J'espérais toujours de votre salut: mais c'est maintenant que j'en désespère; et je crois que le ciel, qui vous a souffert jusques ici, ne pourra souffrir du tout cette dernière horreur.

---

20 „DOM JUAN, *bas, à Charlotte*: Elle est obstinée comme tous les diables", Molière, *Dom Juan*, S. 86.

21 Molière, *Dom Juan*, S. 92 (Kursivierung K. D.).

22 *Dom Juan*, S. 126 (Kursivierung K. D.).

> DOM JUAN: Va, va, le ciel n'est pas si exact que tu penses; et si toutes les fois que
> les hommes ...[23]

Vorausgegangen ist der Versuch von Dom Juans Vater, den Protagonisten zu
bewegen, seine Sünden einzusehen und anzuerkennen. Bekenntnis wäre eine
Möglichkeit, der göttlichen Strafe noch zu entkommen. Aber Dom Juan hatte
zuvor in seiner Eitelkeit und seiner Hybris, unangreifbar zu sein, dem Himmel
die Schuld zugeschoben. Diese letzte Sünde erscheint nun auch seinem Diener
als unwiderruflich, und dieser erkennt, dass das Unvermeidliche nun nahen
wird. Er verliert die Hoffnung und glaubt zu verstehen, dass eine solche Blasphemie nicht ungesühnt bleiben wird, ja das Strafgericht unweigerlich folgen
wird. Die Verinnerlichung des Teufels zeigt sich in der Formulierung Sganarelles, der nun seinem Herrn unterstellt, die Sprache des Höllenfürsten zu führen.
Deutlich wird also hier, bevor die Höllenmaschine zum Einsatz kommt, dass
der Teufel gestaltlos und immer in indirekter Form zum Ausdruck kommt. So
wird also der Teuflische als Begriff genutzt, um andere als sündhaft zu brand-
marken, erst von Sganarelle bezüglich Dom Juan, dann von Dom Juan für die
Frauen und schließlich wieder vom Diener über den Herrn. Aber grundsätzlich scheinen sich alle einig zu sein, dass Sünden geahndet werden:

> SGANARELLE: Le Ciel punit tôt ou tard les impies.[24]
> DOM ELVIRE: Le Ciel te punira, perfide.[25]
> SGANARELLE: Vous serez damné à tous les *diables*.[26]

Es zeigt sich hier schon sehr deutlich, dass die Nennung des Teufels auch Anlass
ist, immer wieder das Modell von Himmel und Hölle, das im oben gezeigten
Holzschnitt anschaulich wird, mit indiziert. Offensichtlich steht der Teufel
also zwar gestaltlos, aber auch *Totum pro parte* für unterschiedliche Sünden
ein und wirkt bedrohlich und gleichsam lockend aus dem Hintergrund bzw.
von unten. Die Entwicklung zwischen der Nennung im I. Akt und derjenigen
im letzten zeigt sich als Distanzierung Sganarelles. Der Teufel, den er zuerst
nennt, macht ihm keine Angst, aber derjenige am Ende des Stücks, als er durch
Dom Juan zu sprechen scheint, dessen Stil nun als teuflisch bezeichnet wird,
lässt ihn Angst und Bang werden. Die Teufelskunst fürchtet er, da sie zeigt, dass
sein Gegenüber bereits von ihm besessen ist, er nicht mehr er selbst zu sein
scheint oder wie fremd gesteuert wirkt.

---

23   *Dom Juan*, S. 128 (Kursivierung K. D.).
24   *Dom Juan*, S. 68.
25   *Dom Juan*, S. 72.
26   *Dom Juan*, S. 125 (Kursivierung K. D.).

Es bedarf der christlichen Anthropologie und Imagination, um das Werk des Bösen erkennen zu können und auszumachen. Diesen indirekten Effekt, den der Teufel bewirkt, schauen wir uns nun anhand der Spezialeffekte an, die das Maschinentheater aufbietet und reflektiert. Denn auch hier gilt, dass Zuschauer wie Dom Juan skeptisch sind gegenüber den Maschinenbewegungen bzw. dem Übernatürlichen in der Darstellung: „Spectre, Fantôme ou Diable, je veux voir ce que c'est."[27]

2.   Maschinentheater: *Enargeia* oder der Leibhaftige

Wie Patrick Dandrey gezeigt hat, verbindet Molière in seiner Komödie besonders zwei traditionsreiche literarische Motive miteinander: Zum einen wird das Gastmahl mit den Toten integriert und zum anderen die Statue als Rachefigur.[28] Beide bieten die Möglichkeit, im Sinne der *Enargeia*, die Leibhaftigkeit der Darstellung zu produzieren, insofern der Tote oder die Skulptur verlebendigt werden.[29] Jedoch knüpft der Auftritt der Statue im Falle des *Dom Juan* noch an eine weitere Erzähltradition an, nämlich den Pygmalion-Effekt[30], der erst eigentlich die Bedrohlichkeit der teuflischen Kunst erkennbar werden lässt.

Die Begegnung mit dem *commandeur* geschieht, nachdem Dom Juan und Sganarelle eine Flucht mit dem Boot nur knapp überlebt haben, und sie sehen nun im III. Akt in einer Szenerie, die im Wald situiert ist, dass sie sich in der Nähe des Grabmals befinden, das jenen aufgenommen hat, den Dom Juan getötet hatte. Die Theatermaschine wird nun mitten im Akt eingesetzt, um einen Szenenwechsel zu zeigen, damit sich das Grabmal öffnet und sie Zugang zur berühmten Statue in der Gruft erhalten.[31] In der ausführlichen Beschreibung der Szenographien erläutert Molière den III. Akt mit Szenenwechsel wie folgt:

> Un des Frères de Don Elvire qui s'était écarté dans le bois pour chercher Dom Juan, sans le connaître, que sur le rapport que son frère lui en a fait, est attaqué

---

27   *Dom Juan*, S. 129.

28   Vgl. Dandrey, Dom Juan, S. 83–85.

29   Vgl. Nicola Gess / Agnes Hoffmann / Annette Kappeler (Hg.), *Belebungskünste. Praktiken lebendiger Darstellung in Literatur, Kunst und Wissenschaft um 1800*, Leiden: Fink 2019, siehe vor allem die Einleitung.

30   Vgl. Victor I. Stoichita, *L'Effet Pygmalion: pour une anthropologie historique des simulacres*, Genf: Droz, 2008.

31   Vgl. Christian Delmas, „Sur un décor de *Dom Juan* (III, Sc. 5)", in: *Littératures Classiques* 5 (1983), S. 45–73; Philippe Cornuaille, *Les décors de Molière. 1658–1674*, Paris: Sorbonne 2015.

par quatre voleurs, Dom Juan lui sauve la vie, l'autre frère reconnaît Dom Juan avec son frère, il veut avoir satisfaction de Dom Juan par sa mort, celui que Dom Juan a servi fait céder le devoir à la reconnaissance et se permettent de se rencontrer autre part; cette poursuite fait résoudre Dom Juan à s'en aller, et comme il est près de partir, *ce Bois change* sa verdure *en autre Théâtre de Statues en marbre blanc,* qui fait naître une autre satisfaction par *son prompt changement,* et dans le fond Sganarelle montre à son Maître une Statue de six pieds de haut sur un piédestal, *qu'il reconnaît être celle du Commandeur* qu'il a tué.[32]

Gemäß dieser Beschreibung der Maschinerie wird hier ein für die Zuschauer eindrucksvoller Szenenwechsel vollzogen, der die Bühne von einer Außen- in eine Innenansicht verwandelt. In der Gruft nun erkennt Dom Juan die Statue des *commandeur,* von der er bereits als großartiges Kunstwerk gehört hatte, wie er zuvor erläutert hat. Da es mehrere Statuen aus weißem Marmor gibt, muss diese eine in ihrer Ähnlichkeit mit dem Toten äußerst präzise sein, damit Dom Juan sein Opfer wiedererkennen kann. Der bemerkenswerte Szeneriewechsel, der die Zuschauer zum Staunen bringen soll, auch weil er sich so schnell vollzieht, konzentriert die Aufmerksamkeit auf den Rahmen und kann so von der Frage ablenken, was eigentlich die Statue auszeichnet. Dies bewirkt, dass die komplexe Erscheinung wirken kann, ohne ihre Poiesis offenzulegen, die das diabolische Kunstwerk des Statuenauftritts auszeichnet. Wir kommen darauf zurück.

Im nachfolgenden Dialog betont Dom Juan selbst die Güte des Kunstwerks. Die Figur, die als römischer Kaiser dargestellt ist, zeigt entsprechende Größe. Genau diese Figur präsentiert auch das Frontispiz, dann jedoch beim Gastmahl, aber ebenfalls mit römischem Panzer. Die Qualifizierung Sganarelles nun ist deutlich ausführlicher und für den weiteren Verlauf auch grundlegend:

> DOM JUAN: Parbleu! le voilà <u>bon</u>, avec son habit <u>d'empeurer romain</u>!
> SGANARELLE: Ma foi, monsieur, voilà qui est <u>bien fait</u>. Il <u>semble</u> qu'il est <u>en vie</u>, et qu'il <u>s'en va parler</u>. Il <u>jette des regards</u> sur nous qui me <u>feraient peur</u>, si j'étais tout seul, et je pense qu'il ne <u>prend pas plaisir</u> de nous voir.
> DOM JUAN: Il aurait tort; et ce serait mal recevoir l'honneur que je lui fais. Demande-lui s'il veut venir souper avec moi.
> SGANARELLE: C'est une chose <u>dont il n'a pas besoin</u>, je crois.
> DOM JUAN: Demande-lui, te dis-je.
> SGANARELLE: Vous moquez-vous? ce serait être fou que d'aller parler à une statue.
> DOM JUAN: Fais ce que je te dis.

32　Molière, „La Description des superbes machines et des magnifiques changements de théâtre du *Festin de Pierre ou l'Athée foudroyé,* de M. de Molière", in: Georges Forestier (Hg.), *Œuvres complètes II,* Paris: Gallimard 2010, S. 1243 f. (Kursivierung K. D.).

> SGANARELLE: Quelle bizarrerie! Seigneur commandeur ... (*à part.*) Je ris de ma sottise, mais c'est mon maître qui me la fait faire. (*haut.*) Seigneur commandeur, mon maître Dom Juan vous demande si vous voulez lui faire l'honneur de venir souper avec lui. (*La statue baisse la tête.*) Ah!
> DOM JUAN: Qu'est-ce? qu'as-tu? Dis donc? Veux-tu parler?
> Sganarelle, *baissant la tête comme la statue* La statue ...
> DOM JUAN: Eh bien! que veux-tu dire, traître?
> SGANARELLE: Je vous dis que la statue ...
> DOM JUAN: Hé bien, la statue? Je t'assomme si tu ne parles.
> SGANARELLE: *La statue m'a fait signe.* [...]
> DOM JUAN: Le Seigneur Commandeur voudrait-il venir souper avec moi?
> *La statue baisse encore la tête.*[33]

Sganarelles Urteil lässt die Güte des Kunstwerks erkennen. Wie so oft im Theater, wird hier durch die Figur jene Perspektive formuliert, die auch die Zuschauer einnehmen sollen. Sie sollen folglich erkennen, welch eindrucksvolles Kunstwerk hier zu bewundern ist. Zunächst betont in diesem Sinn Sganarelle, wie gut es gemacht sei, und dann hebt er direkt auf die Lebendigkeit ab. Es scheint zu leben, ja es wirke, als ob es gleich sprechen würde. Und dann hebt er hervor, dass der Blick der Statue ihm Angst mache. Bevor also noch Dom Juan seinen Diener anschickt, die Statue zum Diner einzuladen, werden bereits dessen Lebendigkeit und Blick als Kennzeichen der ästhetischen Güte betont. Sganarelle behauptet sogar, er könne erkennen, dass die Statue nicht wirklich Vergnügen empfinde ob des Besuchs. Eine solche Qualität des Kunstwerks, das quasi nur noch durch die statische Position von der Lebendigkeit getrennt zu sein scheint, ist ganz offensichtlich nicht durch menschliche Kunst entstanden, vielmehr muss sie teuflisch sein. Denn die Verlebendigung der Statue, die folgen wird, setzt ja Metaphysik voraus. Die Forschung hat die Statue aufgrund der Verweise auf den Himmel immer wieder auch als Himmelsboten, den Geist sodann als Teufelswerk bezeichnet.[34] Die Logik des Theaterstücks zeigt jedoch, dass die Taten Dom Juans gesteigert werden, bis er nicht mehr zu retten ist. Und parallel dazu werden auch die Zeichen, die zwar gottgesandt, aber eben doch teuflisches Machwerk sind, immer stärker werden. Sie gelten dem Sünder. So wird die Statue, die noch menschenähnlich ist, durch einen Geist noch übertroffen und gipfelt schließlich im Höllenfeuer.

Damit wird ganz deutlich, dass hier die Lebendigkeit des Kunstwerks nicht etwa ein Artefakt, ein wissenschaftliches Modell oder ein Sinnbild des

---

33   Molière, *Dom Juan*, S. 104 f. (Kursivierung der szenischen Anmerkungen im Original, Unterstreichung der Sprechakte K. D.).

34   Vgl. Truchet, „Molière théologien dans *Dom Juan*", S. 932.

Lebens ist.[35] Vielmehr werden hier Leibhaftigkeit und diabolische Kunst so miteinander verbunden, dass jene von der Kirche so massiv kritisierte Schauspielkunst gleichfalls mitreflektiert wird. Was der Skeptiker Dom Juan und die Zuschauer gleichermaßen nicht glauben wollen, dass hier eine Statue sich bewegt, ja verlebendigt wird, ist Anlass für Herr und Diener, im nächsten Akt noch einmal über die beiden möglichen Positionen nachzudenken:

> *Le théâtre représente l'appartement de Dom Juan.*
> Scène I
> DOM JUAN, SGANARELLE, RAGOTIN.
> DOM JUAN, *à Sganarelle:* Quoi qu'il en soit, laissons cela: c'est une bagatelle, et nous pouvons avoir été trompés par un <u>faux jour</u>, ou surpris de quelque <u>vapeur</u> qui nous ait <u>troublé la vue</u>.
> SGANARELLE: Hé! monsieur, ne cherchez point à démentir ce <u>que nous avons vu des yeux</u> que voilà. Il n'est rien de plus véritable que ce signe de tête; et je ne doute point que <u>le ciel</u>, scandalisé de votre vie, n'ait produit ce <u>miracle</u> pour vous convaincre, et pour vous retirer de ...
> DOM JUAN: Écoute. Si tu m'importunes davantage de tes sottes moralités, si tu me dis encore le moindre mot là-dessus, je vais appeler quelqu'un, demander un nerf de bœuf, te faire tenir par trois ou quatre, et te rouer de mille coups. M'entends-tu bien?
> SGANARELLE: Fort bien, monsieur, le mieux du monde. Vous vous expliquez clairement; c'est ce qu'il y a de bon en vous, que vous n'allez point chercher de détours: vous dites les choses avec une netteté admirable.[36]

Diese Stelle wird aufgrund der Aussage von Sganarelle gerne so gedeutet, dass auch hier Skepsis und Glaube gegeneinander geführt werden.[37] Dafür wird die Aussage des Dieners sodann auf die Erscheinung der Statue bezogen. Aber im 2. Korinther 11,14 lesen wir, dass Satan sich als Engel des Lichts ausgibt. Das heißt die dort benannte Täuschung kann sowohl eine Augentäuschung sein, die quasi wie eine *Camera obscura*-Projektion funktioniert, oder es geht um eine tatsächliche Erscheinung, die Sganarelle eben Gott zuordnet. Aber neben der himmlischen und wissenschaftlichen gibt es eben auch eine dritte Möglichkeit, dass dieses Trugbild hier tatsächlich ein Wiedergänger ist, der den Weg weisen soll, wie im Falle von Savonarola, und dass das Licht ein teuflisches

---

35   Vgl. Nicole C. Karafyllis, „Bewegtes Leben in der Frühen Neuzeit. Automaten und ihre Antriebe als Medien des Lebens zwischen den Technikauffassungen von Aristoteles und Descartes", in: Gisela Engel / Nicole C. Karafyllis (Hg.): *Technik in der Frühen Neuzeit – Schrittmacher der europäischen Moderne*, in: *Zeitsprünge* 8, 3/4 (2004), S. 295–335, hier S. 297.

36   Molière, *Dom Juan*, S. 106 (Kursivierung der szenischen Anmerkungen im Original, Unterstreichung der Sprechakte K. D.).

37   Z. B. Truchet, „Molière théologien dans *Dom Juan*".

Kunstwerk ist, das „faux jour" und „vapeur" nutzt.[38] Dies wird noch deutlicher
im Falle des Gespensts, das nämlich tatsächlich auch eine Sense bei sich trägt.
Damit sind beide Wesen auch Allegorien des Gerichts und sie sind Boten der
Hölle. Sie sind aber auch Blendfiguren, die das Wirken des Teufels indirekt zeigen. Und deshalb wird Sganarelle beim zweiten Erscheinen der Statue, als sie
zum Gastmahl kommt, nicht mehr auf das Wunder, sondern auf den Teufel
verweisen: „Qui *diable* nous vient troubler dans notre repas?"[39]

Das Theaterstück zeigt also die Ambivalenz der teuflischen Kunst, indem
eine Unsicherheit in der Deutung der Erscheinungen und eine deutliche
Steigerung in der Darstellung des Metaphysischen gestaltet wird, um durch
immer größeren Aufwand die Skepsis von Dom Juan umzulenken und auch
um immer eindrucksvoller für die Zuschauer zu werden. Dabei werden drei
metaphysische Phänomene eingesetzt, die die Existenz des gestaltlosen Teufels indizieren. Zunächst einmal begegnet Dom Juan dem steinernen Gast, der
als Wiedergänger ein dämonischer Bote ist, sodann erscheint ein Gespenst,
das als möglicher Teufel adressiert wird, und schließlich wird der Protagonist selbst Höllenqualen erleiden und mit einer Katabasis in die Unterwelt
hinabfahren.

Die Begegnungen mit dem Übernatürlichen werden dabei bemerkenswerterweise am Maßstab des Natürlichen gemessen und entsprechend für die
Bühne umgesetzt. In allen drei Fällen werden Maschinen im Theater bemüht.
Sie übernehmen, im Falle der Statue wie des Geistes, es vor allem, Lebendigkeit
zu suggerieren, die entsprechend als Werke der *Ars diaboli* zu deuten ist. Dabei
wird die Statue durch den Szenenwechsel leibhaftig und der Geist wird durch
eine Flugmaschine befördert. Darüber hinaus wird aber auch die Lebendigkeit
der Statue selbst nochmal in ihren Bewegungen gesteigert, also eine immer
intensivere Statuenbewegung suggeriert, die deshalb eingesetzt wird, um den
Skeptizismus von Dom Juan zu beugen.

So beginnt die Statue als erstes mit einer Augenbewegung, woraufhin eine
zustimmende Geste, ein Nicken, zweimal gezeigt wird. Im folgenden IV. Akt
erscheint dann die Statue und löst ihr Versprechen ein, zum Essen zu Dom
Juan zu kommen. Das heißt nicht nur der Kopf, sondern der gesamte Körper
bewegt sich. Die diabolische Kunst, die metaphysisch angeleitet scheint, zeigt
hier keine einzelne, auf einen Körperteil beschränkte Bewegung. Vielmehr
muss der gesamte Koloss entweder durch einen fahrenden Untersatz oder

---

38   Hier schließt Molière im Übrigen mit „faux jour" an die Eröffnungsszene der *Illusion comi-*
     que von Pierre Corneille an, wo ebenfalls die Kompetenz des Zauberers Alcandre durch
     das falsche Licht qualifiziert wird.

39   Molière, *Dom Juan*, S. 118 (Kursivierung K. D.).

durch simulierte Schritte auf der Bühne bewegt werden, um Auf- und Abtritt zu suggerieren. Dies wäre über einen Automaten zu leisten. Hinzu kommt, dass die Statue im IV. Akt auch spricht, denn sie lädt Dom Juan zum Souper, vermutlich in die Gruft, ein.

Mindestens in doppelter Hinsicht ist die Statue ein besonderer Ausweis der teuflischen Kunst, die ja durch die Figur des Wiedergängers zu einer solchen wird. Aber anders als andere Wiedergänger und auch komplizierter als andere Motive des Diners mit Toten muss hier Glaubwürdigkeit erzielt werden, die sichtbar auf der Bühne gelingt und zugleich auch den Effekt der Verlebendigung ermöglicht. Deshalb bietet die Statue hier nicht nur die Herausforderung, sondern auch das Potential, so leibhaftig zu wirken, dass sie sogar aus sich heraus agieren kann. Sie ist zudem noch als Steinskulptur das Abbild eines von Dom Juan ja getöteten Menschen. Gerade deshalb ist der Protagonist selbst Garant mit seiner Aussage, dass die Statue tatsächlich so aussieht wie der Verstorbene. Wir haben es also mit einer mehrfach gestaffelten Mimesis zu tun. Deshalb muss tatsächlich ein Schauspieler die Statue spielen, die zunächst wie tot wirkt, dann aber lebendig wird. Dies kann kein Automat leisten. Diese Darstellung als animierte Statue muss zugleich die Kunst des Schauspielers dissimulieren, der zunächst als solcher unbeweglich als Statue und dann als verlebendigte Statue Bewegung zeigt, während zudem die Künstlichkeit und auch das Dämonische simuliert werden müssen. Dies gelingt sicher auch durch die immer wieder durch Donnermaschinen begleiteten Auftritte der Statue. So werden Poetologie der Schauspielkunst, sowohl unmenschlich zu sein als auch menschlich, kunstvoll miteinander verbunden. Nicht zuletzt zeigt die Statue nicht einfach nur eine perfekte Mimesis und hat sogar als bewegter Toter die Macht, Dom Juan in die Hölle zu bringen. In der Figur der Statue werden verschiedene Ebenen untrennbar miteinander verschmolzen. Die Plastik steht für den Tod, während die Schauspielkunst das Leben zeigt. Jeweils ist aber beiden auch das Komplementäre eingeschrieben, ganz so wie auch der Teufel durch Ambiguität sich auszeichnet. Diese Ambiguität wird vor allem dann sichtbar, wenn Totes in Lebendiges oder Form in eine neue Form verwandelt wird.[40] Dies gilt im Übrigen ja auch für den Geist, der ebenso eine Metamorphose erfährt.

---

40   „(Le spectre change de figure, et représente le Temps, avec sa faux à la main.) | SGANA-
       RELLE: Ô ciel voyez-vous, monsieur, ce changement de figure? | DOM JUAN: Non, non,
       rien n'est capable de m'imprimer de la terreur; et je veux éprouver, avec mon épée, si c'est
       un corps ou un esprit. | (Le Spectre s'envole, dans le temps que dom Juan le veut frapper.)",
       Molière, Dom Juan, S. 129.

Das gesamte Stück endet schließlich mit dem Handschlag der Statue, die Dom Juan ganz furchtlos annimmt, sodass dieser dann, wie durch eine elektrische Verbindung, dem Protagonisten bereits Höllenqualen bereitet, ein inneres Feuer, das nur seinem Weg in die Hölle vorausgeht. Dies hat zwei Konsequenzen für die Bedeutung der Statue und die Teufelskunst. Zum einen wird so der Schauspieler, der als Statue erscheint, wiederum als Kunstobjekt wahrgenommen, denn seine Handreichung wird zum Todesmoment von Dom Juan, sodass diese übernatürliche Macht auch die Unnatürlichkeit der Statue und mithin den Verlust der Menschlichkeit dieses Wesens bewirkt, beziehungsweise auf sie zurückwirkt. Zum anderen und komplementär dazu war es möglich, durch Kolophon Feuer im Theatergebäude auf der Bühne zu zeigen, sodass durch den Bühnenboden Flammen schlugen, während sich Dom Juan in die Hölle, also durch eine Luke und auf einer Treppe in den unteren Bereich der Bühne begab. Es steht zu vermuten, dass diese Möglichkeit vielleicht nicht im Palais-Royal gegeben war, weil der Unterboden dort nicht wie etwa in anderen Bühnen ausgebaut war, aber dennoch konnte man mit künstlichem Feuer die Hölle symbolisch evozieren. Damit wird diejenige Tradition hier mit aufgerufen, die schon seit dem Mittelalter die *Mystères* prägte und die am Ende der Bühne einen Höllenschlund präsentierte, der ebenfalls mit loderndem Feuer die Bestrafung der Sünder ankündigte. Allerdings passierte dies auf und nicht unter der Bühne, weshalb Molière offensichtlich nicht an diese Theatertradition, sondern an die theologische anknüpft, die den symbolischen Ort in der Hölle unter den Menschen ansiedelt und das gesamte Geschehen affiziert. Hier wie in anderen Stücken zeigt Molière eine tiefe Kenntnis der theologischen Tradition und Argumente, die er problematisierend und ironisch einzusetzen versteht, sich aber selbst deshalb nicht jenseits der christlichen Gesellschaft situiert. Vielmehr ist seine galante Poetik durch die christliche Mentalität geprägt.[41]

* * *

Die Teufelskunst ist nicht nur gefährlich, wie *Dom Juan* eindrücklich zeigt, sie leitet auch imaginativ zur Vorsicht an. Deshalb wohl auch, aber ebenso aufgrund der Angst vor ihm, wurde der Teufel lieber evoziert als dargestellt. Seine daraus resultierende fehlende Fixierung in der Gestalt macht aus ihm einen

---

41   Siehe detailreich dazu Truchet, „Molière théologien dans *Dom Juan*". Zur umfänglichen Kontextualisierung siehe exemplarisch Dorothea Weltecke, *„Der Narr spricht: Es ist kein Gott". Atheismus, Unglauben und Glaubenszweifel vom 12. Jahrhundert bis zur Neuzeit,* Frankfurt: Campus 2010.

anpassungsfähigen Künstler, der in Molières Komödie die ganze Bedrohlichkeit der Imagination ausspielt. Dabei ist das besonders Raffinierte, dass der
Maschineneinsatz hier dazu dient, die erwartbare Maschine, ja den Automaten, gerade nicht mechanisch, sondern durch einen Schauspieler zu
präsentieren, der sodann mimetisch das Künstliche gestaltet. So wird in kom-
plexer Verschachtelung ein Wesen auf der Bühne manifest, das sich durch
teuflische Kunst verlebendigt, durch menschliche Schauspielkunst zeigt und
durch göttliche Schöpfung ermöglicht wird. In konsequenter Ambivalenz entsteht ein Schauspielkörper, der gerade aufgrund seiner – menschlichen wie
diabolischen – Täuschungsfähigkeit, hier die Täuschungskompetenz reflektiert, indem er die Stufen der Evidenz von Lebendigkeit – vom Blickkontakt
über das Nicken bis hin zur Bewegung – sukzessive aufbaut, sodass das
Teuflische dieser Kunst gerade darin besteht, vor den Augen der Zuschauer
entwickelt zu werden, aber daraus gerade keine – so jedenfalls das Ziel – trans-
parente Kunst wird, sondern die Imagination dazu treibt, die Statue als Leibhaftigen zu sehen. Da die Beleuchtung in der Frühen Neuzeit im Theater aus
Kerzenleuchtern bestand, war es nicht garantiert, das Spiel mit der Teufelskunst durchschauen zu können. Es blieb ein Spiel mit dem Feuer, das der Leibhaftige zu gestalten wusste und das hier trefflich nachgeahmt wird, sodass
Episteme und Poiesis auch hier verbunden werden: Dom Juan und die Statue
stehen für sie ein.

Bibliographie

Arasse, Daniel, *Bildnisse des Teufels*, Berlin: Matthes & Seitz, 2012.

Beck, Rainer, *Mäuselmacher oder die Imagination des Bösen*, München: Beck 2011.

Bergengruen, Maximilian, *Die Formen des Teufels. Dämonologie und literarische Gattung in der Frühen Neuzeit,* Göttingen: Wallstein Verlag, 2021.

Boudet, Jean-Patrice, *Entre science et nigromance. Astrologie, divination et magie dans
l'Occident médiéval (XIIᵉ–XVᵉ siècle)*, Paris: Sorbonne 2005.

Brittnacher, Richard, *Ästhetik des Horrors. Gespenster, Vampire, Monster, Teufel und
künstliche Menschen in der phantastischen Literatur*, Frankfurt: Suhrkamp, 1994.

Certeau, Michel de, *La Possession de Loudun*, Paris: Julliard, 1970.

Cornuaille, Philippe, *Les décors de Molière. 1658–1674*, Paris: Sorbonne 2015.

Dandrey, Patrick, Dom Juan *ou la critique de la raison comique. Nouvelle édition corrigée
et mise à jour*, Paris: Champion 2011.

Delmas, Christian: „*Dom Juan* et le théâtre à machines", in: *Cahiers de la littérature du
XVIIᵉ siècle* 6 (1984), S. 125–138.

Delmas, Christian, „Sur un décor de *Dom Juan* (III, Sc. 5)", in: *Littératures Classiques* 5 (1983), S. 45–73.

Dickhaut, Kirsten, „Sardanapale, Soliman Aga et Mamamouchi. Le pouvoir des noms et de la gloire: *Dom Juan* et *Le Bourgeois gentilhomme* de Molière", in: Jörn Steigerwald / Hendrik Schlieper (Hg.), *Molière, dramaturge de la société de cour*, in: *Œuvres & Critiques* 47,2 (2022), S. 57–67.

Dickhaut, Kirsten, „Lenkung der Dinge in Magie, Kunst und Politik der Frühen Neuzeit. Einführung und Ausblick", in: Stefan Bayer u. a. (Hg.), *Lenkung der Dinge / Zeitsprünge* 25/1–4 (2021), S. 1–34.

Eming, Jutta / Fuhrmann, Daniela (Hg.), *Der Teufel und seine poietische Macht in literarischen Texten vom Mittelalter zur Moderne*, Berlin: De Gruyter, 2021.

Forestier, Georges, *Molière*. Paris: Gallimard 2018.

Gess, Nicola / Hoffmann, Agnes / Kappeler, Annette (Hg.), *Belebungskünste. Praktiken lebendiger Darstellung in Literatur, Kunst und Wissenschaft um 1800*, Leiden: Fink 2019.

Karafyllis, Nicole C., „Bewegtes Leben in der Frühen Neuzeit. Automaten und ihre Antriebe als Medien des Lebens zwischen den Technikauffassungen von Aristoteles und Descartes", in: Gisela Engel / Nicole C. Karafyllis (Hg.): *Technik in der Frühen Neuzeit – Schrittmacher der europäischen Moderne*, in: *Zeitsprünge* 8, 3/4 (2004), S. 295–335.

Molière, *Dom Juan*, Paris: Flammarion, 1998.

Molière, „La Description des superbes machines et des magnifiques changements de théâtre du *Festin de Pierre ou l'Athée foudroyé*, de M. de Molière", in: Georges Forestier (Hg.), *Œuvres complètes II*, Paris: Gallimard 2010, S. 1243–1244.

Muchembled, Robert, *Une histoire du diable. XIIe–XXe siècle*, Paris: Seuil 2000.

Rieger, Dietmar, „ ‚Je me sens un cœur à aimer toute la terre'. Donjuaneske Handlungsräume von Tirso de Molina bis Jean Anouilh", in: *Arcadia* 23 (1988), S. 231–242.

Stoichita, Victor I., *L'Effet Pygmalion: pour une anthropologie historique des simulacres*, Genf: Droz, 2008.

Sutter, Alex: *Göttliche Maschinen. Die Automaten für Lebendiges*, Frankfurt: Athenäum, 1988.

Truchet, Jacques, „Molière théologien dans *Dom Juan*", in: *Revue d'Histoire littéraire de la France* 72, 5/6 (1972), S. 928–938.

Weltecke, Dorothea, *„Der Narr spricht: Es ist kein Gott". Atheismus, Unglauben und Glaubenszweifel vom 12. Jahrhundert bis zur Neuzeit*, Frankfurt: Campus 2010.

TEIL VI

Lyrik: Teuflisches dichten – teuflisches Dichten

Der Teufel als poetischer Lehrmeister
Zu Baudelaires Fleurs du Mal

Hartmut Stenzel

Am 1. Juni 1855 veröffentlichte der bis dahin im literarischen Leben in Paris kaum in Erscheinung getretene Charles Baudelaire in der ebenso renommierten wie konservativen *Revue des deux Mondes* achtzehn Gedichte unter dem Titel *Les Fleurs du Mal*. Der Titel, den er hier zum ersten Mal verwendet, tritt an die Stelle von zwei anderen Versionen des Titels für seinen geplanten Gedichtband, die zuvor in Baudelaires Publikationen erscheinen.[1] Schon im Oktober 1845 und dann erneut im März und Mai 1846 finden sich Ankündigungen eines Bandes – „pour paraître prochainement"[2] – mit dem Titel *Les Lesbiennes*. Von 1848 bis 1852 kündigte Baudelaire diese Publikation mehrfach unter dem Titel *Les Limbes* an. Im April 1851 veröffentlichte er dann unter diesem Titel eine Sammlung von elf Gedichten, die er – mit mehr oder weniger weit reichenden Änderungen – 1857 allesamt in die Buchausgabe der *Fleurs du Mal* aufnehmen wird. Sie erschienen im Feuilleton einer kurz zuvor gegründeten Zeitung, *Le Messager de l'Assemblée*, die sich als ein Organ der republikanischen Opposition gegen Louis Napoléon Bonaparte, den Präsidenten der Republik und späteren Kaiser Napoléon III. verstand und die nach dessen Staatsstreich vom 2. Dezember 1851 sang- und klanglos wieder verschwand. Dass diese Zeitung keinen sonderlich angesehenen oder einflussreichen Publikationsort darstellt, liegt auf der Hand. Immerhin aber fand Baudelaire hier die Möglichkeit, seine Gedichte erstmals in einer größeren Auswahl zu präsentieren. Die erste Publikation unter dem endgültigen Titel erfolgte dann immerhin in einer wesentlich prestigeträchtigeren Zeitschrift, allerdings begleitet von einer distanzierenden Vorbemerkung der Redaktion.[3]

Dieser Aspekt der Vorgeschichte von Baudelaires berühmtestem Werk verdeutlicht seine zunächst marginale Position im literarischen Feld, an der er

---

1 Alle Informationen zu den Versionen des Titels entnehme ich den Angaben der Herausgeber in Charles Baudelaire, *Œuvres complètes*. Texte établi, présenté et annoté par Claude Pichois, 2 Bde., Bd. 1, Paris: Gallimard, 1975/76, S. 789 ff. sowie der älteren kritischen Ausgabe Charles Baudelaire, *Les Fleurs du Mal*, Édition critique établie par Jacques Crépet et Georges Blin, Paris: Corti, 1942, S. 242 ff. Darauf bauen zum Teil auch die folgenden Überlegungen zur Bedeutung der Titel auf.

2 Zitiert nach Crépet / Blin (Hg.), *Les Fleurs du Mal*, S. 272.

3 Vgl. Baudelaire, *Œuvres complètes*, Bd. 1, S. 808.

© BRILL FINK, 2024 | DOI:10.30965/9783846768013_015

erst Mitte der fünfziger Jahre des 19. Jahrhunderts, zunächst vor allem durch seine Poe-Übersetzungen, langsam etwas ändern konnte. Für eine Rekonstruktion der Entwicklung seiner Dichtung bis in die 1850er Jahre gibt es außer den geplanten Titeln nur wenige konkrete Anhaltspunkte. Neben einigen literatur- und kunstkritischen Schriften und einer Erzählung kann Baudelaire bis zu der Publikation im *Messager de l'Assemblée* lediglich ein halbes Dutzend deutlich von romantischen Schreibweisen bestimmte Gedichte in zumeist kurzlebigen Zeitschriften veröffentlichen, die der literarischen Boheme nahe standen.[4] Zwar soll er den Berichten verschiedener Freunde zufolge schon seit den 1840er Jahren eine Reihe weiterer Gedichte vorgetragen haben, doch eindeutige Belege dafür gibt es nicht. Erst mit der Publikation in der *Revue des deux Mondes* und dann mit der ersten Ausgabe der *Fleurs du Mal* (1857) und dem nachfolgenden Prozess ist er in der literarischen Öffentlichkeit als Dichter präsent.

Seine lange Zeit prekäre Position als Autor wie der Wandel in diesen Titelprojekten sind nun nicht nur aufschlussreich für die Entwicklung, die Baudelaire nach dem Ende der Julimonarchie und zwischen Republik und Kaiserreich nimmt,[5] sondern auch für die Frage nach der Bedeutung der Konstruktionen von Figuren des Teufels in und für seine Dichtung. Bei der Untersuchung von deren Funktion für die Entstehung, die poetische Konzeption und eine Reihe von Gedichten seines bedeutendsten Werks sind die eben angeführten Titel einige der wenigen Anhaltspunkte für den langwierigen Prozess der

---

4   Die ersten Drucke finden sich 1845 und 1846. Dabei handelt es sich um *À une Dame créole*, *À une Malabaraise* sowie *Don Juan aux enfers* (unter dem Titel *L'Impénitent*). Letzteres Gedicht, das die unbewegte Haltung des Protagonisten bei seiner Höllenfahrt imaginiert, ist – soweit bekannt – zugleich der erste Text, in dem das ,Teuflische' eine Rolle spielt. Diese und auch die wenigen anderen vor 1851 gedruckten Gedichte weisen in ihrer nachfolgenden Publikationsgeschichte eine Fülle von Veränderungen auf, die zeigen, dass Baudelaire seine frühen Gedichte für den Abdruck in den *Fleurs du Mal* intensiv überarbeitet hat.

5   Die ästhetische und ideologische Entwicklung Baudelaires ist in vielen Forschungsbeiträgen und mit sehr unterschiedlichen, von der Geistesgeschichte über die Entwicklung textimmanenter Strukturen bis zur Sozialpsychologie und Gesellschaftsgeschichte reichenden Fragestellungen gedeutet worden. Vgl. etwa die Arbeiten von Lloyd James Austin: *L'univers poétique de Baudelaire: symbolisme et symbolique*, Paris: Mercure de France, 1956, Felix W. Leakey: *Baudelaire and nature*, Manchester: Manchester University Press, 1969, Oskar Sahlberg, *Baudelaire und seine Muse auf dem Weg zur Revolution*, Frankfurt: Suhrkamp, 1980, Hartmut Stenzel, *Der historische Ort Baudelaires. Untersuchungen zur Entwicklung der französischen Literatur um die Mitte des 19. Jahrhunderts*, München: Fink, 1980, Thorsten Greiner, *Ideal und Ironie. Baudelaires Ästhetik der „modernité" im Wandel vom Vers- zum Prosagedicht*, Tübingen: Niemeyer, 1993, James R. Lawler, *Poetry and Moral Dialectic. Baudelaire's „Secret architecture"*, Madison: Fairleigh Dickinson University Press, 1997 und Bettina Full, *Karikatur und Poiesis. Die Ästhetik Charles Baudelaires*, Heidelberg: Winter, 2005.

Entstehung von Baudelaires Dichtungskonzeption und für die Integration des ‚Teuflischen‘ darin.[6] In den Titeln führt dieser Prozess von einer moralisch-ideologischen Provokation zu einer ästhetisch, philosophisch und in gewissem Sinn auch theologisch konturierten Perspektive. Diese ist zugleich für seine Originalität und den Erfolg seiner Dichtung grundlegend.

Ein Indiz für die Entwicklung Baudelaires ist die Unterschiedlichkeit der semantischen Implikationen in den projektierten Titeln. Das Wort ‚lesbienne‘ ist in der Mitte des 19. Jahrhunderts nach Littré zwar noch nicht sehr gebräuchlich, bezeichnet neben den Bewohnerinnen der griechischen Insel aber bereits auch die (ebenso faszinierende wie skandalträchtige) homosexuelle Neigung von Frauen.[7] Dem entsprechend lassen sich in den dieser Thematik zurechenbaren Gedichten der ersten Ausgabe der *Fleurs du Mal* – insbesondere in den beiden 1857 durch das Urteil im Prozess gegen die *Fleurs du Mal* verbotenen *Lesbos* und *Femmes damnées*[8] – Indizien finden, die es erlauben, die dort entworfenen Phantasien von Weiblichkeit als Evokation gesellschaftlich marginalisierter Gestalten und – im Kontext des zeitgenössischen Frühsozialismus – als Utopie einer ‚neuen Liebeswelt‘ zu lesen.[9]

Demgegenüber bringt *Les Limbes* ein literarisch und theologisch, zudem aber auch politisch konnotiertes Feld von Bezügen ins Spiel. Der Begriff *Limbes* entstammt einer seit dem Mittelalter verbreiteten theologischen Konstruktion der Hölle, wo er jenen Bereich bezeichnet, in dem die Seelen sich aufhalten, die zwar nicht verdammt sind, die aber – als nicht Getaufte – auch nicht der Erlösung teilhaftig werden können. Theologisch gesehen ist der Limbus eine Art exterritoriales Gebiet, weder Himmel noch Hölle, daher auch keine Durchgangsstation ins Paradies wie das Fegefeuer. Die in ihm befindlichen Seelen (vor allem die von vor der Taufe verstorbenen Kindern, aber etwa auch die großer Gestalten der Antike, zumindest soweit sie vor der Offenbarung gestorben sind) können nach Ansicht der traditionellen katholischen Theologie weder verdammt noch erlöst werden. Ob sie im Limbus glücklich sind, wie Thomas von Aquin meinte, oder doch eher unglücklich, da sie Gott nicht

---

6 Ich verwende den Begriff des ‚Teuflischen‘ hier und im Folgenden, soweit es nicht nur um konkrete Figuren des Teufels mit ihren verschiedenen Bezeichnungen, sondern auch um darauf bezogene Attribute, Bewertungen etc. geht.

7 Vgl. dazu die Beispiele und Belege in den beiden in der ersten Fußnote angeführten Textausgaben. Für die Gestaltung lesbischer Liebe konnte Baudelaire etwa in Théophile Gautiers *Mademoiselle de Maupin* oder in Balzacs *La Fille aux yeux d'or* Vorbilder finden.

8 Baudelaire, *Œuvres complètes*, Bd. 1, S. 150 ff.

9 Vgl. dazu Sahlberg, *Baudelaire und seine Muse auf dem Weg zur Revolution*, S. 64 ff. – Der Begriff des „nouveau monde amoureux" stammt von dem Frühsozialisten Charles Fourier, vgl. dazu das Folgende.

schauen können, war eine theologisch viel diskutierte Frage.[10] Sie verbleiben jedenfalls dauerhaft im Limbus, auf gleichem Abstand von Himmel und Hölle, von Gott und dem Teufel. Literarisch berühmt geworden ist er durch Dantes *Divina Commedia*, wo Vergil die Situation im Limbus mit den berühmten Worten „semo perdutti [...] che sanza speme vivemo in disio"[11] beschreibt.[12] Als Rückgriff auf diese literarische Tradition wie als Inbegriff eines Lebensgefühls findet sich der Begriff ‚limbes' gelegentlich in der romantischen Literatur der Zeit, deren pessimistische Weltsicht er philosophisch adelt.[13]

Zugleich impliziert dieser Begriff einen Verweis auf die Theorie des Frühsozialisten Fourier, der damit die Gegenwart als „enfer social et labyrinthe passionnel" beschreibt, aus dem eine zukünftige gesellschaftliche Harmonie entstehen soll.[14] Im eingangs erwähnten *Messager de l'Assemblée* kündigt Baudelaire einen zukünftigen Gedichtband mit diesem Titel an als „destiné à retracer l'histoire des agitations spirituelles [Variante in einer Ankündigung 1850: ‚les agitations et les mélancolies', H. S.] de la jeunesse moderne"[15]. Diese Ankündigungen unterstreichen durch die in „agitations" anklingende aktualisierende politische Dimension, die Baudelaire damit dem Assoziationsfeld des Titels zuschreibt, im Horizont der Februarrevolution und ihrer Folgen den gesellschaftlichen Kontext der Gedichte.[16] Er verweist jedoch mit „agitations spirituelles" implizit auch auf die philosophischen und

---

10   Zu diesen Zusammenhängen und Fragen vgl. die Informationen in: Internationale Theologische Kommission: „Die Hoffnung auf Rettung für ungetauft sterbende Kinder" (2007), https://www.dbk.de/fileadmin/redaktion/veroeffentlichungen/arbeitshilfen/AH_224.pdf (Zugriff 11.12.2022). Nach dem Bericht dieser Kommission wurde der Limbus von Papst Benedikt XVI. aus der offiziellen katholischen Glaubenslehre gestrichen.

11   Inferno, Canto IV, V. 41 f., zitiert nach Dante, *Die göttliche Komödie*, Italienisch und Deutsch, hrsg. von August Vezin, Freiburg 1956, S. 38.

12   In diesem Zusammenhang ist es bemerkenswert, dass der die Provokation der *Fleurs du Mal* literarisch einordnende und auch relativierende Rückverweis auf Dante sich bereits in einer der ersten Besprechungen des Buchs findet, der von Barbey d'Aurevilly, der Baudelaire als einen „Dante d'une époque déchue" (Baudelaire, *Œuvres complètes*, Bd. 1, S. 1195) bezeichnet. Setzt man Baudelaire zu Dante in Beziehung, kann man die theologische Dimension seines poetischen Projekts (die Negativität des *Mal* als Sünde) betonen und seine ästhetische und ideologiekritische Dimension beiseitelassen.

13   Vgl. dazu Léon Cellier, „Baudelaire et ‚Les Limbes' ", in: *Studi francesi*, 55 (1964), S. 437–459.

14   Vgl. dazu Jean Pommier, *La Mystique de Baudelaire*, Paris: Les Belles Lettres, 1936, S. 56 f. (dort auch das Zitat) sowie Stenzel, *Der historische Ort Baudelaires*, S. 99 ff. und S. 159 f.

15   Baudelaire, *Œuvres complètes*, Bd. 1, S. 793.

16   Allein in Kenntnis des Titels *Les Limbes* (und des angekündigten Publikationsdatums, des Jahrestags der Februarrevolution) urteilt 1849 ein Kritiker: „Ce sont sans doute des vers socialistes et par conséquent de mauvais vers", Baudelaire, *Œuvres complètes*, Bd. 1, S. 794.

möglicherweise die theologischen Konnotationen, die der Begriff des Limbus beinhaltet.[17]

Der Weg, der Baudelaire von diesem vieldeutigen Titel zu dem ab 1855 endgültigen Titel *Les Fleurs du Mal* führt, ist unbekannt. Dennoch kann man die ästhetische Überhöhung des gesellschaftlich oder moralisch Negativen, die dessen Oxymoron ebenso programmatisch wie provozierend ausstellt,[18] als das Resultat einer Entwicklung verstehen, die mit dem Wandel seiner Weltsicht ebenso zusammenhängt wie mit dem Wandel seines dichterischen Schaffens und seiner poetologischen Position. Diese Entwicklung steht in engem Zusammenhang mit dem gesellschaftlichen Umbruch, der von der Zweiten Republik zum Zweiten Kaiserreich führt, ein Umbruch, der den vordem militanten Republikaner Baudelaire zutiefst getroffen und geprägt hat.[19]

Ohne auf die viel diskutierte politische Dimension seiner Entwicklung hier näher einzugehen, kann man jedenfalls feststellen, dass in diesem Wandel der Titel mit dem Begriff des ‚Mal' auch Figuren des Teufels und des ‚Teuflischen' zu einem wichtigen Bezugspunkt für Baudelaires Ästhetik und Dichtung werden.[20] Neben einer in diesem Begriff natürlich auch präsenten gesellschaftlichen oder philosophischen Negativität verweist der endgültige Titel auch auf

---

17 Vgl. hierzu und zum Folgenden die Informationen und Überlegungen des Herausgebers in Baudelaire, *Œuvres complètes*, Bd. 1, S. 789 ff. sowie auch die entsprechenden Informationen in der älteren Ausgabe Baudelaire, *Les Fleurs du Mal*, S. 271 ff.

18 ‚Fleurs' kann doppelt gelesen werden, als Rückgriff auf einen gängigen Titel von Text- und besonders Gedichtsammlungen (im Sinne von deutsch: ‚Blütenlese'), aber auch konkreter als Metapher für ästhetische Idealisierung. Beide Lesarten verweisen in der diesen Erwartungshorizont durchkreuzenden Verbindung mit dem Begriff des ‚Mal' auf die Abwendung von der ästhetizistischen, die Idealisierung des Kunstschönen betreibenden Tradition *l'art pour l'art*, die aus der Romantik hervorgeht. Das hat den Titel zu einem provozierenden Signal werden lassen. Nach Baudelaires Besuch bei Alfred de Vigny anlässlich seiner Akademiekandidatur schreibt dieser ihm in für diese Wirkung des Titels bezeichnender Weise Anfang 1862: „[...] j'ai besoin de vous dire combien de ces *fleurs du Mal* sont pour moi des *fleurs du Bien* et me charment. Combien aussi je vous trouve injuste envers ce bouquet [...], pour lui avoir imposé ce titre indigne de lui", *Lettres à Charles Baudelaire*. Publiées par Claude Pichois, Neuchâtel: La Baconnière, 1973, S. 382.

19 Neben Sahlberg, *Baudelaire und seine Muse auf dem Weg zur Revolution* und Stenzel, *Der historische Ort Baudelaires* ist hier insbesondere auf die – bisweilen etwas pauschale – Darstellung der dichterischen Verarbeitung dieses Umbruchs und insbesondere des Aufstands von Juni 1848 durch Oehler zu verweisen: Dolf Oehler, *Juin 1848. Le Spleen contre l'oubli*, Paris: Payot & Rivages, 1996.

20 Wenn Baudelaire in einer berühmten Formulierung in den Entwürfen für ein Vorwort zu den *Fleurs du Mal* schreibt, sein Projekt sei es gewesen, „d'extraire la *beauté* du Mal", so ist auch dabei der Teufel mitgedacht, denn, so eine andere Formulierung in den Vorwortentwürfen, es gehe ihm um die „sublime subtilité du Diable", Baudelaire, *Œuvres complètes*, Bd. 1, S. 181 und S. 183.

christliche Vorstellungen vom Bösen, etwa auf die letzte Bitte des Vaterunser (französisch: „et délivre nous du mal"), in der zumindest nach der traditionellen Lehrmeinung der katholischen Kirche mit „mal" der Teufel gemeint ist.[21] Als Inbegriff der in dem Oxymoron des Titels angekündigten Verweigerung von Harmonie oder Idealisierung wird der Teufel hier implizit und explizit dann in verschiedenen, teils programmatischen Gedichten zu einer der Leitfiguren eines poetischen Projekts, das sich den dominanten ästhetischen Tendenzen seiner Zeit verweigert. Zwar sind, wie Max Milner in seiner umfassenden Darstellung der Präsenz des Teufels in der französischen Literatur ausführlich dokumentiert hat, Figuren des ,Teuflischen' dort in Texten aus dem literarischen Milieu der 1840er Jahre, das Baudelaire geprägt hat, vielfach präsent,[22] doch entwickelt er aus diesen Vorbildern, wie noch zu zeigen sein wird, ein eigenständiges Bedeutungspotential.

Das in den Gedichten meist positiv konnotierte semantische Feld des ,Teuflischen' spielt mithin für Baudelaire in den 1850er Jahren neben anderen Begriffsfeldern – etwas später etwa dem der ,modernité' oder des ,nouveau'[23] – eine wichtige Rolle für die Begründung dieser Differenz. Milner stellt zu Recht fest: „Il n'est pas un écrivain du XIXe siècle qui ait accordé plus d'importance à Satan que Baudelaire".[24] Allerdings ist mit dem quantitativen Vergleich die Frage noch nicht beantwortet, welche Bedeutung(en) Baudelaire dem semantischen Feld des Teuflischen zuschreibt. Milner geht wie ein guter Teil der älteren Forschung davon aus, dass die Evokationen des Teufels wie des ,Teuflischen' letztlich eine religiös verbürgte Realität des Seelen- oder auch des Weltzustands repräsentierten, die Auseinandersetzung mit einer möglicherweise unabwendbaren Verdammnis.[25] In seiner monumentalen Untersuchung zum

---

21 Vgl. dazu noch im Katechismus von 1993: „(2851) In dieser Bitte ist das Böse nicht etwas rein Gedankliches, sondern bezeichnet eine Person, Satan, den Bösen, den Engel, der sich Gott widersetzt. Der ,Teufel' [diabolos] stellt sich dem göttlichen Ratschluß und dem in Christus gewirkten Heilswerk entgegen", zitiert nach https://www.vatican.va/archive/DEU0035/_PAI.HTM (Zugriff 05.01.2023).

22 Siehe Max Milner, *Le diable dans la littérature française. De Cazotte à Baudelaire, 1772–1861.* 2 Bde. Paris: Corti, 1960, Bd. 2, Teil 4.

23 Vgl. dazu Hartmut Stenzel, „Das Ende der romantischen Utopien und die Revolution der Dichtungssprache: Baudelaire und Rimbaud", in: Heinz Thoma (Hg.), *19. Jahrhundert: Lyrik*, Tübingen: Stauffenburg, 2009, S. 227–301, hier S. 268 ff.

24 Milner, *Le diable dans la littérature française*, Bd. 2, S. 423.

25 Vgl. etwa *Le diable dans la littérature française*, Bd. 2, S. 457 und S. 463 f. zur Idee der Erbsünde, die bei Baudelaire u. a. im Teufel verkörpert sei. Für Milner spielt bei seiner Deutung, die von der Realität des im Teufel imaginierten Bösen ausgeht, die Erfahrung von Weltkrieg und Holocaust eine wesentliche Rolle, vgl. *Le diable dans la littérature française*, Bd. 1, S. 9 f.

‚esprit du mal' in der Ästhetik Baudelaires hat Marcel A. Ruff dessen Faszination gar auf eine vom Vater übernommene jansenistische Sicht des Bösen
zurückgeführt, eine Art augustinischer Fatalismus in der Sündhaftigkeit.
Ruff konstruiert aus einem religiös aufgefassten Zusammenhang von Sünde
und Teufel (dem ‚Mal') mit einer Erlösungshoffnung einen Interpretations-
rahmen für die Anlage und verschiedene Gedichte des Bandes in christlicher
Perspektive.[26]

Nun ist Baudelaire zwar zweifellos deutlich von religiösen Vorstellungen
und Denkmustern beeinflusst, etwa dem Gegensatz von Verdammnis und
Erlösung, wie eine ganze Reihe seiner unter dem Titel „Mon cœur mis à
nu" zusammengestellten Notizen belegt.[27] Bereits in seiner grundlegenden
Untersuchung zur *Struktur der modernen Lyrik* hat Hugo Friedrich die darauf rekurrierenden Tendenzen der Forschung jedoch in der treffenden Formulierung von Baudelaires „ruinöse[m] Christentum" in Frage gestellt und
diese Kritik unter anderem folgendermaßen begründet: „Baudelaire ist ohne
das Christentum nicht zu denken. Aber er ist kein Christ mehr. Diese Tatsache wird nicht durch seinen viel beschriebenen ‚Satanismus' widerlegt. Wer
sich durch Satan gebannt weiß, trägt zwar christliche Stigmata; aber das ist
etwas anderes als christlicher Erlösungsglaube."[28] Ob sich Baudelaire „durch
Satan gebannt weiß", wäre zu diskutieren.[29] Doch trotz des Pathos dieser
Formulierung wird damit eine Interpretation in Frage gestellt, die vor allem
auf einem Zusammenhang vermuteter Glaubensvorstellungen Baudelaires
mit seiner Dichtung aufbaut und den Teufel als deren negativen Pol deuten
will. Die Figur des Teufels transportiert in Friedrichs Deutung zwar die sie

---

26 Vgl. Marcel A. Ruff, *L'Esprit du Mal et l'esthétique baudelairienne*, Paris: Colin, 1955, hier
    S. 273 ff. und S. 346 ff.

27 Vgl. etwa Baudelaire, *Œuvres complètes*, Bd. 1, S. 671–673, S. 692 f., S. 695 etc. Baudelaire
    spielt in diesen Notizen allerdings auch mit markant irreligiösen Überlegungen, etwa „De
    la religion, je crois inutile d'en parler et d'en chercher les restes, puisque se donner encore
    la peine de nier Dieu est le seul scandale en pareilles matières", *Œuvres complètes*, S. 666.

28 Hugo Friedrich, *Die Struktur der modernen Lyrik*. erweiterte Neuausgabe, Reinbeck:
    Rowohlt, [5]1973 [1956], S. 46 f. Ohne ihn zu zitieren, bezieht sich Friedrichs Einschätzung
    vermutlich auf Friedhelm Kemp, *Baudelaire und das Christentum*. Marburg: Michaelis-
    Braun, 1939, der bereits zu einer ähnlich negativen Bewertung von Baudelaires Christen-
    tum kommt.

29 Es gibt zweifellos Stellen in den Notizen „Mon cœur mis à nu" und in Gedichten, die eine
    solche Deutung nahelegen könnten. So beginnt etwa *La Destruction* mit den Versen „Sans
    cesse à mes côtés s'agite le Démon / Il nage autour de moi comme un air impalpable" etc.
    (Baudelaire, *Œuvres complètes*, Bd. 1, S. 111). Hier wie bei ähnlichen Stellen hängt eine
    Interpretation jedoch davon ab, welche Kontextualisierungen man – abgesehen von der
    Differenz zwischen lyrischem Ich und Autor – für die allegorische Figur des „Démon" und
    ihre metaphorische Inszenierung ansetzt.

konstituierenden Glaubensvorstellungen, rückt sie aber auf Distanz zu ihrer religiösen Bedeutung.

Schon vor Friedrichs Buch hat Walter Benjamin in seinen Notizen über Baudelaire dessen Bruch mit der religiösen Tradition noch schärfer formuliert: „Die heroische Haltung von Baudelaire dürfte der Nietzsches auf das nächste verwandt sein. Wenn Baudelaire am Katholizismus festhält, ist doch seine Erfahrung des Universums genau der Erfahrung zugeordnet, die Nietzsche in den Satz faßte: Gott ist tot."[30] Baudelaires Religiosität wäre dann kaum mehr als ein trotziges Spiel mit Glaubensvorstellungen im Bewusstsein eines Zusammenbruchs der in ihnen begründeten Weltsicht und -ordnung. Sie ist ihm durchaus vertraut, aber seine „Erfahrung des Universums" hätte sie bereits negiert. Die oben behandelte Entwicklung der Titelprojekte führt so letztendlich zu einer nicht mehr transzendental verstehbaren Negativität von Welt und Gesellschaft, die sich nur durch die Affirmation des ‚Mal' und dessen emphatische Überhöhung (unter anderem) in Figuren des Teufels und des ‚Teuflischen' noch ertragen, vor allem aber dichterisch gestalten lässt. Wenn Friedrich formuliert, Baudelaires Dichtung sei die „Sprache eines in sich kreisenden Leidens, das keine Heilung mehr anstrebt, sondern das nuancierte Wort", wenn er, so Friedrich an anderer Stelle, „aus dem Negativen zugleich ein Faszinosum" mache,[31] so ist in diesen Deutungen eine Säkularisierung wie auch eine Abwertung der Bedeutung des religiösen Bezugsfelds impliziert, die für dessen Präsenz in Baudelaires Dichtung konstitutiv wird.

Man könnte zugespitzt sagen, dass Baudelaire die gängige, für den christlichen Glauben wesentliche Semantik des Bösen verwendet, um eine nicht mehr in der Religion verankerte negative Deutung des Welt- und Gesellschaftszustands zu entwerfen, die er in seiner Dichtung gestaltet.[32] Die Frage nach den Gründen für dieses Verfahren wäre zunächst damit zu beantworten, dass ihm eine andere Semantik nicht zur Verfügung steht, weil die der Religion trotz des gesellschaftlichen Wandels in Frankreich Mitte des 19. Jahrhunderts noch dominant ist. Aufschlussreich für diese Bewertung des ‚Teuflischen' ist es, dass Baudelaire sich für die Entwicklung seiner Position auf Joseph de Maistre bezieht,[33] der ja durch seine Deutung der französischen Revolution als

---

30   „Zentralpark", in: Walter Benjamin, *Gesammelte Schriften*, hrsg. von Rolf Tiedemann und Hermann Schweppenhäuser, 5 Bde., Frankfurt: Suhrkamp, 1975–1982, Bd. 1,2 (1975), S. 676.

31   Friedrich, *Die Struktur der modernen Lyrik* [1956], S. 20 und S. 43.

32   Ich danke Hans Sanders, der mich auf diese Frage hingewiesen hat.

33   Vgl. Baudelaire, *Œuvres complètes*, Bd. 1, S. 669: „De Maistre et Edgar Poe m'ont appris à raisonner."

Strafe der göttlichen Vorsehung und Werk des Teufels[34] diese religiöse Figur in die Deutung der gesellschaftlichen Entwicklung eingebracht hatte. Baudelaire relativiert die für de Maistre grundlegende religiöse Dimension dieses Deutungsmusters, behält es selbst mit der Instanz des ‚Teuflischen‘ jedoch zugleich bei. Er kann und / oder will jedenfalls die Grenzen dieses Deutungsmusters, seine potentiell metaphysische Dimension nicht überschreiten.

In dieser Relativierung und Umdeutung religiöser Vorstellungen spielt ein anderer Aspekt eine bedeutsame Rolle, der für die Besonderheit von Baudelaires Evokationen des ‚Teuflischen‘ wesentlich ist. Die ambivalente Absage an die Religion wie die Aufwertung des ‚Teuflischen‘ verbinden sich nämlich in einigen Gedichten mit einer Haltung der Revolte, die auf der Erfahrung gesellschaftlicher und politischer Enttäuschungen aufbaut. Es ist bezeichnend, dass die Absage an den in Jesus verkörperten Erlösungsglauben einerseits (*Le Reniement de Saint Pierre*) und die emphatisch evozierte Anrufung des Teufels andererseits (*Les Litanies de Satan*) die Sektion „Révolte“ der *Fleurs du Mal* bestimmen. Dass Baudelaire sich selbst in einer Vorbemerkung zu *Le Reniement de Saint Pierre* in der ersten Ausgabe der *Fleurs du Mal* von 1857 die Rolle eines „théologien de la populace“ zuschreibt, der bedauert habe, dass Jesus nicht die Rolle eines „Attila égalitaire et dévastateur“ eingenommen habe,[35] verweist indirekt auf Baudelaires Engagement in der Februarrevolution. Die Vorstellung von einem auf der Seite der Aufständischen stehenden Christus ist dort nicht nur bei Baudelaire gängig, und auch der Begriff ‚populace‘ spielt auf deren Akteure an.[36]

Der Aufstand gegen eine gottgewollte ungerechte Weltordnung, die in *Abel et Caïn*, dem dritten Gedicht in der Sektion „Révolte“, im Schlussvers als Wunsch an die entrechtete Nachkommenschaft Kains imaginiert wird[37] – „Race de

---

34   Vgl. „Il y a dans la Révolution française un caractère *satanique.*“, Joseph de Maistre, *Considérations sur la France suivi de Essai sur le principe générateur des constitutions politiques*, présentation de Pierre Manent, Brüssel: Éditions Complexe 1988, S. 69.

35   Baudelaire, *Œuvres complètes*, Bd. 1, S. 1076.

36   Vgl. dazu den Artikel „Aux Prêtres“ in dem von Baudelaire mit herausgegebenen *Salut Public* vom 1. März 1848, in dem es unter anderem heißt: „Jésus Christ [...] était avec nous aux barricades“, Baudelaire, *Œuvres complètes*, Bd. 2, S. 1035. Vgl. zum Kontext auch Frank Paul Bowman, *Le Christ romantique*, Genf: Droz, 1973. Allerdings heißt es in der eben zitierten Vorbemerkung auch, das Gedicht sei nur „le pastiche des raisonnements de l'ignorance et de la fureur“.

37   Dolf Oehler analysiert mit einer Reihe von aufschlussreichen Belegen das zeitgenössische semantische Feld, auf das sich das Gedicht bezieht und in dem im Gegensatz zwischen den beiden Brüdern oder auch in der Figur Kains die Idee eines Klassenkampfs mehrfach anklingt. Wenn er in *Abel et Caïn* jedoch einen Aufruf zum Klassenkampf sieht, so veranschlagt er die aktualisierende Dimension des Gegenstands allerdings gegenüber der

Caïn, au ciel monte / et sur la terre jette Dieu"[38] –, impliziert zudem möglicherweise ebenfalls die Präsenz des Teufels, als dessen Sohn Kain in einer auf
jüdischen Texten, aber auch auf Bibelstellen begründeten Deutungstradition
angesehen wird.[39] Bei Byron, von dessen Drama *Cain* Baudelaire in diesem
Gedicht offensichtlich beeinflusst ist, resultiert Kains Revolte zumindest aus
seiner Begegnung mit Luzifer und der von ihm vermittelten Weltsicht. Die
Litanies de Satan beten in Travestie des religiösen Vorbilds den Teufel an[40] und
machen ihn zum Schutzpatron der Unterdrückten und Unglücklichen[41] wie
zum Erfinder des Schießpulvers („pour consoler l'homme frêle qui souffre"[42]),
was auch wieder Assoziationen an eine Revolte nahelegt.

Mit dem Titel der Sektion „Révolte" und Elementen der darin enthaltenen
Gedichte verbindet sich mithin in der Figur des Teufels – oder zumindest des
‚Teuflischen' in dem Aufruf an die „race de Caïn"[43] – der Protest gegen eine
bedrückende Weltordnung mit der Evokation einer Auflehnung gegen sie.[44]
Wenn die Absage des lyrischen Ich an Jesus im *Reniement de Saint Pierre* mit
einem Weltzustand begründet wird, „où l'action n'est pas la soeur du rêve"[45],
dann tritt im Verlangen nach „action", so könnte man zuspitzen, an die Stelle
der Anbetung Jesu die des Teufels in den *Litanies*. Der Teufel nimmt sozusagen die Rolle ein, die Jesus hätte einnehmen sollen und nicht konsequent eingenommen hat (außer in der Tempelreinigung[46]), weswegen Petrus ihn zu
Recht verleugnet habe. Wenn Baudelaire in diesen Gedichten den Teufel zu
einem Inbegriff der Auflehnung macht, klingen in deren Konstruktion seine

---

mythologischen wohl zu hoch, zumal er selbst einräumt, dass Baudelaire „n'utilise que
très rarement le terme d'ouvrier et encore moins celui de prolétaire", Oehler, *Juin 1848*,
S. 77.

38   Baudelaire, *Œuvres complètes*, Bd. 1, S. 123.

39   In Gen 1,4 wird Adam zumindest nicht explizit als Vater Kains genannt. In 1. Joh 3,12 wird
Kain als „qui ex maligno erat" bezeichnet (*Vulgata*). Vor allem aus dieser Stelle könnte
eine Vaterschaft des Teufels als Ursprung der „Race de Caïn" abgeleitet werden.

40   Wie übrigens auch der Protagonist des Gedichts *Le Possédé*: „O mon cher Belzebuth, je
t'adore", Baudelaire, *Œuvres complètes*, Bd. 1, S. 38 f., V. 14.

41   *Œuvres complètes*, Bd. 1, S. 125, V. 43 f.

42   Ebd., V. 31 f.

43   *Œuvres complètes*, Bd. 1, S. 122, V. 29.

44   Milner, der ausführlich die möglichen Quellen der *Litanies de Satan* behandelt (vgl. Milner, *Le diable dans la littérature française*, Bd. 2, S. 431 ff.), lässt auf Grund seiner religiösen Deutungsperspektive deren historische Dimension völlig außer Acht. Er relativiert
zudem ohne nähere Begründung deren Bedeutung, da sie „[...] ne représentent la pensée
de Baudelaire que d'une manière très partielle et très momentanée", *Le diable dans la
littérature française*, S. 436.

45   Baudelaire, *Œuvres complètes*, Bd. 1, S. 122, V. 30.

46   Vgl. ebd., V. 25 ff.

Hoffnungen in der Revolutionszeit zumindest an, wenn auch als gescheiterte. Zwar ist der (natürlich scheiternde) Aufstand Luzifers gegen Gott auch ein Bestandteil mancher christlichen Konstruktionen des Teufels (etwa in Deutungen von *Offenbarung* 12 und 20), aber Baudelaire verkehrt in seiner positiven Evokation von Teufel und Revolte die Wertung des biblischen Mythos. Der Teufel bzw. in *Abel et Caïn* seine Nachkommen, so könnte man diese Beobachtungen zuspitzen, werden zu Allegorien eines gerechtfertigten Aufbegehrens gegen einen ungerechten Weltzustand, als deren Urheber Gott erscheint.

Aufschlussreich verbinden sich Baudelaires Distanz zur Religion und seine Revolutionshoffnungen in einem Brief, den er 1862 an Sainte-Beuve schreibt, einst ein romantischer Dichter und jetzt ein Literaturpapst des Kaiserreichs. Er benötigte dessen Unterstützung bei seiner (recht bald kläglich gescheiterten) Akademiekandidatur, bedankt sich trotz dessen in der Unterstützung von Baudelaires Kandidatur mehr als halbherzigen Artikels halb ironisch, halb masochistisch bei ihm.[47] Zugleich beruft er sich aber provozierend auf seinen „vieux fonds d'esprit révolutionnaire" und bezeichnet sich dann weiter als „un catholique bien suspect".[48] Aus einer solchen Verbindung von politischer Vergangenheit und religiöser Skepsis, so könnte man aus diesen beiden Selbstzuschreibungen folgern, resultiert unter anderem auch Baudelaires spezifische Konstruktion des Teufels, in der die Faszination von Auflehnung und Veränderungshoffnung präsent bleibt.

Der Artikel Sainte-Beuves erschien im regimetreuen *Constitutionnel* und beurteilt Baudelaire als einen im Grund außerhalb der akzeptablen literarischen Strömungen der Zeit stehenden Dichter. So schreibt er unter anderem:

> M. Baudelaire a trouvé moyen de se bâtir, à l'extrémité d'une langue de terre réputée inhabitable, et par-delà les confins du monde romantique connu, un kiosque bizarre, fort tourmenté, mais coquet et mystérieux [...]. Ce singulier kiosque, fait en marqueterie, d'une originalité concertée et composite, qui depuis quelque temps attire les regards, à la pointe extrême du Kamchatka romantique, j'appelle cela la *Folie Baudelaire*. L'auteur est content d'avoir fait quelque chose d'impossible.[49]

---

47 „[...] si je recevais souvent des encouragements aussi vigoureux que celui-ci, je crois que j'aurais la force de faire une immense Sibérie, mais chaude et peuplée", Charles Baudelaire, *Correspondance*, texte établi, présenté et annoté par Claude Pichois, 2 Bde., Bd. 2, Paris: Gallimard, 1973, S. 219.

48 Baudelaire, *Correspondance*, S. 220 f.

49 Zitiert nach Baudelaire, *Œuvres complètes*, Bd. 2, S. 190 in einem anonym publizierten Artikel Baudelaires über die Akademiewahlen von Ende Januar 1862. Die von Baudelaire ausgelassene Passage insistiert auf dem dem Dichter zugeschriebenen Drogenkonsum.

Vielleicht in Erinnerung an seine eigenen einstigen romantischen Kühn-
heiten ist dieses Urteil Sainte-Beuves wohl ein eher wohlwollend gemeinter
Tadel. Er grenzt aber doch, nicht zuletzt mit der Sibirienmetaphorik, Baudelaire eindeutig aus dem zeitgenössischen literarischen Feld aus. Die Fremdheit
seiner Dichtung wird in den ihr zugeschriebenen Charakterisierungen ebenso
deutlich wie ihre Unangepasstheit („inhabitable", „bizarre", „quelque chose
d'impossible"). Die verschiedenen Dimensionen der Bedeutung des ‚Mal' für
Baudelaire klingen allenfalls in dem Attribut „fort tourmenté" an, oder auch in
der Charakterisierung der Dichtung als *„Folie Baudelaire"*, mit der Sainte-Beuve
sein Urteil zusammenfasst. Er argumentiert, auch wenn er die Dimension des
‚Teuflischen' bei Baudelaire nicht näher behandelt, als Repräsentant einer konventionellen und konformistischen Dichtung, in der die verdächtigen Tendenzen von Baudelaires Dichtung keinen Platz haben.[50]

Denkt man nun die oben angeführten Überlegungen weiter, so ist diese
Dimension, auch wenn sie in Sainte-Beuves Urteil unausgesprochen bleibt,
ein wichtiger Grund für die Ausgrenzung Baudelaires als literarischer Sonder-
ling. Daraus ergeben sich wesentliche Folgerungen für die Frage nach der
Bedeutung des Teufels bei Baudelaire. Seine Repräsentationen des Teufels bzw.
des ‚Teuflischen' stehen angesichts ihres revolutionären Bedeutungspotentials
quer zum Mainstream des literarischen Felds und gewinnen eine produktive
Autonomie, die für ihre Bedeutung in seiner Dichtung konstitutiv wird. Das
‚Teuflische' wird zu einem der Charakteristika einer Dichtung, die sich den
dominanten ästhetischen wie gesellschaftlichen Normen verweigert. Es soll
daher im Folgenden nicht um dessen religiösen Implikationen, sondern um
die ästhetische Produktivkraft des mit ihnen transportierten ideologischen
Konfliktpotentials gehen (eben den „vieux fonds d'esprit révolutionnaire" eines
„catholique bien suspect"). Dieses Konfliktpotential bringt Baudelaire selbst
dazu, die Besonderheit seiner Position im zeitgenössischen Feld der Dichtung
zu begründen und sich damit gegen dessen dominante Orientierungen zu
stellen.

„Je veux dire que l'art moderne a une tendance essentiellement démoniaque", lautet einer der Schlüsselsätze, mit denen Baudelaire unter Verweis
auf Beethoven und Poe eine Selbstverständigung versucht. Er findet sich in

---

Das Zitat entstammt dem Artikel „Des prochaines élections à l'Académie", abgedruckt
in Charles-Augustin Sainte-Beuve, *Nouveaux Lundis*, Bd. 1, Paris: Calmann-Lévy, 1863,
S. 384–407.

50   Seine *Nouveaux Lundis* (Bd. 10, Paris 1865) enthalten drei lange Artikel über den „Etat de
la poésie en 1865", in denen die verschiedensten, heute zumeist nicht mehr bekannten
Dichter der Natur, der Regionen oder der ‚douceur du foyer' lobend behandelt werden.
Baudelaire hingegen wird nicht einmal erwähnt.

einer fast zeitgleich zur zweiten Auflage der *Fleurs du Mal* (1861) verfassten Würdigung seines Freunds Théodore de Banville. Er charakterisiert diesen als (neben Théophile Gautier) herausragendsten Repräsentanten des *l'art pour l'art* und grenzt ihn mit der eben zitierten Einschätzung von den ‚teuflischen‘ Tendenzen der zeitgenössischen Kunst (und damit bei aller Freundschaft auch von sich selbst) ab.[51] Seine Sicht der Lyrik Banvilles führt Baudelaire dann folgendermaßen weiter:

> Mais Théodore de Banville refuse de se pencher sur ces marécages de sang, sur ces abîmes de boue. Comme l'art antique, il n'exprime que ce qui est beau, joyeux, noble, grand, rythmique. Aussi, dans ses œuvres, vous n'entendrez pas les dissonances, les discordances des musiques du sabbat, non plus que les glapissements de l'ironie, cette vengeance du vaincu. Dans ses vers, tout a un air de fête et d'innocence, même la volupté. [...] Sa poésie [est ...] un retour très volontaire vers l'état paradisiaque.[52]

Diese Wertung der Dichtung Banvilles entwirft metaphorisch einen grundlegenden ästhetischen Gegensatz, den man als harmonisch vs. dissonant zusammenfassen könnte. „Démoniaque" wäre alles im „art moderne" was gegen die Normen ästhetischer Idealisierung verstößt, im Text mit bezeichnenden Metaphern wie „marécages de sang" oder „discordances des musiques du sabbat" evoziert. Dass mit „sabbat" die Teufels- oder Hexenmesse gemeint ist, wird durch die Qualifikation der Musik als disharmonisch nahegelegt, die dieser Zeremonie zugeschrieben wird. Den Gegensatz dazu bildet die Dichtung Banvilles als „retour [...] vers l'état paradisiaque". Es kann kein Zweifel daran bestehen, dass Baudelaire sich in dem Gegensatz zwischen dem Paradies und dem ‚Teuflischen‘ auf Seiten des letzteren situiert, damit außerhalb der vorherrschenden Positionen im literarischen Feld.

Allerdings ist dieses Feld in beständiger Bewegung, und Baudelaires wachsende Bekanntheit gibt wesentliche Impulse dafür. Der in den 1860er Jahren sich bildenden Gruppierung des *Parnasse*, der etwa Verlaine oder Mallarmé zuzurechnen sind, galt er dann bereits als Vorbild und für Rimbaud, in seinen Anfängen ebenfalls vom *Parnasse* beeinflusst, war er „le premier voyant, roi

---

51   Ähnliche Feststellungen lassen sich im Übrigen auch angesichts der ersten Fassung von Baudelaires Widmung der *Fleurs du Mal* an Théophile Gautier (vgl. Baudelaire, *Œuvres complètes*, Bd. 1, S. 187) sowie seiner großen Würdigung dieses Begründers des *l'art pour l'art* treffen. Vgl. dazu Stenzel, „Das Ende der romantischen Utopien", S. 241 f.

52   Baudelaire, *Œuvres complètes*, Bd. 2, S. 168. – Vgl. auch das folgende Urteil über Banville: „Sa poésie représente les heures heureuses", Baudelaire, *Œuvres complètes*, Bd. 1, S. 656.

des poètes, *un vrai Dieu*"[53]. In den 1860er Jahren publizierte Baudelaire mehrfach in dieser Gruppe zuzurechnenden Zeitschriften, zuletzt 1866 im *Parnasse
contemporain*, mit dessen Herausgeber Catulle Mendès er eine rege Korres-
pondenz führte. An der Anerkennung, die er in diesen Kreisen fand, war er
allerdings kaum interessiert und beharrte nachgerade auf seiner isolierten
Position. So schreibt er in einem Brief, auf diese Rezeption eingehend: „Je ne
suis pas fait pour diriger qui que ce soit, et j'ai un profond mépris pour des gens
qui ne savent pas se diriger eux-mêmes."[54] Man kann nur vermuten, dass dieses Beharren auf der Besonderheit seiner Dichtung auch in deren historisch-
kritischen Dimension begründet war, im revolutionären Engagement und
dessen Enttäuschung.

Dass im Banville-Artikel der „tendance essentiellement démoniaque" des
„art moderne" auch „marécages de sang" zugeordnet werden, verweist jedenfalls erneut auf diese historische Dimension von Baudelaires Dichtungskonzeption. Imaginationen eines Blutbads, von Leichen, Tod und Gewalttaten
finden sich immer wieder in seinen Gedichten, etwa im letzten Terzett von *La
Cloche fêlée* (ursprünglicher Titel im *Messager de l'Assemblé: Le Spleen*),[55] wie
auch in weiteren Gedichten mit dem Titel *Spleen*.[56]

La Cloche fêlée beispielsweise wird bestimmt von dem Gegensatz zwischen
dem „cri religieux" einer „cloche au gosier vigoureux" und dem Seelenzustand
eines lyrischen Ich, dessen „voix affaiblie" mit dem Röcheln eines Verwundeten
verglichen wird, der unter einem Leichenhaufen stirbt.[57] Diese Konstruktion
(tönende Glocke vs. Röcheln) kann man einerseits als poetische Inszenierung
des im Banville-Aufsatz ausgeführten Gegensatzes zwischen Harmonie und
Disharmonie lesen, seine Bildlichkeit ermöglicht aber auch eine historische
Kontextualisierung. Die These Dolf Oehlers, dass solche Imaginationen von
Tod und Sterben – wie auch der für Baudelaire spezifische Begriff des ‚Spleen',
der für alle oben angeführten Gedichte als Titel fungiert bzw. in der ersten
Fassung fungiert hat – als Verarbeitung der Erinnerung an das Massaker am
aufständischen Pariser Proletariat von Juni 1848 gelesen werden können, ist

---

53   Arthur Rimbaud, *Œuvre-Vie*, édition du centenaire établie par Alain Borer avec la coll.
     d'Andrée Montègre, Paris: Arléa, 1991, S. 192.
54   Charles Baudelaire, *Correspondance.*, Bd. 2, S. 569.
55   Baudelaire, *Œuvres complètes*, Bd. 1, S. 71 f.
56   LXXV, Baudelaire, *Œuvres complètes*, Bd. 1, S. 72, V. 4 und LXXVIII, Baudelaire, *Œuvres
     complètes*, Bd. 1, S. 75, V. 15–18. Dort findet sich eine ausgeführte Evokation von Aufruhr
     und nachfolgendem Leichenzug.
57   Vgl. dazu meine Interpretation des Gedichts in Stenzel, „Das Ende der romantischen Uto-
     pien", S. 261 ff.

eine nahe liegende Deutungsmöglichkeit für diese historische Dimension von
Baudelaires Dichtung.[58]

Nun ist in den eben angeführten Gedichten die Figur des Teufels allenfalls implizit präsent, man könnte sagen als das ‚Teuflische' einer historischen
Erfahrung und ihrer Verarbeitung. Dass dessen Verbindung mit der poetischen Imagination für Baudelaire wesentlich ist, zeigen explizit seine ‚Leseanweisungen' für die *Fleurs du Mal*.[59] Neben dem schon angesprochenen
Bedeutungspotential der verschiedenen Titelprojekte finden Imaginationen
des Teufels und des ‚Teuflischen' sich vor allem in zwei programmatischen
Gedichten: in dem den Band einleitenden *Au Lecteur* sowie in dem vermutlich für dessen zweite Auflage gedachten, dann aber dort nicht abgedruckten
Épigraphe pour un livre condamné (Variante: „condamné en 1857").[60] Die in diesen Gedichten entworfenen Konstruktionen des ‚Teuflischen' können sowohl
als Indizien einer Weltsicht wie als ambivalente Angebote an einen Leser verstanden werden, sich auf das Sinnpotential der Gedichte einzulassen.

In *Au Lecteur* erscheinen zwei Figuren des Teufels als beherrschende Ins-
tanzen der Lebenswelt und des Handelns eines kollektiven „nous", zunächst
als „Satan Trismégiste", der dessen Willen auflöst und „notre esprit enchanté"
auf dem „oreiller du mal" wiegt.[61] Dann wird „le Diable" als Marionettenspieler
evoziert – „qui tient les fils qui nous remuent!"[62] –, der das „nous" zur Hölle
hinabsteigen lässt und ihr zugleich ihren Schrecken nimmt.[63] Die so kollek-
tiv angesprochenen Individuen werden beherrscht vom „péché"[64], leben in
der „ménagerie de nos vices"[65] und folgen ihren „piteux dessins"[66], ohne doch
mutig genug für größere Verbrechen („le viol, le poison, le poignard, l'incen-
die"[67]) zu sein. Beherrschend in dieser Inszenierung einer negativ evozierten
Lebenswelt, die doch zugleich ihre Anziehungskraft hat („Et nous rentrons

---

58   Oehler, *Juin 1848*, S. 57 ff. Deutlich wird diese Verbindung auch in dem unvollendeten
      Projekt eines Epilogs für die *Fleurs du Mal*, der, an die Stadt Paris, den Schauplatz der
      Junimassaker gerichtet, in einer Passage die Evokation von Barrikadenkämpfen – „tes
      magiques pavés dressés en forteresse" – und „tes égouts pleins de sang" in Zusammen-
      hang setzt, Baudelaire, *Œuvres complètes*, Bd. 1, S. 192, V. 25 ff.

59   Ich übernehme diesen Begriff von Oehler, „Baudelaires Leseanweisungen".

60   Baudelaire, *Œuvres complètes*, Bd. 1, S. 5 f. und S. 139.

61   Ebd., V. 9 ff.

62   Ebd., V. 13.

63   Vgl. ebd., V. 15 f.

64   Ebd., V. 1 und V. 5.

65   Ebd., V. 32.

66   Ebd., V. 19.

67   Ebd., V. 17 ff.

gaiement dans le chemin bourbeux"[68]), erscheint die Allegorie des „Ennui",
dieser „monstre délicat"[69], dem die letzten beiden Strophen des Gedichts
gewidmet sind. Von ihm wird gesagt, dass er von einer radikalen Gewalttätig-
keit träumt – „il ferait volontiers de la terre un débri"; „il rêve d'échafauds en
fumant son houka"[70] –, ohne sie doch ins Werk zu setzen.

Diese Verbindung der Negativität einer vom Teufel beherrschten, den
„Ennui" hervorbringenden Lebenswelt mit Gewaltphantasien ist in doppelter Weise provokativ. Sie macht den Leser, der ab V. 2 im „nous" implizit,
explizit dann in den letzten beiden Versen angesprochen wird, zu einem einverständigen Teil der evozierten Welt, wirft ihm aber doch in dem berühmten
Schlussvers zugleich Heuchelei vor: „– Hypocrite lecteur, – mon semblable,
mon frère"[71]. Implizit könnte der Leser dadurch dazu angeregt werden, über
die im Gedicht evozierte Weltsicht nachzudenken oder sich vielleicht sogar
von ihr zu distanzieren. Deren historische Dimension bleibt vage. Ob man
den „Ennui" als „genau die Seelenverfassung [...], die sowohl Ursache wie
Folge solcher Ungeheuerlichkeiten wie der Massaker von Juni 1848 ist"[72], verstehen kann, ist deshalb zweifelhaft. Dass Baudelaire aber zumindest mit der
angepasst-einverständigen, diese historische Katastrophe verdrängenden Haltung des zeitgenössischen Publikums spielt, in die das lyrische Ich sich ja einbezieht, erscheint dennoch als Deutung plausibel.

Die Figuren des Teufels erscheinen in diesem Gedicht als Drahtzieher dieser Haltung, man kann sie aber auch als indirekten Verweis auf eine poetische
Strategie verstehen, die dem „lecteur" zugleich einvernehmlich und kritisch die
Problematik seiner angepassten Haltung vor Augen führt. Diese Deutung wird
durch das zweite programmatische Gedicht *Épigraphe pour un livre condamné*
gestützt, das den Teufel geradezu als poetischen Lehrmeister inszeniert. Auch
dieses Gedicht richtet sich an einen einverständigen „lecteur", an den „Lecteur
paisible et bucolique / sobre et naïf homme de bien"[73]. Dieser kritisch-ironisch
charakterisierte Leser der *Fleurs du Mal* wird aufgefordert, „ce livre saturnien, /
Orgiaque et mélancolique"[74] wegzuwerfen. Diese Aufforderung nun wird mit
dem Einfluss des Teufels auf die Gedichte begründet: „Si tu n'as pas fait ta rhétorique / chez Satan, le rusé doyen, / Jette! [...]"[75]. Der „Satan" wird hier als

---

68   Ebd., V. 7.
69   Ebd., V. 39.
70   Ebd., V. 35 und V. 38.
71   Ebd., V. 40.
72   Oehler, „Baudelaires Leseanweisungen", S. 159.
73   Baudelaire, *Œuvres complètes*, Bd. 1, S. 139, V. 1 f.
74   Ebd., V. 3 f.
75   Ebd., V. 5 ff.

die – möglicherweise kirchliche – Instanz (als „doyen") eingeführt, von der die Textstrategien des Buchs ausgehen und die sie lehrt – „[l]a rhétorique" ist ja auch die traditionelle Bezeichnung für die Abschlussklasse des Gymnasiums.

Die rhetorische Strategie der *Fleurs du mal* kann man demnach zweifellos als „proprement démoniaque"[76] bezeichnen, was auch dem dem naiven Leser zugeschriebenen Eindruck entspricht: „[...] tu me croirais hystérique"[77]. In dem Prosagedicht *Le mauvais vitrier* hat Baudelaire selbst „satanique" als das treffendere Äquivalent von „hystérique" angegeben,[78] womit im Verständnis des Lesers der Verfasser des Buchs ebenso quasi vom Teufel besessen wäre wie seine Gedichte. Deren teuflische „rhétorique" dekonstruiert eine einverständige Weltsicht, die dem „lecteur paisible", dem „homme de bien" zu eigen ist.[79]

Doch anders als in *Au lecteur* wird in den das Sonnet abschließenden Terzetten nun die Möglichkeit eines Lesers evoziert, der sich der die Gedichte als ‚teuflisch' abwehrenden Rezeption entzieht: „Mais si, sans se laisser charmer, / ton œil sait plonger dans les gouffres / Lis-moi [...]"[80]. Auch diese Aufforderung ist – ebenso wie die beiden gegensätzlichen Leserkonstruktionen des Gedichts – wieder ambivalent: Der Leser soll sich dem ‚teuflischen' Zauber der Gedichte – so zumindest die ältere Bedeutung von „charmer"[81] – entziehen, zumindest mit dem Auge aber soll er „plonger dans le gouffre", in den Abgrund, den sie enthüllen, eintauchen. Dieser Rezeptionsmodus macht den so angesprochenen Leser solidarisch mit der ‚teuflischen' Textstrategie der Gedichte und sogar mit deren Autor. Dies nicht nur wegen der parallelen Appelle („Lis moi" und „Plains-moi!"[82]), sondern auch wegen der deutlichen Parallele zu den Schlussversen des wohl kurz zuvor verfassten, die *Fleurs du Mal* abschließenden Gedichts *Le Voyage*: „Nous voulons [...] / Plonger au fond du gouffre, Enfer ou Ciel, qu'importe? / Au fond de l'Inconnu pour trouver du *nouveau!*"[83] Dieser an den Tod gerichtete Wunsch rekurriert nicht nur ebenfalls indirekt auf den Dualismus Enfer / Ciel, in dem der Teufel steht, er erhellt auch umgekehrt den im *Épigraphe* von Baudelaire für seine Gedichte erwünschten

---

76 So Patrick Labarthe, *Baudelaire et la tradition de l'allégorie*. Genf: Droz, 1999, S. 42.

77 Baudelaire, *Œuvres complètes*, Bd. 1, S. 139, V 8.

78 „[...] cette humeur, hystérique selon les médecins, satanique selon ceux qui pensent un peu mieux que les médecins, qui nous pousse sans résistance vers une foule d'actions dangereuses ou inconvenantes [...]", Baudelaire, *Œuvres complètes*, Bd. 1, S. 286.

79 *Œuvres complètes*, Bd. 1, S. 138.

80 Ebd., V. 9 ff.

81 Der *Robert* gibt im Artikel „charmer" als Äquivalent „exercer une action magique" an.

82 Baudelaire, *Œuvres complètes*, Bd. 1, S. 138, V. 14.

83 *Œuvres complètes*, S. 134, V. 140 ff.

Rezeptionsmodus: Wer sich auf die ‚teuflische' Rhetorik einlässt, kann die vor-
findliche Wirklichkeit überwinden und im „Inconnu" das Neue finden.

Dieses Ende von *Le Voyage* nun, das auf Grund seiner Platzierung als
Abschluss der zweiten Auflage der *Fleurs du Mal* als eine Art Resümee von
Baudelaires dichterischem Projekt gelesen werden kann,[84] deutet mit ihrer
Aufhebung des für die Religion fundamentalen Dualismus durch „Inconnu"
und „nouveau" als Ziel auch eine Relativierung der Figur des Teufels an. So
bedeutungsstiftend er für die Dichtung Baudelaires ist, wird er doch durch
das Streben nach etwas Unbestimmten, dem ganz Anderen aufgehoben. Auch
der erste Vers des Gedichts *Hymne à la beauté* greift den religiösen Dualismus
auf, der hier nun, an die „beauté" gerichtet, eine ästhetische Dimension erhält:
„Viens tu du ciel profond ou sors tu de l'abîme."[85] Und das gesamte Gedicht
spielt Paradoxien des darin entworfenen Schönheitsideals in einer Metaphorik
durch, die von den religiös konnotierten Gegensätzen ‚ciel / abîme', ‚gouffre /
astres', ‚Dieu / Satan' geprägt ist, einmal dann in direkter Parallele zu den
Schlussversen von *Le Voyage*: „Que tu viennes du ciel ou de l'enfer, qu'importe".[86]
Die letzte Strophe nimmt diese Wendung wieder auf: „Qu'importe, si tu rends
[...] / L'univers moins hideux et les instants moins lourds?"[87] Das wäre dann
ein ästhetisches Programm, das jenseits von Konstruktionen des ‚Teuflischen'
situiert ist und trotz der daran erinnernden, der „Beauté" zugeschriebenen
Attribute wie „Horreur" und „Meurtre" die Überwindung der Negativität des
Welt- und Gesellschaftszustands im dichterischen Wort anstrebt.[88]

Bibliographie

Austin, Lloyd James: *L'univers poétique de Baudelaire: symbolisme et symbolique*, Paris:
    Mercure de France, 1956.
Baudelaire, Charles, *Correspondance*, texte établi, présenté et annoté par Claude
    Pichois, 2 Bde., Paris: Gallimard, 1973.
Baudelaire, Charles, *Les Fleurs du Mal*, édition critique établie par Jacques Crépet et
    Georges Blin. Paris: Corti, 1942.
Baudelaire, Charles, *Œuvres complètes*, Texte établi, présenté et annoté par Claude
    Pichois, 2 Bde., Paris: Gallimard, 1975/76.

---

84 Es hat für Baudelaire geradezu programmatischen Charakter. Wie er in einem Brief von
    Anfang 1859 formuliert, sei sein Ziel „[de] *faire frémir* la nature, et surtout les *amateurs* du
    progrès", Baudelaire, *Correspondance*, Bd. 1, S. 553.
85 Baudelaire, *Œuvres complètes*, Bd. 1, S. 24 f., V 1.
86 Ebd., V. 15.
87 Ebd., V. 26 und V. 28.
88 Ebd., V. 14 und V. 15.

Benjamin, Walter, *Gesammelte Schriften*, hrsg. von Rolf Tiedemann und Hermann Schweppenhäuser, 5 Bde., Frankfurt: Suhrkamp, 1975–1982, Bd. 1,2 (1975).

Bowman, Frank Paul, *Le Christ romantique*, Genf: Droz, 1973.

Cellier, Léon, „Baudelaire et ‚Les Limbes' ", in: *Studi francesi*, 55 (1964), S. 437–459.

Dante, *Die göttliche Komödie*, Italienisch und Deutsch, hrsg. von August Vezin, Freiburg 1956.

Friedrich, Hugo, *Die Struktur der modernen Lyrik*, erweiterte Neuausgabe, Reinbeck: Rowohlt, [5]1973 (1956).

Full, Bettina, *Karikatur und Poiesis. Die Ästhetik Charles Baudelaires*, Heidelberg: Winter, 2005.

Greiner, Thorsten, *Ideal und Ironie. Baudelaires Ästhetik der „modernité" im Wandel vom Vers- zum Prosagedicht*, Tübingen: Niemeyer, 1993.

Kemp, Friedhelm, *Baudelaire und das Christentum*. Marburg: Michaelis-Braun, 1939.

Labarthe, Patrick, *Baudelaire et la tradition de l'allégorie*. Genf: Droz, 1999.

Lawler, James R., *Poetry and Moral Dialectic. Baudelaire's „Secret architecture"*, Madison: Fairleigh Dickinson University Press, 1997.

Leakey, Felix W.: *Baudelaire and nature*, Manchester: Manchester University Press, 1969.

Lettres à Baudelaire, publiées par Claude Pichois, Neuchâtel: La Baconnière, 1973.

Maistre, Joseph de, *Considérations sur la France suivi de Essai sur le principe générateur des constitutions politiques*, présentation de Pierre Manent, Brüssel: Éditions Complexe, 1988.

Oehler, Dolf, „Baudelaires Leseanweisungen", in: *Zeitschrift für Literaturwissenschaft und Linguistik*, 57/58, 1985, S. 147–165.

Oehler, Dolf, *Juin 1848. Le Spleen contre l'oubli*, Paris: Payot & Rivages, 1996.

Pommier, Jean, *La Mystique de Baudelaire*, Paris: Les Belles Lettres, 1936.

Rimbaud, Arthur, *Œuvre-Vie*, édition du centenaire établie par Alain Borer avec la coll. d'Andrée Montègre, Paris: Arléa, 1991.

Ruff, Marcel A., *L'Esprit du Mal et l'esthétique baudelairienne*, Paris: Colin, 1955.

Sainte-Beuve, Charles Augustin, *Nouveaux Lundis*, Bd. 1, Paris: Calmann-Lévy, 1863.

Stenzel, Hartmut, *Der historische Ort Baudelaires. Untersuchungen zur Entwicklung der französischen Literatur um die Mitte des 19. Jahrhunderts*, München: Fink, 1980.

Stenzel, Hartmut, „Das Ende der romantischen Utopien und die Revolution der Dichtungssprache: Baudelaire und Rimbaud", in: Heinz Thoma (Hg.), *19. Jahrhundert: Lyrik*, Tübingen: Stauffenburg, 2009, S. 227–301.

Sahlberg, Oskar (Hg.), *Charles Baudelaire: Gedichte der Revolution*, Berlin: Wagenbach, 1977.

Sahlberg, Oskar, *Baudelaire und seine Muse auf dem Weg zur Revolution*, Frankfurt: Suhrkamp, 1980.

„Tu eres el diábolo [...] / que me vienes a tentar"

Die Figur des Teufels und sein Bedeutungswandel in der spanischen Popularmusik

Florian Homann

1.   Hinführung

Der den Titel dieses Beitrags einleitende Vorwurf „Tu eres el diábolo [...] / que me vienes a tentar" bildet einerseits mit einem eingeschobenen *Romera* zur Ansprache eines weiblichen artikulierten Du einer Pilgerin die ersten beiden Verse einer eigenständigen *Copla flamenca*, die seit den Ursprüngen der Musik-kultur im 19. Jahrhundert bis heute bevorzugt interpretiert wird. Andererseits beinhalten die gesamten 14 Verse der *Copla* semantisch aufgeladene Elemente, die in vielen Musikstücken wiederauftauchen und ohne die Berücksichtigung ihres Kontextes schwer zu bestimmen sind.

In seinem einführenden Beitrag zur Lyrikanalyse betont Laferl die grund-legende Beziehung zwischen Musik und Text und spricht sich dafür aus, den Fokus durch den Einbezug von Texten der Popularmusik in die literatur-wissenschaftliche Analyse zu erweitern, besonders da „die wirkungsmächtige Lyrik der Gegenwart wieder eine Einheit mit der Musik eingeht, wie es bereits in mehreren vergangenen Epochen"[1] seit der Antike zu beobachten ist. Die Liedzeilen gehen als lyrische Verse durch ihre Fixierung im Speichermedium Musik in das kulturelle Gedächtnis ein und leben in jeder musikalischen Per-formance des Texts weiter, gegebenenfalls in einer langen Überlieferungs-kette der *Oral Tradition*. Die vielfältigen Medienwechsel von Lyrik und Musik erzeugen intertextuelle und intermediale Beziehungen zwischen den Texten der verschiedenen Gattungen. Die Konzepte Intertextualität und Intermediali-tät werden damit relevant, um zu untersuchen, wie Texte von verschiedenen Publikumsgruppen zu verschiedenen Zeiten wahrgenommen werden, unter-schiedliche Konnotationen hervorrufen und Bedeutungen erzeugen – gerade

---

*   This article is a result of +PoeMAS, „MÁS POEsía para MÁS gente. La poesía en la música popular contemporánea", a research project funded by the Spanish Ministry of Science and Innovation (PID2021-125022NB-I00), coordinated at UNED by Clara I. Martínez Cantón and Guillermo Laín Corona between September 2022 and August 2025.

1   Christopher F. Laferl, „Analyse von Gedichten, Lyrik und Liedtexten", in: Bernhard Pöll u. a. (Hg.), *Handbuch Spanisch: Sprache, Literatur, Kultur, Geschichte in Spanien und Hispa-noamerika*, Berlin: Schmidt, 2012, S. 716–723, hier S. 716.

© BRILL FINK, 2024 | DOI:10.30965/9783846768013_016

bezüglich Figuren wie dem Teufel oder semantisch aufgeladener Begriffe wie *diabólico*, deren Assoziationen sich über die Jahrhunderte geändert haben. Die Verkörperung des Bösen kann verschiedene metaphorische Bedeutungen annehmen, denen dieser Beitrag nachgeht und folgende Fragen verfolgt: Welche Bedeutungen besitzt die Figur des Teufels und welche Konzepte verkörpert sie über die Jahrhunderte in der Popular- und Populärkultur sowie in der volkstümlichen Lyrik? Welche Funktionen erfüllen die vielfältigen Verwendungen dieser Referenz daher konkret in der Musik?

Eine der Funktionen der Teufelsverwendung ist das Verfluchen und Verwünschen von Widersachern, was sich seit dem Mittelalter in der Epik, dem daraus entstandenen *Romancero* und den mit letzterem in enger Beziehung stehenden *Refranero* als Repertoire spanischer populärer Sprichwörter sowie den Texten des Flamencogesangs manifestiert. Bekanntermaßen ist der Teufel bzw. das Diabolische zudem seit den drei synoptischen Evangelien des Neuen Testaments[2] mit der Versuchung assoziiert, der nicht jeder Sterbliche widerstehen kann. Seit dem ersten Buch Genesis ist in diesem Zusammenhang die Schlange als verführerische und manipulative Gestalt, gegen die Gebote Gottes zu verstoßen, ein Symbol des Teufels – in einigen Kulturen und Auslegungen als Urschlange gesehen[3] – da sie Eva dazu verleitet, von der verbotenen Frucht zu essen. Einige der Interpretationen dieser Episode erzeugen eine im (popularkulturellen) Sprachgebrauch häufig zu Misogynie führende Beziehung zwischen Sünde und Weiblichkeit, die in manchen neuzeitlichen Romanzen und Flamencotexten reflektiert wird. Die Versuchungen, wie etwa von Faust durch Mephisto, machen das Teuflische aus. Die kontinuierlichen Warnungen vor seiner Intention, die Menschen in Versuchung zu führen, haben unter anderem aber auch dazu geführt, dass der *Demonio* in der spanischen Populärkultur Ende des 20. Jahrhunderts eine eigene metaphorische Bedeutung in Form der Versuchung des Drogenkonsums erlangt.

Zuerst werden nun in der diachronen Analyse von Romancero, Flamenco, Rumba Gitana und Rap deren vielfältige Funktionen vorgestellt, um daran anschließend jeweils an ausgewählten Fällen die Bedeutungen von *Diablo* und *diabolico* deren Wandel über die Jahrhunderte herauszuarbeiten. Die drei hier

---

2   Der dreifachen Versuchung in der Wüste (Steine zu Brot zu machen, vom Tempeldach zu springen und alle Reiche der Welt zu erhalten) widersteht Jesus und entgegnet in Lukas (4, 12): „Du sollst den Herrn, deinen Gott, nicht auf die Probe stellen". Bibelzitate erfolgen nach der Bibel in der Einheitsübersetzung, www.uibk.ac.at/theol/leseraum/bibel (Zugriff: 16.02.2023).

3   In diesem Sinne wird der Drache als Verkörperung des Bösen in der Offenbarung des Johannes (12,9) als „die alte Schlange, die Teufel oder Satan heißt und die ganze Welt verführt" bezeichnet.

behandelten aktuellen Musikgenres – Flamenco, Rumba Gitana und Rap – haben gemeinsam, dass sie subalternen Stimmen Ausdrucksmittel bieten, um die sozialen Bedingungen in den modernen Stadtvierteln sowie das Leben auf der Straße in den Unterschichten zu schildern.

2.   Musik und Lyrik: Funktionen und Bedeutungen der Texte

Der *Romancero*, im Mittelalter als mündliches Nachrichtenmedium und Propagandamittel aus selektierten und auf den Publikumsgeschmack angepassten Fragmenten der spanischen Bänkellieder *Cantares de Gesta* entstanden, deren etymologische Abstammung vom lateinischen *Gesta* den thematischen Fokus auf die Kriegstaten der ritterlichen Helden oder Herrscher erklärt, wird schon seit seinen Ursprüngen auch zur Unterhaltung genutzt.[4] Nach dem zu Beginn des 20. Jahrhunderts von Menéndez Pidal entworfenen Konzept der *Poesía oral tradicional* sind die Romanzen als spezifischer Typ der mündlichen Dichtung daher in dem Sinne traditionell, als gemäß den Mechanismen der *Oral Tradition* im jahrhundertelangen Überlieferungsprozess das ursprüngliche Autorenbewusstsein des jeweiligen Texts aus Gründen fehlender Relevanz verlorengegangen ist und die Texte in das Kulturgut der sie übermittelnden Gemeinschaft übergegangen sind.[5] Die Implikationen dieser Idee weisen besonders auf die Dynamiken der Texte, die sich in ihrer Entwicklung bis zum 20. Jahrhundert in unzähligen Versionen verselbstständigt und multipliziert haben. Einzelne Geschichten haben Autonomie erlangt und nehmen anschließend in ihrer eigenen Entwicklungsgeschichte über Jahrhunderte mitunter verschiedene Bedeutungen und Funktionen an.[6] Einerseits ist der *Romancero* – als Repertoire von „[...] poemas narrativos en forma de baladas"[7] schon per Definition – von seinem narrativen Charakter geprägt. Andererseits hat sich der *Romancero* aufgrund der ständig fortschreitenden Fragmentierungsprozesse zu einem episch-lyrischen Genre gewandelt, in dem besonders unmittelbare Dialoge, gerade im dramatischen Modus, vorherrschen können.[8] In diesem Rahmen kann das für die Lyrik charakteristische

---

4   Hans-Jörg Neuschäfer, „Der Romancero als Unterhaltungsliteratur (ab 15. Jh.)", in: Ders.: *Klassische Texte der spanischen Literatur*, Stuttgart: J. B. Metzler 2011, S. 20–27.

5   Ramón Menéndez Pidal, *Estudios sobre el romancero*, Madrid: Espasa-Calpe, 1973, S. 199–204.

6   Pedro Piñero, „La dilatada historia del romancero: La Edad Media", in: Ders. (Hg.), *Romancero*, Madrid: Biblioteca Nueva, 2008, S. 11–27, hier S. 16 f.

7   Paloma Díaz Mas, „El Romancero, entre la tradición oral y la imprenta popular", in: *Destiempos* 15 (2008), S. 115–129, hier S. 116.

8   Piñero, „La dilatada historia", S. 18.

„artikulierte Ich"[9] gegenüber der erzählenden Stimme in der dritten Person an Gewicht gewinnen, wobei die Vielzahl der Adressierungen an das artikulierte Du diesen Prozess verstärken. Mit der damit einhergehenden, teilweise sehr radikalen Fragmentierung – zu beobachten besonders im andalusischen Repertoire – verlagern etwa die aus dem Mittelalter überlieferten Texte ihre zentrale Thematik, weg von den ritterlichen Heldentaten männlicher Protagonisten hin zu alltäglichen Problemen und Bedürfnissen der Gesellschaft im lebensweltlichen Bereich der Übermittlergemeinschaft, mehrheitlich weibliche Personen der illiteralen Landbevölkerung.[10] Die Anpassungen an vorherrschende soziale Interessen und den Zeitgeist aufgrund dieser Prozesse ergeben zwangsläufig einen Bedeutungswandel der wichtigsten Stellen. So können mit den modifizierten alten Texten einerseits auch Sozialkritik geäußert bzw. andererseits soziale Normvorstellungen und Tabus – etwa mit der Metapher des Teufels als negatives Beispiel für normgerechtes Verhalten – übermittelt werden.

Im Rahmen der Modifizierungen und teils radikalen Fragmentierung der Texte erreichen einzelne Elemente, Formeln und Verse mitunter auch eine Unabhängigkeit als lyrische Strophen in kürzeren Volksliedern, was speziell die Beziehung von *Romancero* und den Texten des Flamencogesangs als extrem lyrischem Typ der *Poesía oral tradicional* erklärt. García Gómez thematisiert die traditionellen *Coplas flamencas* als Beispiel für das Fortbestehen der spontanen und lebendigen, jedoch auf vorherigen Texten aufbauenden mündlichen Dichtung in der Einleitung seines Werks über die *Jarchas* in den arabischsprachigen *Moaxajas andaluzas*.[11] Viele der noch heute benutzten, meist vierzeiligen und achtsilbigen Kurzstrophen sind tatsächlich Fragmente aus dem *Romancero*, der als Ursprungselement des Flamencogesangs und seiner wichtigsten Modalitäten anerkannt wird.[12] So herrscht auch Konsens über die untrennbare Verbindung der beiden Ausdrucksformen. Obwohl sich die Texte des aus der Epik stammenden *Romanceros* und des lyrischen und emotionalen Flamencos in Bezug auf narrative Elemente sehr stark unterscheiden, verfolgen doch beide ähnliche Funktionen im Hinblick auf das Repräsentieren

---

9   Laferl, „Analyse von Gedichten", S. 721.

10   María Jesús Ruiz Fernández, *El romancero tradicional de Jerez: Estado de la tradición y estudio de los personajes*, Jerez: Caja de Ahorros, 1991, S. 30–35.

11   García Gómez bezog sich auf die Lebendigkeit der spontan benutzten und den Dynamiken der Oralität unterliegenden *Coplas*. Emilio García Gómez, *Las jarchas romances de la serie árabe en su marco: edición en caracteres latinos, versión española en calco rítmico y estudio de 43 moaxajas andaluzas*, Madrid: Sociedad de Estudios y Publicaciones, 1965, S. 36 f.

12   Luis Suárez Ávila, „El romancero de los gitanos, germen del cante flamenco", in: Pedro Piñero (Hg.), *El romancero. Tradición y pervivencia a fines del siglo XX*. Sevilla / Cádiz: Fundación Machado / Universidad, 1989, S. 563–608.

allgemeiner Werte der Gesellschaft in der entsprechenden Zeit. Neben dem in der Kunst der Romantik für ein touristisches Publikum hochstilisierten Element der Romakultur und der damit verbundenen „Kunst-Zigeuner-Kunst"[13], betont Steingress die Entstehung des Flamencos unter Mitgliedern des Lumpenproletariats und der Boheme, deren aller Lebensumstände in zahlreichen literarischen Texten und Theaterstücken des 19. Jahrhunderts dargestellt werden.[14] Gerade für diese Entstehungszeit der Flamencokultur, in der sich viele heute noch als *Coplas flamencas* genutzte Strophen heraus-kristallisiert haben, gilt, dass sich in diesen Texten soziale Probleme der dama-ligen Zeit widerspiegeln, was zu wiederholter Kritik an der Aktualität sowie den (gender-)politischen Dimensionen der heutigen Texte führt.[15] Die einzel-nen Modalitäten des Flamencos bieten sich für verschiedene Funktionen an, neben einer Thematisierung des Teuflischen in volkstümlichen Strophen, soziale Thematiken wie etwa die Verfolgung der Roma über die Jahrhunderte oder die Differenzen zwischen Lebensrealitäten der Landbevölkerung und der des städtischen Raums bzw. der Großgrundbesitzer früherer Zeiten dar-zustellen.[16] Seit den 1970er Jahren werden verstärkt Projekte durchgeführt, in denen neue Texte, die sich sowohl strukturell als auch dank zahlreicher For-meln und intertextuell eingearbeiteter Verse stark an der Tradition der alten mündlich überlieferten Texte orientieren,[17] gesellschaftspolitische Themen aufgreifen.

---

13   Gerhard Steingress, *Cante flamenco: Zur Kultursoziologie der andalusischen Moderne*, Zweite verbesserte Auflage, Berlin: Logos Verlag, 2013, S. 334.

14   Steingress, *Cante flamenco*, S. 380–381.

15   Viele Texte enthalten noch die zentralen Elemente der fast ausschließlich aus Sicht eines marginalisierten männlichen Lohnarbeiters artikulierten Texte über soziale Umstände in einer feudalen Gesellschaft. Besonders wird hierbei die androzentrische und teil-weise misogyne Weltsicht kritisiert, die in einigen Flamencotexten bis heute überlebt zu haben scheint – trotz der Möglichkeiten, die Texte anzupassen bzw. auf die offensichtlich frauenfeindlichen Texte zu verzichten. Miguel López Castro, *La imagen de las mujeres en las coplas flamencas: análisis y propuestas didácticas*, Dissertationsschrift, Málaga: Uni-versidad, 2007, S. 516.

16   Hier sind die ohne Gitarrenbegleitung vorgetragenen *Cantes a Palo seco* wie *Tonás* oder *Martinetes* zu nennen, die hauptsächlich aus nachrichtenübermittelnden Romanzen über die Prision General de Gitanos 1749 entstanden sind. Florian Homann, „Die ursprüngliche Lyrik der Flamencostile martinetes & tonás als literarischer Ausdruck des kulturellen Gedächtnisses der gitanos: ›vergessene Erinnerungen‹ an einen versuchten Genozid", in: Marina Hertrampf / Kirsten von Hagen (Hg.), *Ästhetik(en) der Roma*, München: AVM, 2020, S. 23–48.

17   Florian Homann, „Las coplas flamencas contemporáneas, la memoria y las relaciones intertextuales: una propuesta de análisis de las letras del cante en su performance", in: *Demófilo: Revista de cultura tradicional* 50 (2020), S. 81–119.

Ein mit dem Flamenco in enger Verwandtschaft stehendes, seit den 1970er Jahren etabliertes Genre ist die Rumba Gitana bzw. Flamenca, die sich in eigens dafür komponierten Texten mit den alltäglichen Problemen des Lebens in den sozialen Unterschichten der spanischen Großstädte als in der allgemeinen Vorstellung mit (Jugend-)Kriminalität, Gewalt, Drogen, Straßenleben und der sogenannten Quinqui-Kultur in Verbindung gebrachte Gattung beschäftigt.[18] Im Kontext einer dynamischen postfranquistischen Gegenkultur erlebten in den frühen 1980ern das von den peripheren Stadtvierteln ausgehende Phänomen und der Lebensstil der Quinquis durch die intermediale Thematisierung einen Höhepunkt.[19] Populäre Musikbands, für die Orihuela exemplarisch Los Chichos, Los Calis und Los Chunguitos nennt, besingen Ungerechtigkeiten des sozialen Systems mit den entsprechenden Realitäten bezüglich Kriminalität und Drogenkonsum und setzen in ihren Songs diese sozialen Probleme, aber auch eine neue, von den sozialen Unterschichten gelebte und entfernt vom Diskurs des damaligen spanischen Mainstreams existierende Freiheit performativ in Szene:

> Se dedicaron a cantar las injusticias del sistema, la cara amarga de las drogas, en especial de la heroína, el mundo de la delincuencia y, sobre todo, a cantar a una libertad tangible y verdadera que, en tanto se levantaba sobre lo concreto, permanecerá muy alejada del discurso espectacular que de ella habían hecho los *star system* españoles de entonces.[20]

Gerade die Unterart der Rumba Vallecana, entstanden in einem marginalisierten Randviertel Madrids, in dem sich die drei genannten Gruppen gründeten, bietet eine identitätsstiftende Funktion durch die Behandlung der rohen Realitäten des urbanen Spaniens der jeweiligen Gegenwart.[21] Ab dem Ende der 1970er Jahre wurde so die mit der sozialen Unterschicht assoziierte flamencoartige Musik als neues kulturelles Produkt des spanischen

---

18   Sofía Nicolás Díez, „Sobre rap, trap y calle: imágenes y fenómenos", in: *Kamchatka: revista de análisis cultural* 16 (2020), S. 93–128, hier S. 94.

19   Zum kulturellen Phänomen der Quinquis vgl. das Dossier Antonio García del Río (Hg.), *Quinquis, yonkis y pandilleros: Imaginar, representar, contar la marginalidad urbana*, in: *Kamchatka: revista de análisis cultural* 16 (2020).

20   Antonio Orihuela, „¡Más chutes no! La heroína, entre arma de la democracia y vehículo heroico", in: *Kamchatka: revista de análisis cultural* 16 (2020), S. 155–167, hier S. 165.

21   Alberto Urrutia Valenzuela, „La música en el barrio como elemento de afirmación identitaria (El ejemplo de Vallecas)", in: *Revista de Dialectología y Tradiciones Populares* 62,1 (2007), S. 85–110.

,Lumpenproletariats' vermarktet,[22] die sich bis heute nicht nur in den marginalisierten Stadtvierteln größter Beliebtheit erfreut.

Global gilt heute die Rapmusik als eine der repräsentativsten Musik-
gattungen der sozial schwächeren Stadtviertel. „Rap ist die wohl populärste
und einflussreichste Lyrikform der Gegenwart"[23] und bietet sich so auch in
spanischer Sprache an, um zeitgenössische Sozialkritik auszudrücken. Aus
gutem Grund leitet Nicolás Díez ihren Beitrag zu den im spanischen Rap vermittelten Bildern der Kriminalität, des Straßenlebens und der Stadtviertel
mit zwei Beispielen ein, die auf die vielschichtige Arbeit der Flamencopop-
sängerin Rosalía verweisen, da diese Künstlerin für medienwirksame Auftritte
sowohl den bekanntesten Song der Chunguitos reinterpretiert als auch den
originalgetreuen „[F]lamenco más puro" wiederaufnimmt.[24]

Die in den 1970er Jahren in den USA entstandene Hip-Hop-Kultur thema-
tisiert mit Rapmusik, DJing, Breakdance und Graffiti soziale Probleme. Die
Rappenden, häufig afroamerikanischer Abstammung oder Latinxs, nutzen die
Musik, um auf gesellschaftliche Herausforderungen wie Armut, Rassismus,
Ungerechtigkeit und Gewalt hinzuweisen. Rapmusik ist ein wichtiger Aspekt
der sozialen Bewegungen und kulturellen Identität subalterner Kollektive.[25]
Die Texte drücken sich oft in der ersten Person aus und spielen somit mit einer
fiktionalen Performance autobiografischer Aspekte der Vortragenden.[26] In
Bezug auf Intertextualität als Teil eines breiten kulturellen Diskurses, der auf

---

22   Orihuela, „¡Más chutes no!", S. 165.

23   Fabian Wolbring, *Die Poetik des deutschsprachigen Rap*, Göttingen: V&R, 2015, S. 11.

24   Nicolás Díez, „Sobre rap, trap y calle", S. 94. ‚Der reinste Flamenco' bezieht sich auf eine
      möglichst authentische und originalgetreue Interpretation der traditionellen Flamenco-
      musik, die einen starken Fokus auf Ausdruck und Emotion legt und aus der mündlichen
      Überlieferung stammt. Sie nennt den Goya Filmpreis 2019 mit einer Interpretation von
      „Me quedo contigo" von Los Chunguitos, vorher u. a. von Manu Chao reinterpretiert, und
      die Grammy Awards 2020, wo Rosalía den Song „Juro que" mit seiner Gefängnisthematik
      als flamencospezifische *Tangos* performt.

25   Die sozialen Probleme werden im Rap nicht selten durch Provokationen, zum Beispiel
      durch das fiktionale In-Szene-Setzen auch von politisch inkorrekten Aussagen und (posi-
      tivierender) Aneignung von Schimpfwörtern dargestellt. Die provozierende Art und
      Weise wird seit der Blütezeit des Raps in den 1990er Jahren kritisiert und zu verschweigen
      versucht, wobei Zensur von Textpassagen, das Setzen von Songs oder Alben auf den
      Index oder das seit 1986 auf Plattencover übliche Parental Advisory Label als Hinweis auf
      anstößige Texte auf Musikalben die bekanntesten Maßnahmen bilden, die teilweise die
      Verkaufszahlen sogar positiv beeinflussen können.

26   Ana Nenadovic, „Performing Feminism, Autobiography, and Testimony: Feminist Rap in
      Latin America", in: *Promptus: Würzburger Beiträge zur Romanistik* 5 (2019), S. 95–116, hier
      S. 100 f. Johannes Gruber, *Performative Lyrik und lyrische Performance: Profilbildung im
      deutschen Rap*, Bielefeld: transcript, 2017, S. 78.

bestimmte Erfahrungen und Traditionen verweist, werden auffallend häufig
vorherige Textstücke performativ in Szene gesetzt.[27] Androutsopoulos und
Scholz untersuchen die transkulturelle Aneignung von Hip-Hop-Kultur und
Rap-Musik in verschiedenen europäischen Ländern wie Spanien, wofür sie
Aneignung als produktive Nutzung und lokale Umsetzung eines ursprünglich importierten kulturellen Musters definieren.[28] Sie resümieren, dass sich
der Hip-Hop in den 1990er Jahren in einem Reterritorialisierungs-Prozess in
Europa etabliert hat, was erstens durch Transkulturalität geschah, bei der er
in die lokalen Gesellschaften eingeführt wurde, zweitens durch aktive Performances und Anpassung an lokale Gegebenheiten, was zu Hybridisierung,
konkret der multimodalen Konstruktion einer hybriden Identität, führte sowie
drittens durch Indigenisierung, bei der Rapmusik vollständig in die lokalen kulturellen Repertoires integriert und nicht mehr als Import, sondern als eigenständige kulturelle Praxis wahrgenommen wurde.[29] In Bezug auf die Musik ist
der Ausdruck spezifisch lokaler Anliegen durch das Sampling eigener Klänge
und die Verwendung von Zitaten aus der regionalen Musik ein wichtiger und
auffälliger Teil der Hybridisierung.[30] Die Entwicklung des Raps in Spanien verläuft unter starkem Einfluss des Flamencos als Musik der Straße und der Stadtviertel und wird damit als urbane Musik vergleichbar mit der Rumba Gitana.[31]
Mit besonderem Fokus auf hispanische Referenzen aus dem Universum des
Straßenlebens und Lumpenproletariats, insbesondere Verweisen auf die
Quinqui-Kultur, analysiert Nicolás Díez aus soziologischer Perspektive wie die
Songtexte des spanischen Raps die Diskurse der Popularkultur mit Bezug auf
eigene Biografien nutzen und dabei Identifikationsmechanismen, Motive und
Einflüsse evident machen, wobei sie den andalusischen Rapper Haze erwähnt,
dessen Lied „Diablo" hier nachfolgend behandelt wird.[32] Sie verzeichnet eine
Zunahme der in Verbindung mit dem Quinqui-Phänomen stehenden Darstellungen im Zuge der in Spanien deutlich zu spürenden Wirtschaftskrise
seit 2008 und zieht das Fazit, dass eine Anpassung an die lokale Gesellschaft
stattgefunden hat, die mit Bezügen auf die ureigene spanische Tradition der
Straßenkultur und Kriminalität sowie ihren sprachlichen Ausdrucksweisen,
Mythen und Problemen auf musikalischer Ebene eine zu einer Aufwertung
des kulturellen Kapitals führende Assimilation populärer Strömungen wie

---

27   Gruber, *Performative Lyrik*, S. 10.
28   Jannis Androutsopoulos / Arno Scholz, „Spaghetti Funk: Appropriations of Hip-Hop Cul-
      ture and Rap Music in Europe", in: *Popular Music and Society* 26,4 (2003), S. 463–479.
29   Androutsopoulos / Scholz, „Spaghetti Funk", S. 475.
30   „Spaghetti Funk", S. 469.
31   Nicolás Díez, „Sobre rap, trap y calle", S. 115–117.
32   „Sobre rap, trap y calle", S. 99.

Flamenco, Rumba und spanischem Gangsta-Rap widerspiegelt.[33] Der intermedial erzeugte Mythos etwa von El Vaquilla, Prototyp des Quinqui, wird neben
vielen anderen Elementen als wichtiger Einfluss für die ersten Generationen
des zum Gangsta-Rap tendierenden spanischen Hip-Hop gezählt.[34] Nicolás
Díez nennt besonders die Demokratisierung der Partizipation am kulturellen
Diskurs über neue Medien und digitale soziale Netzwerke als Grund für den
heutigen Anstieg von Erzählungen über die Straße in diesem musikalischen
Medium.[35] So ergeben sich enge Beziehungen zwischen dem langlebigen
Romancero als Sammelbegriff für gesungene Balladen, den musikalischen
Genres Flamenco und Rumba Gitana sowie der Rapmusik mit dem hierfür
charakteristischen Sprechgesang. Trotz der drastischen Fragmentierung und
dem Verlust des Narrativen im Flamenco, was wiederum zur Konzentration
auf einige wenige Verse und dem hohen Wert einiger semantisch aufgeladener
Wörter führt, ist die Figur des Teufels in allen Gattungen zu finden und hat
besonders in den narrativen Texten von Romanzen, Rumba Gitana und Rap
zentrale Bedeutungen. Die autobiografischen Elemente der sich meist in erster Person ausdrückenden Stimme verstärken die fingierte Authentizität, was
schließlich die enge Verbindung zwischen Identitäten und eigenen Biografien
im sich auf die vorherigen Gattungen beziehenden spanischen Rap erzeugt.[36]

3.   Der Teufel in Romanzen und Flamencogesang

Laut der Theorie der *Poesía oral tradicional* werden in den verschiedenen Epochen der lebendigen Tradition des *Romancero* bis in das späte 20. Jahrhundert
hinein, in denen neben neukomponierten Stücken bevorzugt alte Texte tradiert werden, diese an Ereignisse der jeweiligen Zeit und für den jeweiligen Zeitgeist relevante soziale Themen angepasst. In den zur politischen
Propaganda in Umlauf gebrachten und vom Grenzkrieg der Reconquista
berichtenden *Romances fronterizos* kann das Böse allgemein als Widersacher
der christlichen Kreuzzugsidee noch zur Dämonisierung der Anderen bzw.
Andersgläubigen genutzt werden. Auch von diesen Grenzkriegsromanzen sind
bis heute verschiedene Versionen überliefert, die in späteren Zeiten der Unterhaltung dienten und in denen die einzelnen Bezeichnungen der Gegenseite

---

33   „Sobre rap, trap y calle", S. 124.
34   El Chojin / Francisco Reyes, *Rap 25 años de rimas: un recorrido por la historia del rap en
      España*, Barcelona: Viceversa, 2010, S. 47.
35   Vgl. Nicolás Díez, „Sobre rap, trap y calle", S. 102.
36   Vgl. „Sobre rap, trap y calle", S. 96.

variieren. Denn im Regelfall ist die Originalversion nicht mehr bekannt oder
rekonstruierbar: Selbst die erste schriftliche Aufzeichnung ist in den meisten
Fällen nicht als Originalversion der in der Mündlichkeit und in jeder eigenen
Performance lebenden Romanze zu betrachten. Dies führt dazu, dass die Suche
nach einer zu untersuchenden Originalversion in vielen Fällen obsolet ist und
die zahlreichen voneinander abweichenden Versionen eines Romanzentexts
auf analytischer Ebene interessant werden. Alle Versionen sind als ‚legitime‘
Versionen anzusehen, da die traditionell-mündliche Dichtung eben von
exakt dieser Variation lebt.[37] Dabei können feststehende Formeln von einer
Romanze zur anderen springen. Bei allen Überlieferungskollektiven verlaufen
die Fragmentierung und dementsprechende Lyrisierung der ehemals epischen
Erzähltexte interessengeleitet: Alles, was die Übermittelnden nicht zwingend
in der jeweiligen Gegenwart interessiert, wird gekürzt.

Aus dem einzigen aus der Zeit der Reconquista erhaltenen spanischen Vers-
epos *Cantar del mío Cid* sind mehrere Versionen separater Romanzen überliefert, in denen eine häufige Verwendung des Begriffs *Diablo* auffällt. Der nach
eigenmächtigen Feldzügen bei König Alfons VI. in Ungnade gefallene Rodrigo
Díaz de Vivar – ‚El Cid‘ – wird fälschlicherweise der Veruntreuung von Geldern
beschuldigt und aus dem Königreich Kastilien verbannt. In einer folgenden
Episode, als eigene Romanze wahrscheinlich ob der Relevanz von Ansehen
und Ehre am mittelalterlichen Hof autonomisiert, kniet El Cid vor dem König
nieder, um ihm treu die Hand zu küssen, wobei ihm sein Schwert entwendet
und zu Boden geworfen wird, was als Demütigung interpretiert wird. Die politischen Aspekte der Manipulation und die Angst des Monarchen, dass El Cid,
trotz seiner Verbannung weiterhin als respektierter Ritter angesehen, ihm
gefährlich werden könnte, werden in den Dialogen der Romanze deutlich. In
einer im *Cancionero de romances* 1550 abgedruckten Version spricht der König
den Cid mit *Diablo* an, um auszudrücken, dass er sich von dem durch seine
tapferen Taten metaphorisch in einen gefährlichen Löwen[38] verwandelten Cid
keinesfalls dazu verleiten lassen möchte, ihn weiterhin zu dulden, woraufhin
El Cid den Hof verlässt: „Quítate Rodrigo, allá, quítateme allá, diablo, / que
tienes el gesto de hombre y los hechos de león bravo.“[39] In der von Durán in
seinem *Romancero General* von 1851 als Nummer 775 aufgezeichneten traditionellen Romanze zählt einer der zwei ritterlichen Protagonisten aus Zamora

---

37 Vgl. Diego Catalán, „El ‚motivo‘ y la ‚variación‘ en la trasmisión tradicional del romancero“,
    in: *Bulletin hispanique* 61,2/3 (1959), S. 149–182, hier S. 149.

38 Zur Auslegung des Teufels als in der Welt umherstreifender brüllender Löwe (nach
    1 Petr. 5,8) vgl. ausführlich Tobias Leukers Beitrag in diesem Sammelband.

39 „Romance de cómo vino el Cid a besar las manos al rey“, in Juan Alcina (Hg.), *Romancero
    Viejo*, Barcelona: Planeta, 1987, S. 206 f., hier S. 207, V. 34 f.

mögliche Kontrahenten auf und betont, dass er statt dem Cid selbst den
Teufel als Gegner bevorzugen würde: „salga siquiera el diablo, con tal que no
salga el Cid"[40]. In diesem Sinne möchte er der Verlockung des Kräftemessens
widerstehen und sich keinesfalls zum Duell mit dem Unbesiegbaren heraus-
fordern lassen. Auch spielt der Teufel eine Rolle in der Romanze „El rey y el
Cid a Roma", in der letzterer einen Grafen zum Duell herausfordert, der ihm
nach einer Ohrfeige erwidert, dass er nicht der Leibhaftige selbst sei, der ihn
als einziger verleiten könne, sich mit ihm zu messen: „¡Demándatelo el diablo!"[41] Zusammenfassend lässt sich aus diesem Romanzenzyklus über den
Cid folgern, dass der Teufel in mehreren Situationen aufgrund seines Rufs als
unbesiegbarer Gegner insbesondere mit dem später als spanischer National-
held stilisierten Söldnerführer assoziiert wird. Das Teuflische wird damit vor
allem durch übernatürliche und ‚böse', da politisch gegnerische Kräfte repräsentiert, mit denen die Krieger in die Versuchung eines Duells geführt werden
könnten und die zum Verfluchen der Gegner dienen.

Um die Bedeutung der Teufelsmetaphorik im sich weiterentwickelnden
Romancero und Flamencogesang in den regionalen Popularkulturen zu
bestimmen, sind besonders die intertextuellen Beziehungen zwischen
Romanzenversen, gerade in Dialogen, als möglicherweise eigenständige Formeln und Sprichwörter von Bedeutung, die viele Heiligen- und Teufelsfiguren
enthalten.[42] An Romanzen und Sprichwörtern können gesellschaftliche Normen und soziale Vorschriften einer Epoche abgelesen werden: Im Vergleich
zu den Assoziationen beim Cid kritisiert die Verwendung der Teufelsfigur in
Sprichwörtern der beginnenden Neuzeit oft eine fehlende Produktivität bzw.
direkt das Nichtstun der in Versuchung geratenen Menschen aufgrund einer
angenehmen Lebensweise: „El refranero recurre a la mención de la figura del
diablo para criticar a los que sólo buscan una vida alegre."[43] In diesem Sinne
werden alle Personen als ‚anders' stigmatisiert, die nicht den geltenden Normvorstellungen entsprechen: „la misoginia reinante en el refranero explica que
se vean también como diablos a las hijas y a la mujer"[44]. Die Misogynie macht

---

40   „Dos caballeros retan a los del Campo de Don Sancho y vencen a dos Condes que salie-
      ron", in: Agustin Durán (Hg.), *Romancero general o colección de romances castellanos ante-*
      riores al siglo XVIII, Bd. 1, Madrid: Atlas, 1945 [1851], S. 503 f., hier S. 504, V. 38 f.

41   „El rey y el Cid a Roma", in: Guy Le Strange (Hg.), *Spanish Ballads*, Cambridge: UP, 1920,
      S. 72 f., hier S. 73, V. 40.

42   Julia Sevilla Muñoz, „Los santos y el diablo en los refranes", in: Françoise Cazal u. a. (Hg.),
      Pratiques hagiographiques dans l'Espagne du Moyen-Âge et du Siècle d'Or, Paris: CNRS,
      2007, S. 419–436, hier S. 420.

43   Sevilla Muñoz, „Los santos y el diablo", S. 427.

44   „Los santos y el diablo", S. 424.

sich zum einen in der Stigmatisierung der ‚anders' handelnden Frauen bemerkbar, zum anderen werden Frauen selbst als Objekte teuflischer Verführung gesehen, der die sozial regelkonformen Männer widerstehen müssen. In der Neuzeit wird die Entwicklung des folkloristischen *Romancero* hauptsächlich durch bei der Haus- oder Landarbeit singende Frauen vorangetrieben. In Bezug auf die thematische Modifizierung alter Texte bedeutet dies, dass Moralvorstellungen der Gesellschaft bezüglich des Verhaltens von Frauen zwar aus weiblicher Sicht, aber mit einem androzentrischen Weltbild ausgedrückt werden, welches das auf männlichen Interessen zentrierte Verhalten einer treuen Ehefrau als einzige akzeptierte Norm vorsieht.

Die ab dem 17. Jahrhundert populäre und auf den kostengünstigen *Pliegos de Cordel* schriftlich verbreitete Untergattung des *Romancero vulgar* ist bekannt für sensationalistische, explizit sexuelle Inhalte und satirische Darstellungen der Moralvorstellungen und der Kirche. Hierfür ist der sich in zahlreichen Versionen verselbstständigte Text „La mala hija que amamanta al Diablo" beispielhaft, der innerhalb einer eigenen Traditionslinie mit der Thematik des unheilvollen Fluchs über die eigenen ungehorsamen Kinder verortet wird, in denen der Teufel in verschiedensten Formen auftaucht.[45] Eine Tochter, deren gerade geborenes Kind gestorben ist, soll auf Wunsch ihrer Eltern die zwei zur gleichen Zeit geborenen Söhne ihrer eigenen Mutter großziehen, wogegen sie sich widersetzt und erwidert, eher würde sie den Leibhaftigen selbst großziehen: „Yo primero he de criar el demonio del infierno"[46]. Daraufhin wird ihr von einer Schlange in die linke Brust gebissen und ein Brief fällt vom Himmel, auf dem angekündigt wird, dass sie besagte zwei Kinder wird großziehen müssen, wodurch der Biss des Tiers als göttliche Strafe für den Ungehorsam gegenüber den Eltern dieser Frau, der dafür der Teufel in Form einer beißenden Schlange erscheint, interpretiert wird.[47]

Seit ihrer Ankunft kommen die *Gitanos*, die in Spanien ansässigen Roma, als hervorstechendes Übermittlungskollektiv des *Romancero* zu jenem der Landbevölkerung hinzu. Dies ist relevant für den im 19. Jahrhundert entstehenden Flamenco, wobei zu dieser Zeit die *Gitanos* auch die bekanntesten Informanten

---

45   José Manuel Pedrosa, „Una colección de leyendas de Armenia (Colombia)", in: *Revista de Folklore* 219 (1999), S. 90–101, hier S. 100.

46   „La mala hija que amamanta al Diablo", in: Flor Salazar (Hg.), *El Romancero vulgar y nuevo*, Madrid: Universidad Complutense de Madrid, Seminario Menéndez Pidal, 1999, S. 420 f., hier S. 420, V. 14.

47   Rodrigo Bazan Bonfil, „Fieras, animalejos y bichos: función narrativa de alguna fauna en el Romancero", in: Aurelio González (Hg.), *Temas, motivos y contextos medievales*, México D. F.: UNAM / El Colegio de México, 2008, S. 85–100, hier S. 93.

von aufgezeichneten Romanzen bilden: Die Geschichte der schriftlichen Zeugnisse dieses traditionellen *Romancero Gitano*[48] beginnt 1825 zeitgleich mit der modernen Tradition des folkloristischen *Romancero*, als Bartolomé José Gallardo die Texte der Romanzen „Gerineldo" und „La Condesita" von zwei Roma, Curro El Moreno und Pepe Sánchez, im Gefängnis in Sevilla aufschreibt.[49] Dieselben Romanzen werden 1834 von Antonio Monge Rivero ‚El Planeta' auf der von Serafín Estébanez Calderón in seinem *Cuadro* „Un baile en Triana" der 1948 publizierten *Escenas Andaluzas* beschriebenen Feier gesungen. Diese Aufführung mit der Rezitation der beiden Romanzen gilt als Prototyp für die spätere *Juerga flamenca*, obwohl der dortige Gesang noch nicht den Namen Flamenco trägt, der erstmals 1852 in offiziellen Dokumenten verwendet wird. Die beiden Texte, in der modernen andalusischen Tradition als ein zusammenhängender Text rezitiert, gehören mit ihren unzähligen Variationen zu den wichtigsten traditionellen Romanzen.[50] Menéndez Pidal selbst hat etwa mehrere tausend Versionen der über ungeklärte Wege nach Spanien gelangten Anekdote über den Pagen Karls des Großen entstandenen „Romance del Gerineldo" gesammelt.[51] „La Condesita" ist noch unter den Namen „La boda estorbada" sowie „Romance del Conde Sol", „Romance del Conde Flores" oder „Romance del Conde Ansur" bekannt. Im ständigen Prozess der Modifikationen und Fragmentierung verselbstständigen sich einzelne Formeln; in der „Romance de la Condesita" wird ein Fragment zentral. Ein Graf mit seinen verschiedenen Namen wird zum General in einem Krieg im Ausland ernannt, seine Frau macht sich nach einigen Jahren auf die Suche nach ihm und kann noch vor der geplanten Hochzeit mit einer anderen Frau an seiner Tür vorstellig werden, worauf sich in der von Estébanez Calderón präsentierten Version folgender Dialog ergibt:

---

48 Federico García Lorca durfte dieses Repertoire später dank seiner Kontakte zu den von ihm verehrten Flamencosängern aus einschlägigen Roma-Familien kennenlernen, was ihn zum Schreiben der neuen Texte seines bekanntesten Gedichtwerks von 1928 inspirierte.

49 Pedro Piñero, *Romancero de la provincia de Sevilla*, Sevilla: Universidad, 2013, S. 19.

50 Bezüglich der beliebten Vertonung durch Roma im Flamenco vgl. Florian Homann, „Familia y memoria colectiva gitana en el cante flamenco", in: Sandra Olivero Guidobono / Carmen Benito (Hg.), *Entre redes y espacios familiares en Iberoamérica. Repensando estrategias, mecanismos e idearios de supervivencia y movilidad*, Sevilla: Ediciones Egregius, 2017, S. 256–271.

51 Ramón Menéndez Pidal, *Gerineldo, el paje y la infanta* I–III, *Romancero tradicional de las lenguas hispánicas* VI–VIII, Madrid: Seminario Menéndez Pidal, UCM, 1975–1976.

> ¿De que país sois, señora?
> – Soy de España natural.
> ¿Sois aparición, romera,
> que venisme a conturbar?
> – No soy aparición, Conde,
> que soy tu esposa leal.[52]

Während hier die Frau noch lediglich als den Mann durcheinanderbringende Erscheinung hinterfragt wird, wird die Pilgerin nicht nur in der vermutlich 1849 von unbekannten Informanten aufgezeichneten und von Durán veröffentlichten Version zum Teufel:

> – ¡Romerica, romerica,
> Calledes, no digas tale [sic!],
> Que eres el diablo sin duda
> Que me vienes á tentare!
> – No soy el diablo, buen conde,
> Ni yo te quiero enojare;
> Soy tu mujer verdadera
> Y así te vine a buscar.[53]

In einer 1907 von Tomás Navarro von mehreren Informantinnen in Albacete aufgezeichneten Version ist es die herbeieilende Verlobte, die die aufgetauchte Gräfin nach dem Todesschreck als Teufel verflucht:

> El conde al oír esto se cayó al suelo mortal.
> Salió la novia a buscarlo como zorra en palomar:
> – ¿Eres el diablo, romera, o te ha venido a tentar?
> – No soy el diablo, señora, ni me ha venido a buscar,
> que el rey conde es mi marido y me lo vengo a llevar.[54]

Dieselbe Funktion der Artikulation einer Versuchung hat der verwendete Begriff *Demonio*, erneut benutzt von der ‚anderen' Verlobten, die in einer 1953 von der Informantin Milagros Martínez aufgezeichneten Version ausruft:

---

52   „Romance del conde Sol", in: Serafín Estébanez Calderón, *Escenas Andaluzas*, Madrid: Catedra, 1985, S. 255.

53   „Romance del conde Sol", in: Durán, *Romancero General*, S. 180 f., hier: S. 181, V. 96–101.

54   „La Condesita", in: Diego Catalán (Hg.), *Romances de tema odiseico: La Condesita*, Romancero Tradicional de las Lenguas Hispánicas IV, Madrid: Gredos, 1970, S. 208–209, hier S. 209, V. 29–32.

La otra que lo está oyendo salió como una espantá.
– Mira, no sea el demonio que te ha venido a tentar.
– No es el demonio, señora, ni tampoco lo será;
Es el conde mi marido y me lo vengo a llevar.[55]

Ein positives Ende nimmt die Romanze in einer anderen der tausenden in der Oralität existierenden Versionen, in der der Graf lediglich in Ohnmacht fällt und nach seinem Erwachen die von der neuen Versprochenen verfluchte Pilgerin als seine echte Frau verteidigt und heiratet:

– No la maldiga ninguno, que es mi mujer natural.
Criados, los mis criados, los caballos ensillar,
que me voy con la romera que me ha venido a buscar.[56]

In einer sehr seltenen Version, 1953 von Juanita Redonde performt, wird sogar der Ehemann wegen des begangenen Betrugs durch die zweite Ehe als Teufel bezeichnet, nachdem er seiner neuen Versprochenen erklärt, dass er bereits verheiratet ist:

– Este hombre es el demonio o me ha querido engañar.
– Señora, no soy el demonio, ni la trato de engañar;
es que ha venido a buscarme mi esposita natural.[57]

In (fast) allen bekannten Versionen verhindert die zuerst als teuflische Versuchung aufgenommene legitime Ehefrau eine zweite Hochzeit und beide gehen gemeinsam zurück in die Heimat, wobei dem Grafen die Untreue verziehen wird.

Nach ihrem langen Entstehungsprozess können die Texte des Flamencogesangs als autonome, thematisch voneinander unabhängige Strophen, den *Coplas* als Liedgut der volkstümlichen Lyrik des *Cancionero* gleich, genutzt werden. Hier werden viele Fragmente des *Romanceros* und sprichwörtliche Ausdrücke verwendet: Fluch, Verwünschung und in diesem Zusammenhang die Figur des Teufels bilden häufige Motive. Auch das analysierte Romanzenfragment ist eine eigenständige *Copla flamenca*, die als die charakteristische und hauptsächlich überlieferte für die so genannte Modalität des *Polo del Tobalo* gilt. Während der *Polo* einen volkstümlichen Stil aus der spanischen Folklore darstellt, den laut José Cadalso die *Gitanos* in der vom aufklärerischen

---

55 „La Condesita", in: Catalán, *Romances*, S. 206–207, hier S. 208, V. 32–35.

56 „La Condesita", in: Catalán, *Romances*, S. 16–17, hier S. 17, V. 38–40.

57 „La Condesita", in: Catalán, *Romances*, S. 196–197, hier S. 197, V. 32–34.

Schriftsteller beschriebenen Feier in der zweiten Hälfte des 18. Jahrhunderts schon performten,[58] gibt es in Bezug auf den Flamenco seit seiner Entstehung hitzige Diskussionen darüber, ob auch ein eigener Flamencostil mit eben-diesem Namen existiert (oder dieser lediglich eine Variante der *Caña* als Unterart der heute verbreiteten *Soleá* darstellt) und was seine Ursprünge sowie exakten musikalischen Charakteristiken seien. Machado y Álvarez, der 1881 unter seinem Pseudonym Demófilo die erste Sammlung von Flamencotexten herausgibt, schreibt, dass der zwischen 1770 und 1830 in Ronda lebende Sänger Cristóbal Palmero ‚El Tobalo' für ein ihm zugeschriebenes Lied bekannt ist, das demzufolge bis heute als *Polo del Tobalo* überliefert ist.[59] Dieser wird allerdings auch vom Romanzensänger El Planeta performt, wie aus einer Zeitungsanzeige von 1826 hervorgeht,[60] und El Solitario bestätigt, dass dieser Stil von einem der Singenden auf der Feier vorgetragen wird.[61] Der bekannte Schriftsteller erklärt dabei den Unterschied zwischen den mit einzelnen Fragmenten als *Coplas* interpretierten Flamencostrophen gegenüber den als kohärente Texte in Form von *Corridas* gesungenen alten Romanzen, mündlich seit dem Mittel-alter überliefert, wenn er die von El Planeta performte Version beschreibt als „romance antiguo, conservado oralmente por aquellos trovadores no menos románticos que los de la Edad Media, romances que señalan con el nombre de *corridas*, sin duda por contraposición a los *polos, tonadas* y *tiranas*, que van y se cantan por coplas o estrofas sueltas"[62].

Der 1887 geborene José Núñez Meléndez ‚Pepe de la Matrona' singt schließ-lich im späten 20. Jahrhundert auf der *Magna Antologia del Cante* (1982), für die José Blas Vega zwischen 1970 und 1975 von 69 Interpretierenden 250 alte verlorengeglaubte Gesänge sammelt, in hohem Alter die folgende Strophe und bewahrt mit dieser Fixierung in einem überdauernden Medium die nur in der Mündlichkeit des Flamencos lebende *Copla* vor dem Vergessen:

> Tú eres el diablo, romera,
> que me vienes a tentar.
> No soy el diablo romera
> que soy tu mujer natural.

---

58 Vgl. José Cadalso, *Cartas Marruecas*, Ausgabe von Joaquín Marco, Madrid: Planeta, 1985 [1789], S. 28.

59 Antonio Machado y Álvarez, *Colección de cantes flamencos: recogidos y anotados por Demófilo*, Madrid: Demófilo 1975 [1881], S. 144.

60 Online unter: http://elninyohardcore.blogspot.com/2014/01/no–soy-el-diablo-romera-el-polo-de.html (Zugriff: 16.03.2023).

61 Vgl. Estébanez Calderón, *Escenas Andaluzas*, S. 257.

62 *Escenas Andaluzas*, S. 252.

Textlich handelt es sich schlicht um ein vierzeiliges Fragment, das in bestimmten Versionen der Romanze „La Condesita" auftaucht und heute im Flamenco mit anderen Textfragmenten kombiniert wird, die keine ursprüngliche Verbindung zum Romanzenfragment aufweisen und nur deshalb gesungen werden, weil Pepe de la Matrona sie mit eben dieser Strophe verbindet. Betrachtet man die Strophe isoliert von ihrem ursprünglichen Kontext, müsste sie mit der Gleichsetzung der Frau als teuflischer Verführerin als weiteres dem Stereotyp der zahlreichen alten, akritisch aus dem 19. Jahrhundert übernommenen und heute als misogyn interpretierten Strophen entsprechendes Beispiel gelten, die in Studien des beginnenden 21. Jahrhunderts berechtigte Kritik erfahren.[63] Dass die Frau als artikuliertes Du aus männlicher Sicht den Teufel und die Versuchung repräsentiert, der man nicht erliegen darf, wird hier allerdings schon direkt widersprochen, wenn sich die Frau in ihrer Antwort selbst verteidigt bzw. sich statt der teuflischen Pilgerin[64] als rechtmäßige Frau zu erkennen gibt, die in den Flamencoversionen zwischen *Mujer cabal* und *Mujer natural* schwankt. Zudem ist im Hinblick auf den größeren Kontext zu beachten, dass die Romanze, in der das Fragment vorkommt, eine selbstbestimmte Frau zur Protagonistin hat, die ihren im Ausland verloren geglaubten Ehemann wiedergewinnt. Bis heute wird diese kurze Strophe wiederaufgenommen, hauptsächlich um mit dem Singen des *Polos de Tobalo* den vorherigen Künstlern aus der Tradition des Flamencos eine Hommage zu erweisen.

4. Die teuflischen Drogen in Rumba Gitana und Rap

Der ab den 1970er Jahren entstandene Musikstil der Rumba Gitana zeichnet sich speziell durch seine explizit artikulierte Sozialkritik aus. Neben universalen Themen wie Probleme in der Liebe durch Untreue der Ehepartner, Prostitution sowie Gewalt, verschiedene (ungeklärte) Todesursachen und Freiheitsentzug – mit besonderem Fokus auf das Leben im Gefängnis –, sind es vor allem Drogenprobleme, die im Zentrum der Texte stehen. Die Drogen, in erster Linie das besonders in den 1980er Jahren in den Arbeiterklassen auffällig populäre und zu gravierenden Konflikten führende Heroin, werden mit dem sich daraus ergebenden Teufelskreis der Abhängigkeit in zahlreichen

---

63   López Castro, *La imagen de las mujeres*, S. 512–527; José Luis Buendía López, „El mal trato a la mujer en las letras del cante flamenco", in: Carlos Alvar Ezquerra (Hg.), *Lyra mínima oral: los géneros breves de la literatura tradicional*, Alcalá de Henares: Universidad, 2001, S. 291–296.

64   Hier wird ‚diablo romera' als feststehender Begriff übernommen.

Texten als Synonym diabolischer Versuchung verwendet. Zwischen 1979 und 1982 steigt der Heroinkonsum in Spanien auf 125.000 Konsumierende an, von denen 80% aus prekären Verhältnissen und der Arbeiterklasse stammen, während sich die Zahl der Inhaftierungen in spanischen Gefängnissen verdoppelt, wobei 90% der Einweisungen im Zusammenhang mit Drogen stehen.[65]

Als eines der bekanntesten Beispiele für die Verarbeitung dieser Probleme in der Rumba Gitana kann sicherlich der zuerst 1985 von der Gruppe Los Calis als Single veröffentlichte Klassiker „Heroína"[66] genannt werden, dessen erster Vers direkt die Bedeutungsgleichheit aufzeigt: „Heroína, diablo vestido de ángel"[67]. Die Verkleidung als (gefallener) Engel zeigt den Widerspruch zwischen Himmlischem und Höllischem und entspricht der verherrlichenden Rezeption, die der bis 1976 als neu und exotisch angesehenen und dadurch sehr attraktiven Droge zuteilwird, die anschließend die spanischen Großstädte überflutet.[68]

Dieselbe Bedeutung der teuflischen Gefahr durch die Droge schreiben Los Chichos dem Diabolischen im Lied „En vano piden ayuda" auf dem 1988 veröffentlichten Album *Ojos Negros* zu. Der Text, dessen Titel auf die unzähligen vergeblich um Hilfe flehenden Mütter verweist, die ihre im Teufelskreis des Drogenkonsums verlorenen Kinder beweinen, kritisiert zuerst aus Sicht des artikulierten Ichs das Geschäft und die Kommerzialisierung des Stoffs im „mercado negro"[69], in das politisch Mächtige, Reiche und machtvolle Institutionen eingebunden seien. Tatsächlich wird mit Heroin erstmals eine illegale Droge zum lukrativen Geschäft, das große Mengen an schmutzigem Geld bewegt und unmittelbar zu einem Bestandteil von zahlreichen Korruptionsfällen und Schmiergeldsystemen in Spaniens Wirtschaft, Politik und Justiz wird.[70] Im Lied der Chichos wird gerade die Verantwortung der höheren Schichten und Sicherheitskräfte hervorgehoben, die scheinheilig Mitglieder der Unterschicht

---

65   Orihuela, „¡Más chutes no!", S. 159 und S. 162. Bzgl. den vielfältigen Faktoren, die zur schnellen Ausbreitung der Droge im Spanien der 1970er führten, wie der sozioökonomische Kontext mit hoher Perspektivlosigkeit unter jungen Menschen, die mediale Verbreitung interessenweckender Kulturprodukte oder die schlechte Vorbereitung der Sicherheitskräfte auf die unbekannte Droge, vgl. Orihuela, „¡Más chutes no!", S. 163.

66   Das Lied ist neben „Una paloma blanca" wohl das bekannteste der Gruppe und ist auf dem 1986 publizierten Debütalbum ... *De la Alegria* in einer speziellen Version als erstes Lied sowie in der ursprünglichen Version als letztes Lied zu finden, womit es das gesamte Album einrahmt und die Bedeutung für die Gruppe unterstreicht.

67   Los Calis, „Heroina", V. 1.

68   Orihuela, „¡Más chutes no!", S. 158 f. Hierbei bezieht er sich auf Aussagen von interviewten Musikern.

69   Los Chichos, „En vano piden ayuda", V. 3.

70   Orihuela, „¡Más chutes no!", S. 159.

in den Randvierteln verhaften lassen, wobei in diesem Fall das Beispiel der betroffenen vier armen Teufel für die benachteiligten Opfer steht:

> Gente de altas esféras
> también están implicados:
> para cubrir apariencias
> se van a los barrios bajos
> y se llevan detenidos
> a cuatro pobres diablos.[71]

Neben den Machenschaften der Reichen und politisch Mächtigen wird ebenso auf die Korruption von hochrangigen Beamten angespielt. Von gravierenden Fällen der Verwicklung der Guardia Civil in den Heroinhandel wird etwa im Baskenland der beginnenden 1980er berichtet und in Madrid prangern Vereinigungen von Müttern von Drogenabhängigen wiederholt die Beteiligung der Polizei an der Verbreitung von Drogen an.[72]

Durch die Verwendung von Assonanzen, in dieser Strophe a-o, wird in den achtsilbigen Versen der volkstümliche Charakter dieser Strophenform als Beispiel spanischsprachiger Popularlyrik par excellence betont und verstärkt den Eindruck einer besonders eingängigen und für jeden verständlichen Dichtung. Die semantische Funktion des Diabolischen als Fluch wird deutlich, wenn die Mütter in Trauerkleidung das Gift mit seinen unzähligen Bezeichnungen verfluchen:

> Las ves vestidas de negro,
> la pena escrita en la cara,
> y maldicen el veneno
> donde el nombre nunca acaba.[73]

Hierbei unterstreicht das artikulierte Ich erneut die ungeklärten Verantwortlichkeiten für Todesfälle und Kriminalisierung der Konsumierenden: „a ver quién tiene la culpa, y no aparece el culpable"[74]. Der Teufel als Akteur in der Rolle des ‚Täters', dessen Namen und Bezeichnungen unendlich sind, kommt dann explizit im insgesamt sechsmal wiederholten Refrain ins Spiel, wobei das durch einen weiblichen Chor artikulierte Ich das Heroin explizit als Verwünschung durch den Dämon bezeichnet:

---

71   Los Chichos, „En vano piden ayuda", V. 5–10.
72   Orihuela, „¡Más chutes no!", S. 162.
73   Los Chichos, „En vano piden ayuda", V. 15–18.
74   „En vano piden ayuda", V. 33 f.

> Su nombre es heroína,
> otros le llaman caballo,
> pero yo le llamaría
> la maldición del diablo.[75]

Die Authentizität der Botschaft steigert, dass scheinbar persönliche Erfahrungen des artikulierten Ichs eingebaut werden, von dem einige Freunde zwar versucht hätten, ihren Konsum zu stoppen, andere jedoch die bis zu tödlichen Konsequenzen erfahren haben:

> Algunos amigos míos
> lucharon para quitarse,
> unos perdieron la vida
> y otros están en la cárcel.[76]

Die außerordentlich große Verbreitung und Bekanntheit der Lieder führen auch bei jüngeren Generationen im 21. Jahrhundert zu einem Verständnis dieses metaphorischen Begriffsgebrauchs. Die anhaltende Beliebtheit der Rumba Gitana sowie deren Inhalte haben dazu geführt, dass dieser Musikstil in Verbindung gebracht wird mit dem spanischen Rap als neuem Genre, das in lyrisch-narrativen Texten oft von den gleichen Erfahrungen und insbesondere Herausforderungen spricht, die mit dem Leben in benachteiligten Stadtteilen verbunden sind, wobei in Spanien implizite Verweise auf die eigene Musiktradition häufig zu finden sind: „[...] contar de forma explícita historias de barrio y delincuencia, con referencias autóctonas sutiles [...]“.[77] Die paratextuelle Ästhetik vieler Rap-Produkte, von den Anfangsjahren bis heute, verweist zudem explizit auf die Quinqui-Kultur der 1980er Jahre, etwa durch Namensgebung der Gruppen oder Covergestaltungen der Alben.[78] Hier stechen die Referenzen auf die eigene spanische Volkskultur der Darstellungen der Straße und dem Leben der unteren sozialen Schichten als Charakteristikum aller dieser Varianten des Raps hervor.[79] Auch hier werden Drogen zu einem grundlegenden Thema: Ob durch die direkte Darstellung des Konsums oder indirekt anhand des Verkaufs von Drogen – sie sind in den dargestellten Erfahrungen, Räumen und Umgebungen omnipräsent.[80]

---

75   „En vano piden ayuda“, V. 19–23.
76   „En vano piden ayuda“, V. 27–32.
77   Nicolás Díez, „Sobre rap, trap y calle“, S. 101.
78   „Sobre rap, trap y calle“, S. 115–117.
79   „Sobre rap, trap y calle“, S. 115.
80   „Sobre rap, trap y calle“, S. 106 und S. 116.

In diesem Sinne wandelt Haze in seinem 2016 mit Elena Vargas veröffentlichten Song „Diablo" die Bedeutung des Teufels auf heutige Erfahrungen und
Realitäten um. Ähnlich wie im Flamenco, dessen Musik Haze aufnimmt, spielen im Rap durch das Ich in einer speziellen Form bezeugenden Erzählens –
„*storytelling testimonial*" –[81] artikulierte autobiografische – oder zumindest als
solche ausgegebene – Elemente eine zentrale Rolle, um die Authentizität der
Rappenden zu unterstreichen. Díez erwähnt, dass Hazes Mischung aus Flamenco und Rap in seinen ersten Jahren, mit großem Verkaufserfolg zu Beginn
des 21. Jahrhunderts, zwar teils als kommerziell abgetan wird, er inzwischen
jedoch durch kontinuierliche Bühnenpräsenz sowie das intermediale Wirken auf den Soundtracks einschlägiger Filme wie *7 Vírgenes* (2005) oder *Yo
soy la Juani* (2006) die nötige Berühmtheit und Authentizität – die auf das
unromantisierende Darstellen der ihn umgebenden Gewalt und sozialen
Probleme im marginalisierten Viertel Los Pajaritos in Sevilla zurückzuführen
ist – erreicht habe, um eine bestimmte Form von der Straße naher Musik per-
formen zu können, die zum *Conscious Rap* tendiert, der für soziale Probleme
ein Bewusstsein schafft.[82]

Im besagten Song „Diablo" werden eigene Erfahrungen mit Kokain und
einem halbjährigen Gefängnisaufenthalt[83] genutzt, um vom Drogenkonsum
und seinen negativen Konsequenzen abzuraten. Persönliche negative Erfahrungen werden durch die Figur eines abhängigen Vaters geschildert, um einen
moralischen Appell zu formulieren und zum Verzicht zu ermutigen. Die ersten
Worte des Texts sind ein Ausruf des artikulierten Ichs, selber mit dem Konsum aufzuhören, um beim eigenen Sohn ein Bewusstsein zu schaffen und ihm
die der Beherrschung förderlichen Werte mitzugeben: „Hijo mío, ¡me estoy
quitando!"[84] Der narrative Charakter wird explizit auf der Metaebene einer
Erzählerstimme deutlich gemacht: „Siéntate, José, deja que te cuente algo".[85]

---

81   „Sobre rap, trap y calle", S. 115.

82   „Sobre rap, trap y calle", S. 99. Hier ist die Unterscheidung relevant, die Nicolás Díez in
      Spanien zwischen sozial bewussten und politisch aktiven *Raperos virtuosos* und *Raperos
      gangsta* zieht, wobei sich beide Arten vermischen und in großem Maße auf die Straße
      beziehen.

83   Lorena Maldonado, „El viaje de Haze, el rapero flamenco: de la cocaína y la cárcel a dar
      clases de literatura", Interview in: *El Español*, 10.12.2018. Inzwischen ist Haze, bürgerlich
      Sergio López, als promovierender Literaturwissenschaftler tätig.

84   Haze, „Diablo", V. 1.

85   „Diablo", V. 4. Dieser Ausdruck ist häufig im zum Storytelling tendierenden Rap zu finden,
      als bekanntes Beispiel für die zusätzliche visuelle Dimension des *Showing* kann aus dem
      deutschsprachigen Rap etwa der Beginn von Sidos „Mein Block" genannt werden: „Steig
      ein! Ich will dir was zeigen: Der Platz an dem sich meine Leute rumtreiben". Bzgl. einer
      detaillierten Analyse dieses Liedes siehe Gruber, *Performative Lyrik*, S. 288–292.

Die zu vermittelnde Botschaft wird direkt resümiert, indem die Bedeutung des Teufels als Metapher für Kokain expliziert wird: „¡La cocaína es el Diablo!"[86] Abgeschreckt werden soll der Sohn zuerst durch die detaillierte Beschreibung der paranoiden Zustände des Konsumierenden, der selber durch die ihn zum Mord anstiftenden Stimmen im Kopf zum Bösen mutiert:

> Escucho voces, me incitan, me vuelvo malo.
> Los que gramean se me quedan mirando,
> las voces dicen: ¡Tienes que matarlos, matarlos!
> Tengo el corazón negro:
> ¡La maldad, el odio y la mentira viven aquí dentro![87]

Mit durch Lüge, Hass und Bösartigkeit schwarzem Herz repräsentiert sich das artikulierte Ich selbst als Abbild des Teufels. Im von Elena Vargas gesungenen Refrain jedoch wechselt die Stimme zu einer Instanz, die um Kraft zum Über-leben und göttlicher Hilfe für den nach Ansicht dieser ihm nahestehenden Figur im Herzen keineswegs bösen Abhängigen bittet, dessen Sucht als reiner Irrwitz des Leibhaftigen dargestellt wird: „Debe ser locura del Diablo, yo sé que no es malo: ¡Dale fuerzas que lo está matando! Que ya no siento su calor."[88]

In der zweiten Strophe verfällt das Ich jedoch zurück in die Abhängigkeit und zeigt keinerlei Reue für den Konsum, der ihm die Kontrolle über sich selbst entreißt und an den Teufel abtritt: „Ya no hablo, no soy yo, lo hace el Diablo."[89] Die schädlichen Wirkungen auf den Körper, extreme Aggressionen und die Gleichgültigkeit selbst gegenüber den Verstorbenen aus der eige-nen Familie und dem Freundeskreis werden als dämonische Besessenheit geschildert: „¡Me cago en mis muertos, perra! ¡Hoy corre la sangre!"[90] Das in diesem Rap ausgedrückte Ich betont genretypisch auch den lediglich auf der Straße gesammelten Erfahrungsschatz: „¡Lo que yo sé a mí me lo enseñó la calle!"[91] Erneut wird auf die hypothetische Korruption von Polizeibeamten angespielt, denen das artikulierte Ich den eigenen Gesetzen der Straße folgend mit dem Tod droht: „Como me paren los corruptos del puerto, ¡los mato!"[92] Als

---

86   Haze, „Diablo", V. 5.
87   „Diablo", V. 10–14.
88   „Diablo", V. 17–19.
89   „Diablo", V. 24.
90   „Diablo", V. 28. Der umgangssprachliche bis vulgäre spanische Ausdruck „Me cago en ..."
      mit verschiedenen Möglichkeiten, etwas eigentlich sehr Wichtiges einzufügen, zeigt die
      Gleichgültigkeit des Sprechenden auf und kann so auch dem deutschen ‚Ich vergesse
      mich!' für den Ausdruck extremer Aggressionen und Wut entsprechen.
91   Haze, „Diablo", V. 30.
92   „Diablo", V. 32.

moralischer Aspekt wird schließlich allerdings betont, dass ebenso wie alle, die ihm folgen, selbst der Leibhaftige am Ende zur Rechenschaft gezogen wird: „Te da placeres y hace que tu lengua mienta ... sí, pero al Diablo hay que rendirle cuentas."[93]

Auch in diesem Text ist die Droge also erneut exakt die teuflische Versuchung, der kein Mensch, wie im behandelten schlechten Beispiel, erliegen darf: „No soy un buen ejemplo, me puede la tentación. Recuerda que la carne no quiere trato con Dios."[94] Diese die erste Strophe abschließende Aussage kann als Verweis auf die Bibel und die theologische Differenzierung in der Beziehung von Fleisch und Geist bzw. Körper und Seele interpretiert werden. In der christlichen Theologie bezieht sich das Fleisch auf die sündige menschliche Natur, die dazu neigt, der Versuchung eigener Begierden und Vergnügungen zu erliegen, anstatt Gott zu folgen, im Neuen Testament explizit im Brief an die Galater (5,17): „Denn das Begehren des Fleisches richtet sich gegen den Geist, das Begehren des Geistes aber gegen das Fleisch; beide stehen sich als Feinde gegenüber, sodass ihr nicht imstande seid, das zu tun, was ihr wollt." Die Mahnung im Lied, sich daran zu erinnern, dass das Fleisch als unsere sündige Natur Gott nicht gefallen kann, zeigt die Notwendigkeit, den Versuchungen körperlicher Genüssen zu entsagen und stattdessen geistlich zu leben, wie im Brief des Apostels Paulus an die Römer (8,5) erläutert wird: „Denn alle, die vom Fleisch bestimmt sind, trachten nach dem, was dem Fleisch entspricht, alle, die vom Geist bestimmt sind, nach dem, was dem Geist entspricht." Dies wird mit einer erneuten Erinnerung im letzten Vers der dritten Strophe wiederaufgenommen, diesmal an die gerechte Erniedrigung derjenigen durch Gott, die sich selbst erhöhen: „Recuerda: al que se ensalza Dios lo humilla."[95] Intertextuell spielt der Text hier außerordentlich offensichtlich mit der Bibel, so etwa mit dem Fall von König Nebukadnezar im Buch Daniel, Kapitel 4 sowie Jesus bekanntem Ausspruch in Lukas (14,11): „Denn wer sich selbst erhöht, wird erniedrigt, und wer sich selbst erniedrigt, wird erhöht werden." In diesem Sinne erzählt die letzte Strophe nach einer erneuten Hinwendung an den eigenen Sohn mit dem biblischen Vornamen José[96], mit der Bitte um Vergeben für das Versäumen seiner Erziehung in jungen Jahren, auch explizit die Erkenntnis von Hoffnung als Licht am Ende des Tunnels dank der

---

93   „Diablo", V. 37 f.
94   „Diablo", V. 15 f.
95   „Diablo", V. 52.
96   Wenn die heute noch übliche Tradition der spanischen Namensgebung bedacht wird, nach der der älteste Sohn den Namen des Vaters trägt, ist davon auszugehen, dass auch dieser den Namen Josef trägt, Bräutigam und späterer Ehemann der Jungfrau Maria, der Mutter Jesu, was dem Text zusätzliche Konnotationen verleiht.

eingetretenen Wandlung des Ichs, seines Erwachens aus dem Alptraum durch
seinen Glauben an Gott, der ihn vom Bösen erlöst:

> Ahora veo la luz, después de tantos años,
> creo en Jesús, por fin estoy caminando.
> ¡Le doy gracias a tu madre y al Cielo!
> ¡Sentí la Libertad cuando leí el Evangelio!
> ¡He despertado de una puta pesadilla![97]

Die Wahrnehmung von Freiheit beim Lesen des Evangeliums ist als direkter Hinweis auf die zahlreichen intertextuellen Beziehungen zwischen der
im Lied vermittelten Botschaft und der Bibel zu sehen. Der Glaube an Jesus
kann als Glauben an die eigene Kraft verstanden werden, der Versuchung zu
widerstehen. Dies geht einher mit der grundsätzlichen Assoziation des Teufels
mit der Versuchung, zentraler Aspekt der christlichen Theologie, um die Notwendigkeit zu betonen, Gott und seinen Lehren treu zu bleiben, um eben die
Versuchungen des Diabolischen zu überwinden. Mit dem Dank an die Mutter
des Sohns zeigt der Text zudem die Bedeutungsverschiebung der teuflischen
Versuchung weg vom Weiblichen, da in diesem Fall die Frau neben der Religion als Grund genannt wird, warum der sündigen Versuchung endlich wider-
standen wird. In diesem Sinne könnte die nicht näher identifizierte weibliche
Stimme des Refrains als die der Mutter betrachtet werden. Sie artikuliert zum
Abschluss einen zweiten Refrain, direkt an den wahnsinnigen Teufel mit
Namen Kokain oder weißem Gold gerichtet – die attraktive Versuchung mate-
rieller Werte und Reichtums repräsentierend –, in dem sie resümiert, dass sie
Gott um die Rückkehr des Familienvaters zu ihr bittet:

> Oro blanco, loco diablo de contrabando:
> ¡Dime adónde te lo estás llevando!
> Le pido a Dios que lo devuelva a mí.[98]

Insgesamt vermittelt der gerappte Text so eine Botschaft der Abschreckung vor
dem Kokainkonsum, der als äußerst gravierendes soziales Problem das in den
1980ern in Spanien noch dominante Heroin inzwischen abgelöst hat, indem er
auf eigene Erfahrungen des Rappenden zurückgreift und dadurch glaubwür-
dig einen moralischen Appell formuliert.

---

97   Haze, „Diablo", V. 47–51.
98   „Diablo", V. 53–55.

5.   Fazit

Neben seinem Einsatz in Verfluchungen wird der Name des Teufels fundamental mit der Versuchung verbunden, jedoch wird in neueren Texten der Rumba Gitana und des Rap die metaphorische verbotene Frucht nicht mehr wie in der Bibel durch die teuflische Schlange oder die ihr nahestehende Frau vermittelt, sondern wirkt eher unvermittelt teuflisch. Die spanischsprachigen Interpretierenden verschiedener Musikstile wie Rumba Gitana oder Rap nutzen hierbei konkret den Begriff des *Diablo*, um vor den Gefahren und meist tödlichen Konsequenzen der ,teuflischen' Versuchung zu warnen. Bezüglich einer solchen Verführung durch Drogen kann dies so interpretiert werden, dass das Subjekt selbst entscheiden und den Konsum ablehnen kann. Bei näherer Betrachtung wird jedoch deutlich, dass in den Liedern die Drahtzieher, wenn auch eher nebenbei erwähnt, selbst politisch Mächtige, Reiche und einflussreiche Institutionen, des Handels und teuflischen Handlungen angeklagt werden.

Bibliographie

Alcina, Juan (Hg.), *Romancero Viejo*, Barcelona: Planeta, 1987.

Androutsopoulos, Jannis / Scholz, Arno, „Spaghetti Funk: Appropriations of Hip-Hop Culture and Rap Music in Europe", in: *Popular Music and Society* 26,4 (2003), S. 463–479.

Buendía López, José Luis, „El mal trato a la mujer en las letras del cante flamenco", in: Carlos Alvar Ezquerra (Hg.), *Lyra mínima oral: los géneros breves de la literatura tradicional*, Alcalá de Henares: Universidad, 2001, S. 291–296.

Catalán, Diego (Hg.), *Romances de tema odiseico: La Condesita*, Romancero Tradicional de las Lenguas Hispánicas IV, Madrid: Gredos, 1970.

Cadalso, José, *Cartas Marruecas*, Ausgabe von Joaquín Marco, Madrid: Planeta, 1985.

Catalán, Diego, „El ,motivo' y la ,variación' en la trasmisión tradicional del romancero", in: *Bulletin hispanique* 61,2/3 (1959), S. 149–182.

Díaz Mas, Paloma, „El Romancero, entre la tradición oral y la imprenta popular", in: *Destiempos* 15 (2008), S. 115–129.

„Dos caballeros retan a los del Campo de Don Sancho y vencen a dos Condes que salieron", in: Agustin Durán (Hg.), *Romancero general o colección de romances castellanos anteriores al siglo XVIII*, Bd. 1, Madrid: Atlas, 1945 [1851], S. 503 f.

Durán, Agustin (Hg.), *Romancero general o colección de romances castellanos anteriores al siglo XVIII*, Bd. 1, Madrid: Atlas, 1945 [1851].

El Chojin / Reyes, Francisco, *Rap 25 años de rimas: un recorrido por la historia del rap en España*, Barcelona: Viceversa, 2010.

„El rey y el Cid a Roma", in: Guy Le Strange (Hg.), *Spanish Ballads*, Cambridge: UP, 1920, S. 72 f.

Estébanez Calderón, Serafín, *Escenas Andaluzas*, Madrid: Catedra, 1985.

García del Río, Antonio (Hg.), *Quinquis, yonkis y pandilleros: Imaginar, representar, contar la marginalidad urbana*, in: *Kamchatka: revista de análisis cultural* 16 (2020).

García Gómez, Emilio, *Las jarchas romances de la serie árabe en su marco: edición en caracteres latinos, versión española en calco rítmico y estudio de 43 moaxajas andaluzas*, Madrid: Sociedad de Estudios y Publicaciones, 1965.

Gruber, Johannes, *Performative Lyrik und lyrische Performance: Profilbildung im deutschen Rap*, Bielefeld: transcript, 2017.

Haze, „Diablo", in: *Barrio*, Warner Music Spain, 2016.

Homann, Florian, „Die ursprüngliche Lyrik der Flamencostile martinetes & tonás als literarischer Ausdruck des kulturellen Gedächtnisses der gitanos: ‚vergessene Erinnerungen' an einen versuchten Genozid", in: Marina Hertrampf / Kirsten von Hagen (Hg.), *Ästhetik(en) der Roma*, München: AVM, 2020, S. 23–48.

Homann, Florian, „Familia y memoria colectiva gitana en el cante flamenco", in: Sandra Olivero Guidobono / Carmen Benito (Hg.), *Entre redes y espacios familiares en Iberoamérica. Repensando estrategias, mecanismos e idearios de supervivencia y movilidad*, Sevilla: Ediciones Egregius, 2017, S. 256–271.

Homann, Florian, „Las coplas flamencas contemporáneas, la memoria y las relaciones intertextuales: una propuesta de análisis de las letras del cante en su performance", in: *Demófilo: Revista de cultura tradicional* 50 (2020), S. 81–119.

Labrador Méndez, Germán, „El mito quinqui", in: *Kamchatka: revista de análisis cultural* 16 (2020), S. 11–53.

Laferl, Christopher F., „Analyse von Gedichten, Lyrik und Liedtextexten", in: Bernhard Pöll u. a. (Hg.), *Handbuch Spanisch: Sprache, Literatur, Kultur, Geschichte in Spanien und Hispanoamerika*, Berlin: Schmidt, 2012, S. 716–723.

„La mala hija que amamanta al Diablo", in: Flor Salazar (Hg.), *El Romancero vulgar y nuevo*, Madrid: Universidad Complutense de Madrid, Seminario Menéndez Pidal, 1999, S. 420 f.

Le Strange, Guy (Hg.), *Spanish Ballads*, Cambridge: UP, 1920.

López Castro, Miguel, *La imagen de las mujeres en las coplas flamencas: análisis y propuestas didácticas*, Dissertationsschrift, Málaga: Universidad, 2007.

Los Chichos, „En vano piden ayuda", in: *Ojos Negros*, Philips, 1988.

Machado y Álvarez, Antonio, *Colección de cantes flamencos: recogidos y anotados por Demófilo*, Madrid: Demófilo, 1975 [1881].

Magna Antología del Cante Flamenco, Hispavox, 1982.

Maldonado, Lorena, „El viaje de Haze, el rapero flamenco: de la cocaína y la cárcel a dar clases de literatura", Interview in: *El Español*, 10.12.2018. https://www.elespanol. com/cultura/20181210/haze-rapero-flamenco-cocaina-carcel-clases-literatura/ 359464560_0.html (Zugriff 20.04.2023).

Manuel Pedrosa, José, „Una colección de leyendas de Armenia (Colombia)", in: *Revista de Folklore* 219 (1999), S. 90–101.

Menéndez Pidal, Ramón, *Gerineldo, el paje y la infanta I–III*, Romancero tradicional de las lenguas hispánicas VI–VIII, Madrid: Seminario Menéndez Pidal, UCM, 1975–1976.

Nenadovic, Ana, „Performing Feminism, Autobiography, and Testimony: Feminist Rap in Latin America", in: *Promptus: Würzburger Beiträge zur Romanistik* 5 (2019), S. 95–116.

Neuschäfer, Hans-Jörg, , „Der Romancero als Unterhaltungsliteratur (ab 15. Jh.)", in: Ders.: *Klassische Texte der spanischen Literatur*, Stuttgart: J. B. Metzler 2011, S. 20–27.

Nicolás Díez, Sofía, „Sobre rap, trap y calle: imágenes y fenómenos", in: *Kamchatka: revista de análisis cultural* 16 (2020), S. 93–128.

Orihuela, Antonio, „¡Más chutes no! La heroína, entre arma de la democracia y vehículo heroico", in: *Kamchatka: revista de análisis cultural* 16 (2020), S. 155–167.

Piñero, Pedro, *Romancero*, Madrid: Biblioteca Nueva, 2008.

Piñero, Pedro, „La dilatada historia del romancero: La Edad Media", in: Ders. (Hg.), *Romancero*, Madrid: Biblioteca Nueva, 2008, S. 11–27.

Piñero, Pedro, *Romancero de la provincia de Sevilla*, Sevilla: Universidad, 2013.

Ramón Menéndez Pidal, *Estudios sobre el romancero*, Madrid: Espasa-Calpe, 1973.

Rodrigo Bazan Bonfil, „Fieras, animalejos y bichos: función narrativa de alguna fauna en el Romancero", in: Aurelio González (Hg.), *Temas, motivos y contextos medievales*, México D. F.: UNAM / El Colegio de México, 2008, S. 85–100.

„Romance de cómo vino el Cid a besar las manos al rey", in Juan Alcina (Hg.), *Romancero Viejo*, Barcelona: Planeta, 1987, S. 206 f.

„Romance del conde Sol", in: Serafín Estébanez Calderón, *Escenas Andaluzas*, Madrid: Catedra, 1985, S. 255.

„Romance del conde Sol", in: Durán, Agustin (Hg.), *Romancero general o colección de romances castellanos anteriores al siglo XVIII*, Bd. 1, Madrid: Atlas, 1945 [1851], S. 180 f.

Ruiz Fernández, María Jesús, *El romancero tradicional de Jerez: Estado de la tradición y estudio de los personajes*, Jerez: Caja de Ahorros, 1991.

Salazar, Flor (Hg.), *El Romancero vulgar y nuevo*, Madrid: Universidad Complutense de Madrid / Seminario Menéndez Pidal, 1999.

Sevilla Muñoz, Julia, „Los santos y el diablo en los refranes", in: Françoise Cazal u. a. (Hg.), *Pratiques hagiographiques dans l'Espagne du Moyen-Âge et du Siècle d'Or*, Paris: CNRS, 2007, S. 419–436.

Steingress, Gerhard, *Cante flamenco: Zur Kultursoziologie der andalusischen Moderne*, Zweite verbesserte Auflage, Berlin: Logos Verlag, 2013.

Suárez Ávila, Luis, „El romancero de los gitanos, germen del cante flamenco", in: Pedro Piñero (Hg.), *El romancero. Tradición y pervivencia a fines del siglo XX*. Sevilla / Cádiz: Fundación Machado / Universidad, 1989, S. 563–608.

Urrutia Valenzuela, Alberto, „La música en el barrio como elemento de afirmación identitaria (El ejemplo de Vallecas)", in: *Revista de Dialectología y Tradiciones Populares* 62,1 (2007), S. 85–110.

Wolbring, Fabian, *Die Poetik des deutschsprachigen Rap*, Göttingen: V&R, 2015.

TEIL VII

Teufel transmedial: Diskursive Umformungen diabolischer Phänomenologien

„[C]ette diable de fille" – Zu Carmens teuflischer Verführungskunst

Kirsten von Hagen

Carmen als teuflische Figur in den Blick zu rücken, liegt nahe, ist sie doch einerseits als ‚Zigeunerin' eine Projektionsfigur zwischen *faszinosum* und *tremendum*. Andererseits ist ihr selbst eine chamäleonartige Wandelbarkeit eingeschrieben, die sie in besonderer Weise mit dem Teufel und dem Teuflischen als Denkfigur verknüpft. Die unaufhörliche Wandelbarkeit des Teufels liegt in seinem ureigenen Wesen als solchem begründet; er erweist sich immerzu als ‚Vater der Lüge' und ultimativer Täuscher, der sich ständig anderer Maskierungen und Tricks bedient, um den Menschen ins Verderben zu stürzen.[1] Diese Nähe zwischen der diabolischen Verführerfigur Carmen, die als Zigeunerin bereits das marginalisierte Andere in doppelter Form – als Frau und als kulturell Andere – erfüllt, und dem personifizierten Versucher ist geradezu offenkundig. Auch Carmen begegnet in unterschiedlichen Erscheinungsformen, wie die einzelnen Rahmungen vor allem von Mérimées Novelle verdeutlichen. Tritt der Teufel seinerseits häufig als Tier in Erscheinung – zum Beispiel in Gestalt einer Schlange, eines Affen, eines Pudels, eines Ziegenbocks oder einer Fliege – so wird auch Carmen zumindest mit verschiedenen Tiervergleichen begrifflich zu fassen versucht. Carmen erscheint wie der Teufel auch in immer wieder neuen (überraschenden) Variationen und Formen und erweist sich so als ebenso langlebige wie widerstandsfähige Protagonistin des Bösen.

1. Carmen als produktive Störfigur

Wie sehr bei diesen Medientransformationen auch die Darstellung selbst Teuflisches birgt, soll im Folgendem am Beispiel einer paradigmatisch erscheinenden inter- und transmedialen Beziehungsgeschichte näher ausgeführt werden. Dabei soll auch gefragt werden, welcher ästhetische Möglichkeitsraum sich um die diabolische Figur Carmen eröffnet, um den herum die literarischen, aber auch theatralen und filmischen Texte ihre Gestaltungs-, Deutungs- und Sinnbildungspotentiale schöpfen können. Was Eming und Fuhrmann für den

---

1   Vgl. Gisèle Venet, *Le Mal et ses masques*, o. O.: ENS Éditions, 1998.

Teufel formulieren, nämlich dass er eine „produktive Störfigur"[2] sei, gilt in selbem Maße auch für Carmen. Auch die Nähe zur Magie als ein potentieller Raum, der die gängige Ordnung stört, bzw. herausfordert, wird nicht nur in der Novelle Mérimées, sondern auch in der späteren Opernbearbeitung Bizets und deutlicher noch in den frühen filmischen Adaptationen von Lubitsch oder de Mille, die auf die Novelle und Oper als Prätexte rekurrieren, immer wieder durchgespielt. Was für den Teufel gilt, dass er nicht nur eine destruktive Macht innehat, sondern auch durchaus produktive Potentiale freilegt, etwa als Generator von Individualität, als Sprengmeister überkommener Ordnungen oder als Vermittler neuen Wissens,[3] gilt auch für die Carmen-Figur. Auch Uneindeutigkeiten und eine gewisse Dynamik und Virtuosität (besonders Musik und Tanz, aber auch Rhetorik) ist mit beiden Figuren assoziiert.[4] Camen ist eine zutiefst mobile Figur zwischen den Zeichen, Zeiten und Medien. Als Meisterin der Verwandlung ist sie, wie der Teufel, häufig selbst eine Künstlerfigur oder birgt ein gewisses autopoetisches Potential.

Dies zeigt auch die Nähe Carmens zum Theatralischen, zum Schauspiel und zur Maskerade. Insofern haftet den Auftritten Carmens immer auch etwas Diabolisches an, betritt sie die Bühne doch stets als Mimin in unterschiedlichen Maskeraden, als Meisterin des Tanzes, der Sprache und der Musik.[5] Sie ist eine Künstlerin der Performanz, die ihre Schauspiele des Begehrens besonders kunstvoll aufzuführen und derart zum Bösen zu verführen versteht, wie etwa auch Mephisto bei Goethes Faust. Ihre verführerische und als diabolisch konnotierte Macht erweist sich in den Interaktionen zwischen ihr, dem Erzähler und dem männlichen Protagonisten Don José in der Novelle, aber auch in den späteren Adaptationen. Dies zeigt sich nicht erst in den multimodalen Spektakeln, das heißt der Opernadaptation Bizets oder den späteren filmischen Fassungen der Figur, sondern bereits im narrativen Ausgangstext selbst, der Novelle, die vielfach gerahmt erscheint und immer neue Bühnen für die diabolische Figur Carmen entwirft, auf denen sie ihre Verführungsspiele aufführt.

---

2   Vgl. Jutta Eming / Daniela Fuhrmann, „Der Teufel und seine poietische Macht. Eine Einführung", in: Dies. / Dies. (Hg.), *Der Teufel und seine poietische Macht in literarischen Texten vom Mittelalter zur Moderne*, Berlin: De Gruyter, 2020, S. 1–24, hier S. 2.

3   „Der Teufel und seine poietische Macht", S. 3.

4   „Der Teufel und seine poietische Macht", S. 1.

5   Vgl. zum Schauspiel als teuflischem Medium auch: Jutta Eming, „Teuflisch theatral: Zu Poiesis und Performanz in einigen Szenen des Alsfelder Passionsspiels", in: Dies. / Daniela Fuhrmann (Hg.), *Der Teufel und seine poietische Macht in literarischen Texten vom Mittelalter zur Moderne*, Berlin: De Gruyter, 2020, S. 103–130, hier S. 105.

2.   „J'ai fait mon héroïne bohémienne" – Prosper Mérimées Novelle
       Carmen (1845/47)

Am 16. Mai 1845 schreibt Prosper Mérimée an seine spanische Vertraute, die
Gräfin von Montijo, Mutter der späteren Kaiserin Eugénie, er habe sich acht
Tage eingeschlossen, um an einer Geschichte zu schreiben, die sie ihm vor
15 Jahren erzählt habe. Er fürchte jedoch, sie verdorben zu haben: Es war die
Geschichte eines Räubers, der seine Geliebte tötete. Er schließt mit den Worten: „Comme j'étudie les bohémiens depuis quelque temps avec beaucoup de
soin, j'ai fait mon héroïne bohémienne."[6] So zeigt sich bereits in dem Epitext,
dass Carmen als produktive Störfigur gleichsam als *générateur* der Geschichte
um Liebe, Leidenschaft und Verrat fungiert. Das Erzählsetting weist Carmen
als Projektionsfigur aus, in der sich das imaginäre Potential einer Zeit kristalli-
siert, die Roma[7] in Form von konstruierten ,Zigeuner'-Figuren als das gleichermaßen faszinierende wie verstörende Andere festschreibt. Zugleich kann
sie als Projektion eines französischen Autors begriffen werden, der Spanien
mehrfach (1830 und 1840) bereist hat und bereits in seinen spanischen Briefen
einen Blick auf die südspanische Kultur erkennen lässt, der von unterschiedlichen exotischen Vorstellungen gespeist wird.[8] Praz zufolge war Mérimée
der erste, der den Schauplatz der dämonischen Frau nach Spanien verlegte,
wo das Exotische und Erotische miteinander verknüpft wurden.[9] Während

---

6   Prosper Mérimée, *Correspondance générale*, établie et annoté par Maurice Parturier. Bd. 4,
    1844–1846, Paris: Le Divan, 1945, S. 294.

7   Der Begriff wurde 1971 auf dem ersten Weltkongress der internationalen Bürgerrechts-
    bewegung der Roma in London als Eigenbezeichnung beschlossen. Die International Roma
    Union (IRU) übernahm auf Empfehlung ihrer Sprachkommission den Beschluss. Auch
    der Roma National Congress (RNC), der zweite internationale Dachverband von Roma-
    Organisationen, verwendet heute den Begriff ,Roma' als Sammelbezeichnung für die in zahl-
    reiche Untergruppen gegliederte Minderheit. Dennoch ist sich die Verfasserin bewusst, dass
    die Verwendung des Heteronyms als Gesamtbezeichnung für eine Gemeinschaft, die sich aus
    zahlreichen ethnischen Subgruppen (z. B. Sinti, Roma, Calé, Kalderasch, Manouches etc.)
    zusammensetzt, sensibel mitreflektiert werden muss.

8   Man könnte sogar argumentieren, dass die Novelle die romaneske Weiterentwicklung der
    Lettres d'Espagne darstellt. Interessant ist in dem Kontext, dass Spanien als Ort der Hand-
    lung in der ersten Hälfte des Säkulums vor allem für Exotismus und Erotik steht, während
    gegen Ende des 19. Jahrhunderts immer mehr ein Bild von einem, wie Praz es nennt, „ver-
    wesenden Spanien als Stätte von Blut, Wollust und Mord" Verbreitung findet. (Mario Praz,
    „Archetypen in der Literatur (EA 1971)", in: Max Looser (Hg.), *Der Garten der Erinnerung.
    Essays*, Bd. 1, Frankfurt: Fischer, 1994, S. 168–177, hier S. 336. Mérimées *Carmen* nimmt dabei
    eine Zwischenstellung ein, verweist die Figur doch einerseits auf erotische Verführung im
    Zeichen des Exotismus, andererseits auf Gewalt, Wollust und Mord.

9   Vgl. Praz, „Archetypen in der Literatur", S. 175. Ein anderes früheres Beispiel, das bereits auf
    Mérimées Carmen vorauszudeuten scheint, Jacques Cazottes *Le Diable amoureux* (1772), heißt

häufig in der Forschungsliteratur diskutiert wird, inwieweit Carmen ein ihr vorgängiges Modell in der Realität hat,[10] soll hier der Konstruktionsprozess der Novelle selbst offengelegt und gezeigt werden, wie Carmen als diabolische Figur konzipiert wird, die von folgenden Parametern poietischer Potentiale im Sinne eines Merkmalbündels bestimmt und definiert wird, wie sie für Teufels-Figuren typisch sind: Wissen, Individuation, Denken in Alternativen, (Un)eindeutigkeiten, Dynamik und Artistik / Virtuosität.[11] Dabei spiegelt die Figur auch die Ambivalenz der Moderne bezüglich Alteritätskonstruktionen wider, die in besonderer Weise zwischen einem Fortschrittsglauben und einer Angst vor Veränderung changieren. Während einerseits in der Moderne eine Faszination für Technik und Forschung zu beobachten ist, zeigt sich andererseits, wie diese als Angst vor einem Verlust an Zauber, Magie, aber auch als ursprünglich wahrgenommener Exotik figuriert. Als Vertreter dieser ambivalenten Haltung lässt sich etwa Théophile Gautier ausmachen, der ihr in seinen Reiseberichten ebenso Ausdruck verliehen hat, wie in seinen phantastischen Novellen.[12] Wie Antoine Compagnon formuliert hat, sind die wahren Modernen zugleich die Antimodernen: „[L]e modernisme véritable, digne de ce nom, a toujours été antimoderne, c'est-à-dire ambivalent, conscient de soi, et a vécu la modernité comme un arrachement."[13] Als Projektionsfiguren spiegeln die zahlreichen ‚Bohemien-Konstruktionen' der Literatur des 19. Jahrhunderts zugleich die Suche nach neuen künstlerischen Ausdrucksformen wieder, was das Artistische des Merkmalsbündels betont. Das chamäleonhafte Potential der Carmen-Figur, die Fähigkeit zur stetigen Erneuerung und Aktualisierung zeigt sich auch, wenn man sich die unterschiedlichen medialen Ausformungen, von der Novelle über die Oper bis zum Film und neueren Performances anschaut. Sie sind zugleich Ausdruck des kulturellen Imaginären ihrer Zeit.

---

im Untertitel „Nouvelle espagnole". Die Erzählung weist interessante Parallelen zur Novelle Mérimées auf, steht doch hier ebenfalls eine dämonische Verführerin, Biondetta, im Zentrum, die häufig ebenfalls in die Nähe von Tieren gerückt wird.

10   Vgl. Antonia Fonyi, „Avant-propos", in: Dies. (Hg.), *Prosper Mérimée: Écrivain, archéologue, historien*, Genf: Droz, 1999, S. VII–XIII, hier S. XI.

11   Vgl. Eming / Fuhrmann, „Der Teufel und seine poietische Macht", S. 12–17.

12   Vgl. Kirsten von Hagen, „Von gespitzter Feder und durchgehenden Pferden – Schreiben zwischen Disziplin und Digression", in: Dies. / Corinna Leister (Hg.), *Ein Akteur zwischen den Zeiten, Zeichen und Medien*, Berlin: Erich Schmidt Verlag 2022, S. 275–300; Kirsten von Hagen, „Raconter la catastrophe: *Arria Marcella* comme diorama entre cataclysme et reconstitution", in: Alain Guyot / Sarga Moussa (Hg.), *La géographie de Gautier*, Paris: Université Sorbonne Nouvelle 2022, S. 141–156.

13   Antoine Compagnon, *Les antimodernes: de Joseph de Maistre à Roland Barthes*, Paris: Gallimard, 2005, S. 8.

3.   Mérimées Novelle *Carmen* – eine diabolische Figur betritt die
        Bühne der Weltliteratur

Prosper Mérimée versieht seine Novelle gleich mit mehreren Rahmungen, die
wiederum entscheidend an der Konstruktion der Figur mitwirken. Im ersten
und zweiten Teil der Novelle, die am 1. Oktober 1845 in der *Revue des Deux Mondes* erscheint,[14] berichtet der Ich-Erzähler, ein Archäologe, im dritten Teil der
durch Carmen zum Schmuggler und Mörder gewordene baskische Korporal
Don José. Den vieldiskutierten vierten Teil, eine Abhandlung zur Geschichte
und zum Idiom der ,gitanos', der in seiner besonderen Funktion näher zu
erläutern sein wird und der im Kontext der populärwissenschaftlichen Studien
des Autors zu sehen ist, fügt Mérimée der Novelle 1847 hinzu.[15]
    Die Novelle, die geprägt ist von einer Reihe mythischer Vorstellungen, wird
somit von mehreren Rahmungen eingefasst. Der erste paratextuelle Hinweis
geht der eigentlichen Lektüre des Textes voraus und bezeichnet gleichsam eine
Lektüreanweisung – ein Zitat im griechischen Original von Palladas, das übersetzt so viel heißt wie: „La femme, c'est du fiel. Mais elle a deux bonnes heures:
l'une au lit, l'autre à la mort."[16] Das Zitat verweist bereits auf die eigentliche
Rahmung des Textes und konstituiert den für die folgende Handlung dominie-
renden männlichen Blick auf die Frau sowie die Dualität von Liebe und Tod,
Eros und Thanatos. Dieses Spannungsfeld markiert zugleich ein Denken in
Alternativen sowie die (Un)eindeutigkeit und Dynamik der Figur. Sie erscheint
hier als produktive Störfigur im Verständnis von Eming und Fuhrmann, ist
eine Verkörperung des Bösen, deren Ziel es ist, andere vom rechten Weg abzubringen und zum Bösen zu verleiten, sie zu verblenden und zu täuschen. Dabei
erweist sie sich als Meisterin der Illusion, die in immer neuen Maskeraden
auftritt und anderen neue Perspektiven und Erscheinungsmöglichkeiten offeriert.[17] Sie figuriert aber auch als „Generator von Individualität" und legt neues
Wissen offen, was sie als moderne Figur erscheinen lässt.[18]

---

14   Mérimée hatte hier bereits 1834 *Les âmes du purgatoire* und 1837 die Novelle *La Venus d'Ille*
      veröffentlicht.
15   Vgl. „Notices" zu *Carmen*, in: Prosper Mérimée, *Théâtre de Clara Gazul. Romans et nou-
      velles*, Édition établie, présentée et annotée par Jean Mallion et Pierre Salomon, Paris:
      Éditions Gallimard, 1978, S. 1558–1587, hier S. 1561.
16   Prosper Mérimée, *Carmen et treize autres nouvelles*, Paris: Éditions Gallimard, 1965, S. 91.
17   Eming / Fuhrmann, „Der Teufel und seine poietische Macht", S. 1.
18   Ebd.

4.   Carmen als Figur des Wissens: Der vermessende Blick des Archäologen

Der französische Archäologe, der im ersten und zweiten Teil der Novelle erzählt,[19] interessiert sich nicht nur für Ausgrabungen der Antike, sondern auch für kulturelle Spuren ganz anderer Art. Schon zu Beginn wird der Versuch einer Grenzziehung seitens des Ich-Erzählers verdeutlicht, der sich einerseits von dem Fremden, Exotischen in Form des Banditen José Navarro und der diabolischen Verführerin Carmen angezogen fühlt, sich gleichzeitig jedoch auch durch die gewählte Form der sprachlichen Vermittlung von ihnen zu distanzieren sucht. Somit ist die konstruierte weibliche Figur auch eng an die narrative Form und damit an die Form der künstlerischen Darstellung geknüpft. Derart wird deutlich, dass eine Faszination und verführerische Macht von ihr ausgeht, der sich der eine mehr, der andere weniger entziehen kann – mit tödlichen Folgen für Don José.

Der reisende Forscher betrachtet Carmen als Studienobjekt wie schon das antike Munda. Der erste Teil der Novelle ist von Ein- und Ausschlussbewegungen gekennzeichnet, wie sie für Fremdbegegnungen im 19. Jahrhundert, dem Zeitalter von *nation-building*-Prozessen und hegemonialen Ansprüchen typisch sind.[20] Don José wird hier gewissermaßen als positive Kontrastfigur zu Carmen gestaltet. Durch seine spätere Beichte wird er wieder in die Gemeinschaft integriert, während Carmen als das fremde Andere konturiert wird, das am Schluss, durch die vierte Rahmung, die Abhandlung über die spanischen *gitanos*, endgültig aus der gängigen Ordnung ausgeschlossen wird. Dieser „modulierende Rahmenwechsel" fungiert als Szenenwechsel, „bei dem gleichzeitig mit dem Rahmen, in dem die Äußerung erscheint, der interpretative Rahmen gewechselt wird. Eine Modulation erzwingt insofern immer die Anwendung eines anderen Deutungsrahmens".[21] Carmen erscheint hier zunächst als diabolische Figur, die allein durch ihre Andersartigkeit eine verführerische und faszinierende Wirkung ausübt, die aber zugleich auch

---

19   Dass Erzähler zwischen den Ruinen der alten Welt auf Spurensuche gehen, hat in der Romantik Konjunktur, vgl. Praz, „Archetypen in der Literatur", S. 81. Diese findet sich auch in Mérimées Novelle *La Vénus d'Ille* (1837).

20   Vgl. Ortrud Gutjahr, „Fremde als literarische Inszenierung", in: Dies. (Hg.), *Fremde. Freiburger literaturpsychologische Gespräche*, Bd. 21, Würzburg: Königshausen und Neumann, 2002, S. 47–67, hier S. 56.

21   Uwe Wirth, „Performative Rahmung, parergonale Indexikalität: Verknüpfendes Schreiben zwischen Herausgeberschaft und Hypertextualität", in: Ders. (Hg.), *Performanz: Zwischen Sprachphilosophie und Kulturwissenschaften*, Frankfurt: Universitätsbibliothek Johann Christian Senckenberg, 2002, S. 403–433, hier S. 408.

innerhalb einer als fremd wahrgenommenen Kultur – der der andalusischen *gitanos* verortet wird, um dem Erzählten einen realistischen Rahmen und einen Authentizitätseffekt zu verleihen.

Die Inszenierung Carmens changiert bei Mérimée zwischen *faszinosum* und *tremendum*,[22] wie sie auch für andere Inszenierungen diabolischer Figuren charakteristisch ist. So wird Carmen als attraktive und selbstbewusste Frau inszeniert, die indes hier vor allem in ihrer männerverführenden und damit Verderben bedeutenden Machteigenschaft dargestellt wird. Die erste Szene verortet Carmen im Kontext einer ebenso von erotischer Anziehung wie Angst vor dem Fremden gekennzeichneten Begegnung des homodiegetischen Erzählers in Córdoba am rechten Ufer des Guadalquivir. Im Medium der Sprache entwirft der Erzähler einen theatralen Schauplatz, auf dem das folgende Geschehen wie auf einer Bühne vor den Augen des Lesers abläuft, das heißt wir als Lesepublikum sehen Carmen zugleich die Bühne der Weltliteratur betreten. In einer Stunde, in der man die Hand nicht mehr vor Augen sehen kann, nimmt der Reisende zunächst den berauschenden Duft eines weiblichen Wesens wahr, der von Jasminblüten herrührt, die sie im Haar trägt. Der Rest ihrer Erscheinung ruft auf den ersten Blick wenig Aufmerksamkeit hervor. Sie ist schlicht, fast ärmlich und ganz in Schwarz gekleidet. Ihre schwarze Kleidung signalisiert dem französischen Reisenden, dass sich die Frau nicht dem allgemeinen Habitus der Zeit, nur morgens Schwarz zu tragen, unterwirft. Er klassifiziert sie deshalb als *grisette*. Das Heruntergleiten ihrer Mantilla wird von ihm bereits als erotisches Signal dekodiert. Erst jetzt, da der Schleier gefallen ist, und im dunklen Glanz der Sterne, die die Szenerie dürftig ausleuchten, erkennt er ihren Körper – und sieht ihre Augen. Hier folgt der Text anderen Beispielen der Zeit, in der Verführung und inszeniertes Blicktheater eins sind.[23] Carmen gibt sich in dieser Szene insofern mehrfach als diabolische Figur zu erkennen, als sie wiederholt als Mimin auftritt, die sich außerhalb der gängigen Ordnung bewegt, nicht einzugrenzen ist und die versucht, auch den Erzähler zu verführen. Dies wird nicht zuletzt an ihren als verführerisch ausgewiesenen Attributen eigens verdeutlicht, die als typisch diabolisch gelten: Sie versucht mit allen Sinnen zu betören – die Jasminblüte ist hier ebenso aufschlussreich, wie ihre Mantilla, die sie wie eine Schlange beim Häuten

---

22   Alois Hahn, „Die soziale Konstruktion des Fremden", in: Sin Walter M. Sprondel (Hg.), *Die Objektivität der Ordnungen und ihre kommunikative Konstruktion*, Frankfurt: Suhrkamp, 1994, S. 140–163.

23   Diese Konzeption geht nicht zuletzt, wie Bork zeigt, auf die Liebeslehre des Mittelalters zurück, nach der Liebe vermittelt durch die Augen Einzug ins Herz hält, vgl. Claudia Bork, *Femme fatale und Don Juan. Ein Beitrag zur Motivgeschichte der literarischen Verführergestalt*, Hamburg: von Bockel, 1992, S. 13.

herabgleiten lässt, was aber auch eine Metaphorik des Schleiers und der Maskerade erinnert und auf den Bereich des Rollenspiels verweist, den ja auch Eming und Fuhrmann als typisch für diabolische Figuren ausweisen:[24] „Elle avait dans les cheveux un gros bouquet de jasmin, dont les pétales exhalent le soir une odeur enivrante. [...] ma baigneuse laissa glisser sur les épaules la mantille qui lui couvrait la tête."[25]

Aufschlussreich im Hinblick auf die Dynamik der Figur und auf ihre inszenierte ebenso verführerische wie diabolische Andersartigkeit ist, dass der Erzähler zunächst Schwierigkeiten hat, die Herkunft der Fremden zu bestimmen. Er hält sie anfänglich für eine Einwohnerin Córdobas, dann für eine Andalusierin, wie er vor allem aus dem Klang ihrer Stimme herauszuhören meint, schließlich – auf ihre Bemerkung hin, das Paradies sei nicht für Leute wie sie –, für eine Maurin, dann für eine Jüdin. Sie selbst ist es, die sich nach diesen Identitätszuschreibungen als *bohemiènne* zu erkennen gibt. Gemäß gängiger Heterostereotype bietet sie ihm an, ihm die Zukunft vorherzusagen.[26]

Ein Effekt der performativen Rahmung ist damit, dass sich die Identität Carmens eindeutigen Zuordnungen immer wieder entzieht. Sie ist ohne Herkunft und ohne Geschichte und bewegt sich außerhalb des Gesetzes. Bewusst verortet sie sich selbst außerhalb des spanischen Werte- und Normensystems.[27] Damit wird das Dynamische der Figur betont, das dem Merkmalskatalog diabolischer Figureninszenierungen entspricht. Der Erzähler bedient sich eines kollektiven Bilderreservoirs, indem er vor allem Gegensätze und Kontraste skizziert. Auffällig sind die zahlreichen Tiervergleiche, die im Lauf der Beschreibungen immer expliziter werden.[28] Insbesondere die Katze ist dabei zugleich mit einem Wesen der Nacht und als Begleiterin von Magie und Diabolischem konnotiert.[29] Das Schräggestellte der Augen ruft zum einen Erinnerungen an andere exotische Schönheiten auf, andererseits deutet er es als Indiz für ihre unangepasste Haltung: „Œil de bohémien, œil de loupe" heißt es im Text, um bereits das Animalische dieser Femme fatale zu betonen, aber

---

24 Eming / Fuhrmann, „Der Teufel und seine poietische Macht", S. 1.
25 Mérimée, *Carmen*, S. 108.
26 Vgl. Bork, *Femme fatale und Don Juan*, S. 81.
27 Vgl. ebd.
28 Werden zum einen positive Tiervergleiche zu jungen Tieren gezogen, die die Unbekümmertheit Carmens betonen und auf andere kindlich-androgyne Frauentypen wie Goethes Mignon verweisen, so betonen andere wie der Vergleich mit der Katze zugleich ihre erotische Ausstrahlung, vgl. Bork, *Femme fatale und Don Juan*, S. 82 f.. Zum Typus der Kindsbraut vgl. Michael Wetzel, *Mignon. Die Kindsbraut als Phantasma der Goethezeit*, München: Fink, 1999.
29 Vgl. Gertrud Blaschnitz, „Die Katze", in: Dies. (Hg.), *Symbole des Alltags. Alltag der Symbole*, Graz: Akademische Druck- und Verlagsanstalt, 1992, S. 589–617.

auch ihre diabolische Macht.[30] So wird der Wolf von Angelo de Gubernatis als
diabolisch und dämonisch beschrieben: „Doch gewöhnlich zeigt sich der Wolf
der Sage diabolisch; und wie der Dämon bald als ein Meister in jeder Art von
Falschheit und Bosheit, bald als ein Narr dargestellt wird, so auch der Wolf […].
Wölfe zerrissen den Helden Milo im Walde. Wölfe sind Vorboten des Todes, der
loup garou in der französischen Volkssage ist eine diabolische Gestalt."[31] Dies
wird besonders deutlich, als sie auch hier als menschlich-tierische Hybrid-
figur erscheint, was ihre Andersartigkeit gleichzeitig unterstreicht wie zu ver-
schleiern sucht.

Dies zeigt sich auch an der Reaktion des Erzählers, bei dem sich Faszination
für die fremde Badende mit einem erschaudernden Zurückschrecken mischt.
Die Lust des erzählenden Voyeurs – und des Lesers – basiert auf der Herrschaft
über die Sprache und die Codes der Repräsentation, die ein performatives
Zusammenspiel von Erfahrung und Erwartung, Wissen und Imagination in
Gang setzen. Angetrieben von einem „désir de savoir"[32] ist es insbesondere
das Dämonische ihrer Natur, das ihn anzieht. Es ist vor allem diese Faszination fürs Okkulte, die schwarze Seite der Romantik, die ihn fasziniert und die
seine Wahrnehmung präformiert. So lädt sie ihn ein, ihm die Zukunft vorauszusagen: „vous voyez bien que je suis bohémienne; voulez-vous que je vous
dise la baji?"[33] Damit aber ist sie insbesondere mit einem Versprechen, mehr
zu wissen ebenso assoziiert, wie mit alternativem Wissen und Magie. Außerdem ist damit bereits eine grenzüberschreitende Qualität verbunden sowie ein
Denken in Alternativen. Dies zeigt sich an der Reaktion des Erzählers, der versucht, die durchaus präsente erotische Macht allein mit einem Interesse an
okkulten Wissenschaften zu erklären:

> En voyage il faut tout voir. J'avais encore un autre motif pour cultiver sa connais-
> sance. Sortant du collège, je l'avouerai à ma honte, j'avais perdu quelque temps à
> étudier les sciences occultes et même plusieurs fois j'avais tenté de conjurer l'es-
> prit de ténèbres. Guéri depuis longtemps de la passion de semblables recherches,

---

30   Mérimée, Carmen, S. 111. Der derart etablierte Gegensatz wild / gezähmt ist grundlegend
     für die Gesamtkonzeption der Figur und begegnet später bei George Sand wieder. Ver-
     weist der Vergleich mit einer Katze im Allgemeinen auf Unberechenbarkeit und Anmut,
     so ist in der Romantik mit dem Verweis häufig die Funktion der Muse verbunden, vgl. Praz,
     „Archetypen in der Literatur", S. 223. Insgesamt ist die Tiermetaphorik und -symbolik, wie
     Bork zeigt, eng mit dem Typus der Femme fatale verknüpft, vgl. Bork, Femme fatale und
     Don Juan, S. 38.
31   Angelo De Gubernatis, Die Thiere in der indogermanischen Mythologie, aus dem Engli-
     schen übersetzt von M. Hartmann, Leipzig 1874, S. 453.
32   Mérimée, Carmen, S. 109.
33   Carmen, S. 110.

je n'en conservais pas moins un certain attrait de curiosité pour toutes les supers-
titions, et me faisais une fête d'apprendre jusqu'où s'était élevé l'art de la magie
parmi les bohémiens.[34]

Als diabolische Figur ist Carmen gleichzeitig von Wissen, Individuation, Denken in Alternativen, (Un)eindeutigkeiten, Dynamik, aber auch von Artistik /
Virtuosität geprägt, die sich insbesondere zeigt, als sie den Erzähler hernach
bittet, sie aufzusuchen und ihm dabei ihre magischen Kräfte vorführt. Deutlich wird Carmen unter Betonung ihrer Animalität als das gleichermaßen
anziehende wie bedrohliche fremde Andere und als teuflische Figur inszeniert,
was sich im Rahmen der Vorführung eben dieser magischen Kräfte zeigt: „Elle
s'animait par degrés. Son œil s'injectait de sang et devenait terrible, ses traits
se contractaient, elle frappait du pied. [...] puis, s'asseyant à la turque dans un
coin de la chambre, elle choisit une orange, la pela et se mit à la manger."[35]
    Es geht um Wissensdurst, den es zu befriedigen gilt, um Entgrenzung und
Transzendenz. Was der reisende Archäologe findet, ist indes eine Bestätigung
der gängigen Heterostereotype: Diese Carmen ist nicht nur schön und verführerisch, sie sagt auch die Zukunft voraus und bestiehlt den Erzähler. Der
französische Reisende kommentiert: „[...] il était évident qu'elle n'était pas sorcière à demi."[36] Gerettet wird er nur von Don José, der zum eigentlichen Opfer
der Verführerin Carmen stilisiert wird und dessen Lebensbeichte Teil der dritten Rahmung bzw. der Haupthandlung der Novelle ist.

5.   Der Blick des verführten Soldaten – die Lebensbeichte Don Josés

Das Bild Carmens, die zwischen diabolischer Verzerrung und kindlicher
Unschuld changiert, wird durch die Lebensbeichte Don Josés, der durch sie
zum Verbrecher und Mörder wurde, verstärkt. In Carmen vereinen sich mithin jene Faszination und Angst vor dem Fremden wie sie für den Typus der
dämonischen Femme fatale konstitutiv sind.[37] Die Erzählung Don Josés kann
demnach auch als Index des Begehrens des männlichen Erzählers gelesen
werden.[38] Dies ist vor allem Effekt der performativen Rahmung des Textes, die

---

34   Ebd.
35   *Carmen*, S. 114.
36   *Carmen*, S. 113.
37   Vgl. Helmut Kreuzer, *Don Juan und Femme Fatale*, München: Fink, 1994, S. 9.
38   Nietzsche hebt in seiner Hymne auf die Musik Bizets die „Logik in der Passion" hervor, die
      „kürzeste Linie, die harte Notwendigkeit", „Liebe als Fatum", die er bereits bei Mérimée
      vorgeprägt sieht. Friedrich Nietzsche, „Der Fall Wagner. Turnier Brief vom Mai 1888", in:

den zum Tode Verurteilten Don José zum Erzähler einer Tötungsgeschichte aus Leidenschaft macht, während Carmen selbst erneut als Projektionsfläche für männlich kodiertes Begehren figuriert, wie sich an der Lebensbeichte Don Josés zeigt.

Don José scheint sich zunächst überhaupt nicht für sie zu interessieren, was sich erst ändert, als sie ihn direkt anspricht. Ihr Auftreten in kurzem rotem Rock, den weißen Seidenstrümpfen, die von mehreren Löchern durchbrochen werden, in rotledernen Schuhen mit feuerroten Bändern, mit einem Akazienstrauß im Hemdausschnitt und einer einzelnen Blüte im Mundwinkel entspricht bereits weitgehend dem späteren Opernbild, wie es dann auch nachfolgend in den Filmen wieder aufgegriffen wird und eine eigene Ikonographie konstituiert. Carmen wird wie ein fremder Text gelesen und dekodiert, fungiert als Projektionsfläche männlichen Begehrens. Beide Erzähler der Novelle erwähnen die Mantilla, die Carmen wie unabsichtlich im ersten Fall, absichtsvoll im zweiten über die Schulter gleiten lässt. Beide verwenden Tiervergleiche, um Carmen näher zu charakterisieren. Beschreibt der französische Reisende vor allem die dämonische Ausstrahlung Carmens, ihre dunkle und verlockende Seite, so betont der baskische Soldat zunächst ihre Unbekümmertheit, die im Vergleich mit einem jungen Pferd ihren Ausdruck findet:

> Elle avait un jupon rouge fort court qui laissait voir des bas de soie blancs avec plus d'un trou, et des souliers mignons de maroquin rouge attachés avec des rubans couleur de feu. Elle écartait sa mantille afin de montrer ses épaules et un gros bouquet de cassie qui sortait de sa chemise. Elle avait encore une fleur de cassie dans le coin de la bouche, et elle s'avançait en se balançant sur ses hanches comme une pouliche du haras de Cordoue.[39]

Dieser Eindruck der Unbekümmertheit, der auf ihre Kunst, sich zu verstellen hinweist, haben wir doch zuvor schon gesehen, wie sie den französischen Reisenden zu betrügen versucht, vermischt sich mit der Kraft ihrer Blicke – es handelt sich um ein Blickregime, das mit einem Katzenvergleich abschließt, der das Unberechenbare, Undurchdringliche ihrer fremden ‚Natur' zu explizieren sucht. Damit wird erneut das Teuflisch-Uneindeutige der Figur, ihre Fähigkeit zur Dissimulation sowie ihre Dynamik unterstrichen. Das Motivs des Pakts mit dem Teufel wird hier dadurch betont, dass sie von ihm seine Kette verlangt, um daran ihre Schlüssel zu hängen, vordergründig ein Motiv, ihm eben diese wertvolle Kette zu rauben, lässt sich daran zugleich ein Versuch ablesen, ihn an sich

---

Karl Schlechta (Hg.), *Werke*, Bd. 3, Darmstadt: Wissenschaftliche Buchgesellschaft, 1997, Bd. 2, S. 905–927, hier S. 906 f.

39   Mérimée, *Carmen*, S. 121.

zu binden, um in später umso leichter manipulieren zu können. In der Oper wird dieses Motiv wieder aufgegriffen.

Die Figur, die in der Novelle Mérimées stets nur in ihrer Außenwirkung aus diversen Blickwinkeln gespiegelt erscheint, womit sie umso diabolischer wirkt, bleiben ihre wahren Motive doch im Dunkeln, bewahrt ihr Geheimnis bis zum Schluss, was die Wirkung des Unheimlichen der diabolischen Frauenfigur weiter steigert.[40] Verbittert resümiert Don José: „Et puis, malgré moi, je sentais la fleur de cassie qu'elle m'avait jetée, et qui, sèche, gardait toujours sa bonne odeur ... S'il y a des sorcières, cette fille-là en était une!"[41]

Im Lauf der Geschichte, die Don José dem Fremden erzählt, werden noch weitere Alteritätsstereotype der Zeit bemüht, um ihre Fremdartigkeit, ihre Alterität zu betonen: die Magie[42], ihr Geheimwissen über Rauschmittel[43] und Liebeszauber[44], ihr freier Umgang mit religiösen Regeln[45], die Tänze als Ausdruck der Artistik[46], ihre zahlreichen Versuche, die Zukunft vorauszusagen. Alle werden in der abschließenden Abhandlung über die bohémiens, die dem eigentlichen Geschehen um Carmen nachgestellt wird, erneut zur Sprache gebracht, generalisiert in Form einer pseudowissenschaftlichen Studie und auf eine Ethnie in toto projiziert. Rätselhaft und mysteriös zugleich verkörpert sie koloniale Angstvisionen ebenso wie bürgerliche Sehnsüchte.[47] Auffällig ist auch hier der Rekurs auf die Farbe Schwarz, die als Alteritätsmerkmal schon den ersten Auftritt Carmens zu nächtlicher Stunde begleitet und ebenfalls als Farbe des Teufels charakteristisch ist:[48] „Leur teint est très basané, toujours plus foncé que celui des populations parmi lesquelles ils vivent. De là le nom de Calés, les noirs, par lequel ils se désignent souvent. Leurs yeux sensiblement obliques, bien fendus, très noirs, sont ombragés par des cils longs et épais. On ne peut comparer leur regard qu'à celui d'une bête fauve."[49]

---

40   Vgl. die Ausführungen von Deleuze und Guattari zur Novelle: Gilles Deleuze / Félix Guattari, *Tausend Plateaus*, Berlin: Merve, 1992, S. 264 f.

41   Mérimée, *Carmen*, S. 128.

42   Vgl. *Carmen*, S. 122.

43   Vgl. *Carmen*, S. 140.

44   Vgl. *Carmen*, S. 169.

45   Ebd., S. 169.

46   Vgl. *Carmen*, S. 130.

47   Vgl. *Carmen*, S. 167.

48   Vgl. Jacques-Albin-Simon Collin de Plancy, *Dictionnaire infernal, ou Bibliothèque universelle: sur les Êtres, les Personnages, les Livres, les Faits et les Choses*, Paris: Imprimerie De Fain, 1825, S. 160; Ernst Götzinger, *Reallexicon der deutschen Altertümer: Ein Hand- und Nachschlagebuch der Kulturgeschichte des Deutschen Volkes*, Leipzig: Urban, 1885, S. 174; Michel Pastoureau, *Noir: Histoire d'une couleur*, Paris: Seuil, 2008, S. 25 und S. 46.

49   Mérimée, *Carmen*, S. 167.

Der vierte Teil fungiert damit zugleich als nachträglich hinzugefügte
Leseanleitung – wie ja auch bereits der retrospektiv formulierte Geständnisdiskurs Don Josés, in dem dieser sich zum willenlosen Objekt seiner Passion
stilisiert, und der um Rationalisierung bemühte Fremddiskurs des französischen Archäologen jeweils einen distanzierenden Blick auf die als fremdartig und dämonisch charakterisierte Frau im Besonderen und eine als fremd
erscheinende Kultur inszeniert haben. Durch die fast schon enzyklopädisch
anmutenden Ausführungen zur Alterität der Zigeuner, die bereits bekannte
Mytheme erneut aufrufen, wird der Zugang zur Figur Carmens zwar einerseits
erleichtert, andererseits aber deutlich erschwert: Sie wird gleichsam nachträglich in einer Bewegung zitierenden Wiedereinschreibens in einer allgemeinen
‚Zigeuner'-Kultur verortet. Am Ende erfolgt die Rückkehr zu den Regeln der
eigenen Kultur.[50]

Erscheint das Reisen in den ersten beiden Rahmungen als Bewegung, die
bekannte Formen der Welt-Wahrnehmung und deren Deutung implizit in
Frage stellt, wodurch besonders auch das Denken in Alternativen betont wird,
das ja ebenfalls eng mit der diabolischen Figur verknüpft ist, wird abschließend
das ordnungsstiftende Zentrum, von dem aus gesprochen wird, performativ
wiederhergestellt. Der im vierten Teil vorherrschende ethnologische Blick
auf die Fremdkultur ist explizit pejorativ und pseudowissenschaftlich und
kann als exemplarisch für den überlegenen Blick des gebildeten europäischen
Zivilisationssubjekts auf die ihm fremd erscheinende objektifizierte Kultur
gelesen werden. Das Chamäleonartige der Figur, das Denken in Alternativen
wird somit gleichsam durch die Form des Textes und der Inszenierung unterstrichen, welche die Figur in immer neuen Rahmungen wie in Wechselrahmen
verortet und damit die Perspektive auf sie stetig verändert, bis sie im vierten
Teil gleichsam rational erklärt und als die Vertreterin einer anderen Kultur
festgeschrieben wird.[51]

Interessant ist, dass frühe Bearbeitungen des Stoffes, wie die wohl bekannteste musikalische Adaptation durch Bizet, zumeist auf eine solche Wiedereinschreibung in die gängige Ordnung verzichten und dadurch wesentlich an der
Faszination der diabolischen Figur mitarbeiten.

---

50   Vgl. Karl Hölz, „Der befangene Blick auf die Zigeunerkultur. Männliche Wunsch- und
     Angstvisionen in Prosper Mérimées Carmen", in: Ders. / Viktoria Schmidt-Linsenhoff /
     Herbert Uerlings (Hg.), *Beschreiben und Erfinden. Figuren des Fremden vom 18. bis zum
     20. Jahrhundert*, Frankfurt: Lang, 2000, S. 93–117, hier S. 104.
51   Dies ist freilich aus interkultureller Perspektive problematisch, wird doch dadurch das
     Dämonische gleichsam durch das Fremde erklärt, vgl. dazu Kirsten von Hagen, *Inszenierte
     Alterität: Zigeunerfiguren in Literatur, Oper und Film*, München: Fink Verlag, 2009.

6.   Georges Bizets Oper *Carmen* (1875) – der Beginn einer Faszination

Musikalische Innovation und Transgression bestehender musikalischer Grenzen sind bei Bizet, eng mit der Figuration der *gitana* Carmen als das fremde
Andere verknüpft.[52] Insbesondere die Opernbearbeitung ist für die Ver-
ankerung der Figur im kollektiven Gedächtnis und für ihre Popularität als
moderner Mythos von eminenter Bedeutung. In der Oper geht es immer auch
um die Topographie der Diskurse, um die Zuteilung von gesprochenem und
gesungenem Text zu unterschiedlichen Körpern und Räumen. Es geht um
die Inszenierung von Identitäten. Nicht erst im 19. Jahrhundert üben fremde
Räume und Kulturen eine besondere Faszination auf das Opernpublikum aus.
Das exotische Moment evoziert häufig eine dramatische Atmosphäre und
dient der Explikation der Figuren.[53]

   Im Zentrum steht dabei die Frage, welche Rolle die Musik bei der Formie-
rung des Carmen-Mythos spielt und wie die Musik die dämonische bzw. diabolische Wirkung der Figur unterstreicht.[54] Thematisiert der Operntext die

---

52   Dean weist in seiner Bizet-Biographie darauf hin, dass Bizet der Weg der musikalischen
     Erneuerung im 19. Jahrhundert auf anderem Terrain verschlossen war, er also nur auf der
     Bühne der Opéra comique die Möglichkeit hatte, zu reüssieren. Winton Dean, *Georges
     Bizet: Leben und Werk*, Stuttgart: Deutsche Verlag-Anstalt, 1988, S. 56. Das 19. Jahrhundert
     war auch eine Zeit des Umbruchs, was die Form der Opéra comique angeht – in mehr-
     facher Hinsicht. So konstatiert Yon, dass sich in dieser Zeit die französische Opéra
     comique immer mehr der großen Oper angenähert habe. Jean-Claude Yon, „Les débuts
     périlleux d'Offenbach à l'Opéra-Comique: Barkouf (1860)", in: Herbert Schneider / Nicole
     Wild (Hg.), *Die Opéra comique und ihr Einfluß auf das europäische Musiktheater im 19. Jahr-
     hundert*, Hildesheim / Zürich: Olms, 1997, S. 271–281.

53   Vgl. Michael Fend, „Zum Verhältnis von Opéra comique und deutscher romantischer
     Oper", in: Herbert Schneider / Nicole Wild (Hg.), *Die Opéra comique und ihr Einfluss auf
     das europäische Musiktheater im 19. Jahrhundert*. Hildesheim / Zürich: Olms, 1997, S. 299–
     322, hier S. 316.

54   Interessant sind in dem Kontext Versuche wie der von Cathérine Clément, die sich psycho-
     analytisch mit den ideologisch kodierten Familienromanen beschäftigt, die den Libretti
     der Oper des 19. Jahrhunderts zugrunde liegen. Clément koppelt die Libretti bewusst von
     den Intentionen der Komponisten ab, Catherine Clément, *Die Frau in der Oper: Besiegt,
     verraten und verkauft*, Stuttgart: Metzler, 1992. In dem von Levins herausgegebenen Band
     Through Other Eyes (1994) dient die privilegierte Stellung des Librettos dazu, aus der Sicht
     zeitgenössischer literatur- und kulturtheoretischer Ansätze gegenüber einer kanonischen
     Lektüre klassischer Opernliteratur übersehene Brüche und Ambivalenzen in vertrauten
     Operntexten herauszuarbeiten, David J. Levins, *Trough Other Eyes*, Stanford: University
     Press, 1994. Bronfen versucht, mit Hilfe des von ihr in Anlehnung an Greenblatt ent-
     wickelten Verfahrens des *Cross-Mapping*, bei dem es um den Austausch sozialer Energien
     zwischen einzelnen Genres und Texten geht, die nicht im strengen Sinne intermedial und
     intertextuell korrelieren, Wagners Libretto zu *Tristan und Isolde* auf der Folie des *film noir*

bekannten Mytheme und Vorstellungen, ist es vor allem die Musik, die Neu-
land beschreitet und auf die verführerische und diabolische Macht der Figur
verweist.

Bizet ließ schon früh ein Interesse für exotistische Themen erkennen. Seine
erste Oper *Les Pêcheurs de perles* (1863), die ebenfalls eine Vorliebe für exotische Raumkonfigurationen aufweist, war beim konservativen Pariser Publikum
durchgefallen.[55] Gleichzeitig weist Lacombe darauf hin, wie sehr Bizet über
eine exotische Couleur hinausgeht und ausgehend vom exotischen Gegenstand neue musikalische Wege beschreitet.[56] Er wertet die Faszination Bizets
für die Figur der *bohemiènne*, die auch in früheren Werken Bizet und kleine-
ren Kompositionen nachgewiesen werden kann, auch als Bild des eigenen
künstlerischen Ausdrucks. Er konstatiert: „À n'en pas douter, Bizet découvre
en ce personnage un puissant ressort expressif et quelque écho en une trouble
région de sa propre sensibilité."[57] So figuriert die Zigeunerin bei Bizet einerseits als Vorbild für die Transgression bestehender musikalischer Grenzen und
andererseits als Reflexionsfigur für die eigene künstlerische Arbeit. Eine der
auffälligsten Abweichungen von Mérimées Novelle betrifft – neben medien-
bedingten Transformationen – sicherlich die Figurenkonstellation. So stellt
Bizet der diabolischen Femme fatale Carmen die Femme angélique Micaëla an
die Seite.[58] Gleichzeitig entspricht er den Vorgaben der Opéra comique nach
deutlichen Ordnungsrastern. Dadurch wird der zentrale Konflikt um eine tri-
anguläre Struktur erweitert: Don José muss sich zwischen der Heimat und seiner Mutter, die vor allem in der Figur Micaëlas repräsentiert werden, und dem
zugleich verlockenden wie fatalen Anderen in Gestalt Carmens entscheiden.
Mehr Gewicht erhalten Carmens Gefährtinnen, die Gitanas Frasquita und
Mercedes, die hier ausdifferenziert werden, wodurch in der Oper das magische Moment einer als fremd und dämonisch konnotierten alternativen Welt
stärker betont wird. Insgesamt wird die Handlung der Oper medienbedingt

---

zu lesen. Elisabeth Bronfen, *Liebestod und Femme fatale. Der Austausch sozialer Energien
zwischen Oper, Literatur und Film*, Frankfurt: Suhrkamp, 2004, S. 35.

55 Vgl. Hervé Lacombe, *Georges Bizet. Naissance d'une identité créatrice*, Paris: Fayard, 2000,
S. 308–309.

56 Vgl. Lacombe, *Georges Bizet*, S. 313.

57 *Georges Bizet*, S. 405.

58 Praz verfolgt diese Konstellation in Malerei und Literatur der Romantik, vgl. Praz, „Archetypen in der Literatur", S. 520 f. Thomalla sieht in der Femme fatale die Verkörperung
erotisch-entfesselter Phantasie und in der Femme fragile eine Variante der verfolgten
Unschuld, deren Funktion im Erleiden liegt. Sie setzt diesen Typus erst für die dekadente
Literatur an, doch gibt es bereits frühere Beispiele dieses Typus, man denke etwa an die
Antonia bei M. G. Lewis, vgl. Ariane Thomalla, *Die ,femme fragile'. Ein literarischer Frauentypus der Jahrhundertwende*, Düsseldorf: Bertelsmann, 1972, S. 60 f. und S. 87 f.

auf wenige entscheidende Punkte und Akteure konzentriert. Dadurch wird der Kontrast zwischen Don José als Vertreter der gängigen Ordnung und Carmen als Symbol für Freiheit, Erotik und Tod stärker herausgestellt, aber auch ihre diabolische Verführungsmacht. Ist Don José bei Mérimée bereits ein rechtschaffener Soldat, der durch sie zum Verbrecher wird, so wird er hier in Verbindung mit der ihm zugeordneten Micaëla noch deutlicher als Vertreter von gesetz und Ordnung charakterisiert.

Signifikant für die Frage der Rahmung ist, dass sich die Oper vor allem auf den dritten Teil der Novelle konzentriert, die Beichte Don Josés, und der vierte Teil der Novelle, der die Figur Carmen in einem allgemeinen Ordnungsraster verortet und distanzierend wirkt, ebenso fehlt wie die ersten beiden Teile, die bei Mérimée den Blick des reisenden Archäologen inszenieren. Dadurch wird die Oper auf die Geschichte der Verführung des Soldaten durch die spanische *gitana* konzentriert und somit auf die diabolische Verführungsgeschichte.

Die Oper präsentiert eine Frau, wo Mérimée sie evoziert, sie aus diversen Blickwinkeln perspektiviert und immer wieder neu konstruiert. So wird die Kernhandlung, die Darstellung der Verführung des ehrbaren Soldaten durch die diabolischen Verführungskräfte Carmens stärker betont, das gesamte Geschehen und auch die zentralen Akteure ent-distanziert. Um dem damaligen Publikumsgeschmack entgegenzukommen, wurde das in der Novelle skizzierte Schmugglermilieu mit folkloristischen Tanz- und Choreinlagen ausgeschmückt; durch das Kulissenhafte der Operninszenierung werden zentrale Elemente dieses Lokalkolorits wie Fächer, Stierkampf und Flamenco als Versatzstücke des Fremden, des exotisierten Spanienbildes in der Oper eingesetzt.

Die Textfassung des Librettos steht im Zeichen der Konzentration, Intensivierung und Dramatisierung des Stoffes. Deutlich wird dies vor allem in der Schlussszene, die den Sieg des Toreros und den Tod Carmens parallelisiert;[59] diese wird als Auseinandersetzung des Guten mit dem ebenso diabolisch wie faszinierend gezeichneten Anderen konturiert. Die Tatsache, dass Bizet der Forderung nach einem Happy End der beiden Liebenden nicht nachkam, unterstreicht zum einen die tragische Disposition seiner Titelheldin, zum anderen verweist sie aber auch auf eine interessante Tradition. So betont Egon Voss, dass es bereits vor Carmen zwei Beispiele auf der Bühne der *Opéra comique* gab, in denen die Handlung mit dem Tod der Protagonisten schließt: Aubers *Fra Diavolo*[60] und Hérolds *Zampa* – beides Opern, in denen die Hauptfiguren

---

59   Dieser Aspekt wurde in der Opernverfilmung Francesco Rosis (*Carmen*, F / I 1984) noch
      deutlicher herausgearbeitet.

60   Vgl. dazu genauer Tobias Berneisers Beitrag im vorliegenden Band.

gegen die etablierte Ordnung verstoßen.[61] Anders als in den beiden von Voss
angeführten Beispielen wird am Ende der *Carmen*-Oper aber die Ordnung
gerade nicht wiederhergestellt. Die Oper endet zwar mit dem Tod Carmens,
doch anders als in anderen Beispielen, bei denen mit dem Tod der Femme
fatale zugleich deren erotische Macht gebannt wird, dauert ihre dämonische
Verführung in der Oper über ihren Tod hinaus fort. Don Josés letzte Worte gelten der Frau, die er getötet hat und von deren Einfluss er sich doch gerade nicht
befreien konnte: „C'est moi qui l'ai tuée. /Ah! Carmen! /Ma Carmen adorée!"[62]

Der Dialogtext des Librettos folgt dem der Novelle in den Akten I und II sowie
in der finalen Szene fast wörtlich. Das Verführungsprogramm der Novelle wird
hier vor allem in die Soli verlagert, die Carmen im Lauf der Oper intonieren
wird. Sie konstituieren ihre faszinierende Andersartigkeit, sind Ausdruck ihrer
Erotik und ihres nicht eingelösten Versprechens, markieren aber auch ihre
diabolischen Merkmale wie Wissen, Individuation, Denken in Alternativen,
(Un)eindeutigkeiten, Dynamik und Artistik / Virtuosität. Die *Habanera*, das
Mélodrame („Coupe-moi, brûle-moi") und die *Séguedille* im ersten Akt, das
Chanson bohème und *Je vais danser en votre honneur* im zweiten, *En vain pour
éviter les réponses amères* im dritten – alle Arien evozieren eine Frauenfigur,
die verführt, verspricht und sich entzieht, die aber auch zugleich als Künstlerin
konturiert wird und die alternative Denk- wie Lebensmodi vorführt. Ihre diabolische und verführerische Macht findet hier ihren Ausdruck in ihrer Körper-
sprache, aber auch im Modus des Tanzes und in der Musik selbst. Die Musik
gründet sich vor allem auf eine spezifisch exotisch anmutende Qualität des
Rhythmus und der Tonalität, wie sie am Beispiel der Habanera ihren ureigenen Ausdruck inszenierter Alterität findet. Konstitutiv für die Darstellung Carmens auf der Opernbühne ist neben der ebenfalls zentralen Seguidilla die von
Carmen und dem Chor gesungene Habanera („L'amour est un oiseau rebelle",
1. Aufzug, Nr. 5), in der die Unabhängigkeit, das Denken in Alternativen und
die eigene Dynamik betont wird: „L'amour est enfant de Bohème, il n'a jamais
connu de loi; Si tu ne m'aimes pas, je t'aime; Si je t'aime, prends garde à toi."

Die Habanera geht zurück auf das Lied *El Arreglito ou la Promesse de mariage*
aus der Sammlung *Fleurs d'Espagne* von Sebastién Yradier.[63] Sie weist eine Verwandtschaft zum Tango auf, ist insofern kein Lied, sondern Tanz. Wird Carmen

61   Vgl. Egon Voss, „Ist Carmen, was wir von ihr glauben? Versuch einer Interpretation gegen
      die Tradition", in: Attila Csampi / Dietmar Holand (Hg.), *Georges Bizet. Carmen: Texte,
      Materialien, Kommentare*, Reinbek bei Hamburg: Rowohlt, 1984, S. 9–30, hier S. 19.
62   Georges Bizet, *Carmen* (*EA 1987*). Zweisprachige Ausgabe. Hg. von Kurt Pahlen. 5.
      erweiterte Auflage, Mainz: Atlantis-Musikbuch-Verlag 1997, S. 273. (Der französische Text
      folgt dem Abdruck des Librettos des Verlagshauses Calmann-Lévy, Paris 1876).
63   Vgl. Horst Menzel, *Carmen von Georges Bizet*, Berlin: Lienau, 1972, S. 38 f.

schon in Mérimées Novelle mit dem Medium Tanz assoziiert, so wird ihr auch hier der Tanz als erotische Körperinszenierung wiederholt zugeordnet, wodurch die Virtuosität der diabolischen Figur betont wird.[64] Die Musik zeichnet Carmen als Verführerin aus, die Begehren weckt und Tod bringt. Betont wird durch die Musik ihre Fähigkeit, sich ihrer Umgebung chamäleonhaft anzupassen, zu bezaubern und zu verführen, kurz: die ihr inhärente Dynamik.

Die *Séguedille* (1. Aufzug, Nr. 10)[65] setzt das Verführungsprogramm mit einem Liebesversprechen fort. Bizet hat die Arie, die eigentlich ein Chanson ist, nach eigenen stereotypen Vorstellungen komponiert. Interessant ist die Selbstreflexion, die der Arie vorausgeht. Im Gespräch mit Don José reflektiert Carmen ihre Verstellung, ihre Maskerade: „Au fait, je suis bien bonne de me donner la peine de mentir ... Oui, je suis Bohémienne, mais tu n'en feras pas moins ce que je te demande."[66] Auch das Denken in Alternativen wird dadurch betont. Das Kernstück der *Séguedille* bildet ein 17-taktiger Satz, dessen Tonart zunächst verschleiert und erst gegen Ende als h-Moll extemporiert wird. Dies kann auch als Hinweis auf die chamäleonhafte Identität Carmens gelesen werden. Insgesamt setzt die *Séguedille* Carmen als dämonische Verführerin in Szene, als das gleichermaßen verlockende wie verderbenbringende Andere.

Zugleich wird die Erwartung einer Tanzszene geweckt („je vais danser la Séguedille"). Nach der Habanera ist dies der zweite Tanz, der mit Carmen assoziiert wird. Der Rhythmus des Tanzes wird zu Carmens Rhythmus und trägt zum spanischen Kolorit der Oper bei.[67] Die hybride Form der *Séguedille*, die Gesang, Tanz, Melodram und Rezitativ in einem ist, markiert ein Novum der *Opéra comique*.[68] Zugleich ist die Seguidilla ein Beispiel für die entgrenzende Funktion des exotischen Moments der Oper. Das als fremd empfundene Eigene bricht die bekannten Formen auf und dient der Exploration einer neuen Form.[69] Transformiert die *Séguedille* Carmens erotische Ausstrahlung ins Medium der Musik, so markiert das *Chanson bohème* des zweiten Aufzugs

---

64   Schreiber sieht gerade in dieser Arie den Ruhm Carmens begründet, die ihr Antibürgerlichkeit zuschreibt, vgl. Ulrich Schreiber, *Die Kunst der Oper. Geschichte des Musiktheaters*, Frankfurt: Büchergilde Gutenberg, 1998, S. 9–30, hier S. 23–24.

65   Bizet, Georges, *Carmen. Suite II*. Hg. von Robert Didion, Mainz: Schott Music, 2009, S. 176–189.

66   Bizet, *Carmen*, S. 111.

67   Bereits in Djamilehs Tanz in der gleichnamigen Oper und in dem Zigeunertanz in *La Jolie Fille de Perth* hatte Bizet mit melodischer Variation gearbeitet, mit einer ganz eigentümlichen Rhythmik und Melodik, die maurische mit nordafrikanischen Anklängen verband, vgl. Winton Dean, *Georges Bizet: Leben und Werk*. Stuttgart: Deutsche Verlags-Anstalt, 1988, S. 263.

68   Vgl. Dean, *Georges Bizet*, S. 297.

69   Vgl. *Georges Bizet: Leben und Werk*, S. 314.

vor allem ihre Alterität als *gitana*.[70] Blackwood-Collier argumentiert, dass das *Chanson bohème* bei Mérimée gleichsam Carmens geheimnisvolle und magische Macht erkläre, während der Tanz diese dann umsetze.[71] Der Tanz erscheint stereotyp als Teil eines als fremdartig inszenierten Verführungsprogramms, ist Ausdruck einer alternativen Lebensweise, der immer auch ein Moment der Transgression inhärent ist, wodurch die diabolische Verführungsmacht unterstrichen wird. Auch Mérimée inszeniert wiederholt Carmen als Tänzerin, die entweder für Don José tanzt oder in einem voyeuristischen Dispositiv von ihm beobachtet wird, während sie für andere Männer tanzt. Schaut man sich die Novelle und auch die Opernadaptation an, so wird deutlich, dass beide – mit je anderen medienspezifischen Mitteln – die *gitana* Carmen als diabolische Figur markieren. Wie sieht es nun in den späteren filmischen Bearbeitungen aus?

7. **Von der Reinszenierung zur Auflösung der diabolischen Figur im Film Godards**

Carmen hat eine erstaunliche Erfolgsgeschichte in der sogenannten siebten Kunst aufzuweisen: Sie gehört seit dem Stummfilm zu jenen Figuren, die immer wieder Filmemacher zu eigenen Interpretationen herausforderten. Viele der Adaptationen suchten insbesondere den Tanz, die Körperinszenierung, zu visualisieren und derart das Diabolische der Figur zu unterstreichen bzw. zu dekonstruieren. Gilt ersteres vor allem für die frühen Stummfilme, so möchte ich Godards Adaptation als Beispiel für eine dekonstruierende Transformation der Figur nennen. In der Stummfilmzeit ist Carmen deutlich an die Figur der spanischen *gitana* gebunden. Auffällig ist, dass viele der Carmen-Darstellerinnen als Vamps gefeiert wurden; das mobile und dynamische Element der Figur, das ja auch in der diabolischen Figuration zentral ist, wurde dabei visualisiert: Theda Bara in Raoul Walschs Verfilmung von 1915 folgte Pola Negri in Lubitschs *Carmen*-Adaptation (1918), die als eine der sinnlichsten und provokantesten Filmschauspielerinnen der 1920er Jahre gilt. Beide Filme inszenieren eine ebenso verführerische wie diabolische Figur, wobei vor allem die Magie als Signum eines Denkens in Alternativen, ihre erotische Verführungsmacht als Indikator für Dynamik ins Zentrum gerückt werden, dies häufig vor einem als exotisch dargestellten Hintergrund, wie er

---

70 Vgl. Bizet, *Carmen*, S. 104 f.

71 Vgl. Mary Blackwood-Collier, *La Carmen essentielle et sa réalisation au spectacle*, New York: Lang, 1994, S. 35.

typisch war für den frühen Film der Attraktionen.[72] Anders Jean-Luc Godard, der eine Carmen ins Zentrum rückt, die nurmehr als Zitat einer ehemals für sie geschriebenen Rolle, die sie mehr oder weniger bereitwillig und überzeugend spielt. Der gesamte Film reflektiert damit nicht nur den Adaptationsprozess der Novelle in einem postmodernen metareflexiven Spiel, sondern auch seine eigene Gemachtheit. Dies möchte ich im Folgenden kurz an zwei exemplarischen Szenen aufzeigen. Dabei wird deutlich, dass Carmen zwar auch hier zu Beginn eine produktive Störfigur ist, dass aber die Schicksalhaftigkeit, die mit der Figur verknüpft ist, die Hoffnung auf Wissenszuwachs, alternative Lebens- und Denkmodi, die Ambivalenz der Figur hier nur noch als Zitat einer Figur präsent ist, die sich ins kulturelle Imaginäre der europäischen Kultur eingeschrieben hat. In einem im September 1983 veröffentlichten paratextuellen Aperçu, das Gedicht und Lektüreanweisung zugleich ist, schreibt er: „Jeder kennt Carmen. / Allein ihren Vornamen. / Was vor dem Namen kommt. / Und was noch weiter vorher kommt. / Ist das die Musik? / Die Musik, die im Allgemeinen die Katastrophe ankündigt. [...] / Der Film wird die Ankündigung für Carmen sein. / Sie hat alles gesagt. / Sie hat nichts gesagt. / Die Kinder werden Carmen spielen, wie einst Chaplin."[73] In *Prénom Carmen* (1983) kombiniert Godard Versatzstücke des Carmen-Mythos mit einer Tonspur, die einmal nicht die bekannten Arien und Musikstücke Bizets vernehmen lässt, wie die Stummfilme und die späteren Adaptationen, sondern Musik von Beethoven. Im Sanatorium besucht zu Beginn des Films Carmen Godard, der hier als Patient weilt, ein anderer pfeift die Habanera. Bereits diese erste performative Rahmung macht deutlich, wie Godard mit dem Mythos Carmen und anderen mythischen Versatzstücken spielt und wie er immer wieder die Zwischenräume zwischen Bild und Ton inszeniert. Es geht um den Mythos Carmen und seine Re-Inszenierung und Dekonstruktion im Medium des Films. Die intermedialen Spielräume, die aus einer Neukombination ästhetischer Strukturen und aus Versatzstücken unterschiedlicher Medien entstehen, deuten zugleich auf einen medientheoretischen Diskurs. Die Montage bildet auch in diesem Film Godards die entscheidende konstruktive Dimension. In *Prénom Carmen* gleicht sich das konstruierende Verfahren musikalischer Kompositionstechnik

---

72   Vgl. Wolfgang Struck, „Weiße Sklavin und Herrin der Welt: Inszenierungen von Interkulturalität in frühen deutschen Unterhaltungsfilmen", in: Stefan Rieger u. a. (Hg.), *Interkulturalität. Zwischen Inszenierung und Archiv*, Tübingen: Narr, 1999, S. 217–230, hier S. 217.

73   Jean-Luc Godard, September 1983, zitiert nach: Christine Filius-Jehne, *Carmen. Die Oper. Die Filme. Faszination des Flamenco*, München 1984, S. 161.

an. Auf diese Weise entsteht ein Geräusch-Musik-Bild-Gefüge, das die „geheime Affinität von Film und Oper zugleich aufzeigt und dekonstruiert"[74].

Godard wählt nicht die Musik Bizets als Ausgangspunkt, sondern die Beethovens sowie andere musikalische Versatzstücke, etwa einen Song von Tom Waits, dem eine zentrale Funktion zukommt. Die Oper Bizets wird zwar stets mitreflektiert, außer gelegentlichen Zitaten, wie etwa die von einem Patienten intonierte *Habanera*, gibt es jedoch keinen direkten Hinweis auf die Oper. So avanciert auch die schicksalhafte Begegnung zwischen Carmen und Joseph (Jacques Bonaffé) zu einer rein zufälligen, vorübergehenden. Wie die Musik, so lösen sich auch die Beziehungen der Figuren auf und damit auch die diabolische Qualität der Carmen-Figur, die höchstens noch als Erinnerung an ihre früheren Verführungsspiele präsent ist.

Godard verknüpft drei erzählerische Sujets, die eng miteinander verschachtelt sind: die Begegnung Carmen – Joseph, die Proben eines Streichquartetts und die Inszenierung eines Raubüberfalls, für die Godard, der sich in dem Film selbst spielt, als Regisseur verpflichtet wurde. Ähnlich einer musikalischen Komposition setzt Godard diese Themen parallel oder gegeneinander und fügt sie neu zusammen. Der Raubüberfall zu Beginn, bei dem Carmen auf den Wachmann Joseph trifft, wird immer wieder unterbrochen vom Streichquartett, das den 1. Satz von Beethovens Es-Dur-Quartett op. 74 probt. Wenn sich die Musiker darüber unterhalten, dass die Sechzehntel *plus violent* zu spielen seien, ist dies gleichzeitig ein Kommentar zu dem Raubüberfall auf die Bank.

Godard inszeniert in seinem Film eine Art „Anti-Oper", bei der es vor allem um die Räume und Passagen zwischen Bild und Ton geht. Die Montage und mit ihr die performative Rahmung suchen Anschlussmöglichkeiten an die Abstraktheit und das Ausdruckspotential der Musik. In *Prénom: Carmen* ist die gesamte filmische Handlung nach musikalischen Prinzipien strukturiert. Stern weist darauf hin, dass eben diese musikalische Art der Konstruktion den Mythos Carmen dekonstruiere, „weil dadurch die Handlung entmythologisiert wird, das Formale, Gemachte der Handlung betont wird"[75].

Parallel zu der anfangs gezeigten Sequenz in Godards Krankenhauszimmer ist die Begegnung von Carmen und Joseph in einem leeren Zimmer am Meer inszeniert, eben jenem Raum, in dem Carmen vor Jahren mit ihrem Onkel zusammengetroffen ist. Auch diese Begegnung, die wie die eingang gezeigte

---

74   Dietrich Stern, „Film als Anti-Oper. Die Erweiterung der filmischen Handlung durch Musik bei Jean-Luc Godard", in: Volker Roloff / Scarlett Winter (Hg.), *Godard intermedial*, Tübingen: Stauffenburg 1997, S. 128–136, hier S. 134.

75   Stern, „Film als Anti-Oper", S. 132.

Sequenz und der Banküberfall, wie die Szenen in dem Hotel am Schluss an Zwischen- und Übergangsorten spielen, öffnet sich auf eine Zeit hin, die all das enthält, was sich ereignet hat oder noch ereignen wird. Sie offeriert als beliebiger Raum, als ‚Zwischen-Zeit' oder Intervall eine endlose Verzweigung der Möglichkeiten.[76] Die Orte bei Godard sind Heterotopien und Zwischenräume im Sinne Foucaults.[77] Sie schaffen ein Beziehungssystem, das durch Simultaneität, Überlagerungen und Transformationen gekennzeichnet ist, kreieren einen Ort, „in dem die vertrauten Oppositionen von Realität und Fiktionalität, Kreation und Rezeption, Innenwelt und Außenwelt, Sichtbarkeit und Unsichtbarkeit, Bewegung und Immobilität nicht mehr gelten"[78]. Damit aber impliziert eine solche Heterotopie immer auch ein Ins-Bild-Setzen von Aktualität und Virtualität.

Dies zeigt sich auch an den Gesten und Verhaltensweisen der Liebenden, die sich der bekannten Gesten aus dem Mythos Carmen, aber auch aus allgemeinen, bereits topischen Gesten von Liebenden nur zu bedienen brauchen. Die Figuren scheinen ein Stück zu wiederholen, Rollen zu verkörpern, die der eigentlichen Handlung vorgängig sind, ohne dass sie eins würden mit ihren Rollen. Deutlich wird dies insbesondere bei Carmen, die Verhaltensweisen entdecken kann, die von der Rolle, der Figur Carmen ebenso abgekoppelt erscheinen wie von einer realen Handlung.

Ins Bild gesetzt wird dies in einer zentralen Subsequenz in der Mitte des Films. Zur Musik von Tom Waits' *Ruby's Arms* ist zunächst eine Hand auf blauem Grund erkennbar. Erst als die Kamera zurückfährt, wird dies als Teil einer Inszenierung ausgewiesen, die mit dem Dispositiv Fernsehen spielt. Joseph steht im Hotelzimmer hinter dem blau leuchtenden Fernsehbildschirm, während Tom Waits von Liebe, Abschied und Pflichterfüllung singt. Damit wird ein intermediales Spiel auf mehreren Ebenen initiiert. Die Macht medial vermittelter Bilder wird durch den blauen Bildschirm, auf dem nur die Hand Josephs zu sehen ist, der ihn wie einen Frauenkörper liebkost, ironisch kommentiert. Der Waits-Song, der von einem Soldaten handelt, der desertiert und gleichzeitig seine Geliebte verlässt, ist als ironischer Kommentar nicht

---

76   Vgl. Gilles Deleuze, *Das Bewegungsbild*, Frankfurt: Suhrkamp, 1997, S. 162.

77   Vgl. Volker Roloff, „Zur Theorie und Praxis der Intermedialität bei Godard. Heterotopien, Passagen, Zwischenräume", in: Ders. / Scarlett Winter (Hg.), *Godard intermedial*, Tübingen: Stauffenburg 1997, S. 3–24, hier S. 5. Laut Foucault sind Heterotopien dadurch definiert, dass sie den „Raum unserer ersten Wahrnehmung, den Raum unserer Träume" markieren, Michel Foucault, „Andere Räume", in: Karlheinz Barck / Peter Gente (Hg.), *Aisthesis: Wahrnehmung heute oder Perspektiven einer anderen Ästhetik*, Leipzig: Reclam, 1990, S. 34–46, hier S. 37.

78   Foucault, „Andere Räume", S. 39.

nur der Situation des Wachmanns Joseph, sondern auch der Don Josés in der Novelle Mérimées und der Oper Bizets zu sehen.[79]

Die nächste Strophe dagegen liest sich wie ein metatextueller Verweis auf die Frage was bleibt, jenseits des Namens, jenseits der Verbildlichungen: „the morning light has washed your face, and everything is turning blue now." Blau, wie der Bildschirm, blau wie das Meer und der Himmel, die immer wieder ins Bild gerückt werden. Durchbrochen wird dieses fast schon idyllisch anmutende Dispositiv erst, als die Kamera zurückfährt und Carmen Joseph ungeduldig auffordert, damit aufzuhören. Es entwickelt sich ein Dialog zwischen beiden, der sich als Referenz, als metatextueller Kommentar der Distanzierung von Figur und Rolle ausweisen lässt. Carmen: „J'ai sommeil." – „Où est-ce que t'étais?" – „Demain, demain ... mañana."[80] Carmen scheint ihrer Rolle überdrüssig, müde, sie wieder und wieder zu verkörpern. Immer wieder wird der leere blaue Fernsehbildschirm ins Bild gerückt: mal in einer Ecke, mal im Spiegel, während sie von Raum zu Raum geht. „Il faut qu'on se parle", fordert Joseph sie auf, und sie erwidert: „On a tout dit."[81] Ein ironischer Hinweis darauf, dass bereits alles über Carmen gesagt ist? „On a rien dit",[82] kommentiert Joseph. Anders als Carmen, die ihrer Rolle überdrüssig zu sein scheint, ist er noch auf der Suche nach einer Rolle für sich. Er fragt Carmen, was denn sein ‚Job' sein wird.

Später wird es seine Funktion sein, wie in all den Bearbeitungen zuvor, sieht man einmal von der parodistischen Version Charlie Chaplins ab, sie zu töten. Das ist seine Rolle, die er sucht, die sie für ihn sucht, eine Rolle, die, so das vorherrschende Gefühl, das dieser Dialog evoziert, irgendwo mal für ihn aufgeschrieben wurde, die aber mit ihm selbst nichts zu tun hat. Anders als Antonio in Carlos Sauras Carmen-Adaptation, der wie von selbst in die Rolle des Don José fällt, stellt sich Joseph zunächst neben seine Rolle. Bemerkenswert ist in dem Zusammenhang, dass Carmen sich eben in diesem Moment aufs Bett fallen lässt und den Fernseher einschaltet. Der erste Satz aus dem C-Dur Streichquartett op. 59, Nr. 3 überblendet allmählich die Bluesstimme von Tom Waits. Don José tritt, jetzt auch in ein rotes Hemd gekleidet, hinter sie und setzt sich zu ihr aufs Bett. „Je te tuerai si tu t'en vas",[83] bemerkt er gleichgültig, während er sie liebkost. „Si tu veux", antwortet sie gleichgültig. Der Dialog ist zugleich neu, wie er eine Wiederholung der Worte ist, die bereits Mérimée für seine Hauptfiguren konzipiert hat. Wieder ist es ein Spiel mit alternativen

---

79   Tom Waits, „Ruby's Arms", Internetquelle: http://www.lyricscafe.com/w/waits_tom/rubys_ arms.html (Abruf: 12.05.2023).

80   Jean-Luc Godard, *Prénom Carmen*, Frankreich: Studiocanal, 1983, min. 01:08:03–01:08:07.

81   Godard, *Prénom Carmen*, min. 01:09:10–01:09:19.

82   *Prénom Carmen*, min. 01:09:28.

83   *Prénom Carmen*, min. 01:10:33.

Möglichkeiten, die Suche nach Individuation, die ebenso vereitelt wird und ins Leere läuft, wie der Versuch, mehr zu wissen.

Der Vorhang in dem Stück, das beide hier aufführen, scheint bereits gefallen. „Fini rideau!", kommentiert Jacques, der an Lillas Pastia und andere Komplizen aus dem Schmugglermilieu der Novelle und der Oper erinnert, und verlässt den Raum. Auf der Tonspur ist Meeresrauschen und das Geschrei der Möwen zu hören, als Carmen zu Joseph die vernichtenden Worte sagt: „C'est fini." Er aber glaubt ihr nicht, will ihr nicht glauben, weil dies nicht ihre richtige Stimme sei. „C'est pas le bruit de la mer avec", sagt er, obwohl doch der Zuschauer eben dieses zuvor vernommen hat. Carmen aber erwidert in einer Reprise des Vorspanns und einer Anspielung an die Habanera der Oper Bizets: „Va-t-en! Puisque tu ne t'en vas pas, c'est Carmen qui s'en va."[84]

Das Meer, insbesondere das ewig wiederkehrende Spiel der Wellen, fungiert wie die wiederholt ins Bild gerückte Autobahnauffahrt in diesem Film als rekurrente Bildmetapher. Durch Distanz erzeugende Indikatoren auf der Bild- und Tonebene wird verdeutlicht, dass Carmen so handeln kann, wie Carmen schon in Mérimées Novelle und in fast allen anderen der über 30 filmischen Bearbeitungen handelt. Oder sie kann – und der Aufenthalt in diesem Zimmer, in dem die Zeit stillzustehen scheint, impliziert dies – sich ganz anders entscheiden. Entscheidend ist nicht, wie sie sich entscheidet, sondern die Möglichkeit der Entscheidung selbst. Die Potentialität des Ereignisses besteht in einer Entgrenzung, die nicht in seiner Aktualisierung aufgeht.

Wie im Theater sprechen die Darsteller ihren Text. Jeder redet für sich und häufig am anderen vorbei. Zu keiner Zeit lässt Godard den Zuschauer im Unklaren darüber, dass es sich hier um einen Film handelt. In einer zentralen Subsequenz des Films sagt Godard zu dem Bandenanführer in einem Café, das als Reminiszenz an das Schmugglermilieu von Novelle, Oper und vielen Filmen fungiert: „En tout cas, je me réjouis beaucoup de refaire un film dans un ... dans un casino."[85] Und, während er in eine Brioche beißt: „... ça me fera une madelaine."[86] Wie Proust Erinnerung und Schreiben in einem synästhetischen Zusammenspiel neu denkt, so inszeniert Godard mit der Figur Carmen ein intermediales Spiel. Er arbeitet mit verschiedenen Medien und Texten. Roloff weist darauf hin, wie sehr die literarischen, photographischen, pikturalen und musikalischen Vorlagen bei Godard nicht nur zu Nachahmungen, sondern auch zur Dekonstruktion reizen: „zur Ironisierung, Fragmentierung, Farcierung oder Surrealisierung der Prätexte, d. h. zu jenen intermedialen

---

84   *Prénom Carmen*, min. 01:12:30–01:13:14.
85   *Prénom Carmen*, min. 00:53:04–00:53:10.
86   *Prénom Carmen*, min. 00:53:14–00:53:20.

Verfahrensweisen, die den konventionellen Formen der Literaturverfilmung genau entgegengesetzt sind"[87].

Gegen Ende des Films sagt Carmen wütend zu Joseph: „T'as déjà oublié ce que je t'ai dit. [...] Dans ce film américain, quand elle disait: ,I love you that's the end of you."[88] Der Carmen-Mythos selbst nimmt hier einen Umweg über Hollywood, was durchaus als ironischer Verweis auf die Vorherrschaft der amerikanischen Traumfabrik (und die jahrzehntelange Auflehnung Godards gegen diese) gewertet werden kann. Später wird sie ihn fragen: „C'est quoi? Ce qui vient avant le nom?" Und er wird antworten: „Le prénom." Woraufhin sie energisch insistiert: „Non, avant, avant qu'on vous appelle."[89] Wiederholt stellt der Film seine eigene Künstlichkeit aus und inszeniert ein metatextuelles Spiel mit seinem eigenen Titel. Die Frage nach dem Namen ist nicht nur bereits durch den Titel induziert, sie strukturiert auch den gesamten Film. So wird der Brief, der zu Beginn verlesen wird, von Carmen unterzeichnet mit den Worten: „Celle qui ne devrait pas s'appeler Carmen."[90]

Der gesamte Film setzt sich aus immer neuen Text-, Musik- und Bildzitaten zusammen, die neu kombiniert werden. Musik fungiert bei Godard als Sehhilfe und mitunter auch als Sprachersatz.

8.   Zusammenfassung

Wie ein Blick auf die Inszenierung der Figur Carmens gezeigt hat, gehorcht sie in besonderer Weise der Minimaldefinition der diabolischen Protagonistin. Was für den Teufel gilt, dass er nicht nur eine destruktive Macht innehat, sondern auch durchaus produktive Potentiale freilegt, etwa als Generator von Individualität, als Sprengmeister überkommener Ordnungen oder als Vermittler neuen Wissens, gilt auch für die Carmen-Figur. Auch Uneindeutigkeiten und eine gewisse Dynamik und Virtuosität (besonders Musik und Tanz, aber auch Rhetorik) ist mit beiden Figuren assoziiert. Dies wird durch die Adaptation Bizets noch verstärkt, der dadurch die stärker in unterschiedlichen Rahmungen gebrochene Figur Carmen, die sie als Projektionsfläche zeigt für die Oper in eine unmittelbar verführerisch-diabolische Figur übersetzt, die für Freiheit und Entgrenzung steht, aber auch die gängige Ordnung stört. Godard löst diese Logik zugunsten einer metareferentiellen Darstellungsweise

---

87   Roloff, „Zur Theorie und Praxis der Intermedialität bei Godard", S. 15.
88   *Prénom Carmen*, min. 00:58:55–00:59:05.
89   *Prénom Carmen*, min. 00:59:51–00:59:57.
90   *Prénom Carmen*, min. 00:01:16–00:01:18.

auf, bei der das Filmische selbst im Fokus steht und Carmen nurmehr als Zitat und Erinnerungsbruchstück früherer diabolischer Verführungsmacht in Erscheinung tritt.

Bibliographie

Bizet, Georges, *Carmen* (EA 1978). Zweisprachige Ausgabe. Hg. von Kurt Pahlen, 5. erweiterte Auflage, Mainz: Atlantis-Musikbuch-Verlag, 1997.

Bizet, Georges, *Carmen. Suite II*. Hg. von Robert Didion, Mainz: Schott Music, 2009.

Blackwood-Collier, Mary, *La Carmen essentielle et sa réalisation au spectacle*, New York: Lang, 1994.

Blaschnitz, Gertrud, „Die Katze", in: Dies. (Hg.), *Symbole des Alltags. Alltag der Symbole*, Graz: Akademische Druck- und Verlagsanstalt, 1992, S. 589–617.

Bork, Claudia, *Femme fatale und Don Juan. Ein Beitrag zur Motivgeschichte der literarischen Verführergestalt*, Hamburg: von Bockel, 1992.

Bronfen, Elisabeth, *Liebestod und Femme fatale. Der Austausch sozialer Energien zwischen Oper, Literatur und Film*, Frankfurt: Suhrkamp, 2004.

Clément, Catherine, *Die Frau in der Oper: Besiegt, verraten und verkauft*, Stuttgart: Metzler, 1992.

Compagnon, Antoine, *Les antimodernes: de Joseph de Maistre à Roland Barthes,* Paris: Gallimard, 2005.

Dean, Winton, *Georges Bizet: Leben und Werk*, Stuttgart: Deutsche Verlag-Anstalt, 1988.

Deleuze, Gilles, *Das Bewegungsbild*, Frankfurt: Suhrkamp, 1997.

Deleuze, Gilles / Guattari, Félix, *Tausend Plateaus*, Berlin: Merve, 1992.

Eming, Jutta / Fuhrmann, Daniela, „Der Teufel und seine poietische Macht. Eine Einführung", in: Dies. / Dies. (Hg.), *Der Teufel und seine poietische Macht in literarischen Texte vom Mittelalter zur Moderne*, Berlin: De Gruyter, 2020, S. 1–24.

Eming, Jutta, „Teuflisch theatral: Zu Poiesis und Performanz in einigen Szenen des Alsfelder Passionsspiels", in: Dies. / Daniela Fuhrmann (Hg.), *Der Teufel und seine poietische Macht in literarischen Texten vom Mittelalter zur Moderne*, Berlin: De Gruyter, 2020, S. 103–130.

Fend, Michael, „Zum Verhältnis von Opéra comique und deutscher romantischer Oper", in: Herbert Schneider / Nicole Wild (Hg.), *Die Opéra comique und ihr Einfluss auf das europäische Musiktheater im 19. Jahrhundert*, Hildesheim / Zürich: Olms, 1997, S. 299–322.

Fonyi, Antonia, „Avant-propos", in: Dies. (Hg.), *Prosper Mérimée: Écrivain, archéologue, historien*, Genf: Droz, 1999. S. VII–XIII.

Foucault, Michel „Andere Räume", in: Karlheinz Barck / Peter Gente (Hg.), *Aisthesis: Wahrnehmung heute oder Perspektiven einer anderen Ästhetik*, Leipzig 1990, S. 34–46.

Godard, Jean-Luc, *Prénom Carmen*, Frankreich: Studiocanal, 1983.

Gubernatis, Angelo de, *Die Thiere in der indogermanischen Mythologie*, aus dem Englischen übersetzt von M. Hartmann, Leipzig 1874, S. 453.

Gutjahr, Ortrud, „Fremde als literarische Inszenierung", in: Dies. (Hg.), *Fremde. Freiburger literaturpsychologische Gespräche*, Bd. 21, Würzburg: Königshausen und Neumann, 2002, S. 47–67.

Götzinger, Ernst, *Reallexicon der deutschen Altertümer: Ein Hand- und Nachschlagebuch der Kulturgeschichte des deutschen Volkes*, Leipzig: Urban, 1885.

Hagen, Kirsten von, *Inszenierte Alterität: Zigeunerfiguren in Literatur, Oper und Film*, München: Fink Verlag, 2009.

Hagen, Kirsten von: „Raconter la catastrophe: *Arria Marcella* comme diorama entre cataclysme et reconstitution", in: Alain Guyot / Sarga Moussa (Hg.), *La géographie de Gautier*, Paris: Université Sorbonne Nouvelle, 2022, S. 141–156.

Hagen, Kirsten von: „Von gespitzter Feder und durchgehenden Pferden – Schreiben zwischen Disziplin und Digression", in: Dies. / Corinna Leister (Hg.), *Ein Akteur zwischen den Zeilen, Zeichen und Medien*, Berlin: Erich Schmidt Verlag, 2022, S. 275–300.

Hahn, Alois, „Die soziale Konstruktion des Fremden", in: Sin Walter M. Sprondel (Hg.), *Die Objektivität der Ordnungen und ihre kommunikative Konstruktion*, Frankfurt: Suhrkamp, 1944, S. 140–163.

Hölz, Karl, „Der befangene Blick auf die Zigeunerkultur. Männliche Wunsch- und Angstvisionen in Prosper Mérimées Carmen", in: Ders. / Viktoria Schmidt-Linsenhoff / Herbert Uerlings (Hg.), *Beschreiben und Erfinden. Figuren des Fremden vom 18. bis zum 20. Jahrhundert*, Frankfurt: Lang, 2000, S. 93–117.

Kreuzer, Helmut, *Don Juan und Femme Fatale*, München: Fink, 1994.

Lacombe, Hervé, *Georges Bizet. Naissance d'une identité créatrice*, Paris: Fayard, 2000.

Levins, David J., *Trough Other Eyes*, Stanford: University Press, 1994.

Menzel, Horst, *Carmen von Georges Bizet*, Berlin: Lienau, 1972.

Mérimée, Prosper, *Carmen et treize autres nouvelles*, Paris: Éditions Gallimard, 1965.

Mérimée, Prosper, *Correspondance générale*, établie et annotée par Maurice Parturier. Bd. 4, 1844–1846. Paris: Le Divan, 1945.

Mérimée, Prosper, *Théâtre de Clara Gazul. Romans et nouvelles*, Édition établie, présentée et annotée par Jean Mallion et Pierre Salomon, Paris: Gallimard, 1978, S. 1558–1587.

Nietzsche, Friedrich, „Der Fall Wagner. Turiner Brief vom Mai 1888", in: Karl von Schlechta (Hg.), *Werke*, Bd. 3, Darmstadt: Wissenschaftliche Buchgesellschaft, 1997, Bd. 2, S. 905–927.

Pastoureau, Michel, *Noir: Histoire d'une couleur*, Paris: Seuil, 2008.

Plancy, de Jacques-Albin-Simon Collin, *Dictionnaire infernal, ou Bibliothèque universelle: sur les Êtres, les Personnages, les Livres, les Faits et les Choses*, Paris: Imprimerie De Fain, 1825.

Praz, Mario, „Archetypen in der Literatur (EA 1971)", in: Max Looser (Hg.), *Der Garten der Erinnerung. Essays*, Bd. 1. Frankfurt: Fischer, 1994, S. 168–177.

Schreiber, Ulrich, *Die Kunst der Oper. Geschichte des Musiktheaters*, Frankfurt: Büchergilde Gutenberg, 1998, S. 9–30.

Stern, Dietrich, „Film als Anti-Oper. Die Erweiterung der filmischen Handlung durch Musik bei Jean-Luc Godard", in: Volker Roloff / Scarlett Winter (Hg.), *Godard intermedial*, Tübingen: Stauffenburg, 1997, S. 128–136.

Struck, Wolfgang, „Weiße Sklavin und Herrin der Welt: Inszenierungen von Interkulturalität in frühen deutschen Unterhaltungsfilmen", in: Stefan Rieger / Schamma Schahadat / Manfred Weinberg (Hg.), *Interkulturalität. Zwischen Inszenierung und Archiv*, Tübingen: Narr, 1999, S. 217–230.

Thomalla, Ariane, *Die ‚femme fragile'. Ein literarischer Frauentypus der Jahrhundertwende*, Düsseldorf: Bertelsmann, 1972.

Venet, Gisèle, *Le Mal et ses masques*, o. O.: ENS Éditions, 1998.

Voss, Egon, „Ist Carmen, was wir von ihr glauben? Versuch einer Interpretation gegen die Tradition", in: Attila Csampai / Dietmar Holland (Hg.), *Georges Bizet. Carmen: Texte, Materialien, Kommentare*, Reinbek bei Hamburg: Rowohlt, 1984, S. 9–30.

Waits, Tom, „Ruby's Arms", Internetquelle: http://www.lyricscafe.com/w/waits_tom/rubys_arms.html (Abruf: 12.05.2023).

Wetzel, Michael, *Mignon. Die Kindsbraut als Phantasma der Goethezeit*, München: Fink, 1999.

Wirth, Uwe, „Performative Rahmung, parergonale Indexikalität: Verknüpfendes Schreiben zwischen Herausgeberschaft und Hypertextualität", in: Ders. (Hg.), *Performanz: Zwischen Sprachphilosophie und Kulturwissenschaften*, Frankfurt: Universitätsbibliothek Johann Christian Senckenberg, 2002, S. 403–433.

Yon, Jean-Claude, „Les débuts périlleux d'Offenbach à l'Opéra-Comiqe: Barkouf (1860)", in: Herbert Schneider / Nicole Wild (Hg.), *Die Opéra comique und ihr Einfluß auf das europäische Musiktheater im 19. Jahrhundert*, Hildesheim / Zürich: Olms, 1997, S. 271–281.

Die Diabolisierung des Briganten

Michele Pezza alias Fra Diavolo als literarische und politische Figur

Tobias Berneiser

1. Ein von Teufeln bewohntes Paradies

Anders als die in der frühneuzeitlichen Kultur Neapels noch verbreitete Vorstellung vom Teufel als im Gewand eines Edelmanns sich tarnender Verführer[1] handelt es sich bei der Heimsuchung der Protagonistin Eva durch das Teufelchen Riavulone in Antonella Cilentos satirischem Roman *Non è il paradiso* (2003) nicht um eine das menschliche Seelenheil gefährdende Begegnung: Stattdessen zielt die karnevalesk anmutende Teufelsfigur, die einen „prototipo della più tipica napoletanità"[2] und damit sämtliche Klischees der Populärkultur Neapels verkörpert, darauf, Eva von ihrer abweisenden Haltung gegenüber der neapolitanischen Kultur abzubringen und von der Schönheit der Mittelmeerstadt zu überzeugen.[3] Cilentos Titelwahl sowie ihr teuflischer Handlungsträger sind als Anspielungen auf ein jahrhundertealtes Sprichwort zu betrachten, demzufolge das Königreich Neapel als ‚ein von Teufeln bewohntes Paradies' anzusehen sei. Bezüge zum Jenseits erscheinen im Falle Neapels zwar naheliegend, da der dort begrabene Vergil in seiner *Aeneis* den westlich der Stadt gelegenen See von Averno als Zugang zur Unterwelt darstellte und damit eine wirkungsmächtige Referenz für literarische Jenseitsreisen vorlegte.[4] Doch die Bildsprache des Sprichworts verfügt über einen diesseitigen Bezugspunkt:

---

1   Vgl. Giulio Sodano, „L'immagine del demonio nella Napoli dell'età moderna tra narrazioni miracolose e deposizioni processuali", in: Francesco Paolo De Ceglia / Pierroberto Scaramella (Hg.), *I demoni di Napoli. Naturale, preternaturale, sovrannaturale a Napoli e nell'Europa di età moderna*, Roma: Edizioni di storia e letteratura, 2021, S. 147–155.

2   Antonella Cilento, *Non è il paradiso*, Milano: Sironi, 2003, S. 29.

3   Für eine Lektüre von *Non è il paradiso* als eine literarische ‚Spaltungsphantasie', durch die die Möglichkeiten einer Identifikation mit der neapolitanischen Kultur ergründet werden, vgl. Saskia Germer, *Neapel – eine alte Stadt erzählt sich neu. Literarische Bilder im Zeitalter der Globalisierung*, Bielefeld: transcript, 2021, S. 162–169.

4   Zu Aeneas' Abstieg in die Unterwelt vgl. Publius Vergilius Maro, *Aeneis Buch VI*. Hg. von Eduard Norden, Stuttgart: Teubner, ⁹1995, S. 50–103. Zum neapolitanischen Grab Vergils als poetischer Erinnerungsort für Petrarca, Sannazaro oder Bembo vgl. Christine Walde, „Rome First, Naples Second: Auf der Suche nach Parthenope – Neapolis in der römischen Literatur", in: Elisabeth Oy-Marra / Dietrich Scholler (Hg.), *Parthenope – Neapolis – Napoli. Bilder einer porösen Stadt*, Göttingen: V&R unipress, 2018, S. 72 f.

Während sich die Fruchtbarkeit der kampanischen Landschaft und die Naturschönheit der neapolitanischen Golfküste mit paradiesischen Verhältnissen assoziieren lassen, suggeriert die stereotypisierende Gleichsetzung der Bewohner dieser Region mit Teufeln eine Wahrnehmung ihrer Gemeinschaft als nicht konform mit moralisch-ethischen oder zivilisatorischen Normen.

Diese über biblische Bildsprache ausgedrückte Diskrepanz von Natur und Kultur im Königreich Neapel entwickelte sich zu einem Topos der Italienreiseliteratur, dessen Herkunft Benedetto Croce in einem Vortrag vor der *Società Napoletana di Storia Patria* aus dem Jahr 1923 nachgegangen ist. Trotz der Verbreitung des Sprichworts in der Literatur ausländischer Reisender und dem frühesten ihm bekannten Schriftzeugnis in einer Anspielung des toskanischen Gelehrten Bernardino Daniello aus dem Jahr 1539 geht Croce fest davon aus, dass das Bild des von Teufeln bewohnten Paradieses seinen Ursprung in den Neapeleindrücken florentinischer Kaufleute aus dem 14. Jahrhundert hat.[5] Zu diesem Zeitpunkt ist die italienische Halbinsel noch weit von der nationalen Einheit entfernt, sodass die Perspektive von Reisenden aus nördlicheren italienischen Regionen auf das zu der damaligen Zeit noch unter angiovinischer Herrschaft stehende Königreich Neapel einem Blick auf den ‚fremden' Süden entspricht:

> E se, come io suppongo, quel proverbio italiano sorse nel trecento, o anche nel caso che non sia più antico del quattrocento, la sua verità si ritrova facilmente nello spettacolo dell'anarchia feudale che il Regno di Napoli offriva in quei secoli ai cittadini dei Comuni e delle Repubbliche dell'Italia media e superiore, e nell'altro, congiunto, della rozzezza, della mancanza di arti, della povertà, dell'ozio, e dei vizi nascenti dalla povertà e dall'ozio, che esso offriva agli alacri mercanti fiorentini e lucchesi e pisani e veneti e genovesi, che qui si recavano per traffici. La sua verità era, insomma, nelle manchevolezze della vita civile e politica di questa parte d'Italia. Né nei secoli seguenti ci fu ragione di lasciarlo cadere in desuetudine, perché brigantaggio e violenza di plebi cittadine e tumulti e persistente rozzezza, e mali abiti, e povertà, e difetto di industrie e di operoso costume gli ridavano a volta a volta un contenuto attuale.[6]

Croce erklärt die Entstehung des sprichwörtlichen Bildes mit der Fremdheitserfahrung von Handelstreibenden aus den wirtschaftlich fortgeschrittenen, wohlhabenderen Regionen Italiens, die vor allem durch das als different wahrgenommene ‚Schauspiel' des öffentlichen Lebens im Königreich Neapel ausgelöst worden sei. Hierbei hebt er zwar speziell eine zu Gewaltbereitschaft

---

5   Vgl. Benedetto Croce, „Un paradiso abitato da diavoli", in: Ders.: *Un paradiso abitato da diavoli*. Hg. von Giuseppe Galasso, Mailand: Adelphi, 2006, S. 11–27, hier S. 13.
6   Croce, „Un paradiso abitato da diavoli", S. 22.

neigende Grobheit innerhalb des neapolitanischen Volkes als Phänomen jenes ‚Spektakels' hervor, doch diese wird in Zusammenhang mit der Armut der Bevölkerung und den soziologisch von den nördlichen Republiken abweichenden Zivilstrukturen im Königreich des Südens betrachtet. Damit deckt Croce die ‚Verteufelung' des neapolitanischen Volkes als Ergebnis eines hierarchisierenden Blicks auf, der die wirtschaftlichen, gesellschaftlichen und politischen Zustände im *Regno di Napoli* als unterentwickelte Verhältnisse abwertet.

Der vorliegende Beitrag widmet sich der Untersuchung der Verfahren und Funktionsweisen von diskursiven ‚Verteufelungen' am Beispiel des ebenfalls von Croce erwähnten neapolitanischen Brigantentums. Durch die Bezeichnung einer Person als ‚teuflisch' oder ‚diabolisch' wird diese dem moralisch Bösen zugeordnet bzw. – unter Berücksichtigung der sakralen Begriffsherkunft – mit Eigenschaften des Antagonisten Gottes verbunden. Der Kultursoziologe Jeffrey C. Alexander hat sich in verschiedenen Publikationen mit der kulturellen Bedeutung von Praktiken der Sakralisierung auseinandergesetzt, durch die Individuen oder bestimmte Gruppen in öffentlichen Diskursen als ‚gut' oder ‚böse' ausgewiesen werden.[7] Diese nach dem Muster binärer Strukturen funktionierenden Klassifizierungen arbeitet er als zivilgesellschaftliche Diskurse heraus, die „democratic codes" und „counterdemocratic codes" moralisch aufladen, um sie entweder positiv als identifikatorische Bezugspunkte oder negativ als ausgrenzungsbedürftige Bedrohungen für das kulturelle Zentrum der Gesellschaft zu präsentieren.[8] Die politisch motivierte Stigmatisierung auf moralisch-ethischer Ebene entspricht einer diskursiven Praxis, die im etymologischen Rekurs auf das altgriechische $\delta\iota\alpha\beta\acute{\alpha}\lambda\lambda\omega$[9] als Diabolisierung bezeichnet werden kann.[10] Jene Praxis soll hier am Beispiel der Repräsentationen von neapolitanischen Briganten untersucht werden, deren diabolisierende Stigmatisierung speziell in Zeiten des politischen Umbruchs – in der kurzfristigen Republikanisierungsphase in Italien im Übergang vom 18. und

---

7 Vgl. das Kapitel „A Cultural Sociology of Evil" in Jeffrey C. Alexander, *The Meanings of Social Life. A Cultural Sociology*, Oxford: Oxford University Press, 2003, S. 109–120.

8 Vgl. Jeffrey C. Alexander, „Towards a Sociology of Evil. Getting beyond Modernist Common Sense about the Alternative to ‚the Good' ", in: Maria Pia Lara (Hg.), *Rethinking Evil. Contemporary Perspectives*, Los Angeles: University of California Press, 2001, S. 153–172.

9 Der Begriff lässt sich mit ‚verleumden', ‚in feindseliger Absicht beschuldigen', ‚diskreditieren' und ‚ein Zerwürfnis stiften' übersetzen, vgl. Walter Bauer, *Griechisch-Deutsches Wörterbuch zu den Schriften des Neuen Testaments und der übrigen urchristlichen Literatur*, Berlin: Alfred Töpelmann, ⁵1963, S. 329.

10 Zur „Theorie der literarischen Verteufelung" vgl. Peter Paul Schnierer, *Entdämonisierung und Verteufelung. Studien zur Darstellungs- und Funktionsgeschichte des Diabolischen in der englischen Literatur seit der Renaissance*, Tübingen: Niemeyer, 2005, S. 5–17.

19. Jahrhundert sowie in der Anfangsphase des neu gegründeten Einheitsstaats in den 1860er Jahren – zu konstatieren ist. Darüber hinaus wird zu zeigen sein, dass die diskursive Praxis der Diabolisierung von Briganten nicht nur in ihrer stigmatisierenden Form bei der politischen Degradierung von als ‚teuflisch‘ eingestuften reaktionär-monarchistischen Positionen innerhalb des republikanischen Diskurses Verwendung gefunden hat.[11] Werden in der Literatur der liberalen Romantik Teufelsfiguren allzu oft mit absoluter Freiheit assoziiert, so ist auch über das 19. Jahrhundert hinweg eine Ausprägung der Darstellung von Briganten zu finden, bei der ihnen über diskursive Diabolisierung der Status von rebellischen Freiheitskämpfern zugewiesen wird. Somit muss für die ‚Verteufelung‘ von Briganten eine zusätzliche, von moralisch-ethischen Begriffsimplikationen abstrahierte Diabolisierungspraxis berücksichtigt werden, die nicht stigmatisierend wirkt, sondern das Rebellentum vielmehr würdigt.

Das hier zugrunde gelegte Korpus setzt sich aus italienischen, französischen und deutschen Werken zusammen, wobei die Untersuchung einen Schwerpunkt auf Darstellungen des populären Banditen Michele Arcangelo Pezza alias Fra Diavolo (1771–1806) legen wird, dessen Rufname ihn bereits als ‚diabolisch‘ ausweist. Die zu behandelnden Texte lassen sich generisch in Roman- und Reiseliteratur, Opernlibretto, Essayistik und Geschichtsschreibung untergliedern, wobei auch ein kurzer Ausblick auf den Brigantenfilm des 20. Jahrhunderts erfolgen wird. Als Medien der Reflexion, Erinnerung oder unverhüllter Fiktionalisierung sind diese medialen Repräsentationen von Fra Diavolo und anderen süditalienischen Briganten nicht als transparenter Zugang zum Verständnis eines kriminellen Phänomens der gesellschaftlichen Wirklichkeit, sondern als Beiträge zur Etablierung eines aus unterschiedlichen ideologischen Perspektiven sich speisenden *imaginaire*[12] zu rezipieren, dessen prozessuale Entwicklung und Ambivalenzen hier nachgezeichnet werden. Im Folgenden wird zunächst das medial vermittelte Bild des süditalienischen Briganten im 19. Jahrhundert skizziert, um daran anschließend am Beispiel von Darstellungen Fra Diavolos unterschiedliche Ansätze der Brigantenrepräsentation näher vorzustellen.

---

11   Das binäre Muster der Aufspaltung durch diskursive Diabolisierung muss auch nicht zwangsläufig der moralischen Opposition von gut und böse entsprechen, sondern gerade im Kontext der ausländischen, vor allem französischen Repräsentationen von Briganten in Oper und Literatur lässt sich eine ‚Entzweiung‘ konstatieren, die auf einer romantisch-exotistischen Ebene die Differenzierung von Eigen- und Fremdkultur sowie damit einhergehend die Abgrenzung von einem als archaisch herabgestuften Süden inszeniert.

12   Zum Begriff des *imaginaire* vgl. Daniel-Henri Pageaux, „De l'imagerie culturelle à l'imaginaire", in: Ders.: *Littératures et cultures en dialogue*, Paris: L'Harmattan, 2007, S. 27–64.

2. Gesetzlose des Südens: das Brigantenbild zwischen liberal-romantischem Mythos und bourbonisch-reaktionärer Schreckensfigur

Der italienische Süden, der bis zur Eingliederung in das Königreich Italien im Jahr 1861 auf Staatsebene durch das Königreich Neapel bzw. das Königreich beider Sizilien vertreten wurde, gilt seit jeher als ein kultureller Raum, dessen Wahrnehmung von klischeehaften Bildern und Vorurteilen geprägt ist. Die Betrachtung des sogenannten *Mezzogiorno* als das ‚Andere‘ entspricht aus italienischer Perspektive jener kulturellen Abgrenzung des Nordens vom Süden, die bereits aus Croces Ausführungen zur Tradierung des Neapel-Sprichworts durch norditalienische Reisende deutlich wurde und auch noch im 21. Jahrhundert in politischen Diskursen präsent ist.[13] Aus außeritalienischer Perspektive hingegen betrifft die Alteritätswahrnehmung des Südens speziell die literarischen Zeugnisse europäischer Reisender, die im Zuge des Grand Tour oder als Repräsentanten des romantischen Exotismus nach Süditalien kamen.[14] Als exemplarische Alteritätsfigur süditalienischer Herkunft ist zweifellos der Brigant zu erachten, dessen ursprüngliche Tätigkeit das zumeist gewalttätige Ausrauben von Reisenden auf Landstraßen und in Wäldern darstellt, wobei sich für die seit dem Mittelalter zirkulierenden Berichte über Brigantenverbrechen speziell ab Ende des 18. Jahrhunderts ein Fokus auf Tatorte südlich von Rom konstatieren lässt.[15] Äquivalent zu den Banditen Spaniens sind die süditalienischen Briganten spätestens ab dem 19. Jahrhundert als „liminal figures situated on the margins of modernity"[16] zu betrachten, weshalb die Einordnung ihrer medialen Repräsentationen stets mit den dabei artikulierten

---

13 Zu den Vorurteilen gegenüber dem italienischen Süden vgl. Antonino De Francesco, *La palla al piede. Una storia del pregiudizio antimeridionale*, Mailand: Feltrinelli, 2012.

14 Für den hier verwendeten Alteritätsbegriff vgl. Susanne Greilich / Karen Struve, „Das Andere Schreiben: Einführende Überlegungen zur Diskursivierung von Alterität in der Literatur", in: Dies. / Dies. (Hg.), *‚Das Andere Schreiben‘. Diskursivierungen von Alterität in Texten der Romania (16.–19. Jahrhundert)*, Würzburg: Königshausen & Neumann, 2013, S. 7–15. Zur Reiseliteratur über Italiens Süden vgl. Béatrice Bijon u. a. (Hg.), *Le Mezzogiorno des écrivains européens*, Saint-Étienne: Publications de l'Université de Saint-Étienne, 2006.

15 Zum literarischen Bild des italienischen Briganten und seines historischen Wandels vgl. Giulio Tatasciore, *Briganti d'Italia. Storia di un immaginario romantico*, Rom: Viella, 2022. Vgl. auch Renato Mammucari, *I briganti. Storia, arte, letteratura, immaginario*, Città di Castello: Edimond, 2001.

16 Xavier Andreu, „Peoples of Bandits: Romantic Liberalism and National Virilities in Italy and Spain", in: Ders. / Mónica Bolufer Peruga (Hg.), *European Modernity and the Passionate South. Gender and Nation in Spain and Italy in the Long Nineteenth Century*, Leiden: Brill, 2023, S. 126–144, hier S. 127.

Stellungnahmen zu Moderne und historischem Fortschritt korreliert werden
müssen. Als Verkörperungen ideologischer Werteordnungen lassen sich die
briganti damit auch als literarische ‚Nachfahren' der *latrones* im antiken Rom
wahrnehmen.[17]

Der Moment, ab dem der Brigant nicht mehr bloß als kriminelle Gefahr
für Reisende auf Landstraßen und unbesiedelten Regionen wahrgenommen
wurde, sondern zusätzlich die medial inszenierte Funktion eines politischen
Akteurs erhielt, setzt mit dem Zeitalter der Revolutionen ein. Zwar lassen sich
bereits vereinzelte Tendenzen einer Heroisierung spezifischer Briganten im
Süden Frankreichs zur Zeit des Ancien Régime nachweisen, doch eine außerordentliche politische Relevanz wurde den französischen „brigands"[18] erst
mit dem Ausbruch der Revolution zugestanden: Nach der als ‚la Grande Peur'
bezeichneten Furcht der französischen Landbevölkerung vor vermeintlich vom
Adel angezettelten Brigantenüberfällen im Jahr 1789 stellten die vornehmlich
im Süden Frankreichs verübten und zumeist konterrevolutionär motivierten
Verbrechen durch Brigantenbanden eine reale Gefahr für die soziale Ordnung
zur Zeit der Ersten Republik dar.[19] Allerdings wurde die Kriminalisierung der
Brigantenfigur im Verlauf der Revolution als eine ambivalente, der politischen
Stimmung durchaus anpassbare diskursive Strategie genutzt: Während zum
Beispiel im Jahr 1793 noch eine die Briganten als konterrevolutionäre Akteure
repräsentierende *opéra-vaudeville*, *Les brigands de la Vendée* von Mathurin-
Joseph Boullault, auf Pariser Bühnen gespielt wurde, veränderte sich nach
dem 9. Thermidor die Perspektive und die Anhänger Robespierres wurden
selbst als Briganten inszeniert, wie das Stück *Les Jacobins et les brigands, ou
les Synonymes* (1795) belegt.[20] Ebenfalls zum Ende der 1790er Jahre setzte die
Politisierung des Briganten jenseits der Alpen ein, die mit dem sogenannten
Triennio, der zwischen Mai 1796 (Mailand) und Januar 1799 (Neapel) im Zuge
des Ersten und Zweiten Koalitionskriegs ermöglichten Herausbildung von
Republiken auf der italienischen Halbinsel, koinzidierte.[21] Der Ausrufung
einer neapolitanischen *république sœur* ging die knapp 65 Jahre andauernde

---

17   Vgl. Thomas Grünewald, *Räuber, Rebellen, Rivalen, Rächer. Studien zu* Latrones *im Römi-
     schen Reich*, Stuttgart: Franz Steiner Verlag, 1999.

18   Zur Begriffsentwicklung vgl. Alfonso Tortora, „‚Brigand', ‚Brigandage', ‚Brigander'. Dall'*En-
     cyclopédie* a Édouard Fournier", in: Giulio Tatasciore (Hg.), *Lo spettacolo del brigantaggio.
     Cultura visuale e circuiti mediatici fra Sette e Ottocento*, Rom: Viella, 2022, S. 303–316.

19   Vgl. ausführlich Valérie Sottosa, *Les Brigands et la Révolution. Violences politiques et crimi-
     nalité dans le Midi (1789–1802)*, Paris: Champ Vallon, 2016.

20   Vgl. Philippe Bourdin, „La Terreur et les trois brigands", in: *Études théâtrales* 59 (2014),
     S. 61–72.

21   Zum *Triennio* vgl. Anna Maria Rao, „Révolution et Contre-Révolution pendant le Trien-
     nio italien (1796–1799)", in: Jean-Clément Martin (Hg.), *La Contre-Révolution en Europe*.

Bourbonenherrschaft unter Carlo VII. und Ferdinando IV. voraus, während der das Königreich Neapel sich zu einem Zentrum der europäischen Aufklärung entwickeln konnte.[22] Die aufklärerische und frankophile Kultur Neapels war jedoch nach Ausbruch der Französischen Revolution und insbesondere nach der Hinrichtung Marie Antoinettes – eine Schwester der neapolitanischen Königin – massiven Repressionen ausgesetzt, die sich in der Verfolgung der zum Feindbild stilisierten *giacobini* äußerten und erst mit der Ankunft französischer Truppen vor den Toren Neapels sowie der Flucht des Königspaars nach Sizilien im Dezember 1798 ein Ende fanden. Bis zum Einzug der Franzosen in die Stadt und der Ausrufung der Neapolitanischen Republik am 22. Januar 1799 herrschten bürgerkriegsähnliche Zustände, bei denen sich republikanisch orientierte *patrioti napoletani* und vor allem aus den sogenannten *lazzari* sich zusammensetzende königstreue Volksmassen brutale Gefechte lieferten.[23] Während in den der Republikgründung vorausgehenden Kämpfen auf Seiten der königlichen Anhänger bereits Briganten involviert waren, wurden diese umso mehr als Akteure innerhalb der ab Februar 1799 einsetzenden Konterrevolution relevant: So kämpften unter Oberbefehl des von König Ferdinando beauftragten Kardinals Fabrizio Ruffo im paramilitärischen Heer des *Esercito Cristiano della Santa Fede* auch Gruppen von Briganten – darunter Gerardo Cucio alias Sciarpa, Gaetano Mammone oder der zum Generalkapitän der *Sanfedisti* und Kommandant ihrer zweiten Kolonne aufgestiegene Fra Diavolo. Unterstützt von militärischen Einheiten der Bündnispartner Österreich, Russland sowie des Osmanischen Reichs gelang es Ruffos ‚heiligem Heer‘, im Juni 1799 die Hauptstadt zu belagern. Die Rückeroberung Neapels durch die *Sanfedisti*, während der die britische Marine unter Admiral Nelson die Stadt bombardierte, mündete in anarchische Zustände, die erst nachließen, nachdem die Kapitulation der neapolitanischen Patrioten am 21. Juni das Ende der Republik besiegelte.[24] Die bekannteste Abhandlung über die neapolitanischen

XVIIIe–XIXe siècles. Réalités politiques et sociales, résonances culturelles et idéologiques, Rennes: Presses universitaires de Rennes, 2001, S. 233–240.

22 Hierzu sowie zu den nachfolgenden historischen Ausführungen vgl. Giuseppe Galasso, *Il Regno di Napoli. Il Mezzogiorno borbonico e napoleonico (1734–1815)*, Turin: UTET, 2007.

23 Zum Konflikt zwischen der Volkskultur und den frankophilen Befürwortern revolutionärer Ideen vgl. Domenico Scafoglio, *Lazzari e giacobini. Cultura popolare e rivoluzione a Napoli nel 1799*, Rom: L'ancora, 1999. Zur historischen Diskursivierung der *lazzari* Neapels vgl. den Beitrag von Francesco Benigno, „Trasformazioni discorsive e identità sociali: il caso dei lazzari", in: Francesca Cantù (Hg.), *I linguaggi del potere nell'età barocca. 1. Politica e religione*, Rom: Viella, 2009, S. 207–247.

24 Zur kurzfristigen republikanischen Phase Neapels im Jahr 1799 vgl. Anna Maria Rao, *La Repubblica napoletana del 1799*, Neapel: Federico II University Press, ²2021 [1999]. Zur Konterrevolution und Rückeroberung Neapels vgl. John A. Davis, *Naples and Napoleon*.

Ereignisse von 1799 stellt der erstmalig 1801 veröffentliche Zeitzeugenbericht *Saggio storico sulla rivoluzione di Napoli* des nach dem Fall der Republik ins Exil geflohenen Patrioten Vincenzo Cuoco dar.[25] Cuocos Essay etablierte den Mythos des neapolitanischen Briganten als konterrevolutionäre Schreckensfigur der bourbonischen Reaktion und veranschaulicht damit die den Gegenstand der vorliegenden Untersuchung bildende diskursive Diabolisierung als Verfahren politisch motivierter Stigmatisierung. Zu den im *Saggio storico* diabolisierten Briganten zählt neben Fra Diavolo auch der für die *Sanfedisti* kämpfende Gaetano Mammone (1756–1802), den Cuoco als „un mostro orribile" mit kannibalischen Zügen porträtiert: „Il suo desiderio di sangue umano era tale, che si beveva tutto quello che usciva dagl'infelici che faceva scannare: chi scrive lo ha veduto egli stesso […]; pranzava avendo a tavola qualche testa ancora grondante sangue; beveva in un cranio".[26] Der Kannibalismusvorwurf gegenüber Mammone ist als Bild des Terrors sowie unter Berücksichtigung einer zweifachen Dimension zu betrachten: Einerseits verfügt die Stigmatisierung über eine Ausgrenzungsfunktion, durch die der wilde Brigant aus dem nach Cuocos aufklärerischem Verständnis abgesteckten Rahmen der Zivilisation ausgeschlossen und mit der Bezeichnung als ‚Monster' zudem entmenschlicht wird. Andererseits lässt sich die Repräsentation der Niederschlagung der Republik durch eine kannibalistisch-vampirische Konterrevolution mit einer Angst erklären, die neben der Zerstörung des eigenen Körpers auch die Annihilation republikanisch-patriotischer Ideen umfasst, die – bildlich gesprochen – im Körper der absolutistischen Reaktion zersetzt werden.[27]

      Southern Italy and the European Revolutions (1780–1860), Oxford: Oxford University Press, 2006, S. 107–121.

25   Zur Rezeptionsgeschichte von Cuocos *Saggio storico* sowie seiner Bedeutung für das Risorgimento und die politische Philosophie Italiens vgl. Luigi Biscardi / Antonino De Francesco (Hg.), *Vincenzo Cuoco nella cultura di due secoli*, Rom: Laterza, 2002.

26   Vincenzo Cuoco, *Saggio storico sulla rivoluzione di Napoli.* Hg. von Antonino De Francesco, Manduria u. a., Lacaita Editore, 1998 [1801], S. 456. Wenn Cuoco den Briganten Mammone als nach dem Blut seiner patriotischen Opfer dürstenden Vampir bzw. Kannibalen beschreibt, spricht er mit dessen Anthropophagie zugleich eine Praxis an, die tatsächlich in verschiedenen Berichten über die Straßenkämpfe während des Untergangs der Neapolitanischen Republik überliefert worden ist. Vgl. hierzu Luca Addante, *I cannibali dei Borbone. Antropofagia e politica nell'Europa moderna*, Rom: Laterza, 2021.

27   Der Vergleich von Vertretern des Absolutismus mit Vampiren, die dem Volk das Blut aussaugen, findet sich bereits in Voltaires *Dictionnaire philosophique* (1764) und konnte sich im Kontext der Französischen Revolution als wirkungsmächtiges Bild etablieren. Ein aktuelles Beispiel hierfür stellt die 2020 veröffentlichte, stellenweise irritierende Historienserie *La Révolution* dar, die den Ausbruch der Revolution Konsequenz einer vom König geplanten Infizierung der Bevölkerung mit einer Epidemie erklärt, die Menschen zu kannibalistisch-vampirischen Mischwesen mutieren lässt. Vgl. Anna Isabell

Das Prinzip der Diabolisierung von Briganten als Figuren des reaktionären Terrors im politischen Rahmen revolutionärer und konterrevolutionärer Ereignisse konnte auf zeitgenössische literarische Repräsentationen unheimlicher italienischer Krimineller aufbauen, wie sie in Reiseberichten über das ‚von Teufeln bewohnte Paradies' oder Schauerromanen – man denke beispielsweise an den Briganten Montoni in Ann Radcliffes *The Mysteries of Udolpho* (1794) – zu finden sind. Diesen negativen Bildern ging jedoch eine weitreichende literarisch geprägte Tradition der Räuberdarstellung voraus, die Gesetzlose und Geächtete – exemplarisch: Robin Hood – als ‚edle Diebe' inszenierte, die das Geld der Reichen stehlen, um es mit den Armen zu teilen. Die daraus hervorgehende Figur des *noble robber*, dessen Gesetzesübertretungen und Raubzüge sozial motiviert sind, entspricht dem von Eric Hobsbawm historisch nachgezeichneten Konzept der „social banditry", das sich bis zum heutigen Tage in medialen Repräsentationen von Kriminalität wiedererkennen lässt.[28] Hans-Jürgen Lüsebrink hat sich in einem Beitrag am Beispiel der französischen sowie deutschen Literatur im 18. und frühen 19. Jahrhundert mit diesem Konzept auseinandergesetzt: Dabei kann er an den literarisch aufgearbeiteten Biographien der historischen Bandenführer Cartouche (1693–1721) und Louis Mandrin (1725–1755) nachweisen, dass der Identifikation mit Sozialbanditen im absolutistischen Frankreich des 18. Jahrhunderts ein rückwärtsgewandtes politisches Ideal zugrunde liegt, das auf dem Ehrenkodex der patriarchalischen Feudalgesellschaft beruht.[29]

Einen frühen literarischen Erfolg der für die spätere Romantik so charakteristischen Inszenierung sozialen Rebellentums stellt Friedrich Schillers *Die Räuber* (1781) dar, dessen Protagonist Karl Moor einen gegen Unterdrückung sich auflehnenden Outlaw und Vertreter des Freiheitsgedankens verkörpert: „Das Gesetz hat noch keinen großen Mann gebildet, aber die Freyheit brütet Koloße und Extremitäten aus",[30] so erklärt er, kurz bevor er seiner

---

Wörsdörfer, „What if? Epidemic discourse and serial narration in the alternate history series *La Révolution* (2020)", in: *French Cultural Studies* 33 (2022), S. 179–195.

28   Vgl. Eric J. Hobsbawm, *Bandits*, London: Abacus, 2001 [1969], S. 19–33. Für eine Kritik am Begriff des Sozialbanditentums aus italianistischer Perspektive vgl. John A. Davis, *Conflict and Control. Law and Order in Nineteenth-Century Italy*, Basingstoke: Macmillan, 1988, S. 72 f.

29   Vgl. Hans-Jürgen Lüsebrink, „Französische Brigantenliteratur versus deutsche Räuberromantik? Skizze einer Funktionsgeschichte der deutschen und französischen Brigantenliteratur des 18. und beginnenden 19. Jahrhunderts", in: Jörg Schönert (Hg.), *Erzählte Kriminalität. Zur Typologie und Funktion von narrativen Darstellungen in Strafrechtspflege, Publizistik und Literatur zwischen 1770 und 1920*, Tübingen: Niemeyer, 1991, S. 177–191, hier S. 181.

30   Friedrich Schiller, *Die Räuber*. Hg. von Bodo Plachta, Stuttgart: Reclam, 2009 [1781], S. 24.

Räuberbande als Hauptmann ewige Treue schwört. Davon, dass sich die
Geschichte von Schillers Figur auf den politischen Kontext der Revolution
übertragen ließ, zeugt die produktive Rezeption des Stücks durch Jean-Henri-
Ferdinand Lamartelière, dessen erfolgreiche *Räuber*-Adaptation *Robert, chef
de brigands* (1793) gemeinsam mit ihren Nachfolgestücken den ambivalenten Rekurs auf Begriff und Figur des Briganten während der Französischen
Revolution belegt:[31] Während der Brigant im Diskurs des französischen
Pressewesens – etwa in *Le Père Duchesne* – als antirevolutionäre Gestalt dis-
kreditiert wurde, bemühte sich Lamartelière in seinem Theaterstück darum,
die populäre Figur samt „ihren feudalistischen Rechtsbegriffen und ihrem ver-
gangenheitsorientierten Ideal des patriarchalischen Königtums [...] mit der
jakobinischen Fortschrittsideologie" in Einklang zu bringen.[32] Wie bereits von
Mario Praz in seiner klassischen Studie zur Romantik hervorgehoben wurde,
ist in der Figurengestaltung von Schillers Karl Moor, der von seinem Räuber-
schwur nicht mehr zurücktreten kann und die geliebte Amalia umbringt, eine
Annäherung an den auch in der Vorrede des Stücks genannten Satan aus John
Miltons *Paradise lost* (1667) zu konstatieren, auf den die romantische Literatur
im 19. Jahrhundert vielfach zurückgriff.[33] In diesem Sinne konnte Peter Paul
Schnierer für die englische Romantik am Beispiel der Teufelsbezüge bei den
Autoren William Blake, Percy Shelley und Lord Byron das literarische Prinzip
der „Verteufelung als Aufwertung" herausarbeiten.[34] Die Eigenschaften eines
rebellischen, freiheitsliebenden Geistes, die die Attraktivität der literarischen
Teufelsfiguren für das Lesepublik der Romantik ausmachen, werden ebenfalls
evoziert, wenn Briganten in romantischen Texten als ‚teuflisch' beschrieben
werden. Die bisher geschilderte Diabolisierung als diskursive Praxis der politisch motivierten Diskreditierung ist demnach durch eine zusätzliche Ausprägung des Diabolisierungsdiskurses zu ergänzen, die das Aufbegehren des
‚verteufelten' Individuums gegenüber Autoritäten als positive Eigenschaft
herausstellt und einer Romantisierung des gesetzlosen Räubers entspricht.

Als wegweisend für die Ausprägung einer Räuberromantik innerhalb der
deutschen Literaturgeschichte ist das Œuvre des Weimarer Schriftstellers

---

31   Vgl. Philippe Bourdin, „Le brigand caché derrière les tréteaux de la révolution. Traducti-
      ons et trahisons d'auteurs", in: *Annales historiques de la Révolution française* 364 (2011),
      S. 51–84.

32   Vgl. Lüsebrink, „Französische Brigantenliteratur versus deutsche Räuberromantik?",
      S. 185.

33   Vgl. Mario Praz, *La carne, la morte e il diavolo nella letteratura romantica*, Florenz: Sansoni,
      1989 [1930], S. 59–61; sowie Patrick Bridgwater, *The German Gothic Novel in Anglo-German
      Perspective*, Amsterdam: Rodopi, 2013, S. 411 f.

34   Vgl. Schnierer, *Entdämonisierung und Verteufelung*, S. 75–117.

und Bibliothekars Christian August Vulpius mit seinem Erfolgsroman *Rinaldo Rinaldi, der Räuberhauptmann* (1799) anzusehen, der im Untertitel als *Eine romantische Geschichte* ausgewiesen und dessen Handlung nicht in Deutschland, sondern im Königreich Neapel situiert ist.[35] Sein Protagonist, der im 20. Jahrhundert auch zum Handlungsträger mehrerer Verfilmungen wurde und an die Biographie des kampanischen Briganten Angelo Duca (1734–1784) angelehnt ist, entspricht dem Modell des edlen Sozialbanditen, der gegen seinen Willen zum Gesetzlosen wird.[36] Anders als die Hauptfigur von Vulpius' Nachfolgeroman *Glorioso, der große Teufel* (1800) verfügt Rinaldi nur über ein beschränktes Interesse an den politischen Verwicklungen in seiner Heimat und entscheidet sich für den Rückzug ins familiäre Leben. Für Lüsebrink verkörpert er somit „die widersprüchliche Haltung der Zeitgenossen gegenüber dem Phänomen der politisch legitimierten Gewalt und insbesondere gegenüber der Volksjustiz der Französischen Revolution", sodass der Roman „zum wirklichkeitsfernen Projektionsraum des Lesepublikums wird".[37] Vulpius' Begeisterung für die italienische Kultur griff der exotistischen Faszination der Romantik für den europäischen Süden voraus.[38] Für romantische Texte mit Schauplätzen innerhalb des spanischen oder italienischen Kulturraums sind Banditen in der Regel als elementarer Bestandteil anzusehen. Exemplarisch lassen sich Victor Hugos historisches Drama *Hernani* (1830), Prosper Mérimées Novelle *Carmen* (1845) oder auch das Kapitel zum edlen Bandolero El Tempranillo in seinen *Lettres d'Espagne* (1832) anführen. Dabei entsprechen die spanischen Gesetzlosen Mérimées, denen Reisende inmitten pittoresker Landschaften oder in volkstümlichen Wirtshäusern begegnen, den Verkörperungen eines dem romantischen Exotismus zugehörigen kulturellen Fremdbilds.[39]

---

35   Zu Autor und Werk vgl. Roberto Simanowski, *Die Verwaltung des Abenteuers. Massenkultur um 1800 am Beispiel Christian August Vulpius*, Göttingen: Vandenhoeck & Ruprecht, 1998.

36   Vgl. Bridgwater, *The German Gothic Novel*, S. 422 f.

37   Lüsebrink, „Französische Brigantenliteratur versus deutsche Räuberromantik?", S. 187.

38   Vgl. Inka Daum, *Italien aus zweiter Hand. Christian August Vulpius als Wissens- und Kulturvermittler*, München: AVM, 2019.

39   Zur Ästhetik des Pittoresken in romantisch-exotistischen Reiseberichten vgl. Friedrich Wolfzettel, *Ce désir de vagabondage cosmopolite: Wege und Entwicklung des französischen Reiseberichts im 19. Jahrhundert*, Tübingen: Niemeyer, 1986, S. 17–35. Einen kuriosen Fall im Rahmen der pittoresk-ästhetischen Konstruktionen von Brigantenbiographien stellt die Rezeptionsgeschichte des neapolitanischen Malers und Dichters Salvator Rosa (1615–1673) dar: Erstmals vom englischen Künstler und Theoretiker des Pittoresken William Gilpin im Jahr 1768 als Anekdote erwähnt, verbreitete sich zunächst in Deutschland und England sowie später in Frankreich die Legende von der Betätigung des Künstlers Rosa als Brigant, dessen malerische Darstellungen der Landschaften und ländlichen Bewohner Süditaliens aus dem 17. Jahrhundert von nun an die Imaginationen der Romantik von

Wie Xavier Andreu verdeutlicht hat, war der romantische *imaginaire* vom
Banditen untrennbar an ein spezifisches Bild vom südeuropäischen Mann
geknüpft: „Mediterranean men could be seen as tough, passionate, and violent, but also as bastions of a freedom and a manly character that resisted the
‚domestication' imposed by modern civilization."[40] Während der italienische
oder spanische Brigant die stereotypisierte Rolle eines hitzig-heißblütigen
und freiheitsliebenden Naturmenschen für nordeuropäisch-romantische Pro-
jektionen ausfüllte, zeichnete sich im Rekurs auf das Bild des Sozialrebellen
gerade in Italien innerhalb patriotisch-liberaler Diskursrahmen auch eine
Tendenz ab, die Freiheitsliebe des gesetzlosen Außenseiters für die literarische
Ausgestaltung zum Freiheitskämpfer im Dienste des Vaterlands zu nutzen. So
wird der bereits in Dantes *Commedia* (*Purgatorio* VI) und Boccaccios *Deca-
meron* (*Giornata* X, *novella* 2) literarisch aufgegriffene mittelalterliche Brigant
Ghino di Tacco in Francesco Domenico Guerrazzis historischem Roman *La
battaglia di Benevento* (1827) als patriotischer Kämpfer für Italien eingeführt,
während Giuseppe Rovina mit *Lamberto Malatesta o I masnadieri degli Abruzzi*
(1843) und Vincenzo Linares mit *Il Masnadiero siciliano* (1841) Beiträge zum
Räuberroman des Risorgimento leisteten.[41] In Kalabrien, jenem Teil des
Königreichs, dem in ausländischen Erzählungen die brutalsten Briganten
zugeschrieben wurden, kam es in den 1840er Jahren sogar zu einer eigenen
regionalen Ausprägung der Räuberromantik, an der kalabrische Patrioten wie
Biagio Miraglia, Domenico Mauro und Vincenzo Padula mit ihren Werken par-
tizipierten.[42] Bevor sich ihre positive Darstellung mit der Herausbildung des
italienischen Einheitsstaats erneut veränderte, erfuhr die Brigantenfigur auch
auf der Opernbühne Giuseppe Verdis eine Ausschmückung, mit denen sich die
italienischen Patrioten identifizieren konnten. Hierfür rekurrierte Verdi auf

---

der italienischen Banditenkultur prägten. Vgl. Heike Schuller, „Genie, Bandit, Mörder. Zur
biografischen Konstruktion des Künstlers Salvator Rosa aus dem Geiste der Romantik",
in: Achim Aurnhammer u. a. (Hg.), *Salvator Rosa in Deutschland. Studien zu seiner Rezeption in Kunst, Literatur und Musik*, Freiburg: Rombach, 2008, S. 59–74.

40 Andreu, „Peoples of Bandits", S. 126.

41 Vgl. Peter Ihring, *Die beweinte Nation. Melodramatik und Patriotismus im ‚romanzo storico risorgimentale'*, Tübingen: Niemeyer, 1999, S. 206 f.; sowie Sergio Romagnoli, „Il brigante nel romanzo storico italiano", in: *Manzoni e i suoi colleghi*, Florenz: Sansoni, 1984,
S. 271–308.

42 Vgl. Tatasciore, *Briganti d'Italia*, S. 240 f.; sowie Antonio Buttiglione, „Il brigante-
rivoluzionario calabrese. Icona romantica e modello radicale (1840–1852)", in: Giulio
Tatasciore (Hg.), *Lo spettacolo del brigantaggio. Cultura visuale e circuiti mediatici fra Sette
e Ottocento*, Rom: Viella, 2022, S. 317–336.

die edlen Räuber Hugos und Schillers, deren Dramen er in Form von *Ernani* (1844) und *I Masnadieri* (1847) adaptierte.[43]

Die Ambivalenzen der Repräsentation von Briganten im 19. Jahrhundert lassen sich auch beispielhaft an verschiedenen Werken von Alexandre Dumas veranschaulichen, dessen literarische Beschäftigung mit italienischen Banditen hier nur kursorisch dargestellt werden kann. Sie lässt sich grob in zwei Phasen unterteilen, deren erste nach Dumas' Süditalien-Reise im Jahr 1835 einsetzt und der pittoresken Ästhetik des romantischen Exotismus verpflichtet ist.[44] Als ein für das Brigantenbild des französischen Autors wichtiges Ereignis lässt sich sein auf den 25. Oktober 1835 datierter Besuch beim römischen Banditen Antonio Gasparone im Gefängnis von Civitavecchia ansehen, der in seinem Reisebericht *Le Corricolo* (1843) beschrieben wird. Die „série d'expéditions hasardeuses, d'aventures pittoresques et de caprices excentriques"[45], die die Narration vom Leben des ursprünglichen Hirten Gasparone prägen, bilden vor dem Hintergrund seiner Initiation zum Kriminellen in der Folge eines Liebesbeweises für seine Freundin Teresa und der Übernahme einer Brigantenbande die direkte Vorlage für die Figur des Luigi Vampa in Dumas' Erfolgsroman *Le Comte de Monte-Cristo* (1844–1846).[46] Das Porträt Gasparones präsentiert ihn sowohl als einen religiös-fanatischen Mörder, der seinen Beichtvater tötet, weil er ihm nicht die Absolution erteilt, als auch in der Rolle eines musikalisch, historisch sowie poetisch Gebildeten, der sich im Gefängnis der Übersetzung von Fénelons *Les Aventures de Télémaque* (1699) widmet, wodurch gar Dumas' Erzählinstanz nach dem Besuch an der Wahrhaftigkeit seiner Identität zweifelt.[47] Dieses kuriose Charakterbild wird durch eine Beschreibung des Erscheinungsbilds von Gasparone ergänzt, die auf die für den romantischen Exotismus typische Diskursivierung Südeuropas als ‚orientalisch' rekurriert.[48] Diese Faszination für die Briganten als Verkörperung der romantischen

---

43 Vgl. Carlotta Sorba, „Brigands et bandits dans les opéras de Giuseppe Verdi et dans l'Italie du Risorgimento", in: Laurence McFalls / Mariella Pandolfi (Hg.), *Création, dissonance, violence. La musique et la politique*, Montreal: Boréal, 2018, S. 285–301.

44 Zu Dumas als romantischer Reisender vgl. Ralf Junkerjürgen, *Alexandre Dumas. Der vierte Musketier*, Darmstadt: Wissenschaftliche Buchgesellschaft, 2020, S. 102–110. Zur Bedeutung und Repräsentation des italienischen Südens im Œuvre Dumas' vgl. Alvio Patierno (Hg.), *Alexandre Dumas e il Mezzogiorno d'Italia*, Neapel: CUEN, 2004.

45 Alexandre Dumas, *Impressions de voyage: Le Corricolo*. Bd. 2, Paris: Lévy Frères, 1851, S. 269–280, hier S. 277.

46 Vgl. Giulio Tatasciore, „Le brigand amoureux, une figure de l'imaginaire dumasien", in: Julie Anselmini / Claude Schopp (Hg.), *Dumas amoureux. Formes et imaginaires de l'Éros dumasien*. Caen: Presses Universitaires de Caen, 2020, S. 359–371.

47 Vgl. Dumas, *Impressions de voyage*. Bd. 2, S. 280.

48 Vgl. ebd., S. 277.

Verfremdung des Südeuropäers zum wilden Anderen schlägt sich auch in Dumas' früher publizierten fiktionalen Banditengeschichten nieder, wie in der Erzählung *Pascal Bruno* (1838), deren Titelheld folgendermaßen eingeführt wird: „Quant à sa figure, elle était d'une beauté sauvage: c'étaient ces traits fortement accentués de l'homme du Midi, ses yeux hardis et fiers, ses cheveux et sa barbe noirs, son nez d'aigle et ses dents de chacal".[49] Der Protagonist, dessen sizilianische Heimat auch für ihre malerischen „nuits d'Orient"[50] gerühmt wird, ist zur stereotypischen Vendetta verpflichtet, nachdem sein Vater erhängt wurde, weil er die Schändung der Mutter durch einen lokalen Grafen gewaltsam ahnden wollte. Mit diesem unfreiwilligen Outlaw schrieb sich Dumas in die Tradition des Sozialbanditentums ein, dessen Herausbildung von den Gesellschaften Südeuropas geradezu begünstigt würde:

> Dans les pays comme l'Espagne et l'Italie, où la mauvaise organisation de la société tend toujours à repousser en bas ce qui est né en bas, et où l'âme n'a pas d'ailes pour soulever le corps, un esprit élevé devient un malheur pour une naissance obscure; [...] Alors il entre en révolte contre cette société pour laquelle Dieu a fait deux parts si aveugles, l'une de bonheur, l'autre de souffrances; il réagit contre cette partialité céleste et s'établit de sa propre autorité le défenseur du faible et l'ennemi du puissant.[51]

Pascal Brunos soziale Rebellion hebt ihn von den meisten Briganten in Dumas' Œuvre ab, die zwar oftmals nicht minder rebellisch gezeichnet sind, deren Auflehnung jedoch nur selten edel motiviert ist.

Die zweite Phase in Dumas' literarischer Auseinandersetzung mit dem süditalienischen Brigantentum kennzeichnet die Zurückdrängung romantisch-pittoresker Beschreibungen zugunsten einer politisch motivierten Konzeption seiner Publikationen ab.[52] Diese Phase ist biographisch an das Verhältnis des französischen Autors zum italienischen Freiheitskämpfer Giuseppe Garibaldi geknüpft: Nach der persönlichen Bekanntschaft der beiden Männer und Dumas' Unterstützung der Rothemden beim Zug der Tausend nach Sizilien, erwies sich Garibaldi in Folge der Befreiung Neapels von den Bourbonen im

---

49   Alexandre Dumas, „Pascal Bruno", in: Ders.: *Pauline et Pascal Bruno*, Paris: Lévy Frères, 1861, S. 211–310, hier S. 223.

50   Dumas, „Pascal Bruno", S. 216.

51   Dumas, „Pascal Bruno", S. 245 f.

52   Allerdings finden sich auch bereits in den noch vornehmlich der romantischen Ästhetik verpflichteten Brigantenerzählungen Dumas' Ansätze einer politischen Charakterisierung der süditalienischen Banditen. So stellen gerade die in der pittoresk beschriebenen Landschaft Kalabriens aufgewachsenen Briganten in *Maître Adam le Calabrais* (1839) und *Cherubino et Celestini* (1855) Figuren dar, die als Sympathisanten der Bourbonen und Sanfedisti sowie Feinde Frankreichs eingeführt werden.

September 1860 erkenntlich, indem er den Romancier zum Direktor der Ausgrabungen und Museen von Neapel ernannte.[53] Bereits im Oktober, in dem Neapel nach erfolgreichem Plebiszit an das Königreich Italien angeschlossen wurde, erschien die erste Ausgabe der von Dumas in Neapel gegründeten und herausgegebenen Zeitung *L'Indipendente*. Daneben entstanden während seiner neapolitanischen Jahre auch die historiographische Abhandlung *Storia dei Borbone di Napoli* (1862–1864) und der einen Höhepunkt seines Spätwerks bildende Roman *La San Felice* (1863–1865) über die Neapolitanische Republik von 1799, die beide Dumas' Status als wichtiger Historiker Neapels bekunden. Seinem aufwendigen Zeitungsprojekt lässt sich außerdem eine aufklärerische Funktion zuweisen, denn der französische Autor nutzte die Ausgaben von *L'Indipendente* konsequent, um einerseits das Lob des neu gegründeten italienischen Einheitsstaats und die Errungenschaften seines Freundes Garibaldi propagandistisch unter dem Lesepublikum Neapels zu verbreiten und andererseits um die abgelöste Bourbonenherrschaft, den Einfluss des Papstes sowie zu Kriminalität und Fanatismus neigende Sitten innerhalb der neapolitanischen Gesellschaft zu kritisieren.[54] Eigens der kriminellen Geschichte des vorausgehenden bourbonischen Königreichs beider Sizilien widmete sich Dumas mit einer zunächst in *L'Indipendente* als *Cento anni di brigantaggio nelle province meridionali d'Italia* (1863/64) und später unter dem Titel *Cent ans de brigandage dans les provinces méridionales de l'Italie* (1866/67) in Frankreich veröffentlichten Abhandlung.[55] Gerade ihre zwei ersten Teile, die den Konflikt der absolutistischen Bourbonenherrschaft mit den republikanischen Patrioten und der konstitutionellen Monarchie unter Joseph Bonaparte sowie Joachim Murat thematisch in den Vordergrund rücken, verdeutlichen die zentrale These Dumas', dass die Schuld an der Verbreitung des Brigantenwesens im Königreich Neapel bei den Bourbonen lag. Während in der Einführung das Banditentum als eine historische Konstante in der Kultur Süditaliens

---

53   Zu Dumas' ‚neapolitanischen Jahren' vgl. Junkerjürgen, *Alexandre Dumas*, S. 234–245.

54   Vgl. Giuseppina Cafasso, „Alexandre Dumas, redattore capo de *L'Indipendente*", in: Alvio Patierno (Hg.), *Alexandre Dumas e il Mezzogiorno d'Italia*, Neapel: CUEN, 2004, S. 199–218; sowie Elena Sarnataro, „Il sogno napoletano di Alexandre Dumas: *L'Indipendente*", in: ebd., S. 219–234.

55   Eine erstmals vollständige und bisher unveröffentlichte Teile berücksichtigende Ausgabe hat der Dumas-Spezialist Claude Schopp im Jahr 2011 herausgegeben. Vgl. Alexandre Dumas, „Cent ans de brigandage dans les provinces méridionales de l'Italie", in: *La Camorra et autres récits de brigandage*. Hg. von Claude Schopp, Paris: Vuibert, 2011, S. 31–330. Dass Sittenkritik hier auch mit historischem Interesse zusammenfließt, deuten nicht nur die im Titel erwähnten ‚100 Jahre', sondern auch die Überschriften der vier Teile des Werks an: „Première réaction bourbonienne (1798–1799)", „Seconde réaction bourbonienne (1806–1810)", „Les Vardarelli (1815–1817)" sowie „La Camorra (1821–1860)".

präsentiert wird, dienen die Ereignisse von 1798/99 als Beispiele für die Brutalität der in diesem Zusammenhang porträtierten sowie diabolisch stigmatisier-
ten Briganten – darunter Gaetano Mammone, Fra Diavolo, Giuseppe Pronio
sowie Gerardo Curcio – sowie als Beleg für die Skrupellosigkeit des Bourbonen-
regimes. Durch die Gleichsetzung von bourbonisch-antirepublikanischer
Reaktion und gewissenloser krimineller Gewalt wird das inhumane Verhalten
der mordenden Briganten auch den dies in Kauf nehmenden, gar fördernden
Monarchen angelastet, was insbesondere im Fall des schon bei Cuoco als kan-
nibalistisch beschriebenen Mammone anschaulich wirkt, der bei Dumas jegliche menschlichen Züge verloren hat:

> Ce n'est pas un homme de notre Europe, c'est un cannibale de la Nouvelle-
> Calédonie. Son tempérament le poussait invinciblement à la destruction; et, si
> l'on eût l'idée de conserver sa tête et de la soumettre aux examens des hommes
> de science, ils eussent nécessairement reconnu dans ce crâne, plus bestial qu'hu-
> main, les bossellements qui saillissent à la partie postérieure de la tête du tigre.[56]

Bei dieser Diabolisierung Mammones wird Cuocos Kannibalismusbefund
durch die rassistisch anklingende Verfremdung des Briganten als außer-
europäisch sowie seine Animalisierung ergänzt. Indem er dafür ein physio-
logisches Beispiel anführt, erfolgt die Leugnung der Zivilisiertheit, gar
Menschlichkeit des Briganten bezeichnenderweise über eine sich selbst als
wissenschaftlich inszenierende und damit die Zivilisation repräsentierende
Argumentation. Die politische Motivation von *Cent ans de brigandage dans les
provinces méridionales de l'Italie* fällt vor allem im vierten und letzten Teil von
Dumas' Geschichte des neapolitanischen Banditentums auf, der sich mit den
Verhältnissen zwischen 1820 und der zeitgenössischen Gegenwart beschäftigt.
Als Gegenmodell zu jeglichen Formen des Sozialbanditentums wird hier die
mafiöse Geheimgesellschaft der neapolitanischen Camorra mit ihren Struk-
turen eingeführt. Die Besonderheit der Auseinandersetzung Dumas' mit den
Kriminalitätsphänomenen Süditaliens besteht darin, dass er zwischen den
zuvor behandelten Briganten und den Camorristi keine Trennung vornimmt.[57]
Dumas zufolge sind das Brigantentum der Provinzregionen und die Camorra

---

56   Dumas, „Cent ans de brigandage", S. 43.
57   „Outre le brigandage dans les provinces dont nous avons entrepris d'écrire l'histoire, il
      existe à Naples un brigandage qui, grâce au nouveau gouvernement, tend à disparaître,
      mais qui, bien que presque légalisé sous le règne de Ferdinand II et de François II, le père
      et le fils, n'en reste pas moins, à notre avis, du brigandage. [...] La Camorra est une société
      commanditée pour jouir du travail d'autrui au profit de la paresse [...]: c'est la pression du
      fort sur le faible. On voit donc que la Camorra, bien qu'on ne l'appelle pas brigandage, lui
      ressemble fort. Seul un comité d'experts, composé de brigands et de camorristes, pourrait

in ihrer Form als urbaner „brigandage" Wurzeln des gleichen Übels: Sie sind das Produkt einer vor keinem Verbrechen zurückschreckenden Fehlpolitik der Bourbonen, deren fatalen Konsequenzen der neue italienische Staat nun mit aller Macht kämpferisch entgegenwirke.

Wenn Dumas im letzten Teil von *Cent ans de brigandage dans les provinces méridionales de l'Italie* auf die Verhältnisse zu sprechen kommt, die kurz vor und auch noch während seines Neapel-Aufenthaltes im Süden der Halbinsel herrschten, so würdigt er das gewaltsame Vorgehen der neuen Regierung gegen Briganten und Camorristi, wodurch zugleich das Bild einer Stadt entsteht, in der eine vom Volk oftmals tolerierte Kriminalität omnipräsent gewesen zu sein scheint. In diesem Zusammenhang geht er auf den „grande brigantaggio" ein, der für das italienische Brigantenwesen der 1860er Jahre steht und mit einer bürgerkriegsähnlichen Phase assoziiert wird, in der der neue Staat die zumeist noch mit bourbonisch-konterrevolutionärem Engagement verbundene Bandenkriminalität mit radikalen Mitteln einzudämmen versuchte.[58] Dumas war nicht der einzige ausländische Autor, der vor Ort in Italien publizistisch am ‚Krieg' gegen die Briganten teilnahm: Neben ihm muss Marc Monnier, ein in Neapel aufgewachsener Schriftsteller französisch-schweizerischer Herkunft, hervorgehoben werden, der in seinen *Notizie storiche documentarie sul brigantaggio nelle province napoletane* (1862) sowie in der Monographie *La Camorra* (1862) ähnlich wie Dumas argumentierte, indem er Brigantentum und Camorra als vergleichbare kriminelle Phänomene behandelte, deren Verbreitung als Konsequenz einer Depravation der unteren gesellschaftlichen Schichten diagnostiziert werden, für die er ebenfalls die Bourbonenmonarchie verantwortlich machte.[59] Die Brigantenthematik wurde darüber hinaus in der

---

marquer la limite entre ces deux royaumes du mal". Dumas, „Cent ans de brigandage", S. 208.

58 Vgl. Salvatore Lupo, „Il grande brigantaggio. Interpretazione e memoria di una guerra civile", in: Walter Barberis (Hg.), *Guerra e pace. Storia d'Italia, annali 18*, Turin: Einaudi, 2002, S. 463–502; sowie Carmine Pinto, *La guerra per il Mezzogiorno. Italiani, borbonici e briganti, 1860–1870*, Bari: Laterza, 2019.

59 Vgl. Giulio Tatasciore, „Rappresentare il crimine. Strategie politiche e immaginario letterario nella repressione del brigantaggio (1860–70)", in: *Meridiana* 84 (2015), S. 237–258, S. 242 f. In Ergänzung zu Dumas' und Monniers Betrachtung neapolitanischer Kriminalität aus französischer Perspektive ließe sich auch auf Maxime Du Camp und seinen 1862 in der *Revue des Deux Mondes* veröffentlichten Essay *Naples et la société napolitaine sous le roi Victor-Emmanuel* verweisen. Die Gegenüberstellung von *brigantaggio* und Mafia-Kriminalität findet sich außerdem im Werk des französischen Feuilletonautors Paul Féval: Sein populärer Romanzyklus *Les Habits noirs* (1863–1875) handelt von einer mafiös organisierten und kriminellen Geheimgesellschaft im Paris des 19. Jahrhunderts, deren Anführer, der Colonel Bozzo-Corona, als Nachfahre des Briganten Fra Diavolo präsentiert wird.

fiktionalen Literatur im frühen post-unitarischen Italien aufgegriffen, wofür sich die Narrativik von Francesco Mastriani anführen lässt, dessen literarisches Œuvre auf eine Analyse der sozialen Schichten der neapolitanischen Gesellschaft abzielte.[60] Sein Interesse galt dabei den sogenannten „classi pericolose"[61], denen er unter anderem in seinem Camorra-Roman *I vermi* (1864) nachging und die auch in den einzelnen Erzählsträngen seines umfangreichen Hauptwerks *I Misteri di Napoli* (1869/70) herausragen.[62] Wesentlich deutlicher als bei seinem Zeitgenossen Dumas, dessen historische Abhandlung über Verbrechen in Neapel einem politischen Pamphlet gegen die Bourbonen gleichkommt, zeugt die Beschäftigung Mastrianis mit dem Brigantenwesen von einem stärkeren Bewusstsein für die sozialen Dimensionen des kriminellen Problems. Diese werden mit der umfassenderen Frage nach der Bedeutung und Rolle des Südens im neu gegründeten italienischen Nationalstaat, der *Questione meridionale* verbunden.[63] Gerade in den ersten Publikationen, die der Strömung des *Meridionalismo* zugewiesen werden, eignete sich die Kriminalität als aktuelles Phänomen des zeitgenössischen Alltags als wichtige Referenz, um die kulturelle sowie soziale Besonderheit des Südens und seine Reformbedürftigkeit zu illustrieren.[64] Wie neuere Studien zur Aufarbeitung der Südfrage dargelegt haben, zeugen auch in Italien selbst entstandene Schriften zum Verhältnis zwischen dem Norden und Süden des Landes allzu oft von einer Wahrnehmung des *Mezzogiorno* als das kulturell ‚Andere', die an den romantisch-exotistischen Orientalismusdiskurs nordeuropäischer

---

60   Zur Repräsentation von Neapel bei Francesco Mastriani vgl. Francesco Guardiani, *Napoli città mondo nell'opera narrativa di Francesco Mastriani*, Florenz: Franco Cesati, 2019.

61   So lautet der Untertitel von Mastrianis Roman *I vermi: Studi storici sulle classi pericolose in Napoli*.

62   Gerade in den *Misteri* setzte sich Mastriani ausführlich mit den neapolitanischen Briganten auseinander, denen auch eigens eines der zehn Bücher des Werks gewidmet ist, zu dessen Beginn sich eine Differenzierung zwischen *brigantaggio sociale* und *brigantaggio politico* findet, die zur folgenden Schlussfolgerung führt: „Finché le grandi questioni sociali non saranno risolte nel senso universalmente umanitario, finché i propri diritti e i propri doveri non saranno noti a tutti per via della istruzione obbligatoria, non sperate che il brigantaggio si estingua". Vgl. Francesco Mastriani, *I Misteri di Napoli*. Hg. von Riccardo Reim, Rom: Elliot Edizioni, 2014 [1869/70], S. 351–431, hier S. 353.

63   Zum *Meridionalismo* vgl. Nelson Moe, *The View from Vesuvius. Italian Culture and the Southern Question*, Berkeley: University of California Press, 2002.

64   Dies lässt sich bei Pasquale Villari erkennen, der in seinen *Lettere meridionali* (1875) nicht nur die Gefahr der Camorra aufzeigte, sondern auch den Briganten einen seiner ‚Briefe' widmete. Vgl. Pasquale Villari, *Le Lettere Meridionali ed altri scritti sulla Questione sociale in Italia*, Florenz: Le Monnier, 1878, S. 39–60.

Italienreisender anknüpft.[65] Dass jedoch in den ersten Jahrzehnten nach Gründung des Einheitsstaates trotz aller Diskussionen um das Nord-Süd-Gefälle das Bild des Briganten nicht ausschließlich als positivistisches Illustrationsobjekt Nutzen fand, sondern auch die Figur des Sozialbanditen im kollektiven Gedächtnis weiterhin präsent war, beweist eine Kurzstudie Benedetto Croces zur Biographie Angelo Ducas aus dem Jahr 1892. Sie setzt bezeichnenderweise mit einer Analogie zwischen dem ‚edlen' Briganten Angiolillo und dem spanischen Banditen Roque Guinart ein,[66] dem Don Quijote im zweiten Teil von Cervantes' Roman begegnet, und antizipiert damit das Revival des *noble robber* mit seiner diabolisch inszenierten Freiheitsliebe im italienischen Brigantenfilm des 20. Jahrhunderts.

3.   Fra Diavolos romaneske Abenteuer als königstreuer Vasall

Michele Arcangelo Pezza wurde am 7. April 1771 in Itri, einer Gemeinde der damals als Terra di Lavoro bekannten Provinz geboren und soll aufgrund eines Versprechens seiner Mutter an den Heiligen Franz von Paola in seiner Kindheit stets eine Franziskanerkutte getragen haben, die ihm den Rufnamen ‚Fra Michele' eingebracht habe.[67] Nachdem sein ungestümes Verhalten als Jugendlicher zur Namensänderung in ‚Fra Diavolo' beitrug, machte er sich vermutlich im Jahr 1796 einer Bluttat schuldig, die zumeist auf Liebeshändel zurückgeführt und als Initiationsmoment seiner auf die Flucht folgenden Laufbahn als Brigant erachtet wird.[68] Im Gegenzug für die Verpflichtung zum Militärdienst wurde von König Ferdinando im Januar 1798 ein Gnadengesuch des mittlerweile zum *Capo* aufgestiegenen Fra Diavolo bewilligt, in dessen

---

65   Vgl. Jane Schneider (Hg.), *Italy's ‚Southern Question'. Orientalism in One Country*, Oxford: Berg, 1998; sowie aus deutscher Perspektive Theresa Vögle, *Mediale Inszenierungen des Mezzogiorno. Die ‚Südfrage' als Prüfstein der Einheit Italiens und der Idee Europas*, Heidelberg: Winter, 2012.

66   Vgl. Benedetto Croce, *Angiolillo (Angelo Duca). Capo di banditi*, Napoli: Luigi Pierro, 1892, hier S. 5.

67   Beispielhaft für die zahlreichen biographischen Publikationen zur Vita Michele Pezzas vgl. Alfredo Saccoccio, *Fra' Diavolo. Vita ed imprese del colonnello Michele Pezza*, Gaeta: Ali Ribelli Edizioni, 2019; Francesco Barra, *Michele Pezza detto Fra' Diavolo. Vita, avventure e morte di un guerrigliero dell'800 e sue memorie inedite*, Cava de' Tirreni: Avagliano, 1999, S. 17–146; sowie Bruto Amante, *Fra Diavolo e il suo tempo (1796–1806)*. Ristampa dell'edizione di Firenze del 1904, Neapel: Arte Tipografica di A. R., 1974.

68   Zu den Umständen von Pezzas erstem Tötungsdelikt existieren unterschiedliche Versionen. Alfredo Saccoccio führt allein fünf verschiedene Varianten auf, vgl. Saccoccio, *Fra' Diavolo. Vita ed imprese*, S. 57–59.

Zuge er als Soldat des neapolitanischen Heers gegen die Franzosen in Rom kämpfte. Als die französischen Truppen gegen Ende desselben Jahres weiter südlich gen Neapel zogen, hielt er sich wieder in seiner Heimat auf und organisierte mit seiner *massa* (Miliz) Angriffe gegen die Einheiten des Feindes. Im Frühjahr 1799 beteiligte sich der *Capomassa* mit seinen Männern am Kampf der Koalitionsmächte gegen die Franzosen und an der erfolgreichen Offensive der *Sanfedisti* gegen die Neapolitanische Republik, wofür er durch den König gar den Kapitänsgrad verliehen bekam. In der Folge der bourbonischen Restauration Neapels beteiligte sich der zum *Colonello* aufgestiegene Pezza im Herbst 1799 auch an der Rückeroberung Roms. Als die Truppen Napoleons im Jahr 1806 erneut Neapel einnahmen, erklärte sich Fra Diavolo wieder bereit, für seinen König die Heimat zu verteidigen, scheiterte diesmal jedoch an der französischen Übermacht. Nach wochenlanger Verfolgung wurde er im November 1806 festgenommen und auf Befehl von Colonel Léopold Hugo, dem Vater Victor Hugos, in Neapel hingerichtet.

Die Verwandlung Fra Diavolos in eine literarische Figur setzte noch zu seinen Lebzeiten ein. Unklar bleibt jedoch seine eigene Beteiligung am Literarisierungsprozess, speziell im Hinblick auf den von Francesco Barra 1999 edierten Text *Istoria delli fatti accaduti a D. Michele Pezza dal giorno 17 dicembre 1798 per la rivoluzione accaduta nel Regno di Napoli all'entrata de' Francesi*, dessen Manuskript im Juli 1806 bei einer Durchsuchung von Pezzas Haus durch napoleonische Truppen entdeckt, doch bis ins späte 20. Jahrhundert unter Verschluss gehalten worden sei.[69] Die zwar in der dritten Person erzählten, aber angeblich von Pezza selbst verfassten Memoiren beginnen mit dessen Initiative zur Organisation eines bewaffneten Widerstands gegen das französische Militär zur Verteidigung des Königreichs im Dezember 1798. Immer wieder werden die List und das Talent Pezzas als Stratege effektiver Guerrilla-Angriffe gegen die Franzosen herausgestellt, deren Tötung durch den *Capomassa* angesichts ihres brutalen Vorgehens gegenüber der Zivilbevölkerung gerechtfertigt wird. Doch der Bericht weist sogar auf die Bewunderung des kämpferischen Talents Pezzas durch die französischen Feinde hin, die ihn im Rahmen einer Waffenstillstandsverhandlung um ein Porträt bitten und als „Diavolo in terra" bezeichnen.[70] Die Diabolisierung durch den Feind entspricht dabei nicht einer politisch motivierten Stigmatisierung, sondern einer romantische Züge

---

69   Vgl. Michele Pezza, detto Fra' Diavolo, „Memorie del 1798–1800", in: Francesco Barra, *Michele Pezza detto Fra' Diavolo. Vita, avventure e morte di un guerrigliero dell'800 e sue memorie inedite*, Cava de' Tirreni: Avagliano, 1999, S. 147–167. Zur abenteuerlichen Geschichte des Manuskripts vgl. Barra, *Michele Pezza detto Fra' Diavolo*, S. 7–14.

70   Vgl. Michele Pezza, detto Fra' Diavolo, „Memorie del 1798–1800", S. 160.

antizipierenden Faszination für den wilden Kampfesgeist des Briganten. Besonders unterstrichen wird die Königstreue des vom Volk gefeierten Fra Diavolo, der im Laufe der Memoiren zahlreiche Male von seinem Souverän persönlich empfangen und belohnt wird. Der von Croce herausgegebene Briefwechsel zwischen Kardinal Ruffo und dem neapolitanischen Königspaar belegt zwar, dass König Ferdinando Fra Diavolo durchaus kannte und seine Erfolge auf dem Schlachtfeld schätzte, allerdings auch eine strenge Disziplinierung des Briganten und seiner Miliz einforderte.[71] Romaneske Elemente, wie Pezzas geheimnisvolle Entdeckung eines Rings der Königin in Rom, vor allem jedoch der Abschluss des Berichts mit einem von Minister Acton, Admiral Nelson und dem Königspaar einberufenen Bankett zu Ehren Fra Diavolos, denn „così meritano essere trattati da [i] Sovrani i fedeli vassalli"[72], erinnern dabei an das von Lüsebrink herausgearbeitete Ideal vom Ehrenkodex der patriarchalischen Feudalgesellschaft in der Brigantenliteratur.[73]

Die Überführung Fra Diavolos in die Romanliteratur wird zumeist mit einem Text verbunden, der unter dem Titel *Les exploits et les amours de Frère Diable, général de l'armée du cardinal Ruffo* 1801 in Paris veröffentlicht wurde und dem neapolitanischen Revolutionschronisten Bartolomeo Nardini zugeschrieben wird.[74] Dessen Hauptfigur Frère Diable ist zwar nur vage an die Vita des historischen Briganten angelehnt, Croce zufolge muss dem Abenteuerroman jedoch ein nahezu ‚prophetischer' Charakter zugestanden werden, da er die

---

71   So schrieb der König am 16. August 1799 an Kardinal Ruffo: „Approvo che non abbiate permesso a Fra Diavolo di entrare in Gaeta, come l'avrebbe desiderato: convengo che è un capo di briganti; ma convengo altresì che ci ha molto ben servito, bisogna dunque servirsene, non disgustarlo; ma nel medesimo tempo colla persuasiva convincerlo di dover stare a freno ed in disciplina lui e la sua gente, se vuole acquistarsi veramente un merito con me", Benedetto Croce (Hg.), *La Riconquista del Regno di Napoli nel 1799. Lettere del Cardinal Ruffo, del Re, della Regina e del Ministro Acton*, Bari: Laterza, 1943, S. 253.

72   Michele Pezza, detto Fra' Diavolo, „Memorie del 1798–1800", S. 167.

73   Vgl. Lüsebrink, „Französische Brigantenliteratur versus deutsche Räuberromantik?", S. 181.

74   Zu den biographischen Hintergründen Nardinis liegen kaum gesicherte Daten vor, auch sein Œuvre als Historiker der Neapolitanischen Revolution und Romanautor ist nahezu unerforscht. Vgl. Tobias Berneiser, „Écrire la ‚sanglante tragédie' d'une ville en guerre civile. Bartolomeo Nardini et la Révolution napolitaine de 1799", in: Frank Estelmann / Aurore Peyroles (Hg.), *Villes en guerre au XIXᵉ siècle. L'urbanité moderne à l'épreuve du conflit. Expériences, représentations, imaginaires*, Rennes: Presses Universitaires de Rennes, 2021, S. 53–72. Bei *Les exploits et les amours de Frère Diable* handelt es sich um ein Werk, das trotz seiner häufigen Erwähnung in der Literatur zu Fra Diavolo immer nur paraphrasiert, jedoch nie zitiert wird, was möglicherweise auf eine geringe Anzahl an Druckexemplaren zurückzuführen ist. So führt der Online-Katalog der Biblioteca Nazionale di Napoli kein Exemplar des Abenteuerromans auf, während hingegen die Pariser Bibliothèque Nationale und die British Library über Ausgaben verfügen.

öffentliche Exekution des Protagonisten fünf Jahre vor dem historischen
Ereignis der Hinrichtung noch zu Lebzeiten Michele Pezzas beschreibt.[75] Dass
der Werdegang Fra Diavolos für die romantische Literatur Frankreichs und
Deutschlands als eine bedeutsame Referenz anzusehen ist, lässt sich anhand
diverser Werke, die seinen Namen im Titel führen, belegen.[76] Ein dabei oftmals
aufgrund der Namensabweichung des Protagonisten übersehenes Erzähl-
werk stellt Vulpius' *Glorioso, der große Teufel* dar, das durch seine Veröffentlichung im Jahr 1800 als der wohl erste Fra Diavolo-Roman zu erachten ist. Der
Brigantenhauptmann Glorioso, der insbesondere süditalienische Wirtshäuser
sowie Klöster ausraubt und dabei nicht vor brutaler Gewalt zurückscheut,
führt seinen teuflischen Beinamen vor allem als Titel zur Abschreckung. Trotz
der allgemeinen Furcht vor dem „großen Teufel" erweist sich Glorioso nicht
als grausame, sondern als facettenreiche Figur, die als „teufelsmäßig liberal"[77]
wahrgenommen und vereinzelt als moralischer Sozialbandit beschrieben wird,
wenn er sich gegenüber Frauen als Kavalier verhält, zerstrittene Liebespaare
wieder vereint, Mönche an die Einhaltung ihrer Glaubensprinzipien erinnert
oder ihm bedürftig erscheinenden Personen Geld zukommen lässt. Der Eindruck, dass der „große Teufel" auf die Bekanntheit der zeitgenössischen Gestalt
Fra Diavolos zurückgeht,[78] entsteht in Vulpius' Roman speziell dadurch, dass
seine Erzählinstanz Fra Diavolo als Figur einführt, der nachgesagt wird, Glorioso zu imitieren: „Ein kühner Bursch, ein Kerl wie ein halber Höllenhund,
ein entsprungener Franziskanermönch, der sich, dir [Glorioso] nachzuäffen,
Fra Diavolo nennen läßt" und über den in einer Fußnote zusätzlich angemerkt
wird, dass die „Leser diesen ehrwürdigen Bruder aus den Zeitungen kennen.
Er spukt bis diese Stunde noch in Italien herum".[79] Damit wird nicht nur eine
Begegnung zwischen dem fiktionalen und dem der Leserschaft aus der Zeitung bekannten historischen Briganten inszeniert, sondern außerdem ein
invertiertes Nachahmungsverhältnis zwischen literarischer Welt und Lebenswelt. Die Unterordnung der Geschichte unter die Fiktion wird wenig später

---

75   Vgl. Benedetto Croce, *Aneddoti di varia letteratura*. Bd. 3, Bari: Laterza, [2]1954, S. 300.

76   Für eine Auflistung verschiedener Werke vgl. Tatasciore, *Briganti d'Italia*, S. 114–116; sowie
      Bridgwater, *The German Gothic Novel*, S. 435. Vgl. auch Saccoccio, *Fra' Diavolo. Vita ed
      imprese*, S. 317–351.

77   Christian August Vulpius, *Glorioso, der große Teufel. Eine Geschichte des Achtzehnten Jahr-
      hunderts. Erster Theil*, Rudolfstadt: Langbein und Klug, 1800, S. 23.

78   In einem Brief Kardinal Ruffos an König Ferdinandos Premierminister Acton findet sich
      die Erwähnung eines auf Seiten der Sanfedisti kämpfenden Abate Tria dell'Abruzzo, der
      auch unter dem Namen „il Gran Diavolo" bekannt gewesen sein soll. Es ist jedoch nicht
      davon auszugehen, dass Vulpius mit dessen Biographie vertraut war. Vgl. Croce (Hg.), *La
      Riconquista del Regno di Napoli*, S. 95.

79   Vulpius, *Glorioso, der große Teufel. Zweiter Theil*, S. 54.

noch konkretisiert, wenn Fra Diavolo bereit ist, seinen Namen an Glorioso abzutreten und seine Bande mit der des „großen Teufels" zu vereinigen: „Er [Fra Diavolo] bietet sich dir [Glorioso] und seine Gesellen an, wenn er nach dir der Erste im Kommando seyn darf. Francoleone will er sich nennen, und dir den Diavolo allein überlassen".[80] Der Teufelstitel verleiht dem Briganten eine Autorität, die ihm den Respekt seiner Gefolgsleute sichert, weshalb sich die Diabolisierung in Vulpius' Roman auch als Indikator sozialer Macht lesen lässt.

Nach der Vereinigung der beiden Bandenführer tritt Francoleone allerdings nicht mehr als Handlungsträger in Erscheinung, die Verschmelzung beider ‚Teufel' auf Figurenebene wird hingegen durch die sich in der Folge deutlicher abzeichnende politische Dimension des Romans evident: Nach zahlreichen Anmerkungen zur französischen Invasion und Republikanisierung Roms sowie Neapels erfolgt die Verkündigung der königlichen Amnestie für alle Gesetzlosen, die sich am Kampf des Kardinals Ruffo gegen die Truppen Frankreichs und die Vertreter der Neapolitanischen Republik beteiligen. Gloriosos Konversion vom Kriminellen zum politischen Akteur setzt unmittelbar ein, denn er ist sofort bereit, „für die gute Sache des Vaterlandes" zu kämpfen und seinen „Säbel gegen die allgemeinen Feinde des Königreichs, und ganz Italiens, zu schwingen".[81] Der Protagonist, der sich im Zuge seiner erfolgreichen Offensiven gegen den Feind das Vertrauen Kardinal Ruffos erarbeitet und in der Öffentlichkeit seinen Teufelstitel gegen jenen des Obristen Nardonello austauscht, schlägt sogar ein Angebot der neapolitanischen Patrioten aus, für ihre Republik zu kämpfen, und beweist einmal mehr seine Königstreue im Kampf. Während der Rückeroberung der Hauptstadt durch die *Sanfedisti* und dem Fall der Republik ist Glorioso hingegen nicht als Zeuge anwesend, stattdessen erinnert jedoch der Roman an auffällig vielen Stellen „an die Mordszenen der Lazaronen und Kalabresen in Neapel; ihre an den Franzosen und sogenannten Patrioten verübten Grausamkeiten", die die Erzählinstanz „nicht wiederholen" mag.[82] Zwar lässt sich die königstreue und antirepublikanische sowie antifranzösische Haltung des Protagonisten nicht bestreiten, doch auch nach der romanesken Episode seiner Entführung durch nordafrikanische Piraten und seines Freikaufs durch den englischen Konsul von Tunis muss er bei der Rückkehr ins Heimatland in Erfahrung bringen, dass weiterhin „das

---

80 Vgl. *Glorioso, der große Teufel. Zweiter Theil*, S. 55.

81 *Glorioso, der große Teufel. Zweiter Theil*, S. 91, S. 95.

82 Vgl. *Glorioso, der große Teufel. Zweiter Theil*, S. 143. Vulpius' Vertrautheit mit den neapolitanischen Ereignissen von 1799 belegt sein Theaterstück *Die Russen und Engländer in Neapel* aus dem Jahr 1800, dessen Publikation an eine kurze biographische Abhandlung zu Admiral Nelson gekoppelt ist.

allgemeine Gespräch die Blutszenen in Neapel betraf"[83]. Obwohl Vulpius'
Roman der Französischen Revolution und den nachfolgenden Republik-
gründungen in Europa negativ gegenübersteht, muss *Glorioso, der große
Teufel* als ein Werk erachtet werden, das die konterrevolutionäre Gewalt, die
sich in Neapel im Jahr 1799 entlud, zu verarbeiten sucht. Der Brigant ist hier
hingegen nicht wie bei Cuoco oder Dumas eine Schreckensfigur, sondern ein
Beobachter, der im Laufe des Romans häufig in Erfahrung bringen muss, dass
sich ehemalige aristokratische Weggefährten während seiner Abwesenheit als
Kollaborateure der Franzosen und Patrioten erwiesen haben und dafür hingerichtet wurden. Als der König gegen Ende des Romans Glorioso für seine
Leistungen im Dienst für das Vaterland zum Schlossherrn ernennt, stellt sich
nicht nur heraus, dass der vorherige Besitzer, Gloriosos früherer adliger Freund
Lorentino, zuvor als frankophiler Verschwörer exekutiert wurde, sondern dass
dieser auch eine von ihm missbrauchte Frau samt der gemeinsamen jungen
Tochter über ein Jahrzehnt verborgen im Schlossturm gefangen hielt. Die intertextuelle Bezugnahme auf Ann Radcliffes *gothic novel* ist offensichtlich, doch
anders als in *The Mysteries of Udolpho* erhält bei Vulpius nicht der Brigant, sondern ein aristokratischer Befürworter der Republik und Kollaborateur die Rolle
des grausamen Antagonisten, der Mutter und Tochter im Schloss einsperrt.
Letztere überlebt die Gefangenschaft, wird vom neuen Schlossherrn Glorioso
entdeckt und schließlich geheiratet, womit der Roman einen harmonischen
Ausgang für den Protagonisten findet, dessen Laufbahn als Räuber und als
königstreuer Soldat nun beendet ist. Neben der Referenz auf den englischen
Schauerroman sowie der Orientierung an der Literatur des spanischen Siglo
de Oro[84] weist *Glorioso, der große Teufel* durch verschiedene erotische Szenen
oder das Insistieren von Frauenfiguren auf ihre Freizügigkeit und Ehelosigkeit
außerdem Anklänge an den französischen *roman libertin* auf. Ungeachtet dieser heterogenen Romankonzeption ist Vulpius' Werk hingegen in erster Linie
als ein zeitgeschichtlicher Roman zu würdigen, der vor dem Hintergrund der
nur wenige Monate vor der Publikation stattgefundenen politischen Gescheh-
nisse in Süditalien die Konversion eines gefürchteten Briganten zum königstreuen Soldaten und schließlich – über Umwege – zum geläuterten Ehemann
erzählt. Auch wenn der an den historischen Fra Diavolo angelehnte Protagonist die antirevolutionäre Gesinnung seines Autors teilt,[85] wodurch die ideo-

---

83   Vulpius, *Glorioso, der große Teufel. Dritter Theil*, S. 44.
84   Hierfür spricht nicht nur die häufige Zitation spanischer Romanzen, sondern auch die
      von Cervantes beeinflusste Episode der nordafrikanischen Gefangenschaft.
85   Für eine Deutung von Vulpius als politischer Autor, die jedoch den *Glorioso*-Roman
      nicht vordergründig behandelt, vgl. Günter Dammann, *Antirevolutionärer Roman und*

logische Grundlage des Romans auf der Loyalität zum Monarchen basiert, werden die verübten Grausamkeiten bei der Rückeroberung Neapels durch die königstreuen Truppen nicht verschwiegen. Stattdessen wird das blutige Ende der Neapolitanischen Republik von 1799 durch mehrfache Erwähnungen wiederholt ins Gedächtnis gerufen, was einmal mehr die zeitgeschichtliche Dimension von Vulpius' Roman unterstreicht.

4.   Das Bühnenspiel des Briganten: Fra Diavolo als Figur in der Opéra-comique

Dass sich eine teuflische Schreckensfigur aus Revolutionsberichten sehr leicht für Unterhaltungszwecke ,exorzieren' lässt, illustrieren bereits französische Bearbeitungen der Figur Fra Diavolos aus dem ersten Jahrzehnt des 19. Jahrhunderts.[86] Hierzu gehört beispielsweise das auf Henri Falconi und Jean-Guillaume-Antoine Cuvelier zurückgehende Pantomimen-Pferdetheaterstück *Fra Diavolo, ou Le Frère-Diable, chef de bandits dans les Alpes, scènes équestres en 2 parties*, das 1808 im Pariser Cirque olympique inszeniert wurde und einen skrupellosen Briganten vorführt, der nach dem Raub der schönen Rosa in spektakulären Reiterszenen von französischen Soldaten gestellt wird.[87] Zu internationaler Bekanntheit verhalf dem Namen Fra Diavolos hingegen ein anderes Bühnenwerk aus Frankreich: die von Daniel-François-Esprit Auber komponierte Opéra-comique *Fra Diavolo, ou l'hôtellerie de Terracine*, die im Januar 1830 in Paris uraufgeführt wurde und als das mithin erfolgreichste Stück seiner Gattung im gesamten 19. Jahrhundert gilt. Eugène Scribe, der Librettist von *Fra Diavolo*, dessen für Auber geschriebene Stücke häufig italienische Schauplätze haben, hatte bereits zwei Jahre zuvor mit *La muette de Portici* (1828) für eine Oper Aubers ein Libretto verfasst, das mit dem Masaniello-Aufstand von 1647 ein Ereignis der neapolitanischen Geschichte verarbeitet.[88] Mit dem Gasthaus in der Hafenstadt Terracina, die nur ungefähr 30 Kilometer

---

romantische Erzählung. Vorläufige konservative Motive bei Chr. A. Vulpius und E. T. A. Hoffmann, Kronberg im Taunus: Scriptor, 1975, S. 49–148 sowie S. 298–302.

86   Vgl. Tatasciore, *Briganti d'Italia*, S. 116 f.

87   Zum Briganten als Figur des Zirkus und Pferdetheaters vgl. Daniele Di Bartolomeo, „Il circo dei briganti. Rappresentazioni effimere nella Francia di metà Ottocento", in: Giulio Tatasciore (Hg.), *Lo spettacolo del brigantaggio. Cultura visuale e circuiti mediatici fra Sette e Ottocento*, Rom: Viella, 2022, S. 249–274.

88   Zum Œuvre Eugène Scribes vgl. Olivier Bara / Jean-Claude Yon (Hg.), *Eugène Scribe. Un maître de la scène théâtrale et lyrique au XIXᵉ siècle*, Rennes: Presses Universitaires de Rennes, 2016.

von der Heimatstadt Michele Pezzas entfernt liegt, wählte er einen Hand-
lungsort, der dem zeitgenössischen Publikum bereits aus dem Abschnitt zu
den „Italian Banditti"[89] in Washington Irvings *Tales of a Traveller* (1824) als ein
Begegnungsort von ausländischen Reisenden, Briganten und süditalienischer
Lokalbevölkerung bekannt gewesen sein konnte. So gehören zum Figuren-
personal von Aubers und Scribes Opéra-comique neben dem Gastwirt Mat-
héo, seiner Tochter Zerline und dem in sie verliebten Brigadier Lorenzo auch
der englische Lord Kokbourg, der mit seiner Frau Paméla in der Schenke übernachtet, sowie der Räuberhauptmann Fra Diavolo mit seinen Spießgesellen
Giacomo und Beppo. Als Lorenzo im ersten Akt mit seinen Carabinieri auf der
Suche nach dem berüchtigten Briganten in Mathéos Gasthaus Halt macht, um
seine Geliebte Zerline zu sehen, die auf väterliches Geheiß den wohlhabenden
Francesco heiraten soll, trifft er dort auch auf das reisende Ehepaar Kokbourg,
verpasst hingegen den wenig später eintreffenden neapolitanischen Marquis
de San Marco, hinter dessen Tarnung sich Fra Diavolo verbirgt.[90]

Scribes Libretto stellt außer dem Titel keinen Bezug zum historischen
Michele Pezza her, die Opernfigur erinnert dagegen vielmehr an das Rollen-
spieltalent von Vulpius' Glorioso oder auch an die neapolitanische Tradition
aus der Frühen Neuzeit, den Teufel als dämonischen Verführer im Gewand
eines Edelmanns zu imaginieren. In Unkenntnis seiner wahren Identität
lässt sich Paméla Kokbourg von den Verführungskünsten des Marquis de San
Marco schmeicheln, der sich ihr rein aus materiellem Interesse annähert. Fra
Diavolo bleibt mit der Maske des Marquis inkognito, dabei wird die Frage
danach, woran der Brigant zu erkennen sei, explizit in Form eines von Zerline gesungenen Lieds über ihn thematisiert. Das romantische Bild eines
„brave à l'air fier et hardi"[91], der mit seinem Gewehr von einem Felsen aus bei
stürmischem Wetter Ausschau hält, kontrastiert die aristokratische Kostümierung des zuhörenden Briganten, auch wenn das dritte *couplet* bereits vor
seinen Tarnungskünsten warnt. Der Beginn des dritten Akts knüpft an diese
romantische Imagination mit dem Bühnenbild einer pittoresken italienischen
Naturlandschaft an, vor deren Hintergrund Fra Diavolo sein kriminelles Selbstverständnis besingt: Neben dem Vergnügen mit jungen Mädchen zielt der „bel

---

89   Vgl. Washington Irving, *Tales of a Traveller, by Geoffrey Crayon, Gent.* Hg. von Judith Giblin
      Haig, Boston: Twayne Publishers, 1987 [1824], S. 147–207.

90   Für eine ausführliche Untersuchung zur dramatischen Struktur von *Fra Diavolo, ou l'hôtel-
      lerie de Terracine* vgl. Robert Ignatius Letellier, *Daniel-François-Esprit Auber. The Man and
      His Music*, Newcastle upon Tyne: Cambridge Scholars Publishing, 2010, S. 196–223.

91   Daniel-François-Esprit Auber / Eugène Scribe, *Fra-Diavolo, ou l'hôtellerie de Terracine.
      Opéra comique en trois actes*, Paris: Didot 1830, S. 112.

état que celui de brigand"[92] allen voran auf die räuberische Anhäufung von Gold, das in Ausnahmefällen auch einmal mit armen Pilgern geteilt werden kann. Sowohl dieses Lied als auch die erwähnten *couplets* Zerlines spielen mit der in romantischen Texten tradierten Vorstellung vom freiheitsliebenden und edel motivierten Räuber, die somit dem diabolisierenden Diskurs des Bühnent-sücks entsprechen. Romantische Klischees werden allerdings auch im Libretto immer wieder dekonstruiert. Dies fällt zum Beispiel auf, nachdem Fra Diavolo zwar das Kostüm des Marquis, allerdings nicht die kultivierten Ansprüche der von ihm zuvor gespielten Rolle abgelegt hat: So müssen seine Schergen, deren Nachlässigkeit am Ende Lorenzos Triumph über ihn verschuldet, vor ihm den Hut ziehen, denn er setzt „l'ordre et la discipline"[93] voraus und erweist sich als Kunstliebhaber, der einen Teil seines Raubguts in die Talentförderung einer Sängerin investiert. So wenig wie dies dem Bild eines naturnahen und frei-heitsliebenden Gesetzlosen entspricht, sind auch seine Absichten, sich durch die kaltblütige Ermordung Zerlines ihre Mitgift zu sichern, nicht mit seinem vermeintlich edlen Verhalten gegenüber jungen Frauen zu vereinbaren. Scri-bes Libretto weist damit nicht nur einen von seinem politischen Referentia-lisierungspotential losgelösten, sondern zugleich in seiner Figurengestaltung äußerst inkonsistent wirkenden Fra Diavolo auf. Während die Komik in dieser Opéra-comique besonders durch den Rekurs auf fremdkulturelle Klischees zustande kommt,[94] werden die gängigen Räuberbilder der Literatur hier viel-mehr gegeneinander ausgespielt, sodass eine konkrete Einordnung im Falle der Hauptfigur nicht möglich ist. Wenn sich Aubers und Scribes Bühnenstück im Laufe des Jahrhunderts als erfolgreichstes und bekanntestes fiktionales Werk über Fra Diavolo überhaupt etablieren konnte, so bleibt hier vom Mythos des historischen Briganten Michele Pezza letztlich nur sein Rufname übrig: „C'est de lui qu'on peut dire: / Diavolo! Diavolo! Diavolo!"[95]

5.   Fra Diavolo im politischen Roman Alexandre Dumas'

Für Dumas' Lesepublikum der 1860er Jahre war Fra Diavolo kein Unbekannter, da die Vertrautheit mit dessen Namen in Frankreich auf die Opéra-comique und in Italien auf historische Abhandlungen zurückgeführt werden konnte.

---

92   Auber / Scribe, *Fra-Diavolo*, S. 125.

93   *Fra-Diavolo*, S. 113.

94   Vgl. Matthieu Cailliez, „Rire et sourire dans *Fra Diavolo* (1830) de Scribe et Auber", in: Charlotte Loriot u. a. (Hg.), *Rire et sourire dans l'opéra-comique en France aux XVIIIe et XIXe siècles*, Lyon: Symétrie, 2015, S. 161–182.

95   Auber / Scribe, *Fra-Diavolo*, S. 112.

Im Vergleich zu anderen Brigantenbiographien fällt die Lebensdarstellung von Michele Pezza in *Cent ans de brigandage dans les provinces méridionales de l'Italie* verhältnismäßig kurz aus.[96] So wird der Bericht über den Beginn seiner kriminellen Karriere auf die Erschießung eines Sattlermeisters und die anschließende Flucht ins Brigantenleben reduziert, während die neapolitanische Revolution als quasi-religiöser Offenbarungsmoment Fra Diavolos eingeführt wird, der daraufhin beschlossen habe, „se faire sanfédiste en expiation de son crime et se livrer à la culture du droit divin"[97]. Hier klingt bereits an, dass Dumas' Porträt des Briganten im Dienst der *Sanfedisti* Kardinal Ruffos an eine Kritik an religiösem Fanatismus gebunden ist, als dessen abschreckender Vertreter Fra Diavolo unmissverständlich repräsentiert wird, wenn die von ihm veranlasste Verbrennung französischer Soldaten bei lebendigem Leib als ein „autodafé"[98] bezeichnet wird. Damit wird der Brigant Pezza in der antibourbonischen Tradition Cuocos von Dumas als Terrorfigur der reaktionär-monarchistischen Repression diabolisiert. Ein Großteil der Ausführungen des Kapitels widmet sich hingegen ausschließlich der abenteuerlichen Flucht Fra Diavolos im Jahr 1806 sowie seiner finalen Ergreifung durch das französische Militär, wobei im Text auf eine deutliche Anlehnung an die *Mémoires du général Hugo* (1820) hingewiesen wird.

Während *Cent ans de brigandage dans les provinces méridionales de l'Italie* damit einen deutlichen Fokus auf Michele Pezzas letztes Lebensjahr legt, werden seine Jugend und seine erste Gesetzesübertretung äußerst ausführlich im Roman *La San Felice* (1863–1865), Dumas' spätem Meisterwerk thematisiert, mit dem er den neapolitanischen Patrioten der Republik von 1799 ein literarisches Denkmal setzte. Die literarische Aufarbeitung der ersten Bluttat und Metamorphose von Fra Michele zu Fra Diavolo, der innerhalb der umfangreichen Romanhandlung letztlich nur eine Nebenfigur darstellt, erstreckt sich über insgesamt vier Kapitel und hebt sich bereits hinsichtlich ihrer speziellen erzählerischen Vermittlung von den Ausführungen in *Cent ans de brigandage dans les provinces méridionales de l'Italie* ab. Eine erste Besonderheit stellt die zunächst zusammenhanglos wirkende Überschrift „Un tableau de Léopold Robert"[99] für das erste der vier Kapitel dar: Der an exponierter Stelle platzierte Verweis auf den Schweizer Künstler, dessen Genremalerei aus den 1820er und 1830er Jahren vor allem Alltagsszenen der neapolitanischen Volkskultur sowie

---

96　Vgl. Dumas, „Cent ans de brigandage", S. 45–63.

97　„Cent ans de brigandage", S. 46.

98　Ebd.

99　Alexandre Dumas, *La San Felice*. Hg. von Claude Schopp, Paris: Gallimard, 1996 [1863–1865], S. 319.

häufiger auch Briganten mit weiblichen Begleitpersonen darstellt, entspricht
einer intermedialen Referenz, die vorab die romantisch-pittoresken Motive
der Bilder Roberts als Gegenstand des einsetzenden Kapitels suggeriert. Auch
die Kapitelexposition evoziert eher einen romantischen Reisebericht als einen
politisch motivierten Roman, da die Erzählinstanz die Episode um die kriminelle Initiation von Michele Pezza in Itri als Unterbrechung der Reise anderer
Romanfiguren von Neapel nach Rom inszeniert. Äquivalent zu Dumas' eigener romantischer Reiseprosa aus den 1830er Jahren wird Pezzas Heimat als
pittoresker Ort samt der volkstümlichen Szenerie einer lokalen Hochzeitsfeier
eingeführt, deren tragisches Ende durch Fra Diavolos erste Mordtat in den
nachfolgenden Kapiteln rekonstruiert wird. Das dabei entstehende Porträt des
jungen Fra Michele ist nicht nur um ein Vielfaches ausführlicher als die biographischen Ausführungen in *Cent ans de brigandage dans les provinces méridionales de l'Italie*, sondern weicht auch in manchen Details ab, was von Dumas'
Erzählstimme jedoch fiktionsironisch kommentiert wird: „[N]ous qui, en notre
qualité d'historien et romancier, savons sur Michele Pezza, bien des choses que
ses concitoyens eux-mêmes ignorent encore".[100] Dieses ‚Wissen' umfasst das
Gefühlsleben eines jungen Mannes, der die für ihn vorgesehene Priesterlauf-
bahn zugunsten einer Sattlerlehre abbricht, weil er von der Sattlerei aus die
nebenan wohnende Wagnertochter Francesca besser beobachten kann. Der
ansonsten als konterrevolutionäre Schreckensfigur präsentierte Pezza wird
in Dumas' Roman als ein rhetorisch, musikalisch, aber auch im Zielschießen
begabter Handwerkslehrling porträtiert, dessen Liebe zu Francesca nicht
geduldet wird, weil ihr Vater für sie den wohlhabenderen Peppino als Bräutigam vorgesehen hat. Fra Micheles für das Lesepublikum bereits frühzeitig
absehbare Ermordung des ihn erniedrigenden Peppino an dessen Hochzeitstag wird dabei nicht als grausam-kaltblütige Handlung repräsentiert, sondern
als eine dem Opfer mehrfach von ihm zuvor angekündigte Konsequenz der
Verwehrung seines Liebesbegehrens. *La San Felice* greift allerdings nicht nur
auf das romantische Bild des verliebten Räubers zurück, der lediglich aufgrund
der Zuneigung zu einer Frau zum Kriminellen wird. Vielmehr noch lässt sich
die Metamorphose von Fra Michele zu Fra Diavolo in Dumas' Roman als eine
‚Humanisierung' des ansonsten im republikanischen Diskurs als reaktionäres
Monster repräsentierten Briganten deuten. Diese humane Seite Michele Pezzas wird über Identifikationsangebote für das Lesepublikum geschaffen, die
auf der Illustration seines Gefühlslebens basieren, so zum Beispiel wenn
beschrieben wird, wie er auf seinem Bett sitzt und in Folge der Bloßstellung

---

100   Dumas, *La San Felice*, S. 325.

durch Francescas Vater in Tränen ausbricht.[101] Doch auch nachdem er durch
den Mord an seinem Konkurrenten zum gesetzlosen Fra Diavolo geworden ist,
der sich als Brigant und später als paramilitärischer Anführer im Kampf gegen
Republikaner und Franzosen betätigt, ist die menschliche Seite Pezzas nicht
verloren gegangen, was speziell in der Romanversion des schon in *Cent ans de
brigandage dans les provinces méridionales de l'Italie* beschriebenen Autodafés
auffällt:

> Fra Diavolo avait voulu d'abord s'opposer à ces meurtres aux agonies prolongées.
> Il avait, dans un sentiment de piété, déchargé sur des blessés ses pistolets et sa
> carabine. Mais il avait vu, au froncement de sourcil de ses hommes, aux injures
> des femmes, qu'il risquait sa popularité à des actes de semblable pitié. Il s'était
> éloigné des bûchers où les républicains subissaient leur martyre, et avait voulu
> en éloigner Francesca; mais Francesca n'avait voulu rien perdre du spectacle. Elle
> lui avait échappé des mains, et, avec plus de frénésie que les autres femmes, elle
> dansait et hurlait.[102]

Gewiss wird Fra Diavolo in späteren Romanszenen stets in Gesellschaft monströs diabolisierter Briganten wie des kannibalistischen Gaetano Mammone
beschrieben, der bei jedem seiner Auftritte aus einem menschlichen Schädel
Nahrung zu sich nimmt. Doch gerade die zitierte Episode des Scheiterhaufens
verdeutlicht mit dem expliziten Verweis auf sein Mitleid, dass Fra Diavolo
in *La San Felice* vom Bild der konterrevolutionären Terrorfigur zu abstra-
hieren und trotz all seiner brutalen Verbrechen als Figur mit menschlichen
Gefühlen zu betrachten ist. Diese bemerkenswerte Darstellung des Briganten
in einem Roman, der eigentlich darauf zielt, die Konterrevolution der *Sanfedisti* als einen Kreuzzug zu inszenieren und an die Schuld der Bourbonen zu
erinnern,[103] könnte mit der politisch-didaktischen Konzeption des Romans
erklärt werden: Ging es Dumas mit *La San Felice* um eine Kritik am Einfluss
von religiösem Fanatismus, Aberglauben und mit der Bourbonenherrschaft
assoziierter antiprogressiver sowie antiliberaler Politik, so veranschaulicht die
im Vergleich zu anderen eindimensionalen Brigantendarstellungen hier hingegen vielschichtiger ausgestaltete Figur des Fra Diavolo, dass die Katastrophe
von 1799 nicht als das Werk einzelner dämonisierter Feinde des republikanischen Geistes anzusehen ist. Gerade die zitierte Szene, als Fra Diavolo die vor
ihrem blutigen Hochzeitstag noch unschuldige und später von ihm und seiner

---

101   Vgl. *La San Felice*, S. 332.

102   *La San Felice*, S. 674.

103   Zu Dumas' Kritik an den *Sanfedisti* vgl. Denis Saillard, „La croisade sanfédiste (1799) dans
      La San Felice: une lecture républicaine de l'Histoire?", in: Michel Arrous (Hg.), *Alexander
      Dumas, une lecture de l'histoire*, Paris: Maisonneuve & Larose, 2003, S. 319–336.

Bande geraubte Francesca von ihrer Gewaltekstase vergeblich abzubringen versucht, zeigt auf, wie schnell Menschen ohne eine kriminelle Vorgeschichte durch falschen – für Dumas fanatischen sowie bourbonischen – Einfluss korrumpiert und zu den grausamsten Taten fähig werden können.

6. Fra Diavolo als Leinwandheld: ein kurzer Ausblick auf die filmischen Abenteuer des Briganten

Genau 100 Jahre nach dem Tod Michele Pezzas entsteht mit dem Kurzfilm *Fra Diavolo en la Alameda* (1906) des mexikanischen Regisseurs Salvador Toscano eine erste Leinwandproduktion, die den Namen des Briganten in ihrem Titel aufführt. Einen Bezug zur neapolitanischen oder süditalienischen Geschichte sucht man in diesem Film allerdings vergeblich, da dieser stattdessen einen zu Beginn des 20. Jahrhunderts in Mexiko-Stadt mit seinen öffentlichen Inszenierungen im Alameda-Park bekannt gewordenen darstellenden Künstler porträtiert, dessen Spitzname Fra Diavolo war.[104] Dafür bekunden jedoch verschiedene in den nachfolgenden sechs Jahrzehnten entstandene internationale Filmproduktionen die transmediale Weiterentwicklung der literarischen Brigantenfigur zur Filmfigur sowie Fra Diavolos Präsenz im kulturellen Gedächtnis. Unter den vor dem Zweiten Weltkrieg gedrehten Fra Diavolo-Verfilmungen, die Alfredo Saccoccio aufgelistet hat,[105] ragt aufgrund der prominenten Besetzung mit Stan Laurel und Oliver Hardy das Werk *The Devil's Brother* (1933) von Hal Roach und Charley Rogers hervor. Wie bei den meisten frühen Filmen über Fra Diavolo handelt es sich bei *The Devil's Brother* nicht um eine filmische Aufarbeitung der Biographie der historischen Gestalt Pezzas, sondern um eine Leinwandadaptation der Opéra-comique Aubers und Scribes, die durch die in Deutschland als „Dick und Doof" bekannten Hauptdarsteller in ihrer Rolle als unfreiwillige Gehilfen des Brigantenhauptmanns die Form einer Slapstickkomödie erhält. Demgegenüber setzt sich Luigi Zampas Kostümfilm *Fra Diavolo* (1943) mit der politischen Wirklichkeit Neapels

---

104   Vgl. Juan Felipe Leal / Eduardo Barraza / Alejandra Jablonska, *Vistas que no se ven. Filmografía Mexicana 1896–1910*, Mexiko-Stadt: Universidad Nacional Autónoma de México, 1993, S. 18 f.

105   Er führt dabei neben Toscanos Produktion die nachfolgenden Filme auf: *Fra Diavolo* (1910) von Albert Capellani, *Fra Diavolo* (1912) von Alice Guy-Blanché, *Fra Diavolo* (1922) von Challis Sanderson, *Fra Diavolo* (1924) von Emilio Zeppieri, *Fra Diavolo* (1925) von Roberto Roberti und Mario Gargiulo sowie *Fra Diavolo* (1931) von Mario Bonnard. Vgl. Alfredo Saccoccio, *Fra' Diavolo nella cinematografia*, Gaeta: Ali Ribelli Edizioni, 2019, S. 14–16 sowie S. 99 f.

im Jahr 1799 auseinander. Zampa, der neben Roberto Rossellini, Vittorio De Sica und Luchino Visconti als einer der bedeutendsten Regisseure des italienischen *Neorealismo* gilt, inszeniert seinen Protagonisten in der Tradition des romantischen Sozialbanditentums und als einen diabolisierten Rebell, für den die Freiheit das oberste Prinzip darstellt. Handelt es sich dabei zunächst um die Freiheit des Vaterlandes, für die er 1799 gegen die französische Besatzungsmacht kämpft und dafür vom restaurierten König mit einem Ehrentitel ausgezeichnet wird, so dominiert am Ende vor allem der Drang nach seiner persönlichen Freiheit, als er sich für ein Leben als Gesetzloser in den kalabrischen Wäldern und gegen eine Kollaboration mit den 1806 zurückgekehrten Franzosen entscheidet. Eigenen Aussagen Zampas zufolge, nahm er die historische Thematik seines Werks als Potential wahr, um im faschistischen Italien filmisch Bezug auf die vergangene Wirklichkeit zu nehmen und sich auf diese Weise sowie auch durch die für die faschistische Zensur problematische Beschäftigung mit dem süditalienischen Brigantentum gegen die zahlreichen Restriktionen der Zeit aufzulehnen.[106] Dennoch sollte nicht darüber hinweggesehen werden, dass sich die Verfilmung in nationalistische Narrative einschreibt, wenn die kurze republikanisch-demokratische Phase Neapels im Jahr 1799 in der filmischen Repräsentation auf die Besetzung des Landes durch die als ausländische Invasoren eingeführten Franzosen reduziert wird, gegen die der Protagonist heldenhaft die Heimat verteidigt.[107]

Auch im italienischen Brigantenfilm der Nachkriegszeit sind die nationalistischen Untertöne immer noch präsent, obgleich sich in Mario Soldatis *Donne e briganti* (1950) die Ansätze für eine Auflösung des antagonisicrenden Frankreichbildes erkennen lassen. Dies geschieht in dem an historischen Inkongruenzen reichen Film zum Beispiel durch eine gegenseitige Wertschätzung und sich entwickelnde Freundschaft von Fra Diavolo und Colonel Hugo. Durch die bereits im Titel angedeutete Liebesthematik wird der politische Konflikt bei Soldati gegenüber einem erotischen Konflikt in den Hintergrund gerückt: Der in Marietta verliebte Michele Pezza alias Fra Diavolo kämpft zwar auf der Basis seiner patriotischen Überzeugung gegen die Franzosen, sein wahrer Gegenspieler ist aber sein früherer Kamerad Peppino, der um die wahre Identität Mariettas als illegitime Tochter des neapolitanischen Königs weiß und sie deshalb selbst heiraten möchte. Der brutale

---

106   Vgl. Alberto Pezzotta, *Ridere civilmente. Il cinema di Luigi Zampa*, Bologna: Cineteca di Bologna, 2012, S. 27 f.

107   Vgl. Massimo Cattaneo, „Brigantaggio e patrimonio culturale. Una riflessione su alcune recenti tendenze museali e turistiche", in: *Il Capitale culturale. Studies on the Value of Cultural Heritage* 8 (2013), S. 159–173, hier S. 167.

Peppino schreckt auch nicht davor zurück, heimlich auf Michele zu schießen und sich im Anschluss dessen Rufnamen Fra Diavolo sowie seine Rolle als Bandenführer anzueignen. Als sich dieser falsche Fra Diavolo am Ende des Films vom König für seine Verdienste auszeichnen lassen will, wird er jedoch durch eine List Hugos als Gefangener Frankreichs abgeführt, während Michele als neu ernannter Herzog das Einverständnis des Königs zur Heirat Mariettas erhält. Adaptierte Soldati in *Donne e briganti* die Geschichte Fra Diavolos publikumswirksam als Romanze mit Happy Ending, so evozieren die zahlreichen Reiter- und Kampfszenen in Leopoldo Savonas gut zehn Jahre später entstandenem Film *La Leggenda di Fra Diavolo* (1962) den Italo-Western und damit ein äußerst beliebtes Filmgenre jener Zeit. Anstelle der in den vorausgehenden Fra Diavolo-Verfilmungen stets präsenten komischen Elemente, die auch in Giorgio Simonellis im gleichen Jahr erschienener Komödie *I tromboni di Fra' Diavolo* (1962) allzu deutlich hervortreten, zeichnet sich Savonas Film durch einen ernsten Charakter aus. Dies lässt sich damit erklären, dass *La Leggenda di Fra Diavolo* die bereits bei Zampa angelegte Inszenierung Michele Pezzas als patriotischer Freiheitskämpfer noch intensiver verfolgt und darauf zielt, seinen im Titel explizit genannten ‚Legendenstatus' zu belegen. So wird dem Protagonisten am Ende die Schlinge eines Galgens um den Hals gelegt, nachdem er sich – einem Märtyrer gleich – zuvor gegenüber Colonel Hugo bereit erklärt hatte, für seine Überzeugung zu sterben. Anstelle des Todesmoments wird hingegen eine den Hinrichtungsplatz stürmende Volksmasse gezeigt, woraufhin in der Schlussszene des Films ein nicht klar erkennbarer Mann mit seinen Gefolgsleuten durch ein Tal reitet, während eine Erzählerstimme die politische Bedeutung Fra Diavolos erläutert: „Contro la tirannia, l'oppressione, la ferocia degli invasori, il popolò trovò nuova forza per combattere – combattere in nome di quella libertà per la quale Fra Diavolo continua da vivere".[108] Verkörpert die französische Armee im Film die Prinzipien von Tyrannei und Fremdherrschaft, so wird Fra Diavolo nicht nur wie bei Zampa als freiheitsliebender Held diabolisiert, sondern darüber hinaus als ein unsterbliches Symbol für Freiheit und Unabhängigkeit sowie als Identifikationsfigur für das unterdrückte Volk vorgestellt. Die ‚Filmlegende' Fra Diavolos entspricht insofern einem bemerkenswerten Gegenmodell zu der stigmatisierenden Diabolisierungspraxis der republikanisch orientierten Literatur, da der Konflikt der Staatstheorien von Monarchismus und Republikanismus hier von einem Nationenkonflikt zwischen der unterdrückten Bevölkerung Neapels und den

---

108 Leopoldo Savona, *La Leggenda di Fra Diavolo*, Italien: Era Cinematografica / G. A. Produzioni Cinematografiche, 1962, 2:06:11–2:06:25, https://www.youtube.com/watch?v=N2GT7-PuEow (Zugriff 05.06.2023).

sie ,tyrannisierenden' Invasoren aus Frankreich überschrieben wird. Zeugnisse dieser speziellen Aneignung des patriotischen Diskurses finden sich auch noch im 21. Jahrhundert, wie beispielsweise in Saccoccios Buch über Fra Diavolos filmische Darstellungen, in dem er eine Rehabilitierung und Entstigmatisierung des Briganten einfordert, damit „una delle più originali individualità del nostro passato politico-militare [...] sia riaccreditata pienamente e mondata di colpa"[109]. Diese vor allem von lokalen Historikern wie Saccoccio verfolgten Bemühungen um eine mit seinem vermeintlichen Patriotismus gerechtfertigte Entkriminalisierung und Heroisierung des Briganten gipfelten im Jahr 2019 gar in der Einweihung einer Büste zum Andenken Michele Pezzas in seinem Heimatort Itri.[110] Die memoriale Handlung, durch die Fra Diavolo exakt 220 Jahre nach seiner tatkräftigen Beteiligung an der Niederschlagung der Neapolitanischen Republik ein Denkmal gesetzt wurde, steht damit in direkter Erinnerungskonkurrenz zu den republikanisch-demokratisch orientierten Erinnerungskulturen, die seit über zwei Jahrhunderten den neapolitanischen Patriotinnen und Patrioten von 1799 gedenken, und entspricht insofern einem reaktionären Muster, das zum Abschluss kurz beleuchtet werden soll.

7.   Die Reaktion schlägt zurück

Im vorliegenden Beitrag wurde eine diskursive Praxis untersucht, die als Diabolisierung zur Erschaffung polarisierender Antibilder oder Antifiguren beiträgt, was am Beispiel der literarischen Repräsentation von süditalienischen Briganten im 19. Jahrhundert nachgezeichnet wurde. Speziell im Zuge der gescheiterten Republik des Jahres 1799 sowie in den Anfangsjahren des italienischen Einheitsstaats der 1860er Jahre implizierte die Diabolisierung des Briganten dessen Stigmatisierung zu einer Terrorfigur und einem Symbol des reaktionär-antiprogressiven Widerstands gegenüber Republikanismus, Freiheits- und nationalen Einheitsbestrebungen. Dass jedoch die diskursive Verteufelung anstelle der stigmatisierenden Funktion auch für aufwertende Darstellungen genutzt werden kann, wurde am Beispiel romantisch geprägter Brigantenrepräsentationen verdeutlicht, die das Attribut des ,Teuflischen' mit

---

109   Saccoccio, *Fra' Diavolo nella cinematografia*, S. 6.
110   Vgl. hierzu online: „Fra' Diavolo torna a Itri, celebrato da un convegno e un busto", in: *Latina Tu* https://latinatu.it/fra-diavolo-torna-a-itri-celebrato-da-un-convegno-e-un-busto/ (Zugriff 20.03.2023).

einem unbändigen Freiheitsdrang assoziieren und den Gesetzlosen dadurch als Freiheitskämpfer einordnen.

Im 21. Jahrhundert scheint die Auseinandersetzung mit der Figur des Briganten erneut an Aktualität gewonnen zu haben, diesmal allerdings speziell aus einer apologetischen Perspektive: Publikationen, wie etwa Giordano Bruno Guerris Monographie mit dem provokanten Titel *Il sangue del Sud. Antistoria del Risorgimento e del brigantaggio* (2010), können sich zwar auf neuere Arbeiten der Meridionalismusforschung berufen, deren kulturwissenschaftliche Erweiterung durch Ansätze der post-kolonialen Theorie zur Aufdeckung von Praktiken der diskursiven Abwertung des italienischen Südens im nationalen Diskurs beigetragen hat. Trotzdem ist das Spaltungspotential von Veröffentlichungen, die als ‚Gegengeschichte' präsentiert werden, vor allem dann kritisch zu betrachten, wenn sie Tendenzen den Weg ebnen, die auf revisionistische Weise die nationale Tradition eines Staates in Frage stellen, was im Falle Italiens der Strömung des *Antirisorgimento* entspricht.[111] Antirisorgimentales Denken ist aber nicht nur im Norden, sondern auch im Süden Italiens zu verorten, wo ein radikaler Vertreter wie Pino Aprile so weit geht, die Einbindung des ehemaligen Bourbonenreichs in den Nationalstaat mit einer Kolonialherrschaft piemontesischer Ausprägung und nationalsozialistischen Verbrechen zu vergleichen.[112] Gerade für die in der Gegenwart erstarkte Bewegung des sogenannten *Neoborbonismo* konnte sich der Brigant, der für die Vertreter des Risorgimento im 19. Jahrhundert noch ein konterrevolutionär-bourbonisches Feindbild darstellte, zu einer Identifikationsfigur bzw. zu einer Ikone entwickeln.[113] Die Briganten haben somit auch in unserer Gegenwart als politische Figuren noch nicht ausgedient, gerade weil die ‚Diabolisierten' selbst gelernt haben, zu ‚diabolisieren'.

---

111   Vgl. hierzu Maria Pia Casalena (Hg.), *Antirisorgimento. Appropriazioni, critiche, delegittimazioni*, Bologna: Pendragon, 2013 sowie Nicola Del Corno, *Italia reazionaria. Uomini e idee dell'antirisorgimento*, Mailand: Mondadori, 2017.

112   So lautet das Incipit seines Buchs *Terroni*: „Io non sapevo che i piemontesi fecero al Sud quello che i nazisti fecero a Marzabotto." Pino Aprile, *Terroni. Tutto quello che è stato fatto perchè gli Italiani del Sud diventassero meridionali*, Mailand: Piemme, 2010, S. 7.

113   Vgl. Giulio Tatasciore, „L'invenzione di un'icona borbonica: il brigante come patriota napoletano?", in: *Meridiana* 95 (2019), S. 169–194. Zum *Neoborbonismo* vgl. auch Silvano Montaldo, „La risacca neoborbonica: origini, flussi e riflussi", in: *Passato e Presente* 105 (2018), S. 19–48 sowie Dino Messina, *Italiani per forza. Le leggende contro l'Unità d'Italia che è ora di sfatare*, Mailand: Solferino, 2021, S. 225–261.

Bibliographie

Addante, Luca, *I cannibali dei Borbone. Antropofagia e politica nell'Europa moderna*, Rom: Laterza, 2021.

Alexander, Jeffrey C., „Towards a Sociology of Evil. Getting beyond Modernist Common Sense about the Alternative to ‚the Good'", in: Maria Pia Lara (Hg.), *Rethinking Evil. Contemporary Perspectives*, Los Angeles: University of California Press, 2001, S. 153–172.

Alexander, Jeffrey C., *The Meanings of Social Life. A Cultural Sociology*, Oxford: Oxford University Press, 2003.

Amante, Bruto, *Fra Diavolo e il suo tempo (1796–1806)*. Ristampa dell'edizione di Firenze del 1904, Neapel: Arte Tipografica di A. R., 1974.

Andreu, Xavier, „Peoples of Bandits: Romantic Liberalism and National Virilities in Italy and Spain", in: Ders. / Mónica Bolufer Peruga (Hg.), *European Modernity and the Passionate South. Gender and Nation in Spain and Italy in the Long Nineteenth Century*, Leiden: Brill, 2023, S. 126–144.

Aprile, Pino, *Terroni. Tutto quello che è stato fatto perchè gli Italiani del Sud diventassero meridionali*, Mailand: Piemme, 2010.

Auber, Daniel-François-Esprit / Scribe, Eugène, *Fra-Diavolo, ou l'hôtellerie de Terracine. Opéra comique en trois actes*, Paris: Didot, 1830.

Bara, Olivier / Yon, Jean-Claude (Hg.), *Eugène Scribe. Un maître de la scène théâtrale et lyrique au XIXᵉ siècle*, Rennes: Presses Universitaires de Rennes, 2016.

Barra, Francesco, *Michele Pezza detto Fra' Diavolo. Vita, avventure e morte di un guerrigliero dell'800 e sue memorie inedite*, Cava de' Tirreni: Avagliano, 1999.

Bauer, Walter, *Griechisch-Deutsches Wörterbuch zu den Schriften des Neuen Testaments und der übrigen urchristlichen Literatur*, Berlin: Alfred Töpelmann, ⁵1963.

Benigno, Francesco, „Trasformazioni discorsive e identità sociali: il caso dei lazzari", in: Francesca Cantù (Hg.), *I linguaggi del potere nell'età barocca. 1. Politica e religione*, Rom: Viella, 2009, S. 207–247.

Berneiser, Tobias, „Écrire la ‚sanglante tragédie' d'une ville en guerre civile. Bartolomeo Nardini et la Révolution napolitaine de 1799", in: Frank Estelmann / Aurore Peyroles (Hg.), *Villes en guerre au XIXᵉ siècle. L'urbanité moderne à l'épreuve du conflit. Expériences, représentations, imaginaires*, Rennes: Presses Universitaires de Rennes, 2021, S. 53–72.

Bijon, Béatrice u. a. (Hg.), *Le Mezzogiorno des écrivains européens*, Saint-Étienne: Publications de l'Université de Saint-Étienne, 2006.

Biscardi, Luigi / De Francesco, Antonino (Hg.), *Vincenzo Cuoco nella cultura di due secoli*, Rom: Laterza, 2002.

Bourdin, Philippe, „Le brigand caché derrière les tréteaux de la révolution. Traductions et trahisons d'auteurs", in: *Annales historiques de la Révolution française* 364 (2011), S. 51–84.

Bourdin, Philippe, „La Terreur et les trois brigands", in: *Études théâtrales* 59 (2014), S. 61–72.

Bridgwater, Patrick, *The German Gothic Novel in Anglo-German Perspective*, Amsterdam: Rodopi, 2013.

Buttiglione, Antonio, „Il brigante-rivoluzionario calabrese. Icona romantica e modello radicale (1840–1852)", in: Giulio Tatasciore (Hg.), *Lo spettacolo del brigantaggio. Cultura visuale e circuiti mediatici fra Sette e Ottocento*, Rom: Viella, 2022, S. 317–336.

Cafasso, Giuseppina, „Alexandre Dumas, redattore capo de *L'Indipendente*", in: Alvio Patierno (Hg.), *Alexandre Dumas e il Mezzogiorno d'Italia*, Neapel: CUEN, 2004, S. 199–218.

Cailliez, Matthieu, „Rire et sourire dans *Fra Diavolo* (1830) de Scribe et Auber", in: Charlotte Loriot u. a. (Hg.), *Rire et sourire dans l'opéra-comique en France aux XVIIIe et XIXe siècles*, Lyon: Symétrie, 2015, S. 161–182.

Casalena, Maria Pia (Hg.), *Antirisorgimento. Appropriazioni, critiche, delegittimazioni*, Bologna: Pendragon, 2013.

Cattaneo, Massimo, „Brigantaggio e patrimonio culturale. Una riflessione su alcune recenti tendenze museali e turistiche", in: *Il Capitale culturale. Studies on the Value of Cultural Heritage* 8 (2013), S. 159–173.

Cilento, Antonella, *Non è il paradiso*, Mailand: Sironi, 2003.

Croce, Benedetto, *Angiolillo (Angelo Duca). Capo di banditi*, Neapel: Luigi Pierro, 1892.

Croce, Benedetto (Hg.), *La Riconquista del Regno di Napoli nel 1799. Lettere del Cardinal Ruffo, del Re, della Regina e del Ministro Acton*, Bari: Laterza, 1943.

Croce, Benedetto, *Aneddoti di varia letteratura*. Bd. 3, Bari: Laterza, ²1954.

Croce, Benedetto, „Un paradiso abitato da diavoli", in: Ders.: *Un paradiso abitato da diavoli*. Hg. von Giuseppe Galasso, Mailand: Adelphi, 2006, S. 11–27.

Cuoco, Vincenzo, *Saggio storico sulla rivoluzione di Napoli*. Hg. von Antonino De Francesco, Manduria u. a.: Lacaita Editore, 1998 [1801].

Dammann, Günter, *Antirevolutionärer Roman und romantische Erzählung. Vorläufige konservative Motive bei Chr. A. Vulpius und E. T. A. Hoffmann*, Kronberg im Taunus: Scriptor, 1975.

Daum, Inka, *Italien aus zweiter Hand. Christian August Vulpius als Wissens- und Kulturvermittler*, München: AVM, 2019.

Davis, John A., *Conflict and Control. Law and Order in Nineteenth-Century Italy*, Basingstoke: Macmillan, 1988.

Davis, John A., *Naples and Napoleon. Southern Italy and the European Revolutions (1780–1860)*, Oxford: Oxford University Press, 2006.

De Francesco, Antonino, *La palla al piede. Una storia del pregiudizio antimeridionale*, Mailand: Feltrinelli, 2012.

Del Corno, Nicola, *Italia reazionaria. Uomini e idee dell'antirisorgimento*, Mailand: Mondadori, 2017.

Di Bartolomeo, Daniele, „Il circo dei briganti. Rappresentazioni effimere nella Francia di metà Ottocento", in: Giulio Tatasciore (Hg.), *Lo spettacolo del brigantaggio. Cultura visuale e circuiti mediatici fra Sette e Ottocento*, Rom: Viella, 2022, S. 249–274.

Dumas, Alexandre, *Impressions de voyage: Le Corricolo*. Bd. 2, Paris: Lévy Frères, 1851.

Dumas, Alexandre, „Pascal Bruno", in: Ders.: *Pauline et Pascal Bruno*, Paris: Lévy Frères, 1861, S. 211–310.

Dumas, Alexandre, *La San Felice*. Hg. von Claude Schopp, Paris: Gallimard, 1996 [1863–1865],

Dumas, Alexandre, „Cent ans de brigandage dans les provinces méridionales de l'Italie", in: *La Camorra et autres récits de brigandage*. Hg. von Claude Schopp, Paris: Vuibert, 2011, S. 31–330.

Galasso, Giuseppe, *Il Regno di Napoli. Il Mezzogiorno borbonico e napoleonico (1734–1815)*, Turin: UTET, 2007.

Germer, Saskia, *Neapel – eine alte Stadt erzählt sich neu. Literarische Bilder im Zeitalter der Globalisierung*, Bielefeld: transcript, 2021.

Greilich, Susanne / Struve, Karen, „Das Andere Schreiben: Einführende Überlegungen zur Diskursivierung von Alterität in der Literatur", in: Dies. / Dies. (Hg.), *Das Andere Schreiben'. Diskursivierungen von Alterität in Texten der Romania (16.–19. Jahrhundert)*, Würzburg: Königshausen & Neumann, 2013, S. 7–15.

Grünewald, Thomas, *Räuber, Rebellen, Rivalen, Rächer. Studien zu Latrones im Römischen Reich*, Stuttgart: Franz Steiner Verlag, 1999.

Guardiani, Francesco, *Napoli città mondo nell'opera narrativa di Francesco Mastriani*, Florenz: Franco Cesati, 2019.

Hobsbawm, Eric J., *Bandits*, London: Abacus, 2001 [1969].

Ihring, Peter, *Die beweinte Nation. Melodramatik und Patriotismus im ,romanzo storico risorgimentale'*, Tübingen: Niemeyer, 1999.

Irving, Washington, *Tales of a Traveller, by Geoffrey Crayon, Gent*. Hg. von Judith Giblin Haig, Boston: Twayne Publishers, 1987 [1824].

Junkerjürgen, Ralf, *Alexandre Dumas. Der vierte Musketier*, Darmstadt: Wissenschaftliche Buchgesellschaft, 2020.

Leal, Juan Felipe / Barraza, Eduardo / Jablonska, Alejandra, *Vistas que no se ven. Filmografía Mexicana 1896–1910*, Mexiko-Stadt: Universidad Nacional Autónoma de México, 1993.

Letellier, Robert Ignatius, *Daniel-François-Esprit Auber. The Man and His Music*, Newcastle upon Tyne: Cambridge Scholars Publishing, 2010.

Lupo, Salvatore, „Il grande brigantaggio. Interpretazione e memoria di una guerra civile", in: Walter Barberis (Hg.), *Guerra e pace. Storia d'Italia, annali 18*, Turin: Einaudi, 2002, S. 463–502.

Lüsebrink, Hans-Jürgen, „Französische Brigantenliteratur versus deutsche Räuberromantik? Skizze einer Funktionsgeschichte der deutschen und französischen Brigantenliteratur des 18. und beginnenden 19. Jahrhunderts", in: Jörg Schönert (Hg.), *Erzählte Kriminalität. Zur Typologie und Funktion von narrativen Darstellungen in Strafrechtspflege, Publizistik und Literatur zwischen 1770 und 1920*, Tübingen: Niemeyer, 1991, S. 177–191.

Mammucari, Renato, *I briganti. Storia, arte, letteratura, immaginario*, Città di Castello: Edimond, 2001.

Mastriani, Francesco, *I Misteri di Napoli*. Hg. von Riccardo Reim, Rom: Elliot Edizioni, 2014 [1869/70].

Messina, Dino, *Italiani per forza. Le leggende contro l'Unità d'Italia che è ora di sfatare*, Mailand: Solferino, 2021.

Moe, Nelson, *The View from Vesuvius. Italian Culture and the Southern Question*, Berkeley: University of California Press, 2002.

Montaldo, Silvano, „La risacca neoborbonica: origini, flussi e riflussi", in: *Passato e Presente* 105 (2018), S. 19–48.

Pageaux, Daniel-Henri, „De l'imagerie culturelle à l'imaginaire", in: Ders.: *Littératures et cultures en dialogue*, Paris: L'Harmattan, 2007, S. 27–64.

Patierno, Alvio (Hg.), *Alexandre Dumas e il Mezzogiorno d'Italia*, Napoli: CUEN, 2004.

Pezza, Michele, detto Fra' Diavolo, „Memorie del 1798–1800", in: Francesco Barra, *Michele Pezza detto Fra' Diavolo. Vita, avventure e morte di un guerrigliero dell'800 e sue memorie inedite*, Cava de' Tirreni: Avagliano, 1999, S. 147–167.

Pezzotta, Alberto, *Ridere civilmente. Il cinema di Luigi Zampa*, Bologna: Cineteca di Bologna, 2012.

Pinto, Carmine, *La guerra per il Mezzogiorno. Italiani, borbonici e briganti, 1860–1870*, Bari: Laterza, 2019.

Praz, Mario, *La carne, la morte e il diavolo nella letteratura romantica*, Florenz: Sansoni, 1989 [1930].

Rao, Anna Maria, „Révolution et Contre-Révolution pendant le Triennio italien (1796–1799)", in: Jean-Clément Martin (Hg.), *La Contre-Révolution en Europe. XVIIIᵉ–XIXᵉ siècles. Réalités politiques et sociales, résonances culturelles et idéologiques*, Rennes: Presses Universitaires de Rennes, 2001, S. 233–240.

Rao, Anna Maria, *La Repubblica napoletana del 1799*, Napoli: Federico II University Press, ²2021 [1999].

Romagnoli, Sergio, „Il brigante nel romanzo storico italiano", in: *Manzoni e i suoi colleghi*, Florenz: Sansoni, 1984, S. 271–308.

Saccoccio, Alfredo, *Fra' Diavolo nella cinematografia*, Gaeta: Ali Ribelli Edizioni, 2019.

Saccoccio, Alfredo, *Fra' Diavolo. Vita ed imprese del colonnello Michele Pezza*, Gaeta: Ali Ribelli Edizioni, 2019.

Saillard, Denis, „La croisade sanfédiste (1799) dans *La San Felice*: une lecture républicaine de l'Histoire?", in: Michel Arrous (Hg.), *Alexander Dumas, une lecture de l'histoire*, Paris: Maisonneuve & Larose, 2003, S. 319–336.

Sarnataro, Elena „Il sogno napoletano di Alexandre Dumas: *L'Indipendente*", in: Alvio Patierno (Hg.), *Alexandre Dumas e il Mezzogiorno d'Italia*, Neapel: CUEN, 2004, S. 219–234.

Savona, Leopoldo, *La Leggenda di Fra Diavolo*, Italien: Era Cinematografica / G. A. Produzioni Cinematografiche, 1962, https://www.youtube.com/watch?v=N2GT7-PuEow (Zugriff 05.06.2023).

Scafoglio, Domenico, *Lazzari e giacobini. Cultura popolare e rivoluzione a Napoli nel 1799*, Rom: L'ancora, 1999.

Schnierer, Peter Paul, *Entdämonisierung und Verteufelung. Studien zur Darstellungs- und Funktionsgeschichte des Diabolischen in der englischen Literatur seit der Renaissance*, Tübingen: Niemeyer, 2005.

Schiller, Friedrich, *Die Räuber*. Hg. von Bodo Plachta, Stuttgart: Reclam, 2009 [1781].

Schneider, Jane (Hg.), *Italy's 'Southern Question'. Orientalism in One Country*, Oxford: Berg, 1998.

Schuller, Heike, „Genie, Bandit, Mörder. Zur biografischen Konstruktion des Künstlers Salvator Rosa aus dem Geiste der Romantik", in: Achim Aurnhammer u. a. (Hg.), *Salvator Rosa in Deutschland. Studien zu seiner Rezeption in Kunst, Literatur und Musik*, Freiburg: Rombach, 2008, S. 59–74.

Simanowski, Roberto, *Die Verwaltung des Abenteuers. Massenkultur um 1800 am Beispiel Christian August Vulpius*, Göttingen: Vandenhoeck & Ruprecht, 1998.

Sodano, Giulio, „L'immagine del demonio nella Napoli dell'età moderna tra narrazioni miracolose e deposizioni processuali", in: Francesco Paolo De Ceglia / Pierroberto Scaramella (Hg.), *I demoni di Napoli. Naturale, preternaturale, sovrannaturale a Napoli e nell'Europa di età moderna*, Rom: Edizioni di storia e letteratura, 2021, S. 147–155.

Sorba, Carlotta, „Brigands et bandits dans les opéras de Giuseppe Verdi et dans l'Italie du Risorgimento", in: Laurence McFalls / Mariella Pandolfi (Hg.), *Création, dissonance, violence. La musique et la politique*, Montreal: Boréal, 2018, S. 285–301.

Sottocasa, Valérie, *Les Brigands et la Révolution. Violences politiques et criminalité dans le Midi (1789–1802)*, Paris: Champ Vallon, 2016.

Tatasciore, Giulio, „Rappresentare il crimine. Strategie politiche e immaginario letterario nella repressione del brigantaggio (1860–70)", in: *Meridiana* 84 (2015), S. 237–258.

Tatasciore, Giulio, „L'invenzione di un'icona borbonica: il brigante come patriota napoletano?", in: *Meridiana* 95 (2019), S. 169–194.

Tatasciore, Giulio, „Le brigand amoureux, une figure de l'imaginaire dumasien", in: Julie Anselmini / Claude Schopp (Hg.), *Dumas amoureux. Formes et imaginaires de l'Éros dumasien*. Caen: Presses Universitaires de Caen, 2020, S. 359–371.

Tatasciore, Giulio, *Briganti d'Italia. Storia di un immaginario romantico*, Rom: Viella, 2022.

Tortora, Alfonso, „ ‚Brigand', ‚Brigandage', ‚Brigander'. Dall'*Encyclopédie* a Édouard Fournier", in: Giulio Tatasciore (Hg.), *Lo spettacolo del brigantaggio. Cultura visuale e circuiti mediatici fra Sette e Ottocento*, Rom: Viella, 2022, S. 303–316.

Vergilius Maro, Publius, *Aeneis Buch VI*. Hg. von Eduard Norden, Stuttgart: Teubner, ⁹1995.

Villari, Pasquale, *Le Lettere Meridionali ed altri scritti sulla Questione sociale in Italia*, Florenz: Le Monnier, 1878.

Vögle, Theresa, *Mediale Inszenierungen des Mezzogiorno. Die ‚Südfrage' als Prüfstein der Einheit Italiens und der Idee Europas*, Heidelberg: Winter, 2012.

Vulpius, Christian August, *Glorioso, der große Teufel. Eine Geschichte des Achtzehnten Jahrhunderts*, Rudolfstadt: Langbein und Klug, 1800.

Walde, Christine, „Rome First, Naples Second: Auf der Suche nach Parthenope – Neapolis in der römischen Literatur", in: Elisabeth Oy-Marra / Dietrich Scholler (Hg.), *Parthenope – Neapolis – Napoli. Bilder einer porösen Stadt*, Göttingen: V&R unipress, 2018, S. 53–85.

Wolfzettel, Friedrich, *Ce désir de vagabondage cosmopolite: Wege und Entwicklung des französischen Reiseberichts im 19. Jahrhundert*, Tübingen: Niemeyer, 1986.

Wörsdörfer, Anna Isabell, „What if? Epidemic discourse and serial narration in the alternate history series *La Révolution* (2020)", in: *French Cultural Studies* 33 (2022), S. 179–195.

Das Diabolische des Dämonologen

Pierre de Lancre als ‚wahrer Teufel' in Pablo Agüeros Hexen-Film Akelarre *(2020)*

Anna Isabell Wörsdörfer

> *Le Diable est si inconstant,*
> *qu'il n'a nulle certaine forme.*[1]

1.   Hinführung: Teufel und Form

Es gilt vielleicht als der dämonologische Topos schlechthin, dass sich der Teufel, dieser ‚höllische Proteus'[2], durch eine schier unendliche Formenvielfalt auszeichnet: Den biblischen Stammeltern Adam und Eva tritt er im 1. Buch Mose in der Verkörperung der verführerischen Schlange entgegen und verursacht dergestalt ihre Vertreibung aus dem Paradies;[3] die in den christlichen Folgejahrhunderten wirkmächtige Vorstellung von seiner hybriden Erscheinung mit Bockshufen und Hörnern lässt sich auf das alttestamentarische Buch Baruch zurückführen.[4] Durch seine ihm seit dem Neuen Testament zugewiesene Rolle als prototypischer Gegenspieler Gottes – seinerseits Inbegriff von Einheit, Stabilität und Ordnung in ihrer reinsten Form – muss der Teufel Vielheit,

---

1   Pierre de Lancre, *Tableau de l'inconstance des mauvais anges et démons où il est amplement traité des sorciers et de la sorcellerie.* Introduction critique et notes de Nicole Jacques-Chaquin, Paris: Aubier, 1982, S. 131.

2   Vgl. Arturo Graf, „La persona del diavolo", in: Ders., *Il diavolo.* 3. Auflage [Ristampa anastatica dell'edizione di Milano, 1890], Bologna: Forni, 1974, S. 37–68, hier S. 55.

3   „Die Schlange war schlauer als alle Tiere des Feldes, die Gott, der HERR, gemacht hatte. Sie sagte zu der Frau: Hat Gott wirklich gesagt: Ihr dürft von keinem Baum des Gartens essen? Die Frau entgegnete der Schlange: Von den Früchten der Bäume im Garten dürfen wir essen; nur von den Früchten des Baumes, der in der Mitte des Gartens steht, hat Gott gesagt: Davon dürft ihr nicht essen und daran dürft ihr nicht rühren, sonst werdet ihr sterben. Darauf sagte die Schlange zur Frau: Nein, ihr werdet nicht sterben. Gott weiß vielmehr: Sobald ihr davon esst, gehen euch die Augen auf; ihr werdet wie Gott und erkennt Gut und Böse" (Gen 3, 1–5). Auch in der Offenbarung des Johannes wird er mit der Schlange gleichgesetzt: „Er wurde gestürzt, der große Drache, die alte Schlange, die Teufel oder Satan heißt und die ganze Welt verführt; der Drache wurde auf die Erde gestürzt und mit ihm wurden seine Engel hinabgeworfen" (Off 12, 9).

4   Vgl. Alexander Kulik, „How the devil got his hooves and horns: The origin of the motif and the implied demonology of 3 Baruch", in: *Numen* 60 (2013), S. 195–229.

Flexibilität und Chaos innerhalb des solchermaßen konstruierten dualistischen Weltbilds inkarnieren. Damit erklärt sich, dass der diabolische Widersacher, als ‚Vater der Lüge' und ‚Tausendkünstler' imaginiert,[5] sich immer neuer Masken und Verkleidungen bedient, um sein Gegenüber zu täuschen und vom rechten Weg abzubringen, und sich bei seiner infernalischen Mission, die ganze Schöpfung ins Verderben zu stürzen, immer wieder aufs Neue ‚formiert'. Hinzu kommt, dass sich der Teufel zu einem regelrechten Super-Mythos[6] entwickelt hat, der auf einem umfangreichen Amalgamierungsprozess[7] basiert, bei dem es durch Einflüsse unterschiedlichster kultureller Provenienz zu steten Neu- und Umformungen im Wesen der Figur kommt. Diese dynamische Diversität spiegelt sich nicht zuletzt in den vielen Namensformen – vom Satan des Alten Testaments über den neutestamentarischen (ursprünglich phönizischen) Beelzebub bis zum Luzifer der Patristik[8] – wider, die ihrerseits ganz bestimmte Aspekte des Teufels akzentuieren und an die Oberfläche treten lassen.

Die Wende vom 16. zum 17. Jahrhundert, an der sich etwa mit der vom französischen Untersuchungsrichter Pierre de Lance (1553–1631) geführten Prozesswelle im Baskenland (1609) einer der Höhepunkte der frühneuzeitlichen Hexenverfolgung ereignet, deren historisch-zeitgenössische und aktuelle Verarbeitung in Wort und bewegtem Bild den Gegenstand dieses Beitrags

---

5 Der Beiname des ‚Vaters der Lüge' geht auf das Johannesevangelium zurück, in dem es heißt: „Ihr seid von dem Vater, dem Teufel, und nach eures Vaters Lust wollt ihr tun. Der ist ein Mörder von Anfang und ist nicht bestanden in der Wahrheit; denn die Wahrheit ist nicht in ihm. Wenn er die Lüge redet, so redet er von seinem Eigenen; denn er ist ein Lügner und ein Vater derselben" (Joh 8,44). Zur patristischen Diskussion des Konzepts vgl. Arno Baruzzi, „Gott ist die Wahrheit", in: Ders., *Philosophie der Lüge*, Darmstadt: Wissenschaftliche Buchgesellschaft, 1996, S. 47–52 und zur literarischen Verarbeitung desselben vgl. exemplarisch Alwine Slenckza, „Der Teufel als ‚Vater der Lüge' und seine Realisation in mittelhochdeutschen Verserzählungen", in: Oliver Hochadel / Ursula Kocher (Hg.), *Lügen und Betrügen. Das Falsche in der Geschichte von der Antike bis zur Moderne*, Köln: Böhlau, 2000, S. 51–63. Die Bezeichnung als ‚Tausendkünstler' entsteht im Zuge der christlichen Antikerezeption und lässt sich auf Vergils *Aeneis* zurückführen. Vgl. Meinolf Schumacher, „Der Teufel als ‚Tausendkünstler' ", in: *Mittellateinisches Jahrbuch. Internationale Zeitschrift für Mediävistik* 27 (1992), S. 65–76.

6 Vgl. Günther Mahal, „Der Teufel. Anmerkungen zu einem nicht allein mittelalterlichen Komplex", in: Ulrich Müller (Hg.), *Dämonen, Monster, Fabelwesen*, St. Gallen: UVK, 1999, S. 495–529, hier S. 495.

7 Vgl. Gustav Roskoff, „Amalgamierungsprocess", in: Ders., *Geschichte des Teufels. Eine kulturhistorische Satanologie von den Anfängen bis ins 18. Jahrhundert*, 2 Bde., Frankfurt: Ullstein, 1991, Bd. 2, S. 8–18.

8 Vgl. Elisabeth Frenzel, „Satan", in: Dies., *Stoffe der Weltliteratur. Ein Lexikon dichtungsgeschichtlicher Längsschnitte*. 10. Auflage, Stuttgart: Kröner, 2005, S. 817–823, hier S. 817.

darstellt, ist von einer wahren Teufelsflut geprägt.[9] Mit der in dieser Phase der allgemeinen Unsicherheit dominanten Vorstellung vom Teufel als mächtigem ‚Fürst der Finsternis' wird das Böse in eine konkrete Form gegossen, insofern als es sich in ‚dem Anderen' in einer mehr als schillernden Personifikation materialisiert. Damit wird auch die aus der Verleitung zum Bösen resultierende Sünde als etwas im Eigentlichen außerhalb der menschlichen Natur Liegendes externalisiert. Gleichzeitig finden sich in dieser Zeit aber ebenfalls Anzeichen für eine beginnende Verinnerlichung beider Aspekte, wie sich beispielsweise in den zahlreichen Fällen dämonischer Besessenheit, exemplarisch jenen aufsehenerregenden in einem Ursulinenkloster in Aix-en-Provence (1609–1611),[10] manifestiert. Von dieser Fremdbesetzung durch einen Dämon ist es nur noch ein kleiner Schritt, das (fortan nicht mehr unbedingt figural gebundene) Diabolische im Menschen selbst – in seinem Fanatismus, seiner zynischen Boshaftigkeit – zu lokalisieren. Durch diese doppelte Entwicklung gestaltet sich die Periode um 1600 mentalitätsgeschichtlich als epochale Schwellen- und Scheidephase im Hinblick auf die Imagination von Sünde und Schuld. Mit seiner Ausformung und Umformung leistet der Teufel als gedankliches Bindeglied einen wichtigen Beitrag zur diesbezüglichen Modernisierungsbewegung der westlichen Vorstellungswelt.

Einen nicht unwesentlichen Anteil an der Vielförmigkeit des Teufels hat neben seiner geschilderten Phänomenologie, wie sie sich in den verschiedenen Zeugnissen der textlichen und anderweitig künstlerischen Auseinandersetzung inhaltlich entfaltet, deren jeweilige diskursive Form: Das Medium nimmt erheblichen Einfluss auf die von ihm übermittelte Botschaft.[11] Die nachfolgende Analyse legt am Beispiel von Pierre de Lancres dämonologischem Traktat *Tableau de l'inconstance des mauvais anges et démons* (1612/13) und Pablo Agüeros Hexenfilm *Akelarre* (2020) das Ausformungsspektrum des Teuflischen und seiner präsentierten Verkörperung in Abhängigkeit von deren medialer und gattungsspezifischer, das heißt diskursiv-formaler Gestaltung offen. Dabei soll aufgezeigt werden, in welcher Weise der in beiden Fällen gewählte Modus der Darbietung ein und derselben historischen Referenz, der

---

9   Vgl. hier und nachfolgend Robert Muchembled, „Littérature satanique et culture tragique 1550–1650", in: Ders., *Une histoire du diable. XII–XXe siècle*, Paris: Éditions du Seuil, 2000, S. 149–198, bes. S. 149–152.

10   Vgl. weiterführend Sarah Ferber, „The trial of Louis Gaufridy: Aix-en-Provence, 1609–11", in: Dies., *Demonic Possession and Exorcism in Early Modern France*, London: Routlegde, 2004, S. 70–88.

11   Vgl. Sybille Krämer, „Das Medium als Spur und als Apparat", in: Dies. (Hg.), *Medien, Computer, Realität. Wirklichkeitsvorstellungen und Neue Medien*, Frankfurt: Suhrkamp, 1998, S. 73–94, hier S. 73.

baskischen Hexenjagd, im Hinblick auf die Verortung der Diabolik zu ganz unterschiedlichen Ergebnissen führt. Der französische Dämonologe besitzt durch die Traktatform seines *Tableaus* die Berichtshoheit über die stattgefundenen Prozesse, die er als weltlicher Jurist im Auftrag Heinrichs IV. selbst initiiert hat. Mit dem impliziten Ziel der religiösen und politischen Domestizierung dieses in äußerster Peripherie gelegenen Teils des königlichen Territoriums, entwirft er mit dem die Bevölkerung zum Sabbat verleitenden Teufel ein ultimatives Feindbild, das es über die unerbittliche Beweis- und Anklageführung gegenüber den baskischen Hexen auszumerzen gilt. Dagegen stellt sich Agüeros *Akelarre* über den Modus des filmischen Erzählens auf Diskursebene als ein Hybrid aus dramatischer Unmittelbarkeit und narrativer Leitung durch die vermittelnde Kameraperspektive dar. Gewissermaßen als moderner Kommentar auf die historische Textquelle entlarvt der Film metatextuell damit die Subjektivität und den tendenziösen Duktus des *Tableaus* und verdeutlicht zugleich mit seiner medienspezifischen Audiovisualität aufs Augenfälligste, dass das wahre Teuflische im Kern im maliziösen Untersuchungsrichter und Autor der dämonologischen Schrift zu suchen und zu finden ist.

2.   **Teuflisches reflektieren – teuflisches Reflektieren:**
        de Lancres *Tableau*

Pierre de Lancres *Tableau de l'inconstance des mauvais anges et démons*, der, 1610 verfasst, 1612 erstmals publiziert wird und 1613 in einer erweiterten Auflage erscheint, hat jene juristische Ermittlung im Labourd, dem französischen Teil des Baskenlands, zu Beginn des 17. Jahrhunderts zum inhaltlichen Bezugsrahmen, die sich zu einer der größten Hexenverfolgungen der Frühen Neuzeit entwickelt (und wenig später auch auf die spanische Seite übergreift).[12] Auf

---

12   Zu den interkulturellen Zusammenhängen der Verfolgungsdynamik und den theatralen Implikationen des Hexenwesens und seiner Sanktionierung vgl. ausführlich das Kapitel „Die Hexenverfolgung im Baskenland 1609–1614" in meiner in Kürze erscheinenden Habilitationsschrift *Echtes Hexenwerk und falscher Zauber. Die Inszenierung von Magie im spanischen und französischen Theater des 17. Jahrhunderts* (Münster 2023). Zu den im Folgenden geschilderten Eckpunkten und -daten der Untersuchung vgl. Nicole Jacques-Lefèvre, „L'écriture littéraire de la sorcellerie: Pierre de Lancre, *Tableau de l'inconstance des mauvais anges et démons*, 1612", in: Dies. (Hg.), *Histoire de la sorcellerie démoniaque. Les grands textes de référence*, Paris: Honoré Champion Éditeur, 2020, S. 363–407, Thibaut Maus de Rolley / Jan Machielsen, „The mythmaker of the sabbat: Pierre de Lancre's *Tableau de l'inconstance des mauvais anges et démons*", in: Jan Machielsen (Hg.), *The science of Demons. Early Modern Authors Facing Witchcraft and the Devil*, London: Routledge, 2020, S. 283–298, Gerhild Scholz Williams, „Magie und das Andere: Pierre de Lancre", in:

Drängen des lokalen Adels, des Seigneurs d'Urtubie[13] und des örtlichen Vogts Caupenne d'Amou, überträgt der französische König de Lancre, zunächst noch gemeinsam mit seinem Kollegen Jean d'Espagnet[14], die Mission, den Hexerei-gerüchten vor Ort auf den Grund zu gehen. Während seiner viermonatigen Reise durchs Baskenland vom 2. Juli bis zum 10. November 1609 verurteilt der Untersuchungsrichter auf Basis einiger hundert Verhöre ca. 50 bis 80 Beschuldigte[15], mehrheitlich Frauen, zum Tod auf dem Scheiterhaufen, bevor die Kommission durch die entscheidende Intervention der geistlichen Elite, allen voran des Bischofs von Bayonne, gestoppt wird. De Lancres *Tableau* ist kein chronologischer und detaillierter Bericht über die Verfahrensabläufe etwa im Sinne gerichtlicher Prozessakten. Vielmehr handelt es sich bei seinem Trak-tat um eine gelehrte Diskussion über Wesen und Wirken des Teufels ganz in der dämonologischen Tradition seiner Vorgänger wie zum Beispiel des Jesui-ten Martín Del Río[16], die er allerdings im Gegensatz zu den Schriften dieses und anderer bloßer Theoretiker mit reichem Fall-Material aus der eigenen Anschauung und richterlichen Praxis im Labourd anfüllt und illustriert.

De Lancres Grundstrategie bei der Konstruktion des Teufels als *der* Inkar-nation des Bösen besteht, so unterstreicht es schon der Titel seines Werks, in dessen unauflöslicher Assoziation mit der Inkonstanz: dem Unsteten, Variab-len, sich ständig Verändernden.[17] Dies findet seinen höchsten Ausdruck im Formenreichtum – auf dem Sabbat tritt er vornehmlich unter anderem „en forme de bouc", „comme un grand tronc d'arbre" oder „en forme d'un grand

---

Dies. (Hg.), *Hexen und Herrschaft. Die Diskurse der Magie und Hexerei im frühneuzeitlichen Frankreich und Deutschland*. Überarbeitete Ausgabe. Aus dem Amerikanischen übersetzt von Christiane Bohnert, München: Fink, 1998, S. 105–136 und Margaret M. McGowan, „Pierre de Lancre's *Tableau de l'inconstance des mauvais anges et démons*. The Sabbat Sen-sationalised", in: Sydney Anglo (Hg.), *The Damned Art. Essays in the Literature of Witch-craft*, London: Routledge & Kegan Paul, 1977, S. 182–201.

13   D'Urtubie ist verheiratet mit einer Cousine von de Lancres Ehefrau, beide Verwandte von Michel de Montaigne.

14   D'Espagnet, Richter am Parlement de Bordeaux, zieht sich nach kurzer Zeit wegen drin-gender Geschäfte von der Untersuchung zurück.

15   Die lange Zeit kursierende Zahl von 600 Hinrichtungen geht, so gilt mittlerweile als erwiesen, auf einen Lesefehler der älteren Forschung zurück.

16   Zu Leben und Werk Del Ríos, Autor der im 17. Jahrhundert einflussreichen *Disquisitionum magicarum libri sex* (1599/1600), vgl. weiterführend die erste moderne Biographie von Jan Machielsen, *Martin Delrio. Demonology and Scholarship in the Counter-Reformation*, Oxford: Oxford University Press, 2015.

17   Die Unbeständigkeit als barocker Topos stellt auch schon das Hauptthema von de Lan-cres erstem Werk, *Tableau de l'inconstance et instabilité de toutes choses* (1607), dar.

homme vêtu ténébreusement"[18] in Erscheinung – wie auch in der Varianten-vielfalt der körperlichen Materialisierungen des Leibhaftigen, wie der Autor seine Leserschaft in der Gegenüberstellung mit der verlässlichen Form der guten Engel schon auf den ersten Seiten des *Tableaus* wissen lässt: „Que si par-fois Satan prend la forme d'un homme, c'est toujours avec quelque défaut, ou extravagante disproportion, ou trop noir, ou trop blanc, ou trop rouge, ou trop grand, ou trop petit."[19] An der Imitation der inhaltlich geschilderten Formen-dynamik durch die polysyndetische Reihung auf Ebene der Syntax deutet sich hier die generelle Mitformung des Aussagegehalts über das Teuflische durch den diskursiven Modus bereits an. In Entsprechung zu ihrem Herrn neh-men auch die Teufelsdienerinnen, de Lancres Hexen, bei ihren nächtlichen Zusammenkünften diverse Tierformen an: Im *Tableau* zitiert er die hierzu aufschlussreiche Aussage von Jeannette de Belloc, genannt Atsoua: „Dit que le sabbat est comme une foire célèbre de toutes sortes des choses en laquelle aucuns se promènent en leur propre forme, et d'autres sont transformés ne sait pourquoi, en chiens, en chats, ânes, chevaux, pourceaux, et autres animaux."[20] Über den analogen Formwandel rücken die Frauen in offensichtliche Teufels-nähe und werden vom Dämonologen solchermaßen diabolisiert.

---

18   De Lancre, *Tableau de l'inconstance des mauvais anges et démons*, S. 100 f. Die Formen, in denen der Teufel auf dem Sabbat auftritt, werden ebendort ein weiteres Mal im *Discours II,4* („Description du Sabbat", S. 141 ff.) über die gesammelten Zeugenaussagen angeführt.

19   De Lancre: *Tableau de l'inconstance des mauvais anges et démons*, S. 58 f. Die Variations-breite äußert sich darüber hinaus in der oben bereits erwähnten Namensvielfalt, auf die auch de Lancre mehrfach eingeht. Die gelehrten Bezeichnungen des Teufels erläutert er direkt am Anfang des Traktats im Zeichen ihrer Inkonstanz: „Comme *Diabolus* qui signifie en Grec calomiateur, Belial, qui veut dire sans joug ou sans Seigneur, Beelzebub, homme de mouches, Satan, qui signifie adversaire, Behemoth, qui veut dire bête, Leviathan, qui est autant qu'Ammon celeur de pécheurs ou de péchés, ou celui qui les joint et accumule ensemble", de Lancre: *Tableau de l'inconstance des mauvais anges et démons*, S. 67. Am Ende des *Tableaus* führt er schließlich auch einige volkstümliche Namen des Teufels an: „Nous avons aussi remarqué plusieurs noms que les sorcières donnent au Diable leur maî-tre, quand elles sont au sabbat: elles l'appellent Monsieur, Jauna, Maître, le Grand maître: mais quand elles sont entre les mains de la Justice [...], elles l'appellent par dédain Barra-bam", de Lancre: *Tableau de l'inconstance des mauvais anges et démons*, S. 314.

20   De Lancre: *Tableau de l'inconstance des mauvais anges et démons*, S. 146. Vgl. ebendort auch insbesondere die Ausführungen auf S. 206. Das gesamte vierte Buch (*Discours IV,1–4*) beschäftigt sich mit Tiertransformationen nicht nur derer der Hexen, sondern schwer-punktmäßig jener von Jean Grenier in einen Werwolf – ein Fall, der wenige Jahre zuvor das Gericht in Bordeaux beschäftigt hat. Vgl. dazu weiterführend etwa Jan Machielsen, „The Making of a Teen Wolf: Pierre de Lancres Confrontation with Jean Grenier (1603–10)", in: *Folklore* 130 (2019), S. 237–257.

De Lancre legt dieser Diabolisierung eine raffinierte umfassendere Argumentation auf der Grundlage einer ganzen Reihe symbolischer Bedeutungszuschreibungen zugrunde, die allesamt darauf abzielen, die teuflische Inkonstanz als bestimmendes Wesensmerkmal der Bewohnerinnen des Labourd zu belegen. In diametralem Gegensatz dazu erweist er sich, ein Musterbeispiel der Beständigkeit, wie schon sein Name – ‚pierre‘: ‚Stein‘ und ‚(de l')ancre‘: ‚Anker‘ – äußerst eloquent suggeriert,[21] für die Rolle des reflektierenden Subjekts als prädestiniert. Dagegen erscheinen die Objekte seiner Reflexion durch einen unüberwindlichen geographischen Determinismus[22] geprägt:

> Et pour montrer particulièrement que la situation du lieu est en partie cause qu'il y a tant de Sorciers, il faut savoir que c'est un pays de montagne, la lisière de trois Royaumes, France, Navarre, Espagne. Le mélange de trois langues Français, Basque, et Espagnol, l'enclavure de deux Évêchés, car le Diocèse de Dax va bien avant dans la Navarre. Or, toutes ces diversités donnent à Satan de merveilleuses commodités de faire en ce lieu ses assemblées et Sabbats [...].[23]

Als Ort des Dazwischen, so die Argumentation, ist der Labourd verschiedenartigen ‚verunreinigenden‘ kulturellen Einflüssen ausgesetzt, die die Bewahrung einer stabilen und konstanten Existenz des Landes – und somit einer sittlichen Integrität der Einheimischen – verunmöglichen. Mit dieser normativen Haltung gegenüber dem Alteritären imitiert de Lancre als ‚Ethnologe *avant la lettre*‘ die Rhetorik vieler frühneuzeitlicher Beschreibungen über Reisen in die Neue Welt.[24] Als auktoriale Berichtsinstanz legt er aus der Perspektive des überlegenen Eroberers die Standards fest, vor deren Hintergrund die fremde Kultur gelesen wird. Dabei kommt es immer wieder zu suggestiven Assoziationen und semantischen Aufladungen in Einklang mit de Lancres übergeordneter Agenda, der Verteufelung des baskischen Volkes.

---

21 Vgl. Thibaut Maus de Rolley, „Of oysters, witches, birds, and anchors: Conception of space and travel in Pierre de Lancre", in: *Renaissance Studies* 32,4 (2017), S. 530–546, bes. S. 530–533.

22 Vgl. Maus de Rolley, „Of oysters, witches, birds, an anchors", S. 535.

23 De Lancre, *Tableau de l'inconstance des mauvais anges et démons*, S. 72.

24 Vgl. Scholz Williams, „Magie und das Andere", S. 107. Zum reziproken Einfluss von dämonologischen Schriften und Reiseliteratur vgl. Nicole Jacques-Lefèvre, „Pierre de Lancre: Du traité démonologique comme récit de voyage en terre sorcière", in: Grégoire Holtz (Hg.), *Voyager avec le diable. Voyages réels, voyages imaginaires et discours démonologiques (XVe–XVIIe siècles)*, Paris: Presses Universitaires de Paris-Sorbonne, 2008, S. 193–205. Jacques-Lefèvre macht unter anderem darauf aufmerksam, dass de Lancre die *Historia natural y moral de las Indias* (1598) des Jesuiten José de Acosta in seinem *Tableau* mehrfach explizit erwähnt.

Zwei Beispiele zum Einsatz einer solchen tendenziösen Symbolik[25] im *Tableau*, Wasser und Apfel, vermögen diese allgemeine Beobachtung im Folgenden zu konkretisieren: Als, wie gezeigt, namentlich verbürgter ‚Fels in der Brandung‘ setzt der Dämonologe alles daran, die vom Fischfang lebenden Küstenbewohner des Labourd in Analogie mit dem Meer, diesem „élement inquiet"[26], zu setzen und somit sinnbildlich zu seinen Gegenspielern zu machen. Die assoziative Verkettung der beiden enggeführten Elemente erfolgt dabei einmal mehr strategiegemäß mit Negativkonnotationen über den gemeinsamen Hauptnenner der Unbeständigkeit:

> La mer est un chemin sans chemin, il s'enfile parfois encore qu'il semble n'être aucunement tracé, beaucoup plus aisément que la terre. Néanmoins c'est une grande inconstance et légèreté de se jeter ainsi à tous moments et à toutes occasions, comme font les gens de ce pays, à la merci d'un élément si muable, et de tant d'inconstantes créatures à la fois: Car ce grand Océan n'a accoutumé de nous traîner si les vents ne nous poussent. Ainsi les mers nous portent, et les vents nous transportent, nous soufflent et resoufflent dans leur flux et reflux, l'air qu'on y prend et les vapeurs qu'on y reçoit nous mouillent, nous brouillent, et nous détrempent dans l'humidité de tant d'eau, et dessus dessous qu'enfin on ne peut dire, que la navigation ne soit avec tant d'orages, un vrai et téméraire désespoir, causé par le vent de l'inconstance, sous la convoitise que l'avarice insatiable, et quelque humeur volage leur donne de trouver des trésors.[27]

Die topische Relationierung des Ozeans mit der Inkonstanz wird in dieser Passage auf Diskursebene durch die den Wellengang nachahmende reihende und repetitive Satzstruktur unterstützt.[28] Seinem geographiedeterministischen Ansatz gemäß sucht de Lancre die Basken über den Nachweis ihrer jenseits der räumlichen zugleich wesenhaften Nähe zum Wasser als zur Unstetigkeit neigende Geschöpfe zu deklarieren, die in seiner Auslegung aus diesem Grund besonders empfänglich für die Vereinnahmung durch den Teufel sind.[29]

Ein zweites negativ semantisiertes und diabolisch besetztes Bild kommt mit dem Labourd als paradiesgleichem ‚Land der Äpfel‘ ins Spiel:

---

25 Jacques-Lefèvre, „L'écriture littéraire de la sorcellerie", S. 399.

26 De Lancre, *Tableau de l'inconstance des mauvais anges et démons*, S. 72.

27 *Tableau de l'inconstance des mauvais anges et démons*, S. 73 f.

28 Vgl. Maus de Rolley, „Of oysters, witches, birds, an anchors", S. 537 f.

29 „[L]es hommes n'y aiment ni leur patrie, ni leurs femmes, et enfants. [...] L'absence et longs voyages qu'ils font sur mer causent ce désamour, et engendrent cette haine, en aucuns tépidité, ou froideur en d'autres. [...] Ils n'aiment aussi guère leurs femmes, et ne les connaissent pas bonnement, parce qu'ils ne les pratiquent que la moitié de l'année, [...]. [N]'étant traitées en femmes qu'à demi, [...] la plupart trouvent à leur retour que les mères ont choisi et donné à leurs enfants un autre père, en ayant fait un présent à Satan", de Lancre, *Tableau de l'inconstance des mauvais anges et démons*, S. 78 f.

> Enfin c'est un pays de pommes, elles ne mangent que pommes, ne boivent que jus de pommes, qui est occasion qu'elles mordent si volontiers à cette pomme de transgression, qui fit outrepasser le commandement de Dieu, et franchir la prohibition à notre premier père. Ce sont des Èves qui séduisent volontiers les enfants d'Adam, et nues par la tête, vivant parmi les montagnes en toute liberté et naïveté comme faisait Ève dans le Paradis terrestre, elles écoutent et hommes et Démons, et prêtent l'oreille à tous serpents qui les veulent séduire [...].[30]

Ausgesprochen suggestiv und intentional die Verknüpfungen zwischen dem biblischen ‚*Apfel* der Übertretung' – wohlgemerkt nicht korrekterweise: der *Frucht* der Erkenntnis – und der Apfelfülle des Labourd herstellend, präsentiert der Richter die baskischen Frauen in ebenso absichtsvoller Assoziation als Töchter und im schlechten Sinne würdige Nachfahrinnen Evas. Diese lassen sich, so unterstellt es ihnen de Lancre, aufgrund ihrer wesenseigenen Schwäche nur allzu leicht und bereitwillig von der teuflischen Schlange verführen – und verführen ihrerseits mit der sündigen Frucht ihre Schwestern zum Sabbatbesuch, wie aus der (durch Folter erzwungenen) Aussage einer 48 Jahre alten Angeklagten aus Villefranche über den Transport zu selbigem hervorgeht: [D]it qu'une femme, qu'elle nomma, lui ayant donné deux pommes elle en avait mangé l'une et avait donné l'autre à cette jeune femme de 24 ans, qui lui donnèrent après quelques années tant d'habitude avec le Diable qu'elle le menait au Sabbat."[31] Wie aus den beiden Beispielen deutlich hervorgeht, bedient sich de Lancre in seiner Reflexion auf Inhaltsebene zur Untermauerung seines Kerngedankens ausgeklügelter Spiele mit Bildlichkeiten, die seinem Traktat an den entsprechenden Stellen durchaus Züge von Literarizität[32] verleihen. Indem er die teuflische Inkonstanz aber zu immer neuen Bildern umformt, kopiert er die ständige Mutation des Dämonischen[33] – und legt damit selbst (uneingestanden) diabolisches Verhalten an den Tag.

Bevor die diskursive Diabolik von de Lancres Argumentation einer näheren Betrachtung unterzogen wird, muss in aller Kürze auf die Verständigungsproblematik während der juristischen Untersuchung eingegangen werden. Wie im *Tableau* explizit dargelegt, funktioniert die Kommunikation zwischen Richter und Angeklagten nicht in derselben Sprache und muss darum durch bilinguale Übersetzer vermittelt werden: „[L]a langue Basque à nous inconnue donnait liberté à nos Interprètes, de s'en informer pleinement, s'ils eussent

---

30 De Lancre, *Tableau de l'inconstance des mauvais anges et démons*, S. 84.

31 *Tableau de l'inconstance des mauvais anges et démons*, S. 119 f.

32 Zum Modus des (literarischen) story-telling vgl. auch McGowan, „Pierre de Lancre's *Tableau*", S. 196.

33 Jacques-Lefèvre, „L'écriture littéraire de la sorcellerie", S. 387.

voulu, sans que nous en eussions eu aucune connaissance."[34] De Lancre thematisiert sogar andeutungsweise die daraus resultierenden Schwierigkeiten,[35] die etwa deshalb entstehen, weil der baskische Sprachmittler des Französischen weniger gut mächtig ist als seiner Muttersprache oder zwei gleichzeitig eingesetzte Dolmetscher denselben Sachverhalt auf unterschiedliche Weise wiedergeben,[36] ohne allerdings Konsequenzen für die Aussagequalität der solcherart erhaltenen, mehr als unsicheren Bezeugungen und – damit für seine Rechtsprechung – abzuleiten. Dadurch, dass die Geständnisse der Beschuldigten bis zur Fixierung im *Tableau* mindestens drei sprachliche Filter – Übersetzer, Gerichtsschreiber, de Lancre – durchlaufen,[37] sind sie nicht nur äußerst anfällig für (bewusste oder unbewusste) inhaltliche Verfälschungen. Indem sie sich immer weiter vom ursprünglichen Mitteilungssubjekt entfernen, übt de Lancre außerdem sprachliche Gewalt über die vermeintlichen Hexen aus: Als konzeptioneller Urheber des Traktats besitzt er die unumschränkte Diskurshoheit über den Text.

Dass der Dämonologe seine rhetorische (All-)Macht missbraucht und seine Reflexion über das Teuflische zu einer teuflischen Reflexion wird, belegt die Art und Weise seiner gedanklichen Beweisführung. Von der konstatierten diabolischen Inkonstanz und Unverlässlichkeit ausgehend, entwickelt de Lancre ein universal anwendbares Erklärungsmodell bzw. Argumentationsmuster, das es ihm ermöglicht, jeden erdenklichen Sachverhalt auf das Wirken des Teufels zurückzuführen:

> Pour ses promesses il les fait toujours doubles et à deux ententes, parce que quand bien il y manquerait, et qu'il ne voudrait tenir la convention, selon le sens de ceux qui ont pactisé avec lui, il lui est plus aisé d'en souffrir le reproche, que d'en voir l'exécution, si elle n'est du tout avantageuse pour lui. Enfin il fait si bien son marché, qu'il ne nous en vient jamais que ruine et damnation [...].[38]

Aus dieser Grundsatzfeststellung lässt sich generalisierend ableiten, dass, gleichgültig welches Ergebnis ein vor Gericht diskutierter, im Verdacht des Übernatürlichen stehender Vorgang zeitigt, sich dieses immer mit einem dämonischen Eingriff plausibilisieren lässt: Sowohl ein Gelingen als auch ein

---

34   De Lancre, *Tableau de l'inconstance des mauvais anges et démons*, S. 280.

35   Vgl. Scholz Williams, „Magie und das Andere", S. 124 f. Scholz Williams macht auf die karrieristischen Ziele des eingesetzten Lorenzo (de) Hualde aufmerksam, der während der sich wenig später anschließenden spanischen Verfolgungswelle auf der anderen Seite der Grenze zu einem gefürchteten Kinderhexenjäger wird.

36   Vgl. de Lancre, *Tableau de l'inconstance des mauvais anges et démons*, S. 278.

37   Maus de Rolley / Machielsen, „The mythmaker of the sabbat", S. 291.

38   De Lancre, *Tableau de l'inconstance des mauvais anges et démons*, S. 171f.

Scheitern ist nach de Lancre teufelsgemacht; ein positives Resultat und gleich-falls sein Gegenteil sind als mögliche Ausgänge im diabolischen Unheils-plan einbegriffen. Damit aber stellt sich die argumentative Schlussfolgerung des Richters selbst insofern als infernalisch heraus, als sie nicht objektiv und ergebnisoffen ist und in sämtlichen Fällen ausnahmslos zu ein und derselben Erkenntnis führt – nämlich, dass die als Hexen Angeklagten schuldig sind.

Aufgrund der prinzipiellen Argumentation mit der teuflischen Variations-fülle erwecken zahlreiche Passagen des *Tableaus* so auch den Eindruck, in der Qualifizierung der sündigen Tatbestände beliebig zu sein: „[L]e Diable fait beaucoup de choses par autrui, et par l'entremise des sorcières qu'il ne sau-rait faire avec pareille commodité immédiatement par lui-même"[39], heißt es dort beispielsweise ebenso wie kurz darauf: „Néanmoins parfois ce qu'il pour-rait faire par autrui et par les sorcières, il aime mieux le faire et opérer par lui-même"[40]. Durch die Affirmation einer aufgestellten Behauptung wie auch ihrer Alternative(n) weitet de Lancre den Handlungsspielraum des Teufels scheinbar ins Totale aus; bei jeder noch so eindeutigen und klar umrissenen Äußerung über dessen trügerische Fähigkeiten ergibt sich argumentativ ein Schlupfloch, um im Nachsatz ergänzend auch die noch nicht erwähnten Aspekte seiner diabolischen Kompetenz zuzuschreiben. Indem de Lancre sich eloquent jedweder Festlegung entzieht, bildet er auf Ebene der Text-gestaltung die unaufhörlichen Windungen des Teufels nach und entpuppt sich dergestalt als diabolisch-maliziöser Rhetoriker. Analog funktionieren auch die zahlreichen Kommentare zu den Tatbeständen der Hexen: Ob sie sich nun im Traum oder körperlich zum Sabbat begeben[41] oder ob sie beim dortigen Mahl „de bon vivres avec pain, sel et vin" oder nichts als „crapauds, chair de pendus, charognes"[42] zu speisen behaupten – nichts schließt der zynische de Lancre als absurd oder kontradiktorisch aus seinem Gedankengebäude aus, alles dient ihm innerhalb der Reflexion zur Bestätigung ihrer teuflischen Verfallenheit und ihrer unaufhebbaren Schuld.

In seiner Argumentation setzt der Dämonologe bisweilen Zirkelschlüsse ein, zum Beispiel wenn er den tatsächlich-leiblichen Hexenflug als eine reale Möglichkeit des Transports zu den nächtlichen Versammlungen herleitet. In der Rückweisung diesbezüglich anderslautender Behauptungen weiterer gelehrter Teilnehmer an der dämonologischen Debatte heißt es im *Tableau* dazu:

---

39 *Tableau de l'inconstance des mauvais anges et démons*, S. 138.
40 Ebd.
41 *Tableau de l'inconstance des mauvais anges et démons*, S. 113.
42 *Tableau de l'inconstance des mauvais anges et démons*, S. 184.

Ajoutons-y que l'Église Catholique apostolique et Romaine, qui ne peut errer, les [= les sorciers, A. W.] punit de mort. Or elle errerait grandement d'en user sévèrement s'ils n'étaient sorciers et criminels que par songe. Il faut donc nécessairement inférer que quiconque croit que les transports sont seulement prestiges, songes, et illusions, pèche contre l'Église laquelle ne punit de crimes incertains, occultes et non manifestes, et ne punit comme Hérétiques que ceux qui le sont véritablement et non par songe et illusion.[43]

Mit dem Bemühen der orthodoxen Doktrin von der Unfehlbarkeit der Kirche erbringt de Lancre den folglich nicht mehr zu widersprechenden Nachweis, dass die Ausfahrt der Hexen Wirklichkeitsstatus besitzen muss. Mit diesem *Circulus vitiosus* wendet er einen rhetorischen ‚Teufelskreis' an, dem argumentativ nicht mehr zu entkommen ist. Er selbst als spitzfindiger Wortakrobat legt über den Einsatz von Sprache demnach diabolische Züge an den Tag.

Ein anderes Argument, mit dem er die Zweifel seiner Gegner an der Wahrhaftigkeit der ungeheuerlich erscheinenden Schilderungen bezüglich des Hexenflugs wie auch des gesamten Sabbatgeschehens zu entkräften gedenkt, operiert mit einem quantitativen Ansatz: „Or si le transport n'était véritable, comment est-ce que deux mille enfants de Labourd présentés au Diable au sabbat par certaines femmes qu'ils nomment par nom et surnom, [...] soutientraient ce transport sans jamais varier ni prendre l'une pour l'autre?"[44] Zum Gewicht der Masse[45] kommt die völlige Kongruenz der Aussageinhalte, wie er auch nochmals an anderer Stelle des Traktats hervorhebt:

[C]inq cents enfants de Labourd voire plus de mille, bien que ce ne soit qu'une petite contrée [...] retombe ès pattes du Diable, par le moyen de la Sorcière [...]: conformité d'accidents, une si grande concorde de discordants et divers entendements, et le consentement universel de toutes les nations pour éloignées qu'elles soient, qui les font, racontent, et décrivent tous semblables. Ou ci étaient des songes, comment ont-elles fait ou pu faire mêmes songes? comment est-il possible que cela leur soit advenu de même façon, en même lieu, en même temps, en même jour, en mêmes heures? Les Médecins disent que la quantité et qualité des vivres, diversifient les songes, la diversité de l'âge, et la diverse température des humeurs: néanmoins au sortilège, elles songent même chose, petits et grands, vieux et jeunes, hommes et femmes, bilieux et flegmatiques, sanguins et mélancoliques.[46]

---

43   *Tableau de l'inconstance des mauvais anges et démons*, S. 125 f.
44   *Tableau de l'inconstance des mauvais anges et démons*, S. 119.
45   Zum Mengenaspekt der Kinder-Zeugen vgl. auch Anna Isabell Wörsdörfer, „Dämonologische Mengenlehre. (Imaginierte) Ansteckungsdynamiken im französisch-spanischen Kulturkontakt: Die baskische Hexenverfolgung 1609–1614", in: Milan Herold u. a. (Hg.), *Menge und Krankheit*, Paderborn: Brill / Fink, 2023, S. 37–52, hier S. 42.
46   De Lancre, *Tableau de l'inconstance des mauvais anges et démons*, S. 344.

Entgegen seiner Grundstrategie, die förmliche Inkonstanz und Vielheit als teuflisches Wesensmerkmal festzusetzen, betont de Lancre hier ausgerechnet die Uniformität der mündlichen Zeugnisse und demonstriert solchermaßen, dass er alle – auch gegenteilige, seinem Konzept offensichtlich widersprechende – Umstände wahrhaft teuflisch im Sinne seines Beweisziels umwenden kann. Zur Vereinnahmung seiner Adressaten für seine Position nutzt er in appellativer Manier geschickt den Fragemodus, der seine suggestive Kraft verlässlich und durch die Wiederholung nachdrücklich entfaltet.

Wie die an de Lancres *Tableau* angelegte dekonstruierende Lesart vorausgehend enthüllt hat, finden sich im Werk – gegen den Strich gelesen – Indizien für die diabolische Hypokrisie des Dämonologen. Er selbst scheint ein teuflisches Vergnügen am Erzählen seiner auf der Mission gesammelten Informationen zum Hexenwesen zu haben; wie die Forschung mehrfach festgestellt hat, verführt de Lancre seinerseits durch den Text, etwa indem er die Augenlust seiner Rezipienten durch die verbal-anschauliche Theatralisierung des Sabbats anregt[47] – eine auf die textliche Produktion übertragene Methode, die konsensuell dem Vorgehen des teuflischen Versuchers in der alltäglichen Wirklichkeit entspricht. Mit seiner gelehrten Pornographie[48] offenbart der französische Richter ferner seine eigene ambivalente Faszination bis hin zur Obsession, die er gegenüber den Frauen im Labourd empfindet. Diese tiefliegenden Widersprüche im Charakter de Lancres, die sich zwischen den Zeilen seines Traktats herauslesen lassen, deckt auch Pablo Agüero mit seiner filmischen Umsetzung der baskischen Untersuchung auf, der unter anderem das *Tableau* als historische Inspirationsgrundlage dient. Sein Filmdrama *Akelarre* demaskiert den gegen das Infernalisch-Böse zu Felde ziehenden Hexenrichter als den ‚wahren Teufel' dieses speziellen Ausschnitts innerhalb der frühneuzeitlichen Hexenverfolgung.

3. Teuflisches filmen – teuflisches Filmen: Agüeros *Akelarre*

Mit seinem fünften Spielfilm[49] *Akelarre* reiht sich der argentinisch-französische Regisseur Pablo Agüero (Jahrgang 1977) in eine lange Genretradition des

---

47 Vgl. exemplarisch dazu Jacques-Lefèvre, „L'écriture littéraire de la sorcellerie", S. 374 f. und Maus de Rolley / Machielsen, „The mythmaker of the sabbat", S. 293.

48 Vgl. Maus de Rolley / Machielsen, „The mythmaker of the sabbat", S. 283.

49 Agüeros Filmkarriere beginnt mit drei Kurzfilmen: *Más allá de las puertas* (1995), *Lejos del sol* (2005) und *Primera nieve* (2006). Vor *Akelarre* hat er vier Langfilme, *Salamandra* (2008), *77 Doronship* (2009), *Madres de los dioses* (2015) und *Son of Man* (2018) gedreht. Seine Produktionen, die mehrheitlich nationale und internationale Auszeichnungen erhalten

internationalen Kinos ein, in der der Teufel in historischem oder gegen-
wärtigem Setting die fiktionale Welt mit seiner furchterregenden Existenz in
Angst und Schrecken versetzt. Die Linie lässt sich angefangen bei Georges
Mèlies' *Le diable au convent* (1899) über die beiden frühen nordischen Produktionen *Blade af Satans Bog*[50] (1921) von Carl Theodor Dreyer und *Häxan*
(1922) von Benjamin Christensen bis zum modernen Hollywood-Kino (älteren wie jüngsten Datums), etwa mit Taylor Hackfords *The devil's advocate*
(1997), Roman Polanskis *La neuvième porte* (1999) und Robert Eggers *The Witch*
(2015) ziehen.[51] Und dennoch handelt es sich bei *Akelarre*, einer spanisch-
französisch-argentinischen Koproduktion, die aus Kostengründen nicht den
französischen, sondern den spanischen Teil des Baskenlands zum Schauplatz
hat[52] und als Titel die baskische Bezeichnung für den Hexensabbat trägt[53],
um einen unkonventionellen Hexenfilm, vergleicht man ihn mit den beiden
anderen aus Spanien stammenden filmischen Auseinandersetzungen mit bas-
kischem Bezugsgegenstand, Pedro Oleas Historiendrama *Akelarre* (1984) und
Álex de la Iglesias' Horrorkomödie *Las brujas de Zugarramurdi* (2013):[54] Wie
Agüero in einem Interview selbst unterstreicht, hat er bewusst sowohl formal-
vermittlungstechnisch auf die üblicherweise statischen Kameraaufnahmen
des historischen Genres als auch inhaltlich auf die stereotypische Täterrolle

---

haben, verbindet – *Akelarre* eingeschlossen – der allen gemeinsame Fokus auf die *condi-
tio feminina*. Vgl. „Biofilmografía del director", in: *Akelarre. Una Película de Pablo Agüero*
(*Pressebuch*), www.lamiaproducciones.com-akelarre-pressbook (Zugriff 10.07.2023).

50   Zu Deutsch: *Blätter aus dem Buche Satans*.

51   Vgl. dazu weiterführend Roberto Morales Estévez, „El arquetipo de Lucifer en el cine. Una
       aproximación histórica", in: María Jesús Zamora Calvo (Hg.), *El diablo en sus infiernos*,
       Madrid: Abada Editores, 2022, S. 259–280 und Thomas Kroll, „Böse Typen in vielerlei
       Gestalt. Teuflische Figuren im Film", in: Thomas Bohrmann / Werner Vieth (Hg.), *Hand-
       buch Theologie und Populärer Film*, Paderborn: Schöningh, 2007, S. 157–172.

52   Vgl. Laurence Mullaly, „La fabrique des sorcières. Pablo Agüero / 2021. Les sorcières d'Ake-
       larre", https://www.genre-ecran.net/IMG/pdf/sor-2.pdf (Zugriff 10.07.2023), S. 1–9, hier
       S. 3.

53   Die (ungewöhnliche) spanische Bezeichnung für den Sabbat, ‚aquelarre', ein Komposi-
       tum aus baskisch ‚Bock' und baskisch ‚Wiese' als Versammlungsort der Hexen, hat sich im
       Zuge der hier fokussierten Episode der Hexenverfolgung eingebürgert. Vgl. dazu Gustav
       Henningsen, „El invento de la palabra aquelarre", in: *Revista International de los Estudios
       Vascos* 9 (2012), S. 54–65.

54   Zum Meister des spanischen Horrorkinos vgl. weiterführend Borja Crespo, „Álex de la
       Iglesia. Portrait of a famous monster", in: Carlos Aguilar (Hg.), *Cine fantástico y de terror
       español. 1984–2004*, San Sebastian: Donostia Kultura y autores, 2005, S. 57–80.

der Hexe(n) im Horrorgenre verzichtet.[55] Der mit fünf Goyas[56] ausgezeichnete Film will die Konstrukthaftigkeit des frühneuzeitlichen Hexenbildes und die am Werk befindlichen zeitlosen Repressionsmechanismen seitens der männlichen Autorität, hier: Repräsentant der Staatsmacht, gegenüber den untergebenen Frauen entlarven und erweist sich aus genderorientierter Perspektive etwa durch die 2017 aufflammende #MeToo-Debatte von äußerster Relevanz und Aktualität,[57] was *Akelarre* auch als Werk für den Schulunterricht[58] attraktiv macht.

Agüero setzt die historische Hexerei-Episode, wie sie de Lancre in seinem Traktat schildert und zur Illustration für seine Beschäftigung mit dem Teufel heranzieht, wenn auch mit einigen Freiheiten (wie der erwähnten Verlagerung auf die spanische Seite der das Baskenland durchschneidenden Reichsgrenze) audiovisuell in Szene. Insofern ist der Produktion im Hinblick auf die inhaltliche Darbietung zu attestieren, Teuflisches zu filmen. Zahlreiche Ausschnitte lassen den direkten Einfluss des *Tableaus* erkennen, aus dem sich zum Beispiel die Sequenz des Abendessens der Untersuchungskommission um Rostegui[59]

55　Vgl. Claire Vassé, „Entretien avec Pablo Agüero", in: *Les sorcières d'Akelarre. Un film de Pablo Agüero* (*Pressebuch*), https://medias.unifrance.org/medias/195/158/237251/presse/les-sorcieres-d-akelarre-presskit-french.pdf (Zugriff 10.07.2023).

56　Für die beste Art Direction (Mikel Serrano), die besten Spezialeffekte (Mariano Garía Marty), die beste Musik (Aránzazu Caleja und Maite Mrroitajauregi), die besten Kostüme (Nerea Torrijos) und die beste Maske (Beatushka Woytowicz und Ricardo Molina), vgl. Mullaly, „La fabrique des sorcières", S. 2.

57　Vgl. dazu auch die Äußerungen Agüeros in Vassé, „Entretien avec Pablo Agüero". Dort führt der Regisseur zudem aus, dass auch eigene Unterdrückungserfahrungen unter der argentinischen Militärdiktatur eine wichtige Rolle bei der Entstehung des Films gespielt haben.

58　Im Internet kursieren mehrere *Dossiers pédagogiques* für den (Fremd-)Sprachenunterricht an französischen Lycées. Vgl. zum Beispiel dasjenige von Clément Couvrand, abrufbar unter: http://www.cinespagnol-nantes.com/wp-content/uploads/2022/02/dped-akelarre_2022.pdf (Zugriff 10.07.2023) und jenes von Vital Philippot, Pauline Le Gall und Susana Arbizu, abrufbar unter: https://www.t-n-b.fr/media/tnb/188250-dp_da_akelarre.pdf (Zugriff 10.07.2023). Mit einem vierseitigen Beitrag in *VoScope*, einem Kino-Beiheft des Sprachmagazins *VoCable* für Fremdsprachenlernende, wird dieses schulische Lehrangebot ergänzt, was die angenommene Attraktivität der Filmthematik für einen jungen Adressatenkreis pointiert: „Les sorcières d'Akelarre. Un film de Pablo Agüero", in: *VoScope. Le supplément cinéma de VoCable*, https://www.regards-valence.com/wp-content/uploads/2022/03/voscope-les-sorcieres-d-akelarre-2022.pdf (Zugriff 10.07.2023).

59　Sein vollständiger Name lautet Pierre de Rostegui de Lancre. Das Pressebuch weist die Figur des Richters als Rostegui aus. Vgl. *„Ficha artística", in: Akelarre. Una Película de Pablo Agüero* (*Pressebuch*), www.lamiaproducciones.com-akelarre-pressbook (Zugriff 13.07.2023).

de Lancre (Alex Brendemühl) speist:[60] Die oben diskutierte Assoziierung der baskischen Bevölkerung mit der teuflischen Unbeständigkeit und deren Herleitung aus den geographischen Gegebenheiten wird durch Padre Cristóbal (Asier Oruesagasti) als Sprachrohr in den Film integriert. Hier stammen die vom historischen Traktat bekannten Leitsätze vom Meer als Weg ohne Weg sowie der prekären Grenzlage der Region zwischen drei Königreichen, die als Erklärung für die unter den Landsleuten besonders stark ausgeprägte Inkonstanz dienen sollen, aus dem Munde des lokalen Geistlichen. Auch die Fluchtbewegung der Teufel aus ihrem vormals privilegierten Herrschaftsbereich, den unlängst missionierten Gebieten Amerikas, zurück in die alte Welt und besonders ins Baskenland, wie sie de Lancre in seiner Schrift nachzeichnet,[61] wird von Padre Cristóbal, sich immer mehr in Rage redend, ins Feld geführt: „Los demonios paganos que los evangelizadores han expulsado de las Indias vienen escondidos en los balleneros a invadir las tierras cristianas y entran por aquí mismo."[62]

Die aus dem *Tableau* herauszulesende Verachtung des sich kulturell überlegen fühlenden de Lancre gegenüber den in der Peripherie lebenden Basken[63] spricht in dieser Filmpassage vor allem aus dem Berater und Schreiber Salazar[64] (Daniel Fanego), die Agüero in diverse Abfälligkeiten über das servierte Essen transponiert. Allerdings liefert die ausgeprägteste Reminiszenz an den Traktat Rostegui hier selbst mit seinen Auslassungen über den Tanz als einem wesentlichen Symptom der moralischen Verderbtheit und Unstetigkeit. Zwar erläutert er die aus den aus seiner Sicht unsittlichen Bewegungen[65] der Körper hervorgehenden Gefahren am Beispiel der Frau Troffea und deren historisch

---

60   Vgl. Pablo Agüero, *Akelarre*. Spanien / Frankreich 2020, min. 26:07–31:46.

61   Vgl. de Lancre, *Tableau de l'inconstance des mauvais anges et démons*, S. 80.

62   Agüero, *Akelarre*, min. 27:57–28:06.

63   Die im *Tableau* thematisierte Sprachproblematik löst Agüero hier dergestalt, dass die angeklagten Mädchen untereinander Baskisch sprechen, mit den Autoritäten aber (historisch nicht authentisch) auf Spanisch kommunizieren.

64   Alonso de Salazar y Frías ist der Name des während dieser Verfolgungswelle auf spanischer Seite ermittelnden Inquisitors. Der historische Namensgeber geht allerdings in der Realität nicht fanatisch, sondern viel moderater vor und sorgt letztendlich dafür, dass die massenhafte Hexenjagd nach diesem Höhepunkt in Spanien vergleichsweise früh ein Ende findet. Vgl. dazu Gustav Henningsen, *El abogado de las brujas. Brujería vasca e Inquisición española*. Versión española de Marisa Rey-Henningsen, Madrid: Alianza, 1983 und Lu Ann Homza, „An expert lawyer and reluctant demonologist", in: Jan Machielsen (Hg.), *The Science of Demons. Early Modern Authors Facing Witchcraft and the Devil*, London: Routledge, 2020, S. 299–312.

65   Zu de Lancres Dämonisierung von Bewegung vgl. auch Maus de Rolley, „Of oysters, witches, birds, an anchors", S. 545.

überlieferter (zum Tode von 359 Menschen führender) Tanzwut[66] 1518 in Straßburg, das sich so nicht im *Tableau* wiederfindet, doch vermag dieser Fall die
allgemeinen Ausführungen im *Discours III,4* „De la danse des sorciers au sabbat"[67] in seiner Konkretheit zu veranschaulichen. Sein abschließend formu-
liertes Credo „no hay nada más peligroso que una mujer que baila"[68] kann als
Schlüsselzitat betrachtet werden, von dem aus Agüeros Enthüllungsarbeit des
wahren Teuflischen in *Akelarre* ihren Ausgang nimmt. Unter dieser Perspektive ist die deutsche Titelübersetzung *Tanz der Unschuldigen* klug gewählt.[69]

Rosteguis Kampf gegen die sich in der Sinnlichkeit ausdrückende Inkonstanz der als Hexen beschuldigten Frauen ist, so zeigt es Agüeros Bearbei-
tung besonders deutlich in der filmischen Umsetzung[70] der im *Tableau*
geschilderten[71] Suche nach dem Teufelsmal, von einer eigentümlichen Ambivalenz zwischen Abstoßung und Faszination begleitet. In der besagten Sequenz
stehen vier Männer um die nackt auf eine Liege geschnallte Ana Ibarguren
(Amaia Aberasturi). Indem der mitgereiste Chirurg der jungen Frau erst den
Haarflaum von der Haut entfernt, dann beginnt ihr Haupthaar abzuschneiden
und sie schließlich an mehreren Muttermalen mit einer spitzen Nadel malträ-
tiert, nimmt er physisch Besitz von ihrem Leib. Eine derartige Folter, die sich
in den historischen Fällen gewöhnlich in der weiteren Fragmentierung des
,Hexenkörpers' fortsetzt, stellt den Akt männlicher Bemächtigung dar.[72] In den
Augen des beiwohnenden Rostegui drückt sich nach Momenten der Abscheu
immer wieder ein Begehren nach dem klar sexualisierten Körper Anas aus, das
die bei dieser Art der Untersuchung stets auch wirksame psychische Gewalt
zur Geltung kommen lässt. Mit der Inszenierung dieses *male gaze* überträgt
Agüero die im Traktat hinter den Sätzen seines Urhebers durchscheinende

---

66 Vgl. weiterführend Gregor Rohmann, *Tanzwut: Kosmos, Kirche und Mensch in der
Bedeutungsgeschichte eines mittelalterlichen Krankheitskonzepts*, Göttingen: Vandenhoeck & Ruprecht, 2013.

67 Vgl. de Lancre, *Tableau de l'inconstance des mauvais anges et démons*, S. 188–196, bes.
S. 190 f.

68 Agüero, *Akelarre*, min. 31:06–31:09.

69 Agüero bezieht mit seinem Film gegen René Girards Sündenbock-Theorie Position, weil
es in *Akelarre* tatsächlich nicht den Anflug eines realen Verbrechens gibt, was die Verfolgung anstößt. Vgl. zu Girards Anklagemechanismus weiterführend René Girard, „Die
Stereotypen der Verfolgung", in: Ders., *Ausstoßung und Verfolgung. Eine historische Theorie des Sündenbocks*. Aus dem Französischen von Elisabeth Mainberger-Ruh, Frankfurt:
Fischer, 1992, S. 23–37.

70 Vgl. Agüero, *Akelarre*, min. 40:51–[43:23 und 43:56–]44:12.

71 Vgl. de Lancre, *Tableau de l'inconstance des mauvais anges et démons*, S. 178–183.

72 Vgl. Anna Rosner, „The Witch Who Is Not One: The Fragmented Body in Early Modern
Demonological Tracts", in: *Exemplaria* 21,4 (2009), S. 363–379.

Besessenheit – de Lancre berichtet etwa vom einmaligen Vordringen der Hexen bis in sein Schlafzimmer, bis in seinen intimsten Raum also, das heißt figurativ bis in seine Psyche[73] – medial angepasst in die Visualität des Films. In der Folge nimmt das Blickregime des fanatisch-teuflischen Richters immer eindeutiger wollüstige Züge an, zum Beispiel als er der erneut nackten Ana während ihrer Waschung gegenübertritt, sodass sich Salazar mehrfach bemüßigt fühlt, ihn höflich wieder zur Räson zu rufen.[74]

Diesem vielsagenden intensiven Blickaustausch mit Ana geht eine Ein-stellung voraus, die Rosteguis manipulative Diabolik vollends ans Licht befördert: Während Salazar eine Zeichnung von Ana und der betagten ört-lichen Dienstmagd, Sra. Lara (Elena Uriz), anfertigt, erläutert der Dämonologe, dass er das Blatt als erstes einer ganzen Reihe zur Visualisierung für die Etap-pen des Sabbats in sein Buch zu integrieren gedenkt: „La gente necesita ver para creer."[75] Tatsächlich befinden sich in der zweiten, erweiterten Auflage des *Tableaus* von 1613 verschiedene Illustrationen, unter anderem eine berühmte Gravur zum Sabbatgeschehen vom Polen Jan Ziarnko.[76] Aus der harmlosen Waschszene wird im Narrativ Rosteguis so das Abbild einer Hexensalbung, der Initiierung einer Junghexe durch ihre teuflische Patin. Indem er den Bild-gegenstand in offensichtlichem Widerspruch mit den Tatsachen zum Zwecke seines Feldzugs gegen alles Teuflische umdeutet, vollführt er seinerseits eine teuflische Täuschung seiner Leserschaft. Mit Stützung auf die filmspezifische Medialität enthüllt Agüero durch diese Darstellung also durch hautnahe Anschauung den tendenziösen Umgang de Lancres mit bildlichen Medien. Seriell bestätigt und damit in seiner Geltung generalisiert wird dieser kurz darauf in der Produktion einer weiteren vermeintlichen Sabbat-Zeichnung: Salazar bringt ein Stillleben des dort eingenommenen Festmahls, arrangiert nach dem Verhörprotokoll Anas, zu Papier. Mangels eines Ziegenbockschädels befindet sich auf dem Tisch allerdings jener einer Kuh[77] – erneut wird der Wahrheitsgehalt des Gezeigten verzerrt, die verfälschende Illustration im Sinne von Rosteguis Agenda instrumentalisiert.

Die im historischen Traktat herausgearbeitete diabolische Argumentations-führung wird in *Akelarre* zudem direkt vorgeführt. Musste de Lancres dia-bolischer Zynismus im *Tableau* erst über den Umweg aus der berichtenden Vermittlung, die der Richter selbst verantwortet, erschlossen werden, zeigt

---

73   Vgl. Jacques-Lefèvre, „L'écriture littéraire de la sorcellerie", S. 407.

74   Vgl. Agüero, *Akelarre*, min. 1:01:27–1:02:18.

75   *Akelarre*, min. 1:00:24.

76   Vgl. dazu McGowan, „Pierre de Lancre's *Tableau*", S. 192 f.

77   Agüero, *Akelarre*, min. 1:06:36–1:06:40.

Agüero Anas Vernehmung in (scheinbar objektiver) filmischer Unmittelbarkeit. Dass die Parteinahme des Publikums dennoch zuvor bereits zugunsten der Gefangenen gelenkt wird, geht aus der internen Okularisierung und Aurikularisierung hervor, als die junge Frau in die Zelle gesperrt wird und die unbekannte Umgebung zunächst, wie die Kamera in Imitation ihrer Perspektive einfängt, durch einen über den Kopf gestülpten Sack mit ihren Atemgeräuschen im Hintergrund erkundet.[78] Während der Zuschauer von den Verhören der ersten drei Mädchen vorerst nur Bruchstücke erfährt, die sie, sichtlich erschöpft und eingeschüchtert, ihren Zellengenossinnen im Anschluss an ihre Befragung mitteilen, folgt die Kamera der auf diese Weise als Identifikationsfigur inszenierten Ana in den provisorischen Vernehmungsraum. Dort entfaltet Rostegui im Dialog mit der Beschuldigten seine ganze rhetorische Spitzfindigkeit:

> ANA: No soy bruja.
> ROSTEGUI: Si no lo eres, ¿cómo sabías que te iba a preguntar si lo eras?
> ANA: Es lo que han dicho las demás.
> ROSTEGUI: ¿Y qué te hace suponer que si ellas lo son, tú también lo eres?
> ANA: No he dicho que lo sea.
> ROSTEGUI: ¿Porqué no me has dicho?... ¿Es un secreto?
> ANA: Porque no lo soy.
> ROSTEGUI: ¿Y qué es, una bruja?
> ANA: ¿No lo sabe usted?
> ROSTEGUI: Lo estoy preguntanto a tí. ¿Cómo podrías saber que no lo eres, si no sabes lo que es?
> ANA: Una buja es una persona que hace mal a otras.
> ROSTEGUI: Mhm. ¿Y tú nunca haces mal a otras personas?
> ANA: No de esa manera.
> ROSTEGUI: ¿De qué manera haces mal a otras personas?
> ANA: Nunca he embrujado a nadie.
> ROSTEGUI: De qué manera, te he preguntado.
> ANA: ¿Porqué dice que soy una bruja?
> ROSTEGUI: ¿He dicho que lo seas? ¿Quién, quién ha dicho que lo fuera? ¿Me lo dice?
> SALAZAR: No, no. No, señoría.
> ROSTEGUI: Tú lo has dicho.[79]

Mit seiner hochgradig suggestiven Form der Gesprächsführung insinuiert der Richter von Anfang an Anas Selbstbekenntnis ihrer Schuld. Hinter Rosteguis scheinbar offenem, jeglichen Vorwurf ihrer Vorverurteilung von sich weisendem Fragestil verbirgt sich die teuflische Strategie, die junge Frau in ihren

---

78   Vgl. *Akelarre*, min. 07:25–07:47.
79   *Akelarre*, min. 16:05–17:43.

eigenen Worten deren Hexenidentität und Teufelsverschreibung formulieren
zu lassen. Auf Anas fragende Entgegnungen, die darauf abzielen, sein perfides
Beweisverfahren zu durchbrechen, antwortet er entweder mit dem sofortigen
Rückspiel der Wortführung („Lo estoy preguntando a tí", „De qué manera, te he
preguntado") oder mit einer Gegenfrage („¿He dicho que lo seas?"). Am Ende
steht sein syllogistisch scheinbar einwandfreier Schluss, Anas Geständnis mit
ihrem Verhör erhalten zu haben.

Neben der aufgezeigten Herausstellung von Rosteguis vielförmiger Diabolik auf Inhaltsebene rekurriert *Akelarre* zur Unterstreichung dieser zentralen Filmbotschaft, wie vereinzelt schon angedeutet, ebenfalls wiederholt auf
die medienspezifische Audiovisualität. Aufgrund dieser seiner diskursiven
Präsentationsform, die dem Rezipienten eine ästhetische Illusion darbietet, ist
es möglich, das Kino (nach dem Theater) als ‚Kunst der Täuschung', genauer
des Augen- und Ohrentrugs, sinnbildlich als diabolisches Medium[80] zu definieren, das wie der Teufel seine Opfer die Filmzuschauer mit allen Sinnen verführt. Immer wenn Agüero somit die Spur des Mediums unverhohlen zutage
treten lässt und die mediale Geformtheit von *Akelarre* dermaßen offen reflektiert, kann daraus ein teuflisches Filmen erwachsen. Eine für dieses Postulat
aufschlussreiche Sequenz stellt jener Ausschnitt dar, in dem Ana, die sich in
die Rolle der angeklagten Hexe fügt, Rostegui bereitwillig den Hergang des
Sabbats in allen Einzelheiten erzählt. Die junge Baskin macht sich nach dem
literarischen Modell von Scheherazade aus *Tausendundeine Nacht* eine in die
Länge ziehende Erzählstrategie zunutze,[81] die das richterliche Urteil in der
Absicht retardiert, die zeitlichen Voraussetzungen für ihre Befreiung durch
die alsbald von Hoher See heimkehrenden Männer ihres Dorfes zu schaffen.
Damit setzt Agüero in der Figur Anas, die offenbar der historischen Jeannette d'Abadie[82], de Lancres ‚Starzeugin', nachempfunden ist, jene im *Tableau*
attestierte Erzählfreude[83] um, die den Dämonologen insbesondere in ihrem
Detailreichtum in Bezug auf die sexuellen Praktiken auf dem Sabbat zutiefst
abstößt. Was das teuflische Filmen in dieser Passage[84] im Kern ausmacht, ist

---

80 Vgl. Morales Estévez, „El arquetipo de Lucifer en el cine", S. 159.

81 Vgl. dazu auch die Äußerungen Agüeros in Vassé: „Entretien avec Pablo Agüero".

82 Zu dieser vgl. die zusammengetragenen Informationen in Joëlle Dusseau, „Jeannette
d'Abadie a seize ans", in: Dies., *Le juge et la sorcière*, Bordeaux: Éditions Sud Ouest, 2002,
S. 107–122.

83 „Mais je puis dire des filles et femmes de Labourd, qui ont pratiqué les Sabbats, qu'au lieu
de taire ce damnable accouplement, d'en rougir et d'en pleurer, elles en content les cir-
constances et les traits les plus sales et impudiques, avec une telle liberté et gaieté, qu'elles
font gloire de le dire, et prennent un singulier plaisir de la raconter", de Lancre, *Tableau de
l'inconstance des mauvais anges et démons*, S. 197.

84 Vgl. Agüero, *Akelarre*, min. 45:31–50:02.

die Ton-Bild-Divergenz: Während Anas Stimme aus dem Off den nächtlichen Zug zum Sabbat in Tiergestalt wiedergibt – sie habe María (Yune Nogueiras) in ein Lamm[85], Maider (Jone Laspiur) in einen Esel, Oneka (Lorea Ibarra) in eine Ziege und Katalin (Garazi Urkola) in ein Schwein verwandelt –, zeigt der Bildkanal von der Sonne lichtdurchflutete Szenen aus dem Alltag der fünf Mädchen. Auf diese Weise wird in der Schilderung der kreativen Ana ein mittäglicher Ausflug der Freundinnen auf eine Waldlichtung, auf der sie in ihrer jugendlichen Unbeschwertheit Cidre und Champignons zu sich nehmen, zur Feier einer Teufelsmesse mit schwarzen Hostien; der Tanz zu einem arglosen baskischen Volkslied[86] über den Geliebten wird zur dämonischen Beschwörung und zum Hexentanz. Indem Ana Rosteguis Narrativ von der satanischen Sekte fortspinnt, reproduziert sie dessen Diabolik – der Mechanismus aus Zuschreibungen, den de Lancre in seinem Traktat anwendet, steht in *Akelarre* durch das teuflische Filmen unmittelbar vor Augen.

In weiteren Sitzungen gestalten die beredsame und einfallsreiche Ana und der Richter das Bild von den nächtlichen Festen der Hexen erzählerisch gemeinsam aus. Damit bestätigt Agüero Carlo Ginzburgs These vom Sabbat als imaginärem Mischkonstrukt, in dem sich gelehrte und volkstümliche Einflüsse zu einer kulturellen Kompromissgestalt zusammenfinden.[87] In der Sequenz[88]

---

85   Im *Tableau* schließt der Dämonologe die Transformation in ein Lamm explizit aus: „Jamais le Diable qui prend tant de formes, ne se transforma en agneau ou en colombe: non paravanture qu'il ne le peut, mais parce que Dieu n'a voulu permettre qu'il prît et abusât de ces deux formes, que son Fils et le Saint Esprit s'étaient choisies et comme réservées: ou bien parque les Diables abhorrent tellement notre Seigneur, qu'ils dédaignent et ne veulent pratiquer, ces vénérables formes qui ont été exploitées par son ennemi notre Sauveur", de Lancre, *Tableau de l'inconstance des mauvais anges et démons*, S. 254. Aus dieser Textkenntnis entsteht im Film eine gewisse Komik, als Salazar auf Anas Aussage ungläubig fragt: „¿Un cordero del diablo?", Agüero, *Akelarre*, min. 46:22. Wieder ist es der schon zuvor die Erklärfunktion im Film innehabende Padre Cristóbal, der eine solche Verwandlung plausibilisiert und in einen dämonologischen Rahmen presst: Der Teufel habe sich zum Hohn das höchste Symbol der Unschuld gewählt.

86   Im Liedtext heißt es unter anderem „Ez dugu mahi beste berorik, zure muxuen sua baino" – zu Deutsch: „Wir wollen keine andere Wärme als das Feuer deiner Küsse". Die Autoritäten folgern, dass es sich bei dem adressierten Du nur um den Teufel handeln kann.

87   Vgl. Carlo Ginzburg, *Hexensabbat. Entzifferung einer nächtlichen Geschichte*. Aus dem Italienischen von Martina Kempter, Frankfurt: Fischer, 1993, hier S. 26. Asier Amezaga Etxebarria interpretiert *Akelarre* unter Anwendung von Louis Althussers Konzept der Interpellation, bei der die Einbettung von Zeugenaussagen in das dominante ideologische Netzwerk der Autoritäten stets die ‚Mittäterschaft' der erzählenden Befragten erfordert; Ana erfülle dadurch diese Bedingung, dass sie die Leerstellen im Sinne des Richters füllt. Vgl. Asier Amezaga Etxebarria, „Akelarre", in: *Papeles del CEIC* 1 (2021), S. 1–9.

88   Vgl. Agüero, *Akelarre*, min. 51:22–55:49.

stellt Rostegui bei der Vernehmung, die sich mittlerweile bis in die Nacht hineinzieht, Ana die Frage nach der Gestalt Luzifers. Ihre Beschreibung seines Äußeren – „Vestido de negro, barba, ojos claros, hermoso"[89] – ähnelt auffällig demjenigen des charismatischen Richters, den die Kamera während Anas Antwort in der Dunkelheit in Seitenaufnahme vor einem lodernden Kaminfeuer einfängt und ihn so auch visuell erstmals in die Ikonographie des Teuflischen einschreibt.

Abb. 18.1   Rostegui, vor Kaminfeuer, befragt Ana zur Gestalt Luzifers (Agüero, *Akelarre*, min.51:42).

Bei der Beschreibung seines Glieds[90] macht die Baskin wie zuvor Anleihen bei harmlosen Alltagserfahrungen, sodass sie einen bemoosten Ast dekontextualisierend in den Dämonen-Diskurs überträgt und noch dazu, um die Erwartungen des fasziniert zuhörenden Dämonologen zu erfüllen, in hyperbolischer Gestik[91] überdimensioniert. Die Schilderung des Sexualakts, die Ana zunächst unter Anführung mehrerer Unsagbarkeitstopoi verschweigen will, wird wiederum aus Rosteguis gebildetem Hintergrund angereichert, führt er doch eine sehr plastische Wiedergabe der Verzückung der Heiligen Theresa[92]

---

89   *Akelarre*, min. 51:31–51:40.
90   Vgl. dazu auch Marianne Clossons Beitrag im vorliegenden Sammelband.
91   Die mit der Abmessung ihrer Hände angezeigte Penislänge des Teufels, bei der sich Ana entgegen ihrem ersten Impuls zugunsten einer noch größeren Angabe umentscheidet, belegt die reine Konstrukthaftigkeit der diabolischen Erscheinung und bewirkt einen komischen Effekt beim Zuschauer. Die Szene ist offenbar inspiriert von den Aussagen Jeannette d'Abadies: „Que le membre du Diable s'il était étendu est long environ d'une aune", de Lancre, *Tableau de l'inconstance des mauvais anges et démons*, S. 200.
92   Nur drei Jahrzehnte nach der hier fokussierten Hexenverfolgung im Baskenland schafft der italienische Bildhauer Giovanni Lorenzo Bernini in Rom die berühmte Marmorskulptur dieser Episode aus dem Leben der Heiligen.

an. Mit der Verbalisierung ihrer Ekstase stellt der Richter Ana das diskursive Repertoire bereit, mit dem sie in der Folge, in vorgespielt vergegenwärtigender Erinnerung an den Geschlechtsverkehr mit dem Teufel einen Orgasmus vortäuscht. Beide formen zusammen das Geschehen auf dem Sabbat aus, wobei Rostegui als unerbittlicher Erzwinger des erwünschten diabolischen Bildes sich als eigentlicher Teufel erweist.

Wie mit Fokus auf die mediale Mitformung dieser Grundbotschaft konstatiert werden kann, häufen sich zum Ende des Films die visuellen Inskriptionen des Richters in eine augenfällige Teufelsphänomenologie, ohne ihn freilich im Tonkanal explizit als infernalischen Protagonisten zu deklarieren. Dass Agüeros Entscheidung, den Teufel in *Akelarre* mit ,Luzifer' – einem gelehrten, dem ruralen Umfeld der Angeklagten eigentlich fremden Namen – zu bezeichnen, nicht willkürlich getroffen ist, zeigt die in diesem Zusammenhang erhellende Sequenz[93], in der Rostegui, der des Nachts heimlich zu den Gefangenen schleicht, um die Schlafenden im Schein einer Kerze begehrlich zu betrachten. Als Katalin, die Jüngste der Gruppe, ihn dabei ertappt, hält sie ihn für den Leibhaftigen, der sie in der Zelle heimsucht: Mit einem erkennenden „¡Lucifeeer!"[94], der einzigen direkten Assoziierung der beiden im Film, noch dazu von demjenigen der Mädchen, das aufgrund seiner Kindlichkeit die Trennlinie zwischen Realem und Phantastischem noch nicht eindeutig ziehen kann[95], weist sie ihm die Rolle zu, die er aufgrund seiner diabolischen Verhörmethoden, die den jungen Frauen die diversen Bausteine des Hexenwesens im Detail allererst eröffnen, implizit verkörpert: Als luzifersiche Figur inszeniert ihn Agüero so auch im Bildkanal; in seinem weißen Nachtgewand und mit der Kerze in der Hand erscheint der Richter tatsächlich als gefallener Engel, der als Lichtbringer in die finsteren Niederungen hinabgestiegen ist.

Agüeros *Akelarre* kulminiert in einer langen Sequenz[96], in der Ana und ihre Freundinnen Rostegui und seinem richterlichen Gefolge eine Demonstration des Sabbats geben. Der Film realisiert folglich eine Erwähnung de Lancres im *Tableau*: „Nous fîmes en plusieurs lieux danser les enfans et filles en la même façon qu'elles dansaient au sabbat."[97] Noch immer um Zeit zu schinden und sich gegebenenfalls eine Gelegenheit zur Flucht zu verschaffen, liefern die jungen Baskinnen dem Richter eine wahrhaft theatrale Vorstellung mit sämtlichen

---

93   Vgl. Agüero, *Akelarre*, min. 1:04:54–1:05:58.

94   *Akelarre*, min. 1:05:50.

95   Nach ihrer ersten Befragung glaubt Katalin den Autoritäten tatsächlich, die ihr weismachen, dass sie sich nicht mehr an ihre Teilnahme am Sabbat erinnern könne, weil ihr Gedächtnis verhext worden sei, vgl. Agüero, *Akelarre*, min. 21:12–21:39.

96   Vgl. Agüero, *Akelarre*, min. 1:12:18–1:19:50.

97   de Lancre, *Tableau de l'inconstance des mauvais anges et démons*, S. 193.

Abb. 18.2   Der ‚luziferische' Rostegui betrachtet Ana im Kerzenschein (Agüero,
               Akelarre, min.1:05:48).

Phasen des Sabbats ab. Doch sind es nicht die Mädchen, die aus Eigeninitiative
handeln: Als die Gruppe in Ketten auf den vom Lagerfeuer erhellten Festplatz
im Wald gebracht wird, erkennt Ana am dortigen Arrangement – es findet
sich hier unter anderem eine Ziege in priesterlicher Soutane und ein Schwein
im weltlichen Gewand –, dass Rostegui von ihnen die Ausrichtung einer
teuflischen Feier gemäß ihrem vorausgehenden Bericht im Verhör verlangt.
So betrachtet, konstruiert Agüero den Richter als (diabolischen) geistigen
Urheber des Sabbats. Die jungen Frauen füllen die ihnen zugedachten Rollen
übereinstimmend aus; die gelenkige Katalin ergeht sich so etwa fauchend in
den unnatürlichsten Verrenkungen und die anderen improvisieren mit den
bereitgestellten Musikinstrumenten[98] eine aufpeitschende Gesangs- und
Tanzperformance, deren immer zügellosere Atmosphäre sich in zunehmend
schnellen Schnitten und Kamerabewegungen ausdrückt.

Indem der Film multimedial aufzeigt, in welcher Exaktheit sich die Baskinnen an das präexistente Sabbatskript halten, offenbart er damit zugleich eine
große Leerstelle im Zentrum des regellosen Geschehens, fehlt doch schließlich inmitten dieses Hexenzirkels der diabolische Gastgeber. Durch die spe-
zielle Bildkomposition lässt *Akelarre* Rostegui, der ganz zu Anfang einen Pilz
mit womöglich halluzinogener Wirkung von Ana entgegennimmt und derart vom passiven Betrachter zum Involvierten wird, als ebendiesen Teufel in
Erscheinung treten. Agüeros teuflisches Filmen manifestiert, dass es der Richter ist, der mit den ‚Hexen' interagiert und es ihnen gleichtut, sie geradezu
anstachelt, indem er etwa ihre bestialischen Laute teufelsgleich erwidert.

---

98   Es handelt sich um Alboka, Ttun-ttun und Xirula, traditionell baskische Instrumente, vgl.
      „Equipo técnico. Múscia – Maite Arroitajauregi“, in: *Akelarre. Una Película de Pablo Agüero*
      (*Pressebuch*), www.lamiaproducciones.com-akelarre-pressbook (Zugriff 15.07.2023).

Abb. 18.3   Rostegui als diabolischer Beteiligter des Sabbats (Agüero, *Akelarre*,
             min.1:18:15).

Er bildet auf dem Gipfel des Sabbats den Dreh- und Angelpunkt, um den die
Mädchen ausgelassen tanzend kreisen, jene zentripetale Mitte, in der Ana, in
deren Schoß der in die Knie gesunkene Richter sein Gesicht vergräbt, und die
anderen die Orgie vorbereiten, bevor die Wachen dem Treiben ein jähes Ende
bereiten.

4.   Fazit: De Lancre in teuflischer Mission

Agüeros *Akelarre* schließt mit einem offenen Ausgang: Die im Tumult des
außer Kontrolle geratenen Sabbats die Flucht ergreifenden Mädchen sehen
sich von ihren Verfolgern an eine Klippe vor dem offenen Meer gedrängt und
treffen die Entscheidung, sich nicht zu ergeben, sondern voranzuschreiten.
Während die Kamera sie aus dem Blickfeld verschwinden lässt und zu Rostegui schwenkt, ist im Tonkanal nach dem Geräusch eines Flügelschlagens einzig
dessen Schlussfolgerung zu vernehmen: „Vuelan."[99] Der fanatische Richter hat
das letzte Wort über die jungen Frauen und vervollständigt mit diesem das auf
sie projizierte Bild des Hexenstereotyps. Weil er Ana und ihre Freundinnen
ins Verderben stürzt, bestätigt er ein letztes Mal, dass er der wahre Teufel in
dieser Geschichte ist. Doch kann seine Mission – ebenso wie die des historischen de Lancre – als missglückt gelten: Rostegui gelingt es nicht, die baskischen ‚Hexen' auf dem Scheiterhaufen zu verbrennen, sie wählen stattdessen
aus freien Stücken die letzte Form der Freiheit, die ihnen noch bleibt. Auch
de Lancre verfehlt sein Ziel, die Hexen zu vernichten, weil er sie mit seinem

---

99   Agüero, *Akelarre*, min 1:22:53.

Tableau unsterblich macht[100] – und ihr Wiederaufleben bei Agüero allererst gewährleistet. Und so erfüllt der Dämonologe, der das Diabolische in menschlicher Form inkarniert, seine infernalische Rolle auch in anderer Hinsicht, ist doch der Teufel, frei nach Goethe, jener zwielichtige Protagonist, der stets das Eine will und stets das Andre schafft.

Bibliographie

Agüero, Pablo, *Akelarre*, Spanien / Frankreich 2020.

Amezaga Etxebarria, Asier, „Akelarre", in: *Papeles del CEIC* 1 (2021), S. 1–9.

Baruzzi, Arno, „Gott ist die Wahrheit", in: Ders., *Philosophie der Lüge*, Darmstadt: Wissenschaftliche Buchgesellschaft, 1996, S. 47–52.

„Biofilmografía del director", in: *Akelarre. Una Película de Pablo Agüero (Pressebuch)*, www.lamiaproducciones.com-akelarre-pressbook (Zugriff 10.07.2023).

Couvrand, Clément, *Dossier pédagogique*, http://www.cinespagnol-nantes.com/wp-content/uploads/2022/02/dped-akelarre_2022.pdf (Zugriff 10.07.2023).

Crespo, Borja, „Álex de la Iglesia. Portrait of a famous monster", in: Carlos Aguilar (Hg.), *Cine fantástico y de terror español. 1984–2004*, San Sebastian: Donostia Kultura y autores, 2005, S. 57–80.

Dusseau, Joëlle, „Jeannette d'Abadie a seize ans", in: Dies., *Le juge et la sorcière*, Bordeaux: Éditions Sud Ouest, 2002, S. 107–122.

„Equipo técnico. Múscia – Maite Arroitajauregi", in: *Akelarre. Una Película de Pablo Agüero (Pressebuch)*, www.lamiaproducciones.com-akelarre-pressbook (Zugriff 15.07.2023).

Ferber, Sarah, „The trial of Louis Gaufridy: Aix-en-Provence, 1609–11", in: Dies., *Demonic Possession and Exorcism in Early Modern France*, London: Routlegde, 2004, S. 70–88.

„Ficha artística", in: *Akelarre. Una Película de Pablo Agüero (Pressebuch)*, www.lamiaproducciones.com-akelarre-pressbook (Zugriff 13.07.2023).

Frenzel, Elisabeth, „Satan", in: Dies., *Stoffe der Weltliteratur. Ein Lexikon dichtungsgeschichtlicher Längsschnitte*. 10. Auflage, Stuttgart: Kröner, 2005, S. 817–823.

Ginzburg, Carlo, *Hexensabbat. Entzifferung einer nächtlichen Geschichte*. Aus dem Italienischen von Martina Kempter, Frankfurt: Fischer, 1993.

Girard, René, „Die Stereotypen der Verfolgung", in: Ders., *Ausstoßung und Verfolgung. Eine historische Theorie des Sündenbocks*. Aus dem Französischen von Elisabeth Mainberger-Ruh, Frankfurt: Fischer, 1992, S. 23–37.

Graf, Arturo, „La persona del diavolo", in: Ders., *Il diavolo*. 3. Auflage [Ristampa anastatica dell'edizione di Milano, 1890], Bologna: Forni, 1974, S. 37–68.

---

100   Vgl. Scholz Williams, „Magie und das Andere", S. 116.

Henningsen, Gustav, „El invento de la palabra aquelarre", in: *Revista International de los Estudios Vascos* 9 (2012), S. 54–65.

Henningsen, Gustav, *El abogado de las brujas. Brujería vasca e Inquisición española*. Versión española de Marisa Rey-Henningsen, Madrid: Alianza, 1983.

Homza, Lu Ann, „An expert lawyer and reluctant demonologist", in: Jan Machielsen (Hg.), *The Science of Demons. Early Modern Authors Facing Witchcraft and the Devil*, London: Routledge, 2020, S. 299–312.

Jacques-Lefèvre. Nicole, „L'écriture littéraire de la sorcellerie: Pierre de Lancre, *Tableau de l'inconstance des mauvais anges et démons*, 1612", in: Dies. (Hg.), *Histoire de la sorcellerie démoniaque. Les grands textes de référence*, Paris: Honoré Champion Éditeur, 2020, S. 363–407.

Jacques-Lefèvre, Nicole, „Pierre de Lancre: Du traité démonologique comme récit de voyage en terre sorcière", in: Grégoire Holtz (Hg.), *Voyager avec le diable. Voyages réels, voyages imaginaires et discours démonologiques (XVe–XVIIe siècles)*, Paris: Presses Universitaires de Paris-Sorbonne, 2008, S. 193–205.

Krämer, Sybille, „Das Medium als Spur und als Apparat", in: Dies. (Hg.), *Medien, Computer, Realität. Wirklichkeitsvorstellungen und Neue Medien*, Frankfurt: Suhrkamp, 1998, S. 73–94.

Kroll, Thomas, „Böse Typen in vielerlei Gestalt. Teuflische Figuren im Film", in: Thomas Bohrmann / Werner Vieth (Hg.), *Handbuch Theologie und Populärer Film*, Paderborn: Schöningh, 2007, S. 157–172.

Kulik, Alexander, „How the devil got his hooves and horns: The origin of the motif and the implied demonology of 3 Baruch", in: *Numen* 60 (2013), S. 195–229.

Lancre, Pierre de, *Tableau de l'inconstance des mauvais anges et démons où il est amplement traité des sorciers et de la sorcellerie*. Introduction critique et notes de Nicole Jacques-Chaquin, Paris: Aubier, 1982.

„Les sorcières d'Akelarre. Un film de Pablo Agüero", in: *VoScope. Le supplément cinéma de VoCable*, https://www.regards-valence.com/wp-content/uploads/2022/03/voscope-les-sorcieres-d-akelarre-2022.pdf (Zugriff 10.07.2023).

Machielsen, Jan, „The Making of a Teen Wolf: Pierre de Lancres Confrontation with Jean Grenier (1603–10)", in: *Folklore* 130 (2019), S. 237–257.

Machielsen, Jan, *Martin Delrio. Demonology and Scholarshp in the Counter-Reformation*, Oxford: Oxford University Press, 2015.

Mahal, Günther, „Der Teufel. Anmerkungen zu einem nicht allein mittelalterlichen Komplex", in: Ulrich Müller (Hg.), *Dämonen, Monster, Fabelwesen*, St. Gallen: UVK, 1999, S. 495–529.

Maus de Rolley, Thibaut / Machielsen, Jan, „The mythmaker of the sabbat: Pierre de Lancre's *Tableau de l'inconstance des mauvais anges et démons*", in: Jan Machielsen (Hg.), *The science of Demons. Early Modern Authors Facing Witchcraft and the Devil*, London: Routledge, 2020, S. 283–298.

Maus de Rolley, Thibaut, „Of oysters, witches, birds, and anchors: Conception of space and travel in Pierre de Lancre", in: *Renaissance Studies* 32,4 (2017), S. 530–546.

McGowan, Margaret M., „Pierre de Lancre's *Tableau de l'inconstance des mauvais anges et démons*. The Sabbat Sensationalised", in: Sydney Anglo (Hg.), *The Damned Art. Essays in the Literature of Witchcraft*, London: Routledge & Kegan Paul, 1977, S. 182–201.

Morales Estévez, Roberto, „El arquetipo de Lucifer en el cine. Una aproximación histórica", in: María Jesús Zamora Calvo (Hg.), *El diablo en sus infiernos*, Madrid: Abada Editores, 2022, S. 259–280.

Muchembled, Robert, „Littérature satanique et culture tragique 1550–1650", in: Ders., *Une histoire du diable. XII–XXᵉ siècle*, Paris: Éditions du Seuil, 2000, S. 149–198.

Mullaly, Laurence, „La fabrique des sorcières. Pablo Agüero / 2021. Les sorcières d'Akelarre", https://www.genre-ecran.net/IMG/pdf/sor-2.pdf (Zugriff 10.07.2023), S. 1–9.

Philippot, Vital / Le Gall, Pauline / Arbizu, Susana, *Dossier pédagogique*, https://www.t-n-b.fr/media/tnb/188250-dp_da_akelarre.pdf (Zugriff 10.07.2023).

Rohmann, Gregor, *Tanzwut: Kosmos, Kirche und Mensch in der Bedeutungsgeschichte eines mittelalterlichen Krankheitskonzepts*, Göttingen: Vandenhoeck & Ruprecht, 2013.

Roskoff, Gustav, „Amalgamierungsprocess", in: Ders., *Geschichte des Teufels. Eine kulturhistorische Satanologie von den Anfängen bis ins 18. Jahrhundert*, 2 Bde., Frankfurt: Ullstein, 1991, Bd. 2, S. 8–18.

Rosner, Anna, „The Witch Who Is Not One: The Fragmented Body in Early Modern Demonological Tracts", in: *Exemplaria* 21,4 (2009), S. 363–379.

Scholz Williams, Gerhild, „Magie und das Andere: Pierre de Lancre", in: Dies. (Hg.), *Hexen und Herrschaft. Die Diskurse der Magie und Hexerei im frühneuzeitlichen Frankreich und Deutschland*. Überarbeitete Ausgabe. Aus dem Amerikanischen übersetzt von Christiane Bohnert, München: Fink, 1998, S. 105–136.

Schumacher, Meinolf, „Der Teufel als ‚Tausendkünstler' ", in: *Mittellateinisches Jahrbuch. Internationale Zeitschrift für Mediävistik* 27 (1992), S. 65–76.

Slenckza, Alwine, „Der Teufel als ‚Vater der Lüge' und seine Realisation in mittelhochdeutschen Verserzählungen", in: Oliver Hochadel / Ursula Kocher (Hg.), *Lügen und Betrügen. Das Falsche in der Geschichte von der Antike bis zur Moderne*, Köln: Böhlau, 2000, S. 51–63.

Vassé, Claire, „Entretien avec Pablo Agüero", in: *Les sorcières d'Akelarre. Un film de Pablo Agüero* (*Pressebuch*), https://medias.unifrance.org/medias/195/158/237251/presse/les-sorcieres-d-akelarre-presskit-french.pdf (Zugriff 10.07.2023).

Wörsdörfer, Anna Isabell, *Echtes Hexenwerk und falscher Zauber. Die Inszenierung von Magie im spanischen und französischen Theater des 17. Jahrhunderts*. Habilitationsschrift, Münster 2023. (im Erscheinen)

Wörsdörfer, Anna Isabell, „Dämonologische Mengenlehre. (Imaginierte) Ansteckungsdynamiken im französisch-spanischen Kulturkontakt: Die baskische Hexenverfolgung 1609–1614", in: Milan Herold u. a. (Hg.), *Menge und Krankheit*, Paderborn: Brill / Fink, 2023, S. 37–52.

Autorinnen und Autoren

Tobias Berneiser
ist Wissenschaftlicher Mitarbeiter am Romanischen Seminar der Universität Siegen und leitet ebendort das DFG finanzierte Forschungsprojekt „Republikanische Memoria und weibliche Revolutionsikonen", in dessen Rahmen er ein Habilitationsprojekt verfolgt. Er promovierte in Frankfurt am Main (2016) mit einer Arbeit zur Cervantes-Rezeption im Frankreich des späten 18. Jahrhunderts. Zu seinen weiteren Forschungsinteressen zählen Erinnerung und historiographische Diskurse in der Literatur, literarische Repräsentationen städtischer Räume, frühneuzeitliche Bukolik, Literatur und Politik im 19. Jahrhundert sowie Tendenzen des europäischen und lateinamerikanischen Gegenwartsromans.

Marianne Closson
ist Dozentin für Französische Literatur des 16. Jahrhunderts an der Université d'Artois in Arras. Ihre Forschungsschwerpunkte sind Hexerei und dämonische Besessenheit, Phantastik – sie ist die Autorin von *L'Imaginaire démoniaque (1550–1650), genèse de la littérature fantastique* (2000) –, Frauen und Geschlecht, Utopie und die *écriture intime* im 16. und 17 Jahrhundert. Gemeinsam mit Nicole Jacques-Lefèvre hat sie die Herausgabe von *Magdelaine Bavent, religieuse au couvent de Louviers, procès en sorcellerie et autobiographie* (2023) übernommen. Im weiteren Sinne befasst sie sich mit der Frage nach den Verbindungen zwischen historischen, wissenschaftlichen und mythischen Darstellungen und literarischen Texten.

Kirsten Dickhaut
ist Professorin für Romanische Literaturwissenschaft an der Universität Stuttgart. Sie wurde in Gießen promoviert und habilitiert. Sie leitet das Stuttgarter Italienzentrum und den Stuttgart Research Focus „Re/producing Realities" (https://www.re2.uni-stuttgart.de). Ihre aktuellen Forschungsschwerpunkte liegen auf Theater und Fiktion, Problematisierungen von Magiedarstellungen in der Frühen Neuzeit und der Entwicklung von Theatertechniken in anderen Gattungen und Medien.

Folke Gernert
ist Professorin für Romanische Literaturwissenschaft an der Universität Trier. Sie promovierte 1999 in Köln und habilitierte sich 2008 in Kiel. Die Habilitationsschrift zur profanen Kontrafaktur sakraler Textmuster in der

romanischen Lyrik des Mittelalters und der Frühen Neuzeit wurde 2011 mit dem *La corónica Book Award* prämiert. In ihrer Forschungsarbeit widmet sie sich der Textphilologie und der Fiktionalisierung von Wissen in der romanischen Literatur der Frühen Neuzeit. Derzeit leitet sie das DFG-geförderte Forschungsprojekt „Lukian und die Ärzte".

JULIA GOLD

ist Wissenschaftliche Mitarbeiterin im Arbeitsbereich Deutsche Literatur des Mittelalters und der Frühen Neuzeit an der Universität Bielefeld. Als Stipendiatin der Graduiertenschule für die Geisteswissenschaften, Klasse „Mittelalter und Renaissance", wurde sie 2014 mit einer Arbeit zum frühneuhochdeutschen Hexereitraktat des Ulrich Molitoris an der Universität Würzburg promoviert. Von 2014 bis 2021 war sie Wissenschaftliche Mitarbeiterin im DFG-Projekt „Inszenierungen von Heiligkeit" an der Universität Gießen, das frühneuzeitliche Märtyrerdramen und Heiligenspiele ediert und analysiert hat. In ihrem Postdoc-Projekt beschäftigt sie sich mit der Figur des Tyrannen in der deutschen Literatur des Mittelalters.

TERESA HIERGEIST

ist Universitätsprofessorin für Französische und Spanische Literatur- und Kulturwissenschaft am Institut für Romanistik der Universität Wien. Zu ihren Forschungsschwerpunkten zählen alternative Gesellschaftsentwürfe und Bildungskonzepte, literarische, mediale und kulturelle Inszenierungen und Instrumentalisierungen gesellschaftlicher Einheit und Diversität, Paragesellschaften, Mensch-Tier-Relationen in Literatur und Kultur, literarische und filmische Verhandlungen von Physiognomik, Körperlichkeit, Monstrosität, Menschlichkeit und Animalität und die Literaturtheorie. Sie arbeitet zur Frühen Neuzeit, zur Wende vom 19. zum 20. Jahrhundert und zur Gegenwart.

FLORIAN HOMANN

ist seit 2021 Wissenschaftlicher Mitarbeiter am Romanischen Seminar im Bereich Iberoromanische Literaturwissenschaft an der Universität Münster und wurde 2019 in Romanischer Philologie an der Universität zu Köln in Cotutela mit der Universität Sevilla mit einer Arbeit über die Flamencolyrik promoviert. Seine Forschungsschwerpunkte sind *Oral Tradition*, mündlich überlieferte Lyrik, Performancetheorien, kollektives Gedächtnis sowie Intertextualität und Intermedialität in spanischer und lateinamerikanischer Literatur mit den regionalen Schwerpunkten Andalusien und Kolumbien. Er ist Mitglied in der spanischen Forschungsgruppe PoeMAS: „POEsía para MÁS gente. La poesía en la música popular española contemporánea" (PGC2018-099641-A-I00).

MATTHIAS KERN

ist Wissenschaftlicher Mitarbeiter am Lehrstuhl für Französische Literatur-
und Kulturwissenschaft der TU Dresden. Nach einem Studium an der
Sorbonne (Paris IV), der École Normale Supérieure Paris und der Freien Universität Berlin hat er im Co-tutelle Verfahren zwischen der EHESS Paris und
der TU Dresden 2019 promoviert. Die Ergebnisse seiner Dissertation, in der er
die Ästhetik des *roman populiste* des *entre-deux-guerres* und seine Einflüsse
auf das Kino des *réalisme poétique* untersucht hat, sind 2021 bei De Gruyter
(Sammlung „Mimesis") erschienen. Weitere seiner Forschungsinteressen
beinhalten transkulturelle Austauschprozesse im Theater des 18. Jahrhunderts,
serielle Erzählungen und Darstellungen der französischen *banlieue* seit Ende
des 19. Jahrhunderts bis in die Gegenwart.

EVA LARA ALBEROLA

ist Dozentin am Fachbereich Sprache und Literatur an der Universidad Católica de Valencia (seit 2005). Sie promovierte 2006 an der Universitat de València, wo sie zwischen 2002 und 2005 mit einem Forschungsstipendium tätig
war. Für ihre Dissertation mit dem Titel *Hechiceras y brujas en la literatura
de los Siglos de Oro* erhielt sie den Außerordentlichen Promotionspreis und
für ihr Werk *Hechiceras y brujas. Algunos encantos cevantinos* den 18. Preis
der Cervantes-Studien der Sociedad Cervantina de Madrid. Ihre Forschungsschwerpunkte liegen auf der Untersuchung von Magie, Zauberei und Hexerei
in der spanischen Literatur und Kultur. Derzeit leitet sie das Forschungsprojekt
„Figuras del mal: marginalidad, dominación y transgresión en los siglos XVII–
XIX", das von der Conselleria de Innovación, Universidades, Ciencia y Sociedad Digital de la Generalitat Valenciana finanziert wird.

TOBIAS LEUKER

ist Professor für Romanische Literaturwissenschaft an der Universität Münster
(seit 2008) und Mitherausgeber der *Romanistischen Zeitschrift für Literaturgeschichte* und des *Archivs für Kulturgeschichte*. Seine Forschungen betreffen
u. a. das Florenz der Medici, die romanische und lateinische Dichtung des 15.
und 16. Jahrhunderts, das frühe Theater in Frankreich und Portugal, die lateinische Predigtliteratur des Mittelalters sowie das Verhältnis von Text und Bild in
Zeugnissen der Heiligenverehrung und der Sepulkralkultur.

DAVID NELTING

ist seit 2007 Professor für Romanische Philologie, insbes. Italienische Literatur,
an der Ruhr-Universität Bochum. Er wurde 1996 an der RWTH Aachen mit
einer Arbeit zu Alan Robbe-Grillet promoviert und hat sich 2005 an der LMU

München mit einer Arbeit zur frühneuzeitlichen Bukolik in Italien habilitiert. Zu seinen weiteren Forschungsinteressen zählen poetische Autorität und Selbstautorisierung in Mittelalter und Früher Neuzeit (Dante, Petrarca, Du Bellay), die Rolle des ‚Neuen‘ in Epos und Epostheorie in Renaissance und Barock (Tasso, Marino) sowie Verfahren realistischer Wirklichkeitsmodellierung im 19. und 20. Jahrhundert (Flaubert, Vittorini, Calvino). Nelting ist Mitherausgeber des *Romanistischen Jahrbuchs*.

ALBERTO ORTIZ

forscht und lehrt an der Universidad Autónoma de Zacatecas in Mexiko, wo er unter anderem für das Promotionsprogramm der Neuhispanischen Studien und den literaturwissenschaftlichen Bachelorstudiengang zuständig ist. Er besitzt Auszeichnungen des Nationalen Forschersystems (Stufe 2) und das PRODEP-Profil. Er leitet die Forschergruppe UAZ 180: „Historia y crítica de la relación entre la literatura y la Nueva España". Er ist Mitglied des internationalen Forschungsnetzwerks „Mentalidades mágicas e Inquisición (siglos XVI, XVII y XVIII)" an der Universidad Autónoma in Madrid. Zu seinen Forschungsschwerpunkten gehören Theorien über die Figur des Bösen in literarischen Werken. Er hat mehr als zehn Bücher über die abendländische Diskursgeschichte von Magie, Hexerei und Dämonologie veröffentlicht und herausgegeben.

DIETMAR RIEGER

ist emeritierter Professor für Romanische Literaturwissenschaft. Er promovierte 1969 in Heidelberg und habilitierte sich 1974 in Freiburg. Seit 1975 ist er ordentlicher Professor für Romanische Literaturwissenschaft an der Universität Gießen, Rufe an die Universitäten Lausanne, Tübingen und Freiburg i.Br. lehnte er ab, seine Emeritierung erfolgte 2010. Die Université d'Orléans verlieh ihm 2012 die Ehrendoktorwürde. In Forschung und Lehre galt und gilt sein Interesse zentralen Bereichen der französischen und italienischen Literatur der Neuzeit, der Mediävistik und der Okzitanistik: Aufklärung / Revolution, Mittelalterliche Lyrik, Französisches Chanson und seine Geschichte, Mythen- und Stoffgeschichte (Jeanne d'Arc, Don Juan), Literatur und Gewalt, Opernlibretti, Imaginäre Bibliotheken, Literatur und soziale Realität im 19. Jahrhundert, Literatur der Résistance und der Resistenza, Fachgeschichte.

STEPHAN SIEBERT

ist wissenschaftlicher Mitarbeiter am Institut für Romanistik / Latinistik der Universität Osnabrück. Er promovierte in Münster (2023) mit einer Arbeit zur Thematik der Hypokrisie in satirischen Texten der altfranzösischen Literatur des 13. Jahrhunderts. Im akademischen Jahr 2022/23 war er im Rahmen einer vom DAAD-geförderten Lehrassistenz an der Sorbonne Université in Paris tätig. Zu seinen Forschungsinteressen gehören u. a. satirische Formen der altfranzösischen Literatur, die mittelalterliche Tierdichtung sowie Perspektiven der Ökokritik auf lateinamerikanische Kontexte.

HARTMUT STENZEL
ist Professor im Ruhestand für Romanistische Literatur- und Kulturwissenschaft. Seine Interessenschwerpunkte und Publikationen bewegen sich im Bereich der französischen und spanischen Literatur und Kultur des 17., 19., 20. und 21. Jahrhunderts. Er arbeitet insbesondere zu Fragen der Epochenbegriffe ‚Barock' und ‚Klassizismus' in Deutschland und Frankreich, der Erinnerungskulturen, der Literaturtheorie und der Fachgeschichte.

KIRSTEN VON HAGEN
ist Professorin für Französische und Spanische Literatur- und Kulturwissenschaften an der Universität Gießen. Im Jahr 2006 habilitierte sie sich an der Universität Bonn, 2002 wurde sie dort promoviert. Ihre Forschungsschwerpunkte sind das 17. bis 21. Jahrhundert, insbesondere Cervantes und das Siglo de Oro, Intermedialität, Literaturverfilmungen, der französische Autorenfilm, Briefpoetik, Telefonfiktionen, die Figur der Bohèmienne in Literatur, Oper, Film, Inter- und Transkulturalität, Ästhetiken der Romaliteraturen, Mythos Vampir, Archiv der vergessenen AutorInnen, (Re-)Mythologisierungen des Waldes, Ästhetik der Moderne sowie Literatur und Wirtschaft.

ANNA ISABELL WÖRSDÖRFER
ist Wissenschaftliche Mitarbeiterin am Romanischen Seminar der Universität Münster und leitet ebendort das DFG finanzierte Forschungsprojekt „Echtes Hexenwerk und falscher Zauber". Sie promovierte in Gießen (2015) mit einer Arbeit zur Mittelalterrezeption im Frankreich des 18. Jahrhunderts, und habilitierte sich in Münster (2023) mit einer Arbeit zur Inszenierung von Magie im spanischen und französischen Theater des 17. Jahrhunderts. Zu ihren weiteren Forschungsinteressen zählen serielles Erzählen, literarische und audiovisuelle Erinnerungen an die Französische Revolution und Kriminalfiktionen.

MARÍA JESÚS ZAMORA CALVO
promovierte 2002 in Spanischer Philologie an der Universidad de Valladolid. Seit 2011 ist sie Professorin für Spanische Literatur an der Universidad Autónoma de Madrid. Ihre Forschungsschwerpunkte umfassen die Literatur des *Siglo de Oro*, insbesondere Abhandlungen über Magie und Inquisitionshandbücher,

die in diese Bücher eingefügten Geschichten sowie die digitalen Geistes- / Literaturwissenschaften. Derzeit arbeitet sie an einer Untersuchung zur sexuellen und geschlechtlichen Identität in der Vormoderne. Sie hat sich ein umfangreiches Wissen über diese Epoche angeeignet, was sich u. a. in ihren Büchern *Dreams of Reason. El cuento inserto en tratados de magia* (*Siglos xvi y xvii*) (2005) und *Artes maleficarum. Brujas, magos y demonios en el Siglo de Oro* (2016) niederschlägt. Seit 2018 ist sie Herausgeberin der Zeitschrift *Edad de Oro*. Mehr Informationen unter: http://www.mariajesuszamora.es.